国際基督教大学(ICU)高等学校

中……京王線調布駅　各バス20分

「クラスひとつが世界一」
共に出会い、学びあい、分かちあう
世界から そして 世界へ

URL	https://www.icu-h.ed.jp/

プロフィール　キリスト教を基盤に平和と人権を使命に

国際基督教大学（ICU）とミッションを共有するICU高校は、平和への貢献と人権が尊重される世界・社会の実現を使命に掲げている。

ICU高校は、異なるバックグラウンドを持つ生徒一人ひとりを尊重し、生徒の特性を活かす教育を目指している。それは、「帰国生受け入れを主たる目的とする高校」として、生徒の経歴・個性・希望をありのまま受けとめることを教育の出発点とする、1978年の本校建学からの考え方によるものである。

環境　外国の公園のような広大なキャンパス

7万6千㎡という広大なキャンパスは、花や緑があふれ、放課後には、芝生の上で語り合う生徒の姿も多い。

施設は、多目的ホールやコンピュータ教室をはじめ、一周300mのトラック、野球場、サッカー場、トレーニングルームなどを備えた体育館、生徒ラウンジや自習室、350名収容の食堂や男子寮、女子寮も完備。

カリキュラム　少人数制のレベル別授業を展開

学年の3分の2を占める海外からの帰国生と、国内の中学校の出身者とが一緒に学校生活を送っているのが特色。英語・国語・数学の授業は、4つのレベル別の少人数クラスで行われる。クラス分けは、単に帰国生とか一般生という生徒の経歴によるのではなく、3月末に行われる入学予定者のためのプレイスメントテストの結果、本人の実力に応じて決まる。実力の進展によってクラスの変更もある。

2・3年次では、興味や進路に合わせて科目を選択できる授業を多く設定。数学や理科、地歴公民などは、受験に必要な科目を選択できる。3年次には、演習中心の授業もあり、受験対策にも対応。また、海外の大学への進学に対応した授業も行われている。外国語の選択科目として、英語のほかに、フランス語、ドイツ語、スペイン語、中国語があるのも本校ならでは。基礎クラスは初心者対象。上級クラスはそれぞれの言語圏からの帰国生向けの高度な内容となっている。

全体を通して、レベル別授業や科目選択制を取り入れているため、少人数制（20～25人）授業が多いのも特長。形式にとらわれない自由な雰囲気の授業で理解度を高めていく。

実力に応じた少人数レベル別授業

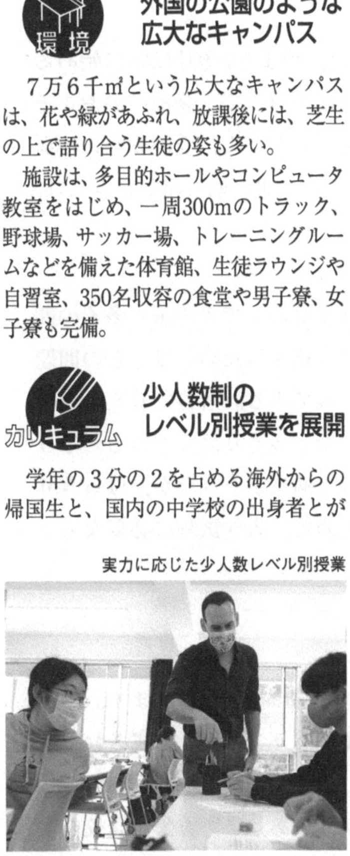

学校生活　自由な校風で楽しいスクールライフ

国際的な学校らしく、服装から学校行事、クラブ活動にいたるまで、自由で伸びやかな校風を大切にしている。公認クラブは文化系7、運動系14があるが、運動系クラブは大会での成績よりもスポーツを楽しむことを、文化系クラブは定期演奏会などを目標に活動している。また、キリスト教講演会やクリスマス集会などが、年間を通じて行われている。3年次春に沖縄修学旅行が行われる。

進路　ICUほか難関校進学指定校推薦も多い

成績優秀者には併設の国際基督教大への推薦入学制度があり、卒業生の3分の1が推薦を受ける。推薦入学を含めて国際基督教大に進学する者が最も多いが、難関私立大学を中心に、東大、京都大、東京外語大などの国立大学や海外の大学にも合格者を出している。また、現役合格率が高い（約90％）のも特長で、早稲田大、慶應義塾大、上智大、青山学院大など、多くの大学から指定校推薦を受けている。理系進学でも実績を上げ、国内大学から海外大学院へ進み研究者・技術者となる卒業生も多い。

ひとこと　国際基督教大学(ICU)高校 校長 中嶌裕一

本校での学びの主人公は生徒一人ひとり。帰国生と国内生が出会い、共に学び合い、共に分かち合う。異文化のぶつかり合いの中に自分を置いて、耐え、工夫して楽しむ。多様性が生み出す可能性を探しに来ませんか。

2024年度入試要項

試験日　12/16（帰国生推薦）
1/29（帰国生書類選考）
2/10（帰国生学力・一般）

試験科目　書類審査・面接（帰国生推薦・書類選考）
国・数・英（帰国生学力・一般）

2024年度	募集定員	受験者数	合格者数	競争率
帰国生推薦	60	129	80	1.6
帰国生書類	90	327	137	2.4
帰国生学力	10	45	17	2.6
一般	80	264	126	2.1

※一般は国際生徒枠若干名を含む

過去問の効果的な使い方

① **はじめに**　入学試験対策に的を絞った学習をする場合に効果的に活用したいのが「過去問」です。なぜならば，志望校別の出題傾向や出題構成，出題数などを知ることによって学習計画が立てやすくなるからです。入学試験に合格するという目的を達成するためには，各教科ともに「何を」「いつまでに」やるかを決めて計画的に学習することが必要です。目標を定めて効率よく学習を進めるために過去問を大いに活用してください。また，塾に通われていたり，家庭教師のもとで学習されていたりする場合は，それぞれのカリキュラムによって，どの段階で，どのように過去問を活用するのかが異なるので，その先生方の指示にしたがって「過去問」を活用してください。

② **目的**　過去問学習の目的は，言うまでもなく，志望校に合格することです。どのような分野の問題が出題されているか，どのレベルか，出題の数は多めか，といった概要をまず把握し，それを基に学習計画を立ててください。また，近年の出題傾向を把握することによって，入学試験に対する自分なりの感触をつかむこともできます。

過去問に取り組むことで，実際の試験をイメージすることもできます。制限時間内にどの程度までできるか，今の段階でどのくらいの得点を得られるかということも確かめられます。それによって必要な学習量も見えてきますし，過去問に取り組む体験は試験当日の緊張を和らげることにも役立つでしょう。

③ **開始時期**　過去問への取り組みは，全分野の学習に目安のつく時期，つまり，9月以降に始めるのが一般的です。しかし，全体的な傾向をつかみたい場合や，学習進度が早くて，夏前におおよその学習を終えている場合には，7月，8月頃から始めてもかまいません。もちろん，受験間際に模擬テストのつもりでやってみるのもよいでしょう。ただ，どの時期に行うにせよ，取り組むときには，集中的に徹底して取り組むようにしましょう。

④ **活用法**　各年度の入試問題を全問マスターしようと思う必要はありません。できる限り多くの問題にあたって自信をつけることは必要ですが，重要なのは，志望校に合格するためには，どの問題が解けなければいけないのかを知ることです。問題を制限時間内にやってみる。解答で答え合わせをしてみる。間違えたりできなかったりしたところについては，解説をじっくり読んでみる。そうすることによって，本校の入試問題に取り組むことが今の自分にとって適当かどうかが，はっきりします。出題傾向を研究し，合否のポイントとなる重要な部分を見極めて，入学試験に必要な力を効率よく身につけてください。

数学

各都道府県の公立高校の入学試験問題は，中学数学のすべての分野から幅広く出題されます。内容的にも，基本的・典型的なものから思考力・応用力を必要とするものまでバランスよく構成されています。私立・国立高校では，中学数学のすべての分野から出題されることには変わりはありませんが，出題形式，難易度などに差があり，また，年度によっての出題分野の偏りもあります。公立高校を含

国際基督教大学高等学校

〈収録内容〉

便利な DL コンテンツは右の QR コードから

解答用紙　過去年度　解説+α ⇒

※データのダウンロードは 2025 年 3 月末日まで。
※データへのアクセスには、右記のパスワードの入力が必要となります。 ⇒ 567249

〈合格最低点〉

※学校からの合格最低点の発表はありません。

本書の特長

実戦力がつく入試過去問題集

- ▶ 問題 …………… 実際の入試問題を見やすく再編集。
- ▶ 解答用紙 …… 実戦対応仕様で収録。
- ▶ 解答解説 …… 詳しくわかりやすい解説には、難易度の目安がわかる「基本・重要・やや難」の分類マークつき（下記参照）。各科末尾には合格へと導く「ワンポイントアドバイス」を配置。採点に便利な配点つき。

入試に役立つ分類マーク

基本 確実な得点源！
受験生の90％以上が正解できるような基礎的、かつ平易な問題。
何度もくり返して学習し、ケアレスミスも防げるようにしておこう。

重要 受験生なら何としても正解したい！
入試では典型的な問題で、長年にわたり、多くの学校でよく出題される問題。
各単元の内容理解を深めるのにも役立てよう。

やや難 これが解ければ合格に近づく！
受験生にとっては、かなり手ごたえのある問題。
合格者の正解率が低い場合もあるので、あきらめずにじっくりと取り組んでみよう。

合格への対策、実力錬成のための内容が充実

- ▶ 各科目の出題傾向の分析、合否を分けた問題（過去３年分）の確認で、入試対策を強化！
- ▶ その他、学校紹介、過去問の効果的な使い方など、学習意欲を高める要素が満載！

解答用紙ダウンロード 解答用紙はプリントアウトしてご利用いただけます。弊社ＨＰの商品詳細ページよりダウンロードしてください。トビラのＱＲコードからアクセス可。

＋α ダウンロード 2021年度以降の数学の解説に ＋α が付いています。弊社ＨＰの商品詳細ページよりダウンロードしてください。トビラのＱＲコードからアクセス可。

UD FONT 見やすく読みまちがえにくいユニバーサルデザインフォントを採用しています。

め，ほとんどの学校で，前半は広い範囲からの基本的な小問群，後半はあるテーマに沿っての数問の小問を集めた大問という形での出題となっています。

まずは，単年度の問題を制限時間内にやってみてください。その後で，解答の答え合わせ，解説での研究に時間をかけて取り組んでください。前半の小問群，後半の大問の一部を合わせて50%以上の正解が得られそうなら多年度のものにも順次挑戦してみるとよいでしょう。

英語

英語の志望校対策としては，まず志望校の出題形式をしっかり把握しておくことが重要です。英語の問題は，大きく分けて，リスニング，発音・アクセント，文法，読解，英作文の5種類に分けられます。リスニング問題の有無(出題されるならば，どのような形式で出題されるか)，発音・アクセント問題の形式，文法問題の形式(語句補充，語句整序，正誤問題など)，英作文の有無(出題されるならば，和文英訳か，条件作文か，自由作文か）など，細かく具体的につかみましょう。読解問題では，物語文，エッセイ，論理的な文章，会話文などのジャンルのほかに，文章の長さも知っておきましょう。また，読解問題でも，文法を問う問題が多いか，内容を問う問題が多く出題されるか，といった傾向をおさえておくことも重要です。志望校で出題される問題の形式に慣れておけば，本番ですんなり問題に対応することができますし，読解問題で出題される文章の内容や量をつかんでおけば，読解問題対策の勉強として，どのような読解問題を多くこなせばよいかの指針になります。

最後に，英語の入試問題では，なんと言っても読解問題でどれだけ得点できるかが最大のポイントとなります。初めて見る長い文章をすらすらと読み解くのはたいへんなことですが，そのような力を身につけるには，リスニングも含めて，総合的に英語に慣れていくことが必要です。「急がば回れ」ということわざの通り，志望校対策を進める一方で，英語という言語の基本的な学習を地道に続けることも忘れないでください。

国語

国語は，出題文の種類，解答形式をまず確認しましょう。論理的な文章と文学的な文章のどちらが中心となっているか，あるいは，どちらも同じ比重で出題されているか，韻文(和歌・短歌・俳句・詩・漢詩)は出題されているか，独立問題として古文の出題はあるか，といった，文章の種類を確認し，学習の方向性を決めましょう。また，解答形式は，記号選択のみか，記述解答はどの程度あるか，記述は書き抜き程度か，要約や説明はあるか，といった点を確認し，記述力重視の傾向にある場合は，文章力に磨きをかけることを意識するとよいでしょう。さらに，知識問題はどの程度出題されているか，語句(ことわざ・慣用句など)，文法，文学史など，特に出題頻度の高い分野はないか，といったことを確認しましょう。出題頻度の高い分野については，集中的に学習することが必要です。読解問題の出題傾向については，脱語補充問題が多い，書き抜きで解答する言い換えの問題が多い，自分の言葉で説明する問題が多い，選択肢がよく練られている，といった傾向を把握したうえで，これらを意識して取り組むと解答力を高めることができます。「漢字」「語句・文法」「文学史」「現代文の読解問題」「古文」「韻文」と，出題ジャンルを分類して取り組むとよいでしょう。毎年出題されているジャンルがあるとわかった場合は，必ず正解できる力をつけられるよう意識して取り組み，得点力を高めましょう。

国際基督教大学の数学

——出題傾向と対策 合否を分けた問題の徹底分析——

出題傾向と内容

〈全体的な傾向〉

本校では，例年，他校とは全く異なった形式で入試問題が作成されている。1つのテーマに的を絞り，平易な問題からスタートして，次第に高度な内容へと受験生を誘導していく。そのために分厚い資料集を用意し，それを学び取りながら設問に答えるようになっていて，最終的に到達するのが，高校数学内容であることはもちろん，時には，大学数学，またはそれ以上のレベルであることも珍しくない。

〈本年度の出題〉

本年度は，集合の要素の個数や，関数でよく使われるfの記号の使い方から始めて，2つの集合の要素の対応について考えさせている。最初に出てくる定義が「関数の定義」である。2つの集合の要素の対応について，それが関数といえるかどうかを確認させている。そして，「定義域」，「終域」という言葉も登場させている。中学数学では「値域」という言葉を使っていたが，この新しい言葉「終域」に出合って，この先に高度な内容なものが登場する気配を感じたかもしれない。

次に，集合Aから集合Bへの関数について，Aの要素からBの要素にどう対応しているかを考えさせ，具体的な例で確かめさせながら「単射」，「全射」，「全単射」の定義が理解できるようになっている。それらのことを固めさせてから，要素の個数が無限である無限集合についての対応を考えさせ，さらに「濃度の定義」，「加算濃度」の定義を用いながら，集合全体から集合全体への関数を学ぶような構成になっている。

学習のポイント

> 出題されるテーマは毎年変わるが，いずれも中学数学では普通出会わないものである。それを，長文の資料文を読みながら中学数学の範囲での考え方や計算を積み重ねていくことで理解できるように工夫されている。まずは，中学数学のすべての分野を理解し，どの分野についても定義，定理，計算方法，方程式の解法などについて，ただ知っているだけのレベルを超えていつでも使いこなせるようにしておく必要がある。そうした数学の基本をしっかりと固めておくことはもちろん必要なことではあるが，その上で，日常生活の中のさまざまな事象について，「これは何なんだろう？」，「どうしてこうなるのだろう？」と関心と疑問を持って考える姿勢も大切である。

来年度の予想と対策

何がテーマになるかは予測できないが，分厚い資料を読み解きながら問題を解き進み，最終的に高度な設問に答えられるようになっていく出題形式は変わらないだろう。そこでは，教えられる勉強は役に立たない。教科書などの説明文を読んで理解していく学習態度が必要である。教えられ説明される前に自らの力で解決していくことを心がけよう。問題を解き進めていくために，数の性質，数や文字式の計算，平方根の扱い，方程式の立て方や解き方，関数・グラフの扱い方，図形のさまざまな公式や定理，証明や作図，場合の数や確率の諸問題，資料の整理など，中学数学全般にわたってのレベルの高い理解が必要であることはいうまでもない。

長文の解説をある程度の時間内に読み解く力が必要なので，教科書や参考書だけでなく，数学に関する書物を読んでみたり，さまざまなパズルやクイズに取り組んでみるのもよいだろう。また，本校で過去に出題された問題を研究するのも役に立つ。

年度別出題内容の分析表　数学

	出題内容	28年	29年	30年	2019年	2020年	2021年	2022年	2023年	2024年
数・用語	整数・自然数の性質		○			○	○	○	○	○
	倍数・約数							○	○	○
	用語の意味					○	○	○	○	○
	規則性・新しい記号		○	○	○	○	○	○	○	○
計算問題	数・式の計算・式の値		○		○		○	○	○	○
	分数・小数を含む数・式の計算				○		○			
	平方根									
	多項式の展開・因数分解	○				○			○	
方程式・不等式	連立方程式を含む一次方程式							○		
	二次方程式		○	○						
	不等式							○		
	等式の変形									
	方程式・不等式の応用						○			
関数・グラフ	比例・反比例									
	一次関数	○	○	○						
	$y=ax^2$の二次関数									
	その他の関数									○
	座標・式を求める問題	○	○	○						
	グラフの作成									
大問で使われる計算等	複雑な数・式の計算	○	○	○	○	○				
	平方根の計算	○	○	○						
	因数分解									
	やや複雑な方程式・不等式	○	○					○		
	その他の計算								○	
図形の性質	平行線の性質									
	多角形の性質									
	円の性質									
	合　同									
	相似・平行線と線分の比	○	○							
	三平方の定理	○	○	○						
	動　点									
	立体の切断・位置関係									
	図形の移動・回転	○	○	○						
	説明・証明・作図	○	○	○	○	○	○	○	○	○
図形の計量	角　度									
	長さ・面積・体積	○	○	○						
	面積・体積の比									
確率・統計	場合の数・確率				○					○
	資料の整理・代表値・平均				○					
	標本調査									
融合問題	関数・グラフと図形	○	○	○						
	関数・グラフと確率・場合の数									
	図形と確率・場合の数									
	その他の融合問題									
記述問題								○	○	○
その他の問題		○	○	○	○	○	○	○	○	○

2024年度 国際基督教大学高等学校 合否を分けた問題 数学

問題2 (1)，(2)

自然数の個数の数え方は間違いやすい。例えば，20までの自然数の個数は20個であるが，10から20までの自然数の個数は10個ではない。「10も20も入るから」と考えてもよいが，本文解説で使った考え方がおすすめである。1から9までは9個，1から20までは20個　よって，$20-9=11$(個)　一般的な書き方で表すと，mからnまでの自然数の個数は$n-(m-1)$で求められる。倍数の個数を求めるときにも応用できる。例えば，100から300までにある6の倍数の個数は，1から99までに$99\div6=16$余り3だから16個ある。1から300までには$300\div6=50$だから50個ある。よって，$50-16=34$(個)

問題2 (3)

「2でも3でも割り切れる」…①　「2または3で割り切れる」…②　「2でも3でも割り切れない」…③　「2または3で割り切れない」…④　この①から④について確認しておこう。例えば，9以下の自然数の範囲で考えるとすると，2で割り切れる数は2，4，6，8であり，3で割り切れる数は3，6，9だから，①は6，②は2，3，4，6，8，9である。この①，②の2つについては理解しやすいが，③，④については間違いやすい。2で割り切れない数は1，3，5，7，9であり，3で割り切れない数は1，2，4，5，7，8だから，③は1，5，7　④は2で割り切れない数の1，3，5，7，9と3で割り切れない数の1，2，4，5，7，8のいずれかに当てはまる数となり，1，2，3，4，5，7，8，9である。つまり，2と3の公倍数の6で割り切れない数である。

なお，「○でも△でもある」の表現は，「○であり，かつ，△である」の表現と同じで，○に当てはまるものと△に当てはまるもののどちらにも当てはまるもののことである。

問題4～問題11，問題14

次のそれぞれの場合について，まとめて図でイメージしておくとよい。下の図を参考に自分なりのイメージを作ってみよう。①関数でない場合　②全射ではないが単射である場合　③単射ではないが全射ではない場合　④全単射の場合

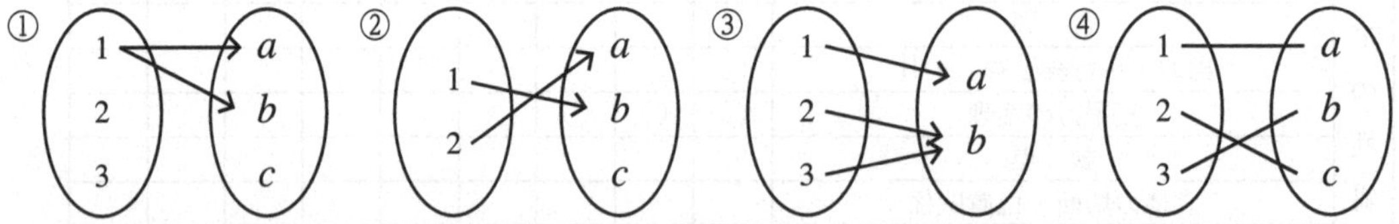

集合Aから集合Bへの対応が全単射であるとき，集合Aの要素の数と集合Bの要素の数が等しく，それぞれの要素が1対1となって対応している。

なお，問題10は次のような問題と同じ内容である。「りんご，なし，みかん，ももが1個ずつある。これをABCDの4人に1個ずつ配りたい。配り方は全部で何通りあるか。」

問題13

$1+2+3+4+5+6+7+8+9=45$，$1+2+3+4+5+6+7+8+9+10=55$　こう言うことを小学生の頃にでもやったことのある人は本文解説のやり方に気づきやすいかも知れない。自然数の和の求め方については，1からnまでの和をSとすると，$S=\dfrac{n(n+1)}{2}$である。

◎本校の過去問題集は数学の参考書・研究書でもある。じっくり取り組んでみよう。

2023年度 国際基督教大学高等学校 合否を分けた問題 数学

問題1

割られる数が正の数でも負の数でも，「余りは0以上で割る数より小さい」が大原則である。(2)の$-43\div 8$では，$8\times 5=40$が頭に浮かんで$-43\div 8=-5\cdots$と考えてしまうかも知れないが，これだと余りは-3になってしまう。-43から$8\times(-6)=-48$を引けば余りが5になる。

問題2

整数が3の倍数(または9の倍数)になっているか確かめる方法として，例えば3けたの数で各位の数をa，b，cとし，$100a+10b+c=99a+9b+(a+b+c)$とすれば，$a+b+c$が3の倍数(または9の倍数)かどうかで判断できる。このように，A+B+C+…のA，B，C，…のそれぞれがmの倍数になっていれば全体としてmの倍数である。このことを身につけておくとよい。

問題3，問題4，問題8

$m+0=0+m=m$　　足し算の単位元は0である。ひき算の場合は，$m-0=0-m$ではないので，単位元は考えられない。$m\times 1=1\times m$なので，かけ算の単位元は1である。かけ算の場合，$m\times x=x\times m=1$となるxをmの逆数という。剰余類の計算でも同様であり，$\overline{m}\times\overline{x}=\overline{x}\times\overline{m}=\overline{1}$となる$\overline{x}$が$\overline{m}$の逆元である。

例えば，7で割ったときの余りで分類した剰余類において，ひき算は，$\overline{3}-\overline{5}=\overline{3}+(-\overline{5})$　　$\overline{5}+\overline{y}=0$となる$y$は2であるから，$3+(-5)=3+2=5$と考える。割り算$3\div 5$は，$5\times z=1$となる$z$は$\overline{3}$だから，$\overline{3}\div\overline{5}=\overline{3}\times\overline{3}=\overline{9}=\overline{2}$となる。

問題8，問題9

2つの整数aとbの関係を考えるときに，「aとbが互いに素」であるかどうかは様々な場面で出てくる重要ポイントである。例えば，分母と分子が互いに素であれば，その分数は既約分数であり，約分はできない。aとbが互いに素であれば，aとbの最大公約数は1であり，最小公倍数はabである。

問題11

「(9で割った分類)で，$\overline{7}\times\overline{m}=\overline{1}$となる$m$が存在し，$m=4$となる。よって,」の部分で疑問を持つ人がいるかもしれない。

逆元を求めるとき，7，14，21，28，35，…の中で，9の倍数より1大きいものを求めると，$28=9\times 3=27$　　$7\times 4=28$　　よって，7の逆元は$\overline{4}$である。$\underline{7\times 4}\times 4$のアンダーラインの部分は$\overline{7}\times\overline{m}=\overline{1}$だから9で割って1余る数である。よって，整数$a$を用いると$9a+1$と表せる。それに4をかけると$(9a+1)\times 4=9a\times 4+4$　　したがって，$7\times 4\times 4$は9で割ると4余る。

$7\times 4\times 4+9\times 4\times 2$については，7で割ったときに$7\times 4\times 4$は7で割り切れるので，$9\times 4\times 2$の部分を7で割った余りを考えればよくて，$9\times 4\times 2$の部分は9で割り切れるから，$7\times 4\times 4$の部分を9で割った余りを考えればよい。

問題12

資料文「3．中国の剰余定理」冒頭の「それでは，ちょっと視点を変えて」以下で，$a=7$，$b=9$，$x=2$，$y=4$として説明してある。それを文字で表して説明しなおせば証明となる。

◎本校の過去問題集は参考書・研究書である。じっくり取り組んでみよう。

2022年度 国際基督教大学高等学校 合否を分けた問題 数学

問題1

素数は1とその数自身の2個しか約数を持たない数である。分母と分子が異なる素数であるとき約分はできない。

数をどういう範囲で考えるかによって負の数の公約数を考えることもあるが，中学数学までの範囲では約数，公約数は自然数の範囲で考える。例えば，6の約数は1，2，3，6　　6と8の公約数は1，2である。

問題2

分子と分母をそれぞれに素因数分解して，共通の素因数でわることを考えるとよい。(2)は，分母が5×7なので，337が5か7でわれるかどうかを考えるだけでよい。

問題10

分子が100の約数でないものを数えていってもよい。1，3，7，9，11，13，17，19，…と，十の位が0から9まで4個ずつあるから，4×10＝40(個)としても求められる。

問題11

原点を通る直線が点$(m,\ n)$を通るとき，その直線の傾きは$n \div m$で求められる。mとnが1以外の共通の約数をもたない自然数であるとき，傾きは$\frac{n}{m}$で表せる。なお，「自然数AとBが互いに素である」という表現に出会うことがあるかも知れない。自然数AとBが互いに素であるということはAとBが共通の素因数を持たないということ，つまり，自然数AとBには1以外の公約数がないということを意味している。

問題16

ある図形を作る線分上やその図形内部の格子点を見つける方法は，本文解説で述べたように，整数であるx座標を次々と代入してy座標が整数になるかを確かめる方法がある。また，本問題のテーマに従えば，ある格子点$(m,\ n)$を求めたら直線$y=\frac{n}{m}x$を考え，$\frac{n}{m}$を約分したり，$\frac{n}{m}$の分母と分子に同じ整数をかけたりして求めることもできる。

問題20

AとBの大小関係が直接調べられないとき，A＜C，C＜BであることがいえればA＜Bであることがいえる。また，A≦B，A≧Bが同時に成り立つのはA＝Bのときだけである。このことは当たり前のことであり，数学の証明で使うこともよくあるが，なかなか気づかないことでもある。この際，再確認しておこう。

問題22

本年度の問題の狙いはこのようにF_nのnを大きくしたときの既約分数の求め方にある。出題されているF_{10}，F_{30}以外の場合について，また，$\frac{3}{4}$以外の分数についても様々に考えてみよう。例えば，F_{30}において，$\frac{1}{2}$の次に現れる既約分数を求めてみよう。$\frac{1+1}{1+2}=\frac{2}{3}$　　$\frac{1+2}{2+3}=\frac{3}{5}$　　$\frac{1+3}{2+5}=\frac{4}{7}$　　$\frac{1+4}{2+7}=\frac{5}{9}$　　このように，分子が2，3，4，5，…，分母が3，5，7，9…となる既約分数が現れることがわかる。

◎本校の過去問題集は参考書・研究書である。じっくり取り組んでみよう。

国際基督教大学の英語

――出題傾向と対策
合否を分けた問題の徹底分析――

出題傾向と内容

Ⅰ, Ⅱ　いずれも長文形式の語彙問題で，Ⅰは適する語句を選択する問題，Ⅱは語義を選ぶ問題で，日本語の意味を選ぶものと英語で説明された語義を選ぶ問題の2小問から成る。Ⅰは全体に基本的な文法事項，語法を問うもので，長文全体の内容を完全に理解していなくてもある程度対応できる。Ⅱは問われている語の意味を知らないと正解するのは難しく，語の意味を知らなければ長文の内容を理解し，前後関係をつかんで意味を類推することになるので難易度は高い。Ⅰ, Ⅱとも長文自体は決して難解なものではないが，いずれも文章は長い。本年度は，Ⅰが会話文，Ⅱが説明文であった。

Ⅲ, Ⅳ　内容吟味を中心とした総合的な長文読解。いずれも英文自体は決して難しいものではないが，文章は長く，内容を速く正しくつかむ力が求められている。今年度はⅢが説明文，Ⅳがエッセイであった。また，Ⅲの問題は設問文が英語のものがほとんどなので，設問の意味を正しくつかめるかどうかもポイントになる。

Ⅴ　絵を用いた英作文問題で，全4問のうち2問が語句整序問題，2問が条件英作文問題であった。語句整序問題はいずれも特に難しい文法事項は含まれていないが，並べかえる語数が多く難易度が高い。絵の内容から想像力を働かせる必要があり，ハイレベルな力が要求される。

学習のポイント

長文などの英文は難解なものではないが，いずれも文章が長く，細かい内容まで問われるので，日頃から長い長文を短時間で読む練習をしておくことが重要。語彙力を充実させることもポイントになる。

来年度の予想と対策

来年度も本年度と同様に，長文形式の語彙問題，長文総合問題，英作文問題での構成で問題量が多い出題傾向に大きな変化はないだろう。

長文読解力と語いの知識が大きなポイントとなるので，できるだけ多くの長文を，速く，正確に読む訓練を積む必要がある。説明文だけではなく，物語文やエッセイなど，さまざまな分野の文章を読もう。時間の制限も厳しいので，時間を限って取り組む練習を積み重ねよう。

英作文は，絵を使う問題を中心に，あらゆる形式の出題に慣れておく必要がある。絵とともに描かれている数字なども重要なヒントになるので，絵とせりふ以外の情報にも注意を払いながら取り組む必要がある。条件英作文や和文英訳では，自分の知っている英語の範囲で工夫して解答できる力が要求される。例えば英語で日記をつけるなどするのもよいだろう。

年度別出題内容の分析表 英語

		出　題　内　容	28年	29年	30年	2019年	2020年	2021年	2022年	2023年	2024年
設問形式	話し方・聞き方	単語の発音									
		アクセント									
		くぎり・強勢・抑揚									
		聞き取り・書き取り									
	語彙	単語・熟語・慣用句	○	○	○	○	○	○	○	○	○
		同意語・反意語									
		同音異義語									
	読解	内容吟味	○	○	○	○	○	○	○	○	○
		要旨把握									
		語句解釈						○	○	○	○
		段落・文整序									
		指示語		○	○		○	○			
		会話文								○	
		文補充・選択						○	○	○	○
	文法・作文	和文英訳	○	○				○	○	○	
		語句補充・選択	○	○	○	○	○	○	○	○	○
		語句整序	○	○	○	○	○	○	○	○	○
		正誤問題									
		言い換え・書き換え									
		語形変化									
		英問英答			○		○	○	○	○	○
		自由・条件作文	○	○	○		○	○	○	○	○
		英文和訳(記述・選択)									
文法事項		文　型								○	
		時　制						○	○		○
		間接疑問文	○	○							
		進行形			○	○					○
		助動詞	○		○		○		○	○	○
		付加疑問文	○								
		感嘆文									
		命令文									
		不定詞	○	○	○		○	○	○		○
		分　詞	○	○				○			
		動名詞	○	○				○			
		比　較	○			○	○	○	○		
		受動態		○			○	○			
		完了形	○		○			○	○		○
		前置詞		○	○	○	○	○		○	○
		接続詞	○	○		○	○	○	○	○	○
		代名詞									○
		関係代名詞	○	○	○	○	○			○	

2024年度 国際基督教大学高等学校 合否を分けた問題 英語

Ⅴ Dの語句整序問題は，与えられいる語句が比較的多く，日本語も与えられていないので正解するのは容易ではない。この問題の場合は一連の絵だが，同じように，英文の本文中の文を組み立てる問題は語句整序問題で最も難易度が高い形式と言える。逆に言えば，このような問題で確実に得点することは合格に大きく近づくこととなる。ここでこの問題を再度詳しく検討し，この形式の語句整序問題に対応する力を磨いていこう。

このような形式の場合，話の展開をつかむことが第一であることは言うまでもない。まずは一連の絵の内容をまとめておこう。最初は下校時の場面。先生が来週から試験だと言っているが，シュンはこれからマンガを読もうか，ゲームをするか考えている。トシも別の遊びの計画を考えている様子であるが，絵2から，トシは映画を見たいと思っていることをつかむ。絵3，4では，2人がトシの家に行って映画を見ていることがわかる。絵4からは，トシにとっては好みの映画だが，シュンにとっては退屈なものであることがわかる。絵5は1つのポイントになる。トシのせりふから，シュンが何か好ましくないことをしたことをつかみたい。絵6で，シュンが見ていた場面がおもしろくないので10秒分飛ばしたこと，それを聞いたトシが驚いていることをつかむ。このことをきっかけに，トシはおもしろい映画を途中で飛ばしたことに腹を立て，シュンによく場面を飛ばして映画を見るのか尋ねる(絵7)。それに対してシュンが理由を答えるが，フキダシの絵から，サッカーや宿題や塾などで忙しいために場面を飛ばさざるを得ないと言っている(絵8)。そして，この問題の最後の絵9で，トシの発言に対してシュンが謝っている。この流れから，ここで組み立てる英文は，場面を途中で飛ばしたシュンに対する注意であることを予測する。こうしたことを押さえておくことで，大まかにでもどういった内容の英文を組み立てるのかをつかむことができ，大きな指針となる。

では，話の内容と空所に入るトシの発言の内容を踏まえて，与えられた語句を検討していこう。ここからは，細かい文法の知識も問われることになる。組み立てる英文は，I understand everyone で始まるが，これだけを見ると，「私は皆を理解する」という意味になり，前後のつながりが不明である。並べかえる部分に動詞 are，has があること，「～するとき」の意味の接続詞または「いつ」の意味の疑問詞 when があることなどから，I understand の後に接続詞 that が省略さ s れていて，「私はだれもが～であることを理解している」という文であると予測しよう。

I understand everyone that ～. という文とすれば，that の後には everyone を主語とする節がくるはずである。さらに，everyone が3人称単数扱いする語であることがわかっていれば，everyone に対する動詞は has しかないことになり，that 以下は，「だれでも～を持っている」という文になることがわかる。

次に，has に対する目的語を考えよう。目的語なので，名詞や不定詞，動名詞などがくるはずだが，与えられている語句から，不定詞と動名詞は除外される。与えられて入る語句の中で has の目的語になりうるものは，a movie があるが，もう1つ，なじみがないかもしれないが，a perspective という可能性も考えられる。perspective は「(ものの)見方，展望」などの意味の名詞だが，この語を知らなくても，everyone has a movie とするならばｓの後に movie を修飾する語句が続いて「どのような映画がだれにでもあるのか」という内容にするしかない。しかし，与えられている語句ではそうした内容を作れそうにない。そこで，思い切って everyone has a perspective としてみるが，perspective の後にコンマがあることから，I understand (that) everyone has a perspective, となるので，この後に but で別の文を続けることが予測できるだろう。

さらに，残った語句について考えよう。when を接続詞とすれば，やはりその後には節がくるので，残っている語句から you are watching a movie とするのはそう難しくないだろう。直後の with someone と合わせると，「あなたがだれかと一緒に映画を見ているときに」となり，一連の絵の流れにも合いそうである。

ここまでをまとめると，I understand (that) everyone has a perspective, but when you are watching a movie with someone, … となり，残った語句が different のみとなった。これは形容詞だから，〈be動詞＋ different〉とするか，〈different ＋名詞〉とするしかないが，この英文の形から，〈be動詞＋ different〉とすることはできないので，different をどこかの名詞の前に置くしかないことになる。 a movie はこのまとまりで与えられているので，残るは perspective の前しかなく，これで I understand everyone has a different perspective, but when you are watching a movie with someone, you should at least ask before you skip a scene.「私はだれも違う見方があることを理解していますが，あなたがだれかと一緒に映画を見ているときは，少なくとも場面を飛ばす前に聞くべきです」という英文が完成する。

ここでは，I understand everyone that ～. の形から検討してきたが，逆に，when，are watching，あたりに目をつけて，when you are watching a movie を先に組み立てる手もある。使う語数が多いので，いきなり文全体の形を考えるのではなく，部分的な意味のまとまりを作ることが，このような語句整序問題では重要である。

2023年度 国際基督教大学高等学校 合否を分けた問題 英語

Ⅴ Bの和文英訳は，一見やさしそうに思われるかもしれないが，英訳問題とは言え，その分，確実に得点したい問題である。それだけに，ここでの失点は合否を分ける1つの重要な問題と言える。ここではいくつかの解答例を示すとともに，見落としがちな点についても触れて，確実に得点できる英文の可能性を検討しよう。

英訳する日本語は，「私は大きな夢を持つ人ってとてもかっこいいと思う！」である。「私は～だと思う」という日本語から，I think (that) ～ の形はすぐに思い浮かぶだろう。そこで，まずはこの形の英文を考えてみよう。接続詞 that の後に，「大きな夢を持つ人はかっこいい」という文が入るので，まずは主語「大きな夢を持つ人」を作る。「本を持っている人」と同じ構造なので，「人」という名詞を「大きな夢を持つ」が後ろから修飾する形になることは見抜きやすいだろう。「人」は person という語があるが，他に someone[somebody] を用いてもよい。ただし，ここでは必ずしも相手のベンについて言っているのではなく，一般に「大きな夢を持つ人」と言っているので，基本的には男性を表す man は避けた方がよい。「大きな夢を持つ」は動詞が含まれるので，関係代名詞が使える。主格の who または that を使い，a person[someone / somebody] who[that] has a big dream と表せる。「かっこいい」は cool で表し，関係代名詞を使う場合，全文は I think (that) a person[someone / somebody] has a big dream is very cool. となるが，ここで先に述べておくと，与えられている日本語が「！」で終わっているので，英文もピリオドではなく，！(エクスクラメーション・マーク)を使うべきである。ピリオドを使っても英文として間違いではないが，ジェーンの発言を忠実に英訳するならエクスクラメーション・マークを使うべきで，ピリオドを使うと減点の対象となる可能性もある。また，注意しないと very を落とすミスも考えられる。これで，I think (that) a person[someone / somebody] who[that] has a big dream is very cool! という1つの解答例ができたが，もう1つ，別の文型を使った表現を紹介する。

think には〈think ＋目的語＋補語〉の形で「～を…だと思う」という意味を表す働きがあり，例えば，I think this book interesting. で「私はこの本はおもしろいと思う」という意味を表すことができる。この形を使うと，I think (that) a person[someone / somebody] who [that] has a big dream very cool! となり，ややすっきりした英文になる。最初の例では，1文の中に think，has，is と動詞が3つ含まれて，文として複雑になるが，会話文でもあるので，できればなるべく簡潔な英文で表すことが望ましいと言うことはできる。

しかし，さらに簡潔な英文で表すことが可能である。関係代名詞を使わず，前置詞を使って「人」と「大きな夢を持つ」をつなぐのだ。「～を持つ」は前置詞 with で表すことができるので，「大きな夢を持つ人」は a person[someone / somebody] with a big dream と表すことができる。これを使えば，I think (that) a person[someone / somebody] with a big dream very cool! とさらに簡潔な英文になる。

このように，与えられている日本語が「！」で終わっていること，会話文であることなどにまで注意を払って，よりこの場面に合う英文を作ることができればベストである。ついでながら，think について，ここで使えるもう1つの用法を紹介しよう。上で見た〈think ＋目的語＋補語〉よりはやや複雑になるが，think は〈think ＋目的語＋ to ＋動詞の原形〉で「～を…だと思う」という意味を表す用法もある。例えば，I think him to be honest. で「私は彼は誠実だと思う」という意味の文になる。これを使うと，この問題の英文は，I think a person with a big dream to be very cool! となる。

このように，一見簡単そうな英文であっても，いくつかの表し方が可能である。また，今回の think の用法のように，同じ内容でもいくつかの形で表すことができる動詞もある。同じような動詞として find について触れておこう。

I found (that) she was sick. で「私は彼女が病気であることがわかった」という意味を表すが，これも think 同様，〈find ＋目的語＋補語〉，あるいは〈find ＋目的語＋ to ＋動詞の原形〉の形で用いることができる。「私は彼女が病気であることがわかった」という日本語は，I found her sick.，I found her to be sick. と表すことも可能である。

この think と find のように，同じ使い方をする動詞は他にもあり，目的語に不定詞をとる want，hope，decide や，目的語に動名詞をとる finish，stop，enjoy などもその例と言えるだろう。こうした，使い方が共通の動詞はグループとして覚えることが効果的だ。また，他の品詞，例えば形容詞の場合では，exciting「(物事が人を)わくわくさせる」と excited「(人が)わくわくしている」のように，語尾が -ing か -ed かによって判別できるものが多い。これは，excite という動詞が「(物事が人を)わくわくさせる」という意味で，その現在分詞形は「物事」が主語，過去分詞形は「(わくわくさせられる)人」が主語というのが根本にある。

今回の think のように，いくつかの使い方があり，それと同じ使い方をする同じ品詞の語があるということは基本と言えばごく基本的なことだが，単に単語としてそれぞれの語を覚えていくのではなく，「共通する」使い方・性質といったところに着眼しながら学習していくと，より深いところからの理解ができる。そうした理解が，英語の構造，英文法の知識をより高めることにつながっていく。

2022年度 国際基督教大学高等学校 合否を分けた問題 英語

Ⅴ Cの条件英作文は，wish を使うという条件が与えられている点で対応しやすく思われるかもしれないが，「10語以上」という条件をクリアするところが難しい。この条件を，文法上のミスなどをせずに満たして満点を取るとなるとかなりの思考力が必要である。この問題で正解できたかどうか，あるいは満点に近い得点ができたかどうかは合否の分かれ目の1つとなったと思われる。ここではこの英作文を完成させるうえでの着眼点，考え方をまとめながらいくつかの解答例を導き，条件英作文問題への対応力を磨きたい。

1　英文の内容を考える

まず①の絵から，3人の人物が流れ星に願い事をすることをつかむ。②では少年の願い事，③では少女の願い事を表す英文を作り，④の絵に移る。ここでは少年の Why are you so quiet, Karen?「どうしてそんなに静かなの，カレン？」という問いかけと，作文する少女の発言があり，それらに対してカレンが No, I didn't. と答えている。この状況から，「カレンは黙っている」，「少女の問いは Yes / No で答える疑問文である」，という2つのことがわかる。さらに wish を使うという条件から，Did you wish ～? という形がすぐに浮かぶだろう。また，①の絵にある wish for ～ という表現をそのまま使うこともできる。少なくともこのいずれかの形で英文を作ることはほぼ間違いないところなので，この2つの形を使って英文を作ってみよう。

2　Did you wish for ～? の場合

まずは解答例にしたがって I wish for ～? の形を使う英文を考えよう。①の絵にある英文からもわかるように，wish for の後には名詞か代名詞が入る。解答例の Did you wish for anything you want in your mind?「あなたは心の中でほしいものをお願いしたの？」は，for の後に anything you want「あなたがほしいもの」を置き，「カレンはだまっている」という状況を踏まえて最後に in your mind「心の中で」と加えている。ここではカレンがほしがっているものや望んでいることが示されていないので，for の後にくる他の名詞・代名詞を考えるのは難しい。そこで anything 以下で他の表現を考えると，anything you want to have「持ちたいもの」，anything you want to do「したいこと」といった英語も使えるだろう。in your mind に代わる表現としては silently「黙って」，without saying anything「何も言わずに」も使える。いずれにしても，「カレンはだまっている」という状況を表す表現を何かしら入れないと10語以上という条件をクリアするのは難しい。

3　Did you wish ～? の場合

wish という動詞は，基本的には実現できないことを願うことを表し，後に that節を続け，さらに that 以下を仮定法にするのが普通である。したがって，この形を使うとなると文法上のミスを犯す可能性が高くなるのは間違いないが，wish for ～ 同様に，Aの語句整序問題で wish that ～ の形が使われているので，Aで正解できれば大きなヒントになる。内容としては上で検討したように具体的なヒントは与えられていないので，例えば Did you wish (that) you would be happier?「もっと幸せになれたらいいと願ったの？」，⑤の絵を参考にして Did you wish (that) you would be rich?「お金持ちになれたらいいと願ったの？」などが考えられる。ここでは wish の後に節が続く関係で，「カレンはだまっている」という状況を表すには別の文を追加する必要がある。Did you wish (that) you would be happier silently? とすると「黙って幸せになる」といった意味合いになってしまうからだ。追加する文としては，Did you wish in your mind?，Did you wish silently? などとすればよいが，Did you wish (that) ～? の形を使うとなると，ミスの危険性が高いのは明らかであるし，会話の流れとしてややぎこちないものになってしまうので，①の絵にある wish for ～ をそのまま使った英文を考える方がはるかに正解の可能性は高まる。

条件英作文では，場面設定，立場などの条件が与えられるので，条件に合わない英文を書いたり，条件を満たさない英文を書いたりしないように注意することは言うまでもない。この問題の場合は，上で見たように，Yes / No で答える疑問文を作る，10語以上で書く，という2つの条件があるが，これだけで10語以上の英文を作るのが難しいことから，カレンが黙っているという状況を絵にあるセリフから読み取って盛り込むことが大きなポイントだ。また，この問題の場合は wish for ～，wish that ～ という表現が出てきているので，これをヒントとして利用することもポイントである。

条件英作文，自由英作文と聞くと身構えてしまいがちだが，必ずどこかにヒントはある。与えられた条件だけについてだけ考えるのではなく，この問題のように前後に英文が与えられているのであれば，そこに着目することも忘れずに取り組もう。

国際基督教大学の国語

――出題傾向と対策　合否を分けた問題の徹底分析――

出題傾向と内容

本年度も，現代文の読解問題が2題出題された。論説文2題の出題で，例年通りかなりの長文である。

一は，「ジェンダー(社会的文化的性差)」に関する文章で，内容を丁寧に追う力が試される設問が中心であった。選択記号式がほとんどであるが，選択肢はいずれもよく練られているので，選択肢を吟味する力が求められた。記述解答は1問で，80字の要約が出題された。その他は，漢字の読み書きと，本文からの書き抜きが出題された。

二は，「短歌の作歌」をテーマにした文章で，本文を正確に読み取る力が試される内容であった。脱語補充や言い換えの問題を通して，より深い読みが求められる内容であった。

一・二ともに，文脈を的確に捉える力とともに設問の趣旨を読み取る読解力，よく練られた選択肢を吟味する解答力が求められる高度な内容であった。

学習のポイント

- 長めの文章を精読する習慣をつけよう！
- 細部に気を配り，文脈を丁寧に追って正確に読み取る高度な読解力を身につけよう！
- 筆者の主張や指示内容を要約する練習を重ね，高度な文章力を養おう！
- 読解力・記述力の両面を見据え，難度の高い問題集で多くの問題にあたっておこう！

来年度の予想と対策

来年度も現代文二題の出題が予想される。論説文二題の出題が続いているが，小説・随筆が出題される可能性もあるので，小説・随筆を読む学習も怠らないようにしたい。いずれにしても，かなりの長文が出題される傾向にあるので，長文を制限時間内に読み切る力をつけておくことが必須である。文章の長さに惑わされずに，着目すべき点を的確にとらえる練習をしておきたい。

解答は記号選択式が中心であるが，80～100字程度の要約が毎年出題されているので，内容をよく理解した上で要約する練習をしておこう。

古文の出題は数年来みられないが，本年度のように短歌をテーマにした現代文が出題されることもあるので，古文・韻文の基礎知識はおさえておこう。

漢字の読み書きや語句の意味，慣用句などの基礎知識は，確実に得点できることが前提であると認識し，しっかり身につけておこう。

年度別出題内容の分析表　国語

出題内容			28年	29年	30年	2019年	2020年	2021年	2022年	2023年	2024年
内容の分類	読解	主題・表題									
		大意・要旨	○	○	○	○	○	○	○	○	○
		情景・心情		○							
		内容吟味	○	○	○	○	○	○	○	○	○
		文脈把握	○	○	○	○	○	○	○	○	○
		段落・文章構成									
		指示語	○			○		○			
		接続語		○							
		言い換え								○	○
		脱文・脱語補充	○	○	○	○	○	○	○	○	○
	漢字・語句	漢字の読み書き	○	○	○	○	○	○	○	○	○
		筆順・画数・部首									
		語句の意味						○	○		○
		同義語・対義語									
		三字・四字熟語									
		熟語の構成									
		ことわざ・慣用句・故事成語	○								
	記述	作　文									
		要約・説明	○	○	○	○	○	○	○	○	○
		書き抜き	○	○	○	○	○	○	○	○	○
		その他									
	文法	文と文節・品詞分類									
		品詞・用法									
		敬　語									
		仮名遣い									
		返り点・書き下し文									
	古文・漢文の口語訳										
	古文の省略に関する問題										
	表現技法					○	○	○	○		○
	文学史										
問題文の種類	散文	論説文・説明文	○	○	○	○	○	○	○	○	○
		小説・物語		○							
		随筆・紀行・日記									
	韻文	詩									
		和歌・短歌									○
		俳句・川柳									
	古　文										
	漢文・漢詩										

2024年度 国際基督教大学高等学校 合否を分けた問題 国語

一　問十

★なぜこの問題が合否を分けるのか！

本文の主題を要約する問題で，文脈・要旨をおさえる力と過不足なくまとめる文章力が問われる設問である。どうしてそのように言えるのか，現在の社会がどのようなものであるか，という二点をおさえ，本文のどの部分が該当するのかをよく考えて要約しよう！

★こう答えると「合格できない」！

直後に「男性が変わらないかぎり，女性も変われない」とあり，現在の社会については「ただ……」で始まる段落に「私たちの日常生活世界には，伝統的で因習的で，偏りが硬直してしまったような性別分業をめぐる実践や知が未だしっかりと息づいているのも現実です」とあるが，この二点だけで要約してしまうと，内容として不十分なので注意しよう。「性別分業をめぐる実践や知」が指すものとは何か，「変わる」とはどういうことか，と，もう一歩考えを深めて，より具体的な記述にしよう！

★これで「合格」！

直後の「変わる」ことについては，同段落冒頭に「男性支配的な性別のあり方を考え直すのは，他でもない男性自身がやるべきこと」とあり，「性別分業をめぐる実践や知」については，「外で働いているのだから，家のことや子育てや老親の面倒は，妻がやればいいんだ」「食事を作り家事をするのは女性の仕事という因習的な女性観」と表現されている。これらの内容もふまえ，記述の内容をより具体的なものにして完成させよう！

二　問六

★なぜこの問題が合否を分けるのか！

短歌の表現技法の知識も問われる設問である。短歌の定型が五七五七七であるという基礎知識もふまえて解答しよう。

★こう答えると「合格」できない！

「日本脱出したし　皇帝ペンギンも皇帝ペンギン飼育係りも」という歌について，直後に「この歌の『皇帝ペンギン』や『皇帝ペンギン飼育係り』にみられる質感や動きは，ぬいぐるみ的アニメ的，或いはマンガ的とは云えないだろうか」とあるが，「命の重みを詠うことを意図したものではなく」とあるウ，あるいは「自然な印象ではなく」とするエを選ばないようにしよう。ウの「修辞法も革新的」，エは「緊張感や喜びを失ってしまっている」は，本文の内容と合致しない。この後に述べられている短歌の定型に関する指摘を読み落とさないようにしよう。

★これで「合格」！

直後に「日本脱出／したし　皇帝／ペンギンも／皇帝ペンギン／飼育係りも」と，五七五七七の音数に区切ったものが示されており，「作中の『皇帝ペンギン』も「皇帝ペンギン飼育係り」も，ばらばらに分断されている。対象を常に生身のものとして捉える近代短歌的なモードの下では，この分断に対して，生き物を勝手に言葉で切り刻むのは不謹慎だというような禁忌の感覚が生じるのではないか」と指摘している。短歌の定型に区切ると「ばらばらに分断されている」ことを「逸脱した感覚」としていることをとらえて，「単なる写実ではなく，言葉の切れ目も短歌の定型から外れている」とするイを選ぼう！

2023年度 国際基督教大学高等学校 合否を分けた問題 国語

一 問二

★ なぜこの問題が合否を分けるのか！

筆者の考えが端的に述べられている部分を抜き出す問題で，文脈を的確に追う力と，要旨をおさえる力が問われる設問である。普通とはこういうことである，といった説明部分はないので，本文をしっかり読み，どの部分が該当するのかをよく考えて解答しよう！

★ こう答えると「合格できない」！

傍線部の前後に「普通」という言葉に関する説明があるわけではないので，説明部分を探していると解答にたどり着けない。次の段落に「言語能力が原因で『普通』の資格が奪われる」とあり，その次の段落には「自分にとってはごく普通の日常の空間で，自分は『普通』ではいられない時の感覚」とあることに着目して考えを進めてみよう！

★ これで「合格」！

「『普通』の資格が奪われる」「『普通』ではいられない感覚」という内容を言い換えている部分を探すと，「なまりが……」で始まる段落に，「相手に警戒されず，匿名の『ただ一人』としてその場に存在できる特権は奪われ」とあることに着目できる。この中から，「普通」を言い換えている部分に該当する「匿名の『ただ一人』としてその場に存在できる特権(23字)」を抜き出そう！

二 問十

★ なぜこの問題が合否を分けるのか！

設問意図を的確に読み取る力が試される設問である。問題文の「筆者はヌスバウムの議論のどのようなところに納得しているのですか」という部分をしっかりとらえて解答しよう。

★ こう答えると「合格」できない！

直後に「ヌスバウムは，子どもたちには『少なくともあるひとつのなじみのない文化的伝統についてより深く調べる』方法を学ぶべきだ，と論じています。……深く調べる宿題を課されたことが有意義であったと書いています」とあることから，「どんな小さなことであってもとことんまで議論すること」とあるイを選ばないようにしよう。イは，筆者が「なるほど」と納得していることにはあてはまらないので注意しよう！

★ これで「合格」！

「なるほど」の直前に「人文学と芸術が，批判的思考と共感をつくる上で重要だ。そうした批判的思考や共感は，グローバルな経済活動でも大事だけれど，何よりもグローバルな危機の中での国を超えた広がりを持つデモクラシーにとって不可欠だ」とあり，この内容について，「なるほど」と納得していることをおさえる。筆者は，「批判的思考や共感」について，「知識を持つということは，その対象に対する想像力を発揮させることができるようになるということなのです。」とし，さらに本文最後では「はるか遠くの地域に住んでいる人々の暮らしや文化に思いをはせたり，未来の社会や世代への責任を考えたりすることができるようになるためには，教育の役割が必要不可欠なのです」と述べているので，これらの内容と合致するウを選ぼう。

2022年度 国際基督教大学高等学校 合否を分けた問題 国語

□一 問三

★ なぜこの問題が合否を分けるのか！

よく練られた選択肢の中から正答を選び出す力が試される設問である。選択肢と本文の内容を照らし合わせて丁寧に解答しよう！

★ こう答えると解答できない！

「ジレンマ」とは，相対する二つの事柄の間で，どちらとも決めかねている状態，板ばさみになって苦しんでいる状態のこと。選択肢にはどれも二つの事柄が示されているので，どれもが合致しているように思われる。本文の内容と照らし合わせて解答しないと正解できないので，安易に解答しないよう注意しよう！

★ これで合格！

「そんな」が指示する内容をおさえよう。直前に「『わたしたち』と『かれら』のあいだには，埋めがたい格差がある。かといって，みんなに分け与えるわけにもいかない。では，どうすべきなのか？これは途上国を訪れた旅行者の多くが抱く葛藤かもしれない」とあり，これが「そんな」と言い換えられていることをおさえてウを選ぼう。また，「ジレンマ」を「葛藤」と言い換えている点にも着目しよう！

□二 問九

★ なぜこの問題が合否を分けるのか！

本文を精読する力が問われる設問である。「スケッチ画」の意味が述べられている部分をしっかり読み取って解答しよう！

★ こう答えると解答できない！

直前に「このような展望の位置を獲得した場合，そこに近景，中景，遠景といった風景画的な階層化された構図が生まれるということです。いいかえれば，遠近法的構図です。この小説における風景の要素配置つまり構図は，次のように組み立てられています」とあることから，作者である梶井基次郎が小説に描こうとしたことをスケッチ画で表現した，と読み取って，「主人公の気持ちに寄り添おうとした」とするオを選ばないようにしよう！

★ これで合格！

これより前に「この『パノラマ風の眺め』はなぜ主人公を魅了しているのでしょうか。それはまさしくパノラマが遠くまで見わたす眺望であるからにほかなりません」「『城のある町にて』の主人公が高台の城跡に上がるのは，その眺望を可能にする……を獲得するためです。小高い丘の上から広大な空間を見わたす。これこそパノラマ的視覚の要件ですから」と，主人公が見ていた風景の意味に言及しているので，「どんな風景を主人公が見ていたか，読者に示そうとした」とするエを選ぼう。主人公が見ていた風景を示すことで，主人公の心象を表現したと筆者は考えているのである。

2024年度

★★★★★★★★★★★★★★★★★★★★★★★★

入　試　問　題

2024年度

国際基督教大学高等学校入試問題

【数　学】（70分）　＜満点：100点＞

【注意】　1．この試験は資料文とそれに続く問題とで構成されています。資料文を読みすすめながら，対応する問題に答えていくのがよいでしょう。

2．定規，コンパス等は使用できません。

資料文

プロローグ

歴史を変えるほどの新しい理論が学界に受け入れられるようになるまでに多大な時間が必要とされるということは往々にして起こる。

1874年にドイツの数学者カントールが無限集合に関する革新的《かくしんてき》理論を創造して以降，数学界は大いに揺れた。後にカントールが精神病を患ったのも，周囲からの強い批判と反発が要因の一つと考えられている。彼の理論は20世紀に入ってようやく認められ，その後の数学の発展に多大な影響を与えた。現代数学の研究領域は極めて大きく拡がっているが，カントールの集合論はそのあらゆる領域の支柱となっている。それでは，カントールによる衝撃的《しょうげきてき》理論の一端を垣間見よう。

1　ものを数える

パインさんとピーチさんは数学が大好きな中学３年生。数学の先生が授業の余った時間で話した内容が気になってしょうがないようです。

パインさん（以下パ）　ピーチさん，こんにちは。さっきの先生の話，理解できた？　私は全くわからなくて…。

ピーチさん（以下ピ）　パインさん，こんにちは。確か「無限なものを数える」みたいな話だったよね。私もさっぱりわからなかったわ。今日は部活も無い日だし，学校が終わったら三鷹《みたか》の森に住んでいるアップル博士のところに質問に行かない？

パ　うん！　行こう！！

－放課後－

ピ　アップル博士，こんにちは。今日学校の授業で「無限なものを数える」みたいな話を聞いたのですが，さっぱりわからなくて…。

パ　アップル博士，こんにちは。確か先生は「実数は自然数より多い」というようなこともおっしゃっていたような気がします。私も全くわかりませんでした。

アップル博士（以下ア）　ピーチさん，パインさん，こんにちは。恐らくカントールの集合論ですね。確かにそれは中学生にとっては馴染みのない話でしょう。数の計算というよりは，論理がとても重要になります。今日は少し長くなるかもしれませんね。コーヒーでも飲みながらゆっくりお話をしましょう。

パ，ピ　ありがとうございます。

ア　今コーヒーカップとソーサーを人数分用意しました。カップとソーサーがセットになっていますね。

ピ　はい。それがどうかしたのでしょうか？

ア　セットになっていることによって，カップとソーサーが同じ数だけあることがわかりますね。

パ　カップとソーサーはそれぞれ３個ずつあるんだから，同じ数だけあることは当たり前ではないでしょうか？

ア　もちろんそうです。でも仮にカップとソーサーがたくさんあったとしましょう。そのとき，「同じ数だけあること」だけを確かめたかったとしたら，カップとソーサーの数をそれぞれ数えますか？

パ　あ，確かに数えないですね。すべてのソーサーの上にカップが置いてあることだけ確認すれば，同じ数だけあるとわかります。

ピ　カップが余っていないことも確かめる必要があるわね。

ア　その通りです。今日お話しする「集合論」においても，２つの集合の大小を比較する際に，今のカップとソーサーのセットのような対応を考えます。
例えば，６の正の約数全体と１桁《けた》の素数全体は次のような対応によって，個数が等しいことがわかります。

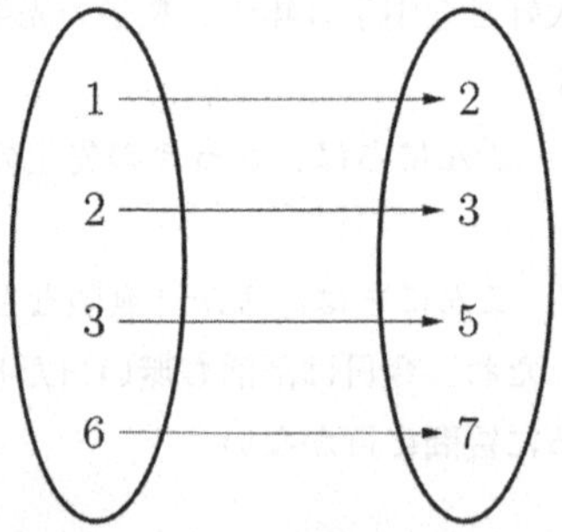

パ　素数というのは，１と自分自身以外には正の約数をもたない２以上の整数のことでしたね。

ア　さて，６の正の約数全体や１桁の素数全体のように，ある条件を満たすものの集まりのことを「集合」といいます。集合に入っているもののことを，その集合の「要素」といいます。６の正の約数全体の集合の要素は1，2，3，6の４つですべてとなります。

…問題１

…問題２

カップとソーサーの話と同じで，２つの集合の要素が「同じ数だけある」ことを確かめるには，その２つの集合の間にこのような対応があることを調べればよいというわけです。

パ　ちょっと待って下さい。６の正の約数全体と１桁の素数全体の間には次のページのような対応を考えてもいいのでしょうか？

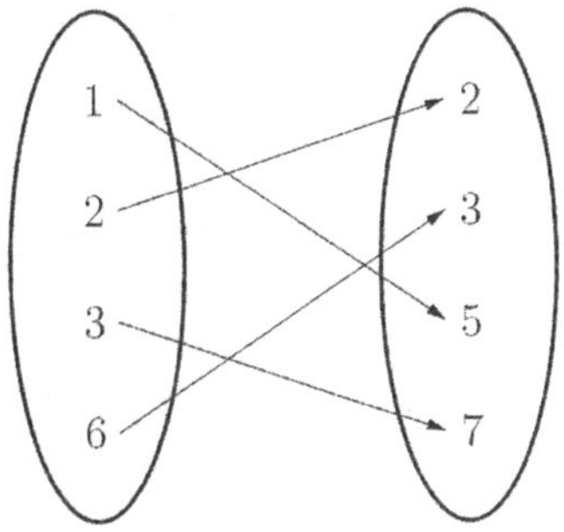

ア　もちろん大丈夫です。これでも２つの集合の要素が「同じ数だけある」ことがわかりますね。あとで詳しく説明しますが，このような対応を「１対１対応」といいます。

ピ　他にも何通りか考えられそうね。

２　関数

ア　二人は中学校で関数を習っていますか？

パ　$y=2x+1$ や $y=x^2$ などのことでしょうか？

ア　そうです。では，「関数の定義」を述べることができますか？

パ　「関数の定義」…？　難しいです。

ピ　「値を入力すると何かしらの計算をして値を出力するもの」という感じでしょうか。

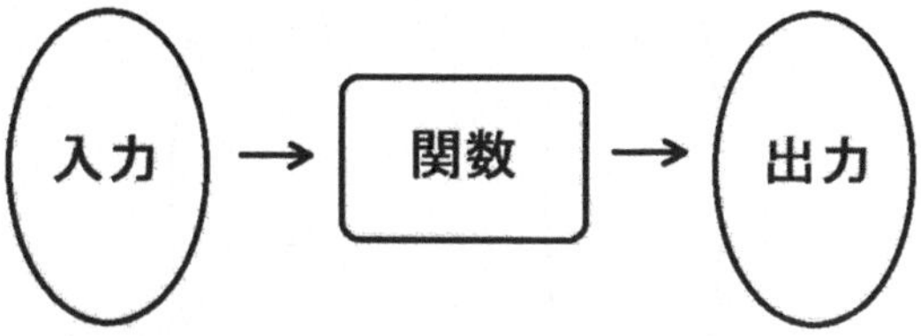

ア　とても良い感覚ですが，厳密な定義は次のようなものになります。

関数の定義

集合 A から集合 B への**関数**とは，A のすべての要素に対して，B の何らかの要素を必ず１つだけ対応させるものである。
A をこの関数の**定義域**《ていぎいき》，B をこの関数の**終域**《しゅういき》という。

パ　ちょっと何を言ってるかわかりません。

ア　では，二人がすでに知っている１次関数や２次関数の例で説明しましょう。
まず，$y=2x+1$ という例を考えてみましょう。
例えば，１に対しては，$2\times1+1=3$ という計算を行って，３を対応させます。
例えば，２に対しては，$2\times2+1=5$ という計算を行って，５を対応させます。
どんな実数 a に対しても，実数 $2a+1$ を対応させるので，これが実数全体の集合から実数全体の集合への関数になっているといえるのです。
もう１つ，$y=x^2$ という例も考えてみましょう。
例えば，１に対しては，$1^2=1$ という計算を行って，１を対応させます。
例えば，２に対しては，$2^2=4$ という計算を行って，４を対応させます。

どんな実数 a に対しても，実数 a^2 を対応させるので，これも実数全体の集合から実数全体の集合への関数になっているといえるのです。

パ　わかるようなわからないような…。

ア　今の２つの例以外にも，先ほどの６の正の約数全体と１桁の素数全体の間の１対１対応の例（下の図）も関数になっています。

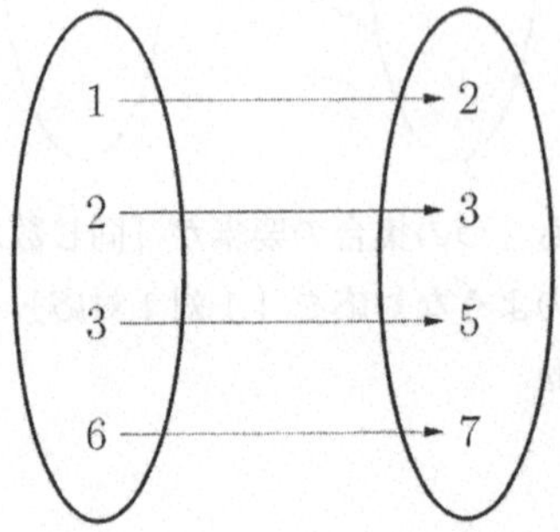

ピ　この対応が，６の正の約数それぞれに対して，必ず１桁の素数を１つ対応させているってことね！

ア　そうです。もちろん，パインさんが考えてくれた例（下の図）も６の正の約数全体の集合から１桁の素数全体の集合への関数になっています。

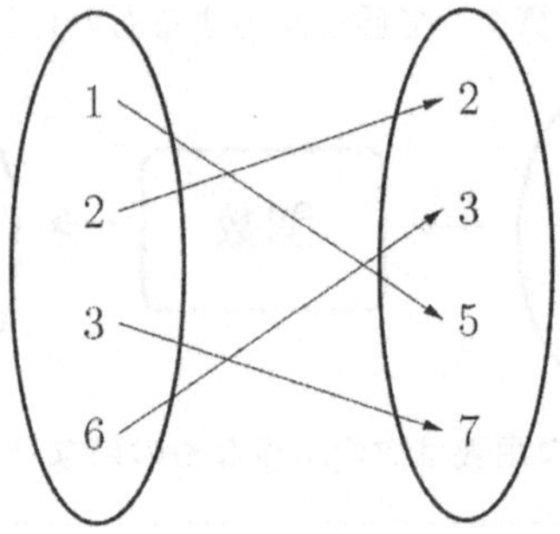

ここで，関数の定義をもう一度見てみましょう。

> **関数の定義（再掲《さいけい》）**
>
> 集合 A から集合 B への**関数**とは，A のすべての要素に対して，B の何らかの要素を必ず１つだけ対応させるものである。
>
> A をこの関数の**定義域**，B をこの関数の**終域**という。

ア　この定義において，大切なことが２つあります。

- A のすべての要素に対して，B の何らかの要素を**必ず**対応させる
- A の１つの要素に対して，対応する B の要素は **1つだけ**である

例えば，先ほどと同じ集合を考えていても，次のページのような対応は関数になっていません。

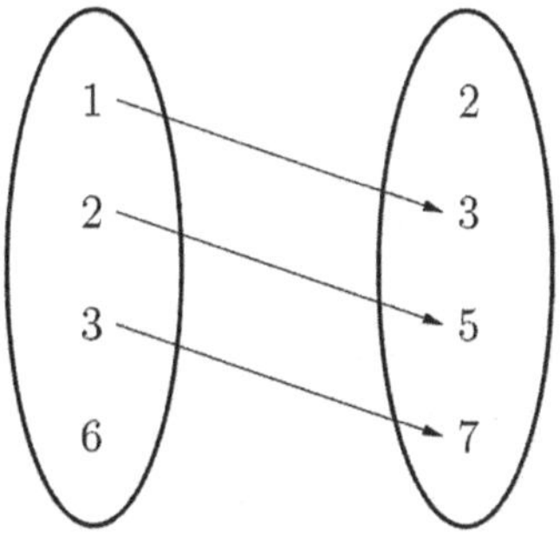

パ　A の 6 に対応する B の要素がないので，定義の中の「A のすべての要素に対して，B の何らかの要素を**必ず**対応させる」の部分がダメになるんですね。

ア　その通りです。
次のような対応も関数になっていません。

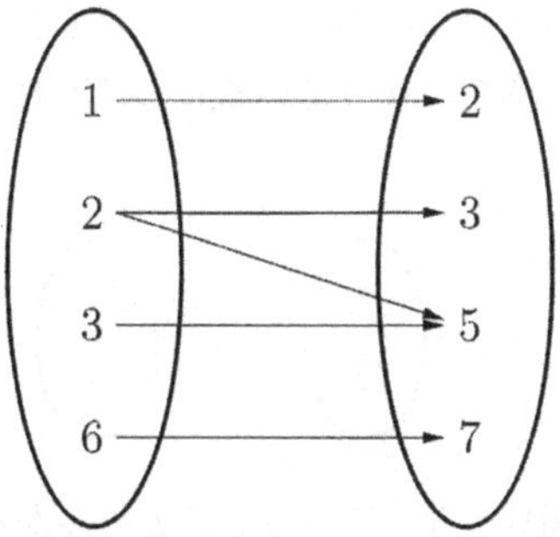

ピ　今度は A の 2 に B の 3 と 5 の 2 つが対応してしまっているわ。定義の中の「A の 1 つの要素に対して，対応する B の要素は **1 つだけ**である」の部分がダメになるのね。

ア　その通りです。関数がどんなものか，少しわかってきましたか？

パ　多分。

ピ　なんとなく。

ア　ここで，関数を扱うために便利な記号を用意しましょう。例えば，6 の正の約数全体の集合から 1 桁の素数全体の集合への関数 f が下の図のような対応を与えているとき，$f(1)=2$，$f(2)=3$，$f(3)=5$，$f(6)=7$ というように，対応を式で表すことにします。

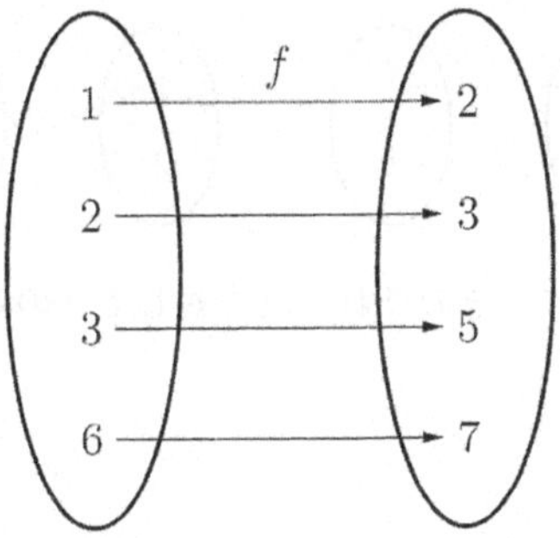

もし関数 f がパインさんが考えてくれた例（次のページの図）の場合でしたら，$f(1)=5$，$f(2)=2$，$f(3)=7$，$f(6)=3$　となるわけです。

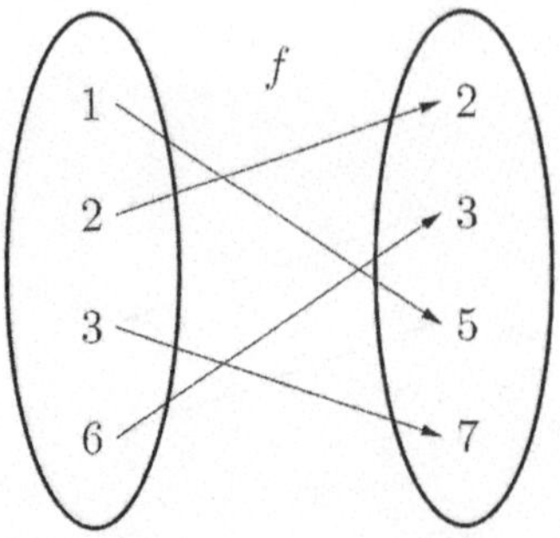

また，例えば$y = 2x + 1$という関数に対して，$f(x) = 2x + 1$と表せば，$f(1) = 2 \times 1 + 1 = 3$，$f(2) = 2 \times 2 + 1 = 5$ のような表現ができることも便利です。

パ　別の例で，$f(x) = x^2$ なら，$f(1) = 1^2 = 1$，$f(2) = 2^2 = 4$ のようになるんですね。

…問題3

ア　それでは，もう少し要素の個数が少ない場合で考えてみましょう。
次の3つの対応⑴～⑶のうち，関数になっているものはどれでしょうか？

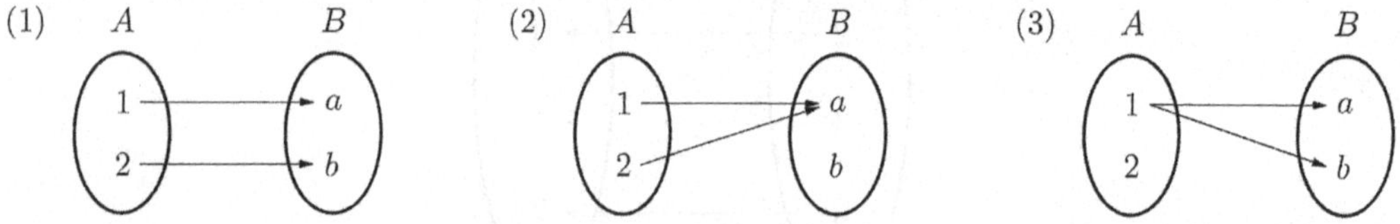

ピ　⑴が関数になっていて，⑶は関数になっていないことはわかるけど，⑵の例はどうなんだろう？

パ　定義は「Aのすべての要素に対して，Bの何らかの要素を1つだけ対応させるものである」だから，関数なんじゃないかな？

ピ　なるほど。⑵の例も，1にa，2にaというように，集合Aのすべての要素に対して，集合Bの要素を必ず1つ対応させているから，関数といえるんですね。

ア　その通りです。困ったら定義に戻って考えることは大切ですね。

…問題4

要素が2個の集合から要素が2個の集合への関数は，次の4通りしかないことがわかります。

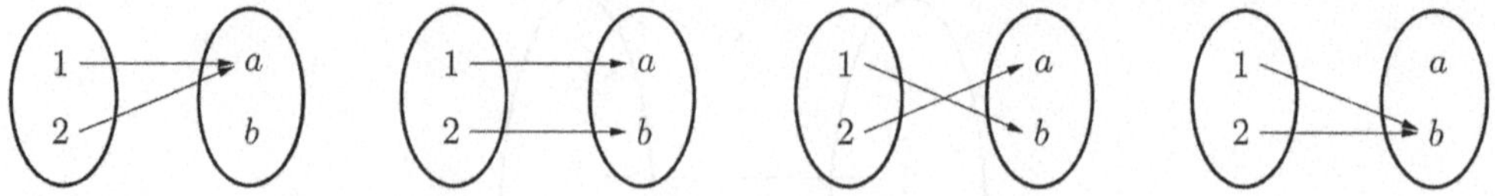

ピ　1の対応する先が2通りあって，そのそれぞれに対して2の対応する先も2通りずつあるから，$2 \times 2 = 4$で4通りなのね。

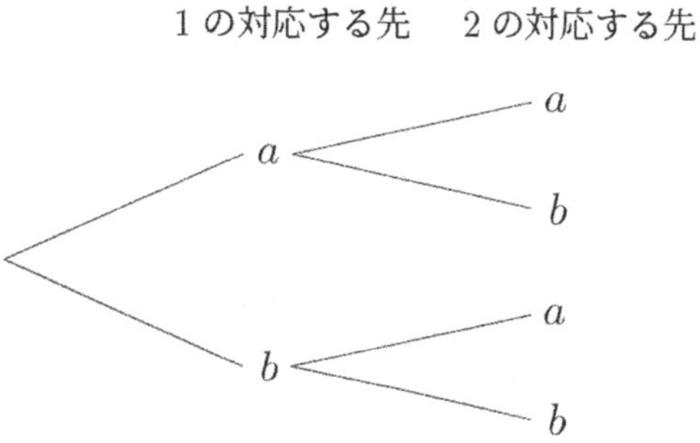

ア　それでは，要素が２個の集合から要素が３個の集合への関数は全部で何通りあるでしょうか。

パ　全部書き出してみます！　えーっと，１が a に対応する場合，２の対応する先が……

－数分後－

パ　できました！

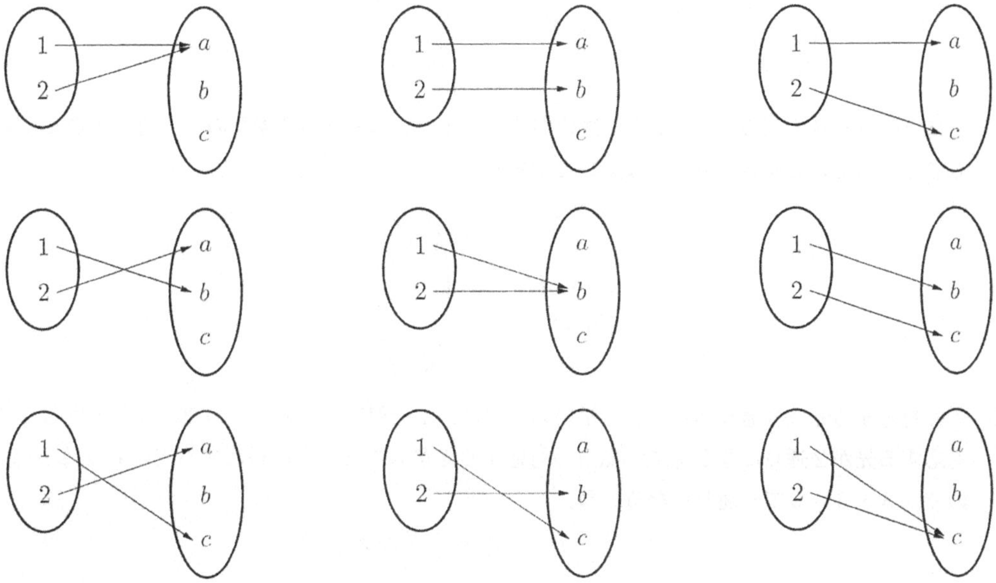

パ　全部で９通りです！

ア　素晴らしい。よくできています。

ピ　この場合も，３×３＝９で９通りと計算して求めることもできるわね。

…問題５

ア　これまでの例を見てわかるように，関数の中には異なる要素に必ず異なる要素を対応させるものと，そうでないものがあります。

異なる要素に必ず異なる要素を対応させる関数のことを単射《たんしゃ》といいます。

単射の定義

集合 A から集合 B への関数が**単射**であるとは，A の異なる２つの要素には必ず B の異なる要素が対応することをいう。

要素が2個の集合から要素が3個の集合への関数の中で，単射であるものは次の6通りになります。

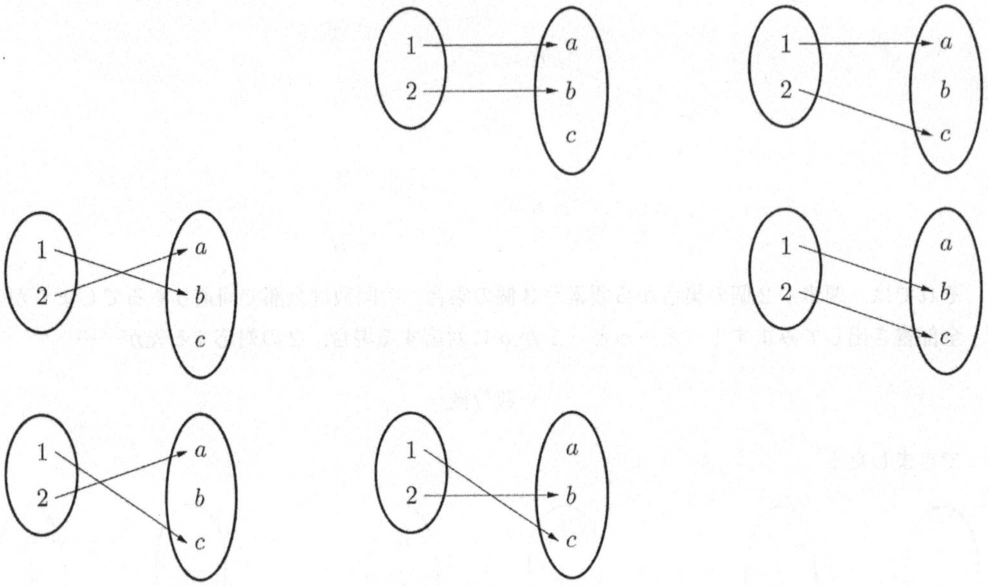

パ　先ほどの9通りの例のうち，例えば次の例では，1と2は異なる要素なのに，同じ要素 a に対応してしまっているから，単射ではないんですね。

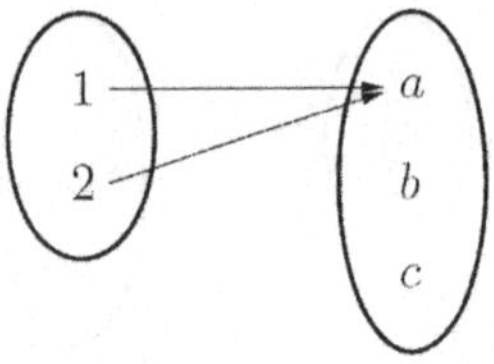

ピ　1の対応する先は3通りあるけど，単射の場合は，1の対応する先を1つ決めてしまうと，2の対応する先が2通りになる（例えば，1の対応する先が a なら，2の対応する先は b, c しかない）ので，$3\times2=6$ で6通りになるのね。

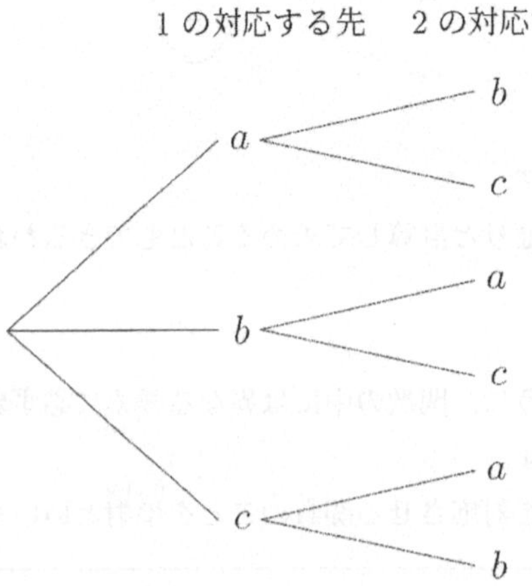

…**問題6**

…**問題7**

ア　単射についての説明はこれでいったん終わります。もう一つ，集合の要素の個数を変えた例を見てみましょう。
要素が３個の集合から要素が２個の集合への関数は全部で何通りあるでしょうか。

パ　全部書き出してみます！

－数分後－

パ　できました！

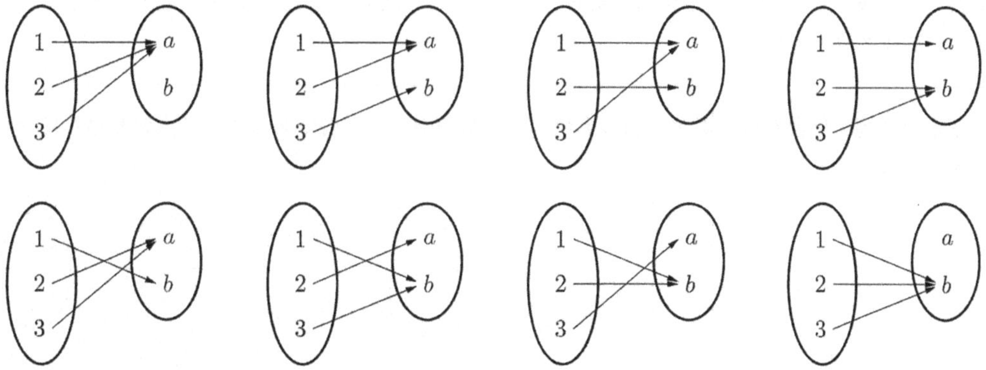

全部で８通りです！　さっきより早くできました！

ピ　これは　$2 \times 2 \times 2 = 8$　で８通りね。

１の対応する先　２の対応する先　３の対応する先

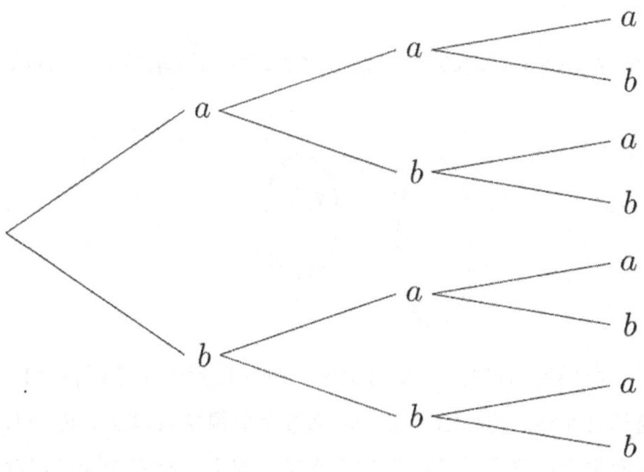

ア　さて，今度は終域のすべての要素に対して，対応する定義域の要素が必ず存在する関数のことを全射《ぜんしゃ》といいます。

ピ　終域，定義域とはなんのことだったでしょうか？

パ　定義を確認すると，「f が集合 A から集合 B への関数のとき，A を f の定義域，B を f の終域という」でしたね。

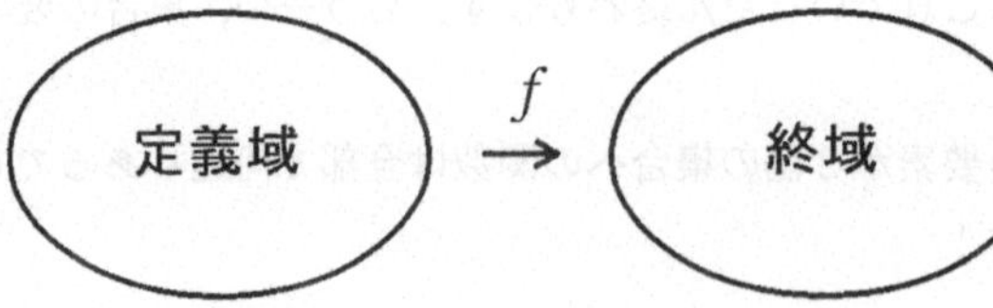

ア　その通りです。

全射の定義

集合Aから集合Bへの関数が**全射**であるとは，Bのすべての要素に必ずAの要素が少なくとも1つ対応することをいう。

要素が3個の集合から要素が2個の集合への関数の中で，全射であるものは次の6通りになります。

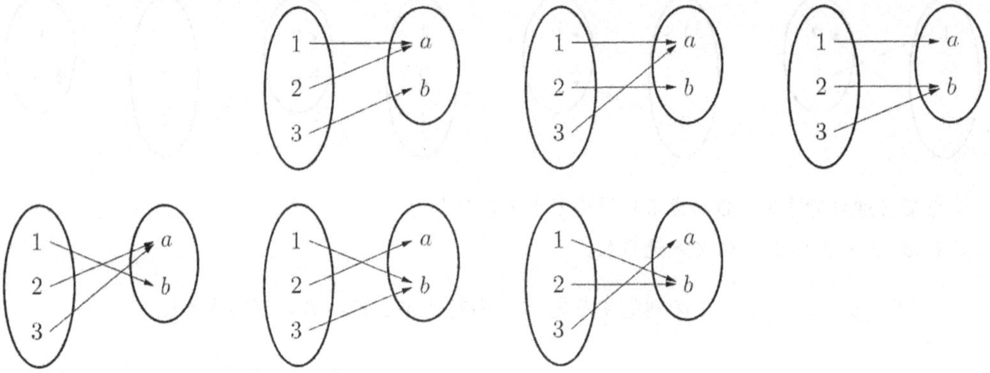

パ　先ほどの8通りの例のうち，例えば次の例では，bに対応する要素が1つもないから，全射ではないんですね。

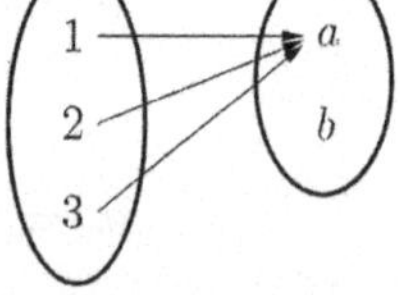

ピ　全8通りのうち，全射でないものは1，2，3のすべてがaに対応する場合と1，2，3のすべてがbに対応する場合の2通りだから，$8-2=6$で6通りと計算すればよいのかしら？

ア　それも正解ですが，次のように考えることもできます。対応する先が同じになる要素の組み合わせは，1，2と1，3と2，3の3通りです。そして例えば，対応する先が同じになる要素が1，2であるケースを考えると，1，2の対応する先がaなら，3の対応する先はbに決まり，1，2の対応する先がbなら，3の対応する先はaに決まるので，このケースは2通りあります。このことは対応する先が同じになる要素が別の組み合わせのケースでも同様なので，$3\times2=6$で6通りです。

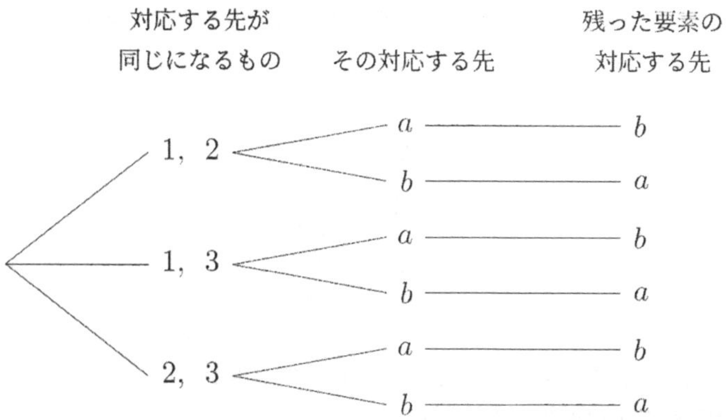

途中の「対応する先が同じになるものが1，2であるケース」の考え方は，「要素が２個の集合から要素が２個の集合への単射の数」の考え方と対応していることにも注目して下さい。

パ　全射の計算は難しいですね。

…問題８

…問題９

ア　最後に，単射であり，かつ全射でもある関数のことを**全単射**《ぜんたんしゃ》といいます。

…問題10

ア　また，関数は何が定義域で何が終域であるか，つねに明記されていないといけません。例えば，関数 $f(x)=x^2$ について，定義域を０と１だけを要素にもつ集合，終域を０と１だけを要素にもつ集合とすると，この関数は単射であり，かつ全射でもあるので，全単射となります。

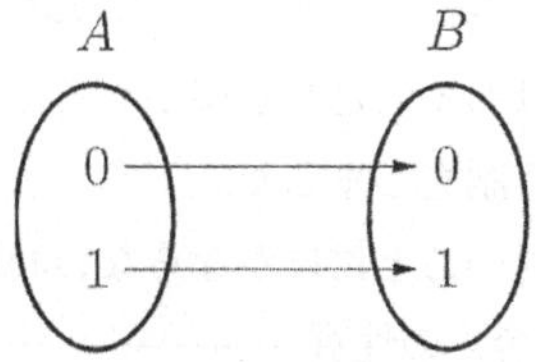

しかし，同じ $f(x)=x^2$ でも，例えば定義域を０と１と－１だけを要素にもつ集合，終域を０と１だけを要素にもつ集合とすると，この関数は単射ではなくなります。

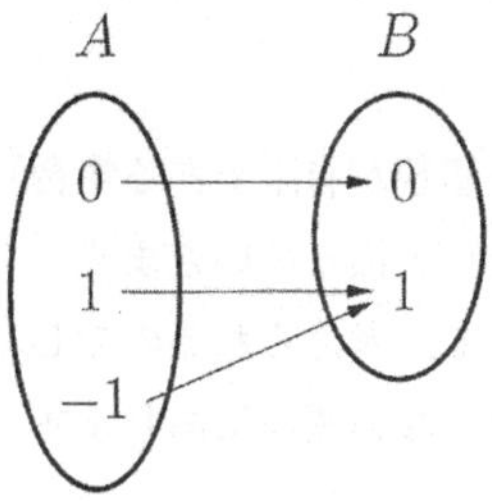

パ　単射の定義は「A の異なる２つの要素には必ず B の異なる要素が対応する」だったのに，A の１と－１に B の同じ１が対応してしまっているんですね。

ア　また，同じ $f(x)=x^2$ で，例えば定義域を０と１と－１だけを要素にもつ集合，終域を０と１と

-1だけを要素にもつ集合とすると，この関数は全射ではなくなります。

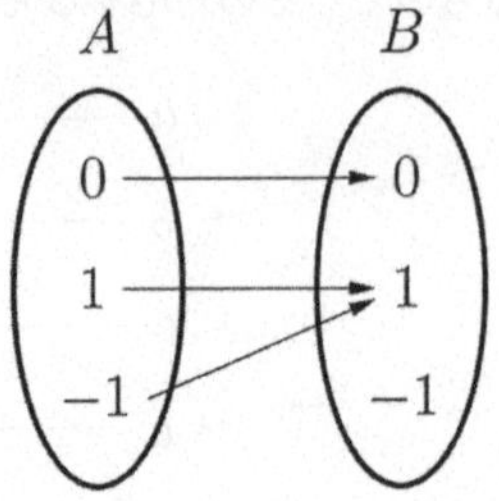

パ　今度は全射の定義が「Bのすべての要素に必ずAの要素が少なくとも1つ対応する」なのに，Bの-1に対応するAの要素がありません！

ピ　定義域と終域が何であるかが大切なんですね。

…問題11

ア　さて，話を戻して，最初に考えた6の正の約数全体の集合から1桁の素数全体の集合への関数の2つの例はどちらも全単射になっています。

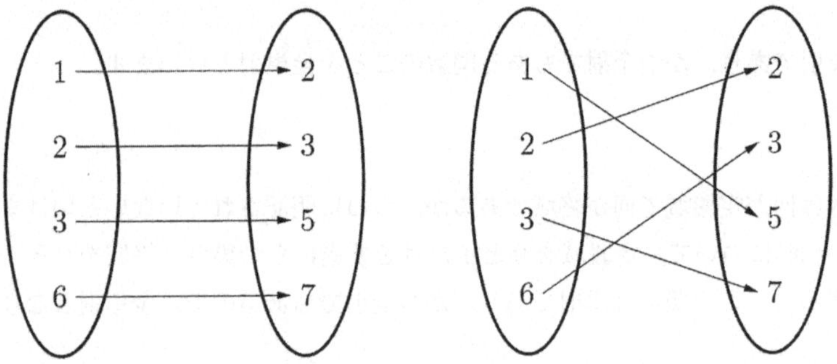

2つの集合の要素が「同じ数だけあること」を確かめるには，その2つの集合の間に1対1対応があることを調べればよいという話をしました。

この1対1対応とはまさに全単射のことにほかならないわけです。

有限集合（要素の個数が有限な集合）の性質

> 集合Aから集合Bへの全単射が存在するとき，AとBの要素の個数は等しい。

3　無限のものを数える？

ア　さて，先ほどは有限集合（要素の個数が有限である集合）を考えてきました。ここからは無限集合（要素の個数が無限である集合）を扱っていきます。

ピ　要素の個数が無限である集合なんて，考えられるのでしょうか？

ア　数学と無限集合は切っても切り離せない関係にあります。例えば，自然数は全部で何個あると思いますか？

パ　自然数とは，1, 2, 3, 4… という数のことですよね。確かに，何個と言われても困ってしまって，「無限にある」と言うしかないのですね。

ア　日常生活では有限のものを対象に考えることがほとんどでしょうが，数学においては「すべての自然数に対して……」や「すべての整数に対して……」のように，無限に沢山《たくさん》あるものすべてを対象に議論を行うことが極めて頻繁《ひんぱん》にあります。

数学では無限集合に対しても「どちらの方が要素の個数が多いか」を比べることを考えます。

ピ　無限なものに対して，どちらの方が多いか比べるなんて，できるのですか？

ア　カントールが登場する以前，19世紀の多くの数学者たちもそんなことは不可能だと考えていたでしょう。

パ　ここで遂にカントール先生が登場するんですね！

ア　まず，言葉を正確に定義しておきます。有限集合に対しては「要素の個数」という単語を使いますが，無限集合に対しては代わりに「濃度《のうど》」という単語を使います。２つの無限集合（有限集合でも可）に対して，その濃度が等しいというのは，その２つの集合の間に１対１対応，すなわち全単射が存在することをいいます。

濃度の定義

２つの集合 A，B の**濃度**が等しいとは，A から B への全単射が存在することをいう。

パ　２つの有限集合の要素の個数が等しいときに成り立つ性質を，２つの無限集合の濃度が等しいことの定義に採用したんですね。

ア　その通りです。

ピ　今なら定義自体は理解できるわね。

ア　しかし，無限集合を対象にした場合は，直感に反する結果が導けてしまいます。

例えば，自然数全体の集合と，正の偶数全体の集合を考えると，この２つの集合の間に次のような全単射が作れてしまいます。

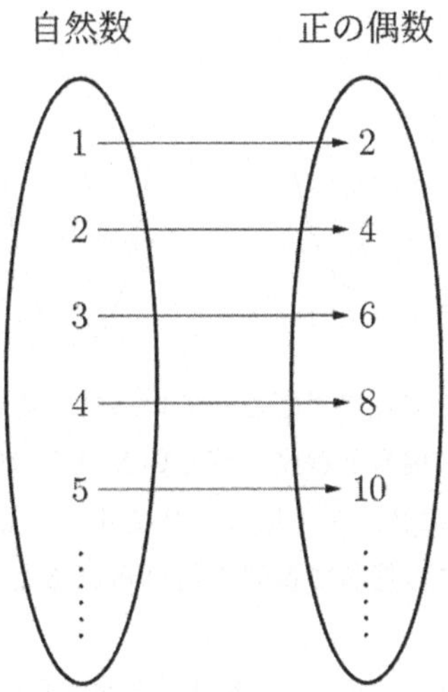

ア　自然数 x に対して，$y=2x$ という対応で正の偶数 y を対応させるということですね。

ピ　自然数の中には偶数も奇数も存在するのに，正の偶数全体の集合と濃度が等しいというのはおかしくないでしょうか？

ア　過去の数学者たちがすぐには受け入れられなかったように，初めてこの話を聞く中学生が困惑するのも無理はありません。

しかし，我々が濃度に対してこのような定義を採用している限り，これはれっきとした事実なのです。

パ　異なる自然数には異なる正の偶数が対応しているから「単射」だし，すべての正の偶数に１つの自然数が対応しているから「全射」にもなっています。

濃度が等しいことの定義「全単射が存在する」は確かに満たしていますね。

ア　有限集合だけを考えている場合は，全体とその一部分の間に１対１対応が存在することはあり得ませんが，無限集合ではこれがあり得ます。カントールとデデキント[1]はこの性質に注目し，

「それこそ，――つまり，部分と全体の間に１対１対応が存在すること――が無限集合の定義する性質である」

と述べました。

[1]カントールと同時期の偉大な数学者であり，彼のよき理解者であった

ア　今述べたように，全体とその一部分の間に１対１対応，すなわち全単射が存在することは，無限集合の重要な性質です。

ア　先ほどの自然数全体の集合とその中の偶数全体の集合の例の他にも，例えば，自然数全体の集合と整数全体の集合の濃度が等しいことを次のように確認することができます。

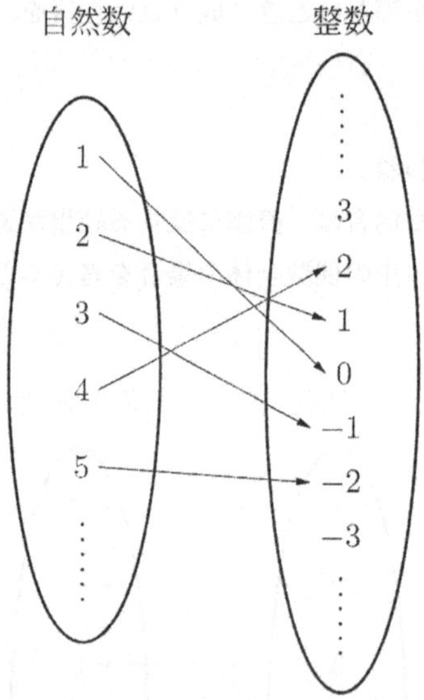

ピ　０から始めて正の数と負の数を交互に対応させていっているのね。

パ　整数全体の集合が自然数全体の集合と濃度が等しいというのは，

０に１，１に２，－１に３，２に４，－２に５，……

というように，すべての整数に自然数で番号を付けられるということなんですね。

ア　その通りです。

０が１番目，１が２番目，－１が３番目，２が４番目，－２が５番目，……

というように，すべての整数を「数えて」いる感じですね。

自然数全体の集合の濃度を**可《か》算《さん》濃《のう》度《ど》**といいます。今証明したことは，整数全体の集合が可算濃度であったということです。

ピ　私はやっぱりまだ違和感があるわ。

ア　違和感は持ったままでも構いませんので，もう少し先に進んでみましょう。

ア　自然数，整数，ときたので，次は有理数について考えます。

ピ　有理数って「分数で表せる数」のことですよね。

ア　ほとんど正解ですが，厳密には「分母は0ではない整数を用いて，分子は整数を用いて，分数として表すことができる数」のことです。$\frac{1}{3}$や$\frac{-7}{5}$などは有理数ですが，$\frac{\sqrt{2}}{3}$などは有理数ではありませんから。

ピ　なるほど。確かにそうですね。

ア　さて，先ほどは整数全体の集合が可算濃度であることを確認しましたが，有理数全体の集合も可算濃度に（すなわち，自然数全体の集合と濃度が等しく）なるでしょうか？少し考えてみて下さい。

－数分後－

ピ　パインさんと色々と話して考えてみましたが，有理数全体の集合は可算濃度にはならないと思います。

ア　どうしてそう思いましたか？

ピ　有理数には「となりの数」が無いからです。整数の場合は，正の数と負の数を交互に「となりの数」に対応させていけばよかったのですが，有理数の場合は「となりの数」が無いので，次の対応が決まりません。

ア　面白い点に注目しましたね。「となりの数」が無いというのは有理数の大事な性質です。きちんというと，どんな有理数a，b（ただし$a<b$）に対しても$a<q<b$となる有理数qが存在するということです。

ピ　ちょっと何を言っているかわかりません。

ア　例えば，$a=\frac{1}{2}$と$b=\frac{2}{3}$に対して，$a<q<b$となる有理数qを見つけることができますか？

パ　できます。$a=\frac{1}{2}$と$b=\frac{2}{3}$の真ん中を取ればいいので，

$$\frac{a+b}{2}=\frac{\frac{1}{2}+\frac{2}{3}}{2}=\frac{\frac{3+4}{6}}{2}=\frac{7}{2\times 6}=\frac{7}{12}$$

と計算して，$q=\frac{7}{12}$を見つけることができます。

ピ　私は，分母と分子をそれぞれ足して，

$$\frac{1+2}{2+3}=\frac{3}{5}$$

と計算して，$q=\frac{3}{5}$としました。この方法は以前別の分野を勉強した時に出てきました。

ア　どちらも正解です。このように，$\frac{1}{2}<q<\frac{2}{3}$となる有理数$q$は1つとは限りませんが，例えばパインさんが考えた方法やピーチさんが考えた方法で，そのような有理数qを必ず見つけることができます。

つまり，$\frac{2}{3}$は$\frac{1}{2}$の「となりの数」ではないということです。

しかし，例えばパインさんの$\frac{7}{12}$を取ったとしても，これも$\frac{1}{2}$の「となりの数」とはなりませんね？

ピ　また同じ方法で$\frac{1}{2}$と$\frac{7}{12}$の間に入る有理数を作ることができるということですね。

ア　その通りです。したがって，有理数には「となりの数」が存在しないことがわかります。

…問題12

ピ　今のお話を伺うと有理数は「ぎっしり詰まっている」という感じがして，やはり自然数全体の集合と濃度が等しいとは思えません。

ア　その感覚は決しておかしなものではないと思います。しかし，次のような対応を考えることで，有理数全体の集合も可算濃度であることが証明できます。

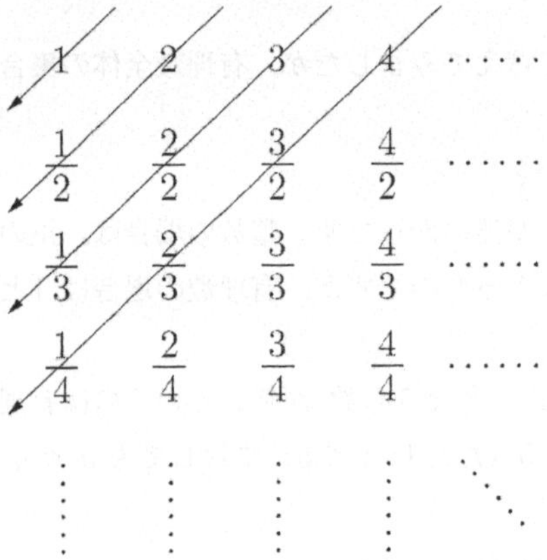

パ　これはどのように対応させているのでしょうか？

ア　まず，自然数 1，2，3，4，…は分母が 1 の有理数$\frac{1}{1}$，$\frac{2}{1}$，$\frac{3}{1}$，$\frac{4}{1}$，…　と考えて，それらを 1 段目に並べます。

続いて，

分母が 2 の有理数$\frac{1}{2}$，$\frac{2}{2}$，$\frac{3}{2}$，$\frac{4}{2}$，…　を 2 段目，

分母が 3 の有理数$\frac{1}{3}$，$\frac{2}{3}$，$\frac{3}{3}$，$\frac{4}{3}$，…　を 3 段目，

分母が 4 の有理数$\frac{1}{4}$，$\frac{2}{4}$，$\frac{3}{4}$，$\frac{4}{4}$，…　を 4 段目，

……

と並べていきます。

そして，すべての有理数にどのように自然数で番号を付けているかというと，図のように「斜め」に辿《たど》って，

1 が 1 番目，2 が 2 番目，$\frac{1}{2}$が 3 番目，3 が 4 番目，$\frac{2}{2}$が 5 番目，$\frac{1}{3}$が 6 番目，…と対応させていくのです。

…問題13

ピ　ちょっと待ってください。この対応だと$1=\frac{2}{2}=\frac{3}{3}=\frac{4}{4}=\cdots$や$\frac{1}{2}=\frac{2}{4}=\cdots$のように，同じ有理数に違う自然数が対応してしまっていませんか？

パ　確かに！　この対応を自然数全体の集合から有理数全体の集合への関数とみなしたとき，それが全単射であってほしいのに，これではこの関数が [あ] になりません。

…問題14

ア　良いところに気が付きましたね。確かに，その指摘はその通りなのですが，これは同じ有理数を複数回カウントしてしまっているだけなので，図のように一度現れた有理数はカウントせずに進むことにすれば，自然数全体の集合から有理数全体の集合への全単射を改めて構成することができます。

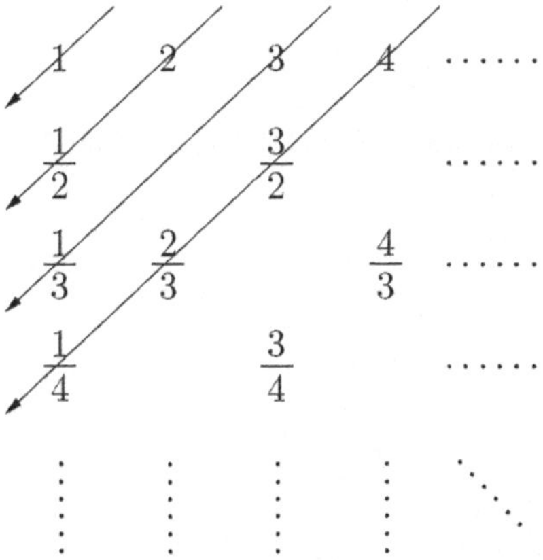

パ　ところで，今のお話では負の有理数が出てきていないのですが，それは大丈夫なのでしょうか？

ア　そうですね。話をわかりやすくするために正の有理数に限定していましたが，負の有理数も含めて全単射を作るには，整数のときと同じように正の有理数と負の有理数を交互に対応させていけば大丈夫です。

ピ　なるほど。わかりました。

ア　さて，自然数，整数，有理数，ときましたから，次は実数について考えます。

パ　授業で先生がおっしゃっていて，一番わからなかった部分です。

ア　実数とは数直線上の数のことで，その中には有理数と無理数があります。

ピ　無理数って，円周率 π や $\sqrt{2}$ のように，有理数ではない実数のことでしたよね。

パ　有理数の定義が

「分母は0ではない整数を用いて，分子は整数を用いて，分数として表すことが**できる**数」

だったので，無理数は

「分母は0ではない整数を用いて，分子は整数を用いて，分数として表すことが**できない**数」

といえますね。

ア　その通りです。

更に，有理数と無理数の違いは，小数表記を用いて説明することもできます。

例えば，有理数 $\frac{3}{10}$ や $\frac{3}{11}$ を小数で表すと，

$$\frac{3}{10}=0.3$$

$$\frac{3}{11}=0.272727\cdots$$

となります。

$\frac{3}{10}$＝0.3のように表せる数を**有限小数**《ゆうげんしょうすう》,

$\frac{3}{11}$＝0.272727…のように表せる数を**循環小数**《じゅんかんしょうすう》と呼びます。

整数や有限小数は後ろに0が続いていると考えれば，有理数はすべて循環小数で表せるといえます。

$$3 = 3.00000\cdots$$

$$\frac{3}{10} = 0.30000\cdots$$

$$\frac{3}{11} = 0.272727\cdots$$

パ　待って下さい。有理数なら必ず循環小数で表せると言い切れるのは本当でしょうか？

ア　割り算の仕組みを考えてみて下さい。

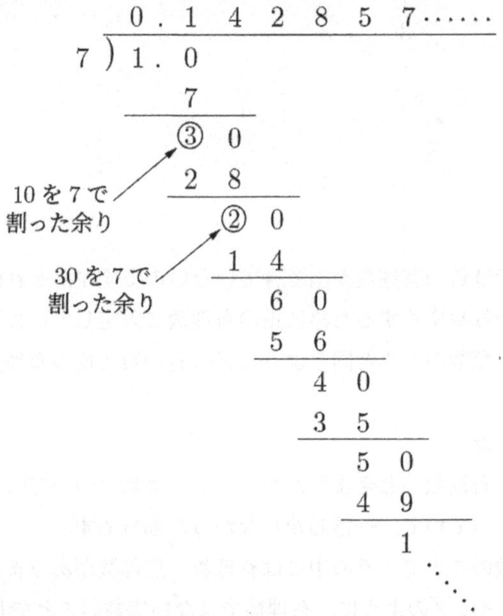

ア　例えば，整数を7で割る計算の仕組みを考えてみましょう。例として，1を7で割る計算（筆算《ひっさん》）を上に書いたので参考にして下さい。

ア　整数を7で割る計算を行うとき，常に余りの数の候補は 0，1，2，3，4，5，6 の7種類だけです。

ア　したがって，筆算を続けていくと［い］ので，有理数は必ず循環小数で表せるといえます。

パ　なるほど。わかりました。

…問題15

ア　循環小数に対して，どこが繰り返すのかをわかりやすくするために，次のページのような表記を用いることがあります。

$$\frac{1}{3}=0.333\cdots=0.\dot{3}$$

$$\frac{3}{11}=0.272727\cdots=0.\dot{2}\dot{7}$$

$$\frac{1}{7}=0.142857142857\cdots=0.\dot{1}4285\dot{7}$$

ア　次に，先ほどとは逆に循環小数で表された数が必ず有理数であることを確認します。
　例えば，$0.\dot{1}\dot{5}$という循環小数を分数で表すことができますか？

ピ　これは習ったことがあります。確か，100倍したものから元の数を引けばよいのですよね？

$$x=0.15151515\cdots$$

$$100x=15.15151515\cdots$$

として，$100x-x$を計算すると，

$$99x=15$$

となって，

$$x=\frac{15}{99}=\frac{5}{33}$$

となるから，$0.\dot{1}\dot{5}$を分数で表すと $\frac{5}{33}$です。

ア　よくできています。今と同じような計算を行えば，循環小数はいつでも分数で表せることがわかるでしょう。

…問題16

有理数の小数表記

有理数を小数で表すと必ず循環小数になり，逆に循環小数で表された数は必ず有理数である。

ア　このことから，無理数を小数で表すと絶対に循環しないということがわかります。

パ　そっか。もし循環してしまったら，それは有理数だったということになってしまいますね。

$$\pi=3.14159265358\cdots$$

$$\sqrt{2}=1.41421356237\cdots$$

ア　上の式は途中まで書いただけですが，この後も永遠に循環する部分は見つけられないというわけです。

ピ　永遠に見つからないことがわかるなんて，改めて数学の定理って凄いですよね。

4　対角線論法

ア　それでは，最後に実数全体の集合の濃度についてお話します。

パ　「となりの数」が無い有理数全体の集合ですら可算濃度だったのだから，もはやどんな無限集合でも可算濃度なのではないかと思えてきました。

ア　結論から述べると，実数全体の集合は可算濃度ではありません。すなわち，自然数全体の集合との間に全単射が存在しないことが証明できます。

ピ　これまでは具体的に全単射を作ればよかったのですが，全単射が存在しないことなんて，どのようにして証明すればよいのでしょうか？

ア　ここでカントールが発案した**対角線論法**《たいかくせんろんぽう》の登場です。対角線論法は背理法《はいりほう》の一種なのですが，お二人は背理法は知っていますか？

ピ　えーっと，確か「示したいことの否定を仮定すると矛盾《むじゅん》すること」を証明することによって，示したいことが証明できるみたいな方法でしたよね？

「$\sqrt{2}$は無理数である」の証明で「仮に$\sqrt{2}$を有理数とすると，………となって矛盾する。したがって$\sqrt{2}$は無理数である。」のような形で見たことがあります。

パ　なんか刑事ドラマのアリバイみたいなイメージ！「事件の実行犯として怪しい男がいる。犯行は17時に東京駅で行われたと特定されている。しかし，彼は16：30に大阪駅で目撃されている。彼が犯人だと仮定すると，新幹線でも１時間かかる距離を30分で移動したことになり，そんなことは不可能である。したがって，彼は犯人ではない。」みたいな！

ピ　ドラマとしてはあまり面白くなさそうかな。

パ　とりあえずの設定よ！

ア　ドラマとして面白いかどうかはさておき，なかなか良い例だと思います。他にも部活の引退をかけた試合から帰ってきた息子を見たお母さんが「もし試合に勝っていたら，あんなに悲しい顔をしているはずがない。だから試合は負けだったに違いない。今日の夕飯は息子が大好きなハンバーグにしてあげよう。」のように。

ピ　なんだか大喜利《おおぎり》みたいになってきましたね。

ア　まあ，とにかく，このように「○○だと仮定すると，………となって矛盾する。したがって，○○という仮定がおかしかったのだから，○○ではない。」というように行う証明方法を背理法といいます。

本当は実数全体の集合が可算濃度ではないことを証明したいのですが，代わりに０より大きく１より小さい実数全体の集合が可算濃度ではないことを証明すれば十分なので，こちらを証明します。

ピ　今回証明したいことは「０より大きく１より小さい実数全体の集合は可算濃度**ではない**」ですから，背理法では「仮に０より大きく１より小さい実数全体の集合が可算濃度**である**とすると，………となって矛盾する。したがって，０より大きく１より小さい実数全体の集合は可算濃度**ではない。**」という流れで行うということですか？

ア　その通りです。それでは，証明を行います。

０より大きく１より小さい実数全体の集合が可算濃度ではないことの証明

ア　仮に０より大きく１より小さい実数全体の集合が可算濃度**である**とすると，そのようなすべての実数に番号が付けられているということになります。

例えば，

$a_1=0.1848503...$

$a_2=0.1414213...$

$a_3=0.2718281...$

$a_4=0.0999999...$

$a_5=0.3141592...$

…

のように[2]。

[2]0.0999999…＝0.1000000... や0.0049999…＝0.0050000... のように２通りの表記が考えられる場合は，左の無限小数表記を用いる。

パ　どういうことですか？

ア　今は背理法の仮定で，仮に0より大きく1より小さい実数全体の集合が可算濃度**である**としているので，整数や有理数のときと同じように，1番目の実数が a_1，2番目の実数が a_2，3番目の実数が a_3，4番目の実数が a_4，5番目の実数が a_5，…と自然数で番号が付けられているというわけです。数字の例を与えているのは，わかりやすくするためです。

ピ　この後はどうなるのでしょうか？　全く想像がつきません。

ア　では，証明を続けます。このとき，次のような実数 b を考えます。

b の整数部分は0とする。

b の小数第 n 位を次のように定める。

　a_n の小数第 n 位が1ならば，b の小数第 n 位を2とする。

　a_n の小数第 n 位が1以外ならば，b の小数第 n 位を1とする。

ピ　どういうことかしら？

ア　上の数字の例で説明すると，

a_1の小数第1位は1なので，b の小数第1位を2とする。

a_2の小数第2位は4なので，b の小数第2位を1とする。

a_3の小数第3位は1なので，b の小数第3位を2とする。

a_4の小数第4位は9なので，b の小数第4位を1とする。

a_5の小数第5位は5なので，b の小数第5位を1とする。

…

となって，上の例では，$b=0.21211...$ となります。

大雑把《おおざっぱ》に言うと，「b の小数第 n 位と a_n の小数第 n 位が異なる」ように b を定めるということです。

ピ　そうすると，どうなるのかしら？

ア　b も0より大きく1より小さい実数なので，何らかの自然数によって番号が付けられているはずです。

b の番号を N とします。$b=a_N$ ということです。

もし $N=3$ だとすると，$b=a_3$となります。しかし，a_3の小数第3位は1で，b の小数第3位は2なので，矛盾です。

もし $N=5$ だとすると，$b=a_5$となります。しかし，a_5の小数第5位は5で，b の小数第5位は1なので，矛盾です。

もし $N=100$ だとすると，上の例には書いてありませんが，やはり a_{100}の小数第100位と，b の小数第100位が異なるように作られているので，矛盾です。

これは N がどんな自然数だとしても同様で，必ず矛盾が生じてしまいます。

さて，なぜ矛盾が生じたかというと，0より大きく1より小さい実数全体の集合が可算濃度**である**という根拠のない仮定を立てたからです。

従って，0より大きく1より小さい実数全体の集合が可算濃度**ではない**ということが証明されました。

証明終了

ア　証明のポイントは「b の小数第 n 位と a_n の小数第 n 位が異なる」ように b を定めたという点です。この性質さえ満たしていれば，b の定め方は今回採用したもの以外にも色々と考えられます。今の例でいうと，次の数字に注目しているのですね。

a_1＝0.1848503…

a_2＝0.1414213…

a_3＝0.2718281…

a_4＝0.0999999…

a_5＝0.3141592…

ピ　なるほど！　これが「対角線論法」という名前の由来なんですね！

…問題17

ア　無限集合にも大小があるという事実の発見は当時の数学界に大きな衝撃《しょうげき》を与えました。その後カントールの対角線論法は集合の濃度以外の問題も含め，様々な方向に応用されています。

今日はそこまでの話はできませんが，濃度の問題の例をもう一問見てみましょう。

ア　自然数全体の集合から自然数全体の集合への関数全体の集合が可算濃度ではないことを証明します。

パ　何の集合ですか？　もう一度言って下さい。

ア　自然数全体の集合から自然数全体の集合への関数全体の集合です。

パ　もう一度聞いてもわかりませんでした。

ア　確かに難しいと思うので，少し例を挙げましょう。

ア　自然数全体の集合から自然数全体の集合への関数の例をいくつか挙げると，例えば，

$$f(1)=1,\ f(2)=2,\ f(3)=3,\ f(4)=4,\ f(5)=5,\ \cdots$$

とか，

$$f(1)=2,\ f(2)=3,\ f(3)=4,\ f(4)=5,\ f(5)=6,\ \cdots$$

とか，

$$f(1)=2,\ f(2)=4,\ f(3)=6,\ f(4)=8,\ f(5)=10,\ \cdots$$

などがあります。

１つ目の例は自然数 n に対して $f(n)=n$，２つ目の例は自然数 n に対して $f(n)=n+1$，３つ目の例は自然数 n に対して $f(n)=2n$ というように式で書くこともできます。ただし，関数の中には式で書くことができない例もあることは心に留めておいて下さい。

自然数全体の集合から自然数全体の集合への関数全体の集合とは，このような関数を（式で書くことが出来ない例も含めて）要素としてすべて集めてきた集合です。

パ　一つひとつの関数がこの集合の要素ということなんですね！

ピ　すべて自然数だけでできているのですから，可算濃度なのではないでしょうか。

ア　上に挙げた例の他にも，

$$f(1)=1,\ f(2)=1,\ f(3)=1,\ f(4)=1,\ f(5)=1,\ \cdots$$

や，

$$f(1)=2,\ f(2)=2,\ f(3)=2,\ f(4)=2,\ f(5)=2,\ \cdots$$

とか，

$f(1)=1$，$f(2)=2$，$f(3)=1$，$f(4)=2$，$f(5)=1$，　…

とか，他にも色々な例がありますよ。

ピ　そう単純でもないのですね。

ア　それでは，証明を始めましょう。

自然数全体の集合から自然数全体の集合への関数全体の集合が可算濃度**ではない**ことの証明

ア　以下，簡単のために「自然数全体の集合から自然数全体の集合への関数」のことを単に「関数」と呼ぶこともあります。

仮に関数全体の集合が可算濃度**である**とすると，すべての関数に番号が付けられて f_1，f_2，f_3，f_4，f_5……となっているということになります。

例えば，f_1が

$f_1(1)=1$，$f_1(2)=2$，$f_1(3)=3$，$f_1(4)=4$，$f_1(5)=5$，　…

という関数で，f_2が

$f_2(1)=2$，$f_2(2)=3$，$f_2(3)=4$，$f_2(4)=5$，$f_2(5)=6$，　…

という関数で，f_3が

$f_3(1)=2$，$f_3(2)=4$，$f_3(3)=6$，$f_3(4)=8$，$f_3(5)=10$，　…

という関数で，f_4が

$f_4(1)=1$，$f_4(2)=1$，$f_4(3)=1$，$f_4(4)=1$，$f_4(5)=1$，　…

という関数で，f_5が

$f_5(1)=1$，$f_5(2)=8$，$f_5(3)=4$，$f_5(4)=8$，$f_5(5)=5$，　…

という関数で，……のように。

ピ　実数のときと同じような流れだけど，実数に代わって関数を考えているので複雑な感じがするわ。

ア　ここで，自然数全体の集合から自然数全体の集合への関数 g を，すべての自然数 n に対して $g(n)$ と $f_n(n)$ が異なるように定義します。

…問題18

g も自然数全体の集合から自然数全体の集合への関数なので，何らかの自然数によって番号が付けられているはずです。

g の番号を N とします。$g=f_N$ ということです。

しかし，g はすべての自然数 n に対して $g(n)$ と $f_n(n)$ が異なるように作られているので，$g(N)$ と $f_N(N)$ も異なり，これは $g=f_N$ に矛盾しています。

ア　さて，なぜ矛盾が生じたかというと，自然数全体の集合から自然数全体の集合への関数全体の集合が可算濃度**である**という根拠のない仮定を立てたからです。

したがって，自然数全体の集合から自然数全体の集合への関数全体の集合が可算濃度**ではない**ということが証明されました。

証明終了

ア　今回は，次のページの数字に注目しています。

$\boldsymbol{f_1(1)=1}$，$f_1(2)=2$，$f_1(3)=3$，$f_1(4)=4$，$f_1(5)=5$，…

$f_2(1)=2$，$\boldsymbol{f_2(2)=3}$，$f_2(3)=4$，$f_2(4)=5$，$f_2(5)=6$，…

$f_3(1)=2$，$f_3(2)=4$，$\boldsymbol{f_3(3)=6}$，$f_3(4)=8$，$f_3(5)=10$，…

$f_4(1)=2$，$f_4(2)=1$，$f_4(3)=1$，$\boldsymbol{f_4(4)=1}$，$f_4(5)=1$，…

$f_5(1)=1$，$f_5(2)=8$，$f_5(3)=4$，$f_5(4)=8$，$\boldsymbol{f_5(5)=5}$，…

…問題19

パ　確かにこれも対角線論法になっていますね！

エピローグ

ピ　はあ，それにしてもカントールという人は凄い定理を証明したんですね。
ところで，実数全体の集合の濃度が可算濃度より大きいことはわかったのですが，これ以外にも無限集合の濃度って沢山あるのでしょうか？

ア　とても良い質問ですね。それについては，カントールがすでに答えを与えています。
カントールは対角線論法を用いることで，どんな濃度に対しても，それより大きい濃度が存在することを証明しました。これによって，無限集合の濃度には無限に多くの種類が存在することがわかりますね。

パ　対角線論法，凄すぎませんか！

ア　ただし，カントールにも答えを与えることが出来なかった問題があります。
自然数全体の集合の濃度と実数全体の集合の濃度の間の濃度が存在するかどうかです。この問題は連続体《れんぞくたい》仮説《かせつ》（そのような濃度は存在しないという予想）と呼ばれ，19世紀から20世紀の数学における最重要未解決問題として当時の巨匠《きょしょう》ヒルベルトが発表した23問題の第１問題に挙げられたほどです。
カントールを始め多くの数学者が挑んだ大問題ですが，長らく未解決でした。その後，クルト・ゲーデルとポール・コーエンによって，連続体仮説は従来の集合論の公理系からは「証明も反証もできない命題である」ことということが証明されました。

パ　証明も反証もできない命題なんて，数学にあるんですね！　驚きです！

ピ　好きとも言えない，好きではないとも言えない，そんな気持ちのようなものなのかな…。

「数学の本質は，その自由性にある」

ゲオルグ・カントール

おわり

問題

問題1．次の文章について，正しいものには○を，間違っているものには×を答えなさい。

⑴　7は1桁の素数全体の集合の要素である。

⑵　4は1桁の8の倍数全体の集合の要素である。

問題2．次の問いに答えなさい。

⑴　10以上200以下の整数のうち，5の倍数全体の集合の要素の個数はいくつか。

⑵　A を3で割り切れる5桁の正の整数全体の集合，B を9で割り切れる5桁の正の整数全体の集合とする。A と B はどちらの要素の個数が多いか。

⑶　A を2でも3でも割り切れない5桁の整数全体の集合，B を6で割り切れない5桁の整数全体の集合とする。AとBはどちらの方が要素の個数が多いか。

問題3．関数 $f(x)=-3x+2$ に対して，次の値を求めなさい。

⑴　$f(3)$

⑵　$f\left(-\frac{2}{3}\right)$

問題4．次の図が表す対応が関数である場合は○を，関数でない場合は×を答えなさい。

(1)

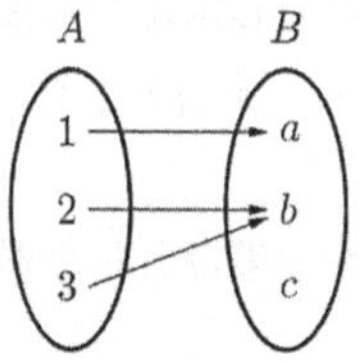

(2)

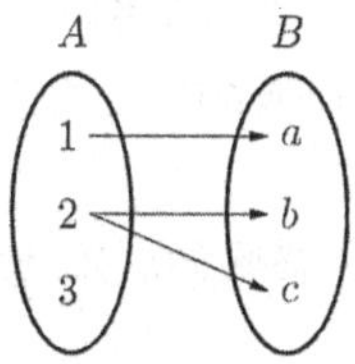

問題5．要素の個数が3個である集合から要素の個数が4個である集合への関数は，全部で何通りあるか答えなさい。

問題6．次の図が表す対応が単射である場合は○を，単射でない場合は×を答えなさい。

(1)

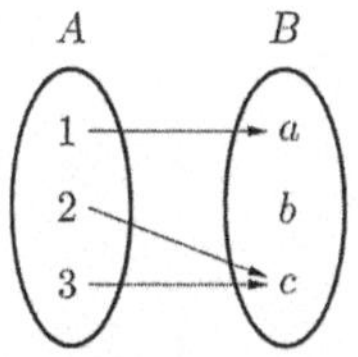

(2)

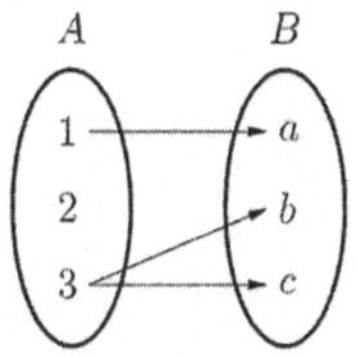

(3)

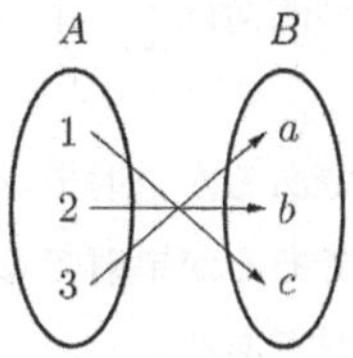

問題7．次の問いに答えなさい。

⑴　要素の個数が2個である集合から要素の個数が4個である集合への関数のうち単射であるものは，全部で何通りあるか。

⑵　要素の個数が3個である集合から要素の個数が5個である集合への関数のうち単射であるものは，全部で何通りあるか。

問題8．次のページの図が表す対応が全射である場合は○を，全射でない場合は×を答えなさい。

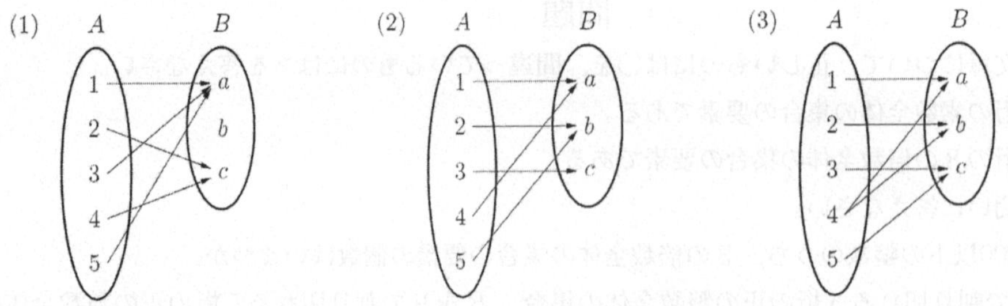

問題9．次の問いに答えなさい。

⑴　要素の個数が4個である集合から要素の個数が3個である集合への関数のうち全射であるものは，全部で何通りあるか。

⑵　要素の個数が4個である集合から要素の個数が2個である集合への関数のうち全射であるものは，全部で何通りあるか。

問題10．要素の個数が4個である集合から要素の個数が4個である集合への関数のうち全単射であるものは，全部で何通りあるか答えなさい。

問題11．関数 $y=2x^2$ について，定義域と終域を次のようにした場合を考える。次の □ に当てはまるものを下の選択肢《せんたくし》(ア)～(エ)から選び，記号で答えなさい。同じ記号を繰り返し選んでもよい。

⑴　定義域を0, 1, 2だけを要素にもつ集合，終域を0, 2, 4, 8だけを要素にもっ集合とした場合，この関数は □

⑵　定義域を0，1，2だけを要素にもつ集合，終域を0，2，8だけを要素にもつ集合とした場合，この関数は □

⑶　定義域を0, 1, －1だけを要素にもつ集合，終域を0, 2, 8だけを要素にもつ集合とした場合，この関数は □

⑷　定義域を0，1，−1，2，－2だけを要素にもつ集合，終域を0，2，8だけを要素にもつ集合とした場合，この関数は □

選択肢

(ア)　単射であるが全射でない。

(イ)　全射であるが単射でない。

(ウ)　全単射である。

(エ)　単射でも全射でもない。

問題12．$a=\frac{1}{2}$ と $b=\frac{7}{12}$ に対して，$a<q<b$ となる有理数 q を1つ求めなさい。

ただし，約分された分数の形で答えなさい。

問題13．資料文と同じ方法で，図（次のページ）のように有理数に自然数で番号を付ける。このとき，次の問題に答えなさい。

⑴　$\frac{3}{4}$ は何番目の有理数か。

⑵　$\frac{5}{7}$ は何番目の有理数か。

⑶　50番目の有理数を求めなさい。

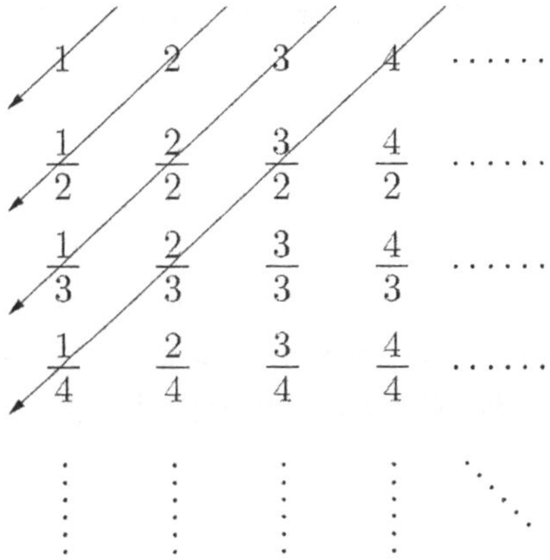

問題14. 資料文の あ に当てはまるものを次の選択肢(ア)~(カ)から１つ選び記号で答えなさい。

(ア) 関数　(イ) 単射　(ウ) 全射

(エ) 自然数　(オ) 有理数　(カ) 濃度

問題15. 資料文の い に入る理由を「余り」という単語を用いて12字以内で答えなさい。

問題16. 循環小数$0.\dot{8}\dot{4}$を約分された分数の形で表しなさい。

問題17. 0より大きく１より小さいすべての実数に次のように番号が付けられているとき，資料文と同じ方法で実数bを作ったとする。bの値を小数第５位まで答えなさい。

$a_1=0.1848503...$

$a_2=0.1818585...$

$a_3=0.1088345...$

$a_4=0.3591192...$

$a_5=0.6068501...$

...

問題18. 資料文の続きを読み，関数gの構成としてふさわしいものを次の選択肢(ア)~(シ)の中から**すべて**選び記号で答えなさい。

(ア) $g(n)=n$

(イ) $g(n)=n+1$

(ウ) $g(n)=2n$

(エ) $g(n)=n^2$

(オ) $g(n)=f_n(n)$

(カ) $g(n)=f_n(n)+1$

(キ) $g(n)=2f_n(n)$

(ク) $g(n)=\{f_n(n)\}^2$

(ケ) $f_n(n)=1$のとき$g(n)=1$とし，$f_n(n)\neq1$のとき$g(n)=1$とする

(コ) $f_n(n)=1$のとき$g(n)=1$とし，$f_n(n)\neq1$のとき$g(n)=2$とする

(サ) $f_n(n)=1$のとき$g(n)=2$とし，$f_n(n)\neq1$のとき$g(n)=1$とする

(シ) $f_n(n)=1$のとき$g(n)=2$とし，$f_n(n)\neq1$のとき$g(n)=2$とする

問題19．次の選択肢(ア)~(キ)の中から可算濃度である集合をすべて選び記号で答えなさい。

(ア) 自然数全体の集合

(イ) 整数全体の集合

(ウ) 有理数全体の集合

(エ) 実数全体の集合

(オ) 偶数全体の集合

(カ) $x=\sqrt{q}$（ただし q は有理数）という形で書ける実数 x 全体の集合

(キ) 自然数全体の集合から自然数全体の集合への関数全体の集合

問題は以上

【英　語】（70分）　＜満点：100点＞

I　［　］に入るものを選び，番号で答えなさい。

Johann, a university student, is sitting at a table in the busy cafeteria of a Japanese university, eating his lunch. Yuji, another student, comes up to the table, carrying a plate of curry.

Yuji: Excuse me, do you mind if I sit here?

Johann: No – please do.

Yuji (*sitting down*): Thank you.

Johann: I see we ①[**1 have chosen / 2 chosen / 3 choosing / 4 are chosen**] the same dish.

Yuji: Yes – curry! I eat it every day.

Johann: It's ②[**1 one favourite / 2 my favourites / 3 one of my favourites / 4 one of my favourite**], too. This cafeteria does it very well. My name is Johann, by the way.

Yuji: Oh, hi! I'm Yuji. Pleased to meet you. ③[**1 Do / 2 Must / 3 Should / 4 May**] I ask where you are from, Johann?

Johann: I often get asked that question. I'm ④[**1 even / 2 usually / 3 actually / 4 almost**] from Japan.

Yuji: Really?

Johann: Yes. My parents were missionaries《宣教師》 from Germany. They came to live in Japan during the 1990s, and I was born here.

Yuji: I see. So I guess you can speak Japanese quite well.

Johann: Yes, I suppose so. All of my education has been in Japanese. My parents thought it was important for me to be able to play with the kids in my neighbourhood, ⑤[**1 that / 2 so / 3 though / 4 but**] they sent me to local schools.

Yuji: ⑥[**1 Didn't that / 2 Hasn't it / 3 Isn't it / 4 Wasn't that**] a difficult experience for you?

Johann: Not really. I started in first grade with children I already ⑦[**1 knew / 2 was knowing / 3 know / 4 have known**] from play groups in the area, so they just treated me like one of them. I had ⑧[**1 a lot / 2 lots of / 3 lots / 4 lot of**] friends all through my school years, and I'm still in touch with most of them now. In fact, I went to a reunion《同窓会》 at my old elementary school last month.

Yuji: Do you speak any other languages, Johann?

Johann: Well, because of my parents, I speak German at home.

Yuji: You speak English very well, too.

Johann: Really? That is very kind of you. I can speak ⑨[1 **few** / 2 **a little** / 3 **no** / 4 **several**] English, but I'm not so strong at it. How about you, Yuji, are you interested in studying other languages?

Yuji: Not really, ⑩[1 **and** / 2 **then** / 3 **if** / 4 **although**] I am trying to learn some Vietnamese phrases this term. I am going to Vietnam next year to do some research.

Johann: Oh, that's interesting. What is your research about?

Yuji: I am studying the use of chemicals in farming. I believe it is important ⑪[1 **in understanding** / 2 **understand** / 3 **to understand** / 4 **to be understood**] the effects of such chemicals on the environment and on humans, in order to make a safer future for us all.

Johann: I see. I suppose that's why we have never met ⑫[1 **again** / 2 **since** / 3 **yet** / 4 **before**]. You are usually in the science class, and I'm usually in the library, reading history books.

Yuji: Oh, so you're a history student. Why did you choose that subject?

Johann: I've always been curious about past events, whether they happened ⑬[1 **of** / 2 **at** / 3 **in** / 4 **after**] ancient times or the last ten years. History is like one long and fascinating story to me. I believe it is especially important to consider how things went wrong in the past so we do not make the same mistakes again.

Yuji: I agree. You know, Johann, it's funny. At first, you and I seem to be totally different − a science student and a history student, and the only thing we have in common is our love of curry. But really, we share ⑭[1 **each** / 2 **the same** / 3 **every** / 4 **another**] goal − creating a better future for our world.

Johann: Do you think so? What exactly do you mean?

Yuji: Well, some mistakes lead to war, and some mistakes lead to environmental disasters, and you and I are both studying how to stop such things from happening again.

Johann (*putting his spoon down*): Yuji, you are so clever!

Yuji (*surprised*): Am I?

Johann: You've just given me a great idea. Do you remember I told you I went to my old elementary school reunion?

Yuji: Yes, but how ⑮[1 **is that** / 2 **are you** / 3 **are we** / 4 **were we**] connected with my idea?

Johann: I'm sorry, let me explain. At the reunion, I met an old classmate called Satsuki who is now a science student. She and I had a big argument ⑯[1 **after** / 2 **along** / 3 **about** / 4 **among**] the subjects that students should study at university. She said, "Environmental Studies is the most important subject," while I said, "No, History is more important." I'm sorry to say that our argument became so passionate ⑰[**1 which / 2 we / 3 that / 4 she**] it caused some uncomfortable feelings between us.

Yuji: Oh, that's too bad. But why did you say I was clever?

Johann: Well, you said we both want to make a better future, and now I realise how I can repair my friendship ⑱[**1 with / 2 between / 3 over / 4 to**] Satsuki – she and I both want to make a better future. In fact, I'm going to call her right away!

Yuji: Wow! That's great to hear. But Johann...

Johann (*taking his phone out of his pocket*): What?

Yuji I think you need to finish your curry first.

Johann: ⑲[**1 At last / 2 To tell the truth / 3 On the other hand / 4 In addition**], Yuji, today's curry is a little too salty for my taste. I think I'll leave it.

Yuji: Really? I like it salty! I guess we're not ⑳[**1 more / 2 as / 3 enough / 4 so**] similar after all!

Johann and Yuji both laugh, and Johann makes his call to Satsuki.

Ⅱ 次の英文を読み，あとの問いに答えなさい。

By almost any standard, British author J.K. Rowling, the wizard behind Harry Potter, has achieved [A]**phenomenal** success. Her Harry Potter books have been translated into 68 languages and sold over 400 million copies worldwide, and they have made Rowling one of the wealthiest women in the UK. Rowling was born into a middle-class family near Gloucestershire《グロスターシャー(地名)》, and her [B]**ascent** is a surprising one. She went to the University of Exeter《エクセター大学》 and graduated in 1987. However, by the early 1990s, after several [C]**aimless** years, she was living in Edinburgh《エディンバラ(地名)》 and considered herself a total failure. Her first marriage《結婚》 ended, and she was [ア]**unemployed**, a single mother, and suffering [イ]**financially**. She felt she let herself and her parents down. "By every usual standard I was the biggest failure I knew," she later recalled.

In a Harvard《ハーバード大学》 commencement《卒業式》 speech which Rowling [ウ]**delivered** in 2008, she discussed the unexpected [D]**benefits** of failure.

Adapted from J.K. Rowling's 2008 Harvard University Commencement Speech:

So why do I talk about the [D]**benefits** of failure? Simply because failure meant removing what was not necessary. I stopped pretending to myself that I was anything other than what I was, and began to direct all my energy into finishing the only work that was important to me. As I did not really succeed at anything else, I think I was finally able to succeed in the one arena I truly belonged in. I was set free, because my greatest fear《不安》 was realized, and I was still alive, and I still had a daughter I loved, and I had an old typewriter《タイプライター》 and a big idea. And so 'rock bottom'《どん底》 became the solid [E]**foundation** which I [エ]**rebuilt** my life on.

You might never fail on the scale I did, but you can never avoid《避ける》 some failure in life. It is impossible to live without failing at something, unless you live so carefully that you are not really living – then you fail without trying anything.

Failure gave me an inner [オ]**security** that I was never able to gain by passing exams. Failure taught me things about myself that I could never learn any other way. I discovered that I had a strong will, and more [F]**discipline** than I thought. I also found out that I had friends whose [カ]**value** was truly above the price of rubies.

The knowledge that you [キ]**emerged** wiser《賢い》 and stronger from [G]**setbacks** means that you are, ever after, confident in your ability to survive. You will never truly know yourself, or the strength of your relationships, until both have been tested by [ク]**adversity**. Such knowledge is a true gift, even though it is [H]**painfully** won, and it has been worth more than any [ケ]**qualification** I ever earned.

So if I were given a Time Turner*, I would tell my 21-year-old self《21才の自分自身》 that personal happiness lies in knowing that life is not a check-list《照合表》 of achievements. Your [ケ]**qualifications** are not your life, though you will meet many people of my age and older who [I]**confuse** the two. Life is difficult and [J]**complicated**, and beyond anyone's total control, and the [コ]**humility** to understand that will help you survive its hardships.

*Time Turner「逆転時計」J.K. Rowlingの小説『ハリー・ポッター』シリーズに出てくる時間を巻き戻すことができる魔法のアイテム

問1　本文中の[ア]～[コ]に相当するものを下から選び，番号で答えなさい。動詞については現在形の意味で載せてあります。

1．安心　2．価値　3．金欠で　4．金銭的に
5．逆境　6．謙そん　7．資格，技能　8．失業中の
9．修正する　10．性格　11．宣伝　12．配達する
13．非難　14．抜け出す　15．述べる　16．余裕のない

問2　本文中の[A]～[J]の意味として適切なものをあとから選び，番号で答えなさい。動詞については現在形の意味で，名詞については単数形で載せてあります。

1．a helpful and positive effect
2．a problem that delays something or makes a situation worse
3．difficult to understand or deal with because it involves many parts and details
4．having no direction or plan
5．hesitating because you do not want to do something
6．something to base something on
7．the ability to control the way you live and work

8. the ability to recover after experiencing pain or difficulty
9. the amount of money that you must pay to buy something
10. the process of learning the skills that you need to do a job
11. the process of moving up to a better position or of making progress
12. to act suddenly without thinking carefully about what might happen
13. to make the mistake of thinking one thing is another
14. very great or impressive
15. very seriously
16. with a lot of effort and suffering

Ⅲ 次の英文を読み，あとの問いに答えなさい。

Since the year 2000, more and more people are choosing to read on screens, such as on computers, tablets, and cell phones, instead of printed books. In fact, many people feel that reading on a screen is more (A) because when we read on a screen, we can adjust the size of the letters. Also, when we come across a word that we do not know, we can look up the meaning of that word with a simple click《クリック》. This way, we do not have to get up and search through a paper dictionary.

However, while reading on screens may seem like a good idea, several studies have shown that we understand content better when we read on paper. Researchers in Spain and Israel《イスラエル》 carried out a large study of more than 171,000 readers, and the results showed that a person's understanding was better when they read on paper. In addition, Professor Patricia Alexander from the University of Maryland discovered that people who read the same material (B), even though they might feel that they learn more from reading on screens.

One reason for this difference might be how we behave when we read on paper and how we behave when we read on a screen. When we read a paper book, we stop to deeply consider certain ideas and remain focused on the text in front of us. This is why we usually read more slowly. Even the way we breathe is different. When we read a paper book, we breathe more deeply and sigh more often. Researchers believe that this keeps our minds calm and has a positive effect on memory and understanding.

Some researchers believe that the physical features of a book also help us to understand the text better. Because the pages of a book are made of paper, we can take out a pen or highlighter and underline important sentences or ideas on the page. In addition, the physical action of turning pages helps us to remember the exact location《位置》 of specific ideas or events in the book.

On the other hand, when we read on a screen, we are often scanning the text and looking for specific information. We use much less mental effort than we do when we read a book, and we often skip over large sections. In fact, studies suggest that when we look at a screen full of text, we actually only read 25% of the words. This style of reading can be very useful when we are searching for the answers to certain questions, such as "What is the capital city of Brazil?" or "What is the population of Iran?" However, scanning will only provide us with a (C) understanding of the content.

Another problem when we read on screens is that it is easy to be distracted《気が散って》. For example, have you ever been reading on your phone and received a message from your friend or family? What did you do when you received that message? Did you ignore it and continue reading? If you are like most people, you probably stopped reading and immediately checked the message. The problem with this is not simply the time we lose. It is also difficult to return to the same level of focus that we had before. Research shows that once we are distracted by a text message, it can take 20 minutes to return to the same level of focus. It is clear that reading on a phone is less effective because we are so [D]<u>frequently</u> distracted.

However, because phones and tablets are so popular these days, we need to find a practical way to manage our reading habits. University of California professor Maryanne Wolf suggests that we develop "bi-literate brains" that are good at both reading books and reading on screens. Since the way we read on screens and the way we read on paper are so different, she believes that it is similar to reading in two different languages. To develop a bi-literate brain, Wolf says that we need to recognize the positive and negative effects of reading books and reading on screens. While reading on devices such as phones or computers can give us quick access to information, reading printed books is important because it allows us to read more slowly and carefully. When we take our time, we can really think and get a better understanding of the content.

To become better readers, we should develop reading habits that make the best of both books and screens. This will happen if we can remember how precious printed books are, even in our digital world.

A. Fill in (A) with the best choice.

1. popular　　2. valuable　　3. sustainable　　4. convenient

B. Fill in (B) with the best choice.

1. on screens remember the content better
2. on paper remember the content better
3. on paper do not remember the content as well
4. on paper actually prefer reading on screens

C. Fill in (C) with the best word choice.

1. narrow　　2. deep　　3. wide　　4. solid

D．Which word has the same meaning as [D]frequently?
　1．probably　2．often　3．immediately　4．sometimes

E．According to the text, how have people's reading habits changed in recent years?
　1．The number of people reading on their phones has increased.
　2．People have generally lost interest in reading, whether on a phone or on paper.
　3．No one reads printed books anymore.
　4．The sales of printed books have increased.

F．According to the text, which of the following is not a positive feature when reading on a screen?
　1．We can quickly access information.
　2．We can adjust the size of the letters.
　3．We can use a highlighter to mark important sections.
　4．We can easily look up the meaning of a word.

G．According to the text, the experience of reading on paper causes readers to ________________.
　1．focus less　2．stop more often
　3．scan more　4．skip large sections of text

H．According to the text, which of the following is true?
　1．After they are distracted by a text message, some people need 20 minutes to be able to concentrate at the same level as before.
　2．People lose about 20 minutes of reading time just by turning the pages of a printed book.
　3．It can take 20 minutes for people to read all of their text messages from their friends and family.
　4．When people read on a screen, they stop up to 20 times to check text messages.

I．What does Maryanne Wolf recommend for managing reading habits?
　1．We should read on screens more because it allows us to read faster.
　2．When we want to read something, we should always choose a printed book.
　3．We should develop a balance between reading on screens and on paper.
　4．We should ignore text messages when we read on our phones.

J．あとの英文のうち，本文の内容に合わないものを3つ選び，番号の早い順に書きなさい。
　1．A bi-literate brain would allow us to read in different languages.
　2．Scanning does not allow us to get a better understanding of the content.
　3．Studies suggest that when we are distracted by text messages it is difficult to quickly recover our attention.
　4．Researchers in Spain and Israel found that people who read on a screen think that they learn more on paper.
　5．When people look at a screen, they do not read more than a quarter of the words.

6．Professor Maryanne Wolf believes reading on a screen and reading on paper are not so different.

Ⅳ 次の英文を読み，あとの問いに答えなさい。

I had a very ordinary childhood. But [A]not everyone saw it that way. People's response to the news that my parents were totally blind could be put into one word: incredulity《信じられないこと》. Incredulity that they could cook, go shopping, perform the general tasks of everyday life – as well as raise three children, including twins – while they were keeping successful professional careers.

My father Fred and mother Etta were both born, fully sighted《目が見える》, in 1937, but lost their sight during childhood. Etta was 6 when it happened, and Fred was 14. My mother was involved in a traffic accident, and my father, I was told, "got a germ《ばい菌》 in his eyes." They met at the Royal Blind School in Edinburgh, at the age of 15, married at 26 and had three children, all fully sighted: Gavin in 1966, then my twin brother Leslie and me in 1967.

We lived in a beautiful house in Kenilworth《ケニルワース(地名)》, a small town in Warwickshire《ウォリックシャー(地名)》. My friends imagined that (B). They asked me questions like "Who does the cleaning? How does your mother turn the cooker《コンロ》 on?" But with the exception of the little help that we provided, my mother did most of the housework. (C) she got weekly help, she still spent all day Friday cleaning the whole house.

Sometimes we had easy tasks: for example, on a Sunday night, [D]a basket would be handed to me full of socks to be put in pairs. And there was one job that I hated, as it happened to be at the same time as my favourite TV show. My mother cut the skin off the potatoes by herself, but she would worry that some "bad bits" of potato skin escaped from her fingers, so she would ask one of us to check the potatoes for her.

[E]Every few years my mother went away. She would leave for three weeks and return with a fully trained canine《犬》 addition to the family. Misty, Candy, Beauty, Roma, Katy, Sheena, Promise, Innis, Windy, Ralph, Raffles, Rona – guide dogs were always with us when I was young, as both my mother and father had them. We all formed close relationships with these dogs, and it was always very sad when one of them had to retire. For years I had an ambition to be a guide dog trainer when I grew up.

Some other adjustments were necessary to fill the gap between (F-1) parents and (F-2) children. My mother says: "We bought ordinary children's books, and we had volunteers from Kenilworth who came to read to us. They would read each page, and I would write some notes at the top in Braille《点字》. I learned the stories this way, and I read the stories to my children with the help of the notes."

As we got older, my father would come home with strange-looking games, such as the chess set with spikey-topped《先端にとがったものがついている》 white pieces and a board with raised squares. This set was designed to make it possible for blind people to play the game. I still remember how we played chess with our father in those days. The way he planned his moves was unique. It looked like he was performing magic.

I was always asked as a child, “Don’t you feel sad that your parents have never seen you?” But [G]<u>that thought</u> seemed to worry others much more than me. There was no family photo album in our house. I was in my late 20s before I saw a picture of myself as a baby because my parents did not own a camera. The thing which does make me sad now is that my mother and father can’t see my children. And when I see my children’s confused expressions when their grandmother and grandfather fail to respond to their eye contact, I also feel sad.

But when we discuss this, my parents give me their own positive perspective. “I’d like to see you if it was possible, but I don’t think it is as important as people imagine,” says my mother. “(H-1) is fine, but even a dog and a cat can see. (H-2) a person and (H-3) how they speak and how they feel, I think that’s more important than how a person looks. I don’t think seeing is (H-4).”

A．下線部［A］の内容を英語で説明したものとして最も適切なものを選びなさい。

1．Some people thought that the author was living an average life.

2．Some people thought that the author’s childhood was unusual.

3．Everyone thought that the author’s childhood was easy.

4．No one thought that the author’s childhood was easy.

B．（B）に入るものを選びなさい。

1．I was not eating well so I was hungry all the time

2．we surely had a lot of things to do at home

3．I was always having a fight with my brothers

4．we were living in a different town

C．（C）に入るものを選びなさい。

1．But　2．However　3．In spite of　4．Although

D．下線部［D］の内容を英語で説明したものとして最も適切なものを選びなさい。

1．The author had to put each sock together with another one that looked the same.

2．The author was asked to fill the basket with the socks that did not look the same as any of the others.

3．The author was asked to take the socks that looked different and put them in pairs.

4．The author had to count the total number of different socks in the basket.

E．下線部［E］の理由を表している最も適切なものを選びなさい。

1．母が三週間家を離れたのは，盲導犬を訓練する指導法を学ぶのに専念するため。

2．母が三週間家を離れたのは，新しい盲導犬を保護し，育てるのに専念するため。

3．母が三週間家を離れたのは，新しい盲導犬を訓練してから家に連れて帰るため。

4．母が三週間家を離れたのは，飼っていた盲導犬をより訓練して家に連れて帰るため。

F．本文の内容に即して，（F-1）と（F-2）に入る最も適切なものをそれぞれ選びなさい。

1．old　2．active　3．young　4．tired　5．quiet
6．sighted　7．noisy　8．blind　9．serious　10．naughty

G．下線部［G］の具体的な内容を筆者の視点から指し示すものとして最も適切なものを選びなさい。

1．I might be unhappy because I always have to worry about my parents.

2．I might be unhappy because people around my parents always worry about them.

3．I might be unhappy because my parents do not know what I look like.

4．I might be unhappy because my parents do not notice that I am growing up.

H．（H-1）から（H-4）に入る最も適切な組み合わせを選びなさい。

	（ H-1 ）	（ H-2 ）	（ H-3 ）	（ H-4 ）
1	Knowing	Seeing	knowing	seeing
2	Knowing	Seeing	seeing	knowing
3	Seeing	Seeing	knowing	seeing
4	Seeing	Knowing	knowing	knowing

I．あとの英文のうち，本文の内容と一致しているものを３つ選び，番号の早い順に書きなさい。

1．The author enjoyed playing chess with her father so much that she remembers it well.

2．When the author was little, her friends would often laugh at her because of her family.

3．The author's father lost his sight in a traffic accident.

4．The author was 20 years old when she saw a photo of herself as a baby for the first time.

5．The author's children didn't understand why their grandparents couldn't make eye contact with them.

6．The author's favourite job was checking the bad potatoes on Sunday nights.

7．When the author was little, volunteers often came to read books to the family and take notes.

8．The author had great respect for guide dog trainers and the guide dogs her family had.

9．When she was a child, the author's house was lovely but too small for a family of five.

10. The author's mother was a very independent woman who didn't need any help at all.

V　あとの絵を見て，次のページの問いに答えなさい。絵１と３内の①などの数字はセリフの順番を表しています。

A．絵１で，Toshi と Shun が学校帰りに何をするかについて話し合っています。絵１の情報をもとに，会話を始める Shun のセリフを10語以上の英語で書きなさい。２文になっても構いません。

B．絵４の B に入る Shun の気持ちを表す文になるよう，以下の（　）内の語を並べ替えて４番目と10番目の語を書きなさい。

The main character (special, / the / is / anything / boring / so / not / doing / scene / is).

C．絵８から分かる情報を元に，C に入る Shun の主張を10語以上の英語で書きなさい。

D．絵９の D に合うように以下の（　）内の語（句）を並べ替えて１番目と６番目の語（句）を書きなさい。

I understand everyone (when / you / different / are / has / a movie / a / watching / perspective, / but) with someone, you should at least ask before you skip a scene.

ウ　歌人以外の読者や若者は、近代短歌に親しんでいた者や、そうした感性の中で長く生きてきた者と比較して、塚本作品から、敗戦の現実という生々しい歴史性を読み取ることができなくなっていたから。

エ　歌人以外の読者や若者は、近代短歌に親しんでいた者や、そうした感性の中で長く生きてきた者と比較して、戦争を身近に経験していないので、生々しい記憶ではなく、純粋な娯楽として戦争を捉えることができたから。

オ　歌人以外の読者や若者は、近代短歌に親しんでいた者や、そうした感性の中で長く生きてきた者と比較して、アニメやマンガに親しんでいたため、従来のモードに違和感を抱いており、新たな時代に適合したモードの展開を待ち望んでいたから。

問八　傍線部⑦「読みの逆転現象」とありますが、「逆転」とは、何と何とが「逆転」したと考えられますか。以下の文章の空欄に当てはまることばとして最も適切なものを次の**ア**～**オ**の中からそれぞれ一つ選び、記号で答えなさい。解答の順序は問いません。

［X］と［Y］とが、逆転した。

ア　革新的な冒涜性に喜びを見出す感覚

イ　モードの多様性を自然なものとする感覚

ウ　「生の一回性」の原理の支配下にある感覚

エ　アニメ的マンガ的モノ的なものの見方が前提になっている感覚

オ　敗戦の現実という生々しい歴史性を読み取れなくなっている感覚

問九　傍線部⑧「モードの乱反射のなかにモチーフが紛れてしまう」とありますが、これはどのようなことですか。その説明として最も適切なものを次の**ア**～**オ**の中から一つ選び、記号で答えなさい。

ア　現実も想像も等価のものと捉えられ、近代短歌のモードが力を失うことにより、歌人が何を詠んだらいいのか分からなくなってしまうということ。

イ　現実も想像も等価のものと捉えられ、マンガ的な存在感のモチーフが多く詠まれるようになると、一つ一つの短歌が読み手の印象に残らなくなるということ。

ウ　現実も想像も等価のものと捉えられ、アニメ的な存在感は受け取られる中で、戦争と戦後に対する怨念のような生々しい歴史性は見えにくくなるということ。

エ　現実も想像も等価のものと捉えられ、モードの多様化が進んでいくことで、自分自身が死すべき存在だという意識が希薄になり現実世界の死を乗り越えられるようになるということ。

オ　現実も想像も等価のものと捉えられ、マンガ的な絵柄と動きが広く受け入れられるようになり「皇帝ペンギン」の短歌のように、戯画化されたような短歌などが詠われるようになっていくということ。

問十　文中の空欄［B］に入ることばを、ここより後の箇所から七字で抜き出しなさい。

イ　自分の人生は一度きりのむなしいものなのだ、というあきらめの気持ちを抱えながら詠うもの。

ウ　歌の中で表現されたものが必ずしも現実のものとは一致しないということを前提にして詠うもの。

エ　自分は永遠に死なずに遊んでいられるという感覚を、アニメ的マンガ的な表現を用いて詠うもの。

オ　さまざまに異なる表現がある中でも、一つの歌の中では対象の存在感が一定であるように詠うもの。

問五　傍線部④「歌人はこの価値観に支配されてきたわけである」とありますが、筆者がここで「支配」という語を用いたのはなぜですか。その理由として最も適切なものを次の**ア**～**オ**の中から一つ選び、記号で答えなさい。

ア　『アララギ』を中心とする近代短歌の流れに逆らった作品を発表しても、歌壇で受け容れてもらえなかったから。

イ　「命の重みを詠う」ことが至上とされる近代短歌において、言葉で命を勝手に切り刻むのは禁忌とされているから。

ウ　一回しか人生を過ごせないことは、私たちが生まれた時から定められていることであり、変えることのできないものだから。

エ　近代の歌人が何をどう表現するかは、当時の時代や環境に影響を受けており、個人の意識で自由に決められるものではないから。

オ　近代短歌の理念は、ごく一部の人々の間で共有されてきたものであり、歌人の総意に基づいて決められたものではなかったから。

問六　傍線部⑤「従来のモードから明らかに逸脱した感覚」とありますが、筆者はどのような点が「逸脱」していると考えていますか。その説明として最も適切なものを次の**ア**～**オ**の中から一つ選び、記号で答えなさい。

ア　皇帝ペンギンという生物の描き方が、アニメ的マンガ的ではなく、単語の使い方も現代風である点。

イ　皇帝ペンギンという生物の描き方が、単なる写実ではなく、言葉の意味の切れ目も短歌の定型から外れている点。

ウ　皇帝ペンギンという生物の描き方が、命の重みを詠うことを意図したものではなく、短歌の修辞法も革新的である点。

エ　皇帝ペンギンという生物の描き方が、自然な印象ではなく、かけがえのない生命を詠むという緊張感や喜びを失ってしまっている点。

オ　皇帝ペンギンという生物の描き方が、天皇制や日本人のアイデンティティの問題を反映させたものではなく、伝統的な和歌には見られないカタカナが使われている点。

問七　傍線部⑥「塚本作品が歌人以外の読者や若者たちにまず受け容れられたのは、自然なことだったと云える」とありますが、それはなぜですか。その理由として最も適切なものを後の**ア**～**オ**の中から一つ選び、記号で答えなさい。

ア　歌人以外の読者や若者は、近代短歌に親しんでいた者や、そうした感性の中で長く生きてきた者と比較して、塚本作品が覆した旧来のモードに強く支配されていなかったから。

イ　歌人以外の読者や若者は、近代短歌に親しんでいた者や、そうした感性の中で長く生きてきた者と比較して、「命の重み」の呪縛から自由になるという緊張感や喜びをすでに消失していたから。

死を直視して「生の一回性」の原理を見据えた表現に戻るべきなのか。短歌においてそれは近代的なモードに再び回帰することを意味するのか。それともそれ以外の新たな展開が可能なのか。「なんでもあり」からの次の一歩を想像することは難しい。

（穂村弘『短歌の友人』河出書房新社）

＊1　島木赤彦・伊藤左千夫・斎藤茂吉……いずれも近代を代表する歌人。
＊2　槐……マメ科の落葉高木。
＊3　かはづ……カエルの別名。
＊4　フェティシズム……ある物に対し、その本質以上の価値を見出してしまう現象。
＊5　「オデュッセイア」……古代ギリシアの長編叙事詩。
＊6　総領……長男または長女のこと。
＊7　アンデンテ……アンダンテ。歩くくらいの速度のこと。

問一　傍線部①「私はふと不思議な気持ちになった」とありますが、それはなぜですか。その理由として最も適切なものを次の**ア**～**オ**の中から一つ選び、記号で答えなさい。

ア　同じ表現に対して「わかりにくい」と「面白い」という全く違う感想を持つ人がいたから。
イ　短歌で何を題材にするかは個人の自由であるというのは思い上がった考えであると自覚したから。
ウ　様々な感想の中に、歌の中の「熊」や「星」が本物である、という前提のものが一つもなかったから。
エ　歌会の参加者達が「熊」や「星」の表現に違和感を持ちながら、その意見を言えないような議論の進み方だったから。
オ　歌の批評をする際に、「気持ちまで気持ちまみれの」に見られるような自意識の過剰さに注目する参加者が多かったから。

問二　［**A**］に入ることばを、本文中にある歌会の参加者の意見の中から二十字以内で抜き出しなさい。句読点は不要です。

問三　傍線部②「真夜中の散歩のたびに教えても犬には星は見えないらしい」この歌は何のために紹介されていますか。その理由として最も適切なものを次の**ア**～**オ**の中から一つ選び、記号で答えなさい。

ア　現代の短歌では、どのようなものでもアニメのような存在感でしか詠めないことを改めて示すため。
イ　さまざまな異なる作風の歌が紹介され、遠慮のない批評が互いに交わされる歌会の雰囲気を示すため。
ウ　歌会の参加者は、短歌についての断り書きがなくても、自分で勝手に短歌の読み手の意図を決めてしまうことを示すため。
エ　「この星の丸みで……」の歌の「熊」とは異なり、この歌の「犬」や「星」は現実のものであると見なされていることを示すため。
オ　「この星の丸みで……」の歌の「熊」だけでなく、それが「犬」や「星」になったとしても、現実的な存在になりうることを示すため。

問四　傍線部③「近代以降の短歌は基本的には、ひとつのモードの支配下で書かれてきたのである」とありますが、「ひとつのモード」で書かれた短歌はどのようなものになると考えられますか。その説明として最も適切なものを後の**ア**～**オ**の中から一つ選び、記号で答えなさい。

ア　対象を言葉によって先入観を持たず素直にとらえ、ありのままに詠うもの。

ということであり、実際には「犬には星は見えないらしい」という感慨自体のなかに、既にメルヘン的な意識の偏向が含まれているとも云えそうだ。また前掲の「皇帝ペンギン」が映像的な質感を伴っていることも、映画作家になりたかったという作者特有の映像的体験の豊富さに根ざしているのかもしれない。

以上のような観点から、塚本邦雄はその戦争のモチーフに加えて、モードの変革という面からも戦後を象徴する歌人と云えそうだ。

愛國《あいこく》の何か知らねど霜月のきりぎりすわれに掌《て》を合せを《お》り　塚本邦雄
海底に夜ごとしづ《ず》かに溶けゐ《い》つつあらむ。航空母艦も火夫も　同
蠅の王わが食卓の一椀《わん》の毒ほのかなる醍醐《だいご》を狙ふ《う》　同
青畳に寝そべって*5「オデュッセイア」讀《よ》む　*6總領《そうりょう》抹香鯨《まっこうくじら》のごとし　同
啄木嫌ひ《い》のすゑ《え》のおとうと百キロの柔道の*7アンデンテのあゆみ　同

作中の「きりぎりす」「航空母艦」「火夫」「蠅」「總領」「おとうと」などには、いずれもアニメ的マンガ的モノ的な印象がある。塚本作品が長期間歌壇で受け容《い》れられなかったのは、このような言葉の質感が、それまで主流であった近代短歌的なモードのなかで、読み手に違和感を与えたためであろう。それはより根本的には、戦後という時代そのものに対する違和感ということができるかもしれない。我々は言葉をモノにしてしまった時代と自分自身を受け容れたくなかったのである。

読み手の内部で読みのモードが多様化するのには時間が必要だった。それも近代短歌的なモードにより強く呪縛されている者ほど、より長い時間が必要だった。⑥塚本作品が歌人以外の読者や若者たちにまず受け容れられたのは、自然なことだったと云える。彼らにとっては近代短歌的なモードの呪縛はそれほど強いものではなかったからだ。

だが、その後、読み手のなかの戦後的な感性がさらに肥大したことによって、一種の⑦読みの逆転現象が起きる。その結果、塚本作品は相対的にその衝撃力を減じた面があるように思われる。すなわちモードの多様化を全く当然のものと感じる世代の目には、塚本作品の革新的な冒瀆性が自然なものに映ってしまうわけだ。

では、そのような世代感覚に照らしてみたとき、塚本作品の有するもうひとつの戦後性、すなわち戦争と戦後に対する怨念《おんねん》のモチーフはどうなるのか。おそらくそのような角度から「皇帝ペンギン」の歌をみるとき、マンガ的な絵柄と動きが浮かぶだけで、その背後にある敗戦の現実という生々しい歴史性は読みとり難《がた》くなっているのではないか。

モードの多様性を自然なものとする感覚に反比例して、現実を唯一無二のものと捉えるような体感は衰退してゆく。そこでは現実も想像も、言葉の次元では全てが等価であるという錯覚が生まれ、その結果、⑧モードの乱反射のなかにモチーフが紛れてしまうというようなことが起き易《やす》くなる。いわゆる「なんでもあり」の感覚である。

すべてがモードの問題に還元されるような感覚を突き詰めるとき、その根本にあるものは　B　である。モードの多様化は、自分自身が死すべき存在だという意識の稀薄《きはく》化と表裏一体になっている。私自身を省みても、モードの多様性を受容するスタンスの背後にあるものは、自分は永遠に死なずにいつまでもここで遊んでいられるというような感覚だと思う。

死の実感の喪失は愚かな錯覚として否定されるべきだろうか。我々は

☆

近代短歌的なモードの支配力がやや薄れ、短歌というジャンルにモードの多様化がみられるようになったのは戦後のことと思われる。

例えば次の歌には⑤従来のモードから明らかに逸脱した感覚がみられる。

日本脱出したし　皇帝ペンギンも皇帝ペンギン飼育係りも　塚本邦雄

『日本人靈歌』（昭和三十三年刊）の巻頭歌である。ここにみられる作品のモチーフ自体は、天皇制や日本人のアイデンティティの問題に繋《つな》がる重いものである。だが、前述のモードという観点からはどうだろう。この歌の「皇帝ペンギン」や「皇帝ペンギン飼育係り」にみられる質感や動きは、ぬいぐるみ的アニメ的、或《ある》いはマンガ的とは云えないだろうか。

この歌を五七五七七の音数に従って区切ってみると、次のようになる。

日本脱出／したし　皇帝／ペンギンも／皇帝ペンギン／飼育係りも

作中の「皇帝ペンギン」も「皇帝ペンギン飼育係り」も、ばらばらに分断されている。対象を常に生身のものとして捉《とら》える近代短歌的なモードの下では、この分断に対して、生き物を勝手に言葉で切り刻むのは不謹慎だというような禁忌の感覚が生じるのではないか。

だが、作者は「命の器」としての定型ごと「皇帝ペンギン」や「皇帝ペンギン飼育係り」を切り刻んでしまったのである。この歌の背後には、そうした「命の重み」の呪縛《じゅばく》から自由になるという、云わば冒瀆《ぼうとく》的な喜びの感覚があるように思う。

作品のテーマや内容や完成度を別にして、言葉自体の手触りを比較するならば、ここから先に挙げた「この星の丸みで背中を伸ばすのよ気持ちまで気持ちまみれの熊も」の歌までは、ほんの一歩の距離にある。「気持ちまで気持ち／まみれの熊も」にも同じく対象の分断がみられるのだが、その印象はもはや自然なものになっており、「皇帝ペンギン」にみられるような緊張感や喜びは、消失しているように感じられる。命はさらに軽いものになったのである。

両歌に共通しているのは、生命を生身のそれではなく自由に扱えるモノとして捉える言葉のフェティシズム[*4]だと思う。我々は「生の一回性」の実感を手放すことで、何度でも再生可能なモノとしての言葉を手に入れたのである。

このようなモノ的アニメ的マンガ的なモードの発生には、おそらくは我々が生きている環境の変化が関わっているのだろう。具体的には、生活環境の都市化によって対象との直接的な接触体験が減少したこと、一方で映像等のメディア環境の発達によってバーチャルな感覚が増大したことなどの影響が考えられる。

仮に我々が本物の熊と日常的に接触するような環境に生きていたら、先の「熊」のような歌は生まれてきただろうか。また熊に比べれば日常的な存在である犬でさえ、現在の我々の感覚のなかではバーチャルで記号化された方向へ、その存在感を大きくシフトしているのではないか。

先の入谷作品の「犬」を現実的と云ったのは、現在の基準に照らしての参加者たちは、目の前の一首がどのようなモードの下で書かれているかをまず把握して、その認識のもとにそれぞれの歌を鑑賞評価しているわけだ。その結果が先の評言ということになる。すなわち「熊」に関してはそれをアニメモードの歌として読み、「犬」に関しては（ややメルヘン的ではあるが）それを現実モードの歌として批評しているわけである。

このようなことは、例えばマンガのようなジャンルであればごく普通にみられる現象だろう。スポーツマンガ、ホラーマンガ、恋愛マンガ、SFマンガ、ギャグマンガ、4コママンガ、それぞれにモードの異なる作品が一冊のマンガ雑誌のなかに詰まっている。そして読者は特に混乱することなく、自然にそれを愉《たの》しむではないか。我々はマンガを読みながら、猫が喋《しゃべ》るのはおかしい、とか、毎回必ず殺人事件が起きるのはおかしい、などと文句をつけたりはしない。それぞれのマンガが異なるモードの下で描かれていることを理解しているからだ。

☆

だが、短歌の場合はどうなのだろう。

我が家の犬はいづ《ず》こにゆきぬらむ今宵《こよい》も思ひ《い》でて眠れる　島木赤彦*1
風さやぐ*2槐《えんじゅ》の空をうち仰《あお》ぎ限りなき星の齢《よわい》をぞおもふ《う》　伊藤左千夫
死に近き母に添寝《そいね》のしんしんと遠田《とおだ》の*3かはづ《わず》天《てん》に聞《きこ》ゆる　斎藤茂吉
汗《あせ》いでてなほ目《め》ざめゐ《い》る夜《よ》は暗《くら》しうつつは深《ふか》し蠅《はえ》の飛《と》ぶおと　同

引用歌においては、作中の「犬」「星」「母」「かはづ」「蠅」などには、ぬいぐるみ的アニメ的な印象がなく、どれも現実的な等身大のそれに近い手触りをもって描かれている。いずれも近代短歌的な写実モードのなかで詠《うた》われているわけである。

『アララギ』を中心とする近代短歌の流れが、対象を言葉で虚心に写し取る〈写生〉という理念を軸に展開してきたことを考えると、これは当然のこととも云《い》える。極端な云い方をすれば、③近代以降の短歌は基本的には、ひとつのモードの支配下で書かれてきたのである。

私見では、斎藤茂吉の作品を頂点とする、このような近代短歌的なモードを支えてきたものは「生の一回性」の原理だと思う。誰もが他人とは交換できない〈私〉の生を、ただ一回きりのものとして引き受けてそれを全うする。一人称の詩型である短歌の言葉がその原理に殉じるとき、五七五七七の定型は生の実感を盛り込むための器として機能することになる。

次のような歌には「生の一回性」の原理の反映を端的なかたちでみることができる。

さびしさの極《きわ》みに堪《たえ》へて天命に寄する命をつくづくと思ふ《う》　伊藤左千夫
あかあかと一本の道とほ《お》りたりたまきはる我《わ》が命《いのち》なりけり　斎藤茂吉

このような近代短歌的なモードの説得力は、万人に共通する「生の一回性」の支配力の強さに根ざしている。そこでは「命の重みを詠う」ことが至上の価値とされ、④歌人はこの価値観に支配されてきたわけである。そして短歌は「命の器」になった。

この歌に関して誰も云《い》わなかったコメントとは、例えば次のようなものである。

●なぜ「熊」の「気持ち」がわかるのか、そもそも動物である「熊」に自意識に類する「気持ち」があるのか。

●「星」の大きさと「熊」の大きさを比べると「星」の方が圧倒的に大きい。ゆえにその「丸み」で「熊」が「背中を伸ばす」ことは物理的に不可能である。

これらの意見が出てこなかった理由は明らかである。その場の読み手は誰もこの歌の「熊」を本物の熊だとは思わなかったのだ。本物でないとすれば、この「熊」は何なのか。「［A］」という発言に端的にみられるように、おそらくそれはぬいぐるみやアニメーションのような「熊」なのである。

同様に「この星」もまた模型の地球儀かアニメに出てくるような「星」ということになる。ぬいぐるみや模型やアニメであれば、そのサイズは自在に変化するわけだから、現実の「熊」と「星」の大きさの差は問題ではなくなる。また「熊」に人間のような「気持ち」があることにも納得がゆく。

だが、実際には、この歌のどこにも「この星」や「熊」がぬいぐるみや模型やアニメ的な存在だと書いてあったわけではない。「熊のアニメーションをみて」というような詞書《ことばがき》が添えられていたわけでもない。

歌会の参加者たちは、この歌を読みながら各人の判断によって自然にそのことを察知して、それを共通の前提として議論を進めていたのである。つまり、様々に異なる意見が交わされているようにみえて、実はその前提になる「星」や「熊」のアニメ的な存在感に関しては、参加者の間で見事に暗黙の統一見解があったということになる。

同じ歌会には次のような歌も出されていた。

②真夜中の散歩のたびに教えても犬には星は見えないらしい　入谷いずみ

この歌については次のようなコメントが出された。

●口語の使い方が自然である。

●素直に散歩を喜んでいるであろう犬と星のことを考えている人間の想《おも》いの落差に惹《ひ》かれる。

●「犬には星は見えない」代わりに、人間には嗅げない様々な匂いを知っているはずだ。

●さりげない文体の背後に、盛られる器によって生命の意味が変化するという重いテーマがある。

ここから感じられることは、読み手はいずれもこの歌については「犬」や「星」を現実のそれ（に近いもの）と見なしているらしいことである。だが、この歌の場合もやはり、「犬」や「星」が現実のものだという断り書きがあったわけではない。

以上の比較からわかることは何か。引用したふたつの歌に関しては、その内容や出来映え以前に作中物の存在感が違っているのである。歌会

「イクメン」という言葉があることで、育児が軽やかでかっこいいものであるかのように捉えられ、男性が実際に育児に参加したときに、ギャップを感じてしまうおそれがあるから。

問九　傍線部⑧「その証拠に、育児をする女性を誰もことさら『イクジョ』とは呼ばないのですから」とありますが、「その証拠」とは、何の証拠ですか。その内容として最も適切なものを次の**ア**～**オ**の中から一つ選び、記号で応えなさい。

ア　ことさらに呼び名があるのは特別であること
イ　性別分業のバランスが達成されていないこと
ウ　女性にとって育児をすることは自然であること
エ　本来は育児参加に特別な呼び名は不要であること
オ　そうした呼び名が意味をもたなくなる日常になっていること

問十　傍線部⑨「女性問題とは男性問題なのです」とありますが、どうしてそのように言えるのですか。現在の社会がどのようなものであるかを指摘した上で、その理由を八十字以内で答えなさい。

二　次の文を読んで、後の問いに答えなさい。

現代においては、作歌にあたっての主題的な制約というものは殆《ほとん》どなく、何を詠《うた》うかは個人の自由であるように思われる。だが、手近な歌集を眺めながら考えているうちに、そもそも何かを詠おうとすれば自分は必ずそれを詠えるのだろうか、という疑問が浮かんできた。詠おうとしても詠えないこと、或《ある》いはそれ以前に詠おうと思うことすらできない領域があるのではないか。同時にそれは読もうとしても読めないということでもあると思う。

本稿では、歌のテーマや内容以前の、というかその土台のような位置にあって、我々の言葉（詠うこと、読むこと）を支配しているような、短歌のモードについて考えてみたい。

☆

先日出席した歌会に次のような歌が提出されていた（「創作」というのは作者のペンネームである）。

この星の丸みで背中を伸ばすのよ　気持ちまで気持ちまみれの熊も　創作

この歌に対して歌会の参加者たちが述べた意見には次のようなものがあった。

●「気持ちまで気持ちまみれ」という表現がわかりにくい。
●「気持ちまで気持ちまみれ」という表現が面白い。
●「気持ちまで気持ちまみれ」とは自意識の過剰さという意味ではないか。自意識の縛りを地球の丸みで伸ばそうとする発想がユニークである。
●「熊」のかわいらしさに騙《だま》されてはいけない。これが仮に「俺《おれ》」だったらどうか。自意識過剰で気持ちの悪い歌になる。

こうしたやりとりを聞きながら、①私はふと不思議な気持ちになった。何人もの批評者の間で様々な意見が交わされているのだが、そのなかで一度も口にされない感想や疑問があることに気づいたのだ。

であり、状況に応じて適切な役割を演じることで達成される重要な社会的な力を備えたもの。

オ　性別分業とは、単なる項目リストとは呼べないほど個人の行動を明確に規定するものであり、うれしいや悲しいなどの感情であっても、場面に応じてそのように感じることを求めてくるもの。

問六　傍線部⑤「なぜ母親は一緒に食事をしないで、彼らに料理を作り続けているのでしょうか」とありますが、筆者はなぜこのようなコマーシャルが作られたのだと考えていますか。その理由として最も適切なものを次の**ア**～**オ**の中から一つ選び、記号で応えなさい。

ア　食事を作り、家事をするのは女性の仕事という因習的な女性観が固定化されて息づいているから。

イ　一般に父親と娘は料理が不得手であるため、家事を得意とする母親が料理を担うことが自然であるから。

ウ　父親が「食べる人」という固定化された男性観を進んで受け入れることで、理想的な家庭を実現することができているから。

エ　母親が家事をせずにただ料理が運ばれてくるのを待っているだけという姿勢でいることは、母親のあるべき姿ではないから。

オ　空になっている大皿に料理を盛ることで父親と娘が満足そうに食事する姿を目にすることは、母親にとっての喜びであるから。

問七　傍線部⑥「素朴なコピー」とありますが、ここでの「素朴」とはどのような意味ですか。その意味として最も適切なものを次の**ア**～**オ**の中から一つ選び、記号で応えなさい。

ア　古くさい、トレンド感のない言葉

イ　短く簡潔に言いたいことを表現した言葉

ウ　余計な情報を含まない、わかりやすい言葉

エ　事実をありのままに表現したに過ぎない言葉

オ　考え方が単純で、よく検討されていない言葉

問八　傍線部⑦「実は、私は、この言葉に違和感を覚えています」とありますが、筆者はどのような点で違和感を覚えていますか。その説明として最も適切なものを後の**ア**～**オ**の中から一つ選び、記号で応えなさい。

ア　育児に男性が関わることはあたりまえのことであるはずなのに、「イクメン」という言葉で表現することで、男性が育児に参加することが特別ですばらしいものであるかのように、過度に評価するような傾向があるから。

イ　育児に男性が関わることはあたりまえのことであるはずなのに、「イクメン」という言葉があることで、男性が育児を軽々しいものとして認識してしまい、女性が担ってきた伝統的な育児のあり方が損なわれてしまうから。

ウ　育児に男性が関わることはあたりまえのことであるはずなのに、「イクメン」という言葉を用いることで、かえって育児を男性が担うべきものであるという新しい性別分業観を生じさせ、男性を育児に押し込めることになるから。

エ　育児に男性が関わることはあたりまえのことであるはずなのに、「イケメン」との語呂合わせで呼称をつくることで、かっこよくてイケている男性が軽やかにこなすべき仕事であるかのような先入観を人々に与えることになるから。

オ　育児に男性が関わることはあたりまえのことであるはずなのに、

男性支配的な性別のあり方を考え直すのは、他でもない男性自身がやるべき作業であり、男性が進めるからこそ価値がある作業だと。女性の生き方や家族のあり方を研究する社会学の世界では「常識」となっているのですが、⑨女性問題とは男性問題なのです。男性が変わらないかぎり、女性も変われないし、私たちの日常も、より豊かな「らしさ」を創造し、実践できるようには、変わっていかないのです。

（好井裕明『「今、ここ」から考える社会学』筑摩書房）

＊ダイナミクス……組織・集団・個人などにはたらく力のこと。

問一　傍線部a～dについて、漢字はその読み方をひらがなで書き、カタカナは漢字に直しなさい。

問二　傍線部①「『あなた』つまり『わたし』らしさとは、いったい何なのでしょうか」とありますが、筆者はどのようなものだと考えていますか。ここより後の文章から二十字以内で抜き出しなさい。

問三　傍線部②「微細な権力」とありますが、どのようなものですか。説明したものとして最も適切なものを次の**ア**～**オ**の中から一つ選び、記号で応えなさい。

ア　ある特定の儀式や場面で形式的なふるまいを求めてくるもの
イ　自分の属性にとらわれずに絶え間なく気を配ろうとするもの
ウ　細かいところまで自己のあり方を決めさせようと迫ってくるもの
エ　その人の人格や人間性を規定するには至らない、弱く取るに足らないもの
オ　じっさいに人の生き方に影響を与えることがないので誰にも気付かれないもの

問四　傍線部③「『あたりまえ』」とありますが、この箇所にカギカッコがつけられているのはなぜですか。理由を説明したものとして最も適切なものを次の**ア**～**オ**の中から一つ選び、記号で応えなさい。

ア　男女の役割が自然なものであることを強調するため
イ　ゼミの男子学生の言葉をそのまま引用したものであるため
ウ　伝統的な分業が失われつつある現状に危機感をもっていることを表すため
エ　男性、女性という性別のあり方が必ずしも当然のものではないと示すため
オ　男女の区別が伝統的で因習的な価値観ではないということを再確認するため

問五　傍線部④「性別分業とは、単に誰が何をすればいいのかを分けた項目リストではありません」とありますが、どのようなものですか。その説明として最も適切なものを後の**ア**～**オ**の中から一つ選び、記号で応えなさい。

ア　性別分業とは、単なる項目リストとは呼べないほど違和感のあるものであり、今の世の中では批判にさらされ、否定的に捉えられるもの。
イ　性別分業とは、単なる項目リストとは呼べないほど詳細であり包括的なもので、かつ、それを私たちに不断に強いてくる力をもったもの。
ウ　性別分業とは、単なる項目リストとは呼べないほど法律にもとづいたものであり、社会のかたちを規制し、統御するための力を与えられたもの。
エ　性別分業とは、単なる項目リストとは呼べないほど実用的なもの

なできごと」などではなく、まさに自分が会社での仕事やほかの出来事とかかわっていくのと同じくらい「あたりまえ」な日常のワンシーンだと言えるのです。

「イクメン」という言葉から覚える違和感。それは、この「あたりまえ」のこととしての育児と「イクメン」という言葉が発するニュアンスの落差から来ているのです。この言葉からは、育児に参加する男性は、それだけで何か特別ですばらしいことをしているのだ、だからこそ多くの男性は、特別な評価を得るためにも、育児に参加すべきではないか、といったニュアンスが感じ取れるからなのです。

もちろん、現在においてもまだまだ、育児や子育て、子どもの教育に対する男性の参加、協働は不十分だと言えます。だからこそ、「イクメン」という言葉はうまく使えば、一人でも多くの男性を「育児という深い世界」に誘い込む誘蛾灯《ゆうがとう》の役割を果たせるかもしれません。でも本当は、男性の育児参加、育児分担は、ことさら特別に呼ぶ必要もなく、「あたりまえ」のことになり、こうした言葉が意味をもたなくなる日常になってこそ、性別分業がもつ両性にとってバランスが取れた本来の意味が、男性にも腑《ふ》に落ちていくのではないでしょうか。残念ながら、まだ性別分業のバランスは達成されていません。⑧その証拠に、育児をする女性を誰もことさら「イクジョ」とは呼ばないのですから。

▽女性問題は男性問題である

では、性別をめぐり、豊かなわたし「らしさ」が生きる日常を創造するにはどうしたらいいでしょうか。その方向性は、はっきりとしています。いまの男性支配的な性別分業のあり方を根底から考え直し、つくりかえるという方向です。性差別や性支配の社会や日常を批判し女性の解放をめざしたフェミニズム運動や諸々《もろもろ》の理論の影響を受けた社会学や家族問題研究など、すでに数多くの研究成果がこの方向性を何度も確認しているし、この方向で社会を変えていく意義を主張し続けてきています。

まず世の中を具体的に変えていくためには、世の中のかたちを規制し、統御するための装置である法律を変える必要があるでしょう。本書は、法律について語ろうとするものではないので、詳しくは書きませんが、たとえば一定額の年収を超えれば、パートナーの扶養家族に入れないという法律が存在しています。そのため妻が夫の扶養からはずれて働くとしても、被扶養者としての税金をめぐる優遇措置はなくなり、新たな社会保険料の負担など経済的な負担が増大するため、家計は一気に苦しくなります。そうした事態を避けるには、結果として妻は、制限内の年収で収まるようなパート労働を選択せざるをえないのです。女性はパートナーや子どもとともに暮らしながら、自分が思うように働きたいと願っても、簡単には実現できないように、まださまざまな形で法律が縛りをかけているのです。

(中略)

さらに法律という「縛り」を変えるためには、より日常的で私たちが広汎に捉えられている性別をめぐる「あたりまえ」つまり女らしさ・男らしさをめぐる「常識」を変えていく必要があります。この「常識」の見直し、変革という営みは、実は私たち一人一人が自らの暮らしを点検するなかで進めていける重要なものなのです。そうは言いつつも私は、こう考えています。

演じている一連のものがあり、コマーシャルにみられる性別分業の姿は以前に比べ、大きく変化していると言えるかもしれません。でも私は今この文章を書きながら、頻繁にテレビで見る、あるコマーシャルを思い出しています。

テーブルの中央に置かれた大皿に盛られた回鍋肉《ホイコーロー》を奪い合いながらうまそうに食べる父親と娘。最後の一切れの肉の取り合いに負けた父親が悔しそうに娘を見、娘は肉をうまそうにほおばるのです。次の瞬間、母親が、台所からフライパンいっぱいのできたての回鍋肉をもってきて、空になっている大皿にこれでもかと盛り、父親と娘は満足そうに再び回鍋肉を奪い合うのです。なぜ食事の場面に父親と娘だけが食べているのでしょうか。⑤なぜ母親は一緒に食事をしないで、彼らに料理を作り続けているのでしょうか。かつてのような⑥素朴なコピーはどこにもありませんが、このコマーシャルが描く食卓の日常には「私作る人、あなた(たち)食べる人」という平板で硬直した性別分業が見事に生き続けているように見えるのです。

▽「イクメン」はあって、なぜ「イクジョ」はないのか

「イクメン」という言葉があります。育児を積極的に分担する男性のことをあらわす言葉として、新聞雑誌などメディアでよく見かけます。⑦実は、私は、この言葉に違和感を覚えています。パートナーに全部まかせっきりにせず、できるだけ自分も育児にかかわる男性は、最近増えてきているし、そうした男性を評価しつつ、軽やかに、かっこよく呼ぶ言葉として「イクメン」が考え出されたのでしょう。

かっこよくイケてる男性のことを「イケメン」と呼び、その語呂合わせで「育児をする男たち」＝「イクメン」となったのでしょう。もちろん、私はこうした呼称がどんどん増殖し、結果的に、伝統的で因習的な性別分業イメージが壊れ、より多様で多彩な男女協働のありかたが実現していけば、それにこしたことはないだろうと思います。

しかし他方で男性が育児に参加すること、積極的に育児作業を分担することは、そんなに軽やかでかっこいいことなのだろうか、とも思うのです。赤ちゃんがうんちをすれば、場所など気にしないで、できるだけ迅速におむつを換えないといけません。尿がたまったゴワゴワの紙おむつも放置などできず、気づけばすぐに新しいものに換えなければなりません。母乳で育てていれば、父親は、冷蔵庫に一回分に小分けし冷凍された母乳を取り出し、時間になれば解凍して乳をあげなければならないし、夜中、数時間ごとに起きて泣く赤ちゃんに自分も起きて対応しなければなりません。「イクメン」を紹介する雑誌グラビアのように、バギーに赤ちゃんを乗せて公園をかっこよく散歩しているだけでは、男性が子育てに参加していることになど決してならないのです。

もちろん、実際に育児を実践している男性のほとんどは、それまで女性しか実感しえなかった育児の大変さや育児の奥深さを体験することになるし、だからこそ子育てをパートナーと共にしていく重要さを実感できていると思うのです。さらに言えば、そうした男性であれば、自分のことを「イクメン」だとことさら呼ぶ必要もないし、そうした世の中からの評価とは一線を画したところで、いかに上手に効率よく、かつ丁寧に子育てを実践していけばいいかを常に自分で考え工夫しているでしょう。

つまり、育児に本気でかかわっている男性にとっては、育児は「特別ていないことが、この返事でよくわかります。

家で何もしないで「ふんぞりかえっている」父親にとって、「男らしさ」とは、ただ身体的、肉体的、性的な男性性のみを言っているのではないでしょう。彼の普段のふるまいから b 鑑みて、そこには父親自身が妥当だと考え生きている社会的文化的な男性性、いわばジェンダー的な「男らしさ」も自分の息子に要求しているのです。

外で働き、家族を養ってこそ、男だ。だから俺のようにもっとたくましくなれ。外で働いているのだから、家のことや子育てや老親の面倒は、妻がやればいいんだ。いちいち家のことなんか気にするな。お前はもっと俺のことをよく見てたくましくなれ。「ふんぞりかえった」父親から、こんな声が聞こえてきそうだと私は思います。それに対して、明らかに男子学生は違和感を覚え、さらにいえば「自分はこのようになりたくない」と父親の姿を批判し否定的に捉《とら》えています。

もちろん、今の世の中で、すべてのことを自分一人でできるなどとは誰も思わないでしょう。状況に応じ、適切な役割をひきうけ、意識的そして無意識的に何かを行うことを通して、分業が維持されているのです。ですから私たちは、男性、女性という性別を③「あたりまえ」のように引き受けるなかで、性別をめぐる分業もまた達成していると考えられます。

ただ「ふんぞりかえっている」父親という言葉が象徴するように、私たちの日常生活世界には、伝統的で因習的で、偏りが硬直してしまったような性別分業をめぐる実践や知が未《いま》だしっかりと息づいているのも現実です。

▽今も生きている男性支配的な性別分業

女性差別やジェンダーの偏りについて鋭く議論し調査研究してきた江原由美子は『ジェンダー秩序』（勁草《けいそう》書房、二〇〇一年）という本の中で、日常に生きている性別分業の本質的な問題性を明快に述べています。彼女の議論を詳細に追えば、なかなか大変なのですが、本質的な問題性だけをとりだせば、次のようになります。

④性別分業とは、単に誰が何をすればいいのかを分けた項目リストではありません。それは、誰がどのような状況で誰に対して何をどのようにすべきかまで詳細に決められ、それを私たちに強いてくる微細ではあるが強固な力です。そして、私たちが日常「あたりまえ」のようにはまってしまっている性別分業の c チュウカクには、男性がいかに女性を微細かつ包括的に支配していけるのかをめぐる知や力が息づいています。

かつてインスタントラーメンのコマーシャルで「私作る人、あなた食べる人」というコピーが問題になったことがありました。仲のよさそうなカップルが登場し、女性が男性のためにおいしいラーメンを作るのです。好きな相手のために、安くておいしいものを d テイキョウできることのうれしさが、コマーシャルからはあふれていたのかもしれません。しかし相手への愛情という次元と、平板で硬直した性別分業が確認されるという次元は、まったく別の問題です。だからこそ、このコピーは、食事を作り家事をするのは女性の仕事という因習的な女性観を固定化するものだと強く批判をあびたのです。

では、いまは、男性が家事に参加しているのを見せるコマーシャルも多く、男はソト、女はウチという固定した性別観は意味をなくしていると言えるのでしょうか。確かに家電のコマーシャルで男性俳優が主夫を

【国　語】（七〇分）〈満点：一〇〇点〉

【注意】一、解答に字数制限がある場合は、句読点や「　」、その他の記号も字数に数えます。
二、出題の都合上、本文の一部を省略あるいは改変していることがあります。

一　次の文章を読んで、後の問いに答えなさい。

▽**「わたし」らしさと「何者か」らしさ**

「あなたらしくないねぇ」。こんなことを友人や周囲の人から言われたことがあるでしょうか。何か自分自身のふるまいや言葉に対して、まわりの人から返ってくる言葉として「あなたらしくない」と。

①「あなた」つまり「わたし」らしさとは、いったい何なのでしょうか。それは「わたし」とはどのような人間で普段どのように語り、さまざまな状況でどうふるまっているのかなど、「わたし」をめぐり周囲の人が作り上げている知識であり、「わたし」を了解し、「わたし」という存在に対して相手が関係を切り結ぶうえで重要な拠《よ》りどころとなる「わたし」をめぐる理解や評価の束ともいえるものです。

「わたし」らしさについて、自分自身も納得し、その中身を承認しているならば、「なるほど、言われるとおりだね」と返事をするだろうし、周囲からの評価に納得せず、違和感を覚えるならば、「なんでそんなことを言うの」と反論したくもなるのです。

いずれにしても「わたし」らしさとは、まさに自分という一人の人間存在がどのように生きているのか、生きるべきかという問いをめぐり作り上げられる実践的な知の束であり、「わたし」という人間存在をめぐる周囲の他者からの理解や評価から出来上がった独自の知といえるでしょう。だからこそ、広告のコピーなどでよく見かける「わたしらしさを磨こう」という言葉は、私たち一人一人に向けられていることはすぐに了解できるのです。

ところが、世の中には、「わたし」らしさとはまったく異質な「らしさ」が充満しています。それは私という個人の人格や人間性とは基本的に関係ないところからやってくる知の束であり、私たちに「何者か」を演じ、「何者か」らしく生きるよう、緩やかにしかし執拗《しつよう》に迫ってくるものなのです。

ミードは社会的自己は、「I」と「me」の＊ダイナミクスだと語っていますが、他者の態度を引き受ける「me」こそ、「何者か」を演じ、「何者か」らしく適切に生きるうえでの重要な社会的な力であると同時に、私たちに典型的でa過剰な「らしさ」を迫ってくる②微細な権力でもあるのです。

本章では、世の中に充満している「らしさ」に含まれる問題について、ジェンダー（社会的文化的性差）をテーマとして考えます。ジェンダーから離れて生きることのできない、生きざるをえない私たちの日常にどのような問題が潜んでいるのかを考えながら、語っていきたいと思います。

▽**「もっと男らしくしろ」への違和感**

「もっと男らしくしろって、よく父親から言われました」。最近ゼミの男子学生からこんな言葉を聞くことがあります。「で、父親はどうだったの?」。「いや家ではふんぞりかえっていて、何もしなかったです」。

「男らしくしろ」とよく言われた学生は、父親に対して、いい評価をし

2024年度

解　答　と　解　説

《2024年度の配点は解答欄に掲載してあります。》

＜数学解答＞《学校からの正答の発表はありません。》

問題1　(1)　○　(2)　×　問題2　(1)　39　(2)　A　(3)　B

問題3　(1)　−7　(2)　4　問題4　(1)　○　(2)　×

問題5　64　問題6　(1)　×　(2)　×　(3)　○

問題7　(1)　12　(2)　60　問題8　(1)　×　(2)　○　(3)　×

問題9　(1)　36　(2)　14　問題10　24

問題11　(1)　ア　(2)　ウ　(3)　エ　(4)　イ

問題12　$\frac{13}{24}$ $\left(\frac{1}{2}\right.$より大きく$\frac{7}{12}$より小さく，約分された分数であればよい。$\left.\right)$

問題13　(1)　19　(2)　62　(3)　$\frac{6}{5}$　問題14　イ

問題15　同じ余りがくりかえされる　問題16　$\frac{28}{33}$　問題17　0.21121…

問題18　イ，ウ，ケ　問題19　ア，イ，ウ，オ，カ

○推定配点○

問題1　各2点×2　問題2　各2点×3　問題3　各2点×2　問題4　各2点×2　問題5　4点
問題6　各2点×3　問題7　各3点×2　問題8　各2点×3　問題9　各3点×2　問題10　4点
問題11　各2点×4　問題12　4点　問題13　各2点×3　問題14　4点　問題15　6点
問題16　5点　問題17　5点　問題18　6点　問題19　6点　計100点

＜数学解説＞

＋α〉問題1　（集合，要素，素数，倍数）

(1)　一桁の素数の集合は{2, 3, 5, 7}だから，7はその要素である。正しいから○

(2)　1桁の8の倍数全体の集合は{8}だから，4はその要素ではない。間違っているから×

問題2　（集合の要素の個数，倍数）

(1)　200以下の5の倍数の個数は200÷5＝40なので40個　9以下の5の倍数の個数は9÷5＝1余り4なので1個　よって，10以上200以下の5の倍数の個数は40－1＝39

(2)　5桁の正の整数について，3の倍数の個数は，99999÷3＝33333，9999÷3＝3333だから，33333－3333＝30000　9の倍数の個数は，99999÷9＝11111，9999÷9＝1111だから，111111－1111＝10000　よって，集合Aの方が要素の個数が多い。

(3)　1桁の自然数で考えてみると，2で割り切れない数は，1，3，5，7，9であり，3で割り切れない数は，1，2，4，5，7，8である。よって，2でも3でも割り切れない数は，1，5，7の3個である。一方，6で割り切れない数は6以外の8個である。5桁の整数でも同様だから，Bの方が要素の個数が多い。

基本 **問題3 （関数の表し方，記号fの使い方）**

(1)　$f(x)=-3x+2$なので，$f(3)=-3\times3+2=-7$

(2)　$f\left(-\frac{2}{3}\right)=-3\times\left(-\frac{2}{3}\right)+2=2+2=4$

重要 **問題4 （関数の定義）**

(1)　集合Aのすべての要素に対して，集合Bの何らかの要素が1つだけ対応しているので関数である。よって，○

(2)　集合Aの要素2に対して，集合Bの要素が1つに決まっていないので関数ではない。よって，×

問題5 （要素から要素への対応の種類の数）

集合Aの要素を1，2，3とし，集合Bの要素をa，b，c，dとする。1に対してa，b，c，dの4種類の対応の仕方があり，そのそれぞれに対して，2に対しての4種類の対応の仕方があり，さらに，3に対しての4種類の対応の仕方があるから，$4\times4\times4=64$(通り)

重要 **問題6 （単射の定義）**

(1)　集合Aの異なる要素2と3のどちらにも集合Bの要素cが対応しているので単射ではない。よって，×

(2)　集合Aの要素3に集合Bの要素が2つ対応しているので関数ではない。よって，×

(3)　集合Aの異なる要素について集合Bの異なる要素が対応しているので単射である。○

問題7 （単射である関数の個数）

(1)　集合A{1，2}，集合B{a，b，c，d}であるとする。1に対してa，b，c，dの4通りがあり，そのうちの$1\to a$の場合に2としてはb，c，dの3通りが考えられる。$1\to b$，$1\to c$，$1\to d$のときも同様に2の対応として3通りずつがあるから，$4\times3=12$(通り)

(2)　集合A{1，2，3}，集合B{a，b，c，d，e}であるとする。$1\to a$のとき，2としてはb，c，d，eの4通りが考えられ，$1\to b$，$1\to c$，$1\to d$，$1\to e$のときも同様だから，1と2の対応の仕方として5×4(通り)がある。それらのうちの($1\to a$，$2\to b$)については3の対応として$1\to c$，$1\to d$，$1\to e$の3通りが考えられ，他の場合も同様だから，$5\times4\times3=60$(通り)

重要 **問題8 （全射の定義）**

(1)　Bのbに対応するAの要素がない。「Bのすべての要素に必ずAの要素がすくなくとも1つ対応する」という全射の定義に反するので×である。

(2)　Bのすべての要素に必ずAの要素がすくなくとも1つ対応しているので全射である。○

(3)　Aの要素の4がBの要素の1つだけに対応していないから関数ではない。×

問題9 （全射である関数の個数）

(1)　終域の集合をB{a，b，c}とすると要素の個数が3なので，定義域の4個の要素を2個，1個，1個に分けて考えるとよい。定義域の集合をA{1，2，3，4}とすると，(1と2，3，4)，(1と3，2，4)，(1と4，2，3)，(2と3，1，4)，(2と4，1，3)，(3と4，1，2)の6通りがある。そのうちの(1と2，3，4)については，1と2にa，b，cの3通りがあり，そのそれぞれに対して3に2通りずつがあり，それらに対して4に1通りずつがあるから，$3\times2\times1=6$(通り)がある。他の場合も同様なので，全射であるものは$6\times6=36$(通り)

(2)　定義域の集合をA{1，2，3，4}，終域の集合をB{a，b}とすると，Bの要素の個数が2個なので，定義域の4個の要素を1個と3個，2個と2個の2種類に分けて考えればよい。1個と3個の組は(1，2と3と4)，(2，1と3と4)，(3，1と2と4)，(4，1と2と3)であり，それぞれにBのaとbに分かれて対応するので，全射であるものは$4\times2=8$(通り)　　2個と2個の組は(1と2，3と4)，(1と3，2と4)，

(1と4，2と3)の3組あって，それぞれにBのaとbに分かれて対応するので，全射であるものは3×2=6(通り)　よって，全部で8+6=14(通り)

問題10 (全単射である関数の個数)

Aのすべての要素には必ずBの異なる要素が対応し，Bのすべての要素に必ずAの要素が少なくとも1つ対応している場合が全単射である。A{1，2，3，4}，B{a，b，c，d}とすると，1→aのときに2は2→b，2→c，2→dの3通りがあり，1→b，1→c，1→dのときも同様だから4×3=12(通り)　1→a，2→bのときに3は3→c，3→dであり，他の場合も同様だから，12×2=24(通り)　1→a，2→b，3→cのときに4はdと決まり，他の場合も同様だから24通り

重要 問題11 (単射，全射，全単射の確認)

(1)　$x=0$のとき$y=0$，$x=1$のとき$y=2$，$x=2$のとき$y=8$　終域の4に対応する定義域の要素はないが，Aの異なる要素にBの異なる要素が対応しているので単射である。　(ア)

(2)　$x=0$のとき$y=0$，$x=1$のとき$y=2$，$x=2$のとき$y=8$　Aの異なる要素にBの異なる要素が対応しているので単射である。また，Bのすべての要素に必ずAの要素が少なくとも1つ対応しているので全射でもある。よって，全単射である。　(ウ)

(3)　$x=0$のとき$y=0$，$x=1$のとき$y=2$，$x=-1$のとき$y=2$　Aの異なる要素にBの同じ要素が対応しているので単射ではない。Bのすべての要素に必ずAの要素が少なくとも1つ対応しているわけでもないので全射でもない。　(エ)

(4)　$x=0$のとき$y=0$，$x=1$と$x=-1$のとき$y=2$，$x=2$と$x=-2$のとき$y=8$　Bのすべての要素に必ずAの要素が少なくとも1つ対応しているので全射である。また，Aの異なる要素にBの異なる要素が対応しているとはいえないので単射ではない。　(イ)

問題12 (有理数には「隣の数がない」こと)

$a=\frac{1}{2}$，$b=\frac{7}{12}$とするとき，$a<q<b$となる有理数は無数にあるが，例えばその真ん中の数は，$\left(\frac{1}{2}+\frac{7}{12}\right)\div 2=\frac{13}{24}$　$\frac{1}{2}$と$\frac{7}{12}$を通分して$\frac{6}{12}$と$\frac{7}{12}$として$\frac{6.1}{12}=\frac{61}{120}$として求めることもできる。

やや難 問題13 (規則性—数の並び)

(1)　斜めの線上の数を線毎にまとめると，(1)，$\left(2,\ \frac{1}{2}\right)$，$\left(3,\ \frac{2}{2},\ \frac{1}{3}\right)$，$\left(4,\ \frac{3}{2},\ \frac{3}{2},\ \frac{1}{4}\right)$，…同じ数の集まりに入る数は分子と分母の和が一定であり，1段目の数より1大きい。$\frac{3}{4}$は，3+4=7　7−1=6　よって，6番目の数の集まりに入っている。5番目の数の集まりまでの数の個数は1+2+3+4+5=15であり，分母が4だから，6番目の数の集まりの4番目である。よって，15+4=19(番目)

(2)　57の場合は，5+7−1=11　11番目の数の集まりに入っていて，分母が7だからその7番目の数である。よって，(1+2+3+…+8+9+10)+7=62(番目)

(3)　50番目の有理数は(1+2+3+…+8+9)=45，50−45=5だから，10番目の数の集まりの5番目の数である。分子は10+1−5=6　よって，$\frac{6}{5}$

問題14 (自然数から有理数への対応)

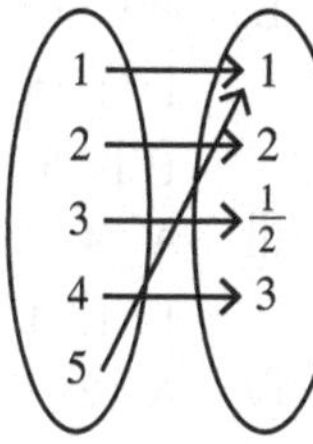

右図で示すように，「Aの異なる要素に必ずBの異なる要素が対応する」という単射の定義に反する。また，「Bのすべての要素に必ずAの要素が少なくとも1つ対応する」という全射の定理には当てはまる。よって，あには(イ)が当てはまる。

問題15 **(整数を7で割る割り算)**

整数を7で割る割り算では，余りが3，2，6，4，5，1，3，…・となる。よって，[い]には「同じ余りがくりかえされる」が当てはまる。

問題16 **(循環小数を分数で表す)**

0・$\dot{8}\dot{4}$＝0.84848484…＝xとおくと，100x＝84.84848484…　100x－x＝84　99x＝84　x＝$\frac{84}{99}$＝$\frac{28}{33}$

問題17 **(循環小数を分数で表す)**

a_1の小数第1位は1なので，bの小数第1位を2とする。a_2の小数第2位は8なので，bの小数第2位を1とする。a_3の小数第3位は8なので，bの小数第3位を1とする。a_4の小数第4位は1なので，bの小数第4位を2とする。A_5の小数第5位は5なので，bの小数第5位を1とする。よって，b=0.21121...

問題18 **(当てはまる関数)**

例としてあげられている関数で，$fn(n)=n$とならないものは，$f_2(2)=3$，$f_3(3)=6$，$f_4(4)=1$
それらの関数にあてはまる式を選ぶと，$f_2(2)=3$は(イ)の$g(n)=n+1$　$f_3(3)=6$は(ウ)の$g(n)=2n$　$f_4(4)=1$は(ケ)の$f_n(n)=1$のとき$g(n)=1$とし，$f_n(n)\neq1$のとき$g(n)=1$とする。よって，イ，ウ，ケ

問題19 **(加算濃度である関数)**

(ア)～(オ)までと(キ)は資料文の中で解説されていて，(エ)は加算濃度ではない。

(カ)については，実数全体の中の一部であり，$q\neq p$，$q>p$の場合，$\sqrt{p}<r<\sqrt{q}$とbなるrが存在する。有理数の集合が加算濃度である説明を応用して加算濃度といえる。よって，ア，イ，ウ，オ，カ

★ワンポイントアドバイス★

ともかく読むこと。資料文，問題文ともに繰り返し読むこと。全体の流れがわからないと手がけられない。前の問題でわかったことが後の問題で使われる。悩んだら前の問題に戻ってみよう。いくつかの定義は図を書いて理解しておこう。

[＋α]は弊社HP商品詳細ページ(トビラのQRコードからアクセス可)参照。

＜英語解答＞ 《学校からの正答の発表はありません。》

[Ⅰ] ① 1　② 3　③ 4　④ 3　⑤ 2　⑥ 4　⑦ 1　⑧ 2　⑨ 2
⑩ 4　⑪ 3　⑫ 4　⑬ 3　⑭ 2　⑮ 1　⑯ 3　⑰ 3　⑱ 1
⑲ 2　⑳ 4

[Ⅱ] 問1 ［ア］ 8　［イ］ 4　［ウ］ 12　［エ］ 9　［オ］ 1　［カ］ 2　「キ」 14
［ク］ 5　［ケ］ 7　［コ］ 6　問2 ［A］ 14　［B］ 11　［C］ 4　［D］ 1
［E］ 6　［F］ 7　［G］ 2　［H］ 16　［I］ 13　［J］ 3

[Ⅲ] A 4　B 2　C 1　D 2　E 1　F 3　G 2　H 1　I 3
J 1, 4, 6

[Ⅳ] A 2　B 2　C 4　D 1　E 3　F F-1 8　F-2 6　G 3　H 4

I　1, 5, 8

Ⅴ　A　(例)　Shall we read a comic book?　Or, shall we play a game?

B　(4番目の語)　anything　(10番目の語)　boring.

C　(例)　I have to practice soccer, do my homework, and go to juku.

D　(1番目の語)　has　(6番目の語)　when

○推定配点○

Ⅰ, Ⅱ　各1点×40　Ⅲ A～I, Ⅳ A～H　各2点×18　Ⅲ J, Ⅳ I　各3点×2(各完答)

Ⅴ　A, C　各5点×2　B, D　各4点×2　計100点

＜英語解説＞

基本 Ⅰ　**(長文読解問題・会話文：語句選択補充)**

(全訳)　大学生のヨハンが日本のある大学の混雑したカフェテリアのテーブルについて，昼食を食べている。別の学生，ユウジがカレーの皿を運んでそのテーブルの方へやって来る。

ユウジ：すみません，ここに座ってもいいですか？

ヨハン：はい，どうぞ。

ユウジ(座りながら)：ありがとう。

ヨハン：ぼくたちは同じ料理①を選んだのですね。

ユウジ：はいーカレーか！　ぼくは毎日食べていますよ。

ヨハン：それはぼくの②大好物の1つでもあります。このカフェテリアのカレーはとてもおいしいですね。ところで，ぼくの名前はヨハンです。

ユウジ：ああ，こんにちは！　ぼくはユウジです。会えてうれしいですよ。ご出身はどこか聞いても③いいですか？

ヨハン：よくその質問をされます。ぼくは，④実は日本の出身なんです。

ユウジ：本当ですか？

ヨハン：はい。両親はドイツの宣教師でした。1900年代に日本に来て暮らして，ぼくはここで生まれたんです。

ユウジ：そうですか。では日本語がとても上手に話せるんでしょうね？

ヨハン：はい，そう思います。教育はすべて日本語で受けてきていますから。両親は近所の子供たちと遊ぶことができるのが大切だと思っていた⑤ので，ぼくを地元の学校に行かせたんです。

ユウジ：あなたにとっては難しい経験⑥ではありませんでしたか？

ヨハン：そうでもなかったですよ。ぼくは地域の遊びのグループからすでに⑦知っている子供たちと一緒に1年生を始めたから，彼らはぼくを自分たちの1人のように扱ってくれました。ぼくは学校に通っている間を通してずっと⑧多くの友達がいて，今も彼らのほとんどと付き合いがあります。実は，先月に昔の小学校の同窓会に行きました。

ユウジ：他に何語か話せるんですか，ヨハン？

ヨハン：ええと，両親のために家ではドイツ語を話しています。

ユウジ：あなたは英語もとても上手に話しますね。

ヨハン：本当ですか。それはご親切にありがとう。英語は⑨少し話せますが，あまり得意ではありません。あなたはどうですか，ユウジ，他の言語を勉強することに興味はありますか？

ユウジ：今学期はベトナムの表現を覚えようとしています⑩が，そうでもありません。来月，調査

をしにベトナムに行くんです。

ヨハン：おや，それはおもしろいですね。何についての調査ですか？

ユウジ：ぼくは農業での化学薬品の利用を研究しています。ぼくたちみんなにとってより安全な未来を作るために，そのような化学薬品の環境や人間への影響を⑪理解することは重要だと思います。

ヨハン：わなるほど。だからぼくたちは⑫前に会ったことがなかったのだと思います。あなたは普段は科学の授業に出ていて，ぼくは普段図書館で歴史の本を読んでいるんですね。

ユウジ：ああ，ではあなたは歴史学の学生ですか。なぜその科目を選んだのですか？

ヨハン：ぼくは常に，古代⑬に起こったにしてもこの10年のうちに起こったにしても，過去の出来事に興味を持っています。歴史はぼくにとって，1つの長く魅力的な物語のようなものです。ぼくたちが同じ過ちを犯さないために，過去に物事がどうしてうまくいかなかったかをよく考えることは特に大切だと思います。

ユウジ：賛成です。ねえ，ヨハン，おもしろいですね。まず，あなたとぼくは全く違うように見える－科学の学生と歴史の学生で，共通しているのはカレー好きであるだけで。でも実は，ぼくたちは⑭同じ目標を共有している－ぼくたちの世界のためにより良い未来を作るという。

ヨハン：そう思いますか？　厳密にはどういう意味ですか？

ユウジ：ええと，戦争につながる過ちもあれば，環境災害につながる過ちもあって，あなたとぼくは2人ともそうしたことが再び起こらないようにするにはどうすればよいのかを勉強しています。

ヨハン(スプーンを置きながら)：ユウジ，あなたはとても賢いです！

ユウジ(驚いて)：そうですか？

ヨハン：あなたは私にすばらしい考え方をくれました。私があなたに昔の小学校の同窓会に行ったと話したのを覚えていますか？

ユウジ：うん，でも⑮そのことがどうぼくの考え方と関係があるのですか？

ヨハン：ごめんなさい，説明させてください。その同窓会で，ぼくは今科学の学生のサツキという昔のクラスメートに会いました。彼女と私は学生が大学で勉強するべき科目⑯について大いに論じ合いました。彼女は，「環境の勉強がいちばん重要な科目よ」と言いましたが，ぼくは「いや，歴史の方が重要だよ」と言いました。残念ながら，ぼくたちの議論は感情的になり過ぎた⑰ので，ぼくたちの間に不快な感情が起こりました。

ユウジ：ああ，それはいけませんね。でも，どうしてあなたは僕が賢いと言ったのですか？

ヨハン：ええと，あなたはぼくたちは2人ともより良い未来を作りたいのだと言いましたが，今私はどうすればサツキ⑱との友情を修復できるかわかります－彼女と私は2人ともより良い未来を作りたいんです。いや実際のところ，すぐに彼女に電話をするつもりです。

ユウジ：うわあ！　それは何よりです。でもヨハン…

ヨハン(ポケットから電話を取り出しながら)：何ですか？

ユウジ：まずカレーを食べ終える必要があると思うよ。

ヨハン：⑲実を言うと，ユウジ，今日のカレーはぼくの味覚には少し塩辛過ぎるんです。今日は残そうと思います。

ユウジ：本当ですか？　ぼくは塩辛いのが好きなんです。結局ぼくたちは⑳あまり似てはいないんですね！

ヨハンとユウジは2人とも笑って，ヨハンはサツキに電話をかける。

① 動詞として使える形として適切なのは現在完了形の have chosen か受動態の are chosen だが，主語が we で the same dish「同じ料理」が choose「選ぶ」の目的語として適するので受動態「選ばれる」は不適切。1は過去分詞，3は現在分詞または動名詞の形。

② 〈one of ＋名詞の複数形〉で「～のうちの1つ」という意味。この場合の favorite は「大好きなもの」という意味の名詞。この文の主語 It は「カレー」を指すので，複数形の my favorites は不適切。one favorite は誰の好物であるかがはっきりしないので不適切。

③ May を入れて相手に質問をしてもよいか確認する内容にすると対話が成り立つ。

④ ヨハンは名前からも，少なくとも見た目は外国人で，それでユウジもヨハンに出身地を尋ねたと考えられる。それに対してヨハンは from Japan「日本の出身だ」と答えているので，actually「実は」を入れると会話が成り立つ。

⑤ 語を補う文の前半の内容が理由，後半がその結果というつながりになるので，so「だから」が適切。

⑥ 直前のヨハンの発言内容を受けて，「それ(＝外国人の子供であるヨハンが日本の地元の学校に通ったこと)は難しい経験ではなかったか？」と尋ねる内容にすると会話の流れに合う。ヨハンの過去の経験を指しているので過去形を用いた4が適切。

⑦ ヨハンが1年生になったという過去のことを述べている文。遊びのグループの子供たちを知っていたのも同じ時点のことなので，過去形 knew が適切。

⑧ lot を用いて「たくさんの」の意味を表すときは a lot of または lots of を用いる。

⑨ 語を補う文の後半で「でもそれ(＝英語)があまり得意ではない」と言っていることから，a little を入れて「英語を少しは話せる」とするのが適切。

⑩ 語を補う文の直前で，ユウジは「そうでもない(＝他の言語を勉強することにそれほど興味はない)」と言っている。これに対して，後半では「ベトナム語の表現を覚えようとしている」と言っているので，逆接を表す although「～だけれども」でつなぐのが適切。

⑪ 〈It is ～ to ＋動詞の原形〉「…することは～だ」の構文。the effects が understand の目的語として適するので，受動態 to be understood は不適切。to understand を入れて，「化学薬品の環境や人間への影響を理解することは重要だ」という内容にすると文意が成り立つ。

⑫ ユウジは科学を，ヨハンは歴史を勉強する学生で，普段は違う場所で勉強していることがわかった後の発言。before を入れて「だから私たちは前に会ったことがなかった」とすると会話の流れに合う。that's why ～ で「だから[そういうわけで]～」という意味を表す。

⑬ 直後の ancient times と合わせて「古代に」の意味にすると文意が成り立つ。「(ある時代)に」は in で表す。

⑭ 直前でユウジはヨハンと自分とが全く違うように思えると言っているが，But でつないでいるのでそれと反対の内容の文が続く。したがって，the same「同じ」を入れて「同じ目標を共有している」とすると会話の流れに合う。

⑮ ヨハンの直前の発言にある「私があなたに昔の小学校の同窓会に行ったこと」を受けて，「でもそのことがどうぼくの考え方と関係があるのですか」と続けると会話が成り立つ。「私があなたに昔の小学校の同窓会に行ったこと」を指す代名詞として適切なのは that。

⑯ argument「議論」と the subject「科目」をつなぐのに適する前置詞は about「～についての」。

⑰ so ～ that …「とても～なので…」の構文と考えると文意が成り立つ。

⑱ friendship「友情」と Satsuki「サツキ」をつなぐのに適する前置詞は with。「私のサツキとの友情」という意味になる。

⑲　直前でユウジがまずカレーを食べ終えるように言ったのに対して，ヨハンは今日のカレーが塩辛いので残すと言っている。この流れをつなぐものとして適切なのは，To tell the truth「実を言うと」。

⑳　カレーが塩辛いから残すというヨハンに対して，ユウジは塩辛いのが好きだと言っているので，この点で2人は違うことになる。したがって，so を入れて「ぼくたちはあまり似ていない」とすると会話の流れに合う。

Ⅱ　（長文読解問題・説明文：語い）

（全訳）　いかなる基準からしても，ハリー・ポッターの背後にいる魔術師，イギリスの作家 J. K. ローリングは[A]目を見張るような成功を収めた。彼女のハリー・ポッターの本は68の言語に翻訳されて世界中で4億を超える冊数が売られ，そのおかげでローリングはイギリスで最も裕福な女性の1人になった。ローリングはグロスターシャーの近くの中流家庭に生まれ，彼女の[B]昇り行くさまは驚くべきものである。彼女はエクセター大学に通い，1987年に卒業した。しかし，[C]無目的な数年を過ごしたのち，1990年代初期には彼女はエディンバラで暮らし，自分を完全な失敗者だと考えていた。彼女の最初の結婚は終わり，[ア]失業中で，シングル・マザーで[イ]金銭的に苦しんでいた。彼女は自分自身と両親を落ち込ませたと感じていた。彼女はのちに「あらゆる通常の基準に照らし合わせて，私は知る限り最大の失敗者でした」と回想した。

ローリングが2008年に[ウ]行ったハーバード大学の卒業式でのスピーチで，彼女は予期せぬ失敗の[D]恩恵について論じた。

J. K. ローリングの2008年ハーバード大学学位授与式でのスピーチから一部改変して引用：

ではなぜ私は失敗の[D]恩恵について話すのでしょうか？　単に，失敗とは必要でないものを取り除くということだからです。私は自分自身に対して自分が自分以外の何者かであると装うことをやめて，すべてのエネルギーを自分にとって大切な唯一の仕事を終えることに向けるようにしました。私は他の何事においても本当にうまくいかなかったので，私は最後に自分が本当に属している場で成功することができたのだと思います。最大の不安が理解され，私はまだ生きていて，まだ愛する娘がいて，古いタイプライターと一大アイディアがあったために，私は自由になりました。そして，「どん底」は私が人生を[エ]修正する堅固な[E]土台となったのです。

皆さんは私のような規模で失敗することは決してないかもしれませんが，人生で何らかの失敗を避けることは決してできません。とても用心深く生きているために本当は生きていない―つまり何も努力せずに失敗する，ということでもなければ，何かで失敗せずに生きることは不可能です。

失敗は私に試験に合格しても得られない内面的な[オ]安心を与えてくれました。失敗は私に他のどのような方法でも知ることができない自分自身に関することを教えてくれました。私は，自分には強い意志があり，思っていたより[F]自制する力があることを見出しました。私はまた，その[カ]価値がルビーの値段を本当に超える友人たちがいることも発見しました。

[G]つまづいている状況から[キ]抜け出してより賢く，そして強くなったことを知ることは，その後ずっと，生きる力に自信があるということを意味します。皆さんは，自分自身，あるいは自分の人間関係の力を本当に知ることはないでしょう，その両方が[ク]逆境に試されないのであれば。[H]とても苦労して勝ち得られるものであっても，そのような知識は本当の贈り物であり，私が得たどんな[ケ]技能よりもずっと価値があり続けているのです。

ですから，もし私が逆転時計を与えられたら，私は21歳の自分自身に，人生は業績の照合表ではないということを知ることに個人の幸せはあるのだと言うでしょう。皆さんの[ケ]技能は皆さんの人生ではありません，皆さんはその両者を[I]取り違えている私の年齢，それより上の年齢の多くの人々に出会うことでしょうが。人生は難しく[J]複雑で，誰もの完全な制御を超えるもので，そのことを理解する謙遜は皆さんがその困難を乗り越えて生きる助けとなるでしょう。

問1　全訳を参照。

問2　全訳を参照。 1 「有用で役立つ効果」 2 「物事を遅らせたり状況を悪化させたりする問題」 3 「多くの部分や細かいことがあるために理解したり扱ったりしにくい」 4 「方向性や計画がない」 5 「何かをしたいと思わないためにためらっている」 6 「基礎を置くもの」 7 「生き方や働き方を制御する能力」 8 「苦痛や困難を経験した後で回復する能力」 9 「何かを買うために支払わなくてはならないお金の総額」 10 「仕事をするために必要な技能を学ぶ過程」 11 「より良い地位に昇ったり，進歩したりする過程」 12 「何が起こるか注意深く考えずに突然行動する」 13 「あることを別のことと考え違いする」 14 「とてもすばらしくて印象的だ」 15 「とても深刻[まじめ]に」 16 「多くの努力と苦しみがある」

Ⅲ （長文読解問題・説明文：語句選択補充，語句解釈，内容吟味，英問英答）

（全訳） 2000年以来，書籍の代わりにコンピューターやタブレットや携帯電話などの画面で読む人が増えている。実際，画面で読むと文字サイズを調整することができるので，多くの人々が画面で読むほうが$_A$便利だと感じてる。また，知らない単語に出くわしたときに，1回のクリックでその単語の意味を調べることができる。このように，私たちは身を起こして紙の辞書を念入りに調べる必要はない。

しかし，画面で読むことは良い考えであるように思える一方で，いくつかの研究では紙で読むほうが内容をよく理解できるということが示されている。スペインとイスラエルの研究者たちは17万1千人を超える読者について大規模な研究を行い，人の理解は紙で読むときの方が良いという結果が示された。さらに，メリーランド大学のパトリシア・アレクサンダー教授は，画面で読むほうがより多くのことを学べると感じるとしても，同じものを$_B$紙で読む人の方が内容をよく覚えていることを発見した。

この違いの1つの理由は，私たちが紙で読むときの態度と画面で読むときの態度だろう。紙で読むとき，私たちはある考え方を深く考えるために読むのをやめたり，目の前の文章に集中し続ける。こういうわけで，私たちは普通，よりゆっくりと読む。呼吸の仕方でさえも異なる。紙の本を読むとき，私たちはより深く呼吸をし，より多くため息をつく。研究者たちは，このことが心を平静に保ち，記憶や理解により好ましい効果があると思っている。

本の物質的な特徴も，私たちが文章を理解しやすくなるのに役立つと考える研究者もいる。本のページは紙でできているので，ペンやマーカーを取り出してページに書かれている重要な文や考えに下線を引くことができる。さらに，ページをめくるという肉体的な行動は，本の中で特定の考えや出来事が書かれている位置を覚えるのに役立つ。

一方，画面で読むときは，私たちはしばしば特定の情報を探しながら文章をざっと見通している。本を読むときよりもはるかに精神的な努力を使わないし，しばしば大きな節を飛ばしてしまう。実際，研究によれば，文章だらけの画面を見ると，実際にはその単語の25パーセントしか読んでいないという。この読み方は，例えば「ブラジルの首都は？」とか「イランの人口は？」といったある種の問いへの答えを探しているときにはとても役立つだろう。しかし，飛ばし読みは内容の$_C$せまい理解しか与えてくれない。

画面で読むときのもう1つの問題は，気が散りやすいことである。例えば，携帯電話で読んでいて友達や家族からメッセージを受け取ったことはあるだろうか。そのメッセージを受け取ったときにどうしただろうか。それを無視して読み続けただろうか。ほとんどの人と同様であれば，おそらく読むのをやめてすぐにメッセージを確認しただろう。このことの問題は，単に失う時間だけではない。それ以前の集中のレベルに戻ることも難しいのだ。研究によれば，文字のメッセージによって気が散ると，同じ集中のレベルに戻るのに20分かかるという。とても D頻繁に気が散るのだから，携帯電話で読む方が効率的でないことは明らかだ。

しかし，携帯電話やタブレットは最近ではとても広まっているので，私たちは読む習慣を操る実際に役に立つ方法を見つける必要がある。カリフォルニア州立大学のメアリアン・ウルフ教授は，読書をすることと画面で読むことの両方に良い「2つの言語を使える脳」を発達させることを提唱している。画面での読み方と紙での読み方はとても違うのだから，それは2つの異なる言語で読書することと似ていると彼女は考えている。2つの言語を使える脳を進歩させるためには，本を読むことと画面で読書をすることの良い効果と悪い効果を認識すべきであるとウルフは言う。携帯電話やコンピューターなどの機器で読むことで情報をすばやく得られる一方で，印刷された本を読むことはよりゆっくり，より注意深く読めるようになるので大切である。時間を取れば，内容を本当に考え，よりよく理解することができる。

より良い読み手になるために，私たちは本と画面の両方を最大限に活用する読書の習慣を発達させるべきである。デジタル化の世界にあっても印刷された本がいかに貴重であるかを思い出すことができればこのことは起こるだろう。

A　空所には画面で読むことの特徴を表す語が入る。その前後で，「画面で読むと文字サイズを調整することができる」，「知らない単語に出くわしたときに，1回のクリックでその単語の意味を調べることができる」と画面で読む場合の利便性が述べられているので，4「便利だ」が適切。1「人気がある」，2「価値がある」，3「持続できる」。

B　空所を含む文の直前では，「人の理解は紙で読むときの方が良いという結果が示された」と，紙で読むことの利点が述べられている。これに続いて In addition「さらに」と始まるので，空所を含む文でも紙で読むことの利点が述べられていることになる。したがって，2を入れて「メリーランド大学のパトリシア・アレクサンダー教授は，画面で読むほうがより多くのことを学べると感じるとしても，同じものを紙で読む人の方が内容をよく覚えていることを発見した」という文にするのが適切。1を入れると「同じものを画面で読む人の方が内容をよく覚えている」，3を入れると「同じものを紙で読む人も同様に内容を覚えない」，4を入れると「同じものを紙で読む人は，実は画面で読むほうを好む」という意味の文になり，いずれも文脈に合わない。

C　空所の直前の文で，「『ブラジルの首都は？』とか『イランの人口は？』といったある種の問いへの答えを探しているときにはとても役立つ」と飛ばし読みの利点を述べているが，空所を含む文は However でつながれているので，これと対照的な内容の文になる。したがって，1の narrow を入れて「しかし，飛ばし読みは内容のせまい理解しか与えてくれない」とするのが適切。2「深い」，3「広い」，4「固体の，中身が詰まった」。

D　下線部の frequently と同じ意味の語を答える問題。often「しばしば」がほぼ同じ意味を表す。1「おそらく」，3「すぐに」，4「ときどき」。

E　質問は，「本文によれば，最近人々の読む習慣はどのように変わりましたか？」という意味。第1段落第1文で，最近の読む習慣について「書籍の代わりにコンピューターやタブレットや携帯電話などの画面で読む人が増えている」とあるので，1「携帯電話で読む人の数が増えた」が適切。2「人々は次第に，携帯電話であれ紙であれ読むことへの関心を失っている」，3「だれももはや印刷された本を読まない」，4「印刷された本の売り上げが伸びている」は，いずれも本文に記述がない。

F　質問は，「本文によれば，次のうち画面で読むときに良い特長でないものはどれですか」という意味。第4段落第2文で，「本のページは紙でできているので，ペンやマーカーを取り出してページに書かれている重要な文や考えに下線を引くことができる」と，本で読む場合の利点が述べられているので，3「重要な節にマーカーを使って印をつけることができる」が合わない。1「すばやく情報を得られる」，2「文字の大きさを調整できる」，4「単語の意味を簡単に調べられる」。

G　質問は，「本文によれば，紙で読む経験は読み手が～する原因となる」という意味。第3段落第2文で，紙で読むときの読み手の態度として，「紙で読むとき，私たちはある考え方を深く考えるために読むのをやめる」と述べているので，2「やめるのが増える」が適切。ここでのstopは読むこと自体を途中でやめるのではなく，書かれていることについて深く考えたりするために読むのを中断するということを表している。1「集中できなくなる」，3「飛ばし読みが増える」，4「本文の大きな節を飛ばす」はいずれも画面で読むときに起きやすいことである。

H　質問は，「本文によれば，次のうちどれが正しいですか？」という意味。本文中の「20分かかる」ことに関して述べている第6段落に着目する。第6段落では，画面で読むときの問題点として，携帯電話で読んでいるときに友達や家族からメッセージを受け取ると，ほとんどの人は読むのをやめてすぐにメッセージを確認することが述べられ，そうするとそれ以前の集中のレベルに戻ることが難しく，同じ集中のレベルに戻るのに20分かかることが述べられているので，1「テキストのメッセージに気が散った後，その前と同じレベルで集中できるようになるのに20分必要な人もいる」が適切。2「人々は印刷された本のページをめくるだけで読む時間のうちのおよそ20分を失う」，3「人々が友達や家族からのテキストのメッセージのすべてを読むのに20分かかることがある」，4「人々が画面で読むとき，次のメッセージを確認するのに最大20回読むのをやめる」はいずれも第6段落の主旨と異なる。

I　質問は，「メアリアン・ウルフは読む習慣を操るために何を勧めていますか？」という意味。メアリアン・ウルフ教授の考えについて説明している最後から2つ目の段落に着目する。この段落の第1文で，「携帯電話やタブレットはとても広まっているので，私たちは読む習慣を操る実際に役に立つ方法を見つける必要がある」と述べたうえで，メアリアン・ウルフが，「読書をすることと画面で読むことの両方に良い『2つの言語を使える脳』を発達させることを提唱している」と述べている。これは，画面での読み方と紙での読み方は違うのだから，2つの異なる言語で読書することと似ているという考えに基づいたもので，2つの言語を使える脳を進歩させることを勧めているということと言える。この内容と同じことを述べている3「私たちは画面で読むことと紙で読むことのバランスを養うべきだ」が適切。1「より速く読むことができるので，私たちはもっと画面で読むべきだ」，2「何かを読みたいと思うとき，私たちは常に印刷された本を選ぶべきだ」，4「私たちは携帯電話で読んでいるときにテキストのメッセージを無視するべきだ」。

J　1「2つの言語を使える脳ならば，私たちは違う言語で読むことができるようになるだろう」（×）最後から2つめの段落の第2文で，メアリアン・ウルフ教授の考えとして「読書をすることと画面で読むことの両方に良い『2つの言語を使える脳』を発達させることを提唱している」ことが述べられているが，これは画面での読み方と紙での読み方の違いを述べているのであり，違う2つの言語で読むことができるということとは異なる。　2「飛ばし読みでは私たちは内容をよりよく理解することができない」（○）　第5段落最終文で「飛ばし読みは内容のせまい理解しか与えてくれない」と述べていることと合う。　3「研究によれば，テキストのメッセージに気を散らされているときにはすばやく注意を戻すことは難しい」（○）　第5段落で，画面で読むときの1つの問題として，携帯電話で読んでいるときにメッセージを受け取ると読むのをやめてメッセージを確認するという例を挙げて，それによってそれ以前の集中のレベルに戻ることも難しいことが述べられていることに合う。　4「スペインとイスラエルの研究者は，画面で読む人々は紙で読むよりも多くのことを学ぶと思っている」（×）　第2段落で紙で読むほうが内容をよく理解できることが述べられ，その具体例としてスペインとイスラエルの研究者たちの調査で人の理解は紙で読むときの方が良いという結果が示されたことが述べられていることに合わない。　5「人々が画面を見るとき，単語の4分の1より多くは読んでいない」(○)　第5段落で，画面で読むときに実際に読んでいる語数について「文章だらけの画面を見ると，実際にはその単語の25パーセントしか読んでいない」とあるので合っている。　6「メアリアン・ウルフ教授は画面で読むことと紙で読むことはあまり違わないと思っている」(×)　最後から2つ目の段落で，メアリアン・ウルフ教授の考えとして画面での読み方と紙での読み方はとても違うということが述べられているので合わない。

Ⅳ　(長文読解問題・エッセイ：内容吟味，文選択補充，語句選択補充)

(全訳)　私はごく普通の子供時代を過ごした。しかし，だれもがそのように見ていたわけではなかった。私の両親が全盲であることを知ると，人々の反応は「信じられないこと」という一言になった。彼らが双子を含む3人の子供を育てるだけでなく，料理をしたり，買い物に行ったり，日常生活の一般的な仕事を行ったりすることができ，その一方で専門職を立派に続けていたという信じられなさだ。

私の父フレッドと母エッタは2人とも1937年に目が完全に見える状態で生まれたが，子供時代に視力を失った。そうなったのはエッタが6歳，フレッドが14歳のときだった。母は交通事故に巻き込まれ，父は，私が言われたことには「目にばい菌が入った」ということだった。彼らは15歳のときにエディンバラの王立盲学校で出会い，26歳で結婚して3人の子供をもうけたが，3人とも完全に目が見えた。1966年にギャビンが生まれ，それから私の双子の兄[弟]レスリーと私が1967年に生まれた。

私たちはウォリックシャーの小さな町，ケニルワースにある美しい家に住んでいた。私の友人たちは B私たちにはきっと家ですべきことがたくさんあると想像していた。彼らは私に，「だれが掃除をするの？　お母さんはどうやってコンロをつけるの？」といった質問をした。しかし，私たちがしたちょっとした手伝いを除けば，母は家事のほとんどをしていた。週に一度手伝いをしてもらっていた Cけれども，彼女はそれでも金曜日に一日かけて家全体の掃除をして過ごしていた。

ときどき私たちは，例えば，日曜日の夜にかごが一足にまとめるための靴下でいっぱいの状態で私に渡されるといった，簡単な仕事をした。そして，たまたま大好きなテレビ番組と同じ時間に起こるため，私が大嫌いな仕事が1つあった。母は自分でジャガイモの皮をむいていたが，ジャガイモの皮の「腐った部分」が指から落ちてないか心配しては，私たちの1人に代わりにジャガイモを調べるように頼むのだった。

母は数年おきに出かけて行った。彼女は3週間家を離れ，完全に訓練された，家族に加わる犬を連れて戻って来た。ミスティー，キャンディー，ビューティー，ロマ，ケイティー，シーナ，プロミス，イニス，ウィンディー，ラルフ，ラッフルズ，ロナー――私が幼いころは，母も父も飼っていたのでいつも盲導犬たちが私たちと一緒にいた。私たちは皆，これらの犬たちと親密な関係を築き，それらの1匹が引退しなくてはならないときにはいつも大いに悲しんだ。何年もの間，私は大人になったら盲導犬の訓練士になることを熱望していた。

F-1目の見えない両親と F-2目が見える子供たちの間の溝を埋めるために必要なことが他にいくつかあった。母はこう言う。「私たちは普通の子供向けの本を買って，私たちに読んで聞かせに来るケニルワースのボランティアたちがいたの。彼らはそれぞれのページを読んで，私は点字の頭にメモを書いたのよ。私はこうして物語を覚えて，メモを使って子供たちに物語を読んだのよ」

私たちの年齢が上がるにつれて，父は，先端にとがったものがついている白い駒と盛り上がった正方形がついている盤のチェスのセットのような，妙な見た目のゲームを持って家に帰って来た。これは盲目の人がそのゲームをすることができるように設計されたものだった。私は今でも，当時父とチェスをしたときの様子を覚えている。彼の指し手のやり方は独特だった。それは彼が手品をしているように見えた。

私は子供のときにいつも「両親が君を見たことがなくて悲しくないの？」と尋ねられた。しかし，その考えは私以上に他の人たちを心配させるように思われた。私たちの家には家族のアルバムがなかった。両親がカメラを持っていなかったので，私は20代末になって初めて赤ちゃんの自分の写真を見た。今私を悲しませるのは，母と父が私の子供を見ることができないことだ。そして，私の子供たちが目で合図をしても彼らの祖父母がそれに返すことができないときの子供たちの困惑した表情を見ると，やはり私は悲しく感じる。

しかし，私たちがこのことについて話し合うと，両親は前向きな見方をしてくれる。「できることならお前たちを見たいけれど，それは人が想像するほど重要なことではないよ」と母は言う。「H-1見えることはすばらしいことだけど，犬や猫だって見ることができるわ。人をH-2知って，彼らがどのように話したりどのように感じているかをH-3知ること，私はそれが人がどう見えるかより大切だと思うの。私は見えることがH-4知ることではないと思っているわ」

A　下線部の that way「そのように」は，前文の内容「私はごく普通の子供時代を過ごした」ことを指す。また，everyone「皆」のように「すべて」の意味の語句に否定語がついたり否定文で使ったりすると「すべてが～というわけではない」という部分的な否定を表すので，2「中には筆者の子供時代は普通ではないと思う人もいた」が適切。1「中には筆者は平均的な暮らしをしていると思う人もいた」，3「だれもが筆者の子供時代は楽だと思っていた」，4「だれも筆者の子供時代は楽だと思っていなかった」。

B　空所を含む文の直後にある，「だれが掃除をするの？　お母さんはどうやってコンロをつけるの？」という友人たちの質問から，友人たちは筆者の両親が盲目であるために子供たちがいろいろなことをする必要があるのではないかと考えていたことが推測できる。2「私たちにはきっと家ですべきことがたくさんあった」を入れると適切な文脈になる。1「私は十分に食べていなかったので，私はいつも空腹だった」，3「私はいつも兄弟たちとけんかをしていた」，4「私たちは(一時的に)別の町に住んでいた」

C　空所の前の「彼女(＝筆者の母親)は週に一度手伝いをしてもらっていた」と空所の後の「彼女はそれでも金曜日に一日かけて家全体の掃除をして過ごしていた」が対照的な内容なので，逆接を表す語句が入る。空所の後に節の形が続いているので，接続詞 Although「～だけれども」が文法的に適切。But，However はいずれも逆接の意味だが，A. But / However B「AしかしB」というつながりになるので不適切。In spite of「～にもかかわらず」は前置詞と同じ働きをして後に名詞(句)が続くので不適切。

D　下線部は「かごが一足にまとめるための靴下でいっぱいの状態で私に渡された」という意味。full of socks は渡されたかごの状態を表している。また，to be put in pairs「ペア(＝一足)にまとめられる」は形容詞的用法の不定詞で socks を修飾している。一つひとつの靴下が一足の状態になるということから，1「筆者はそれぞれの靴下を見た目が同じ別の靴下とまとめなくてはならなかった」が適切。2「筆者はかごを他のどれとも似ていない靴下でいっぱいにするように頼まれた」，3「筆者は見た目が違う靴下を取ってそれらを一足にするように頼まれた」，4「筆者はかごの中の違う靴下の数を数えなくてはならなかった」。

E　下線部の直後に「彼女は3週間家を離れ，完全に訓練された，家族に加わる犬を連れて戻って来た」とあり，さらにその後の内容から，母親が連れて帰った犬は盲導犬であることがわかる。犬を連れて来るのに3週間かかり，それらの犬が「訓練された」状態であったことから，3が適切。

F　空所には，それぞれ筆者の両親と筆者を含む子供たちを説明する語が入る。両者の間の「溝

(＝ gap)」とあることから，空所には「両親」と「子供たち」の違いや対照的な状態を表す語が入ると考えられる。また，この後で母親が子供向けの普通の本を買い，それをボランティアに読んでもらって点字でメモを取り，そのメモを参考にしながら子供たちに物語を読んでやったことが述べられており，本を読んで聞かせるにあたって点字でメモを取ったことが「調整(＝adjustments)」の具体的な内容である。これらのことから，F=1には blind「盲目の」，F-2には sighted「目が見える」を入れる。

G　下線部の thought は「考え」という意味の名詞で，「その考え」は前文の「筆者が，両親が自分を見ることがないことを悲しく思う」ことを指す。この内容に合うのは，3「両親は自分がどのような見た目なのかを知らないので，私は不幸であるかもしれない」。1「私はいつも両親の心配をしなくてはならないので，不幸であるかもしれない」，2「両親の周りにいる人たちがいつも彼らのことを心配しているので，私は不幸であるかもしれない」，4「両親は私が成長していることに気づいていないので，私は不幸であるかもしれない」。

H　空所には「知っていること」，「見えること」のいずれかが入る。最初の空所には，「～だけど，犬や猫だって見ることができる」というつながりから，「見えること」が適する。また，この部分で，母親は見えることをそれほど重要視してはいないことがわかる。これを受けて，「見えることよりも知ることの方が大切だ」という内容に合うように，他の空所に「知っていること」を入れると母親の一貫性のある考え方を表す内容になる。

I　1「筆者は父親とチェスをしてとても楽しんだので，彼女はそれをよく覚えている」(○)　第7段落で，父親が盲人用のチェスセットを買ってきて筆者とゲームをしたことが述べられている。最後の2文で筆者が当時父とチェスをしたときの様子を覚えていること，父親の指し手のやり方が手品をしているように見えたことが述べられていることから，筆者は父親とチェスをするのを楽しんでいたと考えられる。　2「筆者が幼かったとき，彼女の友人たちは彼女の家族のせいで彼女をしばしば笑った」(×)　第3段落第3文で，友人たちに尋ねられたこととして「だれが掃除をするの？　お母さんはどうやってコンロをつけるの？」と述べられているが，家族のことで笑われたという記述は本文中にない。　3「筆者の父親は交通事故で視力を失った」(×)　第2段落第3文を参照。交通事故で視力を失ったのは母親である。　4「筆者は初めて赤ちゃんの自分の写真を見たとき20歳だった」(×)　最後から2つ目の段落の第4文で，「両親がカメラを持っていなかったので，私は20代末になって初めて赤ちゃんの自分の写真を見た」とある。筆者が初めて赤ちゃんのときの自分の写真を見たのは20歳ではなく20代の終わりころのことである。20s は「20代」という意味。　5「筆者の子供たちは，なぜ自分たちの祖父母が自分たちと目で合図を取れないのかわからなかった」(○)　最後から2つ目の段落の第4文「そして，私の子供たちが目で合図をしても彼らの祖父母がそれに返すことができないときの子供たちの困惑した表情を見ると，やはり私は悲しく感じる」から，筆者の子供たちは祖父母が盲目であることを知らず，目で合図しても祖父母が返してくれない理由がわからなかったことがわかる。　6「筆者の大好きな仕事は日曜日の夜に腐ったジャガイモを調べることだった」(×)　第4段落最後の2文を参照。筆者は腐ったジャガイモを調べる仕事が大嫌いだった。　7「筆者が幼かったとき，しばしばボランティアが家族に本を読んでメモを取るためにやって来た」(×)　第6段落の母親の発言で，ボランティアたちが来て本を読んでくれ，母親はそれを聞きながら点字の頭にメモを書いて物語を覚え，メモを使って子供たちに物語を読んでやったことが述べられている。メモを取ったのは母親なので一致しない。　8「筆者は盲導犬の訓練士と家族が飼っていた盲導犬にとても敬意を抱いていた」(○)　第5段落最後の2文「私たちは皆，これらの犬たちと親密な関係を築き，それらの1匹が引退しなくてはならないときにはいつも大いに悲しんだ。何年もの間，私は大人になったら盲導犬の訓練士になることを熱望していた」から，筆者が盲導犬と盲導犬の訓練士を大切に思っていたことがわかる。　9「筆者が子供だったとき，彼女の家はすてきであったが，5人家族が暮らすには狭すぎた」(×)　第3段落第1文に，「私たちはウォリックシャーの小さな町，ケニルワースにある美しい家に住んでいた」とあるが，家について狭かったという記述はないので一致しない。小さかったのは家ではなく筆者たちが住んでいた町である。　10「筆者の母親はまったく助けを必要としない独り立ちした女性だった」(×)　第3段落最後の2文「しかし，私たちがしたちょっとした手伝いを除けば，母は家事のほとんどをしていた。週に一度手伝いをしてもらっていた$_C$けれども，彼女はそれでも金曜日に一日かけて家全体の掃除をして過ごしていた」などから，筆者の母親はまったく助けを必要としていなかったわけではないことがわかる。

V　(英作文：条件英作文，語句整序)

(全訳)　絵1　先生：また明日ね！　忘れないでね，来週から試験が始まるよ。／シュン：(マンガを読むかゲームをするか考えながら)　$_A$(例)マンガを読もうか。それとも，ゲームをする？／トシ：それか，あるいは…

絵2　スマートフォンの画面：トシ　26　あなたにお勧めの新しい映画　『秋の恋』(2023)／シュン：おもしろいかもしれないね。

絵3　シュン：うわあ，これが君の家かい？／トシ：ただいま，お母さん。こちらは友達のシュンだよ！／トシの母親：まあ，はじめまして，シュン！　ゆっくりしてね。

絵4　トシ：うわあ，ぼくはこのようなゆっくりとした芸術的な映画が本当に好きなんだ！／シュン：$_B$主人公が特に何もしていないから，この場面は退屈だよ。

絵5　待って！　何をしているの，シュン？

絵6　シュン：この場面はおもしろくないから，10秒だけ飛ばしたんだ！

絵7　トシ：これはとても美しい映画なんだ！　そんなことをするなんて信じられないよ！　よく場面を飛ばすの？

絵8　シュン：もちろん。そうしなくてはいけないんだ，$_C$(例)ぼくはサッカーの練習をしたり，宿題をしたり，塾に行ったりしなくてはいけないからね。

絵9　トシ：うーん，$_D$だれでも違う見方があるのはわかるけど，だれかと一緒に映画を見ているときは少なくとも場面を飛ばす前に聞くべきだよ。／シュン：ごめん，そうするよ。

A　絵1のシュンのフキダシから，シュンはマンガを読むか，ゲームをするか考えていることがわかる。トシと一緒にすることと考えられるので，Shall we ～?「(一緒に)～しましょうか」を使って，「マンガを読むこと」と「ゲームをすること」を2文で並べるとよい。

重要 B　(The main character) is not doing anything special, so the scene is boring.　絵4で，シュンは映画を見ながら退屈そうにしていることをつかむ。主語が The main character で，so「だから」が与えられていることから，「主人公が特に何もしていない，だから退屈だ」というつながりを考える。-thing の形の語には形容詞が後ろにつくので，anything special で「何か特別なこと」という意味になる。

やや難 C　絵8から，シュンはサッカーをしたり，宿題をしたり，塾に行かなくてはならないことをつかむ。絵7から，シュンのフキダシの I have to の後には skip scenes「場面を飛ばす」が省略されていることが推測できるので，because の後に「サッカーをする，宿題をする，塾に行く」の3つのことを盛り込む。サッカーについては，have a soccer game「サッカーの試合がある」なども考えられるが，日ごろの忙しさを言っている状況なので，解答例のように「サッカーの練習をする」のようにするとよいだろう。宿題については，I have a lot of homework「ぼくは宿題がたくさんある」などと書くこともできる。「塾」は cram school，private school，prep school

などの訳語があるが，絵8にあるとおり juku と表せばよい。

重要　D　(I understand everyone) has a different perspective, but when you are watching a movie (with someone, you should at least ask before you skip a scene.)　一連の絵から，シュンが途中で映画の場面を飛ばしたこと，トシはそれを不満に思っていることをつかむ。並べかえる部分の直後に with someone「だれかと一緒に」とあること，与えられている語句に when があることから，最初に when you are watching a movie「だれかと一緒に映画を見ているときは」と組み立てるとよい。この場合の perspective は「(物の)見方，視点」という意味。

★ワンポイントアドバイス★

Ⅱの問1は，文章中の単語の意味を選ぶ問題。単語の意味を知らなくても，文章を読みながら前後の内容に合う意味を選びつつ，明らかに合わないものは除外して選択肢を減らすとよい。

＜国語解答＞《学校からの正答の発表はありません。》

一　問一　a　かじょう　b　かんが(みて)　c　中核　d　提供　問二「わたし」をめぐる理解や評価の束　問三　ウ　問四　エ　問五　イ　問六　ア
問七　オ　問八　ア　問九　イ　問十　(例)　家事や育児は女性の仕事だとする男性支配的な性別分業が未だ実践されている現代社会で，性別分業のあり方を考え直すためには，まず男性が変わらなければならないから。

二　問一　ウ　問二「熊」のかわいらしさに騙されてはいけない　問三　エ　問四　オ
問五　イ　問六　イ　問七　ア　問八　X　ウ　Y　イ　問九　ウ
問十「生の一回性」

○推定配点○

一　問一　各2点×4　問十　10点　他　各4点×8　二　各5点×10(問八完答)
計100点

＜国語解説＞

一　(論説文—漢字の読み書き，文脈把握，内容吟味，要旨，書き抜き，語句の意味，要約・説明)

問一　a「剰」を使った熟語はほかに「剰員」「剰余」「余剰」など。　b「鑑」の訓読みはほかに「かがみ」。音読みは「カン」。熟語は「鑑賞」「図鑑」など。　c「核」を使った熟語はほかに「核心」「核分裂」など。　d「提」を使った熟語はほかに「提携」「提唱」など。訓読みは「さ(げる)」。

問二　直後に「それは……『わたし』をめぐり周囲の人が作り上げる知識であり，『わたし』を了解し，『わたし』という存在に対して相手が関係を切り結ぶうえで重要な拠りどころとなる『わたし』をめぐる理解や評価の束とでもいえるものです」と筆者の考えが示されているので，「『わたし』をめぐる理解や評価の束(16字)」を抜き出す。

問三　直前に「私たちに典型的で過剰な『らしさ』を迫ってくる」とあり，同様のことは，前に「私たちに『何者か』を演じ，『何者か』らしく生きるよう，緩やかにしかし執拗に迫ってくるもの」と言い換えられているので，これらの内容と合致するウが適切。

問四　直後に「～のように引き受ける」とあることから，本来の意味の「あたりまえ」ではないことを意味するとわかる。直後に「私たちの日常生活世界には，伝統的で因習的で，偏りが硬直してしまったような性別分業をめぐる実践や知が未だしっかりと息づいている」とあり，そのような状況下で「男性，女性という性別」を引き受けていることを「(まるで)あたりまえのように」と表現しているので，「必ずしも当然のものではないと示すため」とするエが適切。

問五　直後に「それは，誰がどのような状況で誰に対して何をどのようにすべきかまで詳細に決められ，それを私たちに強いてくる微細ではあるが強固な力です」「そして，……性別分業のチュウカクには，男性がいかに女性を微細かつ包括的に支配していけるのかをめぐる知や力が息づいています」と説明されているので，これらの内容と合致するイが適切。

問六　直後に「『私作る人，あなた(たち)食べる人』という平板で硬直した性別分業が見事に息づいているように見えるのです」とある。料理をするのは女性，という固定観念が感じられると述べられているので，「因習的な女性観が固定化されて息づいているから」とするアが適切。

問七　前出の「『私作る人，あなた食べる人』というコピー」を指し，このコピーについては「平板で硬直した」と説明しているので，「単純で，よく検討されていない」とするオが適切。

問八　「この言葉」とは「『イクメン』」を指し，「『イクメン』という……」で始まる段落には「それは，この『あたりまえ』のこととしての育児と『イクメン』という言葉が発するニュアンスの落差からきているのです。この言葉からは，育児に参加する男性は，それだけで何か特別ですばらしいことをしているのだ，だからこそ多くの男性は，特別な評価を得るためにも，育児に参加すべきではないか，といったニュアンスが感じ取れるからなのです」と，「違和感」について説明されているので，アが適切。

問九　直前に「まだ性別分業のバランスは達成されていません」とあるので，イが適切。

やや難　問十　直後に「男性が変わらないかぎり，女性も変われないし，私たちの日常も，より豊かな『らしさ』を創造し，実践できるようには，変わっていかないのです」とあり，現代社会については，「ただ……」で始まる段落に「伝統的で因習的で，偏りが硬直してしまったような性別分業をめぐる実践や知が未だしっかりと息づいている」と説明されている。「性別分業」については，「外で働いているのだから，家のことは子育てや老親の面倒は，妻がやればいいんだ」「食事を作り家事をするのは女性の仕事という因習的な女性観」と表現されている。さらに「その方向性は，……いまの男性支配的な性別分業のあり方を根底から考え直し，つくり変えるという方向です」と，望ましい姿が示されているので，これらを要約して，「家事や育児は女性の仕事だとする男性支配的な性別分業が未だ実践されている現代社会で，性別分業のあり方を考え直すためには，まず男性が変わらなければならないから。(78字)」などとする。

二　(短歌の鑑賞文―文脈把握，内容吟味，脱文・脱語補充，書き抜き，表現技法，要旨)

問一　「不思議な気持ち」については，「なぜ『熊』の『気持ち』がわかるのか，そもそも動物である『熊』に自意識に類する『気持ち』があるのか」「『星』の大きさと『熊』の大きさを比べると『星』の方が圧倒的に大きい。……物理的に不可能である」とあり，「熊」や「星」をアニメやぬいぐるみのようにとらえていることへの違和感を示しているので，「『熊』や『星』が本物である，という前提のものが一つもなかったから」とするウが適切。

問二　直後の「ぬいぐるみやアニメーションのような『熊』」につながるものとして，「『熊』のかわいらしさに騙されてはいけない(20字)」が入る。

問三　直前に示されている歌について「ぬいぐるみやアニメーションのような『熊』」とあるのに対し，この歌については「読み手はいずれもこの歌については『犬』や『星』を現実のそれ(に近いもの)と見なしているらしい」とあるので，「現実のものであると見なされていることを示すため」とするエが適切。

問四　直後に「このような近代短歌的なモードを支えてきたものは『生の一回性』の原理だと思う。誰もが他人とは交換できない〈私〉の生を，ただ一回きりのものとして引き受けてそれを全うする」と筆者の考えが述べられているので，「対象の存在感が一定であるように詠うもの」とするオが適切。

やや難　問五「この価値観」とは，直前の「『命の重みを詠う』ことが至上の価値」を指すのでイが適切。直後に「そして短歌は『命の器』となった」とあり，後に「命の重みの呪縛」と表現されていることにも着目する。

やや難　問六　直後に「この歌の『皇帝ペンギン』も『皇帝ペンギン飼育係り』にみられる質感や動きは，ぬいぐるみ的アニメ的，或いはマンガ的とは云えないだろうか」とあり，さらに，この歌を「日本脱出／したし　皇帝／ペンギンも／皇帝ペンギン／飼育係りも」と五七五七七の音数に区切って，「作中の『皇帝ペンギン』も『皇帝ペンギン飼育係り』も，ばらばらに分断されている。対象を常に生身のものとして捉える近代短歌的なモードの下では，この分断に対して，生き物を勝手に切り刻むのは不謹慎だというような禁忌の感覚が生じるのではないか」「だが，作者は『命の器』としての定型ごと……切り刻んでしまったのである」としているので，「単なる写実でなく，言葉の意味の切れ目も短歌の定型から外れている」とするイが適切。

問七　直後に「彼らにとっては近代短歌的なモードの呪縛はそれほど強いものではなかったからだ」とあるので，アが適切。

問八　「逆転現象」について，直後に「すなわちモードの多様化を全く当然のものと感じる世代の目には，……自然なものに映ってしまう」とあり，「モードの多様性」と対極にあるものについては，「このような……」で始まる段落に「近代短歌的なモードの説得力は万人に共通する『生の一回性』の支配力の強さに根差している」とあるので，Xには「生の一回性」とあるウ，Yには「モードの多様性」とあるイが入る。

問九　同様のことは，同段落冒頭で「モードの多様性を自然なものとする感覚に反比例して，現実を唯一無二のものと捉えるような体感は衰退してゆく」と言い換えられているので，「生々しい歴史性は見えにくくなる」とするウが適切。

問十　「モードの多様化」と対になるのは「近代短歌的なモード」であり，「近代短歌的なモード」については，「近代短歌的なモードの説得力は，万人に共通する『生の一回性』の支配力の強さに根差している」とあるので，「『生の一回性』(7字)」が適切。

★ワンポイントアドバイス★

長文を読みこなす高度な読解力と，内容を要約する表現力を身につけよう！
日頃から関心の幅を広げ，現代文だけでなく詩歌や古典の知識も蓄えておこう！

2023年度

入　試　問　題

2023年度

国際基督教大学高等学校入試問題

【数　学】（70分）　＜満点：100点＞

【注意】　1．この試験は資料文とそれに続く問題とで構成されています。資料文を読みすすめながら，対応する問題に答えていくのがよいでしょう。

2．定規，コンパス等は使用できません。

資料文

1．整数の割り算

中学生のＩさんと高校生のＣさんはお父さんのＵさんと数学談義をしています。

Ｉ：数学なんて，何も考えずに計算するだけだから，簡単だよ。

Ｃ：私もそう思っていたけど…，高校生になってから，そうはいかなくなったのよね。

Ｕ：そうだね，数学は本来「考える学問」だね。何も考えずにできるものではないよ。むしろ，当たり前だと思っていることに疑問を持つことが大切だったりするね。そもそも，計算もいつでもやれるとは限らないよ。

Ｉ：どういうこと？　何を言っているのか，さっぱり意味が分からないよ。

Ｕ：そうだね。今日は数の計算を考えよう。まず，自然数とはどんな数か分かるかな？

Ｉ：もちろん。1，2，3，…と物を数えるときに使う数だよね。

Ｕ：そうだね。さらに，0と－1，－2．－3，－4，…という数を合わせて，整数というね。整数の中で，割り算をしてみよう。21÷5はいくつになるかな？

Ｉ：割り切れないよね。$\frac{21}{5}$ ではないの？

Ｃ：「整数の中で」って言わなかった？　整数の割り算として考えるなら，割り切れなくて余《あま》りが出るのよね。商（Quotient）は4で，余り（Remainder）は1よね。

Ｕ：その通り。どんな数の範囲で演算を考えるかによって，答えが変わるね。整数に限らなければ，答えは$\frac{21}{5}=4.2$となる。あくまでも整数の範囲で考えるなら，商は4，余りは1だ。今は，整数の範囲で考えよう。この整数の割り算を式に表すとどうなる？

Ｉ：えっと，「21割る5は4余り1」だから，21÷5＝4…1　これで良い？

Ｕ：そうだね。でも，この「＝」と「…」を使うのではなく，一つの等式として，こうやって表してみよう。

$$21=5\times4+1$$

整数の割り算を表す式を次のように決めるよ。

〈整数の割り算〉

整数 a を正の整数 b で割ったときの商を q，余りを r とすると，以下の等式が成り立つ。

$a=bq+r$　　ただし，q，r は整数であり，$0\leqq r<b$ とする。

こうしておくと，誰が割り算をしても，同じ商と余りが出るよ。

Ｉ：ちょっと待って。そんなこと決めなくても，割り算は計算なんだから誰がやっても同じ答えになるんじゃないの？

C：違うわよ。a が負の整数のときは要注意よ。例えば，負の整数−23を９で割った商は−３，余りが４となるわよ。

U：Cは整数の割り算を勉強したのかな？　そうだね。余り r が０以上かつ割る数 b より小さくなるのは重要だね。

$$-23=9\times(-3)+4$$

この式が−23÷９という整数の割り算を表す等式だね。

$$-23=9\times(-2)-5$$

この式は正しい等式だけれど，余りが−５とはならない。

$$23=9\times1+14$$

この式も正しい等式だけれど，やはり，余りが14とはならず，23÷９という整数の割り算を表す等式ではないね。やってごらん！

問題１

U：次は一つの数を決めて，その数で割ったときの余りに着目《ちゃくもく》するよ。そうだな，まずは７で割ったときの余りを考えよう。この余りとして考えられる数は何かな？

C：余りは必ず割る数より小さくなるから０，１，２，３，４，５，６ではないかしら。

U：そうだね，全部で７種類の数だね。

実は，二つの整数 a，b について，その和 $a+b$ や差 $a-b$ や積 ab を７で割ったときの余りは，この７種類の数（つまりは余り）同士の和，差，積だけを考えて簡単に計算できるよ。

I：どういうこと？

C：とにかく。やってみましょうよ。例えば，$a=32$ を７で割ったときの余りは４，そして，$b=19$ を７で割ったときの余りは５，この二つの数を考えてみるわね。和 $a+b=32+19=51$ を７で割ったときの余りは２になる。これは，余り同士の和 $4+5=9$ を７で割ったときの余り２と等しい。

I：そういうことか。それなら，僕は式でも示せそうだよ。それぞれの割り算の式，

$32=7\times4+4$，$19=7\times2+5$ から，

$$\begin{aligned}32+19&=(7\times4+4)+(7\times2+5)\\&=7\times\boxed{\text{ア}}+(4+5)\\&=7\times\boxed{\text{イ}}+2\end{aligned}$$

が成り立つ。本当だ，余り同士の和を７で割ったときの余りになるね。

C：差も同じように考えれば，次のようになるわ。

$$\begin{aligned}32-19&=(7\times4+4)-(7\times2+5)\\&=7\times\boxed{\text{ウ}}+(4-5)\end{aligned}$$

差32−19を７で割ったときの余りは $\boxed{\text{エ}}$ になるわね。積はどうなるのかしら。

U：積も同じように考えられるよ。二つの整数32，19のままではなく，小さくなった余りの数４，５だけで計算できるから簡単だね。二人とも一般的な全ての二つの整数 a，b について証明できそうだね。積について，証明してごらん。

問題２

どんな整数でも，7で割ったときの余りは，0，1，2，3，4，5，6のいずれかになるね。整数を7で割ったときの余りで分類するとき，例えば，7で割ると4余る数を$\overline{4}$と書いて，これを4の剰余類《じょうよるい》と呼ぶよ。そして，7で割ったときの余りが等しい数の剰余類は全て同じと考える。例えば，$\overline{11}=\overline{32}=\overline{4}$ と考えるんだね。同じ剰余類と考える整数同士，例えばこの11，32，4という数同士にはどんな関係があると思う？

I：7で割ったときの余りが等しいんだよね。

U：その通り。それを少し言いかえると32−11や32−4は7で割り切れる。
$\overline{11}=\overline{32}$は32−11が7で割り切れるのと同じことだね。このことをまとめて，書いておこう。

〈剰余類　$\overline{a}=\overline{b}$〉
整数a，bを正の整数nで割ったときの余りで分類して考える。
aをnで割ったときの余りとbをnで割ったときの余りが等しいとき，$\overline{a}=\overline{b}$と書く。
これは，$a-b$がnで割り切れることを表す。

さらに，問題2で証明した通り，剰余類同士の足し算，引き算，かけ算が普通の数のようにできるんだ。先はどの足し算を考えてみるとこんな感じだね。

$$\overline{32}+\overline{19}=\overline{4}+\overline{5}=\overline{4+5}=\overline{9}=\overline{2}$$

C：余りが同じ整数だったら，簡単な数にどんどん書き換えてしまって良いのね。

U：そうだね。これで普通に計算ができるか，九九みたいな演算表を作ってみよう。まずは，足し算だよ。

表1（足し算：7 で割ったときの余りで分類）

+	$\overline{0}$	$\overline{1}$	$\overline{2}$	$\overline{3}$	$\overline{4}$	$\overline{5}$	$\overline{6}$	
$\overline{0}$	$\overline{0}$	$\overline{1}$	$\overline{2}$	$\overline{3}$	$\overline{4}$	$\overline{5}$	$\overline{6}$	$\overline{0}$の行
$\overline{1}$	$\overline{1}$	$\overline{2}$	$\overline{3}$	$\overline{4}$	$\overline{5}$	$\overline{6}$	$\overline{0}$	$\overline{1}$の行
$\overline{2}$	$\overline{2}$	$\overline{3}$	$\overline{4}$	$\overline{5}$	$\overline{6}$	$\overline{0}$	$\overline{1}$	$\overline{2}$の行
$\overline{3}$	$\overline{3}$	$\overline{4}$	$\overline{5}$	$\overline{6}$	$\overline{0}$	$\overline{1}$	$\overline{2}$	$\overline{3}$の行
$\overline{4}$	$\overline{4}$	$\overline{5}$	$\overline{6}$	$\overline{0}$	$\overline{1}$	$\overline{2}$	$\overline{3}$	$\overline{4}$の行
$\overline{5}$	$\overline{5}$	$\overline{6}$	$\overline{0}$	$\overline{1}$	$\overline{2}$	$\overline{3}$	$\overline{4}$	$\overline{5}$の行
$\overline{6}$	$\overline{6}$	$\overline{0}$	$\overline{1}$	$\overline{2}$	$\overline{3}$	$\overline{4}$	$\overline{5}$	$\overline{6}$の行

U：この表を観察すると，何に気づくかな？

C：$\overline{0}$には何を足しても元の数のままになるわね。

U：そうだね。どんな整数aに対しても，$\overline{a}+\overline{0}=\overline{a}$が成り立つ。
$\overline{0}$とはそういう性質を持つ数なんだね。普通の0と同じような数だ。これを演算の「単位元《たんいげん》」と呼ぶよ。つまり，$\overline{0}$は足し算の単位元になるね。実は，演算にこの単位元が存在すること（存在性《そんざいせい》）も当たり前ではないんだ。当たり前ではないけど「存在するとしたら，単位元はただ一つに定まること（一意性《いちいせい》）」は，こんな風に証明できるよ。

(単位元が一つであることの証明)

単位元が$\overline{e_1}$，$\overline{e_2}$と二つあったとする。

いま，$\boxed{\text{(a)}}$ ので

$$\overline{e_1}=\overline{e_1}+\overline{e_2}$$

さらに，$\boxed{\text{(b)}}$ ので

$$\overline{e_1}+\overline{e_2}=\overline{e_2}$$

よって

$$\overline{e_1}=\overline{e_2}$$

(証明終)

問題3

I：何これ？ 簡単な証明じゃない？ でも，ものすごく不思議な証明…。

U：面白いだろう？ どちらにしても，足し算の単位元が$\overline{0}$ただ一つだということはこれで良いね。実は，引き算は，このただ一つの「単位元に戻す」ための演算，つまりは，足し算の逆演算として考えられる。$\overline{3}$に何を足せば，単位元$\overline{0}$に戻るかな？

I：7で割ったときの余りが0になるのだから，$\overline{4}$を足せば良いんじゃない？

U：そうだね。$\overline{3}+\overline{4}=\overline{0}$ が成り立つとき，この$\overline{4}$を「$\overline{3}$の逆元《ぎゃくげん》」と呼ぶよ。

そして，どんな整数aに対しても，「$\overline{3}$を引く」という引き算を

$$\overline{a}-\overline{3}=\overline{a}+\overline{4}$$

という「$\overline{3}$の逆元を足す」計算に変えて考える。

I：それって，さっきの余り同士の差で考えたのと本当に同じなの？

U：例えば，$a=2$ の場合で確かめてみようか。

C：余り同士の差で考えると

$$\overline{2}-\overline{3}=\overline{2-3}=\overline{-1}=\overline{6}$$

引き算を逆元で足す計算に変えると

$$\overline{2}-\overline{3}=\overline{2}+\overline{4}=\overline{2+4}=\overline{6}$$

確かに同じね。引き算は「逆元を足す」ことになっているわね。

問題4

I：疑問があるんだけど。単位元はただ一つしかないのに，逆元は一つ一つの数によってそれぞれ違うの？

U：とても良いところに気づいたね。逆元は一つ一つの数によってそれぞれ違うよ。そうでないと，$\overline{3}$を引く計算と，$\overline{5}$を引く計算が同じ計算になってしまうよね。でも，一つの数に対する逆元はやはり一つに定まるよ。$\overline{3}$の逆元は$\overline{4}$であり，他の数になることはない。ここではやらないけど，これも先ほどと同じように証明できるんだ。存在性と一意性，どちらも数学ではとても重要なポイントなんだよ。次は，かけ算の表も作ってみよう。

I：$\overline{0}$には何をかけても$\overline{0}$になっちゃうね。7の倍数にどんな整数をかけても7の倍数になって，余りはいつも0になるからか。あれ？ $\overline{0}$は単位元ではなかったっけ。

表２（かけ算：７で割ったときの余りで分類）

×	$\overline{0}$	$\overline{1}$	$\overline{2}$	$\overline{3}$	$\overline{4}$	$\overline{5}$	$\overline{6}$	
$\overline{0}$	$\overline{0}$	$\overline{0}$	$\overline{0}$	$\overline{0}$	$\overline{0}$	$\overline{0}$	$\overline{0}$	$\overline{0}$の行
$\overline{1}$	$\overline{0}$	$\overline{1}$	$\overline{2}$	$\overline{3}$	$\overline{4}$	$\overline{5}$	$\overline{6}$	$\overline{1}$の行
$\overline{2}$	$\overline{0}$							$\overline{2}$の行
$\overline{3}$	$\overline{0}$							$\overline{3}$の行
$\overline{4}$	$\overline{0}$							$\overline{4}$の行
$\overline{5}$	$\overline{0}$							$\overline{5}$の行
$\overline{6}$	$\overline{0}$							$\overline{6}$の行

U：鋭いね。$\overline{0}$は足し算の単位元だったけど，かけ算では単位元にはならないんだ。むしろ，どんな整数$\overline{a}$に対しても$\overline{0}$をかけると$\overline{0}$になってしまう…。
すべての整数$\overline{a}$に対して，$\overline{a}\times\overline{0}=\overline{0}\times\overline{a}=\overline{0}$ が成り立つ。
このような性質の数を「零元《ぜろげん》」と呼ぶよ。足し算にはなかった特別な数だね。

C：$\overline{1}$には何をかけても元の数のままになるわ。実際には，１だけではなくて８や15にかけても，７で割ったときの余りは変わらないのよね。そう考えると，それ自体不思議だけど…問題２で証明したわね。えっと，かけ算の単位元は，$\overline{1}$になるってことかしら。足し算とかけ算で単位元は違っちゃうの？

U：そうだね。単位元というのは，演算によって一つに定まるんだね。

I：すごいっ！　剰余類の計算では，足し算の単位元は$\overline{0}$，かけ算の単位元は$\overline{1}$，かけ算の零元は$\overline{0}$になるんだね。なんか普通の数の計算と変わらないね！

U：そうだね。$\overline{2}$の行を埋められるかな？

C：$\overline{2}\times\overline{1}=\overline{2}$，つまり，７で割ったときの余りが２になる数と７で割ったときの余りが１になる数の積を７で割ったときの余りは，余り同士の積 $2\times1=2$ を７で割ったときの余りを考えて$\overline{2}$，同じように，$2\times2=4$ を７で割ったときの余りは４なので，$\overline{2}\times\overline{2}=\overline{4}$と考えていけば良いのよね。

U：その通りだね。表の残りを全部埋めてごらん。何かに気づかないかな？

問題５

I：不思議！　（３ページの）表１のように順番には並ばないけれど，$\overline{0}$の行を除いた全ての行に７種類の全ての剰余類が現れるよ！

U：そうだね。それでは６で割ったときの余りで同じようにかけ算の表を作るとどうなる？

C：こんな表（次のページ）になるわ。

I：$\overline{0}$の行と$\overline{1}$の行は表２とほとんど同じだね。あれ？　でも，$\overline{2}$の行に全ての剰余類は現れないよ。

C：でも，$\overline{1}$の行と［オ］の行には全ての剰余類が現れるわ。

問題６

表3（かけ算：6 で割ったときの余りで分類）

×	$\overline{0}$	$\overline{1}$	$\overline{2}$	$\overline{3}$	$\overline{4}$	$\overline{5}$	
$\overline{0}$	$\overline{0}$	$\overline{0}$	$\overline{0}$	$\overline{0}$	$\overline{0}$	$\overline{0}$	$\overline{0}$の行
$\overline{1}$	$\overline{0}$	$\overline{1}$	$\overline{2}$	$\overline{3}$	$\overline{4}$	$\overline{5}$	$\overline{1}$の行
$\overline{2}$	$\overline{0}$						$\overline{2}$の行
$\overline{3}$	$\overline{0}$						$\overline{3}$の行
$\overline{4}$	$\overline{0}$						$\overline{4}$の行
$\overline{5}$	$\overline{0}$						$\overline{5}$の行

I：本当だ！　なんでこんな違いが起きるんだろう。

U：同じような計算をしているのに，状況によって全く結果が違うだろう。これが，数学の考えるべきところだね。どういう前提のもとで，どういう計算をしているのか，何が本質なのか，を考えないといけないんだ。

C：6で割ることと7で割ることと，何かそんなに違うのかしら。

2．互《たが》いに素《そ》

U：一つ新しい言葉を教えておこう。

> 〈互《たが》いに素《そ》〉
> 二つの正の整数 a，b が1以外に公約数（Common Factor）をもたないとき，
> 「a と b は互《たが》いに素《そ》である」という。

C：素数2，3，5，7，…とは違うの？

U：違うんだ。素数とは，2以上の整数 n で，正の約数が1とその数 n の2個しかない整数のことだね。二つの正の整数 a，b は，素数でも素数でなくても良い。それに，互いに素とは二つの整数の間の関係なんだ。素数でない数で考えてごらん。

I：えっと，8と9は互いに素である整数，6と9は互いに素ではない整数だね！

U：そうだね。互いに素である整数の重要な性質として，こんなことが言えるよ。

> 互いに素である正の整数 a，b と整数 m について，以下が成り立つ。
> am が b の倍数であれば，m は b の倍数である。

C：さっきの互いに素である整数8と9で考えてみるわね。
「整数 $8m$ が9の倍数であれば，m は9の倍数である。」
そうね，公約数が1しかないのだから，成り立つわね。

I：僕は，互いに素ではない整数6と9で考えてみるよ。
「整数 $6m$ が9の倍数であれば，m は9の倍数である。」

これは成り立たないね。だって，$m=$ [カ] のときは，成り立たないよ。

U：実は，これが先ほどの表の行で全ての剰余類が現れるかどうかを決める本質だよ。

I：さっぱりと本質には見えないんだけど…。

U：よし，頑張って証明してみよう。これは面白い証明だから一般的に示すよ。

（b で割ったときの余りで分類するかけ算の表で $\overline{a}$ の行に全ての剰余類が現れることの証明）

互いに素である正の整数 a，b について，b で割ったときの余りで分類することを考える。代表される余りの数は，[キ] 種類の数となる。

am の m に0から $b-1$ までの整数を一つずつ代入した b 個の整数

$a\times 0$，$a\times 1$，$a\times 2$，…，$a\times(b-2)$，$a\times(b-1)$ を b で割ったときの余りで分類すると，

これらは0，1，2，…，[ク] のどれかに代表される。

ここで，0から $b-1$ までの二つの整数 i，j（$i\leqq j$）について，

$a\times i$，$a\times j$ が同じ数で代表される。

つまり，同じ剰余類 $\overline{a\times i}=\overline{a\times j}$ であるとする。

このとき，$a\times j-a\times i=a\times($ [ケ] $)$ は [コ] で割り切れる。

また，整数 a，b は互いに素であるため，[ケ] は [コ] で割り切れる。

ここで，i，j は0から $b-1$ までの整数であったため，[ケ] は整数であり，

[サ] $\leqq$ [ケ] $\leqq$ [シ] をみたす。

[ケ] は [コ] で割り切れることより，[ケ] $=$ [ス] であり，$i=j$ となる。

これより，$i\neq j$ のとき，$\overline{a\times i}\neq\overline{a\times j}$ であり，

b 個の整数 $a\times 0$，$a\times 1$，$a\times 2$，…，$a\times(b-2)$，$a\times(b-1)$ と対応する剰余類はそれぞれ異なる。

（証明終）

C：それぞれ異なるというのが，$\overline{a}$ の行に全ての剰余類が現れるってことよね。

U：その通りだね。6で割ったときの余りでは全ての行に全ての剰余類が現れるわけではない，ということもこれで分かったかな？

I：うん。6で割ったときの余りの分類でかけ算を考えるときは，[セ] と6が [ソ] であるとき，$\overline{a}$ の行に全ての剰余類が現れるんだね。

U：その通り。では，10で割ったときの余りで分類した場合も分かるね。

問題7

U：さて，もう一度7で割ったときの余りで分類した剰余類の演算に戻って，5ページの表2を見てみよう。7で割ったときの余りで分類した剰余類のかけ算では，$\overline{0}$ の行を除く全ての $\overline{a}$ の行に全ての剰余類が現れるんだね。これは，零元である $\overline{0}$ を除く全ての $\overline{a}$ に，必ず逆元が存在することを意味するよ。

I：どういうこと？

U：逆元というのは，単位元に戻す数だったよね。かけ算の単位元は $\overline{1}$ だね。例えば，$\overline{4}\times\overline{2}=\overline{1}$ が成り立つから，$\overline{4}$ の逆元は $\overline{2}$ となるね。

C：$\overline{0}$ の行を除く全ての $\overline{a}$ の行に全ての剰余類が現れるから，$\overline{a}\times\overline{m}=\overline{1}$ をみたす $\overline{m}$ は必ず存在

するわね。

U：さぁ，これで割り算を考えてみよう！

C：分類した数同士で割り算をするの？　普通の割り算ではないわよね。混乱しそう。

U：足し算と引き算みたいに考えてみてごらん。

I：面白そう！　かけ算の単位元$\overline{1}$に戻すことを考えるのか。どんな整数aに対しても，「$\overline{4}$で割る」という演算を，

$$\overline{a} \div \overline{4} = \overline{a} \times \overline{2}$$

という風にかけ算に変えるんだね。割り算は逆元をかけるのか！！！

問題８

I：すごい！　なんか数の計算って奥が深い世界だね。

U：では，６で割ったときの余りで分類した剰余類の演算を考えたらどうなる？

C：全ての行に全ての剰余類が現れるわけではないから…難しいんじゃない？　かけ算の単位元$\overline{1}$に戻せない剰余類が出てくるわ。$\overline{2}$には何をかけても無理よ。

U：そうだね，逆元が存在しない剰余類があるね。

C：逆元が存在しないということは，$\overline{2}$で割ることはできないということ？

U：その通り！　７で割ったときの余りで分類した剰余類の演算では割り算をいつでも考えられるけど，６で割ったときの余りで分類した剰余類の演算では割り算をいつでも考えられるわけではない，ということになるね。

問題９

３．中国の剰余定理《じょうよていり》

U：それでは，ちょっと視点を変えて，こんな問題を考えてみるよ。７で割ると２余り，９で割ると４余るような整数Nを求めることはできるかな？

C：７で割ったときの余りの分類と何か関係があるのかしら？

I：９で割ると４余るような整数Nで，７で割ったときの余りの分類では$\overline{2}$となる数を探せば良いのか。

【解法１】

C：９で割ると４余るような整数Nは，整数mを用いて$N=9m+4$と表せる。

I：７で割ったときの余りの分類で考えると，どんどん書き換えて計算できるから，

（７で割った分類）

$$\overline{9m+4} = \overline{2}$$
$$\overline{9} \times \overline{m} + \overline{4} = \overline{2}$$
$$\overline{2} \times \overline{m} + \overline{4} = \overline{2}$$

７で割ったときの余りの分類では引き算もできるので，両辺から$\overline{4}$を引いて，

$$\overline{2} \times \overline{m} + \overline{4} - \overline{4} = \overline{2} - \overline{4}$$
$$\overline{2} \times \overline{m} = \overline{-2}$$
$$\overline{2} \times \overline{m} = \overline{5} \quad \cdots★$$

これをみたす $\overline{m}$ を考えれば良いのかな？

U：割り算を使って，★の左辺と右辺を $\overline{2}$ で割れば，$\overline{m}$ が求まるね。

C：ここで割り算をするのね。$\overline{2}$ の逆元は $\boxed{\text{タ}}$ だから，

$$(\text{★の左辺})\div\overline{2}=(\overline{2}\times\overline{m})\div\overline{2}=(\overline{2}\times\overline{m})\times\boxed{\text{タ}}$$
$$=\overline{m}\times\overline{2}\times\boxed{\text{タ}}=\overline{m}$$
$$(\text{★の右辺})\div\overline{2}=\overline{5}\div\overline{2}=\overline{5}\times\boxed{\text{タ}}=\boxed{\text{チ}}$$

よって，$\overline{m}=\boxed{\text{チ}}$

U：そうだね。いま，7で割ったときの余りの分類で考えているから，m は整数 n を用いて，

$m=7n+\boxed{\text{ツ}}$ と書ける。

これを $N=9m+4$ に代入し，$N=\boxed{\text{テ}}$（ただし，n は整数）と表せる。

特に0以上 $7\times9=63$ 未満の整数としては，$\boxed{\text{ト}}$ と一つに定まる。（解答終）

問題10

I：すごい！　7で割ったときの余りで分類した世界で，普通に計算するだけで解けちゃった。

C：引き算や割り算ができるって，やはりすごいことなのね。

U：この問題をもう一つの方法で解いてみよう。

【解法2】

（9で割った分類）

$\overline{7}\times\overline{m}=\overline{1}$ となるような m が存在し，$m=\boxed{\text{ナ}}$ となる。

よって，$7\times\boxed{\text{ナ}}\times4$ は9で割ると4余る。

（7で割った分類）

$\overline{9}\times\overline{n}=\overline{1}$ となるような n が存在し，$n=\boxed{\text{ニ}}$ となる。

よって，$9\times\boxed{\text{ニ}}\times2$ は7で割ると2余る。

これより，$7\times\boxed{\text{ナ}}\times4+9\times\boxed{\text{ニ}}\times2$ は求めたい整数の一つとなる。

さらに，求める整数は，$7\times9=63$ で割ったときの余りが等しく，63ごとに存在するので，0以上63未満の整数としては，$\boxed{\text{ト}}$ と一つに定まる。

以上より，7で割ると2余り，9で割ると4余る全ての整数は，

$N=63p+\boxed{\text{ト}}$（ただし，p は整数）と表せる。（解答終）

問題11

U：最初の【解法1】は7で割ったときの余りで分類した剰余類において，足し算，引き算，かけ算，割り算が自由にできることから，普通の方程式のように解いているね。

次の【解法2】は一方の倍数であり，他方の整数で割ったときの余りが1となる整数を用いて，出したい余りの数が出るように整数を作るんだね。

この問題の背景にあるのは，中国の剰余定理《じょうよていり》（Chinese Remainder Theorem）と呼ばれる定理だよ。

〈中国の剰余定理〉
互いに素である正の整数 a，b について，
a で割ると x 余り，b で割ると y 余るような整数 N は必ず存在する。
ただし，x，y は整数であり，$0 \leqq x \leqq a-1$，$0 \leqq y \leqq b-1$ をみたす。
また，そのような整数 N は ab で割ったときの余りが等しく，特に $0 \leqq N < ab$ の範囲でただ一つに定まる。

U：証明できそうかな？

問題12

I：存在性と一意性，重要なところをクリアできたよ！
C：中国の剰余定理は中国で発見されたの？
U：中国の『孫子算経《そんしさんけい》』という古い（6世紀頃）算術書に，「ある数を3で割ると2余り，5で割ると3余り，7で割ると2余るという。その数は何か」という問題とその解き方が載っているんだよ。そこから来た名前のようだね。そして，日本の江戸時代の算術書『塵劫記《じんこうき》』（吉田光由著）にも，「ある数を3で割ると2余り，5で割ると1余り，7で割ると2余るという。その数は何か」と数字を少し変えた問題が出ているんだ。どちらも問題の解き方は同じだよ。
C：待って！ さっきは7と9の二つの数で割ったけど，今度は3，5，7と三つも数があるわよ。
U：そうだね。実は，中国の剰余定理は，数が三つになっても成り立つし，もっと増えても成り立つんだよ。一般的に書くとこうなる。

〈中国の剰余定理：n 個の整数版〉
どの二つも互いに素である正の整数 a_1，a_2，a_3，…，a_{n-1}，a_n について，
a_1 で割ると，x_1 余り，a_2 で割ると x_2 余り，…
a_n で割ると x_n 余るような整数 N は必ず存在する。
ただし，x_1，x_2，x_3，…，x_{n-1}，x_n は整数であり，
$0 \leqq x_1 \leqq a_1-1$，$0 \leqq x_2 \leqq a_2-1$，…，$0 \leqq x_n \leqq a_n-1$ をみたす。
また，そのような整数 N は $a_1 \times a_2 \times a_3 \times \cdots \times a_{n-1} \times a_n$ で割ったときの余りが等しく，特に，$0 \leqq N < a_1 \times a_2 \times a_3 \times \cdots \times a_{n-1} \times a_n$ の範囲でただ一つに定まる。

I：頭がクラクラするよ。
U：驚くよね。でも，たとえ数が増えても，証明は同じようにできるんだ。
この数が三つの場合だけど，『孫子算経』でも『塵劫記』でも，解き方の本質は同じで，解法2のように解いているね。できるかな？
C：やってみるわ。

『孫子算経』の問題
「3で割ると2余り，5で割ると3余り，7で割ると2余るような整数 N を求める。」

【解法２】

まず３，５，７はどの二つも互いに素である正の整数である。

よって，３と５×７も互いに素である。

（３で割った分類）

$\overline{5\times7}\times\overline{m}=\overline{1}$ となるような m が存在し，$m=$ ［ヌ］ となる。

これより，$5\times7\times m=$ ［ネ］ は，３で割ると１余り，［ネ］ ×２は３で割ると２余る。

（５で割った分類）

$\overline{3\times7}=\overline{21}=\overline{1}$ より，21は，５で割ると１余り，21×３は５で割ると３余る。

（７で割った分類）

$\overline{3\times5}=\overline{15}=\overline{1}$ より，同様に15×２は７で割ると２余る。

この三つの数を足して，

［ネ］ ×２＋21×３＋15×２＝ ［ノ］ は求める整数の一つとなる。

さらに，求める整数は，３×５×７＝105で割ったときの余りが等しく，105ごとに存在するので，

０以上105未満の整数としては，［ハ］ と一つに定まる。（解答終）

U：このやり方は，二つの数の積の倍数で，残り一つの数で割ったときの余りが１になる数 ［ネ］ ，21，15をまず考えてから，それぞれの余りが x，y，z になるように ［ネ］ $\times x+21y+15z$ という数を作るんだね。そして，このような数は３×５×７＝105で割ったときの余りの分類で答えが一つに定まるから，105×（整数）を引く。『塵劫記』では，求める整数に含まれる105を繰り返し引いていくので，『百五減算』と呼ばれた方法で，和算の中でも有名な算法だよ。

問題13

I：中国でも日本でも同じような数学の問題に取り組んでいたんだね。

U：そうだね。ちなみに，【解法１】の方程式のように解く解き方は，ドイツの数学者，ガウスが考えた数の分類でアプローチしているよ。

問題14，問題15

I：どんな国でも，どんな時代でも，数学って同じ問題を考えていたり，でも，少しずつ違う考え方をしたりするんだね。僕，数学をもっとちゃんと考えてやろう。

C：やはり「数学は考える学問」よね。難しい時もあるけど，考えるのが楽しいわ。

U：そうだね。言語に捕らわれず，一つの考え方に縛られず，発想を自由に，頭を柔軟にして，考え続けることができたら，数学がもっともっと楽しくなるよ。いろんな国での数学の取り組み方ももっと知っていきたいね。

Iさん，Cさん，Uさん親子の数学談義はこれからも続きそうです。

（完）

問題1

次の割り算を行い，商と余りを求めなさい。

(1)　$394 \div 12$

(2)　$-43 \div 8$

問題2

(1)　資料文の空らん [ア] ～ [エ] を適切な数値で埋《う》めなさい。

(2)　以下の空らん [あ] ，[い] を適切な数値や式で埋めなさい。

（二つの整数 a，b の積 ab を７で割ったときの余りは，それぞれの余り同士の積で計算できることの証明）

a を７で割ったときの商を m，余りを x

b を７で割ったときの商を n，余りを y とする。

このとき $a = 7m + x$，$b = 7n + y$ であるから，

$$ab = (7m + x)(7n + y) = 7 \times (\boxed{\text{あ}}) + \boxed{\text{い}}$$

よって，積 ab を７で割ったときの余りは，[い] を７で割ったときの余りとなる。

（証明終）

(3)　次のものを７で割ったときの余りを求めなさい。

(i)　$594 + 387$

(ii)　$594 - 387$

(iii)　594×387

問題3

資料文の空らん [(a)] ，[(b)] に入る理由を次の選択肢《せんたくし》からそれぞれ一つずつ選び，記号で答えなさい。

選択肢《せんたくし》

①　$\overline{e_1} = \overline{e_2}$ である　　②　$\overline{e_1}$ は単位元である　　③　$\overline{e_2}$ は単位元である

④　$\overline{0}$ は単位元である　　⑤　単位元が存在する

問題4

７で割ったときの余りで分類した剰余類の足し算とその逆演算の引き算を考える。次のものを $\overline{a}$ の形の剰余類で答えなさい。ただし，a は０以上の整数のうち，最小のものとする。

(1)　$\overline{5}$ の逆元

(2)　$\overline{2} - \overline{5}$

(3)　$\overline{25} - \overline{13}$

問題5

資料文の表２の $\overline{3}$ の行の空らんを $\overline{a}$ の形の剰余類で埋めなさい。ただし，a は０以上の整数のうち，最小のものとする。

問題6

資料文の表3の$\overline{2}$の行の空らんを$\overline{a}$の形の剰余類で埋めなさい。ただし，aは0以上の整数のうち，最小のものとする。

また，資料文の空らん [オ] を適切に埋めなさい。

問題7

(1) 資料文の空らん [カ] に当てはまる最小の正の整数を答えなさい。

(2) 資料文の空らん [キ] ～ [ソ] を適切な語句，数値，式で埋めなさい。

(3) 10で割ったときの余りで分類した剰余類で，表2，表3のようなかけ算の表を作る。
全ての剰余類が現れる行を全部答えなさい。

問題8

7で割ったときの余りで分類した剰余類のかけ算とその逆演算の割り算を考える。次のものを$\overline{a}$の形の剰余類で答えなさい。ただし，aは0以上の整数のうち，最小のものとする。

(1) $\overline{5}$の逆元

(2) $\overline{2} \div \overline{5}$

(3) $\overline{25} \div \overline{13}$

問題9

下記の空らん [(c)] に入る理由を次の選択肢から一つ選び，記号で答えなさい。

「整数を2以上の整数nで割ったときの余りで分類する。剰余類の演算を考えたとき，零元を除く全ての剰余類にかけ算の逆元が存在し，いつでも割り算を考えることができるのは，nが [(c)] のときである。」

選択肢《せんたくし》

① 互いに素である整数　② 自然数　③ 奇数　④ 偶数

⑤ 素数　⑥ 単位元　⑦ 逆元　⑧ 剰余類

問題10

資料文の空らん [タ] ，[チ] を適切な剰余類で，空らん [ツ] ～ [ト] を適切な数値や式で埋めなさい。

問題11

(1) 資料文の空らん [ナ] ，[ニ] に当てはまる最小の正の整数を答えなさい。

(2) 7で割ると4余り，11で割ると2余るような整数を，整数pを用いた形で表しなさい。

問題12

下記の証明の空らん [う] ～ [か] を適切な数値や式で埋めなさい。
また，[(d)] に入る理由を簡潔に答えなさい。

(中国の剰余定理の証明)
互いに素である正の整数 a，b について，

(a で割った分類)
$\overline{bm}=\overline{1}$ となる整数 m を用いて，a で割ると x 余るような整数として
$bm\times$ [う] を考えられる。

(b で割った分類)
$\overline{an}=\overline{1}$ となる整数 n を用いて，b で割ると y 余るような整数として
$an\times$ [え] を考えられる。

よって，$N=bm\times$ [う] $+\,an\times$ [え] として，整数Nが存在する。(存在性)

さらに，そのようなNがN_1，N_2と二つあったとする。

(a で割った分類)
$\overline{N_1}=\overline{N_2}=\overline{x}$ より，N_1-N_2 は [お] で割り切れる。

(b で割った分類)
$\overline{N_1}=\overline{N_2}=\overline{y}$ より，N_1-N_2 は [か] で割り切れる。

[(d)] であるから，N_1-N_2 は ab で割り切れる。
よって，求めるような整数Nは，ab で割ったときの余りが等しく，
特に $0\leqq N<ab$ の範囲でただ一つに定まる。(一意性)

(証明終)

問題13

資料文の空らん [ヌ] に当てはまる最小の正の整数を答えなさい。
また，資料文の空らん [ネ] ～ [ハ] を適切な数値で埋めなさい。

問題14

『孫子算経』の問題を下記のように【解法１】で解く。空らん [き]，[こ] を適切な剰余類で，
[く]，[け]，[さ]，[し] を適切な式で埋めなさい。
「３で割ると２余り，５で割ると３余り，７で割ると２余るような整数Nを求める。」

【解法１】
３で割ると２余るような整数は，整数 m を用いて，$N=3m+2$ と表せる。
これを５で割ったときの余りの分類で考えて，

(５で割った分類)
$\overline{3m+2}=\overline{3}$ のとき，$\overline{m}=$ [き] である。

よって，$\overline{m}$ は５で割ったときの余りの分類より，
さらに整数 n を用いて，$m=$ [く] と表せる。

これを $N=3m+2$ に代入して，３で割ると２余り，５で割ると３余るような整数は，$N=$ [け]
（ただし，n は整数）と表せる。
さらに，この数を７で割ったときの余りの分類で考えて，

（７で割った分類）
$\overline{N}=\overline{2}$ のとき，$\overline{n}=$ [こ] である。
これは，さらに整数 k を用いて，$n=$ [さ] と表せる。

これを代入して，$N=$ [し] （ただし k は整数）と表せる。　（解答終）

問題15

５で割ると４余り，９で割ると３余り，13で割ると２余るような整数を，整数 p を用いた形で表せ。

【英　語】（70分）　＜満点：100点＞

I　[　] に入るものを選び，番号で答えなさい。

A Vietnamese man, Khang, has come to Japan for a business trip. His friend Koji is taking him around the Asakusa area on a weekend.

Koji: Hey, Khang! ①[1 Finally / 2 In fact / 3 Lastly / 4 At least], we meet again! Welcome to Japan!

Khang: Hi, Koji! ②[1 It's no big deal! / 2 Long time no see! / 3 Guess what! / 4 Lucky you!] Thank you for making time for me. I have been looking forward ③[1 visiting / 2 to visit / 3 to visiting / 4 for visiting] Japan for a long time.

Koji: Yeah, ④[1 it's a long time after / 2 it's long after / 3 it's been ages since / 4 it was ages when] I last met you. Was it five years ago when we last met?

Khang: Yes, that's right. I was planning to come much earlier, but as you know, the COVID-19《コロナ》 pandemic《パンデミック》 occurred and I ⑤[1 was forced to / 2 am forced to / 3 have been forcing to / 4 was forcing to] delay my visit several times. I really couldn't wait to go on a trip again!

Koji: I can easily imagine how you must have been feeling. ⑥[1 I've enjoyed to have / 2 I was enjoying having / 3 I am enjoying to have / 4 I've enjoyed having] chats with you over the phone, but it's much nicer to meet face to face, isn't it? Well, ⑦[1 since / 2 while / 3 unless / 4 though] you are finally in Japan now, I want to show you around and introduce you to some interesting things here in and around Asakusa.

Khang: Sounds good! I've always wanted to visit this place. I've heard that it's ⑧[1 more popular sightseeing area / 2 the most popular sightseeing areas / 3 the sightseeing areas most popular / 4 one of the most popular sightseeing areas] in Japan.

Koji: It is. We are now at Tawaramachi Station, and the famous Sensoji Temple is about a fifteen-minute walk from here. Let's enjoy looking around and find some good souvenirs for your family and friends.

Khang: That's a great idea!

(Five minutes later)

Koji: So, this is a street called Kappabashi Tool Street. There are about a hundred seventy shops along this eight hundred meter street. Many shops offer cooking tools and goods for ⑨[1 each / 2 both / 3 either / 4 every] the food service business and use at home. This is Japan's largest shopping street for kitchen equipment.

Khang: Wow! I can see that the stores sell ⑩[1 many more kinds of / 2 every kinds of / 3 as many kinds as / 4 so many kinds of] kitchen tools. Hey, what are these? They look like real food.

Koji: Oh, these are models of food made from wax《ろう》 or silicon《シリコン》. A mold《型》 is made by using real food, and silicon is poured into the mold. Then, a craftsperson《職人》 uses a brush to paint the silicon models and make them look real.

Khang: Very interesting. They have all kinds of food. How do you ⑪[1 intensely / 2 literally / 3 actually / 4 gradually] use them?

Koji: They ⑫[1 are using / 2 are used / 3 have been used / 4 used] in the displays outside restaurants and cafes to show the foods and drinks which they sell.

Khang: I might buy one of these for my son. Let's see if they have salmon sushi. It's his favorite Japanese food.

(At the shop next door)

Khang: Koji, what are these? They look like hedgehogs《ハリネズミ》.

Koji: These are called "tawashi." They are used to clean cooking equipment such as cutting boards and pots, and also to clean vegetables like potatoes and carrots. Some people even use softer ones to clean their bodies.

Khang: Really? ⑬[1 I have no idea / 2 I'm having no idea / 3 I had no idea / 4 I was having no idea]. Are these traditional tools?

Koji: Yeah. Tawashi first appeared in Tokyo about a hundred years ago. This one is the traditional type, and it has been the same shape for almost a hundred years. The traditional tawashi are made of plant material, but these days, they are also made of stainless steel or chemical fiber.

Khang: I see. Maybe I could buy one for myself. ⑭[1 As you know / 2 By the way / 3 The truth is / 4 All the best], what are those cat figures on that shelf? Why are they holding their paws like that?

Koji: Those are lucky charms called "maneki-neko," and their paws are turned down ⑮[1 beneath / 2 against / 3 toward / 4 along] themselves. It's said that the right paw beckons《招き寄せる》 money and luck. The left paw beckons customers and brings in business.

Khang: Hey, that's cool! If I ⑯[1 buy / 2 will buy / 3 have bought / 4 bought] one for my wife, she'll be happy because she owns a stationery shop. I ⑰[1 had to / 2 should / 3 will be able to / 4 don't have to] buy one with the left paw beckoning.

(Fifteen minutes later)

Khang: It's a lot of fun to look around this street, but I'm getting so hungry now. Let's eat lunch.

Koji: Sure. What do you want to eat? I remember talking with you ⑱[1 another day / 2 other days / 3 on the day / 4 the other day] about all the food you want to eat when you come to Japan.

Khang: Right. How about ramen?

Koji: Okay. There's a good place near here, so let's go there.

(Five minutes later)

Koji: Here we are!

Khang: This is a nice entrance! Is this curtain traditional, too?

Koji: Yes. This is called "noren." Noren has various uses and meanings. For example, it's used as a screen ⑲[1 which is preventing / 2 which was preventing / 3 which prevents / 4 which prevented] wind and light from coming directly into the shop. Also, when a noren is put outside a shop, it shows that the shop is open. So, the first thing a shop does when it is closing is to put its noren away.

Khang: ⑳[1 What an interesting custom! / 2 How interesting that custom! / 3 You're right. It's an interesting custom! / 4 Are you kidding? It's an interesting custom!]

Koji: It is, yes. Let's go in and eat ramen.

Khang: I can't wait!

Ⅱ 次の英文を読み，あとの問いに答えなさい。

Take a short moment to imagine an apple. Which [A]aspects of the apple come to your mind? Do you imagine its shiny red skin, or its round shape and pleasant size which fits perfectly in your hand? Do you imagine its light, sweet smell when you bring it to your nose? Perhaps you imagine the [ア]smooth texture of its surface, or the satisfying [イ]crunch when you bite into it. You probably imagine its taste. Is your apple sweet like honey, or [B]tart like a grapefruit? Which feature of the apple is important to you will depend on the [ウ]context. If you plan to paint a picture of the apple, you will probably focus on its [C]appearance. If your [エ]intention is to bake a pie, you will likely choose apples with the right taste. However, even when we focus on only one feature, we cannot reduce an apple to simply its look, its smell or its taste. An apple is the [オ]sum of all of these things. It sits at the *intersection* of all its different features.

Humans are more [D]complex than apples; we have more features. You are made of, for example, your skin color, your gender, your [E]sexual orientation, your social class, the languages you speak, the country (or countries) you have lived in, and the [カ]religion you believe in. These features might not all be important to you, but they are all you. The connection of all these different parts which make up our identities is called *intersectionality.* This term was first [キ]coined in the 1980s by Kimberlé Crenshaw, a civil rights [F]scholar. She believed that intersectionality is an [G]essential tool for understanding people and creating a more just society. She said that until we understand the relationships between these different features of our identities, we will not be able to fully understand ourselves. Compare, for example, the life experiences of a blind woman, a blind man and a woman with strong [H]vision. Even though they all share some features of their identities, and even though they may all face similar obstacles because of their disability or gender, their lives will naturally be shaped differently as a result of the features which they do not share in common.

Why is intersectionality important? Sometimes it might be useful to focus on single features of our identities. If [I]immigrants experience discrimination in the country which they moved to, they may want to ignore their differences and come together to support each other and fight against this discrimination. However, when we [ク]generalize about large groups, we risk ignoring the beautiful diversity that [ケ]exists within. For example, not all Muslim people are the same. Some speak Indonesian《インドネシア語》 while others speak Arabic, some have light skin while others have dark, and some have been to college while others have not. Not all Japanese people are the same either. Some are rich while others are poor, some are fat while others are thin, and some are deaf while others are not. Intersectionality is a tool for exploring and discussing these [D]complex identities. The next time you meet someone new, remember that the various [A]aspects of their identity [コ]overlap. By examining people and events with an intersectional lens, we can better understand them, and this understanding will lead to a fairer society in which our differences are not [J]feared, but accepted and even celebrated.

問1　本文中の［ア］～［コ］に相当するものを下から選び，番号で答えなさい。動詞については現在形の意味で載せてあります。

1．意図	2．～の数を上回る	3．とろとろ	4．新しい単語を造り出す
5．満足している	6．出口	7．存在する	8．総体
9．硬貨	10．しゃきしゃき	11．重なる	12．文脈，状況
13．宗教	14．一般化する	15．なめらかな	16．地方の

問2　本文中の［A］～［J］の意味として適切なものをあとから選び，番号で答えなさい。動詞については現在形の意味で，名詞については単数形で載せてあります。

1．negative feelings about oneself

2．someone who studies something at a high level

3．sour
4．the ability to see
5．be afraid of
6．a sweet dessert
7．part
8．the look of something
9．the gender(s) of people that someone feels attraction to or wants to have relationships with
10. someone who is traveling on vacation
11. the ability to taste
12. the ability to do something well
13. necessary
14. the sound of something
15. someone who leaves their home country to live in another country
16. not simple or easy

Ⅲ 次の英文は地球温暖化に伴う気候変動（climate change）を引き起こす温室効果ガスの排出量（GHG emissions），石油などの化石燃料会社（fossil fuel companies），太陽光などの代替エネルギー（alternative energy）について書かれたアメリカの新聞記事です。英文を読み，あとの問いに答えなさい。

Climate change could completely change the world as we know it. At today's global greenhouse gas (GHG) emission levels, climate change could make two billion people lose their homes due to rising ocean levels, cost the U.S. economy billions of dollars, and cause 250,000 additional deaths per year — all before 2100. [1] Who is really responsible《責任がある》 for climate change?

A popular idea suggests a simple solution: no more plastic straws. While plastic straws make up less than 1% of the plastic waste entering the ocean each year, efforts to ban them have gained a lot of media attention. Though it is environmentally friendly, banning straws is not enough to make a serious difference. Ideas like this suggest that consumer choice can make all the difference. However, the focus on changing consumer behavior makes each person responsible for the GHG emissions that create the climate crisis. It ignores the much bigger climate effect made by companies.

(B-1), only 100 fossil fuel companies are responsible for 70% of the world's GHG emissions. The emissions made by people's actions are tiny compared to these — average American families produce only 0.00003% of carbon dioxide《二酸化炭素》 out of a total of over 33 billion tons globally. [2] Why have people remained blind to the real reason for climate change? Why do people keep using fossil fuels when they know that using alternative energy is better for the environment?

It is because fossil fuel companies made sure that they were not criticized《批判される》, and that fossil fuel remains cheap to use. First, the fossil fuel companies in the United States spend millions of dollars and pretend that climate change science is fake《嘘》 to mislead《誤った方向に導く》 people. [3] Their effort to hide the harmful effects of fossil fuel is similar to the tobacco companies' ways. From the 1950s, tobacco companies tried to make people doubt the studies connecting cigarettes《タバコ》 to health problems. This led to the slowing down of regulations《規制》 for them. Similarly, fossil fuel companies say that climate science is under heavy debate to suggest that we should not develop any climate laws if the science behind it may not be correct. They have successfully slowed down the necessary change to alternative energy by asking if climate change is really happening.

[4] Moreover, these companies have asked the government to give them billions of dollars to make fossil fuels cheaper. The cheap price of fossil fuels means that people will not want to pay for alternative energy because it is too expensive. The cheap price of fossil fuels creates more (E) for them, while there is less chance for alternative energy to be developed and used. For these reasons, fossil fuel companies must be held responsible for contributing《加担する》 to the climate crisis and slowing down efforts to solve it.

In order to reduce GHG emissions and promote a clean energy economy, companies should (F) the price of fossil fuels to reflect their true" cost." For this to happen, new rules are needed to stop the government from giving money to make fossil fuels cheaper. In addition to this, the serious [G]<u>negative externalities</u> of fossil fuels must be considered in the price: they are causing huge harm to the planet and people. In other words, the fossil fuel companies should pay to fix the damage caused by fossil fuels. If companies (F) the price of fossil fuels, consumers will also pay for the damage. Then, producers will face reduced needs for their products because of the price. This forces companies to figure out the cheapest and most efficient《効率的》 way to reduce carbon use.

(B－2) it is important for individuals to make more sustainable choices, they must also know such changes' limits. To effectively act on climate change, people must focus more on organizing larger solutions.

A．２段落目で筆者が最も伝えたい点を選びなさい。

1．プラスチックストローは，海洋プラスチックゴミの大きな割合を占めるため，削減されなければならない。

2．プラスチックストロー削減は，ＧＨＧ排出量を大きく減らすために個人ができる簡単な方策の一つだ。

3．プラスチックストロー削減運動は，メディアにも取り上げられ，世界中の人々が実施している。

4．プラスチックストロー削減運動は，企業による多大な被害を覆い隠し，個人に責任を転嫁している。

B. Fill in the blanks (B－1) and (B－2) with the correct choices.
 1. Firstly 2. But 3. Yet 4. In fact 5. Since 6. Although

C. 本文の内容をふまえて1950年代のたばこ会社の主張としてあり得るものを選びなさい。
 1. Lung cancer could be caused by many reasons, so we cannot say that cigarettes are the main reason.
 2. The earth has gone through periods of ice and warm ages, and we just happen to be in a warm period now.
 3. Smoking cigarettes could lead to lung cancer, heart problems and various other health issues.
 4. With the research we have now, we do not know if climate change is really caused by humans.

D. Choose the best place from 1 ～ 4 to put in the following sentence.
This might explain why few Americans see climate change as a major danger: 10% below the international average.

E. (E)に入るべき英単語の意味として適切なものを選びなさい。
 1. 価格 2. 需要 3. 供給 4. 商品

F. Fill in (F) with the best choice.
 1. higher 2. lower 3. decrease 4. increase

G. What does [G]negative externalities mean?
 1. 商品がもたらす害 2. 商品の悪い口コミ
 3. 商品製造に必要なお金，時間，労働力 4. 粗悪な商品

H. Which of the following is NOT included in the article as an effective solution to reduce GHG emissions?
 1. using alternative energy
 2. making fossil fuel companies responsible for GHG emissions
 3. refusing plastic bags when shopping
 4. changing the price of fossil fuels

I. 気候変動に対する筆者の主張に最も近いものを選びなさい。
 1. GHG削減のために，最終的には個人が消費者として賢い選択をすることが重要だ。
 2. 企業によるGHG排出を削減し，個人より大きなレベルでの解決策が必要だ。
 3. 人々が団結し，政府に対してデモ活動をしなければ気候変動を止めることはできない。
 4. 化石燃料会社が指摘するように，気候変動が実際に起きているのかどうか定かではない。

J. 以下の英文のうち，本文の内容に合うものを3つ選び，番号の早い順に書きなさい。
 1. Tobacco companies led people away from solving the problem of climate change by making them doubt the science behind it.
 2. The government has made fossil fuels cheap by giving money to fossil fuel companies.
 3. The government has the power to change the prices of products and always makes decisions that are good for people in the future.

4. The development of alternative energy was slowed down because fossil fuel companies made people doubt that climate change was real.
5. The price of fossil fuels now does not reflect the true cost, especially its negative effects on climate change.
6. Fossil fuel prices must be lowered to make more people use alternative energy, and the government needs to step in to do this.

Ⅳ 次の英文は日本在住のイギリス人によって書かれたものです。英文を読み，あとの問いに答えなさい。

Japan, I am told, has four seasons. The first time I heard this I thought, "So what – anywhere outside of the tropics《熱帯》 has four seasons!" But of course, what people really mean is that Japan has four clearly different seasons. This is not like England which has a clear and distinct《明確な》 autumn, a very cold winter, a comfortable spring, but which somehow skips summer. Sometimes summer is warm, sometimes sunny, sometimes pleasant, but all too often it is cloudy, rainy and very cool. Time after time, I have talked with my family in England on the phone and been told "We didn't have a proper summer this year." Of course, I have been living in Japan and I have to say that I sometimes envy my family in England. [A]<u>I wish that we didn't have a proper summer here either</u>, because although I have lived here in Japan for a long time, I have never gotten used to (B). I like autumn, I like spring, I love winter – which is definitely better than the awful gray darkness that we call "winter" in England – but the best thing about summer in Japan is that it eventually ends! No, sorry, that's not exactly true – the best thing about summer is that, by contrast《対照的に》, it makes autumn (C). But [D]<u>whatever I think about summer</u>, I can say that it definitely a different season – clear and distinct from the end of spring and the beginning of autumn. [1]

Then I think a little bit, and I wonder (E) because I could easily add two more – the "rainy season" and the "typhoon season". After all, I am used to calling the thing we have in England "summer", even though it is often not much different from spring or autumn, and the weather for the Japanese rainy and typhoon seasons is most definitely different from the four seasons of spring, summer, autumn and winter. [2]

I like the idea of Japan having six seasons. But then, I wonder a little bit more. Seasons are usually defined by weather and time of the year, but the word "season" in English is used with much greater variety than this. Natural seasons come and go, but there are other things called "seasons" which are related to cultural customs. Many English seasons are based on sport, so we can talk of the "football season", the "cricket season" and the "fishing season". For children playing traditional games, we have the "marble season" and the "conker season". [3] Marbles is a game played with small glass balls, and conkers is a game played with horse-chestnuts threaded on string《糸に通されたトチの実》. We even talk of the "tourist season", the "holiday season" and the "Christmas season". So if we count (F) activities as seasons, we can add a great number of seasons to the year. [4]

Japan, of course, is the same. We have sport seasons like the "baseball season", cultural festivals like the "firework season", and what would Japan be without that national custom, the "(G) season"! We actually have a lot of seasons – not just four – in both England and Japan. I am glad we do. [H]<u>The more the merrier!</u> [5]

A．下線部［A］を英語で言い換えたものとして最も適切なものを選びなさい。

1．I'd like to have a mild summer here in Japan too like my family in England
2．I'm sorry we don't have a cooler summer in Japan than my family in England
3．I want my family in England to have a real summer as we do here in Japan
4．I don't expect my family in England to have an uncomfortable summer either

B．（B）に入るものを選びなさい。

1．have such heat and humidity　　2．that it is too hot and humid here
3．Japan to be too hot and humid　　4．the heat and humidity

C．（C）に入るものを選びなさい。

1．much more welcome　　2．much more be welcomed
3．to be more welcoming　　4．to be much welcomed

D．下線部［D］を日本語にすると「私が夏についてどう思おうと」となりますが，その意味を日本語で説明するものとして最も適切なものを選びなさい。

1．私が日本の夏よりもイギリスの夏の方がよいと思ったとしても
2．私が日本に長く住み，日本の夏の方により親しむようになっても
3．私がイギリスと日本の夏を比較して，イギリスの夏をどう評価しても
4．私が日本の夏のよい面や悪い面などのどんな側面を取り上げても

E．（E）に入るものを選びなさい。

1．does Japan really have only four seasons
2．if Japan really has only four seasons
3．that Japan really has only four seasons
4．there are really only four seasons in Japan

F．（F）に入るべき1語の英語を本文中から探して書きなさい。

G．（G）に入るものを選びなさい。

1．anime fair　　2．cherry blossom
3．the Olympic Games　　4．school trip

H．下線部［H］を日本語にすると「多ければ多いほど楽しみも増える」となりますが，その意味を英語で説明するものとして最も適切なものを選びなさい。

1．When we have more seasons, we can enjoy our everyday lives more.

2．More people will feel happy when they have more than four seasons.

3．We feel happier if we have more seasons which are defined by weather.

4．If there are more people around us, we can have happier seasons.

I．以下の文は文中の 1 ～ 5 のどこに入りますか。番号を選びなさい。

Maybe Japan has six seasons! What variety! Almost twice what we often get in England!

J．以下の英文のうち，本文中に述べられている筆者の見解に合わないものをすべて選び，番号の早い順に書きなさい。

1．The climate in Japan has more variety than in England.

2．According to my family in England, spring and autumn seem similar when there isn't a proper summer.

3．I have lived in Japan for a long time, but I can't adapt to the hot, humid weather in the summer.

4．The word "season" in English is connected with a wide variety of cultural events in England.

5．In England there are a lot of seasons which are related to culture, but in Japan, there are not.

V　26・27ページの絵を見て，次の問いに答えなさい。

A．絵①の吹き出し内の A にあてはまるように，以下の（　）内の語を並べ替えて正しい英文を作り，３番目と７番目の語を書きなさい。

ただし，最初の You told me this morning と最後の right は数えません。

You told me this morning (House / ate / you / and / that / dinner / Pasta / out / went / at), right?

B．絵④の下線部 B の意味を表す英文を書きなさい。

C．以下の（　）内の語を並べ替えて，絵⑤と絵⑥で何が起きているかを説明する英文を完成させ，５番目と10番目の語を書きなさい。ただし，最初の Ben と最後の Jane は数えません。

Ben (to / it / present / gives / of / and / a / out / pocket / takes / his) Jane.

D．絵⑧の吹き出し内の D に入るアドバイスを10語以上の１つの英文で書きなさい。ただし，should と動詞 feel を使うこと。

①
Hi Ben! ...What's wrong? You don't look good.
My girlfriend is angry and won't talk to me!
A
Yes, and in the beginning, it was going well...
②
Last night...
Jane, we're here!
PASTA HOUSE
Wow! This is my favorite restaurant! Thank you so much for bringing me here!
③
While eating dinner at the restaurant...
In the future, I want a big house for you, me, and our little girl!
④
B 私は大きな夢を持つ人ってとてもかっこいいと思う！

⑤
By the way, I have a gift for you.
What could it be...?
⑥
I know you have wanted this for a long time.
⑦
It's a card case! You can use it to keep all the business cards that you get while you're working!
ICU Airlines
Taro Tanaka
CEO
TEL xxx-xxxx-xxxx
I can't believe this!
⑧
...is what happened. Now she won't talk to me. Was the card case too small?
Oh Ben... D
Oh...that's good advice. I'll try it.

に基づいて適切に計画を立てたりするために、過去に起こった出来事を分析・解釈して導き出された知を集めたものだととらえている。

エ　筆者は「学校の知」を目の前の事態に対処するための実践的な知恵を集めたもので、予測不能な変化の大きい時代にあって、柔軟に対応していくことのできるための体系的な知であるととらえている。

オ　筆者は「学校の知」を長い歴史の中で積み重ねられてきた知の体系であり、目の前の未知の現象をすでにある知識のデータベースと照らし合わせることによって、過去の出来事と同一視することができるものだととらえている。

問八　傍線部⑥「その後の人生に役立つ」とありますが、筆者はどういう意味で「役立つ」という言葉を使っていますか。**当てはまらないものをすべて**選びなさい。

ア　後に新しいことを学ぶ基礎になるという意味。

イ　自分なりの勉強のやり方を作ることができるという意味。

ウ　さまざまなことに興味を持つことができるようになるという意味。

エ　若いうちに学ぶと、世間で評判のよい大学に入りやすくなるという意味。

オ　学んだことが活かされて将来収入の高い仕事に就きやすくなるという意味。

問九　本文中の空欄 2 にあてはまる語句を選択肢から選びなさい。

ア　非効率　**イ**　非人情　**ウ**　非日常

エ　非常識　**オ**　非科学的

問十　傍線部⑦「なるほど」とありますが、筆者はヌスバウムの議論のどのようなところに納得しているのですか。最も適切なものを次のア～オの中から一つ選び、記号で答えなさい。

ア　戦争や差別やテロなどのグローバルな危機を乗り越えるためには、厳格なルールに基づいて理性的に議論を進めることがデモクラシーにとって重要であるということ。

イ　戦争や差別やテロなどのグローバルな危機を乗り越えるためには、どんな小さなことであってもとことんまで議論することがデモクラシーにとって重要であるということ。

ウ　戦争や差別やテロなどのグローバルな危機を乗り越えるためには、遠く離れた場所に住む人も自分と同じ存在であると考えることがデモクラシーにとって重要であるということ。

エ　戦争や差別やテロなどのグローバルな危機を乗り越えるためには、議論を尽くしたのちに一人一票の平等な投票によって決めることがデモクラシーにとって重要であるということ。

オ　戦争や差別やテロなどのグローバルな危機を乗り越えるためには、大国でも小国でも一つの国家に平等な一票を与えることが国際的なデモクラシーにとって重要であるということ。

イ　周囲の大人と一緒に生活する中で学ぶ知（Ⅲ）
ウ　「カリキュラム化された知」（Ⅶ）
エ　学校に通ってそこで学ぶ知（Ⅶ）
オ　言語的・記号的に組織された知（Ⅶ）
カ　自分の経験したことによって学ぶ知（Ⅺ）

問四　傍線部③「あらゆる相容れない信念を誘発する」とはどのようなことですか。その説明として最も適切なものを次の**ア**〜**オ**の中から一つ選び、記号で答えなさい。

ア　経験をどのように受けとめ、その後の生活に活かして行くかは、個人が描いている未来によって決まってくるということ。
イ　経験をどのように受けとめ、その後の生活に活かして行くかは、個人によって異なり、ひとつの決まった形は存在しないということ。
ウ　経験をどのように受けとめ、その後の生活に活かして行くかは、個人がどのような他者と交流するかによって違ったものになるということ。
エ　経験をどのように受けとめ、その後の生活に活かして行くかは、個人がどのような立場でその経験をしたかによって同じ個人の中でも違ってくるということ。
オ　経験をどのように受けとめ、その後の生活に活かして行くかは、個人が生まれながら有している性質に強く制約されているため、あらかじめ決められた考え方があるということ。

問五　本文中の空欄［1］に入ることばは何ですか。ここより前の本文中から五字以内で抜き出して答えなさい。

問六　傍線部④「学校の知は『世界の縮図』」とありますが、そのように言えるのはなぜですか。理由として最も適切なものを次の**ア**〜**オ**の中から一つ選び、記号で答えなさい。

ア　学校では個人では経験できないような、世界にある多種多様な地方の習慣や考え方を学んでいくから。
イ　学校ではほかの人の成功や失敗を知ることで、世界が自分の想像以上に広いということを理解していくから。
ウ　学校では言葉や記号を使い、この世界がどうなっているかということを、再構成してまとめた形で学んでいくから。
エ　学校では世界で起こっている出来事について、多様な価値観を持った生徒が意見を言い合いながら学んでいくから。
オ　学校では多くの知識を学ぶことによって経験の質を向上させ、同じものを見ていてもより深く世界について理解していくから。

問七　傍線部⑤「学校の知というのは、そういう意味で意義がとてもよく分かるわけです」とありますが、筆者はその意義をどのように考えているととらえられますか。最も適切なものを次の**ア**〜**オ**の中から一つ選び、記号で答えなさい。

ア　筆者は「学校の知」を世界のありようを分析し体系化した知識の集積で、それを用いることで未知の出来事について解釈したり、対応したりすることのできるものだととらえている。
イ　筆者は「学校の知」を過去に起こった出来事を検証・整理したもので、すでに起こった過去の出来事について認識を更新したり、変更したりすることのできるものだととらえている。
ウ　筆者は「学校の知」を未来に起きうる出来事を予測したり、それる努力が必要なんだよ」と私は話をしめくくります。

この点と関わって、マーサ・C・ヌスバウムの『経済成長がすべてか？』（小沢他訳、岩波書店）の議論は啓発的です。この本は、「国益を追求するあまり、諸国家とその教育システムは、デモクラシーの存続に必要な技能《スキル》を無頓着に放棄してい」る、と教育の見直しを求めています。

ソクラテスからルソー、ペスタロッチ、オルコット、タゴールと、デューイ、ウィニコットの議論を参照しながら、人文学と芸術が、批判的思考と共感をつくる上で重要だ、とヌスバウムは説きます。そうした批判的思考や共感は、グローバルな経済活動でも大事だけれど、何よりもグローバルな危機の中での国を超えた広がりを持つデモクラシーにとって不可欠だ、というのです。⑦なるほど。

ヌスバウムは、子どもたちは「少なくともあるひとつのなじみのない文化的伝統についてより深く調べる」方法を学ぶべきだ、と論じています。ユダヤ系ドイツ人としてニューヨークに生まれた彼女自身が、小学校五、六年生のときにウルグアイとオーストリアについて、深く調べる宿題を課されたことが有意義であったと書いています。

つまり、知識を持つことは、その対象に対する想像力を発揮させることができるようになるということなのです。そうすると、自分の身の回りに居ない人に対して思い浮かべて、何かを考えたりすることができ、そこには道徳的配慮の可能性が生まれます。

教育を受けなくても、人は身の回りの世界に対しては自然に共感を持つようになるものです。でも、それはあくまでも「世間」の範囲でしかありません。共感の範囲が狭いと、人はその範囲の外側に「敵」や「よそ者」をさがしてしまいがちです。それは、最も不道徳なはずの戦争や差別やテロを呼び込んでしまいます。はるか遠くの地域に住んでいる人々の暮らしや文化に思いをはせたり、未来の社会や世代への責任を考えたりすることができるようになるためには、教育の役割が必要不可欠なのです。

（広田照幸『学校はなぜ退屈でなぜ大切なのか』筑摩書房、二〇二二年より）

注1 現業……現場の業務。事務や営業などでなく、工場や作業場で行う労務。

問一 傍線部a～eについて、カタカナを漢字に直しなさい。

問二 傍線部①「言葉や記号を使って」とありますが、「言葉や記号を使」うのはなぜですか。理由として**当てはまらないもの**を次の**ア～オ**の中から一つ選び、記号で答えなさい。

ア 日常生活の中では直接経験できないことだから。

イ 身の回りには存在しないことを学ばなければならないから。

ウ 身近な大人の行動には誤っている部分や不要な部分が多く含まれているから。

エ 家族や周囲のおとなたちが生きている世界とは別の世界を間接的に知る必要があるから。

オ 経験では身につかないことを知るためには、歴史や遠く離れた世界について学ばなければならないから。

問三 傍線部②「日々の経験を超えた知」とありますが、本文で言われているものとして、それに当てはまるものを次の**ア～カ**の中から**三つ選び**、記号で答えなさい。（ ）内は言及されている段落番号を示しています。

ア 生活即学習という形で学ぶ知（Ⅲ）

も、ぱっと並んで出てきます。間違いである情報も混じっています。何かのキーワードで、何千件もヒットしたりすると、本当に大事な情報にたどり着かない可能性があります。

しかも、ある程度の知識を持っていないと、まったく理解できない記事もたくさんあります。「その気になりさえすれば、ウェブでいつでも学べる」という見方もありますが、だからといって学校で学ばないでいいというのは、あまりに［２］で困難な道です。ＡＢＣも十分に修得しなかったひとが、大人になって、「英語を始めよう」と思っても、ＡＢＣから始めるとしたら、結局、膨大な時間をかけてしまうことになります。平安時代も藤原氏も聞いたことがない人が「藤原道長」について検索したとしても、その記事に出てくる説明はさっぱりわからないでしょう。

また十分な基本的知識をもたないでウェブ情報に頼る場合の問題は、何よりも、「その情報をうのみにすることになってしまう」ということです。知ったかぶりをして書かれたおかしな記事を信じ込んでしまったり、対立する見方がある問題で、最初にヒットした記事で自分の意見を決めてしまうとか、そんなことが起きます。どこかの記事をそのまま自分の意見にしてしまうことは、しばしば起きますが、そこでは思考や懐疑が欠落し、判断も危うい事態が生じます。

なので、一定程度のまとまった知識がないと、検索をしても重要な質の高い情報をうまく使いこなすことは難しいのです。

だから、子どもたちは、ウェブの情報があるから勉強しなくていいというのではなくて、ウェブの情報を十分に使いこなすために、若いうちにしっかりと学校で勉強する必要があると思います。

（中略）

学校で学ぶ知識は、道徳的な共感や想像力を広げていく上でも役に立ちます。Ｚ・バウマンという社会学者がいます。彼の理論を中島道男さんが興味深い視点から読み解いています。道徳が問題になるときの焦点は精神的な「距離」だというのです。指針的な距離が遠くなると道徳的無関心が生じる。「バウマンによれば、この距離が大きくなるとともに、他者への責任は縮小し、対象の道徳的次元は鈍り、ついにはそれらが消失点に達し視界から消え去るのである」。ナチスによるユダヤ人の大量虐殺はそうした精神的な距離の遠さによって生じたのだ、とバウマンは述べています。学校で学ぶ知は、この距離を飛び越えた、はるか遠くに思いをはせる視野を与えてくれます。

大学の講義の際に私がたまに話すネタの一つが、「世界に中心はない」ということです。学生の中には、ちょっとビックリする者もいます。でも、「地球儀を見てみろ。われわれが生きる地表の世界に中心なんかないのは、あたりまえだ」と私が言うと、学生たちは、それはそうだ、という顔をします。

私はそのうえで、次のような話をします。人は自分が見えている世界を基点にものを考えるから、世界の中心に自分がいるように、つい思ってしまう。主観的な世界像だ。それはそれでかまわない。でも、その場合には、別の人には別の中心があるということを理解できないといけない。相手の側から世界を見てみる、ということをしてみてほしい、と。

「私も君たちも、世界の片隅で生きている。人は誰もが世界の片隅で生きているんだよ。片隅で生きる人間が目をこらして世界を理解するためには、いろんな他の人たちの立場や視点に立って、世界を見ようとすいるかという知識をみんなが勉強して、それを使って目の前の現実を解釈して、新しい事態への対応（新たな経験）に活かしていけるわけです。

「経験重視、体力勝負の仕事」というのがありますね。でも、そこでも、今の社会は大きな変化が生じています。面白い研究があるので紹介します。筒井美紀さんという法政大学の先生が、高校を卒業した若者の現業[注1]職のキャリアについて研究をしました。高校を卒業して、土木建築の現業の職種、穴掘りとか土管つなぎとか、そういう仕事に入った若者たちはその後どうなるのかということを研究しました。面白いのは、彼らはしばらくすると勉強しないといけなくなるんだというのです。いろいろな技術系の資格があるので、いろいろな資格を取っていきます。そのためには資格試験を受けないといけないというのです。

たとえば、安全管理の責任者になるために、安全管理系の資格を取ったりします。そのためには、危険な薬品とかがちゃんと理解できないといけないから、結局、化学の知識が必要になったりします。作業責任者になるためには、法令をよみこなして理解したり、書類を作成したりするスキルが必要になったりします。だから、「高校までの勉強は要らない、体力が勝負だ」とか言っていても、しばらくすると、何のことはない、高校までの知識を総動員して勉強しないといけなくなったりするのです。

若いうちに学校で、しっかりとたくさんの知識を身につけておくことは、二つの意味で⑥その後の人生に役立つと思います。

一つは、その知識を基盤にして、さらに新しい知識を得ることが可能になるということです。地球温暖化問題とか、脱炭素化技術とか、イスラム原理主義とか、何か気になったものがあると、本を買って読んだりウェブで検索したりして、自分で調べて勉強することができます。そのときには、テーマによって異なりますが、化学や物理、世界史など、高校までに学んだことの知識があるからこそ、理解が容易だったり興味を持てると思うことがたくさんあります。

私はつい最近、生命の歴史を学びたくなって、『生命40億年全史』という本を買って読みました。面白かった。生物を高校の時に学んでおいたのが役に立ちました。その少し後、イスラム世界について理解を深めたくなって、『イスラーム帝国のジハード』という本を読みました。面白かった。高校のときに世界史を教えてくださった横山先生の顔を思い浮かべて感謝しました。

もう一つは、（中略）何年間も学校で勉強していくうちに、自分にとってまったく新しいことを学ぶ際の「学び方」が身についていく部分があるということです。私は中学・高校時代、自分なりの「学び方」の工夫を器用にあみ出しました。そのテーマに関する急所の概念や説明をまず理解し、覚えること。自分でポイントを図や表にしてわかりやすくして覚えること。新しく学んだもの同士を相互に結びつけて全体の構図を理解していくこと、……。こうしたことは、私が高校生のときに勉強していたやり方ですが、それを今でも新しいトピックを学ぶときに実践しています。

ウェブの情報をどう考えるかという話も少しします。ウェブでキーワードを入れると、いろいろなことがわかる時代になり、とても便利になりました。私なんかも仕事でずいぶん使っています。

しかし、ウェブの情報の大きな問題点は、断片的で、体系性や系統性やeルイセキ性がないということです。大事な情報もどうでもいい情報ここでも再びデューイの議論を紹介します。一つ目は、十分な知識があれば、深い意味を持つ経験ができる、ということです。デューイは、同じように望遠鏡で夜の星を見ている天文学者と小さな少年との違いを例に挙げて論じています（前掲書下巻、二六頁）。望遠鏡で見えている星は同じです。だけれども、そこから読み取るものは全然違うということです。望遠鏡を覗いている小さな少年は、「赤く光る星がきれいだなあ」と思うかもしれません。しかし、同じ星を同じような望遠鏡で見ている天文学者は、「この光の色は、星の温度や現在の状況を伝えている。この星の色をどう考えればいいんだ」ということを考えながら星をみたりするでしょう。そこから、宇宙の謎が解明できるかもしれません。「単なる物質的なものとしての活動と、その同じ活動がもつことのできる意味の豊かさとの間の相違ほど著しいものはない」とデューイは述べています。

これは私たちもよくあることです。たとえば、海外旅行でどこか歴史的な建造物を見に行くという話になったときに、歴史を知っているか知らないかで興味の持ち方や見方が全然違います。歴史を知らない人は、「大きいな」とか、「古いな」とか、「壊れかけているな」とか、「人がいっぱいいるな」とか、そんなことを思いながら建物内を歩いています。それに対して、歴史を知っていて、なぜこの建物がこういう形で残っているか知っている人は、「あの物語に出てきたあの建物だ！」とか、「この柱は何やら様式で、何やら王が趣味で造らせたんだ」とか、そういうふうに楽しみ方がまったく違います。同じものを見ても質の異なる経験になる。知識があるかないかで経験の質が違うのです。

デューイが言っている知識と経験の話でもう一つなるほどと思うのは、まだ経験していないもの、これから何が起きるかといったことを考えるために、既存の知識が必要だ、と述べているくだりです。

デューイはそれをこういうふうに書いています。「知識の内容は、すでに起こったこと、終了し、またそれゆえに解決され、確実であると考えられているものなのであるが、知識の関係する先は未来すなわち前途なのである。というのは、知識は、今なお進行中のことや、これから行なわれようとしていることを、理解したり、それに意味を与えたりする手段を提供するからである」（同下巻、二一八頁）。私はここを読んで、「ああ、なるほど」と思いましたね。

デューイが挙げている例は医者の例です。目の前の患者の症状、頭が痛いとか喉が痛いとか、既往症が何かとか、こういうのを全部総合して考えると、これはこういう病気でこれからこうなるから、そうすると d トウヨすべき薬はこれだとか、そういうふうに考えます。そのことをデューイは、「直面する未知の事物を解釈し、部分的に明らかな事実をそれと関連して思い当たる諸現象で補充し、それらの事実の起こり得る未来を予見し、それによって計画を立てる」と述べています。十分な知識があってこそ、「目の前の患者を診る」という新しい経験に、適切に対応できるわけです。

同じように、われわれは、世の中のあれこれについての知識を持っていて、それを使って、現状を認識し、未来に向けた判断をするのです。知識は常に過去のものです。過去についての知識を組み合わせて現状を分析し、未来に向けていろいろなことをする。これが知識の活用の本質です。そうすると、⑤学校の知というのは、そういう意味で意義がとてもよく分かるわけです。無味乾燥に見えるけれども、世界がどうなって学んで、自分の目の前のことに生かしていく。そういう意味の言葉です。

Ⅻ 身近な問題を日常的にこなすためには、多くの場合、自分の経験だけで大丈夫かもしれません。しかし、身近で経験できる範囲の外側にある問題や、全く新しい事態にある問題について、考えたり、それに取り組んだりしようとすると、身近なこれまでの自分の経験だけではどうにもなりません。

たとえば、何年も商売をやっていくと、商売のこつを覚えたりお客さんとの関係ができたりします。難しい言葉も文字式も、社会も理科も、そこには不要です。しかし、ある日、「今、自分たちの市で起きている再開発計画について、商店街のみんなで対応を考えましょう」という話になったら、商売の経験だけでは対応できません。再開発計画の書類を手に入れて目を通したり、法令を調べたり、みんなで議論をしたりすることが必要になります。それには、経験で身につけた日々の商売の知識やノウハウとは異なる種類の知が必要になるのです。②日々の経験を超えた知、です。

あるいは、会社に入ってどこかの営業所にcハイゾクされて、一生懸命に頑張っていたけれど、突然、「東南アジアに行って、工場を造る責任者をやれ」とか言われた場合を考えてみてください。田舎町での営業のノウハウでは対応できません。そこでも、今まで経験で身につけたことのない知が必要になります。

ジョン・デューイという非常に有名な教育哲学者が、『民主主義と教育』（岩波文庫、松野安男訳）という本の中で、次のように書いています。「経験の材料は、本来、変わりやすく、当てにならない。それは、不安定であるから、無秩序なのである。経験を信頼する人は、自分が何に頼っているのかを知らない。なぜなら、それは、人ごとに、また日ごとに変わり、そして言うまでもなく国ごとにも変わるからである」（前掲書下巻、一一〇頁）ある人が経験するものは、たまたまそれであって、偶然的で特殊的なものなのです。

それどころか、個人の経験というのは、狭く偏っていたりもします。デューイは、次のように述べています。「経験からは、信念の基準は出てこない。なぜなら、多種多様な地方的慣習からもわかるように、③あらゆる相容れない信念を誘発するのが、まさに経験の本性そのものだからである」（同右）。

つまり、経験は大事だけれども、それはどうしても狭い限定されたものでしかありません。しかも、経験から学ぶというときに、経験の幅を少しずつ拡げていくのには結構時間がかかります。少しずつ経験を拡げたり、何度も失敗したりするためには、人の人生はあまりにも時間が限られています。

むしろ、文字による情報を通して、ほかの人の成功や失敗がどうだったのかとか、ほかの人の経験がどうなのかということを学ぶのが、てっとり早く「 1 」の狭さを脱する道です。そこでは、単に文字の読み書きができるというだけでなく、学校で学ぶ社会科や理科、外国語や数学の知識などが役に立つはずです。何せ、④学校の知は「世界の縮図」なのですから。

二つ目に話したいのは、知識があるかないかで経験の質は違うということです。「知識か経験か」という二項対立ではなくて、そもそも経験の質は、知識があるかないかで異なっているのです。

「農民の子は農民になる」というふうな伝統的な社会では、生活即学習という「提示」という形式で、人は一人前の大人になれていたわけです。

Ⅳ　しかし、社会が発展して複雑になり、子どもたちが親とは異なる生き方をするようになっていくと、「提示」だけでは不十分になっていきます。モレンハウアーの言葉を借りると、「社会的生活が複雑化するにつれて、子どもを待ちかまえている実生活の諸関係は、そのどれをとっても子どもにとって近寄り難いものとなる。将来必要となるものが子どもの第一次的な生活世界に含まれる度合いはますます低くなるわけである」。

Ⅴ　たとえば、契約をするとか、遠くの世界とコミュニケーションするとか、どこか外で作ったルールが持ち込まれるというようなことがどんどん起きてくる。耳慣れない単語で示された新奇なものを理解しないと、外の世界で仕事にありつくことができなくなる。そうなると、日常の身近な関係だけの中の学習では対応しきれません。「この結果、おとなが自らの生活を生きてみせる『提示』とは別に、社会的・歴史的文化のうち、経験によっては子どもが到達し難い部分を何らかの仕方で彼らに知らせてやるという課題が生じる」。モレンハウアーが指摘する、この「経験によっては子どもが到達し難い部分」というのがポイントです。つまり、身の回りにないものを学ばせる必要が生じてきたのだ、という話です。

Ⅵ　そこで、学校の重要性が出てきます。学校は、この世界がどうなっているかということを、①言葉や記号を使って子どもたちに学ばせる役割を果たすというのです。ここが重要なポイントです。

Ⅶ　子どもたちは学校に通って、そこで、「カリキュラム化された知」を学びます。その「カリキュラム化された知」というのは、この世界を再構成して縮約（縮尺）したものです。モレンハウアーは、学校のカリキュラム化された知を通した学習の形式を、「代表的提示（代理的提示）」（Repräsentation）と呼んでいます。モレンハウアーの本の訳者である今井康雄さんの解説を引用しておきます。「そこでは子どもたちは、学校のような実生活から区別された空間のなかで、言語的・記号的に組織された知識を学ぶことになる。……子どもたちは、知の世界を通して現実世界とは何であるかを知り、こうして現実世界へのｂサンニュウが準備されることになる」

Ⅷ　生まれ育った身の回りの世界を超えて、広い世界で生きていくためには、子どもたちは、言葉や記号を通して、この世界がどういうものなのかを理解しないといけない。学校で教えられるのはそういう知なのです。だから、学校知は、いわば記号化された「世界の縮図」だといえるのです。

（中略）

Ⅸ　学校の知の意義を話しましょう。一つ目は、経験は狭いし、経験し続けるだけでこの世の中のいろいろなことを学べるほど人生は長くない、ということです。

Ⅹ　十九世紀ドイツの「鉄血宰相」と言われたオットー・フォン・ビスマルクが、「愚者は経験から学ぶ、賢者は歴史から学ぶ」と言ったと言われています。正確には少し違うようですが、なかなか味わいのある言葉です。

Ⅺ　愚かな人は自分が経験したところから学ぶ。賢者はほかの人の経験、すなわち、歴史の中の誰かの成功や誰かの失敗、そういうものから

を賞賛したいので、外国人であるにもかかわらず流暢な日本語を話す人間を日本人と同じ心を持っているととらえる考え方。

オ　日本の伝統や歴史、文化に対する一定以上の教養を持っていることが認められるので、外国人であるにもかかわらず流暢な日本語を話す人間を日本人と同じ心を持っているととらえる考え方。

問七　本文中の空欄［A］に当てはまる語として適切な語を次の**ア～オ**の中から一つ選び、記号で答えなさい。

ア　厚意　**イ**　寛容　**ウ**　親切　**エ**　善意　**オ**　無意識

問八　傍線部⑦「『日本語』の独立運動の手がかり」とありますが、ここで筆者が述べる「『日本語』の独立」とはどのようなことですか。本文から考えられることとして**当てはまらないもの**を次の**ア～オ**の中から一つ選び、記号で答えなさい。

ア　「日本語」が英語やフランス語、ドイツ語などと同じように世界中から重要な言語として認められ、グローバルなステイタスを獲得すること。

イ　「日本語能力」において日本語の非母語話者が日本語母語話者よりも上手になることが可能であることを日本語母語話者の誰もが認めるようになること。

ウ　「日本語」が日本という国家、日本人という民族、「日本的」な伝統や慣習との結びつきを当然のものと考える日本語母語話者が当たり前の存在でなくなること。

エ　「日本語能力」を「日本人らしさ」から切り離し、日本語の非母語話者が話す「生々しい日本語」も日本社会のなかで無視や歪曲をされずに認められていくこと。

オ　「日本語」がコミュニケーションのツールの一つとして、日本語以外のどのような言語の母語話者にとっても習得可能なものであり、日本語母語話者による技能認定が必要でなくなること。

問九　傍線部⑧「？？？」とありますが、「善意の日本語母語話者」が「？？？」となるのはなぜですか。理由を七十五字以上九十字以内で説明しなさい。「日本語母語話者」「非母語話者」ということばを使用して、両者の関係に触れた上で答えなさい。

［二］　次の文章を読んで、後の問いに答えなさい。

Ⅰ　私がこれからお話ししたいのは、学校で教えられる知は、子どもの日常生活を超えた知だからこそ重要だということです。ただしそうであるがゆえに、その内容は子どもにとってなじみにくいものだ、ということも説明します。

Ⅱ　ここでは、ドイツの教育哲学者のK・モレンハウアーが書いた『忘れられた連関』（今井康雄訳、みすず書房）の議論を紹介します。（中略）

Ⅲ　モレンハウアーが考察に使うのが、「提示」・「代表的（代理的）提示」という概念です。「提示」（Präsentation　※プレゼンタツィオン。ドイツ語）とは、学校がなかった社会における人間形成のやり方です。第一次的な生活世界、すなわち普段の生活の中で、周囲の大人と一緒に生活することそれ自体の中で、子どもたちはさまざまなことを学んでいました。羊飼いの子であれ、農民の子であれ、大人と一緒に暮らし、家業を手伝ったり、a ザツダンの輪に入ったりする中で、いろいろなことを覚えます。生活それ自体が学習の過程なのです。人間の長い歴史のほとんどは、これで何とかなってきました。「羊飼いの子は羊飼いになる」

オ　日本語のイントネーションについて、自分の母語である韓国語の制約を受けてしまうということ。

問二　傍線部②「その答えは、『普通』という単語にあります」とありますが、筆者が述べる「普通」とは、どのようなことですか。それを説明している箇所をここより後の本文中から探し、二十五字以内で抜き出しなさい。

問三　傍線部③「『日本語上手ですね』から複雑な気持ちが生まれる」のはなぜですか。理由として**当てはまらないもの**を次の**ア**～**オ**の中から一つ選び、記号で答えなさい。

ア　長い年月を日本で過ごしているにもかかわらず、「日本語上手ですね」と言われると、外国人の割には日本語が上手いという意味に感じられるから。

イ　長い年月を日本で過ごしているにもかかわらず、「日本語上手ですね」と言われることで、どこまでいっても「日本人」とは異質な存在として扱われ続けていると感じられるから。

ウ　長い年月を日本で過ごしているにもかかわらず、「日本語上手ですね」と言われると、「日本人が定義する日本語」を習得できていないことを意味しているように感じられるから。

エ　長い年月を日本で過ごしているにもかかわらず、「日本語上手ですね」と言われることは、過ごした年月の長さに比して日本語に習熟していないことへの軽蔑と同情が感じられるから。

オ　長い年月を日本で過ごしているにもかかわらず、「日本語上手ですね」と言われると、自分の日本語が日本語ネイティブとは違っているということを突き付けられているように感じられるから。

問四　傍線部④「『日本人が定義する日本語とは何か』が少しずつ見えてきた」とありますが、「日本語」を「日本人が定義する」ことで、日本語ネイティブには何が保証されると筆者は考えていますか。次の文の空欄に当てはまる適切な語を、ここより後の本文中から探し、それぞれ三字以内で抜き出しなさい。

日本語ネイティブの［ a ］と［ b ］が保証される。

問五　傍線部⑤「自分らとは区別がつかないこの『日本語達者』を、日本語ネイティブたちは必死で『我らとは違うもの』だと確かめたい」と考えるのはどのような気持ちから発しているものであると筆者は考えていますか。その気持ちについて説明している箇所をここより後の本文中から探し、二十五字以内で抜き出しなさい。

問六　傍線部⑥「○○さんは心が日本人だから」とありますが、この表現は発話者のどのような考え方にもとづいていますか。最も適切なものを次の**ア**～**オ**の中から一つ選び、記号で答えなさい。

ア　日本語を愛する気持ちが強ければ心が通じ合うので、外国人であるにもかかわらず流暢な日本語を話す人間を日本人と同じ心を持っているととらえる考え方。

イ　日本語能力と日本人らしさを分離して考えることができないので、外国人であるにもかかわらず流暢な日本語を話す人間を日本人と同じ心を持っているととらえる考え方。

ウ　日本語を用いることを通じて深い相互理解を得ることができるので、外国人であるにもかかわらず流暢な日本語を話す人間を日本人と同じ心を持っているととらえる考え方。

エ　並々ならぬ努力によってほぼ完ぺきに近い日本語を習得したこと

を大げさに演じる人を画面で見るたび、ツールとしての「日本語」が独立する日は、私の人生では見れないだろうと落ち込んでしまいます。

「モーメント君みたいな人々が堂々と自分らしい日本語を話していけばいい」と言われるかもしれません。まあ、一つの答えにはなるかもしれませんね。分かります。たしかに、私がアーティストのMoment Joonとしてやっていることは、日本社会が私に担わせる「外人役」を拒んで「俺こそが普通の人間だ」と宣言することです。実際に存在しているのに日本社会の大多数には知られていない（もしくは意図的に無視されている）現実を、テレビで、ラジオで、歌で、オンラインで、文章で見せていくしかありません。厚切りジェイソンよりもモーメント・ジューンがテレビに頻繁に映り、なまっている日本語で話しても「ステレオタイプ」じゃなく一人の人間として日本社会に存在する時代。それで「普通」の範囲が広がる時代を、頑張って作っていかなきゃ……。

しかし、コンビニで店員さんに「袋要りますか」と聞かれるだけで緊張してしまう人間キム・ボムジュンは、そんなファイターなんかになりたくないのも事実です。ただ「普通」で存在したいだけなのにファイターにならなきゃいけないなんて……戦っていくとしても、それ自体が一つのキャラクターになって消費されて終わってしまう可能性もあります。皆さんもある意味、そのような感覚で私の変わった日本語の文章を読んではいませんか?

まあ、口を開いたら「普通」の資格を奪われる私の経験なんか、見た目から「違うもの」と認識される白人である私の彼女の前では贅沢な悩みかもしれません。街中で知らない人から「外人ですか?」といきなり聞かれたことがある彼女は、そこで「はい、外人です」と答えたらしいです。ちょっと待って。これはひょっとしたら手がかりになるかもしれません。大したファイターにならなくてもできる、⑦「日本語」の独立運動の手がかり。

善意の日本語母語話者　へ～、モーメント君、日本一〇年目なんですね。いや、めっちゃ日本語上手ですね。

モーメント　いや、そちらこそ上手ですね。

善意の日本語母語話者　⑧?.?.?

いたずら、と思われるでしょうか。いや、相手の褒め言葉にこっちも褒め言葉で答えただけです。そして何より、善意の言葉ですからね。日本語上手のあなたに、栄光あれ。

二〇二〇年一一月

（MOMENT JOON『日本移民日記』岩波書店、二〇二一年より）

問一　傍線部①「私にとって言語は『縛り』である」とありますが、ここで筆者が述べる「縛り」とはどのようなものですか。説明したものとして最も適切なものを次の**ア**～**オ**の中から一つ選び、記号で答えなさい。

ア　言葉の壁によって自由な移動ができなくなるということ。

イ　使う言語によってものの見方や思考に制限が加えられてしまうということ。

ウ　自分の生まれた国からいつまでたっても出ていくことができないということ。

エ　日本語を使ったときは、韓国語を使ったときに比べ自由な発想ができなくなるということ。

強を重ねて今の位置に至った人々なら知らないはずがありません。今より日本語が下手だった昔は「日本語上手ですね」と言われてかわいがってもらったのに、日本語が上達して日本語ネイティブからの「認定」が要らなくなった今は、周りの日本人たちが自分を見て気まずく感じていることが分かるという……まあ、そもそも「可愛がる」こと自体が、日本語ネイティブとしてのその人の権威と優位性を、相手に確認させることですけどね。

「日本人が定義する日本語」を理解するための最後のパズルがまだ残っています。「日本語のアンキャニー・バレー」に落ちている人々なら「日本語上手ですね」の代わりに「⑥○○さんは心が日本人だから」は少なくとも一回は聞いたことがあるはずです。中途半端に上手な私でさえ、大学の授業で「見猿聞か猿言わ猿」を引用しただけで教授から同じことを言われるぐらいです。常に周りの日本語ネイティブから「オーセンティックな日本語を使っているか」と必死にチェックされる日本語達者たちも、ちょっと違う雰囲気の場では「○○さんは心が日本人だもんね」とすぐ言われます。別に「魂」とか「ルーツ」とかいったシリアスな話をする時に言われるのではなく、飲み会で、職場で、日常的な空間で言われるのです。「必死の粗探し」が「内」と「外」の境が曖昧になることに対する恐怖心を表すならば、「○○さんは心が日本人」は異質なものを「われわれと同じもの」にしちゃって安心したい気持ちを表しているかもしれません。

もう一度言いますが、「○○さんの心は日本人」と言う人が [A] なのはもちろん知っていますし、「これは差別だから言うな」みたいな低いレベルの話がしたいわけじゃありません。日本語がうまい非母語話者に「心が日本人」と言う人の考えの中の「日本語」とは何を意味するのかを見てほしいのです。

ある言語をマスターするためには、その言語が生まれた地域と社会の伝統・歴史・文化まで勉強して理解しなきゃいけないとか、もう当たり前すぎる概念ですよね。しかし日本語の場合、それが行きすぎて「日本人としての心、魂、精神」が日本語を使いこなすための「必須条件」みたいに考えられてはいないでしょうか。まさに、外国語を学ぶ時に言われる「言語はツール」という考えが、「日本語」には適応されていないということです。日本語も言語であるかぎり、個人の能力と努力によっていくらでもマスターできるツールに過ぎません。しかし、「日本語能力」と「日本人らしさ」を分けて考えられない人の前に、後天的な学習でほぼ完璧に近い日本語を使う人が現れると、目の前の「怪異現象」を説明するために「日本人の心を持っているから（あるいは手に入れたから）そこまで日本語ができるはず」が出てくるのではないでしょうか。英語が達者な人が「あなたの心はイギリス人ですね」とか言われたという話は、今まで聞いたことがありません。

「日本語能力」を「日本人らしさ」と分離して考えることは、もしかしたら不可能に近いかもしれません。いわゆるハーフ、在日、日本語学習者、そしてこの島に住んでいる移民の人々の「生々しい日本語」が、無視されたり歪曲されたりせずに日本社会の感覚の一部になれる日は、永遠に来ないかもしれません。テレビに出る外国出身の芸能人やコメンテーターを見るかぎり、やはり無理だと思ってしまうのです。完璧な日本語を使いこなしているけど、結局日本の大衆が聞きたい話を「白人の口」から聞かせる存在に過ぎない人とか、日本が望んでいる「外人役」

回、同じパターンの会話を経験しています。ちなみに彼は二七年以上日本に住んで、見た目も日本人に見えますし、実は日本国籍も取っています。そんな彼と学校の先生との間でよくある会話。

担当の先生　○○さん、今日は本当によろしくお願いします。○○さんは日本はどれぐらいですか？

知り合い　えっと、もうそろそろ二七年目ですね。

担当の先生　へ～、長いですね。めっちゃ日本語上手ですね。

何かのパターンに気づきませんでしたか？「どれぐらい日本に住んでいるか」を聞かれた後に、「日本語上手ですね」と言われています。③「日本語上手ですね」から複雑な気持ちが生まれるポイントが、ここです。

外国人なのに日本語がうまいのが興味深い→だから何年住んでいるかが聞きたい、の順番なら分かりますが、七年、いや、もう二七年も住んでいると言ったのに、その人の日本語が上手なのがそんなに珍しいことなんだろうか、と思ってしまうのです。「日本語上手ですね」と言ってくれる人に悪意を感じるとか、気持ち悪いとか、傷つくといった話ではありません。私が複雑な気持ちになってしまうのは、一二万五六二八回も「日本語上手ですね」と言われてきたなかで、④「日本人が定義する日本語とは何か」が少しずつ見えてきたからです。

「日本人が定義する日本語」。その全体図を見るためには、もう「日本語上手ですね」と言われることもない人々の経験が必要となります。留学生たちの間には、「日本語上手と言われる段階でお前の日本語はダメ」という、冗談か警告かよく分からない言葉があります。私の大学の時の後輩や、バイトで出会った台湾人の知り合いなど、二四時間日本語で仕事をして生活をしても一度も「上手」と言われない人々が私の周りにもいます。うらやましい。そこまで上手になれば、好き放題に日本語を使っても「普通」とパスされるでしょうね。いや、でも本人たちによると、「日本語がうますぎて」起こる現象もあるらしいのです。

「アンキャニー・バレー（不気味の谷現象）」という概念を知っていますか？　われわれ人間は、人形やキャラクターなどの外見が人間と似てくれば似てくるほど好感を持つらしいです。しかし、ある一点を超えてあまりにも似てしまうと、その類似性が原因でむしろ違和、嫌悪、恐怖を感じてしまう。その「類似性」と「感情的反応」の関係をグラフで表した時、人間に似過ぎて好感がはげしく落ちる部分を「谷」に比して「不気味の谷」と呼びます。例えば人間の肌の質感や細かい表情まで再現しようとするロボットを見てわれわれが気持ち悪くなるのが、不気味の谷現象ですよね。

私の知り合いのネイティブ並の日本語駆使者たちは、自分たちが「日本語のアンキャニー・バレー」に入っていると感じている人が多いです。周りの日本語ネイティブの人々が、必死で粗探しをしているようにその人の日本語の細かいところまでを「評価」し、珍しく間違えると「喜んで」それを指摘する。⑤自分らと区別がつかないこの「日本語達者」を、日本語ネイティブたちは必死で「我らとは違うもの」だと確かめたいのですかね。

ある一点を超えて日本語が「うますぎ」になってしまうと周りの日本人の態度がむしろ厳しくなるこの現象は、特に低いレベルから着実に勉聞いたことがあるでしょうか。もちろん、私の経験はそんな恐ろしい歴史とは比べ物にもなりませんが、言語能力が原因で「普通」の資格が奪われるという点では共通している部分があります。

なまりが原因で「外人」であると認識される瞬間、相手の顔が微妙に変わるさまを何回も見てきました。相手に警戒されず、匿名の「ただ一人」としてその場に存在できる特権は奪われ、私はその瞬間から「違うもの」としてその空間に存在するのです。コンビニに行くために家を出る時「一言も言わずに帰れるといいな」と思っている自分に気づいて、結局コンビニに行かずに部屋に戻った日の記憶……自分にとってはごく普通の日常の空間で、自分は「普通」ではいられない時の感覚……言っておきますが、私のこの経験は「差別」ではありません。「差別」とは、相手が「違う」と認識してから意識的・無意識的に行う「行為」のことです。私はその「行為」以前に、あなたが私のなまりを聞いて「違う」と認識する、その瞬間の感覚について話しています。

自分の日本語のなまりについてずいぶん長く話しましたが、「いやいや、日本語上手ですよ、モーメント君」ともよく言われてきました。実は、今まで「日本語上手ですね」を何回聞いたか正確に覚えていますが、二〇二〇年の一一月二日の時点で合計一二万五六二八回でした。知っていましたか？　日本に住む「外人」なら、みんな自分が「日本語上手ですね」と何回言われたかしっかり数えているんですよ。私の彼女は三四万四六七回、日本語母語話者なのに見た目がいわゆるハーフの大学の知り合いは昨日聞いたら五万六〇四〇回だそうです。「日本外人協会」からの命令があって、毎年報告しなきゃいけなくて……。

冗談です。本当に信じちゃ困ります！　ただ、「日本語上手ですね」が多くの人にとってどうしても気になるフレーズであることは間違いありません。ある意味、この国で「外人」と見られている人なら、誰かに出会うたびに一度は聞かねばならない「儀式」みたいなものになっています。

「日本語上手ですね」は言うまでもなく善意の褒め言葉です。なので、日本に渡ってきたばかりの頃に日本語ネイティブから「日本語上手ですね」と言われたら、誰でも喜ぶと思います。少なくとも私はものすごくうれしかったです。だって、必死で勉強した自分の日本語がうまいと認められたのに、盛り上がらないほうがおかしいでしょう。

時間が経って、いろんな人々に会うたびに「日本語上手ですね」とまた言われましたが、喜びは前より少なくなっても、気持ちがいい言葉であることには変わりありませんでした。しかし、日本に住み始めて六、七年ぐらい経つと、「日本語上手ですね」と言われるときの自分の気持ちも、少しずつ変わりはじめました。

私はボランティアで大阪府内のいろんな学校によく行きますが、学校の待ち合い室で待機していると、こういうパターンの会話を担当の先生と何回も繰り返します。

担当の先生　あ、キムさん、阪大（大阪大学）なんですね。日本は長いですか？

モーメント　はい、今年で七年目です。

担当の先生　へえ、そうなんですね。日本語上手ですね。

よく一緒にボランティアに行っていたフィリピン出身の人もほぼ毎

【国語】〈七〇分〉〈満点：一〇〇点〉

【注意】一、解答に字数制限がある場合は、句読点や「　」、その他の記号も字数に数えます。

二、出題の都合上、本文の一部を省略あるいは改変していることがあります。

一　次の文章を読んで、後の問いに答えなさい。

言葉を読む・書く・聴く・話すの中で最低一つの能力でも使わないと、われわれは社会の中で正常に生きていけません。私が日本で飯が食えているのも、言葉を使っているからこそ可能なのです。ラップの歌詞を書いて歌ったり、誰かに言語を教えたり、皆さんが読んでいるこの原稿を書いたり……ならば何故、私は「言葉なしの生活」を夢見るのでしょうか。

それは、①私にとって言語は「縛り」であるからです。「言語はツール」は、もはや陳腐に聞こえるほどよく言われますが（特に英語に関して）、逆に「言語は縛り」という言葉はあまり聞かないですよね。縛りであることの一例として、「言語が人の思考と感覚の範囲を定義する」という考えがあります。科学的に証明されているかは分かりませんが、私の経験ではある程度本当だと思います。実際、英語と日本語を学ぶことで、韓国語によって構築されていた自分の思考と世界の限界が分かったからです。

しかし、一つの言語によって限られていた思考の可能性は、いろんな言語を学ぶことでむしろ広くなりました。音楽や文章で一番よく使う日本語についても、別に「日本語自体の制限」が私の言いたいことや考えることの邪魔になることはありません。私が「言語は縛り」と言う時、言語が縛っているのは私の「思考」ではなく、私の「舌」です。もっと具体的に言うと、私にとって言語は「足かせ」みたいなものです。

どこに行ってもついてくるし、カチャカチャうるさすぎて周りの人々の注目を集めてしまう「足かせ」みたいに、私の日本語の「なまり」は、口を開いた瞬間、私を「罪人」にしてしまいます。一〇年も日本に住んでいるのに、私のなまりは決してなくなりませんでした。ものすごく平坦なイントネーションのソウル弁で育った私の耳は、日本語のイントネーションの高低をキャッチすることにとても弱いと思います。それがキャッチできたとしても、私の舌が思い通りに動いてくれる保証もありません。もちろん、話すこと自体は流暢に話せますが、いわゆる「ネイティブの日本語」を駆使するには、イントネーションの壁は私にとっては高すぎます。

別になまりが原因で困ったことがあったわけではありません。なまりのせいで「すみません、もう一度言ってもらっていいですか？」と相手から聞かれたことも今まで一度もなかったですね。「じゃ、何が足かせなんだ」と思われるでしょう。②その答えは、「普通」という単語にあります。

皆さんの中には、自分は日本人と韓国人を見た目だけで区別できるという自信を持っている方もいらっしゃるかもしれませんが、残念ながら多くの人々はそのような超能力は持っていないのです。一九二三年の関東大震災の時、デマによって朝鮮人住民への憎しみを煽られた自警団や暴徒たちが、被災地の住民に「一五円五〇銭」という言葉を言わせて「正しい」発音ができない人は朝鮮人と判断して虐殺したという話を、

2023年度

解　答　と　解　説

《2023年度の配点は解答欄に掲載してあります。》

＜数学解答＞ 《学校からの正答の発表はありません。》

問題1　(1)　商　32　余り　10　(2)　商　−6　余り　5

問題2　(1)　ア　6　イ　7　ウ　2　エ　6　(2)　あ　$7mn+my+nx$　い　xy

(3)　(ⅰ)　1　(ⅱ)　4　(ⅲ)　5

問題3　(a)　③　(b)　②　問題4　(1)　$\bar{2}$　(2)　$\bar{4}$　(3)　$\bar{5}$

問題5　$\bar{1}$　$\bar{3}$　$\bar{2}$　$\bar{6}$　$\bar{3}$　$\bar{2}$　$\bar{4}$　$\bar{5}$　$\bar{5}$　$\bar{1}$　$\bar{6}$　$\bar{4}$

問題6　$\bar{1}$　$\bar{2}$　$\bar{2}$　$\bar{4}$　$\bar{3}$　$\bar{0}$　$\bar{4}$　$\bar{2}$　$\bar{5}$　$\bar{4}$　オ　$\bar{5}$

問題7　(1)　カ　3　(2)　キ　b　ク　$b-1$　ケ　$j-i$　コ　b　サ　0　シ　$b-1$

ス　0　セ　a　ソ　互いに素　(3)　$\bar{1}$, $\bar{3}$, $\bar{7}$, $\bar{9}$

問題8　(1)　$\bar{3}$　(2)　$\bar{6}$　(3)　$\bar{3}$　問題9　(c)　⑤

問題10　タ　$\bar{4}$　チ　$\bar{6}$　ツ　6　テ　$63n+58$　ト　58

問題11　(1)　ナ　4　ニ　4　(2)　$77p+46$

問題12　う　x　え　y　お　a　か　b　(d)　(例)　aとbは互いに素

問題13　ヌ　2　ネ　70　ノ　233　ハ　23

問題14　き　$\bar{2}$　く　$5n+2$　け　$15n+8$　こ　$\bar{1}$　さ　$7k+1$　し　$105k+23$

問題15　$585p+444$

○推定配点○

問題1　各2点×2(各完答)　問題2　(1)　2点(完答)　他　各1点×5　問題3　各2点×2
問題4　各2点×3　問題5　各1点×6　問題6　各1点×6　問題7　(2)　各1点×9
他　各2点×2((3)完答)　問題8　各2点×3　問題9　4点　問題10　タ・チ・ツ　各1点×3
テ・ト　各2点×2　問題11　(1)　各2点×2　(2)　3点　問題12　(d)　2点
他　各1点×4　問題13　各2点×4　問題14　各2点×6　問題15　4点　計100点

＜数学解説＞

＋α　問題1　(割り算，商と余り)

(1)　$394\div12=32\cdots10$　商は32，余りは10

(2)　$-43\div8=-6\cdots5$　商は−6，余りは5

重要　問題2　(説明，証明，穴埋め，余りの求め方)

(1)　$32+19=(7\times4+4)+(7\times2+5)=7\times4+7\times2+4+5=7\times(4+2)+(4+5)=7\times6+7\times1+2=7\times7+2$　ア：6　イ：7

$32-19=(7\times4+4)-(7\times2+5)=7\times4-7\times2+4-5=7\times(4-2)+(4-5)=7\times2+7\times(-1)+6=7\times1+6$　ウ：2　エ：6

(2)　$ab=(7m+x)(7n+y)=7\times7mn+7my+7nx+xy=7(7mn+my+nx)+xy$　あ：$7mn+my+nx$　い：xy

(3)　594÷7＝84余り6　　387÷7＝55余り2

（ⅰ）　594＋387を7で割ったときの余りは，(6＋2)÷7＝1…1　　よって，1

（ⅱ）　594－387を7で割ったときの余りは，(6－2)÷7＝0…4　　よって，4

（ⅲ）　594×387を7で割ったときの余りは，(6×2)÷7＝1…5　　よって，5

問題3　（単位元が1つに決まることの証明）

単位元が$\overline{e_1}$，$\overline{e_2}$と二つあったとすると，いま，$\overline{e_2}$は単位元なので，$\overline{e_1}=\overline{e_1}+\overline{e_2}$…①　　さらに，$\overline{e_1}$は単位元なので，$\overline{e_1}+\overline{e_2}=\overline{e_2}$…②　　①，②から，$\overline{e_1}=\overline{e_1}+\overline{e_2}=\overline{e_2}$　　よって，$\overline{e_1}=\overline{e_2}$となるので単位元は一つしかない。　　(a)：③　　(b)：②

問題4　（剰余類の計算）

(1)　$\overline{5}$の逆元を$\overline{x}$とすると，$\overline{5}+\overline{x}=\overline{0}=\overline{7}$　　$\overline{x}=\overline{2}$

(2)　$\overline{5}$の逆元は$\overline{2}$なので，$\overline{2}-\overline{5}=\overline{2}+\overline{2}=\overline{4}$　　（別の解法）$\overline{2}-\overline{5}=\overline{y}$とすると，$\overline{5}+\overline{y}=\overline{2}=\overline{9}$　　$\overline{y}=\overline{4}$

(3)　$\overline{25}-\overline{13}=\overline{4}-\overline{6}$　　$\overline{6}$の逆元は$\overline{1}$だから，$\overline{4}+\overline{1}=\overline{5}$

基本　問題5　（剰余類のかけ算の表）

$\overline{3}\times\overline{1}=\overline{3}$　　$\overline{3}\times\overline{2}=\overline{6}$　　$\overline{3}\times\overline{3}=\overline{9}=\overline{9}-\overline{7}=\overline{2}$　　$\overline{3}\times\overline{4}=\overline{12}=\overline{12}-\overline{7}=\overline{5}$　　$\overline{3}\times\overline{5}=\overline{15}=\overline{15}-\overline{7}-\overline{7}=\overline{1}$

基本　問題6　（剰余類のかけ算の表）

$\overline{2}$の行は，$\overline{2}\times\overline{1}=\overline{2}$，$\overline{2}\times\overline{2}=\overline{4}$，$\overline{2}\times\overline{3}=\overline{6}=\overline{0}$，$\overline{2}\times\overline{4}=\overline{8}=\overline{2}$，$\overline{2}\times\overline{5}=\overline{10}=\overline{4}$

なお，$\overline{5}$の行にはすべての剰余類が現れる。　　オ：$\overline{5}$

やや難　問題7　（互いに素である数，剰余類のかけ算の表，すべての剰余類が現れる行）

(1)　整数$6m$が9の倍数であるとき，$m=3$，6，9，12，…が考えられる。Mが必ず9の倍数であるとはいえない。9の倍数であるとはいえない数の中で最小の数は3である。カ：3

(2)　bで割ったときの代表される余りの数は0，1，2，…，$(b-1)$のb種類ある。aとbが互いに素であることから，$a\times0$，$a\times1$，$a\times2$，…，$a\times(b-2)$，$(b-1)$をbで割ったときの余りを代表する数は，0，1，2，…，$(b-1)$のどれかである。

ここで，0から$b-1$までの二つの整数i，$j(i\leqq j)$について，$a\times i$と$a\times j$が同じ数で代表されるかどうかを考えてみる。つまり，$\overline{a\times i}=\overline{a\times j}$であるとする。このとき，$a\times j-a\times i=a\times(j-i)$は$b$で割り切れる。また，$a$と$b$は互いに素であるから，$(j-i)$は$b$で割り切れる。$(j-i)$は1から$b-1$までの整数なので，$0\leqq j-i\leqq b-1$　　$(j-i)$はbで割り切れることより，$j-i=0$である。よって，$i=j$となる。したがって，$i\neq j$のとき，$\overline{a\times i}\neq\overline{a\times j}$であり，$b$個の整数$a\times0$，$a\times1$，$a\times2$，…，$a\times(b-2)$，$(b-1)$と対応する剰余類はそれぞれ異なる。キ：$b$　　ク：$b-1$　　ケ：$i-j$　コ：b　　サ：0　　シ：$b-1$　　ス：0　　セ：a　　ソ：互いに素

(3)　$\overline{1}$は単位元なので，$\overline{1}$の行には全ての剰余類が現れる。10＝2×5だから，2，4，5，6，8はそれぞれ10と共通の素因数をもつので，10と互に素ではない。つまり，3，7，9がそれぞれ10と互に素である。よって，全ての剰余類が現れる行は，$\overline{1}$，$\overline{3}$，$\overline{7}$，$\overline{9}$

問題8　（剰余類の割り算）

(1)　$\overline{5}$の逆元をxとすると，$\overline{5}\times\overline{x}=\overline{1}$　　5の倍数の中で7で割って1余る数としては15が考えられる。5×3＝15だから，$\overline{5}\times\overline{3}=\overline{1}$となるので，$\overline{5}$の逆元は$\overline{3}$

(2)　$\overline{2}\div\overline{5}=\overline{y}$とすると，$\overline{5}\times\overline{y}=\overline{2}$　　5×6は7で割って2余るので，$\overline{2}\div\overline{5}=\overline{6}$

(3)　25＝7×3＋4，13＝7＋6なので，$\overline{25}\div\overline{13}=\overline{4}\div\overline{6}=\overline{z}$として，$\overline{6}\times\overline{z}=\overline{4}$　　6×3は7で割って4余るので，$\overline{z}=\overline{3}$　　よって，$\overline{25}\div\overline{13}=\overline{3}$

問題9　（剰余類の割り算）

素数はすべての整数と「互いに素である」関係にあるので，零元を除く全ての剰余類にかけ算の

逆元が存在し，いつでも割り算を考えることができる。(c)：⑤

重要 問題10 **(中国の剰余定理)**

$\overline{2}\times\overline{m}=\overline{5}$について解くと，$\overline{2}$のかけ算についての逆元は$\overline{4}$だから，$(\overline{2}\times\overline{m})\div\overline{2}=(\overline{2}\times\overline{m})\times\overline{4}=\overline{m}\times\overline{2}\times\overline{4}=\overline{m}\times\overline{1}=\overline{m}$　　また，$\overline{5}\div\overline{2}=\overline{5}\times\overline{4}=\overline{6}$　　よって，$\overline{m}=\overline{6}$

7で割った余りで考えているので，整数nを用いて7で割って6余る数を表すと，$m=7n+6$　　これを$N=9m+4$に代入すると，$N=9\quad(7n+6)+4=63n+58$　　特に0以上$7\times9=63$未満の整数としては，$n=0$のときの58が考えられる。タ：$\overline{4}$　　チ：$\overline{6}$　　ツ：6　　テ：$63n+58$　　ト：58

やや難 問題11 **(中国の剰余定理)**

(1)　9で割った剰余類において，7×4を9で割った余りが1なので，$\overline{7}\times\overline{m}=\overline{1}$となるような$m$が存在して，$m=4$である。よって，$7\times4\times4$は9で割ると4余る。7で割った剰余類において，$9\times4$を7で割った余りが1なので，$\overline{9}\times\overline{n}=\overline{1}$となるような$n$が存在して，$n=4$である。よって，$9\times4\times2$は7で割ると2余る。ナ：4　　ニ：4

(2)　11で割ると2余る数をNとすると，$N=11m+2$と表すことができる。Nを7で割ったときの余りの分類で考えると，$\overline{11m}+\overline{2}=\overline{4}$　　$\overline{11}\times\overline{m}+\overline{2}=\overline{4}$　　$\overline{4}\times\overline{m}+\overline{2}=\overline{4}$　　$\overline{4}\times\overline{m}=\overline{2}$　　$\overline{m}=\overline{2}\div\overline{4}=\overline{2}\times\overline{2}=\overline{4}$　　よって，nを自然数とすると，$m=7n+4$　　よって，$N=11(7n+4)+2=77m+46$　整数pを用いて，$77p+46$

〈別の解法〉　11で割った分類では，$\overline{7}\times\overline{m}=\overline{1}$となる$m$は8　　よって，$7\times8\times2$は11で割ると2余る。7で割った分類では，$\overline{11}\times\overline{n}=\overline{1}$となるような$n$は，$\overline{11}=\overline{4}$だから，$\overline{4}\times\overline{n}=\overline{1}$　　$n=2$　　よって，$11\times2\times4$は7で割ると4余る。したがって，$7\times8\times2+11\times2\times4$は7で割ると4余り，11で割ると2余る数の1つである。これらの数は77ごとに存在するから，$(7\times8\times2+11\times2\times4)\div77=2$余り46　よって，$77p+46$

やや難 問題12 **(中国の剰余定理の証明)**

互いに素である正の整数a，bについて，(aで割った分類)で考えると，$\overline{bm}=\overline{1}$となる整数$m$がある。このとき，$bm$は$a$で割って1余る数なので，$bm\times x$は$a$で割って$x$余る数である。($b$で割った分類)で考えると，$\overline{an}=\overline{1}$となる整数$n$があるから，このときに$an$は$b$で割ると1余る数である。よって，$b$で割ると$y$余る数として$an\times y$が考えられる。よって，$a$で割ると$x$余り，$b$で割ると$y$余る数Nとして，$N=bm\times x+an\times y$が存在する。

そのようなNがN_1，N_2と二つあったとする。(aで割った分類)で考えると，$\overline{N_1}=\overline{N_2}=\overline{x}$なので，$N_1-N_2$は整数$p_1$，$p_2$を用いて，$(ap_1+x)-(ap_2+x)=a(p_1-p_2)$と表せるから，$a$で割り切れる。($b$で割った分類)で考えると，$\overline{N_1}=\overline{N_2}=\overline{y}$なので，$N_1-N_2$は整数$q_1$，$q_2$を用いて，$(bq_1+y)-(bq_2+y)=b(q_1-q_2)$と表せるから，$b$で割り切れる。

aでもbでも割り切れてaとbは互いに素であるから，N_1-N_2はabで割り切れる。

う：x　　え：y　　お：b　　か：a　　(d)：(例)　aでもbでも割り切れてaとbは互いに素(「aとbは互いに素」でも可)

重要 問題13 **(剰余定理の応用─孫氏算経の問題)**

3，5，7はどの二つも素である正の整数で，3と5×7も互いに素である。(3で割った分類)で考えると，$\overline{5\times7}\times\overline{m}=\overline{1}$となるような$m$が存在し，$35\div3=11$余り2だから，$\overline{35}=\overline{2}$　　よって，$\overline{2}\times\overline{m}=\overline{1}$から，$m=2$　　これより$35\times2=70$は，3で割ると1余り，70×2は3で割ると2余る。(5で割った分類)で考えると，$\overline{3\times7}\times\overline{n}=\overline{1}$となる$n$は1である。よって，21は5で割ると1余り，$21\times3$は5で割ると3余る。(7で割った分類)で考えると，$\overline{3\times5}\times\overline{p}=\overline{1}$となる$p$は1なので，15は7で割ると1余り，$15\times2$は7で割ると2余る。したがって，$70\times2+21\times3+15\times2=233$は3で割ると2余り，5で割ると3余り，

7で割ると2余る整数の1つである。さらに，$3\times5\times7=105$なので，これらの数は105ごとに存在し，$233-105\times2=23$だから，0以上105未満の整数としては23と1つに決まる。　ヌ：2　ネ：70
ノ：233　ハ：23

重要 問題14 （孫氏算経の問題ー剰余類を使って解く）

3で割ると2余るような整数は，整数mを用いて，$N=3m+2$と表せる。これを（5で割った分類）で考えると，$\overline{3m+2}=\overline{3}$のとき，$\overline{3}\times\overline{m}+\overline{2}=\overline{3}$　$\overline{3}\times\overline{m}=\overline{1}$　$\overline{3}$の逆元は$\overline{2}$だから，$\overline{m}=\overline{1}\times\overline{2}$　$m=2$
整数nを用いると，$m=5n+2$　これを$N=3m+2$に代入すると，$N=3(5n+2)+2=15n+8$　さらにこの数を（7で割った分類）で考えると，$\overline{15n+8}=\overline{2}$　$\overline{15}\times\overline{n}=\overline{-6}=\overline{1}$　$\overline{15}=\overline{1}$の逆元は$\overline{1}$だから，$\overline{n}=\overline{1}$　整数kを用いると$n=7k+1$　よって，$N=15(7k+1)+8=105k+23$　き：$\overline{2}$
く：$5n+2$　け：$15n+8$　こ：$\overline{1}$　さ：$7k+1$　し：$105k+23$

問題15 （中国の剰余定理の利用）

5で割ると4余る数は，整数mを用いて$5m+4$と表せる。これを（9で割った分類）で考えると，$\overline{5m+4}=\overline{3}$　$\overline{5}\times\overline{m}=\overline{-1}=\overline{8}$　5の逆元は2だから，$\overline{m}=\overline{8}\times\overline{2}=\overline{16}=\overline{7}$　よって，整数nを用いると，$m=9n+7$　これを$5m+4$に代入すると，$5(9n+7)+4=45n+39$　（13で割った分類）で考えると，$\overline{45n+39}=\overline{2}$　$\overline{39}=\overline{0}$，$\overline{45}=\overline{6}$だから，$\overline{6n}=\overline{2}$　$\overline{6}$の逆元は$\overline{11}$なので，$\overline{n}=\overline{2}\times\overline{11}=\overline{22}=9$　$n=9$を$45n+39$に代入すると，$45n+39=444$　$5\times9\times13=585$だから，5で割ると4余り，9で割ると3余り，13で割ると2余る整数は，$585p+444$と表せる。

★ワンポイントアドバイス★

ともかく読むこと。資料文，問題文ともに繰り返し読むこと。全体の流れがわからないと手がけられない。前の問題でわかったことが後の問題で使われる。悩んだら前の問題に戻ってみよう。

＋α は弊社HP商品詳細ページ（トビラのQRコードからアクセス可）参照。

＜英語解答＞ 《学校からの正答の発表はありません。》

Ⅰ　① 1　② 2　③ 3　④ 3　⑤ 1　⑥ 4　⑦ 2　⑧ 4　⑨ 2
⑩ 4　⑪ 3　⑫ 2　⑬ 1　⑭ 2　⑮ 2　⑯ 1　⑰ 2　⑱ 4
⑲ 3　⑳ 1

Ⅱ　問1　[ア] 15　[イ] 10　[ウ] 12　[エ] 1　[オ] 8　[カ] 13
[キ] 4　[ク] 14　[ケ] 7　[コ] 11　問2　[A] 7　[B] 2　[C] 8
[D] 16　[E] 9　[F] 2　[G] 13　[H] 4　[I] 15　[J] 5

Ⅲ　A 4　B B-1 4　B-2 6　C 1　D 3　E 2　F 4　G 1　H 3
I 2　J 2，4，5

Ⅳ　A 1　B 4　C 1　D 4　E 2　F cultural　G 2　H 1　I 2
J 2，5

Ⅴ　A 3番目の語　went　7番目の語　dinner
B （例） I think someone with a big dream very cool!
C 5番目の語　of　10番目の語　it

D （例） You should give her a ring, and she will feel happy.

○推定配点○

Ⅰ, Ⅱ　各1点×40　　Ⅲ, Ⅳ　各2点×21（Ⅲ J, Ⅳ J各完答）　　Ⅴ　A, C　各4点×2
B, D　各5点×2　　計100点

＜英語解説＞

基本 Ⅰ （長文読解問題・会話文：語句選択補充）

（全訳） ベトナム人男性のカンさんが商用で日本に来ている。彼の友達のコウジが週末に彼を浅草地域を案内している。

コウジ：ね，カン！　①ようやくまた会えたね！　日本へようこそ！

カン　：やあ，コウジ！　②久しぶり！　ぼくのために時間を作ってくれてありがとう。長い間，日本③を訪れることを楽しみにしていたよ。

コウジ：うん，最後にきみに会ってから④ずいぶん経つね。最後に会ったのは5年前だったかな？

カン　：うん，そのとおり。もっと早く来る計画だったんだけど，知ってのとおり，コロナのパンデミックが起こって何度か訪日を遅ら⑤せざるをえなかったんだ。また旅行をするのが本当に待ちきれなかったよ！

コウジ：きみがどんな気持ちだったに違いないか，簡単に想像できるよ。電話でおしゃべりをして⑥楽しんできたけれど，対面して会える方がはるかにいいよね？　今，ようやくきみが日本にいる⑦間に，ここ浅草やその周辺を案内して，おもしろいものをいくつか紹介したいな。

カン　：いいね！　ずっとこの場所を訪れたいと思っていたんだ。日本で⑧最も人気のある観光地の1つだと聞いているよ。

コウジ：そうだよ。ぼくたちは今，俵町駅にいて，有名な浅草寺はここから歩いて15分くらいだよ。見物して回って楽しんで，家族や友達へのいいお土産を見つけよう。

カン　：すばらしい考えだね！

（5分後）

コウジ：それで，ここがかっぱ橋道具街という通りだよ。この800メートルの通り沿いに170くらいの店があるんだ。多くの店で，外食産業と家庭用⑨の両方のために調理用の道具や品物を提供しているよ。ここは台所用品の日本でいちばん大きな買い物通りなんだ。

カン　：うわあ！　店で⑩とてもたくさんの種類の調理道具を売っているのが見えるよ。ねえ，これらは何？　本物の食べ物みたいだね。

コウジ：ああ，ろうやシリコンで作った食べ物の模型だよ。本物の食べ物を使って型が作られて，その型にシリコンを流し込むんだ。それから職人が筆を使ってシリコンの模型に色を塗って本物らしく見せるんだ。

カン　：とてもおもしろいよ。すべての種類の食べ物があるね。⑪実際にはどうやってそれらを使うの？

コウジ：それらはレストランやカフェの外に陳列されて，売っている食べ物や飲み物を見せるために⑫使われているんだ。

カン　：息子のために1つ買おうかな。サーモンのお寿司があるかどうか見てみよう。彼の大好きな日本食なんだよ。

（隣の店で）

カン　：コウジ，これらは何？　ハリネズミみたいだ。

コウジ：これらは「たわし」と言うんだ。まな板や鍋などの調理道具をきれいにするのに使われるし，ジャガイモやニンジンなどの野菜をきれいにするためにも使われるよ。体をきれいにするためにもっと柔らかいものを使う人もいるんだ。

カン　：本当かい？　⑬想像もつかないな。これらは伝統的な道具なの？

コウジ：うん。たわしは100年くらい前に東京で初めて現れたんだよ。これは伝統的なタイプで，ほぼ100年間同じ形をしているんだ。伝統的なたわしは植物を素材にして作られるんだけど，最近ではステンレスや化学繊維でも作られているよ。

カン　：なるほど。自分用に1つ買おうかな。⑭ところで，あの棚に載っているネコの像は何だい？　どうしてあんな風に前足を握っているの？

コウジ：あれらは「まねきねこ」という幸運のお守りで，前足が自分⑮の反対側に向けられているんだ。右の前足はお金と幸運を招き寄せると言われているんだよ。左の前足はお客さんを招き寄せて仕事をもたらすんだ。

カン　：ねえ，かっこいいね！　妻は文房具店を所有しているから，1つ⑯買ってあげたら喜ぶだろうな。左の前足が招いているのを買う⑰べきだね。

(15分後)

カン　：この通りを見て回るのはとても楽しいけれど，もうおなかが減ってきたよ。お昼を食べよう。

コウジ：うん。何を食べたい？　日本に来たときにきみが食べたいすべての食べ物について，⑱先日一緒に話したのを覚えているよ。

カン　：そうだったね。ラーメンはどう？

コウジ：いいよ。この近くにいいところがあるから，そこに行こう。

(5分後)

コウジ：着いたよ！

カン　：すてきな入口だなあ！　このカーテンも伝統的なものなの？

コウジ：そうだよ。これは「のれん」と言うんだ。のれんにはいろいろな使い方と意味があるんだよ。例えば，外から光や風が店に直接入って来るの⑲を妨げる仕切りとして使われるんだ。それに，のれんが店の外にあるときは，店が開いていることを示しているんだ。だから，店を閉めるときに店が最初にすることはのれんをしまうことなんだよ。

カン　：⑳なんておもしろい慣習なんだろう！

コウジ：そうだね。入ってラーメンを食べよう。

カン　：待ちきれないよ！

①　カンの2番目の発言から，カンとコウジは再会を楽しみにしていたが，コロナのパンデミックのせいで長い間会えなかったことがわかる。このことから，「ようやく」の意味の1を入れるのが適切。2は「実は」，3は「最後に」，4は「少なくとも」という意味。

②　カンとコウジが長い年月を経て再会してあいさつを交わしている場面なので，2「久しぶりです」が適切。1は「大したことではない」，3は「ねえ(ちょっと聞いて)」，4は「よかったですね」という意味。

③　look forward to「～を楽しみにする」の to は不定詞を作る to ではないので，後に動詞を続けるときは原形ではなく～ing形(動名詞)にする。

④　カンが再会を喜んで，「長い間，日本を訪れることを楽しみにしていたよ」と言ったことに対する返答なので，3を入れて「最後にきみに会ってからずいぶん経つ」とすると自然な会話にな

る。直後にI last met youと過去のことを述べた形があることからも,「最後に会った時点から今現在まで時間が経っている」という現在完了で表される文にするのが適切。

⑤ forceは「強いる」という意味で,〈force＋目的語＋to＋動詞の原形〉で「～に…させる,～に…を強いる」という意味を表す。この形を受動態にした1を入れると,「コロナのパンデミックが起こって訪問を遅らせることを強いられた[訪問を遅らせざるをえなかった]」という文意になり,会話の流れに合う。

⑥ enjoyは動名詞を目的語にとるので,1と3は不適切。また,動詞が過去形の2は過去のことについてしか述べない形で,「ある過去の時点でおしゃべりをして楽しんでいた」ということを表すので不適切。過去から現在までに,電話でおしゃべりを楽しんできたと,過去と現在の時について述べる現在完了形の4が適切。

⑦ 「今,ようやくあなたが日本にいる」という文と,「ここ浅草やその周辺を案内して,おもしろいものをいくつか紹介したい」という文をつなぐ接続詞を入れる。相手を案内したり,おもしろいものを紹介するには一定の時間が必要なので,2を入れて,「あなたが日本にいる間に」とするのが適切。

⑧ カンが浅草について述べた文。文末にin Japanとあることから,最上級を使う表現が入ることがわかるので,1は不適切。2はthe most popular「最も人気のある」という最上級の形容詞の後なので,sightseeing area「観光地」と単数形にする必要がある。3はit(＝浅草)という単数形の主語を受けるので,areasと複数形にするのは不適切。4を入れて,「(浅草は日本で)最も人気のある観光地の1つだ」という文にする。〈one of the ＋最上級の形容詞＋名詞の複数形〉で「最も～なうちの1つ[人]」という表現。

⑨ 調理用の道具や品物を扱う店が集まるかっぱ橋道具街について話している場面。the food business「外食産業」とuse at home「家庭での利用」という2つの名詞句がandで結ばれていることから,both A and B「AとBの両方」とすると文意が成り立つ。eachとeveryは後に単数形の名詞がくるので不適切。eitherはeither A or Bの形で「AかBのどちらか」の意味を表す。

⑩ カンがかっぱ橋道具街の店で見ているものについて述べている。さまざまな種類の調理用の道具が売られている場所なので,4を入れて「店でとてもたくさんの種類の調理道具を売っているのが見える」という意味にすると場面に合う文になる。1のmany more kinds ofは「ずっと多くの種類の」,3のas many kinds asは「～と同じくらい多くの種類」という意味で,いずれも後に比較の対象になる語句がないので不適切。1のmanyは比較級moreを強調する働きをしている。2はeveryの後に複数形の名詞があるので不適切。

⑪ カンが食べ物の模型を見ている場面。カンは食べ物の模型の使い方を知らないと考えられることから,3を入れて「実際にはどうやってそれらを使うの」という文にするのが適切。1は「激しく,熱烈に」,2は「文字通り」,4は「少しずつ」という意味で,いずれもこの場面でのカンの発言内容に合わない。

⑫ 主語Theyはmodels of food「食べ物の模型」を指し,後に「レストランやカフェの外に陳列されて,売っている食べ物や飲み物を見せるために」と続くことから受動態にすると文が成り立つ。

⑬ カンがたわしの利用法について説明を聞いている場面。カンにとって,たわしは初めて見る不思議なもので,その利用法も様々であることを知ったときの反応を表す表現が入る。1「信じられない,わからない」を入れるとこの場面に合う。その場のカンの気持ちを表しているので,過去形の形は不適切。また,この表現は進行形では使わない。

⑭ 自分用にたわしを1つ買おうかと言った後，カンはネコの像について尋ねているので，話題を変えるときに使う2が適切。1は「ご存じのとおり」，3は「実は～だ」，4は「がんばって，うまくいきますように」(別れのあいさつ)という意味。

⑮ コウジがまねきねこについてカンに説明している場面で，この文では，ねこの前足が向けられている方向を述べている。まねきねこの前足は相手の方を向いているので，自分自身とは反対の方向になる。したがって，2が適切。paw は動物の爪がついた足のことで，この場合はねこの前足を表している。1は「～の下[下位]に」，3は「～の方へ」，4は「～に沿って」という意味。

⑯ if節内の動詞の形が問われている。妻にまねきねこを買ってやることは現実にありうることなので，仮定法の文ではない。また，if節内は未来のことも現在形で表すので1が適切。

⑰ カンの妻は文房具店を所有していることから，客を招くという左の前足を上げているまねきねこを買うのが適する。2を入れて「買うべきだ，買うのがよい」という意味にすると文脈に合う。

⑱ remember ～ing(動名詞)は「(過去に)～したことを覚えている」という意味なので，過去のある特定の日を表す4「先日」が適する。another day は「また別の日」ということで，特定の日を指しているのではないので不適切。other days は「その他の日々」で，いつと別の日なのかが不明。on the day「その日に」は具体的にどの日を指しているのかが不明。

⑲ a screen を先行詞とする関係代名詞の働きが問われている。prevent「妨げる」は，〈prevent＋目的語＋ from ～〉で「…が～するのを妨げる，…に～させない」という意味を表す。ここではのれんの使い方について述べているので，時制は現在が適切。進行形にすると現在その場だけのことを述べることになるので，ここでは不適切。

⑳ のれんを出しているか出していないかによって店が営業中であるかどうかがわかり，店を閉めるときにはまずのれんをしまうという話を聞いたカンの反応が入る。1を入れると，のれんの使い方を知らなかったカンの反応として自然。2の how は，感嘆文では形容詞または副詞を強調するときに使うので，How interesting! ならば英文として正しい。3「きみの言うとおりだ。それはおもしろい慣習だよ！」，4「冗談でしょう？　それはおもしろい慣習だよ！」は会話の流れとして不自然。

Ⅱ （長文読解問題・説明文：語彙）

（全訳） 少々時間をとってリンゴを想像してみよう。リンゴのどの[A]部分があなたの心に浮かぶだろうか。つやつやした赤い皮を想像するだろうか，それともその丸い形と手にぴったり収まる心地よい大きさだろうか。鼻に持ってきたときの，その軽く甘いにおいを想像するだろうか。おそらく，その表面の[ア]なめらかな手触り，あるいはかんだときの[イ]しゃきしゃきする音を想像することだろう。あなたはその味を想像するかもしれない。あなたのリンゴは蜂蜜のように甘いだろうか，それともグレープフルーツのように[B]酸っぱいだろうか。あなたにとってリンゴのどの特徴が重要であるかは，[ウ]状況による。あなたがリンゴの絵を描くつもりでいるなら，あなたの気持ちはその[C]外見に集中するだろう。あなたの[エ]意図がパイを焼くことならば，あなたはきっと適した味のリンゴを選ぶだろう。しかし，私たちが1つの特徴だけに集中するときでも，私たちはリンゴをその見た目，におい，あるいは味だけに単純化することはできない。リンゴとは，これらすべての[オ]総体なのだ。それはその異なるすべての特徴が交差するところにある。

人間はリンゴよりも[D]複雑で，私たちにはさらに多くの特徴がある。例えば，あなたは肌の色，性，[E]性的指向，社会的階級，話す言語，住んできた国(あるいは国々)，信じている[カ]宗教から成っている。これらの特徴のすべてがあなたにとって重要とは限らないかもしれないが，それらはすべてあなたである。個性を作り上げるこれらすべての異なる部分の結合がインターセクショナリティーである。この言葉は公民権[F]学者のキンバリー・クレンショーによって，1980年代に初めて

[キ]造り出された。彼女は，インターセクショナリティーは人々を理解し，さらに公正な社会を作り出すために[G]必要だと信じている。彼女は，個性のこうした異なる特徴の関係を理解するまで，私たちは自分自身を完全に理解することはできないだろうと言った。例えば，盲目の女性，盲目の男性，そして[H]視力の強い女性の人生経験を比べてみよう。彼らがみな個性の特徴を共通して持っているとしても，そして，自分たちの障がいや性のために同様の障害に直面するとしても，彼らの人生は共通しない特徴の結果として自然と違ったものになるだろう。

なぜインターセクショナリティーは重要なのだろうか。それはときに，個性の特徴に集中して考えるのに役立つかもしれない。[I]移民が移った国で差別を受けたら，彼らは自分たちの違う部分を無視して，支え合って差別と闘うために集まりたいと思うかもしれない。しかし，大きな集団について[ク]一般化するとき，私たちは中に[ケ]存在するすばらしい多様性を無視する危険を冒す。例えば，すべてのイスラム教徒が同じであるわけではない。インドネシア語を話す者もいれば，アラビア語を話す者もいるし，肌が白い者もいれば肌が黒い者もいるし，大学に通ったことのある者もいればそうでない者もいる。すべての日本人もまた，同じであるわけではない。裕福な者もいれば貧しい者もいるし，太っている者もいればやせている者もいるし，耳が聞こえない者もいればそうでない者もいる。インターセクショナリティーは，こうした複雑な個性を探究し，それについて議論するための道具なのだ。次に誰かと知り合ったら，その人たちの個性のさまざまな部分は[コ]重なっているということを思い出してみよう。インターセクショナリティーのレンズを使って人々や出来事を調べることによって，私たちは人や出来事をよりよく理解し，その理解は，私たちの違いが[J]恐れられるのではなく，受け入れられ，祝福さえされるより公正な社会へと導いてくれるだろう。

問1　全訳を参照。

問2　全訳を参照。　1「自分自身についての否定的な感情」　2「高度なレベルであることを研究する人」　3「酸っぱい」　4「見る能力」　5「～を恐れる」　6「甘いデザート」　7「部分」　8「あるものの見た目」　9「惹かれたり関係を持ちたいと思う人の性」　10「休暇で旅行中の人」　11「味を感じる能力」　12「上手に物事をする能力」　13「必要だ」　14「あるものの音」　15「他の国で暮らすために母国を出る人」　16「単純でも簡単でもない」

Ⅲ　(長文読解問題・説明文：内容吟味，語句選択補充，文補充，語句解釈，英問英答)

(全訳)　気候変動は，我々が知る世界をすっかり変えてしまうかもしれない。今日の世界の温室効果ガス排出量のレベルだと，気候変動は，1年あたりで海面の上昇のために20億人が家を失い，アメリカ経済に何十億ドルもの費用がかかり，25万人の死亡者が増加するかもしれない―すべて2100年までに。気候変動の責任はだれに本当に責任があるのだろうか。

広く受け入れられている考え方は，単純な解決法を提案している。すなわち，プラスチックのストローをもう使わないということだ。プラスチックのストローが毎年海に入るプラスチックごみに占める割合は1パーセント未満であるが，それらを禁止する努力は多くのメディアの注目を集めてきた。それは環境に優しいが，ストローを禁止するだけでは大きな変化をもたらすには十分ではない。このような考え方は，消費者の選択があらゆる変化をもたらすことができるということを示している。しかし，消費者の行動に焦点を置くことは，気候の危機を作り出す温室効果ガスの排出量の責任を個人に持たせることになる。それは会社によって作り出されるはるかに大きな気候への影響を見過ごしている。

(B-1)実は，わずか100の化石燃料会社が世界の温室効果ガス排出量の70パーセントの原因となっているのだ。人々の行動による排出量はこれに比べればとても小さなものだ。平均的なアメリカの家庭は世界全体の330億トンを超える二酸化炭素のうちのわずか0.00003パーセントを出しているにすぎないのだ。なぜ人々は，気候変動の本当の理由を知らずにいるのだろうか。なぜ人々は，代替エネルギーの方が環境にとってよいことを知っているのに化石燃料を使い続けるのだろうか。

それは，化石燃料会社が自分たちは批判されないと，そして，化石燃料は利用するのが安価であることを確かなものにしたからだ。まず，合衆国の化石燃料会社は，何百万ドルも使って気候変動を扱う科学は人々を誤った方向に導く嘘だと言い張っている。3このことは，気候変動を重要な危機とみなすアメリカ人がほとんどいないことを説明しているかもしれない。世界の平均よりも10パーセント低いのだ。彼らの化石燃料の有害な影響を隠す努力はたばこ会社のやり方に似ている。1950年代から，たばこ会社は，人々にタバコと健康問題を関連付ける研究を疑わせようとした。このことによって，それらの会社への規制がゆるやかになることとなった。同様に，化石燃料会社は，後ろ盾となる科学が正しくないのかもしれないのなら，気候に関するどんな法律も策定するべきではないと示唆するために，気候科学は激しく議論中であると言っている。彼らは，気候変動は本当に起こっているのかを問うことによって，不可欠な代替エネルギーへの転換のペースをゆるめることに成功している。

さらに，これらの会社は政府に，化石燃料をもっと安くするために何十億ドルもの額を自分たちに与えるように要求している。化石燃料の価格が安いことは，人々は代替エネルギーがあまりに高価なために，それにお金を払いたいと思わないだろうということだ。代替エネルギーが開発されて利用される機会が減る一方で，化石燃料の安い価格は，化石燃料の(E)需要を増加させる。こうした理由のために，化石燃料会社は気候危機とそれを解決する努力の鈍化に加担することに対する責任を負わされなくてはならないのだ。

温室効果ガスの排出量を減らしてクリーンエネルギー経済を促進するために，会社はその本当の「費用」を反映させるために化石燃料の価格を(F)上げるべきである。このことが起こるためには，政府に化石燃料を安くするためにお金を与えさせない新しい規則が必要である。このことに加えて，化石燃料の[G]商品がもたらす深刻な害が価格に検討されなくてはならない。それらは地球と人々への多大な害を引き起こしているのだから。言い換えれば，化石燃料会社は化石燃料によって引き起こされる被害を解決するためにお金を支払うべきだということだ。会社が化石燃料の価格を(F)上げれば，消費者も被害に対してお金を支払うことになる。そうなると，生産者は価格のために製品の必要性が減ることに直面するだろう。このことで，会社は炭素の利用を減らすための最も安く，最も効率的な方法を考え出さざるをえなくなる。

個人が持続可能な選択をすることは重要(B-2)だが，彼らはそのような変化の限界も知るべきだ。気候変動に効率的に行動するには，もっと大きな解決方法を計画することにもっと焦点を絞らなくてはならない。

A　第2段落最後の2文，「消費者の行動に焦点を置くことは，気候の危機を作り出す温室効果ガスの排出量の責任を個人に持たせることになる。それは会社によって作り出されるはるかに大きな気候への影響を見過ごしている」から，筆者は温室効果ガス排出量の責任は，個人よりも会社の方が大きいことを示唆していると推測できる。次の第3段落第1文では，それを裏付けるためにわずか100社の化石燃料会社が生み出す温室効果ガス排出量が世界の排出量の70パーセントを占めることを述べていることから，4が適切。

B　指示文は，「空所(B-1)と(B-2)に適するものを入れなさい」という意味。　(B-1)では，わずか100社の会社が世界の70パーセントの温室ガスを排出している事実を初めて挙げているので，4「実は」が適切。　(B-2)の後に〈主語＋動詞〉を含む形(節)が続くので接続詞が入る。it is important ~ sustainable choices「個人が持続可能な選択をすることは重要だ」と認めたうえで，後半 they must also know ~「彼ら(＝個人)はそのような変化の限界も知るべきだ」と前半とは対照的な内容を述べているので，譲歩を表す6「～だけれども」が適切。

C　第4段落第3，4文(空所3を除く)，「彼ら(＝化石燃料会社)の化石燃料の有害な影響を隠す努力はたばこ会社のやり方に似ている。1950年代から，たばこ会社は，人々にタバコと健康問題を関連付ける研究を疑わせようとした」から，このころのたばこ会社は真実を隠して偽りの情報を流していたことがわかる。したがって，1「肺がんは多くの原因によって起こされうるので，私たちはタバコが主な原因であるとは言えない」が適切。2は「地球は寒冷期と温暖期を経験してきたが，私たちは今，たまたま温暖期にいるにすぎない」，3は「タバコを吸うことは肺がん，心臓病，そして他の様々な健康問題を引き起こす可能性がある」，4は「私たちが今行っている研究では，気候変動は本当に人間によって引き起こされている」という意味。

D　指示文は，「1～4の中から，次の文を入れるのに最も適するものを選びなさい」という意味。入れる文は，「このことは，気候変動を重要な危機とみなすアメリカ人がほとんどいないことを説明しているかもしれない。世界の平均よりも10パーセント低いのだ」という意味。アメリカ人が気候変動をあまり重要視していないという内容なので，直前で，「合衆国の化石燃料会社が大金を使って気候変動を扱う科学は嘘であると主張している」と，その理由に当たる内容が述べられている3に入れるのが適切。

E　第5段落第2文から，化石燃料が安ければ，人々は高価な代替エネルギーにお金を使いたがらない，という内容をつかむ。化石燃料が安ければそれを購入する人は増えて化石燃料の必要性が高まるということなので，空所には「需要」(demand)が適する。

F　指示文は，「Fに最も適するものを入れなさい」という意味。空所の直前に助動詞(should)があるので，空所には動詞の原形が入る。空所を含む文の直後で，「政府に化石燃料を安くするためにお金を与えさせない新しい規則が必要だ」と述べていることから，「化石燃料の価格を上げるべきだ」という内容が適切。動詞の4「(価格などを)上げる，増やす」を入れる。空所を含む文にある「本当の『費用』」とは，単に生産にかかる費用だけではなく，化石燃料が気候に及ぼす負の影響に対する対応にかかる費用を含めた費用ということである。

G　下線部を含む文の直後の文がIn other words「言い換えれば」で始まっていることに着目する。この文では，下線部を含む文を言い換えて，「化石燃料会社は化石燃料によって引き起こされる被害を解決するためにお金を支払うべきだ」と述べており，化石燃料は害を及ぼすことがわかる。したがって，1が文脈に合う。negativeは「負の，否定的な」という意味。externalityは「外部性」という意味で，経済についてのある考え方が他の経済活動に影響を及ぼすことを表す語。ここでは，化石燃料をよしとする態度が，代替エネルギーの促進に歯止めをかけ，環境に悪影響を与え続けている状況を表している。

H　指示文は，「次の中で，温室効果ガスを減らすための解決法として記事に含まれていないものはどれですか」という意味。記事の第2段落で，プラスチックストローを減らす取り組みについては述べられているが，レジ袋については他の段落でも述べられていないので，3「買い物のときにレジ袋を断ること」が適切。1は「代替エネルギーを使うこと」，2は「化石燃料会社に温室効果ガス排出量の責任を負わせること」，4は「化石燃料の価格を変えること」という意味。

I　筆者は主に第2段落以降で，化石燃料会社は偽りの主張をして消費者に化石燃料の利用を促していること，化石燃料会社に気候変動に対する責任を負わせること，化石燃料の価格を安くするために政府に援助を要請していることなどを述べている。また，これらのことを受けて，最終段落では，個人が持続可能な選択をすることは重要だとしつつも，個人による選択には限界があることも知るべきであり，気候変動に効率的に行動するには，もっと大きな解決方法を計画することが重要だという趣旨のことを述べている。2がこうした筆者の主張に合う。

J　1「たばこ会社は，人々に後ろ盾となる科学を疑わせることによって気候変動の解決から人々を遠ざけた」（×）　たばこ会社が偽りの情報によって人々を解決から遠ざけたのは，気候変動ではなく喫煙による健康への害である。　2「政府は化石燃料会社にお金を与えることによって化石燃料を安くしてきた」（○）　第5段落第1文に，化石燃料会社が政府に燃料を安く抑えるために資金を求めてきたことが述べられている。また，第6段落第2文に，「政府に化石燃料を安くするためにお金を与えさせない新しい規則が必要である」とあることからも，政府が化石燃料会社に資金を与えているのは事実であると判断できる。　3「政府には製品の価格を変える力があり，常に将来の人々のためによいことを決めている」（×）　政府が人々のためによいことを常に決定しているという記述はない。　4「化石燃料会社が人々に気候変動が事実であることを疑わせたために，代替エネルギーの開発のペースが遅くなった」（○）　第4段落最後の2文に，化石燃料企業が気候変動は本当に起こっているのかを問うことによって，代替エネルギーへの転換のペースをゆるめることに成功していると述べられている。　5「今，化石燃料の価格は本当の費用，特にその気候変動への負の影響を反映していない」（○）　第6段落第3，4文で，筆者が化石燃料の商品が地球と人々に与えている深刻な害が価格に検討されなくてはならず，化石燃料会社は化石燃料によって引き起こされる被害を解決するためにお金を支払うべきだと述べていることに合う。6「化石燃料の価格は，もっと多くの人々に代替エネルギーを使わせるために下げられなくてはならず，政府はこうするために介入する必要がある」（×）　第6段落で，政府に化石燃料を安くするために化石燃料会社にお金を与えさせない新しい規則が必要と述べているように，筆者は化石燃料の価格を下げることには反対の立場である。

Ⅳ　（長文読解問題・エッセイ：内容吟味，語句選択補充，語句補充，文補充）

（全訳）　日本には4つの季節があると，私は言われている。初めてこのことを聞いたとき，私は「だから何だというんだ—熱帯以外の場所はどこでも4つの季節があるではないか！」と思った。しかしもちろん，人々が本当に言いたいことは，日本には4つの明らかに異なる季節があるということだ。これは，はっきりと明確な秋があり，とても寒い冬があり，快適な春があるが，なぜか夏は省くイギリスとは違う。夏はときに暖かく，ときに晴れ，ときに快適だが，曇って雨が多くとても涼しいことがまったく多すぎる。たびたび，電話でイギリスにいる家族と話しては，「今年は本来の夏ではなかった」と私は言われてきた。もちろん，私は日本に住み続けていて，ときどきイギリスの家族をうらやましく思うと言わざるをえない。私は長くここ日本に住んでいるが，決して(B)熱気と湿気に慣れることがないので，ここでも本来の夏でなければいいのにと思う。私は秋が好きで，春が好きで，イギリスで「冬」と呼ばれるひどい灰色の暗さよりも明らかにましな冬が大好きだ—しかし，日本の夏についていちばんよいのはそれがいつかは終わるということだ！　いや，失礼，正確ではない—夏についていちばんよいのは，対照的にそれが秋をもっとありがたいものにしてくれることだ。しかし，私が夏についてどう思おうと，それは晩春や初秋とははっきりと明確に異なる季節であると言える。

それからちょっと思っていることがあって，日本には本当に季節が4つしかないのだろうかと思う。なぜならさらに2つの季節—雨季と台風の季節を加えられるだろうからだ。結局，私は，春や秋とあまり違わないことが多いのだが，イギリスで経験するものを「夏」と呼ぶことに慣れていて，日本の雨季や台風の季節を表す天候は春，夏，秋，冬と明確に違う。2たぶん，日本には6つの季節があるのだ！　イギリスにある季節のほぼ倍である！

私は日本には6つの季節があるという考えが気に入っている。しかしさらに，私はもう少し思うことがある。季節はふつう，天候と一年の中での時期によって決められるが，英語の season という語はこれよりもはるかに多様的に使われる。自然の季節は移り行くが，文化的慣習に関連する「季節」と呼ばれるものがある。多くのイギリスの季節はスポーツに基づいているので，「サッカーの季節」とか，「クリケットの季節」とか，「釣りの季節」と言う。伝統的な遊びをしている子供たちには，「ビー玉の季節」とか「トチの実の季節」という語がある。ビー玉は小さなガラス玉を使う遊びで，トチの実は糸に通されたトチの実を使う遊びである。私たちは，「観光客の季節」とか，「休暇の季節」とか，「クリスマスの季節」とまで言う。だから，F文化的な活動を季節に加えるならば，一年の季節にとても多くの季節を加えることができるのだ。

もちろん，日本でも同じである。「野球の季節」のようなスポーツの季節，「花火の季節」のような文化的な祭り，そしてそれがなければ日本はどうなってしまうであろうか，国民的な慣習，「桜の季節」がある！　実際には，日本でもイギリスでも，4つだけではなくたくさんの季節があるのだ。私はそのことがうれしい。多ければ多いほど楽しみも増える！

A　下線部は仮定法を用いた表現で，I wish ～ は「～だったらいいのに」と，現実と異なることを願望する表現。「ここ(＝日本)でも夏らしい夏でなければいいのに」とは，日本の夏が，夏らしい夏でないことを願う筆者の気持ちを表している。この直前で，筆者はイギリスの夏について，「ときに暖かく，ときに晴れ，ときに快適だが，曇って雨が多くとても涼しいことが多い」と述べ，また，直後の文から，筆者は日本の夏が好きになれないことを述べていることから，筆者は日本の夏もイギリスの夏のようであってほしいと思っている考えられる。したがって，筆者の願望を表している1「私はイギリスにいる私の家族のように，ここ日本でも穏かな夏を過ごしたい」が適切。2は「残念なことに，ここ日本ではイギリスにいる私の家族よりも涼しい夏を過ごせない」，3は「私はイギリスにいる私の家族に，ここ日本で経験する本当の夏を過ごしてほしい」，4は「私はイギリスにいる私の家族が不快な夏を過ごすことを期待しない」という意味。

B　直後の文から，筆者は日本の夏にはなじめないことがわかるので，日本の夏の特徴を表す語句が入る。また，空所の直前の get used to は「～に慣れる」の意味で，to の後には名詞句がくるので，文法的に4「熱気と湿気」が正しい。この to は不定詞を作る to ではないことに注意。

C　空所を含む文の直前で，日本の夏について，「日本の夏についていちばんよいのはそれがいつかは終わるということだ」と述べ，空所を含む文では，それを訂正して「日本の夏についていちばんよいのは，それが秋を～にしてくれることだ」と述べている。この make は「～を…(の状態)にする」の意味で，目的語(ここでは autumn)の後には形容詞など，状態を表す語句がくるので，文法的に1が正しい。この場合の welcome は「ありがたい」という意味の形容詞。

D　下線部の後で，筆者は日本の夏について「それは晩春や初秋とははっきりと明確に異なる季節である」と述べている。また，この直前では，日本の夏の熱気や湿気が厳しいこと，夏が終わることで秋の訪れをよりありがたく感じられることが述べられていることから，筆者が日本の夏のどのような側面を取り上げても，それが晩春や初秋と明らかに違う季節だとすると文脈に合う。

E　I wonder if[whether] ～ で，「～ではないかと思う」と疑問に思う気持ちを表す表現になる。空所の直後で「雨季」と「台風の季節」の2つの季節を加えられると述べていることから，2を入れて「日本には本当に季節が4つしかないのだろうかと思う」という文にするのが適切。wonder の後にthat節を続けると「～を不思議に思う[驚く]」の意味になり，ここでは適さない。1は文法的に誤り。

F　第3段落では，自然の営みとして移り変わる「季節」とは別の意味での「季節」について述べている。第4文で，自然現象としての季節と対照して「自然の季節は移り行くが，文化的慣習に関連する『季節』と呼ばれるものがある」と述べ，文化的慣習に関連する季節の例として，「サッカーの季節」，「クリケットの季節」，「釣りの季節」，「ビー玉の季節」，「トチの実の季節」，「観光客の季節」，「休暇の季節」，「クリスマスの季節」を挙げている。空所に cultural「文化的な」を入れると，こうした「文化的慣習に関連する季節」を自然の季節に加えれば，一年の季節にとても多くの季節を加えることができるという文意になり，文脈に合う。

G「その国民的な慣習がなければ日本はどのようになってしまうだろうか」と述べていることから，空所には日本ならではの慣習や事象を表すものが入る。選択肢の中で，国民的と言えるのは2「桜の花」である。1は「アニメフェア」，3は「国際オリンピック大会」，4は「修学旅行」という意味。

H　筆者は直前で，自然の季節に加えて文化的な季節を加えればさらに季節が増えると述べているので，ここでは「季節が多ければ多いほど楽しみも増える」ということを述べている。したがって，1「もっとたくさん季節があれば，私たちはもっと日常生活を楽しむことができる」が適切。2は「4つよりも多くの季節があれば，もっと多くの人々が楽しめる」という意味だが，季節が増えることで楽しく感じる人の数が増えるというのは趣旨に合わない。3は「天候によって決められる季節が増えればもっと楽しめる」という意味。ここでは「天候によって決められる季節」に加えて，文化的慣習に基づく季節が増えることを述べているので合わない。4は「私たちの周りにもっと多くの人々がいれば，もっと楽しい季節を過ごすことができる」という意味で，季節が増えればより楽しみも増えるという趣旨と異なる。

I「たぶん，日本には6つの季節があるのだ！　イギリスにある季節のほぼ倍である！」という意味の文を入れる。直前で，春，夏，秋，冬の4つの季節とは異なる「雨季」と「台風の季節」について述べている2に入れるのが適切。

J　1「日本の気候はイギリスよりも多様性に富む」(○)　第1段落第3，4文を参照。日本には4つの明らかに異なる季節があると述べている一方で，イギリスでは春，秋，冬の違いはあるものの，夏については明確に夏と言いきれないという趣旨のことを述べている。さらに筆者は，第2段落第1文で，日本には4つの季節の他に，「雨季」，「台風の季節」の2つの季節を加えている。　2「イギリスにいる私の家族によれば，本来の夏がないときは春と秋は同じように思われる」(×)　第1段落第4文で，イギリスでは春，秋，冬は他の季節と明確な違いがあると述べているので合わない。　3「私は日本に長く住んでいるが，夏の暑くて湿気の多い天候には順応できない」(○)　第1段落第8文から，筆者は日本の本来の，暑くて湿気の多い夏を過ごさずに済むことを望んでいることがわかる。　4「英語のseasonという語は，イギリスのさまざまな文化的な行事と結びついている」(○)　第3段落第3，4文で，英語のseasonという語は自然に移り行く「季節」とは別に，文化的慣習に関連する「季節」と呼ばれるものがあると述べていることに合う。　5「イギリスには文化に関連する季節がたくさんあるが，日本にはない」(×)　筆者は第3段落で，イギリスの文化的慣習に基づく季節について述べた後，最終段落第1文で，日本でもそのような季節の考え方は同じであると述べているので，合う

V　**(英作文：語句整序，和文英訳，条件英作文)**

(全訳)　絵①　(右から)「やあ，ベン…どうかしたの？　気分がよくなさそうだよ」「ガールフレンドが怒っていてぼくに話しかけてくれないんだ！」「A今朝きみは，きみたちは出かけてパスタハウスで夕食を食べたって言ったよね？」「うん，最初はうまく行っていたんだ…」

絵②　昨晩…(左から)「ジェーン，着いたよ！」「うわあ！　ここは私が大好きなレストランなのよ！　ここに連れて来てくれてありがとう！」

絵③　レストランで夕食を食べているとき…「将来，ぼくはきみとぼくとぼくたちの幼い女の子のために大きな家がほしいな」

絵④　「B私は大きな夢を持つ人ってとてもかっこいいと思う！」

絵⑤　(左から)「ところで，きみに贈り物があるんだ」「何かしら…」

絵⑥　「きみがずっとこれを欲しがっていたのを知っているんだ」

絵⑦　（左から）「カードケースだよ！　働いている間にもらう名刺を全部取っておくために使えるよ！」「こんなの信じられないわ！」

絵⑧　（左から）「…ということが起こったんだ。彼女は今，ぼくと話そうとしてくれない。カードケースが小さすぎたのかな？」「ああ，ベン…Dきみは彼女に指輪をあげるべきだよ，そうすれば彼女は喜ぶだろう」「ああ…それはいいアドバイスだね。やってみるよ」

重要　A　(You told me this morning) that you went out and ate dinner at Pasta House (, right?)　you を主語にして，2つの動詞 went と ate を and でつなぐ形を考える。Pasta House はレストランの名前で，2コマ目の絵に出ている。went out「出かけた」，ate dinner「夕食を食べた」と組み合わせると文意が成り立つ。

B 「～は…だと思う」は，〈think ＋目的語＋(to be)状態を表す語句〉で表すことができる。「人」は，a person としてもよい。「大きな夢を持つ」は前置詞 with を「人」の後に置いて，with a big dream と表せる。関係代名詞を用いて someone who has a big dream とすることもできる。また，think の後にthat節を続けて，I think (that) someone with a big dream is cool. とすることもできる。

重要　C　(Ben) takes a present out of his pocket and gives it to (Jane.)　⑤の絵から，ベンがジェーンへの贈り物を渡す場面を考える。take ～ out of … で「…から～を取り出す」という意味になるので，takes の目的語を a present として，out of の後に his pockets とすると，「ベンはポケットからプレゼントを取り出す」となる。it は present を指し，gives it to Jane「それをジェーンにあげる」とする。

やや難　D　⑥の絵から，ジェーンは指輪をもらえることを期待していたと考えられるので，それに合ったアドバイスを作るとよい。相手へのアドバイスなので，You should ～ で始め，「彼女に指輪をあげる」といった内容を続ける。engagement ring「婚約指輪」，wedding ring「結婚指輪」という語句を使ってもよいが，単に ring でもよい。後半は and でつないで，feel を使って「彼女は喜ぶだろう」といった内容を続ける。

★ワンポイントアドバイス★

Ⅳの I では，あまり細かいところを考える必要はない。空所に入れる文で話題になっていることをつかみ，それと同じ話題について述べている箇所を探せば効率的に適する空所を見つけることができる。

＜国語解答＞ 《学校からの正答の発表はありません。》

一　問一　イ　問二　匿名の「ただ一人」としてその場に存在できる特権　問三　エ
問四　a　権威　b　優位性　問五　「内」と「外」の境が曖昧になることに対する恐怖心　問六　イ　問七　エ　問八　ア　問九　(例)　日本語を言語の一種と考える非母語話者は，日本語母語話者と非母語話者の日本語能力を同列でとらえるが，日本語能力と日本人らしさを分離して考えられない母国話者は同列でとらえないから。

二　問一　a　雑談　b　参入　c　配属　d　投与　e　累積　問二　ウ
問三　ウ・エ・オ　問四　イ　問五　個人の経験　問六　ウ　問七　ア
問八　エ・オ　問九　ア　問十　ウ

○推定配点○

一　問七　2点　　問九　12点　　他　各5点×7(問四完答)

二　問一　各2点×5　　問五・問九　各3点×2　　他　各5点×7(問三完答)　　計100点

＜国語解説＞

一　(論説文―文脈把握，内容吟味，要旨，脱語補充，記述)

問一　「縛り」については，直後に「『言語が人の思考と感覚の範囲を規定する』という考えがあります」「実際，英語と日本語を学ぶことで，韓国語によって構築されていた自分の思考と世界の限界が分かった」と説明されているので，「ものの見方や思考に制限が加えられてしまう」とするイが適切。

問二　「普通」については，「なまりが……」で始まる段落に「自分にとってはごく普通の日常の空間で，自分は『普通』ではいられない時の感覚」とあり，このような感覚を，直前で「相手に警戒されず，匿名の『ただ一人』としてその場に存在する権利は奪われ」と表現しているので，「普通」にあてはまる部分として「匿名の『ただ一人』としてその場に存在する特権(23字)」を抜き出す。

やや難　問三　直後に「その人の日本語が上手なのがそんなに珍しいことなんだろうか」とあるので，「日本語に習熟していないことへの軽蔑と同情」とするエはあてはまらない。

問四　直前に「日本語ネイティブ」とあり，直後に「保証される」とあることから考える。「日本語ネイティブに保証される」ものについては，「ある一点を……」で始まる段落に「日本語ネイティブとしてのその人の権威と優位性を相手に確認させる」と表現されているので，「権威」と「優位性」を抜き出す。

問五　このような気持ちから行われることについては，「『日本人が……』」で始まる段落に「必死の粗探し」と表現されており，その発端となる「気持ち」については，直後に「『内』と『外』の境が曖昧になることに対する恐怖心(24字)」と説明されている。

問六　「『日本語能力……』」で始まる段落に「『日本語能力』を『日本人らしさ』と分離して考えることは，もしかしたら不可能に近いかもしれません」と述べられているので，「日本人と同じ心を持っているととらえる」とするイが適切。

問七　直後の「もちろん知っています」「低いレベルの話がしたいわけじゃありません」から，悪意をもって言っているわけではない(と知っている)という文脈が読み取れる。また，本文最後に「相手の誉め言葉にこっちも誉め言葉で答えただけです。そして何より，善意の言葉ですからね」とあるので，「善意」とするのが適切。

問八　直後に示されている「善意の日本語母語話者」と「非母語話者」の，「褒め言葉に誉め言葉で返しただけ」の会話から読み取れる内容として，イ・ウ・エ・オはあてはまる。「グローバルなステイタスを獲得する」とするアはあてはまらない。日本語能力と日本人らしさを切り離して考えることを「『日本語』の独立運動」と表現しているのである。

やや難　問九　直前に示されている「善意の日本語母語話者」と「非母国語話者」の会話は，非母国語話者は，日本語母国語話者よりも日本語能力が低くて当然という前提に立つ「母国語話者」が，日本語能力は「母国語話者」であるか「非母国語話者」であるかは関係ないとする「非母国語話者」の意外な返答に驚く，というものなので，日本語能力と日本人らしさを分離して考えることは，日本語母国語話者の発想にはないものだから驚いている，という内容にすればよい。

二　(論説文―漢字の書き取り，文脈把握，内容吟味，要旨，脱語補充)

問一　a「雑」を使った熟語はほかに「雑学」「雑踏」など。音読みはほかに「ゾウ」。熟語は「雑煮」「雑巾」など。「雑魚(ざこ)」という読み方もある。訓読みは「ま(じる)」。　b「参」を使った熟語はほかに「参画」「参謀」など。訓読みは「まい(る)」。　c「配」を使った熟語はほかに「配置」「配膳」など。訓読みは「くば(る)」。　d「投」を使った熟語はほかに「投稿」「投薬」など。訓読みは「な(げる)」。　e「累」を使った熟語はほかに「累計」「累進課税」など。

問二　直前に「身の回りにないものを学ばせる必要性が生じてきた」とあり，後に「生れ育った身の回りの世界を超えて，広い世界で生きていくためには，子どもたちは，言葉や記号を通して，この世界がどういうものなのかを理解しないといけない。学校で教えられるのはそういう知なのです」と説明されているので，ウはあてはまらない。

問三　「日々の経験を超えた知」については，これより前に，「言葉や記号を使って子どもたちに学ばせる」とあり，「学校に通って，そこで，『カリキュラム化された知』を学びます。……この世界を再構成して縮約(縮尺)したものです」「そこでは子どもたちは，学校のような実生活から区別された空間のなかで，言語的・記号的に組織された知識を学ぶことになる」と説明されているので，ウ・エ・オはあてはまる。ア・イ・カは，「日々の経験を超えた知」とは対をなす「日々の経験」の例である。

やや難　問四　直前に「経験からは，信念の基準は出てこない」とあり，後に「知識があるかないかで経験の質は違うということです。……そもそも経験の質は，知識があるかないかで異なっているのです」とある。さらに「同じものを見ても質の異なる経験になる。知識があるかないかで経験の質が違うのです」と説明されているのでイが適切。

問五　直後に「狭さ」とあり，直前の「ほかの人の成功や失敗がどうだったのかとか，ほかの人の経験がどうなのかということ」と対をなす言葉が入るとわかるので，「それどころか…」で始まる段落中の「個人の経験」が適切。

問六　「世界の縮図」については，Ⅷの段落に「生まれ育った身の回りの世界を超えて，広い世界で生きていくためには，子どもたちは，言葉や記号を通して，この世界がどういうものなのかを理解しないといけない。学校で教えられるのはそういう知なのです。だから，学校知は，いわば記号化された『世界の縮図』だといえるのです」とあり，Ⅶの段落には「子どもたちは学校に通って，そこで『カリキュラム化された知』を学びます。その「カリキュラム化された知」というのは，この世界を再構成して縮約(縮尺)したものです」と説明されているのでウが適切。

問七　直後に「世界がどうなっているかという知識をみんなが勉強して，それを使って目の前の現実を解釈して，新しい事態への対応(新たな経験)に活かしていけるわけです」と説明されているのでアが適切。

問八　直後に「一つは，その知識を基盤にして，さらに新しい知識を得ることが可能になるということです」「もう一つは，……まったく新しいことを学ぶ際の『学び方』が身についていく部分があるということです」と説明されているので，ア・イ・ウはあてはまる。エの「評判のよい大学」，オの「収入の高い仕事」については本文に述べられていない。

問九　直後の「ABCも十分に習得しなかったひとが，大人になって，『英語を始めよう』と思っても，ABCから始めるとしたら，結局，膨大な時間をかけてしまうことになります。平安時代も藤原氏も聞いたことがない人が……その記事に出てくる説明はさっぱりわからない」にあてはまる語として「非効率」が入る。

問十　直前の「そうした批判的思考や共感は，グローバルな経済活動でも大事だけれど，何よりもグローバルな危機の中で国を超えた広がりを持つデモクラシーにとって不可欠だ」という内容を指す。この内容を受けて，「ヌスバウムは，子どもたちは，『少なくともあるひとつのなじみのない文化的伝統についてより深く調べる』方法を学ぶべきだ，と論じています」「つまり，知識を持つことは，その対象に対する想像力を発揮させることができるようになるということなのです」として，本文最後で「はるか遠くの地域に住んでいる人々の暮らしや文化に思いをはせたり，未来の社会や世代への責任を考えたりすることができるようになるためには，教育の役割が必要不可欠なのです」と述べているのでウが適切。

★ワンポイントアドバイス★

長文を時間内に読みこなし，難易度の高い文章に対応できる高度な読解力を身につけよう！　問題をよく読み，設問意図を的確に読み取って解答しよう！

2022年度

★★★★★★★★★★★★★★★★★★★★★★★★

入　試　問　題

2022年度

国際基督教大学高等学校入試問題

【数　学】（70分）　＜満点：100点＞

【注意】 1. この試験は資料文とそれに続く問題とで構成されています。資料文を読みすすめながら，対応する問題に答えていくのがよいでしょう。

2. 定規，コンパス等は使用できません。

資料文

――Farey数列をめぐって――

1　Farey数列

正の整数 p と整数 q を用いて，分数 $\frac{q}{p}$ の形に表される数を有理数という。たとえば $\frac{1}{2}$，$\frac{6}{9}$，$\frac{5}{12}$ などは有理数である。整数 q は $\frac{q}{1}$ と表されるから有理数である。

正の整数 p，q の ［あ］ とき，次のような操作を行うことによって，分母を小さくすることができる。

$$\frac{15}{20}=\frac{3\times 5}{4\times 5}=\frac{3\cancel{\times 5}}{4\cancel{\times 5}}=\frac{3}{4},\qquad \frac{63}{35}=\frac{9\times 7}{5\times 7}=\frac{9\cancel{\times 7}}{5\cancel{\times 7}}=\frac{9}{5}$$

この操作を約分といい，これ以上約分できなくなった分数を既約《きやく》分数という。

……**問題１.**

また，小数も次のように分数の形に表されるから有理数である。

$$0.75=\frac{75}{100}=\frac{3\cancel{\times 25}}{4\cancel{\times 25}}=\frac{3}{4},\qquad 1.8=\frac{18}{10}=\frac{9\cancel{\times 2}}{5\cancel{\times 2}}=\frac{9}{5}$$

……**問題２.**

以下では，0 以上 1 以下の既約分数について考える。ただし，0 の既約分数の形は $\frac{0}{1}$ と約束する。したがって，$\frac{0}{1}$ は既約分数であるが，$\frac{0}{2}$，$\frac{0}{3}$，$\frac{0}{4}$ などは既約分数ではない。

0 以上 1 以下の既約分数のうち，分母が 1 であるものは $\frac{0}{1}$，$\frac{1}{1}$ の 2 つである。この 2 つを小さいものから順に並べてできる数の列を F_1 とよぶことにする。すなわち

$$F_1:\frac{0}{1},\ \frac{1}{1}$$

である。

0 以上 1 以下の既約分数のうち，分母が 2 であるものは $\frac{1}{2}$ のみである。これと F_1 を構成《こうせい》する 2 つの数を小さいものから順に並べてできる新たな数の列を F_2 とよぶことにする。すなわち

$$F_2:\frac{0}{1},\ \frac{1}{2},\ \frac{1}{1}$$

である。

0 以上 1 以下の既約分数のうち，分母が 3 であるものは $\frac{1}{3}$，$\frac{2}{3}$ の 2 つである。これと F_2 を構成する 3 つの数を小さいものから順に並べてできる新たな数の列を F_3 とよぶことにする。すなわち

$$F_3 : \frac{0}{1},\ \frac{1}{3},\ \frac{1}{2},\ \frac{2}{3},\ \frac{1}{1}$$

である。

0以上1以下の既約分数のうち，分母が4であるものは ［い］ である。これとF_3を構成する5つの数を小さいものから順に並べてできる新たな数の列をF_4とよぶことにする。

すなわち

$$F_4 : \frac{0}{1},\ \text{［う］},\ \frac{1}{1}$$

である。

……**問題3．**

0以上1以下の既約分数のうち，分母が5，6，7，…であるものについて同様の操作をくり返して得られる数の列をそれぞれF_5，F_6，F_7 … とよぶことにする。したがって

$$F_5 : \frac{0}{1},\ \text{［え］},\ \frac{1}{1}$$

である。

……**問題4．**

一般に，正の整数nに対してFnは ［お］ を小さいものから順に並べてできる数の列となる。こうして得られる数の列Fnを，位数《いすう》nのFarey（ファレイ）数列という。

……**問題5．**

2　Farey数列の長さ

以下では，特に断りのないかぎりnは正の整数とする。

位数nのFarey数列Fnを構成する数の個数をFnの長さといい，記号$|Fn|$で表す。たとえば，F_1は$\frac{0}{1}$，$\frac{1}{1}$の2つの数で構成されるから

$$|F_1| = 2$$

である。また，F_2は$\frac{0}{1}$，$\frac{1}{2}$，$\frac{1}{1}$の3つの数で構成されるから

$$|F_2| = 3$$

である。

ここでは，Fnの長さ$|Fn|$について考えよう。

たとえば$|F_4|$は次のように求めることができる。まず，F_4を構成する数の分母は1，2，3，4のいずれかである。0以上1以下の既約分数のうち

- 分母が1であるものは，$\frac{0}{1}$，$\frac{1}{1}$の2個
- 分母が2であるものは，$\frac{1}{2}$の1個
- 分母が3であるものは，$\frac{1}{3}$，$\frac{2}{3}$の2個
- 分母が4であるものは ［い］ の ［か］ 個

である。求める$|F_4|$はこれらの個数の和であるから

$$|F_4| = 2 + 1 + 2 + \text{［か］} = \text{［き］}$$

である。

このように考えると，Fn を構成する具体的な数を書き並べることなく $|Fn|$ を求めることができる。

……問題６．

……問題７．

0以上1以下の既約分数のうち，分母がちょうど n であるものの個数を記号 $f(n)$ で表す。たとえば

$f(1)=2$，$f(2)=1$，$f(3)=2$，$f(4)=$ ［か］

であり，また

$f(1+1)=f(2)=1$

$f(1\times 1)=f(1)=2$

$f(1)+f(1)=2+2=4$

$f(1)\times f(1)=2\times 2=4$

である。

一般に，位数 n のFarey数列 Fn の長さ $|\ Fn\ |$ を計算する式は

$|Fn|=$ ［く］

とまとめられる。

……問題８．

……問題９．

……問題10．

3　Farey数列と座標平面

Oを原点とする座標平面上の3点（0，0），（3，0），（3，3）を頂点とする直角三角形の周および内部を表す領域《りょういき》を T_3 とする。

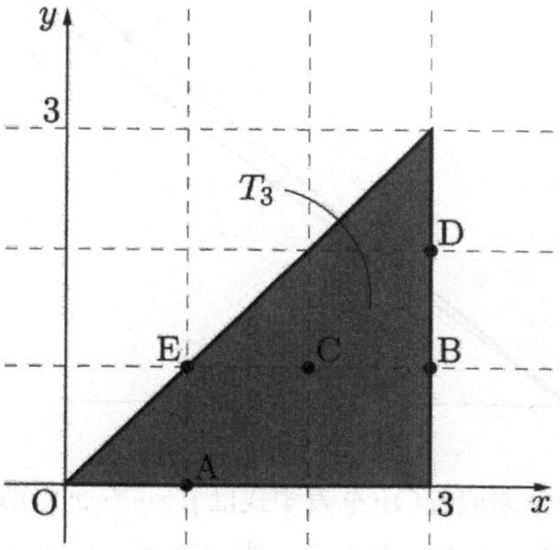

ここで，位数3のFarey数列 F_3 を構成する5つの既約分数 $\frac{0}{1}$，$\frac{1}{3}$，$\frac{1}{2}$，$\frac{2}{3}$，$\frac{1}{1}$ のそれぞれについて，分母を x 座標，分子を y 座標に対応させることによって得られる5点A（1，0），B（3，1），C（2，1），D（3，2），E（1，1）を考えると，これらはすべて T_3 に存在する。このように，x 座標と y 座標がともに整数となる点のことを格子《こうし》点という。

一方，T_3における原点を除くすべての格子点（a，b）について，aを分母，bを分子に対応させることによって得られる分数$\dfrac{b}{a}$を既約分数にしたものは，F_3を構成する数となる。たとえば，T_3における格子点（2，2）に対応する分数$\dfrac{2}{2}$を既約分数にした$\dfrac{1}{1}$は，たしかにF_3を構成する数である。

このことを利用して，位数6のFarey数列F_6を構成する数について調べてみよう。

まず，Oを原点とする座標平面上の3点（0，0），（6，0），（6，6）を頂点とする直角三角形の周および内部を表す領域をT_6とする。

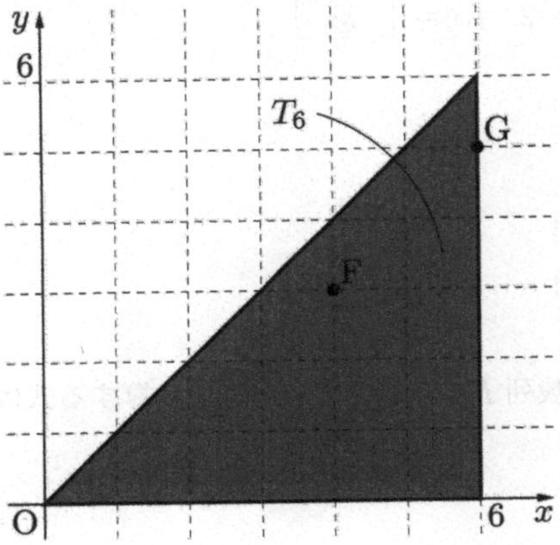

T_6における格子点として，たとえばF（4，3），G（6，5）に注目することにより，既約分数$\dfrac{3}{4}$，$\dfrac{5}{6}$がF_6を構成する数であることはすぐに分かる。さて，F_6においてこの2つの数はどちらの方が先に現《あらわ》れるだろうか。もちろん，2つの数を通分することにより大小を比較することもできるが，ここではより視覚的に大小を比較してみよう。

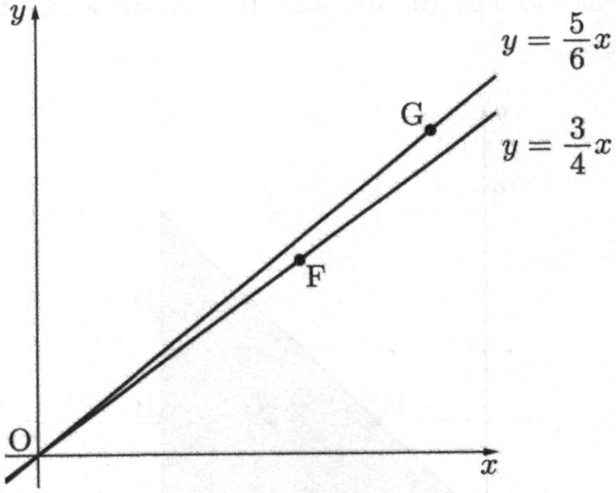

座標平面上の2点O，Fを結ぶ直線OFを表す式は$y=\dfrac{3}{4}x$であるから，$\dfrac{3}{4}$はOFの傾きである。同様に$\dfrac{5}{6}$はOGの傾きである。このことから，座標平面上で2直線OF，OGの傾きを比較することにより$\dfrac{3}{4}$，$\dfrac{5}{6}$の大小が明らかとなる。

次に，F_6において$\dfrac{3}{4}$，$\dfrac{5}{6}$は隣《とな》り合うかを視覚的に考えてみよう。ここで，Fnにおいて隣り合うとは，2つの数がFnに現れ，かつ，その2つの数の間に他の数が現れない状態《じょうたい》のことである。たとえば，$\dfrac{0}{1}$，$\dfrac{1}{2}$はF_2において隣り合うが，F_3において隣り合わない。もし，F_6において$\dfrac{3}{4}$，$\dfrac{5}{6}$

が隣り合わないとすると，それは$\frac{3}{4}$，$\frac{5}{6}$の間に他の既約分数が現れることを意味する。この既約分数を$\frac{b}{a}$とおくと，格子点H（a，b）がT_6に存在することになる。ここで$\frac{b}{a}$はOHの傾きであったことに注意すると，$\frac{b}{a}$が$\frac{3}{4}$と$\frac{5}{6}$の間に現れるための条件は，[け] が成り立つことであり，この条件を満たす格子点Hとして [こ] が見つかる。以上のことから，F_6において$\frac{3}{4}$，$\frac{5}{6}$は隣り合わず，その間に既約分数 [さ] が現れることが分かる。

……**問題**11.

……**問題**12.

……**問題**13.

4　隣り合う既約分数

Farey数列において隣り合う既約分数について考えてみよう。実は，次のことが成り立つ。

主定理１

Fn（n =1，2，3，・・・）を構成する既約分数のうち，隣り合うどんな２つに注目しても，その２つの既約分数を$\frac{b}{a}$，$\frac{d}{c}$ $\left(ただし，\frac{b}{a}<\frac{d}{c}\right)$とするとき

$$ad - bc = 1$$

が成り立つ。

たとえば，$n = 3$のときを考えてみよう。F_3において$\frac{1}{3}$と$\frac{1}{2}$，$\frac{1}{2}$と$\frac{2}{3}$は隣り合うが，たしかに

$$3・1-1・2=3-2=1,\qquad 2・2-1・3=4-3=1$$

となっている。主定理１はnがどんな正の整数のときでも，この性質が成り立つことを主張するものである。

主定理１を証明するにあたって，補助定理を２つ紹介しよう。ここでは補助定理の証明は行わないが，興味があれば後で調べてみるとよい。

補助定理１は座標平面上の格子点を頂点とする三角形の面積を求めるときに役に立つものである。

補助定理１

Oを原点とする座標平面上に２点P（a，b），Q（c，d）をとる。３点O，P，Qが反時計回りの位置にあるとき，△OPQの面積Sは

$$S = \frac{1}{2}(ad - bc)$$

である。

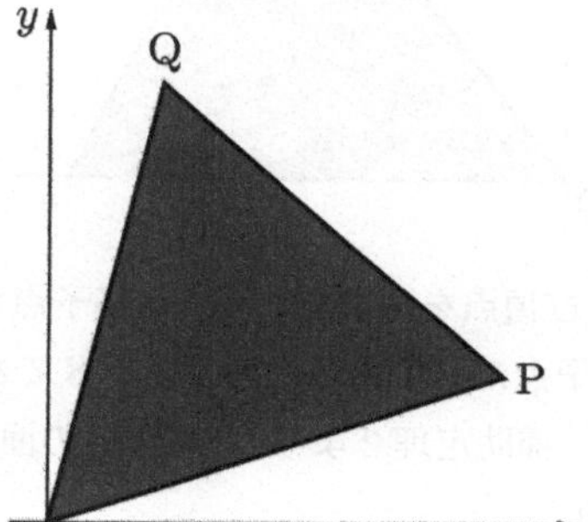

座標平面上の３点O（0，0），P（5，0），Q（3，4）を頂点とする△OPQを考えよう。

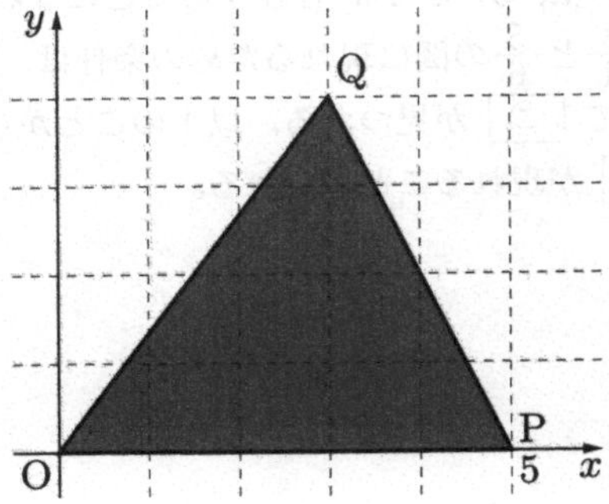

△OPQの面積 S は，辺OPを底辺とみなすことで

$$S=\frac{1}{2}\times(底辺)\times(高さ)=\frac{1}{2}\times 5\times 4=10$$

と計算できるが，補助定理１を利用すると

$$S=\frac{1}{2}(5\times 4-0\times 3)=\frac{1}{2}\times 20=10$$

のように計算することもできて，結果は確かに一致する。

……**問題14.**

補助定理２はPick（ピック）の公式として知られており，これ自身がとても価値のある結果である。

補助定理２（Pickの公式）

座標平面上の格子点を頂点とする多角形の面積 S は

$$S=I+\frac{1}{2}J-1$$

である。ただし，I は多角形の内部（辺および頂点を含まない）にある格子点の個数，J は辺上（頂点を含む）にある格子点の個数である。

補助定理２を利用して，再び３点O（0，0），P（5，0），Q（3，4）を頂点とする△OPQの面積を求めてみよう。

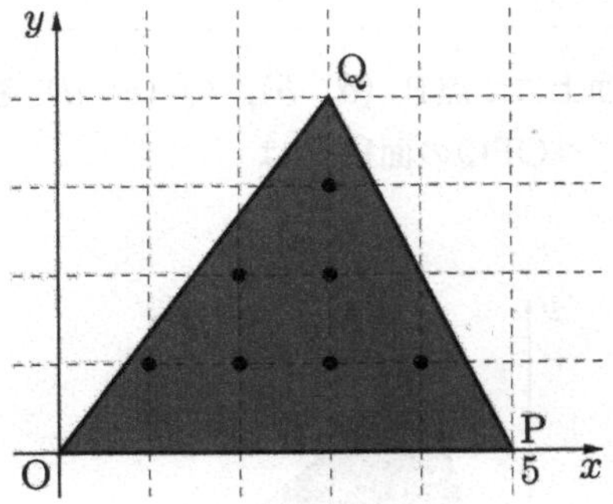

まず，△OPQの内部（辺および頂点を含まない）には格子点が７個あるから，$I=7$ である。また，辺上（頂点を含む）には格子点が８個あるから，$J=8$ である。なお，辺PQの中点が格子点であることに注意せよ。よって，補助定理２より，△OPQの面積 S は

$$S=7+\frac{1}{2}\times 8-1=10$$

と計算できて，結果は確かに一致する。

続いて，補助定理２を利用して，座標平面上の５点A（1，1）B（6，2），C（3，3），D（5，5），E（2，6）をこの順に頂点とする多角形ABCDEの面積を求めてみよう。

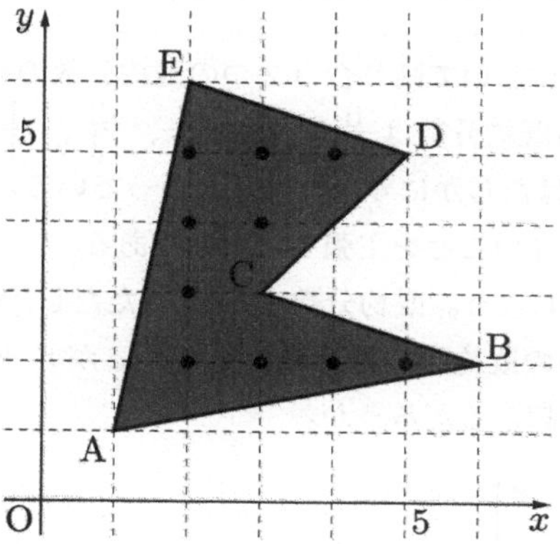

まず，多角形の内部（辺および頂点を含まない）には格子点が10個あるから，$I=10$である。また，辺上（頂点を含む）には格子点が [し] 個あるから，$J=$ [し] である。なお，辺CDの中点が格子点であることに注意せよ。よって，補助定理２より，求める多角形の面積 S は

$S=$ [す]

である。

……**問題15.**

……**問題16.**

それでは，５ページの主定理１を証明しよう。既約分数$\dfrac{b}{a}$，$\dfrac{d}{c}$（ただし，$\dfrac{b}{a}<\dfrac{d}{c}$）が Fn において隣り合うとする。このとき，Oを原点とする座標平面上に２つの格子点P$(a,\ b)$，Q$(c,\ d)$をとると，P，Qは３点（0，0），$(n,\ 0)$，$(n,\ n)$ を頂点とする直角三角形の周および内部を表す領域 Tn に存在する。さらに，$\dfrac{b}{a}$，$\dfrac{d}{c}$はそれぞれ座標平面上の直線OP，OQの傾きであるから，３点O，P，Qは反時計回りの位置にある。よって，補助定理１より，△OPQの面積を S とすると

$S=$ [せ]

である。また，$\dfrac{b}{a}$，$\dfrac{d}{c}$が Fn において隣り合うことに注意すると，補助定理２より

$S=$ [そ]

である。以上より

$$ad-bc=1$$

が成り立つ。

……**問題17.**

5　Farey数列の構成

さいごに，位数が大きなFarey数列をつくるアルゴリズムについて考えてみよう。Farey数列において隣り合う既約分数について，さらに次のことが成り立つ。

主定理２

Fn（n＝1，2，3…）を構成する既約分数のうち，隣り合うどんな２つに注目しても，その２つの既約分数の分母の和は $n+1$ 以上である。

たとえば $n=3$ として，F_3において隣り合う２つの既約分数の分母の和が４以上となることを確かめてみよう。F_3を構成する既約分数は$\frac{0}{1}$，$\frac{1}{3}$，$\frac{1}{2}$，$\frac{2}{3}$，$\frac{1}{1}$であったから，隣り合うどんな２つに注目しても，分母の和はたしかに４または５となっている。主定理２は n がどんな正の整数のときでも，この性質が成り立つことを主張するものである。

それでは，主定理２を証明しよう。既約分数$\frac{b}{a}$，$\frac{d}{c}$$\left(\text{ただし，}\frac{b}{a}<\frac{d}{c}\right)$ が Fn において隣り合うとする。もしも，この２つの既約分数の分母の和 $a+c$ が $n+1$ 以上でない，すなわち n 以下であったなら，どんなことが起こるだろうか。

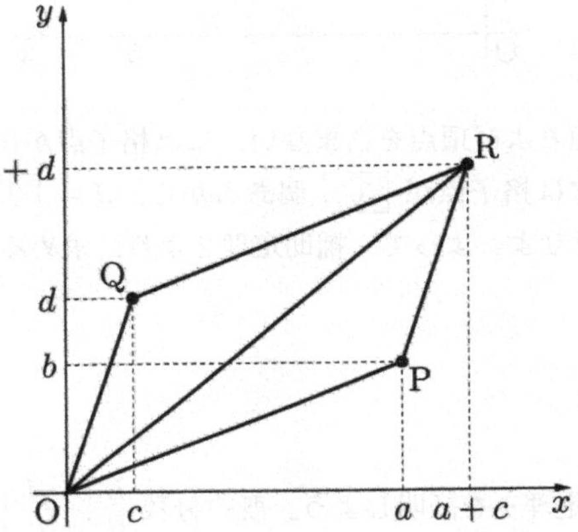

いま，$\frac{b}{a}$，$\frac{d}{c}$の分母と分子のそれぞれの和をとって得られる新たな分数$\frac{b+d}{a+c}$を考えてみる。Oを原点とする座標平面上に２つの格子点P$(a,\ b)$，Q$(c,\ d)$ をとると，R$(a+c,\ b+d)$ は四角形OPRQが平行四辺形となる位置にある格子点である。そこで，座標平面上の３直線OP，OQ，ORの傾きを考えることで

［㋟］

が成り立つ。

ここで，$a+c$ が n 以下であると仮定してみると，分数$\frac{b+d}{a+c}$を既約分数にしたものの分母も n 以下である。よって ［㋠］ ということになる。

［㋟］ が成り立つことと，［㋠］ ということから，Fn において$\frac{b}{a}$と$\frac{d}{c}$は隣り合わないことになってしまう。この結果は，Fnにおいて$\frac{b}{a}$と$\frac{d}{c}$が隣り合うことと矛盾《むじゅん》する。この矛盾は，分母の和$a+c$がn以下であると仮定したことによる。したがって，そのようなことが起こるはずはなく，分母の和 $a+c$ は $n+1$ 以上であるといえる。

このように，結論が成り立たないと仮定して矛盾を導くことにより証明する方法を背理法《はいりほう》という。

……**問題18.**

……**問題19.**

主定理1と主定理2を利用することで，次の主定理3を示すことができる。

主定理3

Fn（n =1，2，3…）を構成する既約分数のうち，分母の和がちょうど $n+1$ であるすべての隣り合う2つの既約分数 $\frac{b}{a}$，$\frac{d}{c}$ $\left(\text{ただし，}\frac{b}{a}<\frac{d}{c}\right)$ について，その間に分数 $\frac{b+d}{a+c}$ を入れる。この操作によってできる新たな数の列こそが F_{n+1} である。

たとえば，$n=3$ のときを考えてみよう。F_3 において $\frac{0}{1}$ と $\frac{1}{3}$，$\frac{2}{3}$ と $\frac{1}{1}$ は隣り合い，これらの分母の和はともに4である。よって，F_4 においてこれらの間に，それぞれ新たな既約分数子 $\frac{0+1}{1+3}=\frac{1}{4}$，$\frac{2+1}{3+1}=\frac{3}{4}$ が現れることになる。一方，F_3 において $\frac{1}{3}$ と $\frac{1}{2}$，$\frac{1}{2}$ と $\frac{2}{3}$ は隣り合うが，これらの分母の和はいずれも4ではない。よって，F_4 においてこれらの間に，新たな既約分数が割り込むことはない。この操作によって，たしかに F_4 をつくることができる。主定理3は位数が大きなFarey数列をつくるアルゴリズムを与えていることが分かる。

いよいよ，主定理3を証明しよう。以下では，既約分数 $\frac{b}{a}$，$\frac{d}{c}$ $\left(\text{ただし，}\frac{b}{a}<\frac{d}{c}\right)$ が Fn において隣り合うとする。

まず，F_{n+1} において既約分数子 $\frac{q}{p}$ が $\frac{b}{a}$，$\frac{d}{c}$ の間に現れるとしよう。このとき

$$\frac{b}{a}<\frac{q}{p}<\frac{d}{c}$$

が成り立つ。ここで左側の大小関係 $\frac{b}{a}<\frac{q}{p}$ について，両辺に同じ正の数をかけても2数の大小関係は変わらないから，両辺に ap をかけることによって

$$bp < aq$$

が成り立つ。さらに，両辺から同じ数を引いても2数の大小関係は変わらないから，両辺から bp を引くことによって

$$0 < aq - bp \quad \text{すなわち} \quad aq - bp > 0$$

が成り立つ。また，右側の大小関係 $\frac{q}{p}<\frac{d}{c}$ についても同様にして

$$dp - cq > 0$$

が成り立つ。したがって，x と y を正の整数として

$$\begin{cases} aq - bp = x & \cdots\cdots① \\ bp - cq = y & \cdots\cdots② \end{cases}$$

と表すことができる。①の両辺を c 倍，②の両辺を a 倍して各辺をそれぞれ加えることにより

$(ad - bc)p =$ ［つ］

となるから，5ページの主定理1を用いると

$p =$ ［つ］

が成り立つ。いま x と y は正の整数であったから

$p \geqq$ ［て］ ……③

である。一方，$\frac{q}{p}$ は F_{n+1} を構成する既約分数であるから

$p \leqq$ ［と］ ……④

である。よって，③，④より

［て］ $\leqq$ ［と］ ……⑤

が成り立つ。ところで，8ページの主定理2より

[て] ≧ [と] ……⑥

が成り立つ。したがって，⑤，⑥より

[て] ＝ [と] ……⑦

が成り立つ。⑦より $x = y = 1$ がわかるから，①，②を p，q について解くことにより

$p =$ [て]， $q =$ [な] ……⑧

となる。⑧より，[に]。

一方，$\frac{b}{a}$，$\frac{d}{c}$ の分母の和が $n + 1$ であるとしよう。このとき $a + c = n + 1$ である。ここで，$\frac{b+d}{a+c}$ を考えると，これは既約分数である。なぜならば，既約分数でないと仮定すると，約分することにより分母は n 以下となり，8ページの主定理2の証明と同様の矛盾が生じるからである。$\frac{b+d}{a+c}$ は既約分数であり，かつ，$a + c = n + 1$ であるから，$\frac{b+d}{a+c}$ は F_{n+1} に現れる。また，8ページの [た] が成り立つことから，[ぬ]。

以上のことから，主定理3が証明された。

……問題20.

……問題21.

……問題22.

以上で資料文は終わりです。

問題

問題1．

[あ] に当てはまるものを，次のうちから**すべて**選び，記号で答えなさい。

(ア) どちらも素数でない

(イ) 少なくとも一方が素数でない

(ウ) 最大公約数が1より大きい

(エ) どちらも奇数である

(オ) 正の公約数が2つ以上存在する

問題2．

次の有理数を既約分数の形で答えなさい。

(1) $\frac{18}{84}$

(2) $\frac{2022}{210}$

(3) 0.132

問題3．

[い]，[う] を適切に埋《う》めなさい。

問題4．

[え] を適切に埋めなさい。

問題5．

[お] に当てはまるものを，次のうちから一つ選び，記号で答えなさい。

(ア) 0以上1以下の有理数のうち，分母がちょうど n である数

(イ) 0以上1以下の有理数のうち，分母が1以上 n 以下である数

(ウ) 0以上1以下の既約分数のうち，分母がちょうど n である数

(エ) 0以上1以下の既約分数のうち，分母が1以上 n 以下である数

問題6．

[か]，[き] を適切に埋めなさい。

問題7．

次の値を求めなさい。

(1) $|F_6|$

(2) $|F_{10}|$

問題8．

n を正の整数とする。[く] に当てはまるものを，次のうちから一つ選び，記号で答えなさい。

(ア) $f_{(1+2+3+\cdots+n)}$

(イ) $f_{(1\times2\times3\times\cdots\times n)}$

(ウ) $f_{(1)}+f_{(2)}+f_{(3)}+\cdots+f_{(n)}$

(エ) $f_{(1)}\times f_{(2)}\times f_{(3)}\times\cdots\times f_{(n)}$

問題9．

次の記述について，正しいものには○，間違っているものには×を記しなさい。

① $f_{(10)}=4$ である。

② すべての正の整数 p，q に対して，$f(p\times q)=f(p)\times f(q)$ である。

③ すべての素数 p に対して，$f(p)=p-1$ である。

問題10.

$f(100)$ の値を求めなさい。

問題11.

［け］ に当てはまるものを，次のうちから一つ選び，記号で答えなさい。

㋐ （OHの傾き）＞（OFの傾き）と（OHの傾き）＜（OGの傾き）の両方

㋑ （OHの傾き）＜（OFの傾き）と（OHの傾き）＞（OGの傾き）の両方

㋒ （OHの傾き）＞（OFの傾き）と（OHの傾き）＜（OGの傾き）の少なくとも一方

㋓ （OHの傾き）＜（OFの傾き）と（OHの傾き）＞（OGの傾き）の少なくとも一方

問題12.

［こ］，［さ］ を適切に埋めなさい。

問題13.

次の記述について，正しいものには○，間違っているものには×を記しなさい。

① F_6において$\frac{1}{4}$と$\frac{2}{5}$は隣り合う。

② F_7において$\frac{5}{7}$と$\frac{3}{4}$は隣り合う。

③ Fn において$\frac{3}{5}$と$\frac{2}{3}$が隣り合うような正の整数 n の値は全部で 3 個ある。

（下の図は自由に用いて構いません。）

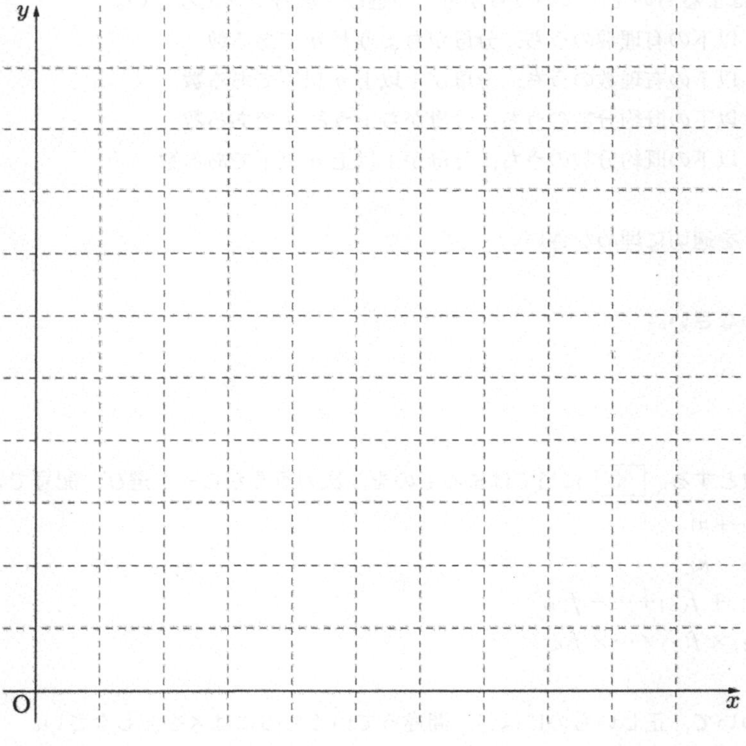

問題14.

座標平面上の３点（0，0），(3，5)，(−2，7) を頂点とする三角形の面積を求め，なるべく簡単な形で表しなさい。

問題15.

［㋛］，［㋜］を適切に埋めなさい。

問題16.

座標平面上の６点A(1，0)，B(7，3)，C(5，4)，D(2，2)，E(4，6)，F(0，5) をこの順に頂点とする多角形ABCDEFの面積を求め，なるべく簡単な形で表しなさい。

（下の図は自由に用いて構いません。）

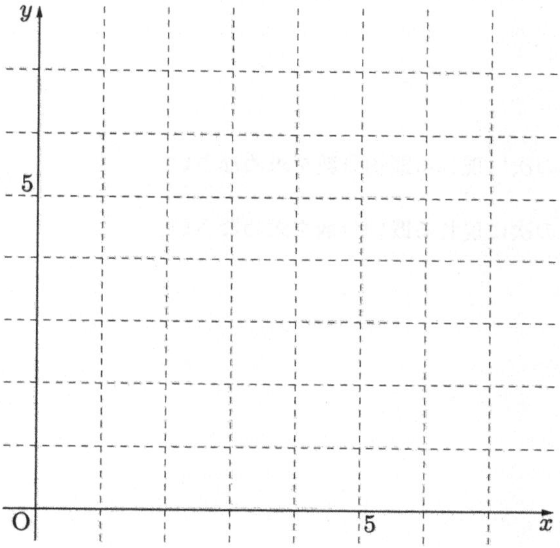

問題17.

［㋝］，［㋞］を適切に埋めなさい。

問題18.

［㋟］に当てはまるものを，次のうちから一つ選び，記号で答えなさい。

(ア) $\dfrac{b}{a}<\dfrac{d}{c}<\dfrac{b+d}{a+c}$　　(イ) $\dfrac{b}{a}<\dfrac{b+d}{a+c}<\dfrac{d}{c}$

(ウ) $\dfrac{d}{c}<\dfrac{b}{a}<\dfrac{b+d}{a+c}$　　(エ) $\dfrac{d}{c}<\dfrac{b+d}{a+c}<\dfrac{b}{a}$

(オ) $\dfrac{b+d}{a+c}<\dfrac{b}{a}<\dfrac{d}{c}$　　(カ) $\dfrac{b+d}{a+c}<\dfrac{d}{c}<\dfrac{b}{a}$

問題19.

［㋠］を適切に埋めなさい。

問題20.

［㋡］～［㋤］を適切に埋めなさい。

問題21.

［㋥］，［㋦］に当てはまるものを，次のうちからそれぞれ一つずつ選び，記号で答えなさい。

(ア) Fn において隣り合う２つの既約分数$\dfrac{b}{a}$，$\dfrac{d}{c}$の間には，Fn_{+1}において新たな既約分数が現れ，

その正体は$\dfrac{b+d}{a+c}$であり $a+c=n+1$ を満たす

(イ) Fn において隣り合う２つの既約分数$\dfrac{b}{a}$，$\dfrac{d}{c}$で $a+c=n+1$ を満たすものの間には，F_{n+1}において新たな既約分数が現れ，その正体は$\dfrac{b+d}{a+c}$である

(ウ) F_{n+1}において新たな既約分数が現れることがあるのは，Fn において隣り合う２つの既約分数$\dfrac{b}{a}$，$\dfrac{d}{c}$で $a+c=n+1$ を満たすものの間のみであり，その候補は$\dfrac{b+d}{a+c}$である

(エ) F_{n+1}において３つの既約分数$\dfrac{b}{a}$，$\dfrac{b+d}{a+c}$，$\dfrac{d}{c}$が続いて並ぶとき，$\dfrac{b}{a}$，$\dfrac{d}{c}$はFn において隣り合う

問題22.

次の問に答えなさい。

(1) F_{10}において，$\dfrac{3}{4}$の次に現れる既約分数を求めなさい。

(2) F_{30}において，$\dfrac{3}{4}$の次に現れる既約分数を求めなさい。

問題は以上です。

【英　語】（70分）　＜満点：100点＞

Ⅰ　[　] に入るものを選び番号で答えなさい。

In the near future, cars will be able to drive without human operation. This ①[1 has been / 2 is thought as / 3 was made / 4 will suggest] an idea for many years, but progress in AI technology will soon make it a reality. Toyota, Nissan, Mercedes-Benz, GM, and other car companies around the world are working to develop self-driving《自動運転》 technologies. ②[1 As similar as / 2 Same to / 3 In addition to / 4 Moreover] these organizations, companies such as Google, Apple, and Microsoft are also researching and developing self-driving cars. Many companies are testing self-driving cars on public roads, but Google has run the most miles ③[1 among themselves / 2 in all the companies / 3 in overseas / 4 of all].

Self-driving cars check their surroundings《周囲》 with cameras and radar《レーダー》 and automatically move by using AI. ④[1 If it is necessary to get / 2 In offering assistance to / 3 In order to support / 4 With the help of] map data, they can take you anywhere you want to go. In fact, many of these technologies are already ⑤[1 available / 2 improbable / 3 incredible / 4 renewable] in the newest cars. For example, cars ⑥[1 selling / 2 sold / 3 that are selling / 4 which have sold] today can check the distance to the car in front and adjust their speed. Their steering wheels《ハンドル》 can turn automatically by checking ⑦[1 how wide the / 2 how wide they know the / 3 how to measure the / 4 what a wide] road is. On motorways with few cars, humans ⑧[1 are able to / 2 have to / 3 should not / 4 used to] do almost nothing. Therefore, there will be more self-driving cars in the near future.

Self-driving cars have several other good points. The first is that they can reduce traffic accidents. According to the U.S. Department of Transportation《運輸省》, about 94% of car accidents are caused by human mistakes. Most of these accidents are caused by drivers ⑨[1 we both drink with / 2 who believed they both drank and / 3 who are either drunk / 4 those who are either drinking] or sleepy. However, computers and machines do not make such mistakes. If self-driving car technology develops, then ⑩[1 a great quantity / 2 an annual figure / 3 the number / 4 the total amounts] of accidents will decrease.

Another strength of self-driving cars is ⑪[1 because / 2 that / 3 which / 4 why] they can reduce traffic jams. According to NEXCO《高速道路株式会社》, most traffic jams are caused by braking《ブレーキを踏むこと》. When a car brakes, the car behind it also brakes, and eventually that causes all cars on the road to stop. When driving on a rising slope, it is difficult ⑫[1 for the driver to notice / 2 if the driver notices / 3 to notice where / 4 when to notice] that the car's speed is decreasing. As a result, the car slows down and the cars behind it have to brake. In addition, drivers cannot see well after entering tunnels, so they often reduce their speed. On the other hand, self-driving cars can travel at the same speed in any environment, so the cars behind them do not need to brake. In these ways, traffic jams happen less frequently.

Self-driving cars have many positive points, but they are not perfect. On the evening of March 18, 2018 in the United States, a person ⑬[1 injured / 2 has died / 3 was dead / 4 was killed] after being hit by a self-driving car. The ridesharing《自動車の相乗り》 company Uber was testing this car. While the car was moving at 63 kilometers per hour, it ⑭[1 has hit / 2 was hitting / 3 hit / 4 would hit] a 49-year-old woman who was crossing a four-lane《4車線の》 road. There was no crosswalk or traffic light. Although there was ⑮[1 a human / 2 the natural / 3 an artificial / 4 human being] driver in the driver's seat, she was not looking ahead, so she did not press the brake《ブレーキ》. Also, the car's radar noticed the woman from about 100 meters away, but still the car did not stop. The car did have an emergency braking feature, but Uber turned it off because sudden braking can make the ride uncomfortable. At the time, Uber was testing ⑯[1 his / 2 its / 3 it's / 4 own] car to develop a more comfortable ride.

With this accident, people were presented with a major problem. If a self-driving car causes an accident in the future, who will be responsible? At present, no countries have laws that ⑰[1 break out / 2 carry out / 3 count on / 4 deal with] such situations. The laws that many countries are now considering say that the person sitting in the driver's seat is responsible when a self-driving car causes an accident. ⑱[1 However / 2 Instead / 3 Therefore / 4 Over time], in the future, who will be blamed if no one is in the driver's seat? Also, what will happen if a car's computer is attacked by a hacker《ハッカー》?

Accidents caused by self-driving cars are very different from car accidents of ⑲[1 lately / 2 nowadays / 3 recently / 4 today]. The "decisions" made by computers and machines can also kill people. Even though technology companies believe that self-driving cars will cause fewer accidents, people may still die because of such decisions. Will we be able to accept this? As self-driving cars become more common, we will need ⑳[1 thinking / 2 thought / 3 to be thought / 4 to think] about more than just the technology itself.

Ⅱ 次の英文を読み，あとの問いに答えなさい。

Most British people do not deny that scones《スコーン》 and cakes are a sheer《本当の》 [A]<u>delight</u> to have with a cup of tea. One of the most popular cakes in England is the Victoria sandwich cake. This cake is named after Queen Victoria because it was believed to be her favorite. She led her country from 1837 to 1901 and this became known as the Victorian period. During this period, baking changed [ア]<u>significantly</u>. Globalization《グローバル化》 and the Industrial Revolution《産業革命》 changed not only the [B]<u>ingredients</u> but also the way baked goods were consumed.

In the early Victorian period, food was expensive. A middle class family could expect to spend a little more than half their [イ]income on food. Their [C]diet included a half pound《ポンド》 of bread daily. The bread was often delivered directly to houses by bakers or pastry《焼き菓子》 chefs. A family could also [ウ]purchase a variety of baked goods from street markets, pastry shops, or pie shops. They could prepare their bread in their own ovens or ask someone to bake it for them in a bakehouse《製パン所》, too. In order to heat the ovens, coal was necessary, but it was very expensive at that time. Families had to consider carefully which would be the cheaper option to bake their bread. Because they had a limited amount of money, families had to create a specific [エ]budget for coal.

According to A. N. Wilson, the author of *The Victorians*, the life of a baker was very difficult, especially during the busy seasons of social events because bread orders greatly increased. During such times, bakers began making the dough《生地》 at eleven at night. They were only able to sleep for a couple of hours while the bread [オ]rose, and then had to do the rest of the hard tasks. Surprisingly, [カ]kneading was sometimes done with their feet. The bakehouse was hot as well, up to 32℃. They worked for fourteen to nineteen hours per day and had no time to rest. Some bakers had to deliver the bread they made, too. Because the working conditions of bakers were very difficult, their [D]life expectancy was not very long. [E]Statistics show very few London bakers lived beyond the age of 42.

The lives of bakers improved as globalization and the Industrial Revolution provided more options for them. Until the Victorian period, bakers had to use ingredients from local English sources. However, as global markets opened up, bakers were able to buy ingredients from other countries. They could buy butter from New Zealand, flour from America, and eggs from France. These choices that bakers made affected the [F]shelf life, quality, and taste of the product. Because the ingredients needed to be fresh, food [キ]preservation was a [G]major problem before fridges became common. Therefore, they used alcohol《アルコール》 which could help preserve some cakes almost [H]indefinitely. As the Victorian period continued, manufacturers《工場主》 [I]attempted to invent machines that could do some of the hard work of baking. Among the many new machines that bakers could buy were those for dough kneading and dough mixing. Thanks to these machines, bakers could bake more easily and lead better lives.

In the late Victorian period, the process of baking became much easier and more varieties of baked goods were seen in shops. Cherry cakes, almond cakes, and tarts《タルト》 were just some of the things that people could buy. All of these fancy《手のこんだ》 baked goods tasted [ク]scrumptious and looked just as nice. By the 1870s, as people gained more [ケ]leisure time, a [J]consumer culture developed and people could leave their homes and enjoy shopping. As new shopping areas were developed, women could have lunch or tea while [コ]socializing in ladies' tea shops.

Today, many British baked goods are enjoyed all over the world. For example, scones, shortbread《ショートブレッド》, and crumpets《クランペット》 can easily be found at our local shops. We can enjoy their rich, delicious flavor even more if we know their history and background.

問1 本文中の［ア］～［コ］に相当するものを下から選び，番号で答えなさい。動詞については現在形の意味で載せてあります。

1．忙しい　2．完全に　3．おいしい　4．余暇の　5．大いに
6．保存　7．衛生　8．予算　9．収入　10. 貯金
11. 購入する　12. 輸入する　13. 人付き合いをする　14. こねる
15. あたたまる　16. ふくらむ

問2 本文中の［A］～［J］の意味として適切なものを下から選び，番号で答えなさい。動詞については現在形の意味で，名詞については単数形で載せてあります。

1．a food that is combined with other foods to make a particular dish
2．the length of time that an item of food can be eaten safely
3．a person, shop, or business that sells goods to the public
4．for a period of time that has no fixed end
5．something that gives great pleasure
6．a set of instructions for cooking or preparing a particular food
7．a fact in the form of a number that shows information about something
8．not very big, serious, or important
9．a person who buys goods or services for their own use
10. to limit the food and/or drink that you have, especially in order to lose weight
11. important or serious
12. to become or make something larger or greater
13. the average length of life for people or animals
14. the food and drink that a person usually eats or drinks
15. in a way that does not last for long or forever
16. to try to do something, especially something difficult

Ⅲ 次の英文を読み，あとの問いに答えなさい。

For centuries, Native Hawaiians had no written language. Until the early 1800s, they had no alphabet or characters to write their history down. Instead, the Hawaiian language was a spoken language. Cultural information such as history, religious beliefs《宗教的な信念》 and the Hawaiian language were passed down to the next generation through different forms of storytelling《物語を話すこと》. One of these storytelling methods is the ancient Hawaiian dance called hula. In fact, hula is much more than a dance. For Native Hawaiians, hula is an important part of Hawaiian culture because it not only celebrates the many Hawaiian gods, but it is also like a history textbook. When hula is performed, the dancers are storytellers who tell the stories of Hawaii's past by using both gestures and songs.

There are two types of hula and they are quite different. Hula ’auana is the modern form of hula that many people imagine when they think of Hawaii. In ’auana, the performers wear colorful costumes and dance to songs which are sung in either Hawaiian or English. The songs of ’auana are performed with musical instruments such as the guitar and ukulele. These instruments help to give this form of hula a more modern image. (A), hula kahiko is the (B) form of hula that Native Hawaiians have performed for centuries. In kahiko, the songs are sung in the native Hawaiian language and there is no ukulele or guitar playing behind the dancers. Instead, the performers dance to the sounds of instruments made from natural materials such as bamboo, stones and gourds《ヒョウタン》. As the dancers move to these sounds, they sing a type of song called ’oli. In kahiko, the words of the ’oli are perhaps more important than the gestures of the hula. This is because it is the words of the ’oli which tell the stories of Hawaii’s history. ’Oli are also often religious songs that celebrate Hawaiian gods such as Pele, the god of volcanoes, or Hina, the god of the moon. Because these ’oli have been sung and passed down for hundreds of years, Hawaiians have been able to keep a record of their history and keep their religious traditions alive.

However, when the Christian missionaries《キリスト教の宣教師》 arrived in Hawaii in 1820, they did not like hula because the dancers wore very little clothing and showed too much skin. They did not like that the Hawaiians were celebrating and praying to non-Christian gods either. So, in 1830, the missionaries persuaded《説得した》 Queen Ka’ahumanu to ban public performances of hula. Because Hawaiians could not perform hula, younger Hawaiians could not learn the stories of their ancestors or participate in the traditional ceremonies of hula. As a result, they lost an important part of their identity as Hawaiians. Fortunately, although public performance of hula was banned, Hawaiians continued to dance kahiko in secret, especially in the countryside.

Hula was banned in Hawaii for about 40 years. However, when David Kalakaua became king in 1874 and changed the law, Hawaiians could perform hula in public again. He said, “Hula is the language of the heart and therefore the heartbeat《心臓の鼓動》 of the Hawaiian people.” He wanted Hawaiians to take pride in ancient traditions and encouraged them to perform ’oli and kahiko. In fact, the ceremonies for Kalakaua when he became king included performances of both the ancient and modern forms of hula.

In 1893, the Kingdom of Hawaii was overthrown《倒された》 and the United States took control of the Hawaiian islands. Just a few years later, the new government banned the use of the Hawaiian language in schools and the people were not allowed to speak their native language in public.

(C), the number of people who could speak the language quickly began to decline. However, although speaking Hawaiian in public was banned, people all over Hawaii continued to perform hula and sing 'oli. Many experts believe that thanks to hula, the Hawaiian people were able to preserve their history and their language for future generations.

Since the 1800s, Hawaiians have been using the written word to record and communicate their history. However, the traditions of storytelling through 'oli and hula (D). Today, schools throughout Hawaii teach both the Hawaiian language and hula because more people $_{\mathrm{E}}$recognize the importance of preserving the traditions and language of Hawaii.

A. Fill in the space (A).
1. Although 2. On the other hand 3. Because 4. In addition

B. Fill in the space (B).
1. cultural 2. elementary 3. ancient 4. social

C. Fill in the space (C).
1. Surprisingly 2. First of all 3. Moreover 4. As a result

D. Fill in the space (D).
1. have been banned for 200 years
2. have all been lost or destroyed during the war
3. continue to be an important part of Hawaiian culture
4. are no longer passed down

E. Which word has the same meaning as $_{\mathrm{E}}$recognize?
1. agree 2. understand 3. watch over 4. suggest

F. Choose the best option to complete the sentence. In hula kahiko,
1. the songs, or 'oli, are usually sung in English.
2. the songs, or 'oli, are not sung in English.
3. the dancers perform to the music of guitars and ukuleles.
4. the dancers use colorful costumes to help tell their stories.

G. Before the Christian missionaries arrived, how did the Hawaiians record and share their history?
1. They recorded and shared their history through storytelling, song and dance.
2. They recorded and shared their history with the help of Christian missionaries.
3. They recorded and shared their history mostly through songs.
4. They recorded and shared their history using a unique Hawaiian writing system.

H. Choose the best option to complete the sentence.
In the 1800s, younger Hawaiians began to lose their Hawaiian identity because
1. Queen Ka'ahumanu became a Christian.
2. King Kalakaua continued to ban hula performances.
3. they could not take part in the traditions of Hawaii.
4. they no longer believed in Hawaiian gods such as Pele or Hina.

I．At the ceremony celebrating Kalakaua becoming king, what instruments could people hear?

1. no musical instruments at all
2. only guitars and ukuleles
3. only instruments made from stones, bamboo or gourds
4. ukulele, guitar and instruments made of stones, bamboo, and gourds

J．以下の英文のうち，本文の内容に合わないものを３つ選び，番号の早い順に書きなさい。

1. When the government banned hula in the 1800s, some people in Hawaii did not obey the law.
2. The missionaries did not mind if the people prayed to Hawaiian gods.
3. Hula ’auana is less traditional than hula kahiko.
4. Although the government banned the Hawaiian language in the 1890s, the number of Hawaiian speakers actually increased.
5. Because hula was so important to Hawaiians, it helped to preserve the Kingdom of Hawaii.
6. The Hawaiian language was not banned until the United States took control of Hawaii.

Ⅳ 次の英文を読み，あとの問いに答えなさい。

Have you ever *stereotyped*《型にはめる》 someone? Perhaps we all have. A stereotype《ステレオタイプ》 is a fixed idea or image that many people have of a particular type of person or thing. However, it is sometimes not true in reality. Stereotypes are often formed when we see people in a group, such as gender, race《人種》, or nationality《国籍》, and create an image in our minds that everyone in that group thinks and behaves in the same way. One group that has been fighting against stereotypes is women and girls.

One stereotype that women often face is the idea that women talk more than men. This stereotype is very persistent《根強い》 and can be found all over the world. In fact, in Japanese, one way to describe “noisy” in kanji is by stacking《重ねる》 three characters for “woman” together. There is also an expression from（ A ）（ B-1 ）this is a common stereotype, men actually tend to《～する傾向がある》 talk more than women. Studies have confirmed this since the 1950s. Out of 56 studies examining which sex《性別》 talks more, 34 showed that men talked more than women. Only two of the studies showed that women talked more than men. Last year, a well-known Japanese man attracted both national and international attention when he said, “Meetings with many women take so much time.” C He will surely be surprised if he sees these research results.

Many researchers have been trying to explain why people think that women talk more than men. One of the explanations is that, in some countries, there are often very few women in meetings, so they tend to D stand out. In the 1980s, one researcher explained that when a minority《少数派》 represents less than 15% of a larger social group, they become much more visible than anyone else, and their actions attract more attention. Women often find themselves in these situations, so when they do speak out in meetings, people probably think, (E) Another explanation is that women and men tend to discuss different topics. Men sometimes judge "women's" topics as not important, so they feel that women talk too much.

The stereotype that women talk more than men is an example of a particular image (F) always represent the reality. On the other hand, stereotypes can not only influence the way we think about others, but also affect the way we think about ourselves. In the end, when we are stereotyped, we often believe in this stereotype. As a result, we behave in a way that reflects the stereotype.

You are probably familiar with the stereotype that boys are better than girls in math. Do you think this is true? Let's look at the results of an international math test which Japan took part in. PISA is one of the biggest international tests that measures the abilities of 15-year-olds to use their knowledge and skills in reading, math, and science to meet real-world《実社会の》 challenges. According to PISA in 2018, boys performed much better than girls in math in 32 countries and economies《経済圏》 out of 78. This is nearly half of the total.

The interesting point about girls' performance in math tests in general (G-1) that this stereotype about math affects girls psychologically《心理的に》. In one study, researchers said to a group of girls before taking a math test, "In this math test, boys' scores are better than girls' scores." As a result, girls performed lower than boys. In another study, girls performed (H) boys even when they were not told about the gender factor《要因》 at all. It is interesting that in both studies, girls' performance (G-2) as high as boys when researchers said to girls, "This test is not affected by gender difference." These results suggest that girls are influenced in a negative way by the stereotype that boys are better than girls in math, even if no one says it to them directly.

Many people in Japan have the stereotype that boys are better than girls in math. This can be the reason why Japanese girls' performance in math was lower than Japanese boys' in PISA 2018. However, in 14 countries and economies, girls did perform much better than boys. Japan could perhaps be like these countries if more people did not believe this stereotype. (B-2), this stereotype is just a stereotype, and it does not reflect the actual abilities of girls.

As you can see, stereotypes can have a great influence on the way we think, speak, and behave. We should stop and consider the ideas that we hold, as well as the language we use. If we don't do this, there is a chance that we will hurt someone.

A．（A）に入るものを選びなさい。

1. Argentina that translates as "If a man lends an ear, it's because he, too, wants to speak."
2. France that translates as "A woman's opinion changes as easily as the moon."
3. Turkey that translates as "Even though you know a thousand things, ask the man who knows one."
4. Germany that translates as "One man, one word - one woman, one dictionary."
5. Greece that translates as "Too many opinions sink the boat."

B．（B-1）と（B-2）に入るものをそれぞれ選びなさい。

1. Besides　2. Although　3. Instead　4. In other words　5. For example

C．下線部Cについて，彼が驚くのはなぜか，当てはまるものを選びなさい。

1. 女性が少ない方が会議が短く済むというのは思い込みにすぎないと知るから。
2. 女性の話は重要ではないと考えていたのに，実は重要だと知るから。
3. 女性の方がよくしゃべるというのは日本だけではないと知るから。
4. 女性が会議において少数派になることが多いと知るから。

D．下線部Dの意味を以下から選びなさい。

1. 立ち去る　2. 目立つ　3. 立ち上がる　4. 角が立つ

E．（E）に入るものを選びなさい。

1. "Well, she should be talking!"　2. "How can she talk?"
3. "Oh, she is talking!"　4. "What did she talk about?"

F．（F）に入るものを選びなさい。

1. which did not　2. which does not　3. which do not　4. which could not

G．（G-1）と（G-2）に入るものをそれぞれ選びなさい。同じものを複数回使ってもよい。

1. were　2. are　3. was　4. is

H．（H）に入るものを選びなさい。

1. as high as　2. as low as　3. higher than　4. lower than

I．以下の英文のうち，本文の内容に合うものを３つ選び，番号の早い順に書きなさい。

1. If you are a member of a minority ethnic group, and you are in a meeting, it is possible that others will think that you are talking more than others, even if you are not.
2. When you are listening to a speaker, and you are interested in the topic, you will probably feel the person is talking too much.
3. Studies show that men speak more than women. However, people believe that women talk more than men.
4. Boys performed as well as girls in the math test after hearing, "This test is not affected by gender difference."
5. According to research, girls tend to be affected by the stereotype that boys are better than girls in math, even if they don't realize it.
6. On the PISA test, girls in Japan did not perform as well as boys in math

because their actual abilities were low.

7. When you are stereotyped by someone, it is rare to be affected by the stereotype.

V 下の絵を見て，あとの問いに答えなさい。

A．以下の［　］内の語を並べ替えて，絵②の男の子の願い事を表す適切な英文を完成させ，6番目と10番目の語を答えなさい。ただし，最初のHeと最後のplacesは数えません。

He［ visit / travel / and / wishes / he / world / could / famous / around / the / many / that ］places.

B．絵③の ア に入るように，以下の［　］内の語を並べ替えて適切な英文を完成させ，3番目と9番目の語を書きなさい。ただし，最初のI wantと最後のbeforeは数えません。

I want［ because / sound / feelings / never / to / she / my / made / turtle's / understand / has / a ］before.

C．絵④の イ に入るように10語以上の英文を書きなさい。ただし，wishを使うこと。二文になっても構いません。

D．絵⑥の下線部**ウ**の意味を表す英文を一文で書きなさい。

ウ　梶井基次郎が、じっさいには存在しない町を舞台に小説を書けるようにしたこと。

エ　梶井基次郎が、じっさいにどんな風景を主人公が見ていたか、読者に示そうとしたこと。

オ　梶井基次郎が、じっさいに風景画を描くことで主人公の気持ちに寄り添おうとしたこと。

問十　傍線部⑧「パノラマ的なものを欲する人物を主題化した作品」とはどのような作品ですか。説明として最も適切なものを次の**ア**～**オ**の中から**二つ選び**、記号で答えなさい。

ア　人が生まれながらに持つ孤独感に焦点をあてた作品。

イ　世間から完全に距離をとって生活している人物を描いた作品。

ウ　特定の対象に執着することを好まない人物をテーマにした作品。

エ　人との関係に一定の距離を置くことを求める人物を描いた作品。

オ　筆者と同様に思春期に深く悩み続けた人物をテーマにした作品。

問十一　傍線部⑨「不愉快な場面を非人情に見る」とはどのような意味ですか。説明として最も適切なものを、次の**ア**～**オ**の中から一つ選び、記号で答えなさい。

ア　人間社会での嫌なできごとは人々が思いやりの気持ちを失ったから起こるのだ、と分析して見るという意味。

イ　自分が嫌な目にあっている時に、そう感じる気持ちや自分の置かれた状況から離れて全体を見るという意味。

ウ　世の中で嫌なできごとが起きた時、それと直接関係ある人々だけがそのできごとを同情の目で見るという意味。

エ　自分を嫌な目にあわせる相手について、この人は人間らしい感情を失っているのだと思いやって見るという意味。

オ　嫌なできごとは、人がどんな思いを抱いているかということとは関係なく起こるのだ、と諦めて見るという意味。

問十二　太線部X「丘の上に登ることを選んだ私は、その行為を通じて何をしようとしていたのでしょうか」とありますが、なぜ筆者は丘に登ることを選んだと考えられますか。文の書き出しを「筆者は」ではじめて、七十字以上八十五字以内で答えなさい。なお、本文を最後まで読み、「パノラマ的な風景感覚」と「静かな展望」の関係に触れたうえで答えなさい。

オ 嫌々キャンプに参加したことを先生や同級生に知られ、気を遣われたので居心地が悪くなったという意味。

問五　傍線部④「空々しい」の、ここでの意味として最も適切なものを、次の**ア**〜**オ**の中から一つ選び、記号で答えなさい。

ア 大げさで重苦しい。

イ 人を見下したような。

ウ じっさい以上にもの悲しい。

エ わざとらしくて真実味がない。

オ 漠然としすぎて分かりにくい。

問六　傍線部⑤「パノラマは一八世紀に誕生した視覚の装置であり、錯視の装置ですが、これはたんにパノラマ館という見世物に終始したわけではありません」とはどのような意味ですか。説明として最も適切なものを、次の**ア**〜**オ**の中から一つ選び、記号で答えなさい。

ア 明治時代の人々にとって、風景画とはパノラマ館での体験や装置そのものを指すようになっていたという意味。

イ パノラマは錯視の装置として科学的な技術を追求していっただけでなく、芸術文化の向上を目的にしていったという意味。

ウ パノラマ館での体験は、珍しい装置としてだけでなく、当時の風景画家たちの作風からも重大な影響を受けていたという意味。

エ 明治時代の人々にとってだけでなく、パノラマ館での体験や装置はわたしたちの生活にも、形を変えて取り入れられているという意味。

オ パノラマは珍しいアトラクションとしてだけでなく、その視覚体験は明治時代に流行していた風景画鑑賞と同じような体験として認知されていたという意味。

問七　傍線部⑥「主人公は、眼前の実在の風景を、まるで風景画を見るように見ている」とありますが、どのようなことですか。説明として最も適切なものを次の**ア**〜**オ**の中から一つ選び、記号で答えなさい。

ア 主人公は高台の城跡からの風景を、心の中の風景と重ねながら見ているということ。

イ 主人公は高台の城跡からの風景を、パノラマ的な視覚体験と重ねて見ているということ。

ウ 主人公は高台の城跡からの風景を、かつて見た「外国の画」と重ねて見ているということ。

エ 主人公は高台の城跡からの風景を、「故のない淡い憧憬」の気持ちを抱きつつ見ているということ。

オ 主人公は高台の城跡からの風景を、上野・浅草で見たパノラマ館の風景画を思い出しながら見ているということ。

問八　空欄 **Y** に当てはまることばを漢字二字で本文中から抜き出して答えなさい。

問九　傍線部⑦「じっさい、梶井基次郎は、この風景のスケッチ画を残しています」とありますが、ここからどのようなことが分かると筆者は考えていますか。最も適当なものを、次の**ア**〜**オ**の中から一つ選び、記号で答えなさい。

ア 梶井基次郎が、じっさいに見えている風景を階層化してとらえ直したこと。

イ 梶井基次郎が、じっさいの風景を見ずに小説を書き上げられるようになったこと。

わされないこと」とあります。ある意味では人間の世界から距離を置いて、わずらわされたくないという気持ちが、世間というものから距離を置きたい気持ちが、この小説の主人公には強くあるのです。こういう人物ですから、「パノラマ風の眺め」に「安らぎ」を覚え、いつまでも「静かな展望」に見入っていたいのです。

（野田研一『自然を感じるこころ――ネイチャーライティング入門』筑摩書房、二〇〇七年より）

注1　他人の家に身を寄せ、養ってもらっていること。また、その人。
注2　つくつくぼうし。「つくつくおーし」と繰り返し鳴くセミ。
注3　船を綱で他の船につなぎ合わせたり、岸のくいなどにつないだりして、船をつなぎとめること。

問一　傍線部**a**～**e**について、漢字はその読み方をひらがなで書き、カタカナは漢字に直しなさい。

問二　傍線部①「山道をとぼとぼと歩いていた」とありますが、「とぼとぼ」と表現されているのはなぜですか。その理由として最も適切なものを、次の**ア**～**オ**の中から一つ選び、記号で答えなさい。

ア　打開するあてのない悩みを抱えていたから。
イ　どちらかというと山登りが好きではないのに登っているから。
ウ　丘のてっぺんに着いたら悩みと直面しなければならなくなるから。
エ　眼下に見渡す景色を楽しみにしてはいるものの、登りきる自信がないから。
オ　気分転換の方法はいろいろあるのに、どうして丘に登るのか理解できないから。

問三　傍線部②「主観的には深い悩みの中にありました」とありますが、「主観的には」と表現されているのはなぜですか。その理由として最も適切なものを、次の**ア**～**オ**の中から一つ選び、記号で答えなさい。

ア　深い悩みと一般的に定義されるような悩みでないことが、頭では分かっていたから。
イ　最初から解決できるあてのない悩みだと分かっていながら、解決しようとしているから。
ウ　この時の本人にとっては深刻でも、他の人から見ると深刻に思えないかもしれないから。
エ　実際には深刻な状況ではなかったのに、深刻な状況だと自分で勝手に思いこんでいたから。
オ　最初から悩みを解決しようとするのではなく、そういう言いわけをして単に気分転換を図っていたから。

問四　傍線部③「先生や同級生が自分を何かと気遣ってくれていること自体が苦痛に感じられる」とはどのような意味ですか。説明として最も適切なものを、次の**ア**～**オ**の中から一つ選び、記号で答えなさい。

ア　自分へ気を遣う周囲の人に返事をするのが億劫だったという意味。
イ　行き先を高い山にした先生や同級生たちへ怒りを感じずにはいられなかったという意味。
ウ　先生や同級生たちから当時抱えていた悩みにまで気を遣われるのがいやだったという意味。
エ　山登り以上に、周囲へ気を遣わせてしまっていることに負い目や劣等感を感じたという意味。

うとする場合、私たちは対象からできるだけ離れる必要があります。対象に接近するということは、全体を見失い、部分しか見えなくなることですから。パノラマ的視覚というのは、広く全体を見ようとするものですから、必然的に対象から離れる必要が出てきます。「城のある町にて」の主人公が高台の城跡に上がるのは、その遠望を可能にする［Y］を獲得するためです。小高い丘の上から広大な空間を見わたす。これこそパノラマ的視覚の要件ですから。

第二には、このような展望の位置を獲得した場合、そこに近景、中景、遠景という風景画的な階層化された構図が生まれるということです。いいかえれば、遠近法的構図です。この小説における風景の要素配置つまり構図は、次のように組み立てられています。

近景	小学校、寺の屋根、散在する植物の緑、赤いポスト、商店の看板、遊郭、芝居小屋、旅館＝町
中景	町はずれの煙突、黝《くろ》い木立、百姓家、街道、軽便（鉄道）の上げる煙＝町はずれ
遠景	入江、入江に舫《もや》う舟

こうやって並べて整理してみると一目瞭然ですが、風景画における遠近法的構図そのものですよね。（⑦じっさい、梶井基次郎は、この風景のスケッチ画を残しています。）そこでもう一度、パノラマ的、風景画＝遠近法的な視覚世界が対象からの距離、へだたりを前提としている点について考えてみましょう。離れるということは物理的に遠ざかるということです。遠ざかるということは、対象との間に距離があるということです。ということは、こんなふうに対象を遠望している人物は、対象とは疎遠な関係しかもちえていないことを意味しませんか。

もともと視覚というのは、たとえば触覚が対象に触れなければ知覚できない感覚であるのとｅタイショウテキに、対象から離れなければ充分作動しない感覚です。だから、視覚を重視すればするほど対象から遠ざかることが大きな条件になっています。パノラマ的な風景感覚を求めようとすれば、この小説の主人公のように町から離れた少し高い場所に立たなければなりません。しかも、この主人公はそれを求めているのです。かなり切実に求めている人物といっていいでしょう。つまり、この小説は⑧パノラマ的なものを欲する人物を主題化した作品だといっていいと思います。人間の関係すなわち社会関係に対し距離を置き、全体をとらえたいという気持ちを切実に感じている人物です。E・パノフスキーという学者は『〈象徴形式〉としての遠近法』という本の中で、遠近法の歴史には二つの要素があって、その一つは「距離を設定し客観化しようとする現実感覚の勝利だ」と述べています。

この作品の登場人物はこうも言っています。何か不愉快なことがあっても、「いつもの癖で、⑨不愉快な場面を非人情に見る、——そうすると反対に面白く見えてくる——その気持がものになりかけて来た」とか、体調を悪くした姉を別人と勘違いしたとき、「家のなかばかりで見馴《みな》れている家族を、ふと往来で他所目《よそめ》に見る——そんな珍しい気持で見た故《せい》」と考えたりしています。「非人情に見る」とか「他所目に見る」——こういった言葉が、この人物の性向を見事に要約しています。特定の対象に執着せず、距離を置いて全体を眺めようとする態度ですね。非人情というのは『広辞苑』によれば、「人情から超然として、それにわずらような「静かな展望」に心惹かれるのか、これがいま私たちが追いかけている問いです。答の手がかりは、「このパノラマ風の眺めは何に限らず一種の美しさを添えるものである」という部分に c潜んでいる気がします。要するに主人公が安らぎを覚えているのは、「パノラマ風の眺め」だという点です。（もちろん、この文章の直後に、「然し入江の眺めはそれに過ぎていた」とありますから、それはたんなる「パノラマ風の眺め」以上のものと強調されているわけですが、いまは無視しておきます。）

「パノラマ風の眺め」とは何でしょうか。また、それが答の手がかりであるとはどういう意味でしょうか。考えてみましょう。

まず問題はパノラマです。『広辞苑』を見ますと、二つの意味に分けて説明されています。一つは一般的な意味で、「全景。広い眺望。一望の下に収められた景色」という説明です。基本的には大きく広くぐるりと見渡すことのできる眺望を指すようです。パノラマ写真という通常より広い視野で dサツエイしたものなどがありますね。二つ目は、こう説明されています。

> 都市や大自然・聖地などの眺望を屋内で見せる絵画的装置。円環状の壁面に緻密で連続した風景を描き、立体模型を配したり照明をあてたりして、中央の観覧者に壮大な実景の中にいるような感覚を与える。一七八九年イギリスのロバート＝バーカー（R. Barker 一七三九 一八〇六）が制作。日本では一八九〇年（明治二三）上野・浅草で公開。映画などの発達により衰退。回転画。

梶井基次郎が表現している「パノラマ風の眺め」という感覚の背景を理解するには、『広辞苑』の説明で一応こと足りると思います。パノラマは一八世紀の終わり頃に考案され、日本には明治維新後の文明開化にともなって、一八九〇年、つまりおよそ一〇〇年後にヨーロッパから渡来したということです。梶井基次郎は一九〇一年生まれですから、上野・浅草で初公開された約一〇年後に生まれています。

この「パノラマ風の眺め」はなぜ主人公を魅了しているのでしょうか。それはまさしくパノラマが広く遠くまで見わたす眺望であるからにほかなりません。主人公が気に入っている「静かな展望」は、近景の小学校の校舎から遠景の入江にいたるその広大な視野、パノラマ的視野であるがゆえにこそ、主人公を魅了しているというべきでしょう。⑤パノラマは一八世紀に誕生した視覚の装置であり、錯視の装置ですが、これはたんにパノラマ館という見世物に終始したわけではありません。むしろ、パノラマ的な視覚体験は、当時一世を風靡《ふうび》していた風景画の逸すべからざるファクターでもありました。つまり、「パノラマ風の眺め」に見とれるということは、そのまま風景画を見るような経験と同じだったわけです。つまり、このときこの⑥主人公は、眼前の実在の風景を、まるで風景画を見るように見ているということになります。

ついでにいえば、パノラマの語源は、「すべて、全体」という意味を表すpanという語と、「見る」という意味のhoramaの合成語（いずれもギリシア語）です。英語でいえばall seeingという意味で、パノラマ的視線のことをall-seeing eyeと言ったりします。「すべてを見る目」というわけです。しかし、この「すべてを見る目」としてのパノラマ的視線は、それが成立するための前提条件を要します。第一には、対象からの Y と高さです。可能なかぎり広い範囲でものごとを視野に入れよた」と言っています。その理由は、「なにか」があるからだというのですが、その「なにか」は口に出すと「④空々しいものになってしまう」というわけで、どうにもはっきりしません。でも「なにか」があるらしいことは分かります。たぶん、この「なにか」を解くことができれば、私が最初に提出した問い――「この人物はなぜそんなことをするのか」――への答に近づけるかも知れません。

パノラマ風の眺め

じつは、作者は先ほどの引用の直後に、その「なにか」を説明しようと試みています。そのために、三つの連想を示しています。

1「故のない淡い憧憬《あこがれ》といった風の気持」

2「人種の異ったような人びとが住んでいて、この世と離れた生活を営んでいる。――そんなような所にも思える。」

3「なにか外国の画で、彼処《あそこ》に似た所が描いてあったのが思い出せない為《ため》」

でもどうやらいずれも近いけれどもやはり何か違うという感覚らしいのです。そして、こういう自問自答の果てに、作家はこう記します。

では一体何だろうか。このパノラマ風の眺めは何に限らず一種の美しさを添えるものである。然《しか》し入江の眺めはそれに過ぎていた。そこに限って気韻が生動している。そんな風に思えた。――

空が秋らしく青空に澄む日には、海はその青より稍々《やや》温《ぬく》い深青に映った。白い雲がある時は海も白く光って見えた。今日は先程の入道雲が上へ拡《ひろ》がってザボンの内皮の色がして、海も入江の真近までその色に映っていた。今日も入江はいつものように謎をかくして静まっていた。

最初の段落で言っていることは、一般に「パノラマ風の眺め」は美をもたらすが、「入江」の眺めはそれをはるかに凌駕《りょうが》するもので、「気韻が生動している」ということでしょう。「気韻生動」という言葉の意味は、『広辞苑《こうじえん》』によりますと、「絵や書などで、気品がいきいきと感じられること」とあります。おそらく、この「気韻生動」ということが、風景の中の「なにか」を言い当てようとしているに違いありません。とはいえ、「気韻生動」という言葉の意味を追いかけても「なにか」の意味が解けるような気もしません。なぜかというと、作家は「今日も入江はいつものように謎をかくして静まっていた」とこの一節を結んでいるからです。解けそうで解けない「謎」です。

ここまでのプロセスをもう一度整理してみましょう。

高台の城跡 ⇩ 「静かな展望」 ⇩ 「入江の眺め」 ⇩ 「なにか」
⇩ 「気韻生動」 ⇩ 入江の「謎」

次に皆さんは、自分自身が眺めの良い高台に立ったとき、どんな気持ちになってそこからの風景を眺めているか、少し自分の心に問いかけてみながら、続きを読んでみて下さい。

主人公は、「入江の眺め」を遠景とする「静かな展望」に心惹かれるものがあって、毎日のように城跡までやってくるわけですね。なぜこのたから、何とかそれを打開する方法を探っていたのだと思います。いや、丘に登ったからといって打開などできるわけもないので、たんに気晴らし、気分転換を図っていたのだと言ったほうが正確でしょうね。でも、どうして丘に登ることで、そういう気分転換ができると考えたのでしょう。スポーツで汗を流すとか、読書に耽《ふけ》るとか、よからぬ遊びに走るとか、気分転換の方法はいろいろあるわけですから、べつに丘に登ることだけが特別な意味を持っていたとは思えません。たぶん、たまたまそれを選んだに過ぎないのでしょう。

とはいえ、いまになっても思い返すのは、なぜあのとき自分は丘を選んだのだろうという疑問です。山登りが大好きだったというわけではありません。小学生の頃ですが、夏休みを利用して、熱心な担任の先生が、クラス全員を有名な山に連れていってくれたことがありました。キャンプをしながらかなり高い山に登る強行軍でした。人一倍体力のなかった私にはほんとうに辛い旅でした。③先生や同級生が自分を何かと気遣ってくれていること自体が苦痛に感じられる情けない山登りでした。ですから、山が好きなんてとても言えないのです。

なのに、その後、悩み深い思春期に、X丘の上に登ることを選んだ私は、その行為を通じて何をしようとしていたのでしょうか。

梶井基次郎《かじいもとじろう》「城のある町にて」

この答を探るために、一つ例を挙げてみましょう。

梶井基次郎という小説家がいます。一九〇一年（明治三四年）に生まれ、一九三二年（昭和七年）に没した昭和初期の作家です。この作家の代表作の中に、「城のある町にて」（一九二五年、大正一四年）という作品があります。じつはこの小説の主人公（峻《たかし》）がほとんど毎日のように町はずれの高台にある城跡に出かけては、そこからの眺めを飽かず眺めているような人物なのです。この人物はなぜそんなことをするのでしょうか。私の問いと重なるような作品なので、少し覗《のぞ》いてみましょう。

季節は夏から初秋へ向かう時期。場所はある地方の小さな町。主人公の峻は、都会からやってきて（おそらく学生）、この町にある姉のb嫁ぎ先に注1居候《いそうろう》しながら、夏休みを過ごしています。幼い妹の死という衝撃的な出来事から立ち直れない彼を気遣って、姉が自分の住む町でしばらく暮らすことを勧めたからです。都会からやってきたこの青年はひどく疲れていて、「心の静けさ」を求めています。

晴れた空の下、彼はその城跡から町を眺めています。見えているのは、小学校、寺の屋根、散在する植物の緑、赤いポスト、商店の看板、遊郭、芝居小屋、旅館など。そしてどこからか材木を叩《たた》く音や「注2つくつく法師」の鳴く声が聞こえてきます。さらに、町はずれの煙突、黝《くろ》い木立、百姓家、街道、軽便（鉄道）の上げる煙、入江、入江に注3舫《もや》う舟。こういうふうに、高台の城跡から見える風景を近景から遠景に向けて列挙したあとで、作者はこんなふうに書いています。

それはただそれだけの眺めであった。何処《どこ》を取り立てて特別心を惹《ひ》くようなところはなかった。それでいて変に心が惹かれた。

なにかある。本当になにかがそこにある。といってその気持を口に出せば、もう空々しいものになってしまう。

さて、ここまでの説明の中に、さきほどの問いの答は含まれているでしょうか。「特別心を惹くようなところ」はないのに、「変に心が惹かれ

う、ということ。

エ　あらゆる場面で「共感」こそが「経済＝交換のモード」より優先されるべきなのに、ぼくらが物乞いへの「共感」を抑制し、不当な格差を当たり前のこととして受け入れているので、それを是正しよう、ということ。

オ　「共感」に心をひらいている社会に触れることで、ぼくらが過剰に「共感」を抑制し「経済＝交換のモード」で世界をとらえていることを確認し、自分たちの社会を見直していく上での手がかりにしよう、ということ。

二　次の文章は『自然を感じるこころ―ネイチャーライティング入門』という本の一節です。読んで、後の問いに答えなさい。

なぜ丘に登るのか？

　心が落ち込んだとき、迷いが溢《あふ》れて何も決められないようなとき、不安と心配ばかりが先に立って、しかもそのことを誰にも打ち明けられないようなとき、そんな苦しい時間が人にはあります。他人はそれを見てとって、「悩んでるんだね」と言います。そう、悩みがあって、それが深ければ深いほど、深刻であればあるほど、友だちだろうが親だろうが、かならずしも打ち明けられないことが少なくありません。そんなとき、私たちは何をするでしょう。どうすればその悩みを打開することができるでしょう。

　ほんとうのことを言えば、打開する方法がないからこそ私たちは悩むわけで、どうすれば打開できるだろうなんてナンセンスに等しい言い方ですが、生きているかぎりは何度もこういう悩みに出遭います。誰も苦しみたくて、悩みたくて生きているわけではなく、できれば爽快に喜びに満ちた人生を送りたいと願っています。でも、どうしてもそんなふうにうまくはいかない。そんな状況に立ち至ったとき、どうしますか。

　私自身のことを打ち明けてみます。中学生から高校生くらいの時期、私もある種の悩みの中にいました。同級生たちが快活に、そして自信に満ちた日々を過ごしているのに、私だけが不安と苦悩のただ中にいるような想《おも》いに日々駆られて、そこから脱出するaホウトも見つからない、そんな気持ちだけで何年も暮らしていました。そのころのことで一つだけ思い出すことがあります。

　私はほとんど毎日、放課後、家の近所にある標高三〇〇メートル足らずの丘に出かけていました。雨の日にはどうしていたのか思い出せませんが、少なくとも晴れた日には、農道を抜けて①山道をとぼとぼと歩いていた記憶があります。頂上と覚しき場所には、比較的大きめの岩が集まっていて、そのどこかに腰を下ろして、眼下に広がる風景を眺めていました。

　さまざまな想念を持て余しながらですから、その丘のてっぺんに登ったからといって、悩みが片づいたはずもないのですが、なぜか私はそうやって丘に出かけていました。ときには、頂上に集まっている岩がどれも花崗岩《かこうがん》だと気づき、比較的近くにある有名な火山の噴火時に飛来したものだろうかなどという空想も交えながら、腰を下ろし、小さく見える田圃《たんぼ》や農道、散在する家並み、あるいは行き交う人や車を眺めていました。

　なぜあのころ、ああいうふうにしきりに丘に登ったのだろうかと思い返すことがあります。もちろん、②主観的には深い悩みの中にありましにはいられなくなる」のはなぜですか。説明したものとして最も適切なものを次の**ア**～**オ**の中から一つ選び、記号で答えなさい。

ア　エチオピア人は、相手に非難すべき点があると考えていても、自分と物乞いとの格差を生んでいる社会の歪みについても理解できているから。

イ　エチオピア人は、相手に非難すべき点があると考えていても、自分の不当な豊かさについても頭では理解できているため、渡さないわけにいかないから。

ウ　エチオピア人は、相手に非難すべき点があると考えていても、共感に心を開いているので、実際に物乞いと出会って共感すれば、その感情に素直に従うから。

エ　エチオピア人は、相手に非難すべき点があると考えていても、たとえ共感を覚えなくとも、彼らにお金を与えることで社会を再構築すべきと考えているから。

オ　エチオピア人は、相手に非難すべき点があると考えていても、共感を呼ぶような物乞いには施しをしなければならないという暗黙のルールがエチオピアにはあるから。

問七　傍線部⑦「内なる他者」とありますが、どういうことですか。説明したものとして最も適切なものを次の**ア**～**オ**の中から一つ選び、記号で答えなさい。

ア　世界の中には物乞いにお金をためらいなく与えるような感性の人がいるかもしれないと気づく別の自分、という意味。

イ　エチオピアの物乞いと比べて不当に豊かだという圧倒的な格差に気がつくことができるかもしれない別の自分という意味。

ウ　自分が日本に生まれたのは単なる偶然で、もしかしたらエチオピアの物乞いとして生きていたかもしれない別の自分、という意味。

エ　今まで気づくことのなかった、エチオピアの物乞いが可哀想だという憐れみの気持ちに気づくことができるかもしれない別の自分、という意味。

オ　外国の旅行者を見て、物乞いにお金を与えることをためらう自分に違和感をもつことで見えてくる、別の行動を取るかもしれない別の自分、という意味。

問八　空欄 A に入ることばとして最も適切なものを次の**ア**～**オ**の中から一つ選び、記号で答えなさい。

ア　善意　**イ**　他責　**ウ**　見栄　**エ**　自負　**オ**　敬意

問九　傍線部⑧「世界の歪みを揉みほぐしていこう」とありますが、どういうことですか。説明したものとして最も適当なものを次の**ア**～**オ**から一つ選び、記号で答えなさい。

ア　わきあがってくる感情を無視して「経済」・「非経済」の区別だけで世界をとらえているせいで、日本とエチオピアとのような不当な格差が世界中に生じているので、それを正していこう、ということ。

イ　社会のさまざまな「経済＝交換のモード」の場面で、本来なら不適切なものとして処理されるべき「思い」や「感情」が誤作動を起こしているので、そうしたことがない社会にしていこう、ということ。

ウ　ぼくらは人との関わり合いを「経済」・「非経済」で区別しながらとらえているが、そうやって世界をかたちづくっていくことにはすでに限界がきているので、社会からこうした区別をなくしていこ

ないという思いの間で板挟みになること。

エ　「わたしたち」と「かれら」の間には明らかな経済格差があるため、「彼ら」にお金を分け与えなければならないという思いと、「彼ら」に生気のない顔で見つめられ、手を差し出されるとどういう対応をしてよいかわからないという思いの間で板挟みになること。

オ　「わたしたち」と「かれら」の間には明らかな経済格差があるため、「彼ら」にお金を分け与えることで格差を解消したいという思いと、お金を分け与えるよりは子どもの欲するガムやパンを与えることで「彼ら」に喜びを与えたいという思いの間で板挟みになること。

問四　傍線部④「ガムやパンをあげることはできても、お金を与えることには抵抗を感じてしまう」とありますが、それはなぜですか。その理由として**当てはまらないもの**を次の**ア**～**オ**の中から一つ選び、記号で答えなさい。

ア　特別の演出が施されていない「お金」のやりとりでは人間らしい思いや感情が差し引かれてしまうため、「贈り物」として適当でないように感じられるから。

イ　「お金」のやりとりは、物乞いとのあいだに生じる思いや感情を引き受けることになるので、「お金」のやりとりをはさまないガムやパンを渡すことのほうが違和感が少ないから。

ウ　「お金」を与えるという行為はなんらかの代償との「交換」を想起させるが、物乞いは労働や商品でそれに代えるということをしないため、「お金」を払う理由がないように感じられるから。

エ　ぼくらは「経済／非経済」というきまりに忠実であるため、「経済」の領域にある「お金」を与えるという行為よりも、「非経済」の領域にあるガムやパンを渡すことのほうが違和感が少ないから。

オ　「交換」において、「わたしのお金」は「わたしの利得」の代価として使われるべきものであり、収支を合わせることが求められるため、物乞いにお金を与えることは適当でないように感じられるから。

問五　傍線部⑤「そう自分を納得させている」とありますが、どういうことですか。この描写から読み取れることがらの説明として最も適切なものを次の**ア**～**オ**の中から一つ選び、記号で答えなさい。

ア　商品交換のモードに縛られた人はふつう物乞いにお金を渡さないことを確認した上で、現地の人たちからの非難に反論している。

イ　本来は与えられる側が決める交換のモードの理屈を、経済／非経済の価値観に縛られた与える側が、無理に押し通そうとしている。

ウ　商品交換のモードに縛られていて物乞いになにも渡さずにいるが、実際には物乞いに共感しており、与えずにいる負い目をおさえている。

エ　相手が身体の弱った老婆が目の前にいても、商品交換のモードに縛られているために、本来わきあがるはずの共感をまったく覚えていない。

オ　愛情によって結ばれていない相手にお金を渡すことは、なんらかの交換を伴わなくてはならないという商品交換のモードを再確認している。

問六　傍線部⑥「実際、物乞いを怠け者だと非難する人は多い。でも、そんな彼らも道ばたで老婆に手を差し出されたら、渡さずにはいられなくなる」とありますが、「非難」しているにもかかわらず「渡さず

ア　モノのやりとりをする際、はじめから「商品」らしさがあるのではなく、すぐに対価を支払うことにおいて、「商品」らしさが際立ってくるということ。

イ　モノのやりとりをする際、はじめから「商品」らしさがあるのではなく、受けとったモノに「返礼」をすることにおいて、「商品」らしさが際立ってくるということ。

ウ　モノのやりとりをする際、はじめから「商品」らしさがあるのではなく、特別な演出をする「贈り物」との差異において、「商品」らしさが際立ってくるということ。

エ　モノのやりとりをする際、はじめから「商品」らしさがあるのではなく、やりとりのあいだに「時間」を差しこむことにおいて、「商品」らしさが際立ってくるということ。

オ　モノのやりとりをする際、はじめから「商品」らしさがあるのではなく、リボンや包装をして「贈り物」の演出をすることにおいて、「商品」らしさが際立ってくるということ。

問二　傍線部②「この区別は、人と人との関係を意味づける役割を果たしている」とはどのようなことですか。説明したものとして最も適切なものを次の**ア**～**オ**の中から一つ選び、記号で答えなさい。

ア　人と人との関係は、固定化されたものとしてあり、思いや感情を足し引きするモノのやりとりがあってもなくても、関係は自然とかたちづくられているということ。

イ　人と人との関係は、固定化されたものとしてあるが、ときには日ごろの感謝の気持ちを込めてプレゼントをして、思いや感情を表現していく必要があるということ。

ウ　人と人との関係は、固定化されているのではなく、人にモノを渡すときは出来るだけ愛情を込めた「贈り物」として、思いや感情を表現していくことが大切であるということ。

エ　人と人との関係は、固定化されているのではなく、経済と非経済との区別をめぐるモノのやりとりのなかで思いや感情を足し引きしながら、かたちづくられていく面があるということ。

オ　人と人との関係は、固定化されているのではなく、相手の性格の光の部分と闇の部分とを区別して接するなかで思いや感情を足し引きしながら、かたちづくられていく面があるということ。

問三　傍線部③「そんなジレンマに悩まされた」とありますが、ここでの「ジレンマ」は何と何との間で板挟みになることを指しますか。説明したものとして最も適切なものを次の**ア**～**オ**の中から一つ選び、記号で答えなさい。

ア　「わたしたち」と「かれら」の間には明らかな経済格差があるため、「彼ら」にお金を分け与えるべきだという思いと、ガムやパンを渡すことで葛藤を和らげたいという思いの間で板挟みになること。

イ　「わたしたち」と「かれら」の間には明らかな経済格差があるため、「彼ら」にお金を分け与えたいという思いと、その一方で「経済／非経済」というきまりに忠実でありたいという思いの間で板挟みになること。

ウ　「わたしたち」と「かれら」の間には明らかな経済格差があるため、「彼ら」にお金を分け与えなければならないのではないかという思いと、かといってすべての物乞いにお金を分け与えることはできている。エチオピア人は、その抗しがたいオーラにすっと身を任せる。

残念ながら、これは共感を抑圧している人には通じない。商品交換のモードはそこに生じた思いや感情を「なかったこと」にする。多くの日本人はそれに慣れきっている。

ぼくらでも、店で商品を買うような交換の場面で、店員とのモノのやりとりになんらかの思いや感情が「生じない」のではない。それは、そこから「差し引かれている」。

ふとわきでるさまざまな思いや感情は、交換のモードをとおして不適切なものとして処理され、「なかったこと」にされる。でもだからこそ、この「処理」はときどき誤作動する。

マクドナルドの店員のスマイルを、自分への好意だと勘違いすることもある。コンビニでバイトしている学生に聞いた話では、レジに立つ女性店員に告白する男性客がけっこういるそうだ。これは、むしろ当然のことだと思う。

商品交換の場でも、ときに抑圧をすり抜けて、思いや感情があふれだすことがある。そこに社会を再構築する鍵がある。別の振る舞いができる余地がみえてくる。

同時に、物乞いに抵抗なくお金を与えているエチオピア人の姿を見て、なぜ自分はお金を与えることに躊躇《ちゅうちょ》するのだろう、と問うことができる。他者の振る舞いから、自分自身がとらわれた「きまり」の奇妙さに気づくことができる。人の振り見て、我が身を疑う。これが人類学のセンスだ。モースの言った「鋭敏な感覚」にもつながるかもしれない。

ぼくらの身体は経済と非経済といった「きまり」に縛られている。でもつねに逸脱の可能性も開かれている。構築人類学は、この「ずれ」に光をあてる。そこから別の可能な姿の世界を構想する。それは⑦内なる他者に気づくことでもある。

最近、エチオピアでは、私もポケットに小銭があれば、誰かに渡している。なるべく収支の帳尻をゆるくして、お金が漏れていくようにしている。

自分が彼らよりも不当に豊かだという「うしろめたさ」がある。つねに彼らからいろんなものをもらってきたという思いもある。そのうしろめたさに、できるだけ素直に従うようにしている。

それは「貧しい人のために」とか、「助けたい」という気持ちからではない。あくまでも自分が彼らより安定した生活を享受できているという、圧倒的な格差への「うしろめたさ」でしかない。

この違いはとても大きい。[A]の前者は相手を貶《おとし》め、自責の後者は相手を畏れる。

そうやって物乞いの人たちと顔見知りになると、笑顔であいさつを交わすだけで、なにも求められなくなる。彼らも「いつももらうのは申し訳ない」と思うのかもしれない。贈与は人のあいだの共感を増幅し、交換はそれを抑圧する。

エチオピアにいると、商品交換のモードに凝り固まった身体がほぐれていく。このほぐれた身体で、⑧世界の歪《ゆが》みを揉《も》みほぐしていこう。

（松村圭一郎《けいいちろう》『うしろめたさの人類学』ミシマ社、二〇一七年より）

問一　傍線部①「『経済化＝商品らしくすること』は、『脱経済化＝贈り物にすること』との対比のなかで実現する」とはどのようなことですか。説明したものとして最も適切なものを次の**ア**～**オ**の中から一つ選び、記号で答えなさい。

共感する力、共感を抑える力

ぼくらは他者と対面すると、かならずなんらかの思いを抱く。無意識のうちに他者の感情や欲望に自己の思いを共鳴させている。泣いている赤ちゃんを目の前にすると、なんだか自分まで悲しくなってくる。なにかしてあげねば、という気になる。人がタンスの角などに足の小指をぶつけるのを見ると、その「痛み」はひとごとには思えない。思わず「あいたたた」と声が出てしまう。

この「共感」が、コミュニケーションを可能にする基盤でもある。身体の弱った老婆を目のあたりにして、なにも感じないという人はいないだろう。でも「交換」のモードには、そんな共感を抑え込む力がある。

物乞いのおばあさんがみんなから小銭をもらうのは、彼女だってどこかでお金を商品と交換する必要があるからだ。どんなに貧しいおばあさんでも、スーパーに行って商品をタダでくださいと言ってもらえるわけではない。商品交換の場では、そのおばあさんが「貧しそう」とか、「歳をとっている」とか、「身体が弱っている」なんて共感を生じさせる情報は余計なものとして除去される。誰もが透明な存在として感情や思いなしに交換することが求められる。それはエチオピアでも同じだ。

でも多くの日本人は道端で物乞いの老婆を目にしたときも、この交換のモードをもちだしてしまう。いろんな共感を引き起こしそうな表情とか、身なりとかを見なかったことにする。（中略）

同時にそれは、ぼくらがたんに日本に生まれたという理由で彼らより豊かな生活をしているという「うしろめたさ」を覆い隠す。そして物乞いになにも渡さないことを正当化する。交換のモードでは、モノを受けとらないかぎり、与える理由はないのだから。心にわきあがる感情に従う必要はないのだから。

「みんなに与えられるわけではない」。そう思うかもしれない。でも、おそらく金額そのものが問題ではない。道で出会う物乞いにそのつど一ブル（約五円）ほど渡したところで、たいした額にはならない。彼らはそれくらいでも、こころよく「神のご加護を」と言って受けとってくれる。

商品交換のモードが共感を抑圧し、面倒な贈与と対価のない不完全な交換を回避する便法となる。ぼくらはその「きまり」に従っただけでなにも悪くない。⑤そう自分を納得させている。

あるいは「与えることは彼らのためにならない」と言うかもしれない。これだって同じ正当化にすぎない。ためになるかどうかは、そもそも与える側が決められるものではないからだ。いろんな理屈をつけて最初に生じたはずの「与えずにはいられない」という共感を抑圧している。共感とその抑圧。これが「構築」を考えるときのポイントになる。

「あふれる思い」の可能性

エチオピア人の振る舞いからは、彼らが共感に心を開いているのがわかる。かならずしも「分け与えなければならない」という宗教的義務が強固だからではない。物乞いの姿を前にしたときにわきあがる感情に従っているまでだ。だから相手に共感を覚えなければ、彼らだって与えない。⑥実際、物乞いを怠け者だと非難する人は多い。でも、そんな彼らも道ばたで老婆に手を差し出されたら、渡さずにはいられなくなる。

そう、老婆はただ「ほら、わたしを見なさい」と言って手を突き出しにせがまれると、そのガムを渡した。欧米人のバックパッカーが、ザックからパンを取り出して配っているのを目にしたこともある。

　ぼくらは、こういうときにお金を渡すのに慣れていない。④ガムやパンをあげることはできても、お金を与えることには抵抗を感じてしまう。たとえガムのほうが高価でも、わざわざガムを買って渡すことを選ぶ。

　それは、これまで書いてきたように、ぼくらが「経済／非経済」というきまりに忠実だからでもある。

　このきまりには、ふたつの意味がある。

　ひとつは、お金のやりとりが不道徳なものに感じられること。特別の演出が施されていない「お金」は「経済」の領域にあって、人情味のある思いや感情が差し引かれてしまう。だから、人になにかを渡すとしたら、それはお金ではなく「贈り物」でなければならない。

　ただし「贈与」は、他者とのあいだに生じる思いや感情を引き受けることも意味する。それは「売買」に比べると、なにかと厄介だ。子どもならガムでもいいが、大人にはそうはいかない。贈り物には相手が望むものを選ぶ必要がある。相手を怒らせることもある。だから「贈与」は難しい。

　もうひとつは、お金がなんらかの代償との「交換」を想起させること。物乞いが、ぼくらのために働いてくれるわけでも、なにかを代わりにくれるわけでもない。このとき「わたし」が彼らにお金を払う理由はない、となる。

　「交換」において、「わたしのお金」は「わたしの利得」の代価として使われるべきものだ。そこではきちんと収支の帳尻を合わせることが求められる。簡単にお金は渡せない。

　こうして、日本人の多くは物乞いに「なにもあげない」ことを選ぶ。

　最近アディスでよく滞在しているオリンピアの路上にも、何人か「常連」の物乞いがいる。このあたりは、大通り沿いにビルが建ち並び、おしゃれな店も多い地区だ。

　その歩道で、ひとりの高齢の老婆がよく物乞いをしている。浅黒い顔に刻まれた深い皺《しわ》からは、かなりの歳《とし》を重ねているように見える。足腰が弱っていて、ゆっくりとしか歩けない。だから歩道の中央に突っ立ったまま、道行く人に手を突き出すようにして、お金をせがんでいる。

　歩いている人は、たいてい不意に腕や胸のあたりを手で突かれる格好になる。若い男性などは、不機嫌そうに振り返って、睨《にら》みつけたりする。でもほとんどの人は、その老婆の姿を目のあたりにすると、仕方ないなという顔になる。そしてポケットから小銭を取り出し、手渡している。

　老婆は、当然のように無言でお金を受けとると、また次の人に手を突き出す。いままで、この老婆が物乞いに失敗したのを見たことがない。

　エチオピアの人びとは、よく物乞いにお金を渡している。きっとぼくらのほうが豊かなのに、そんな金持ちの外国人が与えずに、あまりもたないエチオピア人が分け与えている。その姿に、ふと気づかされる。

　いかにぼくらが「交換のモード」に縛られているのかと。

　いまの日本の社会では、商品交換が幅を利かせている。さまざまなモノのやりとりが、しだいに交換のモードに繰り入れられてきた。それは、面倒な贈与を回避し、自分だけの利益を確保することを可能にする。厄介な思いや感情に振り回されることもなくなる。

　しかし、この交換は、人間の大切な能力を覆い隠してしまう。

②この区別は、人と人との関係を意味づける役割を果たしている。

たとえば、「家族」という領域は、まさに「非経済／贈与」の関係として維持されている。家族のあいだのモノのやりとりは、店員と客との経済的な「交換」とはまったく異なる。誰もがそう信じている。レジでお金を払ったあと、店員から商品を受けとって、泣いて喜ぶ人などいない。でも日ごろの感謝の気持ちを込めて、夫や子どもから不意にプレゼントを渡された女性が感激の涙を流すことは、なにもおかしくない。

このとき女性の家事や育児を経済的な「労働」とみなすことも、贈られたプレゼントをその労働への「対価」とみなすことも避けられる。そうみなすと、レジでのモノのやりとりと変わらなくなってしまう。

母親が子どもに料理をつくったり、子どもが母の日に花を贈ったりする行為は、子どもへの愛情や親への感謝といった思いにあふれた営みとされる。母親の料理に子どもがお金を払うことなど、ふつうはありえない。そんな家庭は、それだけで「愛がない」と非難されてしまう。

子育てとは無償の愛情であり、家族からのプレゼントも日ごろの労働への報酬ではなく、心からの愛情や感謝の印である。それは店でモノを買うような行為とはまったく違う。ぼくらはそのようにしか考えることができない。たとえそのモノが数時間前まで商品棚に並んでいたとしても。

家族のあいだのモノのやりとりが徹底的に「脱経済化」されることで、愛情によって結ばれた関係が強調され、それが「家族」という現実をつくりだしている（なぜ「母親」が脱経済化された領域におかれるのかも、ひとつの問いだ）。

家族という間柄であれば、誰もが最初から愛にあふれているわけではない。それは脱感情化された「経済＝交換」との対比において（なんとか）実現している。

「家族」にせよ、「恋人」にせよ、「友人」にせよ、人と人との関係の距離や質は、モノのやりとりをめぐる経済と非経済という区別をひとつの手がかりとして、みんなでつくりだしているのだ。

でも、ぼくらがその「きまり」に縛られて身動きがとれないのであれば、社会を動かすことなんてできない。構築人類学は、どういう視点からそれをずらそうとしているのか。エチオピアの事例から考えてみよう。

物乞いにお金を与えるべきか？

エチオピアを訪れた日本人が最初に戸惑うのが、物乞いの多さだ。街の交差点で車が停《と》まると、赤ん坊を抱えた女性や手足に障がいのある男性が駆け寄ってくる。生気のない顔で見つめられ、手を差し出されると、どうしたらよいのか、多くの日本人は困惑してしまう。

「わたしたち」と「かれら」のあいだには、埋めがたい格差がある。かといって、みんなに分け与えるわけにもいかない。では、どうすべきなのか？　これは途上国を訪れた旅行者の多くが抱く葛藤かもしれない。

私も最初に首都のアディスアベバ（以下、アディス）にいたとき、街を歩くたびに③そんなジレンマに悩まされた。安宿のあるピアッサという地区では、裸足《はだし》の子どもに「マニー、マニー」と言われながら、付きまとわれた。

私はいつもポケットにガムを入れておくようにした。そして、子どもか区別できないことを示してもいる。

たとえば、バレンタインの日にコンビニの袋に入った板チョコをレシートとともに渡されたとしたら、それがなにを意図しているのか、戸惑ってしまうだろう。でも同じチョコレートがきれいに包装されてリボンがつけられ、メッセージカードなんかが添えられていたら、たとえ中身が同じ商品でも、まったく意味が変わってしまう。ほんの表面的な「印」の違いが、歴然とした差異を生む。

ぼくらは同じチョコレートが人と人とのあいだでやりとりされることが、どこかで区別しがたい行為だと感じている。だから、わざわざ「商品らしさ」や「贈り物らしさ」を演出しているのだ。

ぼくらは人とのモノのやりとりを、そのつど経済的な行為にしたり、経済とは関係のない行為にしたりしている。①「経済化＝商品らしくすること」は、「脱経済化＝贈り物にすること」との対比のなかで実現する。こうやって日々、みんなが一緒になって「経済／非経済」を区別するという「きまり」を維持しているのだ。

でも、いったいなぜそんな「きまり」が必要なのだろうか？

目に見えないルール

ぼくらはいろんなモノを人とやりとりしている。言葉や表情なども含めると、つねになにかを与え、受けとりながら生きている。そうしたモノのやりとりには、「商品交換」と「贈与」とを区別する「きまり」があると書いた。

ひとつ注意すべきなのは、そのモノのやりとりにお金が介在すれば、つねに「商品交換」になるわけではない、ということだ。

結婚式のご祝儀や葬儀の香典、お年玉などを想像すれば、わかるだろう。お金でも、特別な演出（祝儀袋／新札／袱紗《ふくさ》／署名）を施すことで贈り物に仕立てあげられる。ふつうは結婚式の受付で、財布からお金を出して渡す人なんていない。

なぜ、わざわざそんな「きまり」を守っているのか？　じつは、この「きまり」をとおして、ぼくらは二種類のモノのやりとりの一方には「なにか」を付け加え、他方からは「なにか」を差し引いている。

それは、「思い」あるいは「感情」と言ってもいいかもしれない。

贈り物である結婚のお祝いは、お金をご祝儀袋に入れてはじめて、「祝福」という思いを込めることができる。と、みんな信じている。

経済的な「交換」の場では、そうした思いや感情はないものとして差し引かれる。マクドナルドの店員の「スマイル」は、けっしてあなたへの好意ではない。そう、みんなわかっている。

経済と非経済との区別は、こうした思いや感情をモノのやりとりに付加したり、除去したりするための装置なのだ。

レジでお金を払って商品を受けとる行為には、なんの思いも込められていない。みんなでそう考えることで、それとは異なる演出がなされた結婚式でのお金のやりとりが、特定の思いや感情を表現する行為となる。

それは、光を感じるために闇が必要なように、どちらが欠けてもいけない。経済の「交換」という脱感情化された領域があってはじめて、「贈与」に込められた感情を際立たせることができる。だからバレンタインのチョコで思いを伝えるためには、「商品」とは異なる「贈り物」にすることが不可欠なのだ。

【国語】（七〇分）〈満点：一〇〇点〉

【注意】一、解答に字数制限がある場合は、句読点や「 」、その他の記号も字数に数えます。
二、出題の都合上、本文の一部を省略あるいは改変していることがあります。

一　次の文章は『うしろめたさの人類学』という本の一節です。読んで、後の問いに答えなさい。

贈り物と商品の違い

店で商品を購入するとき、金銭との交換が行われる。でも、バレンタインデーにチョコレートを贈るときには、その対価が支払われることはない。好きな人に思い切って、「これ受けとってください」とチョコレートを渡したとき、「え？　いくらだったの？」と財布からお金をとり出されたりしたら、たいへんな屈辱になる。

贈り物をもらう側も、その場では対価を払わずに受けとることが求められる。このチョコレートを「渡す／受けとる」という行為は贈与であって、売買のような商品交換ではない。だから「経済」とは考えられない。

では、ホワイトデーにクッキーのお返しがあるとき、それは「交換」になるのだろうか。この行為も、ふつうは贈与への「返礼」として、商品交換から区別される。たとえほとんど等価のものがやりとりされていても、それは売買とは違う。そう考えられている。

商品交換と贈与を区別しているものはなにか？

フランスの社会学者ピエール・ブルデュは、その区別をつくりだしているのは、モノのやりとりのあいだに差しはさまれた「時間」だと指摘した。

たとえば、チョコレートをもらって、すぐに相手にクッキーを返したとしたら、これは等価なものを取引する経済的な「交換」となる。ところが、そのチョコレートの代金に相当するクッキーを一カ月後に渡したとしても、それは商品交換ではない。返礼という「贈与」の一部とみなされる。このとき、やりとりされるモノの「等価性」は伏せられ、「交換」らしさが消える。

商品交換と贈与を分けているものは時間だけではない。お店でチョコレートを購入したあと、そのチョコレートに値札がついていたら、かならずその値札をはずすだろう。さらに、チョコレートの箱にリボンをつけたり、それらしい包装をしたりして、「贈り物らしさ」を演出するにちがいない。

店の棚にある値札のついたチョコレートは、それが客への「贈り物」でも、店内の「装飾品」でもなく、お金を払って購入すべき「商品」だと、誰も疑わない。でもだからこそ、その商品を購入して、贈り物として人に渡すときには、その「商品らしさ」をきれいにそぎ落として、「贈り物」に仕立てあげなければならない。

なぜ、そんなことが必要になるのか？

ひとつには、ぼくらが「商品／経済」と「贈り物／非経済」をきちんと区別すべきだという「きまり」にとても忠実だからだ。この区別をとおして、世界のリアリティの一端がかたちづくられているとさえいえる。

そして、それはチョコレートを購入することと、プレゼントとして贈ることが、なんらかの外的な表示（時間差、値札、リボン、包装）でし

2022年度

解　答　と　解　説

《2022年度の配点は解答欄に掲載してあります。》

＜数学解答＞ 《学校からの正答の発表はありません。》

問題1　(あ)　(ウ)と(オ)　　問題2　(1)　$\frac{3}{14}$　(2)　$\frac{337}{35}$　(3)　$\frac{33}{250}$

問題3　(い)　$\frac{1}{4}$，$\frac{3}{4}$　　(う)　$\frac{1}{4}$，$\frac{1}{3}$，$\frac{1}{2}$，$\frac{2}{3}$，$\frac{3}{4}$

問題4　$\frac{1}{5}$，$\frac{1}{4}$，$\frac{1}{3}$，$\frac{2}{5}$，$\frac{1}{2}$，$\frac{3}{5}$，$\frac{2}{3}$，$\frac{3}{4}$，$\frac{4}{5}$

問題5　(エ)　　問題6　(か)　2　(き)　7　　問題7　$|F_6|$　13　　$|F_{10}|$　33

問題8　(ウ)　　問題9　①　○　②　×　③　○　　問題10　$f(100)$　40

問題11　(ア)　　問題12　(こ)　(5，4)　(さ)　$\frac{4}{5}$

問題13　①　×　②　○　③　○　　問題14　$\frac{31}{2}$　　問題15　(し)　6　(す)　12

問題16　$\frac{37}{2}$　　問題17　(せ)　$\frac{1}{2}(ad-bc)$　(そ)　$\frac{1}{2}$　　問題18　(イ)

問題19　(例)　直線$y=\frac{b+d}{a+c}x$上に，分母がn以下の格子点が存在する

問題20　(つ)　$cx+ay$　(て)　$c+a$　(と)　$n+1$　(な)　$b+d$

問題21　(に)　(ウ)　(ぬ)　(イ)　　問題22　(1)　$\frac{7}{9}$　(2)　$\frac{22}{29}$

○推定配点○

問題1　4点　　問題2　各2点×3　　問題3　各2点×2　　問題4　4点　　問題5　4点
問題6　各2点×2　　問題7　各2点×2　　問題8　4点　　問題9　各2点×3　　問題10　4点
問題11　4点　　問題12　各2点×2　　問題13　各2点×3　　問題14　4点　　問題15　各2点×2
問題16　4点　　問題17　各2点×2　　問題18　4点　　問題19　4点　　問題20　各2点×4
問題21　各2点×2　　問題22　各3点×2　　計100点

＋α ＜数学解説＞

基本　問題1　(約分ができる分数，既約分数)

(ア)　$\frac{4}{15}$，$\frac{10}{21}$などはどちらも素数ではないが約分できない。　(イ)　$\frac{3}{4}$，$\frac{6}{7}$などは一方が素数ではないが約分できない。　(ウ)　1より大きい最大公約数をmとすると$\frac{\mathrm{A}}{\mathrm{B}}=\frac{a\times m}{b\times m}=\frac{a}{b}$となる。　(エ)　$\frac{33}{35}=\frac{3\times 11}{5\times 7}$，$\frac{21}{55}=\frac{3\times 7}{5\times 11}$などはどちらも奇数ではあるが約分できない。　(オ)　正の公約数を2つ以上もつとき，そのうちの1つ以上は1ではないから約分できる。よって，(ウ)と(オ)

基本 **問題2** （約分，既約分数）

(1) $\dfrac{18}{84}=\dfrac{2\times3\times3}{2\times2\times3\times7}=\dfrac{3}{14}$

(2) $\dfrac{2022}{210}=\dfrac{2\times3\times337}{2\times3\times5\times7}=\dfrac{337}{35}$

(3) $0.132=\dfrac{132}{1000}=\dfrac{2\times2\times3\times11}{2\times2\times2\times5\times5\times5}=\dfrac{33}{250}$

基本 **問題3** （0以上1以下の既約分数，分母の数で決まる既約分数）

(い) $\dfrac{1}{4}$，$\dfrac{3}{4}$　(う) F_4：$\dfrac{0}{1}$，$\dfrac{1}{4}$，$\dfrac{1}{3}$，$\dfrac{1}{2}$，$\dfrac{2}{3}$，$\dfrac{3}{4}$，$\dfrac{1}{1}$のうちの$\dfrac{1}{4}$，$\dfrac{1}{3}$，$\dfrac{1}{2}$，$\dfrac{2}{3}$，$\dfrac{3}{4}$を答える。

問題4 （0以上1以下の既約分数，分母の数で決まる既約分数）

F_5：$\dfrac{0}{1}$，$\dfrac{1}{5}$，$\dfrac{1}{4}$，$\dfrac{1}{3}$，$\dfrac{2}{5}$，$\dfrac{1}{2}$，$\dfrac{3}{5}$，$\dfrac{2}{3}$，$\dfrac{3}{4}$，$\dfrac{4}{5}$，$\dfrac{1}{1}$のうちの$\dfrac{1}{5}$，$\dfrac{1}{4}$，$\dfrac{1}{3}$，$\dfrac{2}{5}$，$\dfrac{1}{2}$，$\dfrac{3}{5}$，$\dfrac{2}{3}$，$\dfrac{3}{4}$，$\dfrac{4}{5}$を答える。

問題5 （Fnの意味）

F_nは(エ)の「0以上1以下の既約分数のうち，分母が1以上n以下である数」を小さいものから順に並べてできる数の列である。

基本 **問題6** （Farey数列，数列を構成する数の個数，新しい記号）

(か) $\dfrac{1}{4}$，$\dfrac{3}{4}$の2個　(き) $|F_4|$は分母が1，2，3，4の既約分数の個数を表すから，$2+1+2+2=7$

問題7 （$|Fn|$，0以上1以下の既約分数の個数）

(1) $|F_6|=|F_4|+f(5)+f(6)=7+4+2=13$

(2) $|F_{10}|=|F_6|+f(7)+f(8)+f(9)+f(10)=13+6+4+6+4=33$

問題8 （$|Fn|$の計算式）

例えば，$n=4$のとき$|F_4|=7$　(ア)は$f(10)=4$，(イ)は$f(24)=8$，(エ)は16となり不適当，(ウ)が当てはまる。

問題9 （f(n)の意味）

① $f(10)$は，$\dfrac{1}{10}$，$\dfrac{3}{10}$，$\dfrac{7}{10}$，$\dfrac{9}{10}$の4つがあり，$f(10)=4$で正しい。

② 例えば，$p=1$，$q=5$であるとすると，$f(1\times5)=f(5)=4$，$f(1)\times f(5)=2\times4=8$　よって，正しくない。

③ 素数は1とその数自身の他に約数を持たない。素数pを分母にする分数が$\dfrac{1}{p}$から$\dfrac{p}{p}$までp個あって，そのうちの$\dfrac{p}{p}$以外が既約分数だから，$f(p)=p-1$　よって，正しい。

重要 **問題10** （f(n)の意味，約数の個数との関係）

$100=2^2\times5^2$　2の倍数はすべて100の約数であり，分母が100であれば約分できる。$100\div2=50$(個)ある。5の倍数についても同様で，$100\div5=20$(個)ある。$50+20=70$(個)のうち，$2\times5=10$の倍数の$100\div10=10$(個)が2重に数えられているから，$f(100)=100-(50+20-10)=40$

問題11 （2つの既約分数の間に存在する既約分数，座標平面，直線の傾き）

直線OHが直線OFと直線OGの間に存在するのは(ア)(OHの傾き)＞(OFの傾き)と(OHの傾き)＜

(OGの傾き)の両方が成り立つときである。

重要 問題12 (2直線の間にある格子点)

x座標が6以下で，直線OFと直線OGの間にある格子点をさがせばよい。直線OF上の点についての$x=1,\ 2,\ 3,\ 4,\ 5,\ 6$に対応する点のy座標と，直線OG上の点についての$x=1,\ 2,\ 3,\ 4,\ 5,\ 6$に対応する点のy座標を比べて，その間に自然数が存在するかを確かめていくと，$x=5$のとき，$\frac{15}{4}<4<\frac{25}{5}$なので，(こ)(5, 4)が見つかる。よって，$\frac{3}{4}$，$\frac{5}{6}$の間に(さ)$\frac{4}{5}$が現れる。

問題13 (隣り合う既約分数)

① $\frac{1}{4}=0.25$と$\frac{2}{5}=0.4$の間には$\frac{1}{3}=0.333\cdots$があるので正しくない。

② $\frac{5}{7}=\frac{20}{28}$，$\frac{3}{4}=\frac{21}{28}$　$\frac{20}{28}$と$\frac{21}{28}$の間に分母が7の既約分数はないから正しい。

③ $n=5$のとき，$\frac{3}{5}=\frac{9}{15}$と$\frac{2}{3}=\frac{10}{15}$の間に分母が5以下の既約分数はない。$n=6$のとき，$\frac{3}{5}=\frac{18}{30}$と$\frac{2}{3}=\frac{20}{30}$の間に分母が6以下の既約分数はない。$n=7$のとき，$\frac{3}{5}=\frac{63}{105}$と$\frac{2}{3}=\frac{70}{105}$の間に分母が7以下の既約分数はない。$n=8$のとき，$\frac{3}{5}=\frac{72}{120}$と$\frac{2}{3}=\frac{80}{120}$の間に分母が8以下の既約分数$\frac{75}{120}=\frac{5}{8}$がある。よって，正しい。

問題14 (既約分数を座標に置きなおして面積を求める)

O(0, 0)，P(3, 5)，Q(−2, 7)とすると，3点O，P，Qは反時計回りの位置にあるので，△OPQの面積は，$\frac{1}{2}\times\{3\times7-5\times(-2)\}=\frac{31}{2}$

基本 問題15 (Pickの公式を用いて面積を求める)

辺上には5つの頂点と(4, 4)の(し)6個の頂点があるので，J=6　よって，多角形の面積は，$S=I+\frac{1}{2}J-1=10+\frac{1}{2}\times6-1=$(す)12

問題16 (Pickの公式を用いて面積を求める)

右図で示すように，多角形の内部にある格子点の数Iは15個，辺上にある格子点の数Jは9個である。よって，多角形ABCDEFの面積は，$I+\frac{1}{2}J-1=15+\frac{1}{2}\times9-1=\frac{37}{2}$

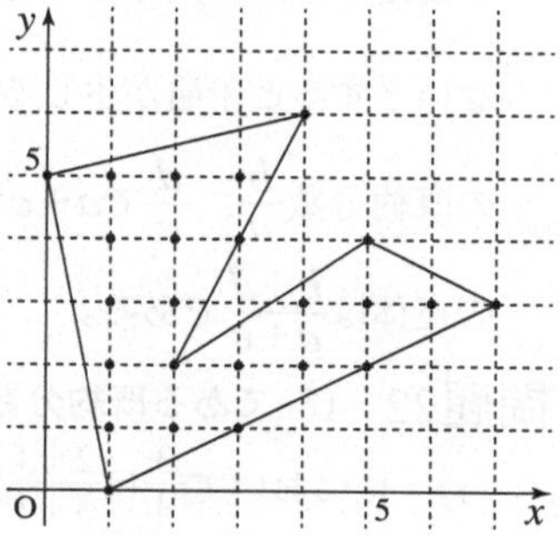

問題17 (補助定理を使っての主定理の証明)

格子点P(a, b)，Q(c, d)について，$\frac{b}{a}<\frac{d}{c}$なので，3点O，P，Qは反時計回りの位置にあるので，補助定理1によって，△OPQの面積はSは，$S=$(せ)$\frac{1}{2}(ad-bc)\cdots$①　また，$\frac{b}{a}$，$\frac{d}{c}$がT_nにおいて隣り合うことから，△OPQの内部には格子点はなく，また，辺上には頂点の3つの格子点しかないから，補助定理2を用いると，$S=0+\frac{1}{2}\times3-1=$(そ)$\frac{1}{2}\cdots$②　①，②から$\frac{1}{2}(ad-bc)=\frac{1}{2}$　よって，$ad-bc=1$

問題18 (2つの既約分数の分母の和，主定理2の証明)

直線ORは2直線OP，OQをそれぞれ1辺とする平行四辺形の対角線となる。よって，座標平面上で，直線ORの傾きは直線OPの傾きより大きくて，直線OQの傾きより小さい。よって，(た)は(イ)の$\frac{b}{a}<\frac{b+d}{a+c}<\frac{d}{c}$が当てはまる。

問題19　(2つの既約分数の和の大きさ)

(例)　(ち)直線$y=\frac{b+d}{a+c}x$上に，分母がn以下の格子点が存在する。

重要 問題20　(位数の大きなFarey数列，その作り方の証明)

$aq-bp=x$…①　$dp-cq=y$…②について，①×c，②×aから，$acq-bcp=cx$…①′，$adp-acq=ay$…②′　①′＋②′から，$adp-bcp=cx+ay$　$(ad-bc)p=$(つ)$cx+ay$　主定理1によって，$ad-bc=1$だから，$p=cx+ay$　xとyが正の整数で，最小の数がそれぞれ1だから，$p\geqq$(て)$c+a$…③　$\frac{q}{p}$はF_{n+1}を構成する既約分数なので，分母のpは$n+1$以下である。よって，$p\leqq$(と)$n+1$…④　③，④から，$c+a\leqq n+1$…⑤　一方，主定理2によって，$c+a\geqq n+1$…⑥　⑤と⑥が同時に成り立つことから，$c+a=n+1$である。よって，この式を成り立たせるために$x=1$，$y=1$でなければならない。よって，①は$aq-bp=1$　②は$dp-cq=1$である。この①，②の式について，①×c＋②×aから，$(ad-bc)p=a+c$　主定理1によって$ad-bc=1$だから，$p=a+c$　①×d＋②×bから，$(ad-bc)q=b+d$　$q=$(な)$b+d$

やや難 問題21　(F_{n+1}に現れる既約分数)

F_{n+1}では，F_nにおいて隣り合う既約分数$\frac{b}{a}$，$\frac{d}{c}$の間に既約分数$\frac{q}{p}$が現れるとすると，今までの定理を用いて$a+c=n+1$となることがいえ，$\frac{q}{p}=\frac{b+d}{a+c}$であることがわかった。(に)は(ウ)「$F_{n+1}$において新たな既約分数が現れることがあるのは，$F_n$において隣り合う既約分数$\frac{b}{a}$，$\frac{d}{c}$で$a+c=n+1$を満たすものの間のみであり，その候補は$\frac{b+d}{a+c}$である」があてはまる。また，$\frac{b+d}{a+c}$は既約分数でないとすると矛盾が生じることから，$\frac{b+d}{a+c}$は既約分数である。(ぬ)は，(イ)$F_n$において隣り合う2つの既約分数$\frac{b}{a}$，$\frac{d}{c}$で$a+c=n+1$を満たすものの間には，$F_{n+1}$において新たな既約分数が現れ，その正体は$\frac{b+d}{a+c}$である。

問題22　(F_nである既約分数の次に現れる既約分数)

(1)　F_4において$\frac{3}{4}$は$\frac{2+1}{3+1}$だから，F_3の$\frac{2}{3}$と$\frac{1}{1}$の間に現れる。次に$\frac{3}{4}$と$\frac{1}{1}$の間に現れる既約分数は$\frac{3+1}{4+1}=\frac{4}{5}$なので，$F_5$においての$\frac{4}{5}$である。次に$\frac{3}{4}$と$\frac{4}{5}$の間に現れる既約分数は$\frac{3+4}{4+5}=\frac{7}{9}$なので，$F_9$においての$\frac{7}{9}$である。その次は$4+9=13$だから，$F_{13}$まで現れない。よって，$F_{10}$において$\frac{3}{4}$の次に現れる既約分数は$\frac{7}{9}$

(2)　F_{13}において，$\frac{3}{4}$の次に現れる既約分数は$\frac{10}{13}$であり，次は，F_{17}においての$\frac{3+10}{4+13}=\frac{13}{17}$　次は，F_{21}においての$\frac{3+13}{4+17}=\frac{16}{21}$　次は，F_{25}においての$\frac{3+16}{4+21}=\frac{19}{25}$　次は，F_{29}においての$\frac{3+19}{4+25}=\frac{22}{29}$

その次は4＋29＝33なのでF_{33}まで現れない。よって，F_{30}において$\frac{3}{4}$の次に現れる既約分数は$\frac{22}{29}$

★ワンポイントアドバイス★

説明文を読み込むのに時間がかかる。特に証明に関してはすべての定理を理解しながらでないと先に進めない。問題1～問題10，問題13～問題16など，手がけられそうなものは確実に仕上げよう。

＋α は弊社HP商品詳細ページ(トビラのQRコードからアクセス可)参照。

＜英語解答＞ 《学校からの正答の発表はありません。》

Ⅰ ① 1　② 3　③ 4　④ 4　⑤ 1　⑥ 2　⑦ 1　⑧ 2　⑨ 3
⑩ 3　⑪ 2　⑫ 1　⑬ 4　⑭ 3　⑮ 1　⑯ 2　⑰ 4　⑱ 1
⑲ 4　⑳ 4

Ⅱ 問1 ［ア］ 5　［イ］ 9　［ウ］ 11　［エ］ 8　［オ］ 16　［カ］ 14　［キ］ 6
［ク］ 3　［ケ］ 4　［コ］ 13　問2 ［A］ 5　［B］ 1　［C］ 14　［D］ 13
［E］ 7　［F］ 2　［G］ 11　［H］ 4　［I］ 16　［J］ 9

Ⅲ A 2　B 3　C 4　D 3　E 2　F 2　G 1　H 3　I 4
J 2，4，5

Ⅳ A 4　B B-1 2　B-2 4　C 1　D 2　E 3　F 2
G G-1 4　G-2 3　H 4　I 1，3，4

Ⅴ A 6番目の語 around　10番目の語 visit
B 3番目の語 my　9番目の語 never
C (例) Did you wish for anything you want in your mind?
D (例) It’s because I’m satisfied with my life now.

○推定配点○

Ⅰ，Ⅱ 各1点×40　Ⅲ，Ⅳ 各2点×20(Ⅳ Gは完答)　Ⅴ 各5点×4　計100点

＜英語解説＞

基本 Ⅰ (長文読解問題・説明文：語句選択補充)

(全訳) 近い将来，自動車は人間の操縦なしで走れるようになるだろう。これは長年にわたる1つの考えであったが，人工知能の技術の進歩が間もなくそれを現実のものとするだろう。トヨタ，日産，メルセデス・ベンツ，GMそして世界中の他の自動車企業が自動運転技術を開発するために取り組んでいる。これらの組織②に加えて，グーグル，アップルそしてマイクロソフトなどの企業もまた，自動運転の自動車を研究し開発している。多くの企業は自動運転の自動車を公道で試験をしているが，グーグルが③すべての中で走行したマイル数が最も多い。

自動運転の自動車はカメラとレーダーで周囲を確認して，人工知能を使って自動的に動く。地図のデータ④の助けを使って，それらはどこでも行きたいところへ連れていってくれる。実際，これらの技術の多くは最新の自動車ではすでに⑤利用可能である。例えば，今日⑥売られている自動車

は前方の自動車までの距離を調べて速度を調整することができる。それらのハンドルは⑦道路がどれだけ広いかを調べて自動的に回ることが可能だ。自動車がほとんどない高速道路では，人間はほとんど何もする⑧必要がない。したがって，近い将来には自動運転の自動車がさらに増えるだろう。

自動運転の自動車には他にいくつかの利点がある。第一に，それらは交通事故を減らすことができる。合衆国運輸省によると，自動車事故のおよそ94パーセントは人為的なミスによるものである。これらの事故のほとんどは⑨酔っ払いか居眠りのいずれかの運転手によって引き起こされている。しかし，コンピューターや機械はそのような過ちはしない。自動運転の自動車の技術が進歩すれば，事故の⑩件数は減るだろう。

自動運転の自動車のもう1つの強みは交通渋滞を減らすことができる⑪ことである。高速道路株式会社によれば，ほとんどの交通渋滞はブレーキを踏むことによって引き起こされる。自動車がブレーキを踏むと，その後ろの自動車もブレーキを踏み，結局そのことで道路上のすべての自動車が止まる。上り坂で運転しているとき，自動車の速度が落ちていることに気づくことは⑫運転手にとって難しい。その結果，自動車は速度が落ちてその後ろにいる自動車はブレーキを踏まなくてはならない。さらに，運転手はトンネルに入った後はよく見えないので，彼らはしばしば速度を落とす。一方，自動運転の自動車はどんな環境でも同じ速度で進むことができるので，その後ろにいる自動車はブレーキを踏む必要がない。こうして，交通渋滞が起こる頻度は減るのだ。

自動運転の自動車には多くの利点があるが，それらは完ぺきではない。2018年3月18日の晩に合衆国である人が自動運転の自動車にひかれて⑬亡くなった。自動車の相乗りの会社であるウーバーがこの自動車の試験をしていた。その自動車が時速63キロで動いていたとき，それは4車線の道路を横断していた49歳の女性を⑭はねた。そこには横断歩道も交通信号もなかった。運転席には⑮人間の運転手がいたが，彼女は前を見ていなかったので，ブレーキを踏まなかったのだ。また，その自動車のレーダーは100メートルほど離れたところからその女性に気づいていたが，それでも自動車は止まらなかった。その自動車には確かに緊急ブレーキ機能があったのだが，急ブレーキによって乗り心地がよくなる可能性があるためそれを切っていた。そのときウーバー社はもっと快適な乗り心地を向上させるために⑯自社の自動車の試験をしていたのだ。

この事故で，人々は重要な問題を示された。将来自動運転の自動車が事故を起こしたら，だれが責任をとるのだろうか。現時点では，そうした状況⑰に対処する法律のある国はない。今，多くの国が検討している法律では，自動運転の自動車が事故を起こしたときは運転席に座っていた人物に責任があるとなっている。⑱しかし，将来，運転席にだれもいなかったらだれが責任を問われるのだろうか。また，自動車のコンピューターがハッカーの攻撃を受けたら何が起こるだろうか。

自動運転の自動車によって引き起こされる事故は⑲今日の自動車事故とはとても異なる。コンピューターと機械によってなされる「判断」も人を殺す可能性がある。技術関連の企業が自動運転の自動車によって事故は減ると信じていても，それでもそうした判断のために人は死ぬかもしれない。私たちはこのことを受け入れることができるだろうか。自動運転の自動車がますます広まるにつれて，私たちは単なる技術そのもの以上のことについてますます考える必要がある。

① 後に for many years「長年の間」とあること，文の後半の内容「人工知能の技術の進歩が間もなくそれを現実のものとするだろう」から，継続を表す現在完了〈have[has]＋過去分詞〉にして「これまではずっと～だったが，間もなく…だろう」というつながりにすると文意が成り立つ。

② 直後の there organizations「これらの組織」は，直前の文にある「トヨタ，日産，メルセデス・ベンツ，GMそして世界中の他の自動車企業」を指す。選択肢を含む文の後にはこれらと違う「グーグル，アップルそしてマイクロソフト」という企業名があるので，In addition to ～「～に加えて」を入れると直前の文とのつながりが自然になる。

③ the most と最上級があることから，of all「(グーグル，アップル，マイクロソフトなどの自動運転の自動車の試験を行っている企業)すべての中で」として比較の対象を示す。

④ 選択肢の直後にある map data「地図のデータ」は，その直後で述べられている「それら(＝自動運転の自動車)はどこでも行きたいところへ連れていってくれる」ことに必要な情報と考えられるので，With the help of ～「～の助けを使って」が適切。

⑤ many of these technologies「これらの技術の多く」とは，地図のデータを使って行きたいところへ行く技術など，自動運転の自動車で使われる技術を指す。直前に already「すでに」とあることから，available「利用可能だ」が適切。

⑥ 選択肢の直前の cars が can check the distance「距離を調べることができる」に対する主語。後ろから cars を修飾する形を考えると過去分詞 sold を入れて「今日売られている自動車」とすると文意が成り立つ。

⑦ 調べることで自動的にハンドルが回るという文意から，how wide the road is「道路がどれだけ広いか(＝道路の幅)」とするのが適切。

⑧ 自動運転の技術を備えた自動車は自動的に速度を調整したりハンドルを回したりすることができることを述べた後に続く文。motorways with few cars「自動車がほとんどない高速道路」でのことを述べているので，have to ～「～しなくてはならない」を入れて，そのような道路では，「人間はほとんど何もする必要がない」という内容にすると文脈に合う。

⑨ 自動車事故の原因を述べている部分。選択肢の直後に or があることから，either A or B「AかBのいずれか」を考える。are drunk「酔っ払っている」を入れると自動車事故の原因として適切な内容になる。drunk は drink「飲酒する」の過去分詞だが，ここでは「(酒に)酔っている」という意味の形容詞として用いられている。

⑩ 自動車が自動運転になれば，酔っ払い運転や居眠り運転といった人為的な原因はなくなるはずなので，事故の数(the number)は減ると考えられる。

⑪ 選択肢を含む文の主語は Another strength of self-driving cars「自動運転の自動車のもう1つの強み」で動詞は is なので，「自動運転の自動車のもう1つの強みは～だ」という文を考える。選択肢の後の内容「それら(＝自動運転の自動車)は交通渋滞を減らすことができる」に合う接続詞は that「～ということ」。

⑫ 上り坂を運転している最中のことを述べている。上り坂をそのまま登れば速度は自然と落ちるはずであること，it is difficult で始まることから for the driver to notice を入れて「自動車の速度が落ちていることに気づくことは運転手にとって難しい」という文にすると文意が成り立つ。

⑬ 自動運転の自動車で起こった事故について述べている部分。自動車にはねられた後に起こった過去のことを述べているので，過去形が適する。injure は「けがをさせる」という意味の動詞で目的語が必要なので不適切。has died は現在完了形なので不適切。dead は「死んでいる，死んでいる状態だ」ということを表す形容詞で was dead とすると「そのときすでに死んでいた」という内容になり，文脈に合わない。was killed は受動態で「殺された」ということだが，「事故などで死ぬ」という場合は be killed で表すのが普通。

⑭ 自動運転の自動車による事故が起こったときの状況を述べている部分。it(＝ウーバーが試験をしていた自動運転の自動車)が主語，目的語が a 49-year-old woman「49歳の女性」なので，hit「(自動車などが人)をはねる」が合う。この場合の hit は過去形。

⑮ 「～な運転手がいたけれども，彼女は前を見ていなかったのでブレーキを踏まなかった」という文。前方を見ていなくてブレーキを踏まないというのは人間の行為なので，a human driver「人間の運転手」とする。

⑯　「ウーバー社が自分の会社の自動車の試験をしていた」という内容にすると文意が成り立つ。Uber を受ける所有格の代名詞 its が適切。

⑰　選択肢の直後の such situations「そのような状況」とは，自動運転の自動車が事故を起こすという状況のこと。「こうした状況に対処している法律がある国はない」とすると文脈に合う。「～に対処する」は deal with ～ で表す。break out「(戦争などが)起こる」，carry out「～を遂行する」，count on「～を頼りにする」。

⑱　直前の文では，自動運転の自動車が事故を起こした場合は運転席にいた人物に責任があるという法律が多いことが述べられているのに対し，選択肢の直後では，運転席に人がいなかった場合はだれが責任を負うのかということが述べられている。運転席に人がいる場合といない場合という逆の場合について述べた文をつなぐので，However「しかし」が適切。

⑲　Accidents caused by self-driving cars「自動運転の自動車によって引き起こされる事故は[⑲]今日の自動車事故」と違うと述べているので，「自動運転の自動車」に対して today を入れて「今日の自動車」とすると文意が成り立つ。

⑳　動詞 need に続く形としては不定詞が適切。主語が we なので，to be thought という受動態は合わない。to think を入れて「私たちは～について考える必要がある」という文にする。

Ⅱ　**(長文読解問題・説明文：語彙)**

(全訳)　ほとんどのイギリス人は，スコーンとケーキは紅茶とともに食べるのに本当の[A]楽しみを与えてくれるものであることを否定しない。イングランドで最も人気のあるケーキの1つはヴィクトリア・サンドイッチ・ケーキである。このケーキは，ヴィクトリア女王の大好物だったと信じられていたので，彼女にちなんで名づけられた。彼女は1837年から1901年まで国を導き，この時期はヴィクトリア時代として知られるようになった。この間に，ケーキの焼き方は[ア]大いに変わった。グローバル化と産業革命によって，[B]材料だけでなく焼き菓子の消費のされ方も変わったのだ。

ヴィクトリア時代の初期は食べ物が高かった。中流階級の家庭は[イ]収入の半分を少し超えるお金を食べ物に使うことが期待できた。彼らの[C]食事には日常の半ポンドのパンが含まれていた。パンはしばしばパン屋や焼き菓子職人から直接家に配達されていた。ある家庭では通りの市場やペストリー店やパイ店から様々な焼き菓子を[ウ]購入することもできた。彼らは自分のかまどで自分のパンを作ったり，だれかに彼らのために製パン所でパンを焼くように頼むこともできた。かまどを熱するためには石炭が必要だったが，それは当時とても高かった。家庭では自分たちのパンを焼くのにさらに安い選択肢はどれであるか慎重に検討しなくてはならなかった。彼らのお金の総額は限られていたので，家庭では石炭用の特定の[エ]予算を作り出さなくてはならなかった。

『ザ・ヴィクトリアンズ』の著者，A. N. ウィルソンによると，パン屋の生活はパンの注文が大幅に増えるために社会の行事の繁忙期は特に大変だった。そのような時期には，パン屋は夜の11時に生地を作り始めていた。彼らはパンが[オ]ふくらむ間に数時間しか眠ることができず，それからきつい仕事の残りをしなくてはならなかった。驚くべきことに，足で[カ]こねることもあった。そのうえパン焼き場は32度になるまで暑かった。彼らは1日に14時間から19時間働き，休む時間はなかった。中には作ったパンの配達もしなくてはならないパン屋もいた。パン屋の労働条件はとても大変だったので，彼らの[D]平均寿命はあまり長くなかった。[E]統計によれば，42歳よりも長く生きたロンドンのパン屋はほとんどいなかった。

パン屋の生活は，グローバル化と産業革命が彼らに選択肢を与えるにつれて改善された。ヴィクトリア時代までは，パン屋はイギリスの地元の資源から材料を使わなくてはならなかった。しかし，グローバル市場が開かれると，パン屋は他国から材料を買えるようになった。彼らはニュージーランドからバターを，アメリカから小麦粉を，フランスから卵を買うことができた。パン屋が行ったこうした選択は，製品の[F]保存期間，品質，そして味に影響を与えた。材料は新鮮である必要があったので，冷蔵庫が広まる以前は食べ物の[キ]保存は[G]重要な問題だった。そこで，彼らはケーキを[H]無期限に保存するのに役立つアルコールを使った。ヴィクトリア時代が続くにつれて，工場主たちは焼くというきつい仕事のいくつかをすることができる機械を発明しようと[I]努めた。パン屋が買うことのできた多くの新しい機械の中には，生地をこねたり混ぜたりするためのものがあった。これらの機械のおかげで，パン屋はもっと楽にパンを焼き，さらによい暮らしを送ることができた。

ヴィクトリア時代末期には，パンを焼く工程ははるかに楽になり，さらに多くの種類の焼き菓子が店で見られるようになった。チェリー・ケーキ，アーモンド・ケーキ，そしてタルトが買えるようになった。これらの手のこんだ焼き菓子は[ク]おいしくて見た目もよかった。1870年代までに，人々の[ケ]余暇の時間が増えるにつれて，[J]消費者文化が発展して人々は家を出て買い物を楽しむことができた。新しい商業地区が発展するにつれて，女性たちは女性用の喫茶店で[コ]人付き合いをしながら昼食を食べたりお茶を飲んだりすることができた。

今日，多くのイギリスの焼き菓子が世界中で楽しまれている。例えば，ショートブレッドやクランペットは私たちの地元の店でも簡単に見つけることができる。私たちはそれらの歴史と背景を知っていれば，さらにその豊かでおいしい風味を楽しむことができるのだ。

問1　全訳を参照。

問2　全訳を参照。　1 「特定の料理を作るために他の食べ物と混ぜられる食べ物」 2 「食料品が安全に食べられる期間」 3 「一般民衆に商品を売る人や店や企業」 4 「最後が決まっていない期間の間」 5 「大きな喜びを与えるもの」 6 「特定の食べ物を料理したり作ったりするための一連の指示」 7 「あることについての情報を示す数字の形での事実」 8 「あまり大きくも深刻でも重要でもない」 9 「自分で使うために商品やサービスを買う人」 10 「特に体重を減らすために食べている食べ物か飲み物，あるいはその両方を制限すること」 11 「重要で深刻だ」 12 「何かが広くなったり大きくなったりすること，または何かを広くしたり大きくしたりすること」 13 「人や動物が生きる平均的な長さ」 14 「人が普段食べたり飲んだりする食べ物と飲み物」 15 「長く，あるいは永遠には続かない状態で」 16 「特に困難なことをしようと努力すること」

Ⅲ （長文読解問題・説明文：語句選択補充，語句解釈，英問英答，内容吟味）

（全訳） 何世紀もの間，ハワイ先住民には文字がなかった。1800年代初期まで，彼らには自分たちの歴史を書き留めるためのアルファベットも文字もなかった。代わりに，ハワイの言語は話し言葉であった。歴史や宗教的な信念やハワイの言語といった文化の情報は物語を話すという異なった形を通して次の世代に伝えられた。こうした物語を話す方法の1つがフラと呼ばれる古代ハワイの踊りであった。フラは，多くのハワイの神々を祝うだけではなく，歴史の教科書のようなものでもあるため，ハワイ先住民にとってはハワイ文化の重要な一部である。フラが演じられるとき，踊り手たちは身振りと歌の両方を使ってハワイの過去の物語をする語り部なのだ。

フラには2つの型があり，それらはまったく異なっている。フラ・アウアナはハワイについて思うときに多くの人が想像するフラの現代の型である。アウアナでは，演者は色彩豊かな衣装を着てハワイ語か英語のどちらかで歌われる歌に合わせて踊る。アウアナの歌はギターやウクレレなどの楽器とともに歌われる。これらの楽器はこの型のフラにさらに現代的な印象を与えるのに役立つ。(A)一方，フラ・カヒコはハワイ先住民が何世紀もの間演じてきた(B)古来からの型のフラである。カヒコでは，歌はハワイ先住民の言葉で歌われ，踊り手の後ろではウクレレもギターも演奏されない。代わりに，演者は竹や石やヒョウタンなどのような自然の素材から作られた楽器の音に合わせて踊る。踊り手はこれらの音に合わせて動きながら，オリと呼ばれる型の歌を歌う。カヒコでは，オリの言葉はおそらくフラの身振りよりも重要である。これは，ハワイの歴史の物語を語るのがオリの言葉だからだ。オリはまた，火山の神であるペレ，あるいは月の神であるヒナなどのハワイの神々を祝う宗教的な歌である場合が多い。これらのオリは何百年もの間歌われ，伝えられてきたので，ハワイ人は自分たちの歴史の記録を保持し，自分たちの宗教の伝統を存続させることができているのだ。

しかし，1820年にキリスト教の宣教師がハワイに到着したとき，踊り手たちがほとんど着衣をつけず肌を見せすぎていたために彼らはフラを好まなかった。彼らはまた，ハワイ人たちが非キリスト教の神々を祝い，祈りを捧げていることも気に入らなかった。そこで，1830年，宣教師たちはカアフマヌ王妃にフラを公に演じることを禁止するように説得した。ハワイ人たちはフラを演じることができなかったので，若いハワイ人たちは祖先の物語を学んだり，フラの伝統的な儀式に参加することができなかった。その結果，彼らはハワイ人としてのアイデンティティーの重要な一部を失った。幸運なことに，フラを公に演じることは禁止されていたが，ハワイ人たちは特に田舎で，隠れてカヒコを踊り続けた。

フラはおよそ40年間ハワイで禁じられた。しかし，1874年にデイヴィッド・カラカウアが王になって法律を変えたときに，ハワイ人たちは再び公にフラを演じることができるようになった。彼は，「フラは心の言葉であり，したがってハワイの人々の心臓の鼓動である」と言った。彼はハワイ人に古来の伝統に誇りを持ってほしいと思い，彼らにオリとカヒコを演じることを奨励した。実際，カラカウアが王になったときの儀式には古来と現代の両方の型のフラが演じられた。

1893年，ハワイ王国は倒されて合衆国がハワイ諸島を支配した。ほんの数年後には，新しい政府は学校でのハワイの言葉の使用を禁じ，人々は公に自分たちの母語を話すことを許されなかった。(C)その結果，その言葉を話せる人の数は急速に減り始めた。しかし，公にハワイの言葉を話すことは禁じられたが，ハワイ中の人々がフラを演じ，オリを歌い続けた。多くの専門家が，フラのおかげでハワイの人々は自分たちの歴史と言葉を将来の世代のために保存することができたのだと信じている。

1800年代から，ハワイ人たちは自分たちの歴史を記録して伝えるために書き言葉を使っている。しかし，オリとフラを通しての物語の伝統は(D)ハワイ文化の重要な一部であり続けている。今日，ハワイの伝統と言葉を保存することの重要性をE理解する人が増えてきているので，ハワイ中の学校でハワイの言葉とフラを教えている。

A　指示文は，「空所(A)に適するものを入れなさい」という意味。空所(A)の直前まではフラ・アウアナについて，その後からフラ・カヒコについての説明になっていることから，2「一方」でつなぐのが適切。

B　指示文は，「空所(B)に適するものを入れなさい」という意味。空所(B)にはフラ・カヒコの特徴を表す語が入る。空所(A)の前の部分から，フラ・アウアナはウクレレやギターの演奏を伴う現代的なものであることがわかり，もう1つのフラ・カヒコについては空所(B)の後から，「歌はハワイ先住民の言葉で歌われる」，「ウクレレもギターも演奏されない」，「竹や石やヒョウタンなどのような自然の素材から作られた楽器の音に合わせて踊る」，「ハワイの歴史の物語を語るオリを歌う」などの特徴がわかる。現代的な感じのアウアナとカヒコが対照的なフラであることがわかるので，「現代的」と反対の意味を持つ3が適切。

C　指示文は，「空所(C)に適するものを入れなさい」という意味。空所(C)の直前では，新たにハワイを支配した合衆国がハワイ人たちが公に自分たちの母語を話すことを許さなかったことが述べられている。空所の直後の「その言葉を話せる人の数は急速に減り始めた」は，その結果として起こることと考えられるので，4が適切。

D　指示文は，「空所(D)に適するものを入れなさい」という意味。空所を含む文がHowever「しかし」で始まっていることに着目する。直前の文では，今ではハワイ人たちが自分たちの歴史を記録して伝えるために書き言葉を使っていることが述べられている。「書き言葉」は本来ハワイの伝統的な伝達手段ではなかったことから，それと対照的な内容になるように，3を入れて「オリとフラを通しての物語の伝統はハワイ文化の重要な一部であり続けている」とすると前文とのつながりが自然になり，また，最終文の「今日では，ハワイ中の学校でハワイの言葉とフラを教えている」という現状にも合う。

E　質問は，「recognize と同じ意味の語はどれですか」という意味。下線部を含む文の because 以下は，今日ではハワイ中の学校でハワイの言葉とフラを教えていることの理由を表す。2「理解する」を入れると，「ハワイの伝統と言葉を保存することの重要性を理解する人が増えてきている」となり，因果関係が成り立つ。agree は「同意する」，watch over は「世話をする」，suggest は「提案する」という意味。

F　指示文は，「次の文を完成させるのに最も適する選択肢を選びなさい」という意味。「フラ・カヒコでは」で始まるので，フラ・カヒコの特徴として正しいものを選ぶ。第2段落第7，8文「歌はハワイ先住民の言葉で歌われ，踊り手の後ろではウクレレもギターも演奏されない。代わりに，演者は竹や石やヒョウタンなどのような自然の素材から作られた楽器の音に合わせて踊る」から，2「歌，あるいはオリは英語で歌われない」が適切。1は「歌，あるいはオリは普通英語で歌われる」という意味。オリを歌うのはカヒコの特徴だが，英語で歌うのはアウアナの特徴(第2段落第3文)。3は「踊り手はギターやウクレレの音楽に合わせて踊る」という意味。ギターやウクレレに合わせて踊るはアウアナの特徴(第2段落第4文)。4は「踊り手は物語をする助けとするために色彩豊かな衣装を使う」という意味。色彩豊かな衣装を着て演じるのはアウアナの特徴(第2段落第3文)。

G　質問は，「キリスト教の宣教師たちが到着する前は，ハワイ人たちはどのようにして自分たちの歴史を記録して共有していましたか」という意味。宣教師たちが来る前の状況については第1段落を参照。第2～5文から，1800年代初期(＝宣教師たちが来る直前)まで，ハワイ人たちには話し言葉しかなく，歴史，宗教，言語に関わる文化の情報は物語を話すことで次の世代に伝えられ，こうした物語を話す方法の1つがフラと呼ばれる古代ハワイの踊りだったことをつかむ。この内容に合うのは1「彼らは物語，歌，そして踊りを通して自分たちの歴史を記録し，共有した」。2は「彼らはキリスト教の宣教師たちの助けによって自分たちの歴史を記録し，共有した」という意味。宣教師たちが来る前の状況を答えるので，合わない。3は「彼らはほとんどは歌を通して自分たちの歴史を記録し，共有した」という意味。歌の他に，物語と踊りが重要な手段なので合わない。4は「彼らは独特なハワイの書き方を使って自分たちの歴史を記録し，共有した」という意味。宣教師たちが来る前はハワイ人たちは書き言葉を持っていなかったので合わない。

H　指示文は，「次の文を完成させるのに最も適する選択肢を選びなさい」という意味。「1800年代に，若いハワイ人たちはハワイ人のアイデンティティーを失い始めた」ことの理由を because 以下に続ける。第3段落第5文に，若いハワイ人たちがハワイ人としてのアイデンティティーの重要な一部を失ったことが述べられているが，この文の冒頭に As a result「その結果」とあるので，直前の文に着目する。宣教師たちが当時の王妃にフラを公に演じることを禁止するように説得したために，ハワイ人たちはフラを演じることができなくなって，若いハワイ人たちが祖先の物語を学んだり，フラの伝統的な儀式に参加することができなかったことが述べられているので，

3「彼らはハワイの伝統に参加することができなかった」が適切。1「カアフマヌ王妃がキリスト教徒になった」は本文に記述がない。2は「カラカウア王がフラを演じることを禁止し続けた」という意味。第4段落第2文から，カラカウア王はハワイ人たちが再び公にフラを演じることができるようにしたことがわかる。4「彼らはペレやヒナなどのハワイの神々をもはや信じていなかった」は本文に記述がない。

I　質問は，「王になるカラカウアを祝う儀式のときに，人々はどんな楽器の音を聞くことができましたか」という意味。第4段落最終文に「カラカウアが王になったときの儀式には古来と現代の両方の型のフラが演じられた」とある。古来の型のフラは「竹や石やヒョウタンなどのような自然の素材から作られた楽器の音に合わせて踊る」(第2段落第8文)，現代の型のフラは「ギターやウクレレなどの楽器とともに歌われる」(第2段落第4文)というものなので，4「ウクレレ，ギター，そして石や竹やヒョウタンでできた楽器」が適切。1「楽器はなし」，2「ギターとウクレレのみ」，3「石や竹やヒョウタンでできた楽器のみ」。

J　1「1800年代に政府がフラを禁止したとき，ハワイの人々の中にはその法律に従わない者もいた」(○)　第3段落最終文「フラを公に演じることは禁止されていたが，ハワイ人たちは特に田舎で，隠れてカヒコを踊り続けた」という記述に合う。　2「宣教師たちは人々がハワイの神々に祈りを捧げても気にしなかった」(×)　第3段落第2文「彼ら(＝宣教師たち)はまた，ハワイ人たちが非キリスト教の神々を祝い，祈りを捧げていることも気に入らなかった」に合わない。

3「フラ・アウアナはフラ・カヒコよりも伝統的ではない」(○)　第2段落第3～6文「アウアナでは，演者は色彩豊かな衣装を着てハワイ語か英語のどちらかで歌われる歌に合わせて踊る。アウアナの歌はギターやウクレレなどの楽器とともに歌われる。これらの楽器はこの型のフラにさらに現代的な印象を与えるのに役立つ。一方，フラ・カヒコはハワイ先住民が何世紀もの間演じてきた古来からの型のフラである」という記述に合う。　4「政府は1890年代にハワイの言葉を禁止したが，ハワイ語を話す人の数は実際には増えた」(×)　第5段落から，1893年にハワイ王国が倒されて合衆国がハワイ諸島を支配し，その数年後には，学校でのハワイの言葉の使用が禁じられて，人々は公に自分たちの母語を話すことを許されなかったことがわかる。さらに第6段落第1文に「その結果，その言葉を話せる人の数は急速に減り始めた」とあるので，合わない。

5「フラはハワイ人たちにとってとても重要だったので，それはハワイの王国を存続させるのに役立った」(×)　第5段落第1文からハワイの王国は合衆国によって倒され，存続できなかったことがわかるので合わない。　6「ハワイの言葉は合衆国がハワイを支配したときまで禁止されなかった」(○)　第5段落に，「1893年，ハワイ王国は倒されて合衆国がハワイ諸島を支配した。ほんの数年後には，新しい政府は学校でのハワイの言葉の使用を禁じ，人々は公に自分たちの母語を話すことを許されなかった」とある。それまでにフラを演じることは禁止されていたが，ハワイの言葉の使用も禁止されていたという記述はない。

Ⅳ　(長文読解問題・説明文：語句選択補充，内容吟味，語句解釈，文選択補充)

(全訳)　だれかを型にはめたことはあるだろうか。おそらく私たちはみなそうしたことがある。ステレオタイプとは，多くの人があるタイプの人やものについて抱く固定された考えや印象のことである。しかし，現実にはそれが事実とは異なることもある。ステレオタイプは，私たちが性，人種，国籍といった集団で人を見て，その集団の人はだれもが同じように考え振る舞うという印象を心の中に創り出すときに形成されることが多い。ステレオタイプと戦ってきた1つの集団が女性たちと少女たちである。

女性がしばしば直面する1つのステレオタイプが女性は男性よりもたくさんしゃべるという考えだ。このステレオタイプはとても根強く，世界中で見られる。実際，日本語で“noisy(騒がしい)”

の漢字での記述のし方の1つは，“woman（女性）”を表す3つの文字を1つに重ねることによるものだ。(A)「男は1語，女は辞書」と訳されるドイツの表現もある。

これはよくあるステレオタイプである(B-1)けれども，実際には男性の方が女性よりもたくさんしゃべる。1950年代以来，調査によってこのことが確かめられている。どちらの性別がより多くしゃべるかを調べる56の調査のうち，34の調査が女性よりも男性の方がたくさんしゃべることを示した。男性よりも女性の方がたくさんしゃべることを示したのはそれらの調査のうちの2つだけだった。昨年，ある有名な日本人男性が，「女性が多い会議は時間が多くかかる」と言って国内外の注目を引いた。彼はこれらの調査結果を見たらきっと驚くだろう。

多くの研究者が，人はなぜ女性は男性よりもたくさんしゃべると考えるのかを説明しようとしてきた。その説明の1つは，国によっては会議に参加する女性がとても少ないために，しばしば彼女たちはD目立つというものである。1980年代に，ある研究者は少数派が多数派の方の集団の15パーセント未満のとき，彼らは他のだれよりも目立ち，彼らの行動はより多くの注目を引くと説明した。女性はしばしばこうした状況にあるので，彼女たちが会議で実際に遠慮なく発言すると，人はたぶん，(E)「あ，彼女がしゃべっている！」と思うだろう。もう1つの説明は，女性と男性は違う話題について話し合う傾向があるというものだ。男性は「女性の」話題を重要ではないと判断することがあり，だから彼らは女性はしゃべりすぎると感じるのだ。

女性は男性よりもたくさんしゃべるというステレオタイプは，必ずしも現実を表さない特定の印象の一例である。一方，ステレオタイプは私たちの他人への考え方に影響を及ぼし得るだけでなく，自分自身についての考え方にも影響し得る。最終的に，自分がステレオタイプ化されると，このステレオタイプを信じてしまうことが多い。その結果，私たちはステレオタイプを反映させるように振舞う。

おそらく，男子は女子よりも数学が得意だというステレオタイプをよくご存じだろう。これは正しいと思うだろうか。日本が参加した国際的な数学の試験の結果を見てみよう。PISAは15歳の者の，実社会での課題を処理するために読み，数学，理科の知識と技能を使う能力を測る国際的な試験である。2018年のPISAによると，78あるうちの32の国と経済圏で，数学では男子の方が女子よりも成績がよかった。これは全体のほぼ半分である。

一般に数学の試験での女子の成績について興味深い点は，数学についてのこのステレオタイプが女子に心理的に影響を与えていることである。ある調査では，研究者たちが数学の試験を受ける前に女子の一部のグループに「この数学の試験では，男子の得点の方が女子の得点よりも高いです」と言った。その結果，女子は男子よりも得点が低かった。別の調査では，性別の要因について何も言われなくても女子は男子よりも得点が低かった。いずれの調査でも，研究者たちが女子たちに「この試験は性の違いには影響されません」と言ったときは女子の得点が男子と同じくらいだったことは興味深い。これらの結果は，女子は，数学では男子の方が女子よりも優れているというステレオタイプに，直接そのことを言われなくても負の方向で影響されていることを示している。

日本の多くの人々は数学では女子よりも男子の方が優れているというステレオタイプを持っている。このことは，2018年のPISAで日本の女子の数学の得点が日本の男子よりも低かった理由であるかもしれない。しかし，14の国と経済圏では，女子の方が男子よりもはるかに成績がよかった。このステレオタイプを信じない人が増えれば，日本はおそらくこれらの国のようになれるだろう。(B-2)言いかえれば，このステレオタイプはほんのステレオタイプに過ぎず，女子の実際の能力を反映させてはいないのだ。

おわかりのように，ステレオタイプは私たちの考え方，話し方，振る舞い方に大きな影響を与え得る。私たちは，自分たちが使っている言語と同様に，自分たちが持っている考えをやめてよく考えるべきだ。このことをしなければ，私たちはだれかを傷つけてしまうことがあるのだ。

A　この段落では，女性は男性よりもたくさんしゃべるというステレオタイプについて紹介されている。日本語で騒がしいことを表す語が「女」という文字を3つ重ねて表される例を挙げた後，There is also ～「また～もある」と述べていることから，空所には「女性の方が男性よりもたくさんしゃべる」という内容の表現が入ることになる。これに最も合うのは4「男は1語，女は辞書」。1は「『男が耳を貸せば，それは彼もまた話したいからである』と訳されるアルゼンチン(の表現もある)」，2は「『女の意見は月と同じくらい簡単に変わる』と訳されるフランス(の表現もある)」，3は「『たとえ千のことを知っていたとしても，1つのことを知る人に頼みなさい』と訳されるトルコ(の表現もある)」，5は「『意見が多すぎると船が沈む』と訳されるギリシャ(の表現もある)」という意味。

B　(B-1)　空所の直後の this は「女性の方が男性よりもたくさんしゃべる」というステレオタイプを指す。「これがよくあるステレオタイプだ」と述べた後で，「実際には男性の方が女性よりもたくさんしゃべる」と反対の内容の記述が続くので，空所には譲歩を表す2「～だけれども」が適切。　(B-2)　空所の前では，男子の方が女子よりも数学が得意だというステレオタイプを信じない人が増えれば，日本も女子の方が数学で優秀な成績を収める国になれると述べている。また，空所の後では，このステレオタイプはほんのステレオタイプに過ぎず，女子の実際の能力を反映させてはいない，と同様の内容を別の表現で述べているので，4「言いかえれば」が適切。

C　下線部の He は直前の文の a well-known Japanese man「ある有名な日本人男性」を指す。この男性は，「女性が多い会議は時間が多くかかる」と発言したが，これは女性の方がたくさんしゃべるからだと考えられる。これに対して，多くの調査で女性よりも男性の方がたくさんしゃべるという結果が出たことがこの前の部分で述べられていることから，この男性が驚く理由としては1が適切。

D　女性は男性よりもたくさんしゃべると考えてしまうことの1つの説明を述べている部分。下線部の直前で，「国によっては会議に参加する女性がとても少ないために」と述べているが，このことから考えられるのは，少ないために目立つということである。下線部を含む文の直後の「1980年代に，ある研究者は少数派が多数派の方の集団の15パーセント未満のとき，彼らは他のだれよりも目立ち，彼らの行動はより多くの注目を引くと説明した」という文の内容にも合う。この文にある visible は「目に見える，目立つ」という意味を表す。

E　空所を含む文では，会議などの場で女性はしばしば少数派の立場にあり，女性が意見を言えば周りの人々はどう思うかということを述べている。この前では，少数派に入る人が発言すれば目立つということが述べられていることから，3が適切。1「そうですねえ，彼女はしゃべっているはずです！」，2「彼女はどうしてしゃべることができるのだろう？」，4「彼女は何についてしゃべったのだろう？」では，いずれもしゃべっている女性が目立っていることへの反応として不適切。

F　空所以下が直前の a particular image「特定の印象」を関係代名詞を使って修飾している形。この前の段落では，「女性の方が男性よりもたくさんしゃべる」というステレオタイプが必ずしも事実を反映していないことが説明されているので，2を入れて「女性は男性よりもたくさんしゃべるというステレオタイプは，必ずしも現実を表さない特定の印象の一例である」という文にすると，前の段落とのつながりが自然になる。先行詞が a particular image で単数，一般的な事実を述べている文なので時制は現在が適切。したがって，did，do，could は不適切。

G　(G-1)「一般に数学の試験での女子の成績について興味深い点」がどういうことであるかを述べている文。ある過去の時点に限ったことではなく，現在でも一般に当てはまることを述べているので，be動詞は現在形が適切。主語はThe interesting pointで単数なのでisが入る。
（G-2） 過去に行われた調査の結果を述べているので，be動詞は過去形が適切。主語はgirls' performance「女子たちの得点」で単数なのでwasを入れる。主語はgirlsではないことに注意。

H 空所を含む文の前で，一部の女子に「この数学の試験では，男子の得点の方が女子の得点よりも高いです」と言ったところ，女子の方が数学の試験の得点が低かったことが述べられている。空所を含む文では，性別の要因について何も言わなかった場合の女子の試験の結果が述べられているが，even when they were not told about the gender factor at all「性別の要因について何も言われなかったときでさえも」と述べていること，この直後では女子が「この試験は性の違いには影響されません」と言われたときには男子と同じくらいの得点だったことが述べられていることから，性別の要因について何も言わなかった場合の女子の得点は男子よりも低かったことになる。

I 1「あなたがある少数派の民族集団の一員で会議に出ていたら，他の人たちは，実際にはそうではなくてもあなたが他の人たちよりもたくさんしゃべっていると思う可能性がある」（○） 第3段落第1文以下を参照。会議の場などで少数派に属する人が発言すると実際以上に目立つことが述べられているので合っている。 2「あなたがある人の話を聞いていてあなたがその話題に興味があるとき，あなたはおそらくその人はしゃべりすぎていると感じるだろう」（×） 話す人の話題に関連して，その人がたくさんしゃべっていると感じるという説明は本文にない。 3「調査によると，男性は女性よりもたくさんしゃべる。しかし，人々は女性の方が男性よりもたくさんしゃべると信じている」（○） 第2段落で，女性は男性よりもたくさんしゃべるというステレオタイプが紹介されているが，直後の第3段落第1文で，実際には男性の方がたくさんしゃべることが述べられているので，合っている。 4「『この試験は性の違いには影響されません』と聞いた後では，数学の試験で男子は女子と同じくらいの得点だった」（○） 第7段落第5文の内容に合う。 5「調査によると，女子は数学では男子の方が成績がよいというステレオタイプを実感していなくても，それに影響される傾向がある」（×） 第7段落第5文に，性別は試験に影響しないと言われた場合は女子の数学の成績が男子と同じくらいだったことが述べられているので合わない。 6「PISAの試験で，日本の女子は実際の能力が低かったために数学では男子ほどよい得点をあげなかった」（×） 最後から2つ目の段落で，「数学では女子よりも男子の方が優れている」というステレオタイプを持つ人が多いことがPISAの数学の試験で女子の方が成績がよくなかった理由かもしれないと述べている。さらに，同じ段落の最後の2文では，そのステレオタイプを信じない人が増えれば日本の女子の成績が男子を上回るだろう，そのステレオタイプは女子の実際の能力を反映させていない，と述べている。これらのことから，筆者は実際に女子の能力が低かったために数学で男子よりも成績が低かったと考えていないことがわかる。 7「あなたがだれかにステレオタイプ化されれば，そのステレオタイプに影響されることはほとんどない」（×） 最後の3段落では，ステレオタイプを意識することで女子の数学の成績に影響が出た可能性があるという例を挙げつつ，最終段落で「ステレオタイプは私たちの考え方，話し方，振る舞い方に大きな影響を与え得る」と述べているので合わない。

Ⅴ （英作文：語句整序，条件英作文，和文英訳）

（全訳） 絵① （左から）「ねえ，あれを見て！」「うわあ，きみの誕生日に流れ星だよ，カレン！」「急いで，何か願い事をしましょう！」

絵② 少年のフキダシに飛行機，地球のほか，ピラミッド，ロンドンのタワーブリッジ，パリのエッフェル塔と思われる世界の名所の絵。

絵③　「$_{B}$私のカメは音を立てたことがないから，彼女の感情をわかりたいわ」フキダシに何かをしゃべっているカメの絵。カメのフキダシに「？」が3つ。

絵④　少年：どうしてそんなに静かなの，カレン？／少女：(解答例)　心の中でほしいものをお願いしたの？／カレン：いいえ，しなかった。

絵⑤　少年と少女：どうして？　お金持ちになったりもっと物がほしくないの？

絵⑥　カレン：いいえ，望まないわ。それは今の生活に満足しているからだよ。

絵⑦　少年と少女：わかった！　それじゃあ，このプレゼントはいらないということだね。
カレン：待って…何ですって？！　いやよ～！！！

重要　A　(He) wishes that he could travel around the world and visit many famous (places.)「彼は世界中を旅してたくさんの有名な場所を訪れることができたらなあと思っている」wishes の後に接続詞 that を置いて，少年ができたらよいと願うことを続ける。travel around the world「世界中を旅する」と visit many famous places「たくさんの有名な場所を訪れる」を and でつなぐ。

重要　B　(I want) to understand my turtle's feelings because she has never made a sound (before.)〈want to＋動詞の原形〉「～したい」を用いて自分が望むことを書き，because を続けてそう望む理由を書く。has, never, made があることから現在完了形の文を考える。make a sound は「音を立てる」という意味。ここではカメがしゃべらないことを表している。

やや難　C　(例)　Did you wish for anything you want in your mind?「あなたは心の中でほしいものをお願いしたの？」④の絵で，カレンが少女の問いかけに No, I didn't. と答えていることから，Yes / No で答えられる形で「あなたは～しましたか」という疑問文を考える。また，カレンが願い事を言わずにだまっていることから，in your mind「心の中で」を加えるなどして状況に合う語句を加える。

D　(例)　It's because I'm satisfied with my life now.「それは～だからだ」は It is because ～ で表す。「～に満足している」は be satisfied with ～ という表現があるが，I am happy with ～ と表してもよい。「今の生活」は my life now と表せる。

★ワンポイントアドバイス★

Ⅱ 問2では，与えられている英語の説明をすべて訳す必要はない。1なら food「食べ物」，3なら person「人」のように，中心の意味をつかみ，後に続く説明から大まかな意味をつかめれば，正確に答えを選べるものも多くある。

＜国語解答＞《学校からの正答の発表はありません。》

一　問一　ウ　　問二　エ　　問三　ウ　　問四　エ　　問五　ウ　　問六　ウ　　問七　オ
問八　ア　　問九　オ

二　問一　a　方途　　b　とつ　　c　ひそ　　d　撮影　　e　対照的　　問二　ア
問三　ウ　　問四　エ　　問五　エ　　問六　オ　　問七　イ　　問八　距離　　問九　エ
問十　ウ・エ　　問十一　イ　　問十二　(例)　筆者は，現実のわずらわしさから逃れたいという気持ちから，人間の世界から距離を置いて見ることのできるパノラマ風の眺めに安らぎを覚え，静かな展望に見入っていたかったから。(83字)

○推定配点○
一　各4点×9　　三　問一　各2点×5　問十二　10点　他　各4点×11　　計100点

＜国語解説＞

一　（論説文－文脈把握，内容吟味，脱語補充，要旨）

問一　直前の段落に「ぼくらは同じチョコレートが人と人とのあいだでやりとりされることが，どこかで区別しがたい行為だと感じているから，わざわざ『商品らしさ』や『贈り物らしさ』を演出しているのだ」と説明されているので，「特別な演出をする『贈り物』との差異において」とするウが適切。

問二　「区別」については，前に「経済と非経済との区別は，こうした思いや感情をモノ」のやりとりに付加したり，除去したりするための装置なのだ」とあり，「経済の『交換』という脱感情化された領域があってはじめて，『贈与』に込められた感情を際立たせることができる」と説明されているので，「モノのやりとりのなかで思いや感情を足し引きしながら，かたちづくられていく」とするエが適切。

問三　「そんな」が指示するのは，直前の「『わたしたち』と『かれら』のあいだには，埋めがたい格差がある。かといって，みんなに分け与えるわけにもいかない。では，どうすべきなのか？」というものなので，この内容と合致するウが適切。

やや難　問四　「抵抗を感じてしまう」理由については，後に「ひとつは，お金のやりとりが不道徳なものに感じられること。特別の演出が施されていない『お金』は『経済』の領域にあって，人情味のある思いや感情が差し引かれてしまう」「ただし『贈与』は，他者とのあいだに生じる思いや感情を引き受けることも意味する」「もうひとつは，お金がなんらかの代償との『交換』を想起させること。物乞いが，ぼくらのために働いてくれるわけでも，なにかを代わりにくれるわけでもない。このとき『わたし』が彼らにお金を払う理由はない」「『交換』において，『わたしのお金』は『わたしの利得』の代価として使われるべきものだ。そこではきちんと収支の帳尻を合わせることが求められる」と説明されているので，ア・イ・ウ・オはあてはまる。「『非経済』の領域にあるガムやパン」とするエはあてはまらない。

問五　「そう」が指すのは，直前の「商品交換のモードが共感を抑圧し，面倒な贈与と対価のない不完全な交換を回避する便法となる。ぼくらはその『きまり』に従っただけでなにも悪くない」という内容である。「共感」の「抑圧」については，「身体の弱った老婆を目のあたりにして，なにも感じないという人はいないだろう。でも『交換』のモードには，そんな共感を抑え込む力がある」「多くの日本人は道端で物乞いの老婆を目にしたときも，この交換モードをもちだしてしまう。いろんな共感を引き起こしそうな表情とか，身なりとかを見なかったことにする」と説明されているので，「実際には物乞いに共感しており，与えずにいる負い目をおさえている」とするウが適切。

問六　直前に「エチオピア人の振る舞いからは，彼らが共感に心を開いているのがわかる。……物乞いの姿を前にしたときにわきあがる感情に従っているまでだ。だから相手に共感を覚えなければ，彼らだって与えない」とあり，直後には「エチオピア人は，その抗しがたいオーラにすっと身を任せる」と説明されているので，「共感に心を開いているので，……共感すれば，その感情に素直に従うから」とするウが適切。

問七　直前に「ぼくらの身体は経済と非経済といった『きまり』に縛られている。でもつねに逸脱の可能性も開かれている。……そこから別の可能な姿の世界を構想する」とあり，「別の可能な姿」については，「同時に……」で始まる段落に「物乞いに抵抗なくお金を与えているエチオピア人の姿を見て，なぜ自分はお金を与えることに躊躇するのだろう，と問うことができる。他者の振る舞いから，自分自身がとらわれた『きまり』の奇妙さに気づくことができる。人の振り見て，わが身を疑う」とあるので，これらの内容と合致するオが適切。

問八　Aの直後に「前者」「後者」とあり，「前者」は直前に示されている「『貧しい人のために』とか『助けたい』という気持ち」，「後者」は「圧倒的な格差への『うしろめたさ』」を指すので，「『貧しい人のために』とか『助けたい』という気持ち」にあてはまるものとして「善意」が入る。「善意」は相手を貶め，「うしろめたさ」による「自責」は相手を畏れる，とする文脈である。

問九　直前に「商品交換のモードに凝り固まった身体がほぐれていく」とある。具体的には，「最近，エチオピアでは，私もポケットに小銭があれば，誰かに渡している。なるべく収支の帳尻をゆるくして，お金が漏れていくようにしている」「自分が彼らよりも不当に豊かだという『うしろめたさ』がある。つねに彼らからいろんなものをもらってきたという思いもある。そのうしろめたさに，できるだけ素直に従うようにしている」と説明されているので，「『共感』に心を開いている世界に触れることで，……自分たちの社会を見直していく上での手がかりにしよう」とするオが適切。過剰に『共感』を抑制し「経済＝交換モード」で世界をとらえていることに気づき，見直そうとする姿勢を「ほぐれた身体」と表現しているのである。

二　**（論説文―漢字の読み書き，表現，文脈把握，内容吟味，語句の意味，脱語補充，要旨）**

問一　a 「方途」は，進むべき道，やり方，という意味。「途」を使った熟語はほかに「用途」「前途」など。訓読みは「みち」。　b 「嫁」の訓読みは「とつ(ぐ)」「よめ」。音読みは「カ」。熟語は「転嫁」。　c 「潜」の訓読みは「ひそ(む)」「もぐ(る)」「くぐ(る)」。音読みは「セン」。熟語は「潜在」「潜伏」など。　d 「撮」を使った熟語はほかに「空撮」「特撮」など。訓読みは「と(る)」。　e 「対照」は，比べ合わせる，という意味で，「対照的」は，互いの性質の違いがはっきり目立つこと。同音の「対象」「対称」と区別する。

問二 「とぼとぼ」は，元気のない足取りで歩く様子。この頃の「私」については，「私自身の……」で始まる段落に「中学生から高校生くらいの時期，私はある種の悩みの中にいました。……私だけが不安と苦悩のただ中にいるような想いに日々駆られて，そこから脱出するホウトも見つからない。そんな気持ちだけで何年も暮らしていました」とあるので，アが適切。悩みを抱えて，抜け出すあてもなく，元気のない日々を送っていたのである。

問三 「主観的」は，自分だけの考えや感じ方にかたよる様子のことなのでウが適切。本人は深い悩みの中にいると感じていた，他人の目からはそうは見えなかったかもしれない，という意味。

問四　直前に「人一倍体力のなかった私にはほんとうに辛い旅でした」とあることから，体力的な苦痛だけでなく，それ以上に，先生や同級生に気遣われることの苦痛の方が大きかった，という文脈なので，「周囲へ気を遣わせてしまっている負い目や劣等感」とするエが適切。

問五 「空々しい(そらぞらしい)」は，嘘である，真心がこもっていない，知らないふりをしている，などの様子が見え透いていることを意味するので，「真実味がない」とするエが適切。とらえどころのない「なにか」を言葉にすると，真実味のないものになってしまう，というのである。

問六　直後に「つまり，『パノラマ風の眺め』に見とれるということは，そのまま風景画を見るような経験と同じだったわけです」と説明されているのでオが適切。

問七　直前の「『パノラマ風の眺め』」を言い換えていることに着目する。さらに，「パノラマ的視線」のことを「『すべてを見る目』」と言い換えているのでイが適切。「パノラマ的」に見ることを「まるで風景画を見るように」と言い換えている。

問八　最初のYの直後には「対象からできるだけ離れる」とあり，2か所目のYの直後には「小高い丘の上からの広大な空間を見渡す。これこそパノラマ的視覚の要件」とあることに着目する。同様のことは，「こうやって……」で始まる段落に「パノラマ的，風景画＝遠近法的な視覚世界が対象からの距離，へだたりを前提としている点」とあるので，「距離」が入る。

やや難 問九　直前に「風景画における遠近法的構図そのもの」とあり，それは「この小説における風景の配置，つまり構図」であるとしている。その前には「『城のある町にて』の主人公が高台に上がるのは，その遠望を可能にする……を獲得するためです。小高い丘の上から広大な空間を見わたす。これこそパノラマ的視覚の要件」とあるので，「どんな風景を主人公が見ていたか」とするエが適切。遠近法に基づく風景のスケッチは，主人公の見ていた風景の提示だというのである。

やや難 問十　最終段落に「『パノラマ風の眺め』に『安らぎ』を覚え」とあり，それを求める人物については，「特定の対象に執着せず，距離を置いて全体を眺めようとする態度」「ある意味では人間の世界から距離を置いて，わずらわされたくないという気持ちが，世間というものから距離を置きたい気持ち」と説明されているので，ウ・エがあてはまる。

問十一　直後に「『家のなかばかりで見慣れている家族を，ふと往来で他所目に見る』」と具体例が示されている。「非人情」については，「人情から超然として，それらにわずらわされないこと」とあり，「特定の対象に執着せず，距離を置いて全体を眺めようとする態度」と説明されているのでイが適切。

やや難 問十二　「山に登ること」については，後で「パノラマ的なものを欲する」と言い換えられており，梶井基次郎の『城のある町にて』の主人公の心情と重ね合わせて，最終段落に「ある意味では人間の世界から距離を置いて，わずらわされたくないという気持ちが，世間というものから距離を置きたい気持ちが，この小説の主人公には強くあります。こういう人物ですから，『パノラマ風の眺め』に『安らぎ』を覚え，いつまでも『静かな展望』に見入っていたいのです」と説明されているので，この部分を使って説明すればよい。

★ワンポイントアドバイス★

本文を精読し，文脈を丁寧に追って論旨をとらえる練習を重ねよう！
長めの文章を時間内に読みこなし，指示内容や言い換え表現をすばやく見つけ出す力をつけよう！

MEMO

大切なことはメモしておこうネ！

2021年度

★★★★★★★★★★★★★★★★★★★★★★★★

入　試　問　題

2021年度

国際基督教大学高等学校入試問題

【数　学】（70分）　＜満点：100点＞

【注意】　1．この試験は資料文とそれに続く問題とで構成されています。資料文を読みすすめながら，対応する問題に答えていくのがよいでしょう。

2．定規，コンパス等は使用できません。

資　料　文

【第１章】

中学３年生のマリと，幼馴染《おさななじみ》のルイが，楽しそうに数学の話をしています。

ルイ：今日は，数学の考え方を使って，音の世界をかいま見てみよう。

マリ：え？音？

ルイ：そうだよ。音と数学には深い関係があるんだ。a を正の数とするよ。$a\times a\times a$ はどう書きかえることができたかな？

マリ：a を３個かけたから，a^3 だね。かけている個数を右上に小さく書くと習ったよ。

ルイ：そうだね。この右上の小さな数を「指数《すすう》」というんだよ。

定義《ていぎ》１

> a を１でない正の数，n を自然数とする。a を n 個かけたものを a の n 乗《じょう》といい，a^n と表す。
> すなわち
>
> $$a^n = \underbrace{a\times a\times\cdots\times a}_{n\text{個}}$$

マリ：定義って何？

ルイ：定義は言葉の意味を表しているよ。英語ではDefinition。「a^n とはこういうものですよ」と説明しているんだ。ここから，a^n にどんな性質があるかを調べてみよう。計算の復習をするよ。$a^{11}\times a^2$ はどうかな？

マリ：a を11個かけていて，さらに a を２個かけているから，合計13個かけているね。だから a^{13} かな？

$$a^{11}\times a^2 = a^{11+2} = a^{13}$$

ルイ：正解！　指数と指数を足せばいいんだね。割り算だとどうなるかな？

マリ：割り算だと，約分できるよね。

$$a^{11}\div a^2 = \frac{a^{11}}{a^2} = \frac{a\times a\times a\times a\times a\times a\times a\times a\times a\times a\times a}{a\times a} = a^9$$

ルイ：そうだね。指数に注目するとどうなっている？

$$a^{11}\div a^2 = a^{11-2} = a^9$$

マリ：あ！　引き算になっているね。

ルイ：お！　よく気づいたね。次は $(a^{11})^2$ を求めてごらん。

マリ：11乗の２乗？　式にしてみると・・・なるほど，11×２をするんだね。

$$(a^{11})^2 = a^{11} \times a^{11} = a^{11+11} = a^{11 \times 2}$$

ルイ：そう。指数と指数をかけるといいんだね。ここまでは２や11のように具体的な数を使ってきたけど，これを自然数 m や n とおいてまとめてみるよ。

定理《ていり》１

> a を１でない正の数，m と n を自然数としたとき，
> ①　$a^m \times a^n = a^{m+n}$
> ②　$a^m \div a^n = a^{m-n}$（ただし，$m > n$）
> ③　$(a^m)^n = a^{m \times n}$

…問題１.

ルイ：a^n について，①～③のような性質を発見することができたね。このように，定義から導かれた性質を「定理（Theorem)」というよ。

マリ：定義と定理があるんだね。

ルイ：ここまでは指数を自然数に限定して考えたけど，自然数以外の数でも考えていくよ。

マリ：０って自然数じゃなかったよね？　a^0 はどうなるの？

ルイ：そうだね。０は自然数ではないよね。a^0 について考えてみよう。

マリ：a^0 を求めると何になるんだろう・・・０かなぁ？

ルイ：いや，求めるのではなくて，m や n が０のときでも，「定理１」が成り立つように，a^0 の値を決めたいんだ。

マリ：決めちゃっていいの!?

ルイ：決めちゃっていいよ。定理１の①の両辺に $n = 0$ を代入してみると，

$$a^m \times a^0 = a^{m+0}$$

$$a^m \times a^0 = a^m$$

ルイ：ここで a^m は０ではないので，両辺を a^m で割るよ。

$$\frac{a^m \times a^0}{a^m} = \frac{a^m}{a^m}$$

$$a^0 = 1$$

マリ：a^0 の値を１と決めるんだね。ということは，定理ではなく定義になるのか。

ルイ：そう！

定義２

> a を１でない正の数としたとき，
> $$a^0 = 1$$
> と定める。

ルイ：定義２では「a^0 はこうですよ～」と決めているんだね。

マリ：3^0 も 4^0 も 5^0 も１と定めるんだね。

ルイ：そうだね。指数が自然数や０のときを定義してきたので，次は負の整数のときを考えてみる

よ。さっきの割り算で，割る式と割られる式を交代してみよう。

$$a^2 \div a^{11} = \frac{a^2}{a^{11}} = \frac{a \times a}{a \times a \times a \times a \times a \times a \times a \times a \times a \times a \times a} = \frac{1}{a^9}$$

ルイ：$m > n$ でないときでも，定理１の②が成り立つとしたら，どうなるかな？

マリ：わ～！　指数が負になったね。

$$a^2 \div a^{11} = a^{2-11} = a^{-9}$$

ルイ：指数が負であっても定理１の②が成り立つためには，$a^{-9} = \frac{1}{a^9}$ であることが必要なんだ。つまり，このように決めるんだよ。

定義３

> a を１でない正の数，m を自然数としたとき，
>
> $$a^{-m} = \frac{1}{a^m}$$
>
> と定める。

マリ：でもこれって，m が負の整数でも成り立つよね。

ルイ：よく気づいたね。たとえば m に -2 をいれてみると，

$$(\text{左辺}) = a^{-(-2)} = a^2$$

$$(\text{右辺}) = \frac{1}{a^{-2}} = 1 \div a^{-2} = 1 \div \frac{1}{a^2} = 1 \times a^2 = a^2$$

ルイ：つまり，定義３はこのように決めなおすことができるね。

定義４

> a を１でない正の数，m を整数としたとき，
>
> $$a^{-m} = \frac{1}{a^m}$$
>
> と定める。

ルイ：m や n が負の整数であっても定理１の②が成り立つことが確かめられたので，次は定理１の①が成り立つことを確かめてみよう。定理１の①の左辺と右辺に $m = 10$，$n = -4$ を代入していくよ。

$$(\text{左辺}) = a^{10} \times a^{-4} = a^{10} \times \frac{1}{a^4} = a^6$$

$$(\text{右辺}) = a^{10+(-4)} = a^6$$

マリ：左辺と右辺が同じになったね。

ルイ：そうだね。一般に定理１の①は指数が整数でも成り立つんだよ。

…問題２．問題３．

マリ：ところで，音の話といっていたけど，全然出てこないじゃないか。

ルイ：もう少し待ってて。指数をあと少し広げていくよ。マリは $\sqrt{\ }$ の記号は知っているよね？

マリ：知っているよ。平方根だよね。

定義5

> aを1でない正の数とする。2乗してaになる数，つまり，$x^2=a$を成り立たせるxの値をaの平方根という。平方根のうち正であるものを$\sqrt{a}$，負であるものを$-\sqrt{a}$と表す。

ルイ：$x^2=4$をみたすxを4の平方根というんだね。$x=\sqrt{4}$，$-\sqrt{4}$となるわけだ。

マリ：$\sqrt{4}=2$だよね？

ルイ：そうだね。$2^2=4$となることを知っているから，$\sqrt{4}=2$，$-\sqrt{4}=-2$といえる。つまり$x=2$，-2だね。実は，マリがよく知っている$\sqrt{a}$も指数を用いて表すことができるんだよ。

マリ：そんなこともできるのか！

ルイ：定義5から（$\sqrt{a}$）$^2=a$，（$-\sqrt{a}$）$^2=a$ということになるよね。$\sqrt{a}$を$\sqrt{\ }$の記号を使わず，指数を使って表してみよう。$\sqrt{a}=a^t$とおいてtは何になるか考えていこう。

まずは，$a^t=\sqrt{a}$の両辺を2乗する。

$$(a^t)^2=a$$

ルイ：$a=a^1$なので，あえて，そう書いてみるね。

$$(a^t)^2=a^1$$

ルイ：tが整数になるかわからないけど，定理1の③が成り立つとして左辺を書き直してみよう。

マリ：定理1の③が成り立つとしたら，こうなるよね。

$$(a^t)^2=a^{2t}$$

ルイ：これがa^1と等しいので，このようになるね。

$$a^{2t}=a^1$$

ルイ：指数に注目してごらん。

マリ：指数だけを取り出してみると・・・

$$2t=1$$
$$t=\frac{1}{2}$$

マリ：あっ！　分数だ！

ルイ：発見したね。

$$\sqrt{a}=a^{\frac{1}{2}}$$

マリ：ということは，$a^{\frac{1}{2}}$を2乗すると・・・

$$\left(a^{\frac{1}{2}}\right)^2=a^{\frac{1}{2}\times 2}=a^1=a$$

マリ：おお～！戻った！　$\frac{1}{3}$乗や$\frac{1}{4}$乗はどうなるの？

ルイ：平方根（2乗根）だけではなく，3乗根や4乗根という言葉があるんだ。n乗根について紹介するよ。

定義6

> aを1でない正の数，nを自然数としたとき，n乗してaになる数，つまり，$x^n=a$を成り立たせるxの値をaのn乗根という。
> n乗根のうち，正であるものを正のn乗根といい，$a^{\frac{1}{n}}$と表す。

マリ：え？　どういうこと？

ルイ：たとえば，$2^{3}=8$ なので，８の正の３乗根は２。これを，$8^{\frac{1}{3}}=2$ と表すことに決めたんだ。

マリ：なるほど。$3^{4}=81$ だから，81の正の４乗根は３であり，$81^{\frac{1}{4}}=3$ ということだね。

…問題４.

【第２章】

ルイ：さぁ，音と数学の話をするよ。

マリ：やっときた！

ルイ：ド→レ→ミ→ファ→ソ→ラ→シ→ド　と段々音が高くなるメロディーを聞いたことはある？

マリ：うん，聞いたことはあるよ。

ルイ：最後にある，高いほうのドを【ド】というふうに表記するよ。つまり，ド→レ→ミ→ファ→ソ→ラ→シ→【ド】ということ。このドから【ド】までの音の幅をオクターブといったりするんだ。実は，このオクターブの幅の中には低い順に

ド，ド＃，レ，レ＃，ミ，ファ，ファ＃，ソ，ソ＃，ラ，ラ＃，シ，【ド】

という13個の音があるんだよ。でも複雑だから，この13個の音を低いほうから順に A_1，A_2，A_3，…，A_{13} と表すことにするよ。

マリ：ドが A_1 で，【ド】が A_{13} ということだね。

ルイ：この楽器を使おう。太い枠の中に，A_1 から A_{13} の音を出せる13本の弦《げん》があり，左側から長い順に並んでいるよ。弦の太さや，弦の張り具合は同じ。さぁ，長い弦と短い弦は，どっちのほうの音が高いかな。

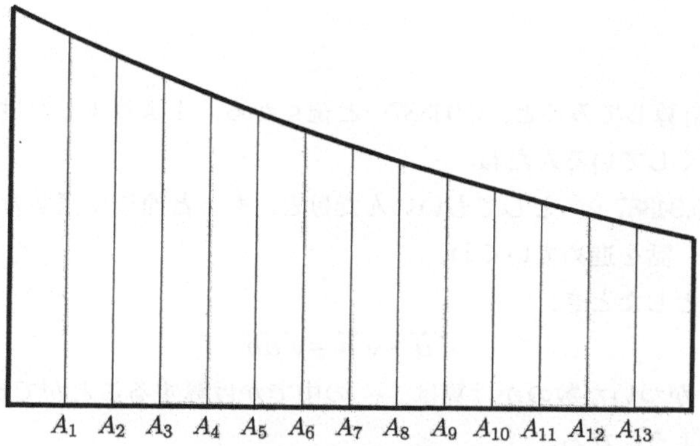

図１：枠の中に 13 本の弦が張られた楽器

マリ：なんとなく，長いほうの音が高い気がする。左から右へと弦をはじいてみるよ。「～♪～♪」おお！　実際にはじいてみると，短いほうの音が高いね。

ルイ：そうだね。一番左の弦が A_1，一番右の弦が A_{13} ということになるね。A_1 から A_{13} になるときに，だんだん音が高くなっていってる。そして，だんだん弦が短くなっている。音の高さと弦の長さにはとても深い関係があるんだよ。A_1 の弦の長さと A_{13} の弦の長さの比は２：１で，これはピタゴラスの時代（紀元前６世紀ごろ）から変わってないんだ。ところが，その間の弦，つまり，A_2 から A_{12} の弦の長さは時代とともに考え方が少しずつ変わってきたんだよ。その中で，平均律《へいきんりつ》という考え方を紹介するね。図１の楽器は平均律の考え方を使って弦の長さが調整

されているよ。あの音楽室のピアノもこの考え方で音が調整されているんだ。

マリ：平均律・・・

ルイ：弦の長さを変えることで音を調整するとき，「引くか，足すか」ではなく，「何倍にするか」という考え方が主流だったんだよ。平均律では，隣《とな》り合《あ》う音の弦の長さの比が同じなんだ。

マリ：差ではなく，比で考えるんだね。

ルイ：そう。表１をみてごらん。ここではA_1の弦の長さを２，A_{13}の弦の長さを１とするよ。そして，その間の弦の長さを同じ割合だけ短くしていくんだよ。

音	A_1	A_2	A_3	A_4	A_5	A_6	A_7	A_8	A_9	A_{10}	A_{11}	A_{12}	A_{13}
長さ	2	?	?	?	?	?	?	?	?	?	?	?	1

x倍　x倍　x倍　x倍　x倍　x倍　x倍　x倍　x倍　x倍　x倍　x倍

表１：隣り合う音の弦の長さの比が一定になるイメージ

マリ：なるほど。同じ数xをかけていくんだね。

ルイ：A_1の弦の長さに，xを12回かけてA_{13}の弦の長さになるので，これを12平均律というよ。

マリ：13種類の音を作るためにかけ算を12回するから，12平均律なんだね。

ルイ：A_2の弦の長さは$2x$，A_3の弦の長さは（A_2の弦の長さ）$\times x$だから・・・？

マリ：$2x \times x = 2x^2$だね。

ルイ：そうだね。xを求めていくよ。A_{13}の弦の長さはすでに１とわかっている。このことから，xについての方程式を作ることができるよね。

…問題５.

ルイ：xの値を電卓で計算してみると，0.94387…と続くから，１より少しだけ小さい。

マリ：少しずつ弦を短くしているんだね。

ルイ：そうだね。$x=0.94387\cdots$　としてもいいんだけど，もっと簡潔に表す方法を紹介するよ。第１章の続きとして，話を進めていくね。

aとbを正の数としたとき，

$$\sqrt{a} \times \sqrt{b} = \sqrt{ab}$$

ルイ：このように，$\sqrt{\ }$がついた数のかけ算は，$\sqrt{\ }$の中でかけ算することができたよね。これをa^nの形で表すとこのようになる。

$$a^{\frac{1}{2}} \times b^{\frac{1}{2}} = (ab)^{\frac{1}{2}}$$

ルイ：これが，$\frac{1}{2}$乗のときだけではなく，$\frac{1}{3}$乗や$\frac{1}{4}$乗などでも成り立つんだ。

マリ：確かめてみたい！

$$8^{\frac{1}{3}} \times 27^{\frac{1}{3}} = 2 \times 3 = 6$$

$$(8 \times 27)^{\frac{1}{3}} = (216)^{\frac{1}{3}} = 6$$

マリ：おお！　たしかに，

$$8^{\frac{1}{3}} \times 27^{\frac{1}{3}} = (8 \times 27)^{\frac{1}{3}}$$

となっているね。

ルイ：aとbを１でない正の数，nを自然数とするとき，$a^{\frac{1}{n}} \times b^{\frac{1}{n}} = (ab)^{\frac{1}{n}}$が成り立つことを証明し

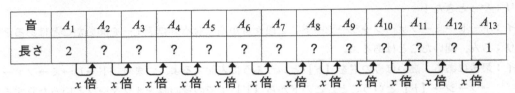

てみるよ。（証明は下）

$a^{\frac{1}{n}}\times b^{\frac{1}{n}}$を n 乗する。

$$\left(a^{\frac{1}{n}}\times b^{\frac{1}{n}}\right)^{n}=\underbrace{\left(a^{\frac{1}{n}}\times b^{\frac{1}{n}}\right)\times\left(a^{\frac{1}{n}}\times b^{\frac{1}{n}}\right)\times\cdots\times\left(a^{\frac{1}{n}}\times b^{\frac{1}{n}}\right)}_{n\text{個}}$$

$$=\underbrace{a^{\frac{1}{n}}\times a^{\frac{1}{n}}\times\cdots\times a^{\frac{1}{n}}}_{n\text{個}}\times\underbrace{b^{\frac{1}{n}}\times b^{\frac{1}{n}}\times\cdots\times b^{\frac{1}{n}}}_{n\text{個}}$$

$$=\left(a^{\frac{1}{n}}\right)^{n}\times\left(b^{\frac{1}{n}}\right)^{n}$$

$$=a\times b$$

$$=ab$$

$a^{\frac{1}{n}}\times b^{\frac{1}{n}}$を n 乗すると，ab になった。

ここで，a と b は正の数なので，$a^{\frac{1}{n}}$と $b^{\frac{1}{n}}$も正の数である。

よって，$a^{\frac{1}{n}}\times b^{\frac{1}{n}}$は，$ab$ の正の $\boxed{}$ である。

ゆえに，$a^{\frac{1}{n}}\times b^{\frac{1}{n}}=(ab)^{\frac{1}{n}}$

…問題６．

ルイ：まとめるとこのようになるよ。

定理２

a と b を１でない正の数，n を自然数としたとき，

$$a^{\frac{1}{n}}\times b^{\frac{1}{n}}=(ab)^{\frac{1}{n}}$$

ルイ：整数の比の値で表すことができる数を有理数というよ。ちなみに，指数が有理数のとき，たとえば，$a^{\frac{3}{4}}$は$\left(a^{\frac{1}{4}}\right)^{3}$のように定義するよ。

マリ：ということは，$81^{\frac{3}{4}}=\left(81^{\frac{1}{4}}\right)^{3}=3^{3}=27$となるんだね。

ルイ：そうだよ。実は，定理１は指数が有理数のときも成り立つことが知られているんだ。

定理３

a を１でない正の数，m と n を有理数としたとき，

① $a^{m}\times a^{n}=a^{m+n}$

② $a^{m}\div a^{n}=a^{m-n}$

③ $(a^{m})^{n}=a^{m\times n}$

…問題７．問題８．

ルイ：12平均律以外にも，５平均律や７平均律に調整された民族楽器もあるよ。今ではコンピュータを使って様々な音がつくれるから，19平均律や25平均律なんてのも作れるみたいだ。

マリ：もはや，音楽の授業でやった，リコーダーなどのドレミだけじゃないのね。

ルイ：そうなんだよね。７平均律だとどんな音が出るんだろう。実際に音は聴けないけど，計算をすることで弦の長さを調べてみよう。２つの楽器があるとする。１つは，今までと同じ12平均律の楽器。もう１つは７平均律の楽器だよ。12平均律の楽器を楽器Ａ，７平均律の楽器を楽器Ｂと名づけておこう。楽器Ａと楽器Ｂは形が似ているけど弦の数が違うんだ。楽器Ｂの弦は長い方から，B_1，B_2，B_3，…，B_8の音が出るとしておこう。

マリ：楽器Ｂの弦の数は，８本ということだね。

ルイ：楽器Ａと楽器Ｂの一番長い弦と一番短い弦はそれぞれ同じ音が出るよ。つまり，弦の長さはこのようになる。

$$(A_1\text{の弦の長さ})=(B_1\text{の弦の長さ})=2$$
$$(A_{13}\text{の弦の長さ})=(B_8\text{の弦の長さ})=1$$

ルイ：どの弦も太さと張り具合は同じで，長さだけが違うものとするよ。

マリ：ということは，間の音が変わってくるんだね。

ルイ：そうだね。平均律なので，隣り合う弦の長さの比が等しいということになるね。楽器Ｂの音と弦の長さについて，表にするとこのようになるよ。

音	B_1	B_2	B_3	B_4	B_5	B_6	B_7	B_8
長さ	2	？	？	？	？	？	？	1

y倍　y倍　y倍　y倍　y倍　y倍　y倍

表２：楽器Ｂについて隣り合う音の弦の長さの比が一定になるイメージ

…問題９．

【第３章】

ルイ：もう１つ，音と数学の話をしよう。さっきは音の高さの話だったけど，次は音の大きさの話。

マリ：音が大きいとか，小さいとかいうよね。

ルイ：そうだね。花火や大きな太鼓《たいこ》の音って，触れていないのに，音を肌で感じることができるよね。それを音圧というんだ。単位には，台風のニュースでよく聞くPa《パスカル》が使われるよ。この音圧が音の大きさに深くかかわっているんだ。人間は0.00002（Pa）から20（Pa）まで聞き取れるといわれているよ。

マリ：すごく幅広いね。

ルイ：0.00002（Pa）は小さすぎるので，μ《マイクロ》という記号を使って表すよ。たとえば0.001（g《グラム》）と表すより，１（mg《ミリグラム》）と表した方がすっきりするよね。このm《ミリ》は1000分の１という意味だったよね。μは100万分の１という意味だよ。0.00002（Pa）をμPa《マイクロパスカル》で表すと，20（μPa）になるよ。

マリ：これって，どれぐらいの音なの？

ルイ：人間の聴力の限界といわれていて，ものすごく小さな音だよ。身近な音の大きさについて，私が調べたものを表３にまとめてみたよ。（表３は次のページ）

番号	音の種類	音圧（μPa）
【1】	人間が聞き取れる最小の音	20
【2】	葉がこすれる音	200
【3】	静かな図書館	2,000
【4】	普通の会話	20,000
【5】	セミの鳴き声	60,000
【6】	目覚まし時計	200,000
【7】	人間が声として出せる最大の音量	2,000,000
【8】	少し離れた自動車のクラクション	4,000,000
【9】	近くの落雷	12,000,000
【10】	飛行機のジェットエンジン	20,000,000

表3：身近な音の種類とその音圧

マリ：わ～音圧がどんどん大きくなっていくね。

ルイ：大きな音ほど，空気に影響を与えていることがよくわかるね。

マリ：でも，音の大きさってこんなに変わるの？　たとえば，テレビでリモコンの音量を調整するとき，こんなに大きな幅がないよ。

ルイ：いいことに気づいたね。音圧の表現だと，人間が感じていることとちょっと違うように思うんだよね。それに，人間の感覚で少し音を大きくするだけで，音圧はどんどん大きくなって，数字が扱いづらくなってしまう。そこで，音圧をもとに定義された「音圧《おんあつ》レベル」を紹介するね。単位はdB《デシベル》だよ。

マリ：デシベル・・・騒音とかの話をするときに出てくるね。これも，音の大きさを表しているんだよね。

ルイ：そうだよ。実は，音の大きさは，音圧よりも音圧レベルで表した方が，人間の感覚に近かったりするんだ。表3の【1】～【4】を音圧レベルに書きかえてみたよ。

番号	音の種類	音圧（μPa）	音圧レベル（dB）
【1】	人間が聞き取れる最小の音	20	0
【2】	葉がこすれる音	200	20
【3】	静かな図書館	2,000	40
【4】	普通の会話	20,000	60

表4：身近な音の種類とその音圧レベル

マリ：音圧から音圧レベルに書き直すことで数がスッキリしたね。

マリ：音圧が10倍になるとき，音圧レベルは20（dB）増えているね。かけ算と足し算だ・・・！

ルイ：「かけ算と足し算」は素敵なキーワードだよ！　音圧レベルの定義をもっと本格的にみていこう。

ルイ： a^m のような書き方から，もっと，m に注目した書き方をしてみよう。今回は a を10と決めておくよ。

マリ： 10^m ということだね。

ルイ： 次のように，記号を決めよう。

定義７

> $$M=10^m$$
>
> が成り立つとき，
>
> $$\mathrm{L}\,(M)=m$$
>
> と表す。

たとえば $\mathrm{L}\,(100)$ を求めてみよう。$100=10^2$ だから $\mathrm{L}\,(10^2)=2$ と書くことにしよう。

マリ： うーん・・・なんとなくわかるぞ。たしかに，より指数が注目された書き方に変わったね。

ルイ： ここに L（　）という箱があったとする。その（　）の中に 10^2 という数をいれると，２が出てくる，という感じだ。

マリ： ということは $\mathrm{L}\,(10^4)=4$ だね。

ルイ： そうだね。では $\mathrm{L}(1)$ は何になるかな？

マリ： 少し工夫が必要だね。

…問題10.

ルイ： $\mathrm{L}\,(M)=m$ とするとき，m と M の関係を調べてみよう。m が１つ違うと M はどうなるかな？

…問題11.

マリ： こんなに変わるんだね。

ルイ： このように m が少し変化しただけで，Mには大きな変化があるんだよ。音圧と音圧レベルの関係もそう。音圧レベルが少し大きくなっただけで，音圧はもっと大きくなっているよね。音圧と音圧レベルの関係はこのように決められているんだよ。

定義８

> 音圧が x（μPa）のときの音圧レベル y(dB) を，
>
> $$y=20\times \mathrm{L}\left(\frac{x}{20}\right)$$
>
> と定める。

マリ： わわわ，L（　）の中が分数になっちゃった・・・

ルイ： 音圧が20（μPa）のとき，音圧レベルは０(dB)。人間が聞き取れる最小の音を基準として，その音圧レベルを０(dB) とするために，分母が20になっているんだ。定義８を使って，表５を埋めていこう。

番号	音の種類	音圧（μPa）	音圧レベル（dB）
【1】	人間が聞き取れる最小の音	20	0
【2】	葉がこすれる音	200	20
【3】	静かな図書館	2,000	40
【4】	普通の会話	20,000	60
【5】	セミの鳴き声	60,000	（あ）
【6】	目覚まし時計	200,000	?
【7】	人間が声として出せる最大の音量	2,000,000	（い）
【8】	少し離れた自動車のクラクション	4,000,000	（う）
【9】	近くの落雷	12,000,000	（え）
【10】	飛行機のジェットエンジン	20,000,000	（お）

表 5：身近な音の種類とその音圧

ルイ：まずは，上の表の【6】目覚まし時計の音圧レベルを求めてみよう。

マリ：代入するとこのような式になるかな？

$$
\begin{aligned}
20\times \mathrm{L}\left(\frac{200000}{20}\right) &= 20\times \mathrm{L}\,(10000) \\
&= 20\times \mathrm{L}\,(10^4) \\
&= 20\times 4 \\
&= 80
\end{aligned}
$$

ルイ：正解！　目覚まし時計の音圧レベルは80(dB) なんだね。

…問題12.

マリ：【5】の音圧レベルを求めようとしたけど，なんだかうまくいかないよ。

$$20\times \mathrm{L}\left(\frac{60000}{20}\right) = 20\times \mathrm{L}\,(3000) = 20\times \ \ ?$$

ルイ：そうだね。さっきのように，L(　) の中が10^nの形にならないよね。

マリ：なにかいい方法はないの？

ルイ：あるよ。L(3000) について考えてみよう。かけ算の形にすると次のように変形できるね。

$$\mathrm{L}\,(3000) = \mathrm{L}\,(3\times 1000)$$

マリ：そうだね。3さえなければ，すんなり求められるのに。

ルイ：このようにかけ算になったとき，次の定理が役に立つんだ。

定理4

> M，Nが正の数のとき
>
> $$\mathrm{L}\,(MN) = \mathrm{L}\,(M) + \mathrm{L}\,(N)$$
>
> が成り立つ。

マリ：え～！　なにそれ！　かけ算が足し算になっちゃった！　どうして？

ルイ：証明していくよ。L(M) はもともと指数に注目した書き方だったよね。さらに，MとNをかけると，その指数は足し算になった。その性質が表れているんだよ。

> L$(M)=p$，L$(N)=q$ とおくと，
>
> $M=\boxed{\text{①}}^{\boxed{\text{②}}}$　$N=\boxed{\text{③}}^{\boxed{\text{④}}}$ である。
>
> よって，$MN=\boxed{\text{⑤}}^{\boxed{\text{⑥}}}$ である。
>
> ゆえに，L$(MN)=\boxed{\text{⑦}}$
>
> よって，L$(MN)=$L$(M)+$L(N)

…問題13.

マリ：でも，L⑶って何？

ルイ：ああ，詳しくはいつか話すけど，L⑶というのは$10^m=3$をみたす数mのことだよ。実はL⑵やL⑶の値は17世紀頃にすでに求められているんだ。

L⑵＝0.301029995・・・

L⑶＝0.477121254・・・

ルイ：ここではL⑵＝0.3010，L⑶＝0.4771として計算していこう。

…問題14.

ルイ：ところで，マリは目覚まし時計を２つ３つかけたことあるかい？

マリ：いや～ばれちゃったか～。より大きな音で目覚めたくて，やったことあるんだよ。

ルイ：本当にやっていたんだね。80(dB)の目覚まし時計が同時に２つ鳴《な》っているとき，音圧が２倍になっているんだよ。もちろん，目覚まし時計が３つ鳴っているなら，音圧が３倍になっているんだ。

マリ：なるほど，音圧と比例するんだね。

ルイ：目覚まし時計が２つ鳴っているときの音圧レベルは何だと思う？

マリ：160(dB)・・・？

ルイ：それだと，飛行機のエンジン音より大きくなっちゃうよね。音圧レベルが２倍になっているわけではないよ。

マリ：そうか。２倍になっているのは，音圧だもんね。

ルイ：では，音圧レベルを160(dB) にするためには目覚まし時計は何個必要なんだろう？

…問題15.

マリ：ひぇ～！　こんなにたくさんの目覚まし時計は準備できないよ・・・。

ルイ：１個ずつ止めていくのは大変だね。

マリ：そんなことしていたら，学校に遅刻しちゃうよ！

ルイ：これで，音と数学の話は終わり。

マリ：難しいこともあったけど，普段の生活の中に数学が隠れていることがよくわかったよ。ところ

で，僕の数学の先生の声がとてもよく響くんだけど，あの先生の声の音圧レベルは100(dB) を超えているのかな・・・？

ルイ：それは，授業中の音圧がすごそうだね。

マリ：今度測って報告するね！

以上で資料文は終わりです。

問　題

問題1．aを1でない正の数とする。次の $\boxed{\text{ア}}$ ～ $\boxed{\text{ウ}}$ にあてはまる整数を答えなさい。

(1)　$a^4 \times a^8 = a^{\boxed{\text{ア}}}$

(2)　$a^9 \div a = a^{\boxed{\text{イ}}}$

(3)　$(a^3)^7 \times a^2 \div a^4 = a^{\boxed{\text{ウ}}}$

問題2．mやnが負の整数であっても資料文2ページの定理1の③が成り立つことを確かめたい。

次の $\boxed{\text{エ}}$ ～ $\boxed{\text{キ}}$ にあてはまる式や数を答えなさい。

定理1の③の左辺と右辺にm＝10，$n=-4$を代入すると，

$$(\text{左辺}) = (a^{10})^{-4} = \frac{1}{(a^{10})^{\boxed{\text{エ}}}} = \frac{1}{a^{\boxed{\text{オ}}}} = a^{\boxed{\text{カ}}}$$

$$(\text{右辺}) = a^{10\times(\boxed{\text{キ}})} = a^{\boxed{\text{カ}}}$$

問題3．aを1でない正の数とする。次の式を計算してa^nの形で答えなさい。

(1)　$a^3 \times (a^5)^{-2}$

(2)　$(a^2)^5 \times a^{-4} \div (a^3)^{-2}$

問題4．次の値を整数で答えなさい。

(1)　$125^{\frac{1}{3}}$

(2)　$256^{\frac{1}{4}}$

問題5．xについての方程式（xがみたす等式）を答えなさい。

問題6．資料文7ページの証明の $\boxed{}$ に入る最も適切な言葉を答えなさい。

問題7．次の値を整数で答えなさい。

(1)　$\left(8^{\frac{1}{3}}\right)^3$

(2)　$3^{\frac{1}{4}} \times 27^{\frac{1}{4}}$

(3)　$64^{\frac{5}{6}}$

(4)　$243^{0.2}$

(5)　$4^{\frac{7}{10}} \times 2^{-\frac{1}{5}} \div \left(2^{-\frac{2}{5}}\right)^2$

問題8．次の問いに答えなさい。

(1)　問題5でつくった方程式を用いてxの値を2^nの形で答えなさい。

(2)　A_2，A_7の弦の長さを2^nの形で答えなさい。

問題9．楽器A，楽器Bについて，次の問いに答えなさい。

(1)　B_2，B_4の弦の長さを2^nの形で答えなさい。

(2)　次の①～③について，正しいものには○，間違っているものには×をそれぞれ解答用紙に記入しなさい。

①　表2のyの値は，表1のxの値よりも小さい。

②　B_2の弦の長さとA_3の弦の長さを比較したとき，B_2の弦の長さの方が短い。

③　楽器Aと楽器Bのすべての弦を長い方から並べたとき，A_3の弦とA_4の弦は隣り合っている。

⑶　（A_nの弦の長さ）＞（B_4の弦の長さ）となる最大の整数，nの値を答えなさい。

問題10．次の値を整数で答えなさい。

⑴　L (100000)

⑵　L (0.0001)

⑶　L (1)

問題11．mとMがL（M）＝mをみたすとき，以下の $\boxed{\text{X}}$ と $\boxed{\text{Y}}$ にあてはまるものを語群から選び，記号で答えなさい。ただし同じものをくり返して選んでもよい。

$$\mathrm{L}(\boxed{\text{X}}) = m+1 \qquad \mathrm{L}(\boxed{\text{Y}}) = m-1$$

語群

ア：$M-1$	イ：$M+1$	ウ：M	エ：$10M$	オ：$100M$
カ：M^2	キ：M^{10}	ク：$M-10$	ケ：$M+10$	コ：$\frac{1}{M}$
サ：$\frac{1}{M^2}$	シ：$\frac{1}{M^{10}}$	ス：$\frac{1}{10}M$	セ：$\frac{1}{100}M$	

問題12．表5の（い）と（お）にあてはまる音圧レベルを答えなさい。

問題13．資料文12ページの①～⑦にあてはまるものを語群から選び，記号で答えなさい。ただし同じものをくり返して選んでもよい。

語群

ア：0	イ：1	ウ：2	エ：10	オ：20
カ：p	キ：q	ク：$p-q$	ケ：$p+q$	コ：pq
サ：$\frac{q}{p}$	シ：$\frac{p}{q}$	ス：M	セ：N	ソ：$M+N$
タ：$M-N$	チ：MN			

問題14．表5の（あ）と（う）と（え）にあてはまる音圧レベルを答えなさい。
ただし，L⑵＝0.3010,　L⑶＝0.4771とし，小数第一位を四捨五入して整数で答えること。

問題15．次の問いに答えなさい。

⑴　80(dB) の目覚まし時計が同時に２つ鳴っているときの音圧レベルを答えなさい。ただし，L⑵＝0.3010，L⑶＝0.4771とし，小数第一位を四捨五入して整数で答えること。

⑵　80(dB) の目覚まし時計をいくつ使えば音圧レベルがちょうど160(dB) となるか答えなさい。

問題は以上です。

【英　語】（70分）　＜満点：100点＞

Ⅰ　［　］に入るものを選び，番号で答えなさい。

Roald Dahl is one of the ①[**1 great story teller / 2 most great story teller / 3 greatest story tellers / 4 greatest story teller**] that the world has ever known. He ②[**1 sells / 2 is selling / 3 has sold / 4 was selling**] over 200 million books since his first book was published and you might also know stories like *Charlie and the Chocolate Factory, Fantastic Mr Fox, The BFG and Matilda* from the film versions. Roald Dahl had a way of ③[**1 speaking / 2 telling / 3 talking / 4 saying**] stories that makes them fun and easy to read. This, according《によれば》 to Dahl himself, is because he found it very ④[**1 easy to remember / 2 easily to remember / 3 easy to remembering / 4 easily remembering**] what it was like to be a child.

Dahl was born in Llandaff《(地 名)》 in Wales《ウェールズ》 ⑤[**1 in / 2 at / 3 for / 4 on**] 13 September 1916. His parents were both from Norway《ノルウェー》, but they moved to the UK ⑥[**1 until / 2 before / 3 during / 4 by**] he was born. He went to boarding school《寄宿学校》, so he was living away from his parents for most of the year. He was also a bit naughty sometimes. Once, ⑦[**1 play / 2 played / 3 for play / 4 to play**] a trick on the owner of a sweet shop, he put a dead mouse in one of the jars《ビン》 of sweets! As punishment《罰》, he was hit with a stick by his teacher at school. Dahl hated violence《暴力》, and in many of his stories the main characters are treated in cruel《ひどい》 ways ⑧[**1 by their / 2 with their / 3 by his / 4 with his**] family or teachers. However, at the end of ⑨[**1 each story / 2 each stories / 3 story / 4 both stories**], the main character always wins.

Dahl's dream was to go to ⑩[**1 excite / 2 excited / 3 exciting / 4 be excited**] foreign places, and he got the chance when he started working for an oil company in East Africa. When the Second World War broke out, he became a fighter pilot and came close to death when his plane crashed in the desert. As a result, he was too ill to continue being a pilot and ⑪[**1 was send / 2 was sent / 3 was sending / 4 sent**] home. Next, he was given a new job at the British Embassy《大使館》 in Washington DC. There, he started writing speeches and war stories, and his first pieces of writing were published.

⑫[**1 Have you heard of / 2 Has he heard of / 3 Have you heard from / 4 Has anyone heard from**] any of the following《次の》 stories?

Charlie and the Chocolate Factory

Charlie is a young boy from a poor family and, ⑬**[1 about / 2 among / 3 for / 4 like]** most children, he loves chocolate. Charlie buys Wonka chocolate bars ⑭**[1 so / 2 and that / 3 because / 4 because of]** he is hoping to find a golden ticket inside. Anyone who finds a golden ticket is invited to the Wonka Chocolate Factory to meet its owner, Willy Wonka. However, there are some strange and mysterious things inside the factory!

The BFG

The BFG is a "Big Friendly Giant" who brings sweet dreams to children ⑮**[1 during / 2 while / 3 at a time / 4 at once]** they are sleeping. One night he is seen by a girl ⑯**[1 call / 2 calling / 3 to call / 4 called]** Sophie when she is not sleeping, and he carries her away to his homeland because he is scared she will tell the world about him. He is actually friendly, but the other giants are not. They bully《いじめる》 the BFG and want to eat people. Sophie decides ⑰**[1 getting / 2 not getting / 3 to get / 4 not to get]** someone to help: the Queen of her country.

Matilda

Matilda is very smart and she loves ⑱**[1 read / 2 reads / 3 reading / 4 of reading]** books, but her parents don't understand her and are cruel to her. Matilda's amazing mental《知性》 powers are discovered by her teacher, Miss Honey. Miss Honey then helps Matilda to develop these powers. At the same time, the headmistress《校長》 Miss Trunchbull is cruel to Miss Honey, so Matilda tries to help her teacher.

Boy: Tales of Childhood

This book is told like a novel, but it's not a novel: it's the life story of Roald Dahl's childhood and school experiences. He tells us about the dead mouse, his mean teachers at school, and the family trips ⑲**[1 to / 2 for / 3 at / 4 on]** Norway during the summer holidays.

When Dahl ⑳**[1 dead / 2 dies / 3 dying / 4 died]** in 1990, he was 74. He was buried《埋葬された》 in the Church of Saint Peter and Saint Paul in the village of Great Missenden《(地 名)》, and it is here that you can find the Roald Dahl Museum and Story Centre*. His stories continue to amaze, excite and inspire generations of children and their parents today.

＊英 Centre　米 Center

Ⅱ 次の英文を読み，あとの問いに答えなさい。

Once upon a time, there was a small village. The people living there had close relationships with each other and were very cheerful. A boy named Nasir lived in the village with his parents. Each day, early in the morning, he took their [ア]**herd** of cows up the hill to find a [イ]**suitable** place for them to eat grass. In the afternoon he returned with them to the village.

One day when Nasir was watching the cows, he suddenly saw a wonderful light behind a flower [ウ]**bush**. When he came towards the branches, he noticed a beautiful crystal ball*. The ball was [A]**glittering** like a colorful rainbow. Nasir carefully took it in his hands and turned it around. [B]**Unexpectedly**, he heard a voice coming from the ball. It said, "You can make a wish for anything that your heart [エ]**desires**, and I will fulfill it." Nasir was confused to hear such a mysterious voice, but he became [オ]**engrossed** in his thoughts because he had many wishes. He put the crystal ball in his bag, gathered the cows, and returned to his home. On the way home, he [C]**determined** that he would not tell anyone about the crystal ball. The next day, Nasir still could not decide what to wish for.

The days passed as usual, and Nasir looked so happy that the people around him were amazed by his cheerful [カ]**disposition**. One day a boy followed Nasir and his herd and hid behind a tree. Nasir as usual sat in one corner of the field, took out the crystal ball and looked at it for a few moments. The boy waited until Nasir fell asleep. Then he took the crystal ball and ran off.

When the boy arrived in the village, he called all the [D]**residents** and showed them the ball. One of them took the crystal ball in her hands and turned it around. Suddenly they heard the voice from inside the ball. It said, "You can make a wish for anything, and I will [キ]**grant** it." One person took the ball and [ク]**screamed**, "I want a bag full of gold!" Another one took the ball and said loudly, "I want two boxes full of [E]**jewelry**!" Some of them wished for their own palaces. Everyone told their wish to the crystal ball, and all the wishes were fulfilled. However, the people of the village were not happy. They were [F]**envious** because, for example, the person that had a palace had no gold, and the person that had gold had no jewelry. The people of the village stopped speaking to each other, and after a while they became so [G]**distressed**.

Finally, they decided to return the crystal ball to Nasir. One person said to Nasir, "When we had a small village, we were living [ケ]**harmoniously** together." Another person said, "The [H]**luxurious** palaces and jewelry only bring us pain." When Nasir saw that the people were really [I]**regretful**, he said, "I have not made my wish yet. If you really want everything to be the same as before, then I will wish for it." Everyone [コ]**consented**. Nasir took the crystal ball in his hands, turned it around, and wished for the village to become the same as before. Nasir's wish was fulfilled, and once again, the people in the village were living [J]**contentedly**.

*a clear kind of rock shaped like a ball

問1　本文中の［ア］～［コ］に相当するものを下から選び，番号で答えなさい。動詞については現在形の意味で載せてあります。

1．没頭して　2．調和して　3．飼育員　4．茂み　5．叫ぶ
6．いがみ合って　7．群れ　8．考える　9．態度　10．悩む
11．思いもよらない　12．強く願う　13．かなえる　14．満足して　15．ふさわしい
16．同意する

問2　本文中の［A］～［J］の意味として適切なものを下から選び，番号で答えなさい。動詞については現在形の意味で，名詞については単数形で載せてあります。

1．find out something
2．make a strong decision
3．feeling sadness because of something that you have or have not done
4．in a way which shows that you are happy, especially because your life is good
5．wanting to be in the same situation as another person, or wanting something that belongs to another person
6．upset
7．in a way that surprises you
8．very expensive and beautiful
9．healthy
10. a person who actually lives in a place and is not just visiting
11. as it was imagined
12. can't decide
13. of little worth
14. shine with a bright light
15. a person who is traveling
16. something designed to make a person look more beautiful, often made with precious stones

Ⅲ　次の英文を読み，あとの問いに答えなさい。

George Smith is a common name, but the quiet young Englishman studying in the British Museum in London during his lunch hour was no ordinary man.

George Smith, born in 1840, came from a poor family and left school at 14. He got a job with a printing company, and while he was working there he became [1]interested in books about ancient cultures. In 1855, some British archeologists《考古学者》 were working in Iraq《イラク》. When they came back to England, they brought thousands of clay tablets《粘土板》 covered in strange writing to the British Museum. Smith was [2]intrigued – and the British Museum was close to his work place.

"Tablet" means a hard object which is the same size and shape as an iPad. We say "tablet computer" today because this type of computer can be held in the hands just like an old clay or stone tablet. The strange writing is called "cuneiform" and comes from ancient Iraq. Its symbols were made by pressing a stick into a clay tablet while the clay was soft. One of the museum's staff joked that cuneiform looked like "bird footprints《足跡》".

Smith did not have much free time for his hobby because, as well as a job, he had a wife and children. That is why, from Monday to Friday, he was spending his lunch hours in a room on the second floor of the museum. What was he doing? He was translating the cuneiform on the tablets. It was not easy – most of the tablets were broken and not very clean – but Smith found he had a special talent for it. Soon, his skills were noticed by the museum's experts and he was given a job; the salary was low, but Smith was happy. By 1867, he was working with Sir Henry Rawlinson, Britain's leading expert on cuneiform.

Smith worked hard to translate the tablets and discovered many writings from ancient Iraq. Each discovery was exciting, but the main ⓐone was a long poem, a story called *The Epic of Gilgamesh*《(書名)》. It comes from about the year 1200 B.C. and is older than the Bible《聖書》. Smith quickly realized it must be the world's oldest written story, and for this reason it was very important. Although he could not translate every part and one tablet was missing, in 1872 he decided to publish his findings.

The story is about the life and adventures of a great hero called Gilgamesh. Although Gilgamesh is a good man, he becomes too proud, so the gods create a wild man as strong as Gilgamesh to fight him and teach him a lesson. The wild man is called Enkidu. He and Gilgamesh fight, but because neither of them can win, they become great friends instead. They then go on a long and dangerous journey《旅》 together, but before the journey is over, Enkidu becomes sick and dies. As a result, Gilgamesh falls into deep sadness.

Smith's translation was a popular success. Readers were [3]fascinated and wanted to find out more about the two characters. People asked, "What about the missing tablet? Is it still at the site in Iraq?" The British Museum did not have a lot of money, so a London newspaper paid Smith to go and search for the missing tablet.

When Smith arrived at the site in Iraq, he found it in a terrible mess. Tablets were [4]scattered everywhere. After a difficult search, he found the missing one, but when he started trying to gather more tablets to send back to London, the newspaper company told him there was not enough money and ordered him to return home.

Smith was praised, but in his mind he was not happy. He kept thinking of the thousands of tablets left behind and was worried they might be damaged or stolen. By this time, he and his wife had six children. He did not want to leave his family again, but he believed there was important information on the tablets in Iraq. So he made just two more trips.

Iraq in those days was not safe for travelers. Disease was common; there was trouble and fighting. Government officers did not trust foreigners like Smith: they thought he was looking for gold and were always [ⓑ]. In 1876, Smith caught a disease in Iraq and died. He was 36 years old. While he was traveling, he kept a diary. The last words he wrote were about his wife and children.

Smith's work was not finished, but this expert without even a high school education was now famous. Others have continued to ⓒdecipher those "bird footprints" to this day. Every time *The Epic of Gilgamesh* is published, it becomes a little longer. One day, we will be able to read the complete story, just as it was in 1200 B.C.

A. Which word ([1]－[4]) does NOT share the same meaning as the other three words?

1. interested　2. intrigued　3. fascinated　4. scattered

B. iPads are described as tablet computers because

1. if you press a stick into an iPad while it is soft you can write cuneiform symbols on it.
2. iPads are the same size and shape as the clay or stone tablets people wrote on long ago.
3. George Smith used a tablet computer to help him understand cuneiform.
4. you can write in any language on a tablet computer.

C. George Smith visited the British Museum during his lunch hour because

1. he liked to look at the objects in the museum and eat his lunch at the same time.
2. the museum was close to his workplace《仕事場》 and he had nothing else to do.
3. he was interested in studying how birds walk.
4. he had no other free time during the day to study the clay tablets.

D. What did the museum's experts notice?

1. George Smith had a wife and children.
2. George Smith was spending his lunch hours at the museum.
3. George Smith was good at translating cuneiform.
4. George Smith was working with Sir Henry Rawlinson.

E. Which word does ⓐone replace?

1. expert　2. discovery　3. story　4. tablet

F. George Smith's discovery of *The Epic of Gilgamesh* was important because

1. it was older than any other written stories known at that time.
2. he could not translate all of it and one tablet was missing.
3. it was about the life and adventures of a great hero called Gilgamesh.
4. he had to travel to Iraq to find the missing tablet.

G. Which fact shows that the British Museum did not have a lot of money to spend on research on the clay tablets?

1. George Smith came from a poor family.

2．George Smith left school at 14 to work for a printing company.
3．A London newspaper paid for George Smith's first trip to Iraq.
4．Government officers in Iraq thought George Smith was looking for gold.

H．Fill in the space [ⓑ].
1．trying to stop him from traveling to the site
2．ordering him to take the gold back to London
3．inviting him to return to Iraq as soon as possible
4．very helpful

I．Which word has the same meaning as ⓒ<u>decipher</u>?
1．work　2．translate　3．publish　4．write

J．本文の内容に合わないものを２つ選び，番号の早い順に書きなさい。
1．There have been many Englishmen named George Smith.
2．George Smith became interested in books about ancient cultures while working at a printing company.
3．In 1855, George Smith was working as an archeologist in Iraq.
4．The main character in *The Epic of Gilgamesh* becomes sick and dies while on a journey.
5．George Smith made a total of three trips to Iraq.
6．George Smith's work is continued by other people to this day.

Ⅳ 次の英文を読み，あとの問いに答えなさい。

Harriet Tubman was a black woman born in Maryland《（地名）》, in the South of the United States, around 1822. At that time, most black people in the South were slaves《奴隷》, while (A-1) in the North were not. She was born into an enslaved《奴隷にされた》 family as the fifth of nine children. Even as a small child, Harriet had to work for her master. When she was about six years old, her master sent her away to work on (A-2) farms. She cleaned houses in the morning and worked in the fields in the afternoon. At night, she cried because she missed her family.

One day, while Harriet was walking along a road, she passed a young slave boy. His overseer《奴隷監視人》 was looking for him and was very angry. Suddenly, the overseer stepped on the road and threw a heavy stone at the boy, but it missed him and hit Harriet (B). After this accident, for the rest of her life, she suffered from terrible headaches and also sometimes suddenly fell asleep when she was talking or working.

Harriet's master tried to sell her, but no one wanted to buy a slave who had such an illness. She was instead put to work with her father. He taught her how to cut down trees which were going to be sold. That work made her body and mind strong and introduced her to free black men who took the wood to the North by ship. From them, Harriet learned about the secret ways for black people to escape to the North. This information became very important later in her life. In this mixed environment of (C), Harriet met John Tubman, a free black man, and got married to him in 1844.

[1]

Harriet Tubman's master died in 1849. When his wife planned to sell off their slaves, Harriet was afraid that she would be separated from everyone she loved. Then she remembered hearing about the "Underground Railroad" from the free black people who sold the wood. It was a hidden network《網状組織》 of safe houses, boat captains, and coach《馬車》 drivers who were willing to protect slaves escaping from their masters. She finally came up with a plan to use the network to go to the North with two of her brothers. (D), along the way, her brothers became afraid and decided to return. Harriet went back with them to make sure they got back safely. Two days later, she left the farm again on her own and followed the North Star《北極星》 as her guide to Pennsylvania《（地名）》, and to freedom.

[2]

Harriet Tubman also worked as a Union《北軍の》 Army nurse and spy《スパイ》 during the Civil War《南北戦争》. In 1863, she became the first woman in United States history to plan and lead a military action, and made nearly 700 slaves free in South Carolina《（地名）》.

[3]

After the war, many Southern states《州》 created new laws which made life very tough for the former slaves. Harriet saw how (E) to find work or health care. She raised money to help build schools and a hospital for them. During this time, women did not have much freedom and were not allowed to vote《投票する》. Harriet gave many speeches to encourage women to believe in themselves. She told the audience, "I was a conductor《車掌》 on the Underground Railroad, and I can say what many others cannot. F <u>I never ran my train off the track, and I never lost a passenger.</u>"

[4]

As she became more famous, various people helped her in the fight to collect a veteran's《退役軍人》 pension《年金》 for her service in the Union Army. In 1899, she was finally given 20 dollars a month. This was very late in Harriet's life and 20 dollars was a small amount even then. In 2016, the United States Treasury《財務省》 announced that Tubman's image would appear on the 20 dollar bill. G <u>Many people see this as a fitting twist of fate.</u>

Harriet Tubman died on March 10, 1913, at the age of 91. Even when she was dying, she kept the freedom of her people in mind. Her final words were, "I go away to prepare a place for you."

A. （A-1）と（A-2）に入るものをそれぞれ選びなさい。

1. another　2. its　3. one　4. other

5. that　6. these　7. they　8. those

B．（B）に入るものを選びなさい。

1．her head　2．on the head　3．the head　4．to the head

C．（C）に入るものを選びなさい。

1．a father and a daughter working together
2．all the slaves working from morning till night
3．free and enslaved blacks working side by side
4．her working both indoors and out in the fields

D．（D）に入るものを選びなさい。

1．At first　2．However　3．In addition　4．On the other hand

E．（E）に入るものを選びなさい。

1．difficult the people made these laws
2．difficult these laws made the people
3．these laws made it hard for the people
4．these laws made the people impossible

F．下線部Fを英語で言い換えたものとして最も適切なものを選びなさい。

1．I never failed in helping slaves escape to the North.
2．I never failed in guiding my family members to the North.
3．I never experienced any danger in helping black people get to the North.
4．I never got any support from the Underground Railroad when I was doing my job.

G．下線部Gは「多くの人々はこのことを彼女の人生にふさわしい運命のいたずらとみなしている」という意味になります。文中の this の表すものとして最も適切なものを選びなさい。

1．彼女が得ることになった年金の全額が，1か月分の額としては少なすぎたこと。
2．彼女が年金を得られるようになったのが，彼女の年齢を考えると遅すぎたこと。
3．彼女の年金と彼女の肖像画が使われる予定のお札の金額が偶然同じだったこと。
4．彼女が軍隊で働いたことで年金を得るために，多くの人々が彼女を助けたこと。

H．以下の文章は文中の 1 ～ 4 のどこに入りますか。番号を選びなさい。

Harriet returned to the South thirteen times to assist her brothers, parents, and many others who wanted to get to the North. She worked very hard with other members of the Underground Railroad to help slaves escape to the North, or to Canada.

I．以下の英文のうち，本文の内容に合うものを４つ選び，番号の早い順に書きなさい。

1．Even though she was a child, Harriet was separated from her family and worked in different places as ordered by her master.
2．When a slave boy's overseer was looking for him, the boy was so afraid that he threw a stone at Harriet by mistake.
3．Harriet's master gave up the idea of selling her before her illness of bad headaches and suddenly falling asleep was cured.
4．Through working with free black men selling the wood, Harriet got information which became very useful for her later in her life.

5．Harriet planned to escape to the North with two of her brothers, but in fact she was not able to do it because her brothers became scared.

6．Harriet helped black people in the South escape only to cities located in the North of the United States.

7．Even after the Civil War, Harriet never stopped trying to help former slaves make their lives better.

8．The United States Treasury told Harriet that they were going to put her image on the 20 dollar bill to honor her work.

V 下の絵を見て，あとの問いに答えなさい。

A．絵②の少年と Coco の関係を表す文として適切な英文になるように，［　］内の語を並べ替えて5番目と7番目の語を答えなさい。ただし，文頭の語も小文字で表しています。

[born / has / care / the / since / been / was / of / boy / she / Coco / taking].

B．ア に入るように，［ ］内の語を並べ替えて適切な英文を作り，６番目と９番目の語を答えなさい。ただし，文頭のＩは数えません。

I［so / where / I / you / much / am / bought / wonder / enjoying / eggs / that / these］them.

C．イ に入るように少年の台詞を10語以上で書きなさい。二文になっても構いません。

D．下線部ウの日本語と同じ意味になるように，指定された書き出しに続けて英訳しなさい。

問十　傍線部⑩「暫定的な戯れの状態に留まっている」とありますが、どのようなことですか。説明したものとして最も適切なものを次のア～オの中から一つ選び、記号で答えなさい。

ア　機知によって発見された連関が、知的な驚きと喜びを与えるものであっても、それは次第にありきたりなおかしさに変わっていき、駄洒落《だじゃれ》のたぐいになってしまうということ。

イ　機知によって発見された連関が、知的な驚きと喜びを与えるものであっても、読んだ後にまで固定化した常識とはなっていかないので、詩の中でのおかしさを失わないということ。

ウ　機知によって発見された連関が、心に大きな驚きと喜びを与えるものであっても、おかしさが生まれるかどうかは対立を見出すかどうかにより、人それぞれに違っているということ。

エ　機知によって発見された連関が、心に大きな驚きと喜びを与えるものであっても、発見することによるおかしさであることから、二回目からは笑えないものになってしまうということ。

オ　機知によって発見された連関が、心に大きな驚きと喜びを与えるものであっても、詩を読んでいるときだけのおかしさに留まってしまい、その知識は詩の世界を離れると役に立たないものになってしまうということ。

とですか。説明したものとして最も適切なものを次の**ア**～**オ**の中から一つ選び、記号で答えなさい。

ア　バトラーが「朝焼け」と「茹でられたロブスター」の間に見出した類似性は、バトラーの詩の才知を説明するのに最適な例であり、この例を挙げれば誰もがバトラーを高く評価するに違いないということ。

イ　バトラーが「朝焼け」と「茹でられたロブスター」の間に見出した類似性は、誰もが通常認識している連関ではなくバトラーが発見したと言えるものだが、詩の世界を離れても説明することができるということ。

ウ　バトラーが「朝焼け」と「茹でられたロブスター」の間に見出した類似性は、この詩の中ではすばらしい才知を感じさせてくれるものであるが、詩の文脈を離れては陳腐なものとなってしまい、価値がなくなってしまうということ。

エ　バトラーが「朝焼け」と「茹でられたロブスター」の間に見出した類似性は、バトラーの独自性を端的に表すものであることは誰もが認めるところであるが、詩の世界を離れてはそのすばらしさを誰にも説明することができないものであるということ。

オ　バトラーが「朝焼け」と「茹でられたロブスター」の間に見出した類似性は、この詩の中ではすばらしい才知を感じさせるものだが、いくらすばらしいといっても他の人が他の詩で用いると、もはや同じ価値は見出せなくなってしまうものであるということ。

問九　傍線部⑨「才知に富んだ優れた詩」とありますが、この評価を説明したものとして最も適切なものを次の**ア**～**オ**の中から一つ選び、記号で答えなさい。

ア　詩を読んだ者が詩を理解するために、詩人と同じような知識を持っていることが前提となるという意味で才知に富むと評価できる。そして理解した後には詩のすばらしさを言葉で他者に伝えたくなるという意味で優れた詩であると評価している。

イ　詩を読んだ者が、詩人の指摘を受けて考えた後に、二つのものには連関があると気づけるという意味で才知に富むと評価できる。そしてその気づきによって自分の世界に新しい視点が与えられた喜びを感じられるという意味で優れた詩であると評価している。

ウ　詩を読んだ者が直感的にではなく、時間と理性を要して理解に至ることができるものだという意味でこの詩は才知に富むと評価できる。さらにそこから面白みを感じるまでにも教養が必要であり、平凡な詩ではないという意味で優れた詩であると評価している。

エ　詩を読んだ直後は不可思議な思いを抱かせるが、詩人の挙げた二つのものの類似性を読者が理解できた後には面白さが共有されるという意味で才知に富むと評価できる。ただしその類似性に共感するのはかなり困難で、多くの詩に精通している必要があるという意味で、優れたという語をやや皮肉を込めて用いている。

オ　詩を読んだ者が詩人の指摘を受け、二つのものの関連に気づくと面白さが伝わってくるという意味でこの詩は才知に富んだ詩と評価できる。また、この評価の背景には、多くの詩は理性よりも感性に重点を置き、また面白みよりは憂《うれ》いを表現することの方が多いという常識を覆《くつがえ》しているという意味でも優れた詩であると評価している。

ておかしみを表現しようとしているということ。

イ　最近の芸人たちは、優劣の枠組みの中で誰かをおとしめて笑いを取ることよりも、発話の仕方や動きなどのギャップによるおかしみを表現することを目指すようになっているということ。

ウ　最近の芸人たちは、過去の芸人が好んで演じていたキャラクターのステレオタイプにあてはめられることを拒み、ひとりひとりの個性をありのままに表現することを試そうとしているということ。

エ　最近の芸人たちは、ネタの中で出来合いの枠にあてはめる笑いを洗練させていくために、様々な行き違いやすれ違いのパターンを研究し、多様な「あるあるネタ」を開発しながら取り組んでいるということ。

オ　最近の芸人たちは、なるべく体型の違う二人でコンビを組むことによって、普段は出会わないような組み合わせに見せ、見た目にも何となく不釣り合いでおかしい感じを演出することを狙っているということ。

問六　傍線部⑥「私たちの心は、二つのものの適合と不適合の間をぶらぶら行き来させられるのである」とありますが、どういうことですか。八〇字以上一〇〇字以内で説明しなさい。

※下書き用（解答は解答用紙に記入すること）

問七　傍線部⑦「そこに喜びが加味されるというわけである」とありますが、どのようなことですか。説明したものとして最も適切なものを次の**ア～オ**の中から一つ選び、記号で答えなさい。

ア　自分が今まで異なる意味集団にあるととらえていた二つのものが対比された時の驚きに、さらに、その二つの意味集団を行き来して不可思議や恐怖を感じてしまう意外性を見つけた時に、喜びも生まれてくるということ。

イ　自分が今まで異なる意味集団にあるととらえていた二つのものが対比された時に、二つのものが比較対象となって生まれる類似性への驚きが、その意味的な距離の遠さを越えたことについての喜びをも生じさせるということ。

ウ　自分が今まで異なる意味集団にあるととらえていた二つのものが対比された時に、その二つの事柄の連関への驚きに由来する不可思議や恐怖は、古びた知識によるものなので、その偏りを是正していく喜びが生まれるということ。

エ　自分が今まで異なる意味集団にあるととらえていた二つのものが対比された時に、その二つの事柄の意味的な距離が遠ければ遠いほど驚きが生まれるが、そこに少しでも共通の何かが見いだされると喜びも生まれるということ。

オ　自分が今まで異なる意味集団にあるととらえていた二つのものが対比された時の驚きから、その二つのものの対比を通して自分が持っている「出来合いの枠」を実感することができるが、そこには驚きとともに喜びも生まれてくるということ。

問八　傍線部⑧「でたらめではない連関」とありますが、どのようなこ

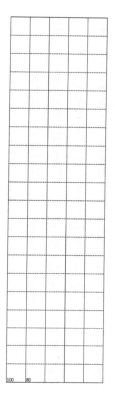

イ「女子アナウンサー」や「天才」などの特定のタイプを演じることができれば、無条件に使うことのできる笑いであるということ。

ウ ある部分が典型的な事例と一致してさえいれば、老若男女を問わず誰もが現実を忘れて楽しむことのできる笑いであるということ。

エ ある枠組みにあてはまるかどうかを考えるだけで、その枠組み自体を疑ったり乗り越えたりする創造性に欠けた笑いであるということ。

オ「あるあるネタ」を用いるとき、優越の笑いの色彩を帯びることがあるが、だれもがおもしろく感じられるので、しばしば利用してしまう笑いであるということ。

問三 傍線部③「『適合性と不適合性の対立』が、あるいは『関係と関係の欠如との対立』が生じていると言えるだろう」とありますが、どのようなことですか。説明したものとして最も適切なものを次の**ア**～**オ**の中から一つ選び、記号で答えなさい。

ア サリーとマイクの体格差がコンビという関係にふさわしいかどうかの疑念を招き、見る人を不安にさせるということ。

イ サリーとマイクは互いをコンビの相手として認識しているが、ほかの人からはそのように見られていないということ。

ウ サリーとマイクはコンビという関係で結びつけられているが、同時に、体格の違いからそぐわない組み合わせにも見えるということ。

エ サリーとマイクは外見からは互いにこれ以上なくぴったりの相手であるように見えるが、内面的には必ずしもそぐわないということ。

オ サリーとマイクは同じように体格差のある他のコンビを多数想起させ、そのような枠組みにあてはまるものとして見ることができるということ。

問四 傍線部④「代わりに何か別の意味を発生させてしまう」とありますが、どのようなことですか。「何か別の意味を発生させてしまう」例として最も適切なものを次の**ア**～**オ**の中から一つ選び、記号で答えなさい。

ア「ありがとうございます」を日常的に言う中で、いつのまにか「あざます」という形に短縮してしまうという事例。

イ 質問に対して「答えるに及ばない」と何度も言われているうちに、質問する側が追及することをやめてしまうという事例。

ウ「ピザって十回言ってみて」と言われて繰り返し言っていると、口のまわりの筋肉が動きに慣れて、スムーズに言えるようになるという事例。

エ「隣の客はよく柿食う客だ」と言うのを何度も練習しているうちに、個々の単語の意味が消えて、音そのものの響きが面白くなってしまうという事例。

オ 童謡「アルプス一万尺」をいつも歌っているが、「小槍《こやり》の上で」という歌詞の「小槍」が山の名前だと知らず、「子山羊《こやぎ》の上で」だと勘違いしたままでいるという事例。

問五 傍線部⑤「今の芸人たちがネタの中で好んで試行錯誤している笑いのポイント」とありますが、どのようなことですか。説明したものとして最も適切なものを次の**ア**～**オ**の中から一つ選び、記号で答えなさい。

ア 最近の芸人たちは、「イケメン」や「天才」と言えるような人たちも増えてきていて、従来の芸人のイメージとのギャップを利用しとになる。

ただし、この類似性は暫定的《ざんてい》なものに過ぎず、共通の何かが見出されたからといって、「朝焼け」が「ロブスター」と同じカテゴリーに属するものと考えれば、文学的戯《たわむ》れのためならばいざ知らず、それ以外では軽率のそしりを受けることだろう。それだから、ここで起きていることはあくまでも暫定的な関係性の確認であり、「関係」と「関係の欠如」とが常に「対立」状態を保っているのである。AとBに共通する何かが暫定的に示されはするが、その関係はあくまでも⑩暫定的な戯れの状態に留まっている。その対立の間で心は揺さぶられ、そこに「喜びと驚き」が起こり、おかしさが生まれる。

（木村　覚『笑いの哲学』講談社、二〇二〇年より）

注1　第二次産業革命…一九世紀末から二〇世紀初めにかけての重化学工業を中心とする新技術の開発とそれに伴う新産業の興隆。

注2　H・ベルクソン／S・フロイト『笑い／不気味なもの』原章二訳、平凡社ライブラリー、二〇一六年

注3　ベルクソン…フランスの哲学者。（一八五九～一九四一）

注4　James Beattie, "An Essay On Laughter and Ludicrous Composition," *in: The Works of James Beattie: Essays*, Hopkins and Earle, 1809

注5　『モンスターズ・インク』…ディズニーとピクサーによる長編アニメーション映画。二〇〇一年公開。

注6　ジョゼフ・アディソン…イギリスの劇作家であり、文学者。（一六七二～一七一九）

注7　テティス…ギリシア神話の海の女神。

注8　サミュエル・バトラー『ヒューディブラス』バトラー研究会訳、松籟社、二〇一八年

問一　傍線部①「そもそも何かのタイプに似ているということそれ自体が滑稽なのだ」とありますが、なぜですか。理由を説明したものとして最も適切なものを次の**ア**～**オ**の中から一つ選び、記号で答えなさい。

ア　一人の人間と長いあいだ付き合っていると、その人が「イケメン」であるということが認識できなくなるから。

イ　社会的に評価されることの多い「女子アナウンサー」などが意図的に滑稽なタイプを演じてみせることで意外な印象を与えるから。

ウ　現実の人間に、ドラマや小説などの架空の人物の名前をつけることで、実在しないはずの人間が存在しているように感じられるから。

エ　「イケメン」や「天才」はめったに存在しないはずのものであるのに、産業革命の時代のように、大量生産されているように誤認させられるから。

オ　本来、ひとりひとりの人間は、類型化された「天才」などのタイプに収まりきらないものであるはずなのに、その前提をないものとしてとらえているから。

問二　傍線部②「『出来合いの枠』を無反省に利用した笑い」とありますが、どのようなことですか。説明したものとして最も適切なものを次の**ア**～**オ**の中から一つ選び、記号で答えなさい。

ア　あらかじめ共有されているイメージの枠組みを利用することで、誰にでも容易に参加できるような笑いであるということ。

合の外に置かれているものが突然呼び出されて、今その集合の中に押し込められた。普段は起こらない二つのもののおかしな対比が突然始まり、⑥私たちの心は、二つのものの適合と不適合の間をぶらぶら行き来させられるのである。そうした心の状態を引き出すのは、のちに述べるように機知のなせる技である。機知の名に値するには、[注6]ジョゼフ・アディソンが言うように、その技に「喜びと驚き」がともなうのでなければならない。驚きは、そこに置かれたあるイメージともう一つのイメージとが簡単には類似しておらず、両者が関連していないと思われれば思われるほど激しくなる。両者が永遠にただ不適合なままであったら、驚きは不可思議か恐怖に変わることだろう。しかし、両者にわずかでもどんなものであっても類似性（適合性）が担保されるならば、⑦そこに喜びが加味されるというわけである。

ビーティは不一致の例として、詩人で諷刺《ふうし》家のサミュエル・バトラーの長編詩『ヒューディブラス』に記された一節を挙げている。そこでは「朝焼け」が唐突に「茹《ゆ》でられたロブスター」と比較されている。一瞥《いちべつ》するだけでは両者に一致するところはない。一切似ていないのだけれども、その色彩が〈黒から赤へと変化する〉という点に注目すると、その一点において両者に類似性を認めることができる。

太陽が[注7]テティスの膝に頭を埋めて
眠りに落ちて時は久しく
そうしているうちに、朝焼けが、茹でられたロブスターのように
黒から赤へと変貌し始めた
（[注8]154頁、一部筆者改訳）

この詩で起きていることを図示すれば図3のようになる。二つの円、観念Aと観念Bは、両者の類似性を普段誰も意識していない。しかし、AとBの重なるところであるCを誰かが発見すると、AにBが引き当てられ、一瞬その間だけ、類似するものとして扱われる。そもそも誰もが類似性を認識している似たもの同士（例えば「朝焼け」と「夕焼け」）であれば、その類似性をあらためて指摘しても、そのことに何の面白さもない。その一方で「朝焼け」と「茹でられたロブスター」とに何らかの類似性があるなどと、私たちは普段一切思っていない。ところが「黒から赤へと色が変化するもの」という両者に共通の何か（C）をバトラーが見出すと、両者の間に⑧でたらめではない連関が生じ、読み手にもその連関の面白さが伝わり、⑨才知に富んだ優れた詩が一つの形を成すこ

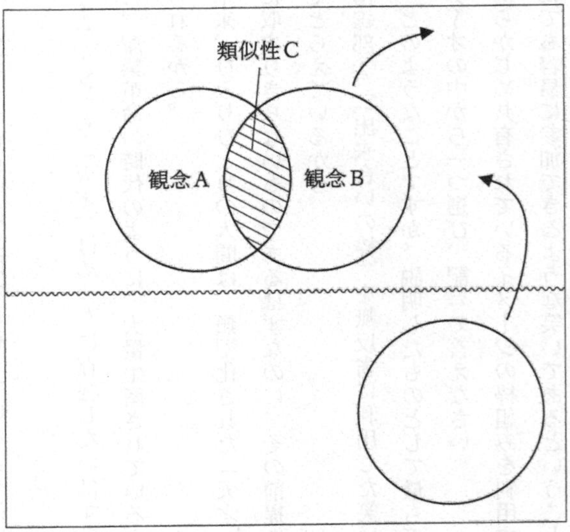

図3

かって「あるある」と言う。優越の笑いの色彩を帯びる場合もあるけれども、前章で触れたような社会的に優れていると評価されがちなタイプ、例えば「女子アナウンサー」だとしても「イケメン」だとしても「天才」だとしても、何かがそれらのタイプをあらわすもので「あるある」と思われたら、それは笑いの対象となるのである。あるあるネタの笑いは、だからある種の「出来合いの枠」を確認する作業だと言えるだろう。あるあるネタは、優越の笑いではない場合もあるにせよ、あくまでも②「出来合いの枠」を無反省に利用した笑いであって、「出来合いの枠」の周りで思考は留《とど》まったままであり、それを逸脱するような力は何ら発揮されることがない。

（中略）

機知と驚き

スコットランド生まれの詩人で哲学者であったジェイムズ・ビーティは「笑いとおかしな構成について」というエッセイで、笑いを不一致のうちに見出《みいだ》した。ビーティによれば、二つのものの笑える組み合わせとは、両者の関係性がある程度不適合的であり、異質的であることをその条件とする。すなわち、一見無関係と思われているもの同士が組み合わされるのでなければ両者の関係性を笑うことはできないのである。これをより明確に言うならば、笑いの原因あるいはその対象となるものとは、組み合わされた二つのものが示す「適合性と不適合性の対立（opposition of suitableness and unsuitableness）」[注4]（p.156）なのであり、または「関係と関係の欠如との対立（[opposition] of relation and the want of relation）」（同前）なのである。

少し込み入った説明に映るかもしれない。けれども、ビーティによる不一致の笑いの定義は、的確にその事態を捉えていると言える。なるほど、例えば映画[注5]『モンスターズ・インク』に登場するサリーとマイクのようなでかちびコンビは、二人が横並びで立っているだけで少しコミカルである。そこには③「適合性と不適合性の対立」が、あるいは「関係と関係の欠如との対立」が生じていると言えるだろう。

（中略）

あるいは執拗《しつよう》に同じ動作を繰り返すことも、不一致の笑いを生み出すことがありそうである。例えば、執拗に同じ言葉を繰り返し発話していると、途中から言葉の意味内容がおぼろげになり、その発話行為の意味が曖昧になり、④代わりに何か別の意味を発生させてしまう。そうしたことの延長で、喋《しゃべ》っているうちに喋りが歌に変わり動作が踊りに変わってしまうミュージカル（映画）にも、同様のコミカルさが漂うことがあるだろう。

漫才に例を探せば、ボケがバカみたいに大げさに大声でゆっくりと合いの手を入れるだけで、その場にふさわしくない、不釣り合いな感じが出て笑ってしまう、などということがある。ボケがふざける。するとツッコミとボケの行き違い、すれ違い、テンションの違い、意見の相違が際立ってくる。あれやこれやの不一致は、優越の笑い以上に、⑤今の芸人たちがネタの中で好んで試行錯誤している笑いのポイントになっている。

不一致のおかしさは、比較対象の二つのものの間に普段から適合性あるいは関係性があると思い込んでいる私たちのその思い込みが、急に揺さぶられることで生じる。適合的で関係性があると思われているある集

イ　ある場合に働いていない働きアリも、別の時間帯には働いており、等しく時間交代することによってコロニーの存続のために必要な仕事を分担している。この仕組みによって、指令がなくてもコロニー内は過労による絶滅を免れているから。

ウ　働かない働きアリは、働かないこと自体がコロニー存続のために必要な仕事である。働かないアリがいることによって、働いているアリは休息しなくても過労状態に陥ることがなくなり、指令がなくてもコロニー内は過労による絶滅を免れているから。

エ　ある場合に働かない働きアリは、外敵と戦ったり、他のアリを安全な場所に移したりする必要のある非常時には、コロニーの存続のために必要な仕事を必ずする。この仕組みによって、指令がなくてもコロニー内は安全性を向上させ、外敵による絶滅を免れているから。

オ　ある場合に働かない働きアリは、他のアリが働けなくなった状況では、反応閾値に達して仕事を必ずするようになり、そのことによって必要な仕事が滞りなく行われコロニーは存続していくことになる。この仕組みによって、指令がなくてもコロニー内は過労や世話不足による絶滅を免れているから。

二

次の文章は『笑いの哲学』という本の一節です。読んで、後の問に答えなさい。

「出来合いの枠」が嵌《は》まる類似のおかしみ

あまりに似ている顔が二つあることでおかしくて笑ってしまう。そうした似ていることの反復が引き起こす笑いは、「出来合いの枠」そのもののなせる技ではないか。「出来合い」は英訳すれば「レディ・メイド」である。生命を持ったものが機械の作った既製品のように見えてしまう。一九〇〇年に発表された『笑い』[注1]が第二次産業革命の時代を象徴する工場労働とその生産品に接した当時の人々の感性を背景にしていることは、想像に難くない。

滑稽な人物とは一つのタイプなのである。逆に言えば、あるタイプに類似しているものは何かしら滑稽である。一人の人間と長いあいだ付き合って、すこしも滑稽なところを見いだせないことがある。しかし、なにかの偶然の結びつきから、その人間にドラマや小説の主人公の有名な名前をつけたとたん、少なくともその一瞬、その人は滑稽すれすれに見えてくる。小説の人物の方は滑稽でなくてもかまわない。ただその人物に似ているというだけでおかしくなるのだ。その人が自分自身からうっかり外へ出てきてしまったことが、いわば出来合いの枠のなかに嵌《はま》りこんでしまったことがおかしいのである。しかし何よりおかしいのは、自分というものを他人が簡単に嵌りこむことができるような枠にしていることであり、自分を性格のなかに凝り固めていることである。（[注2]123－124頁《ページ》）

どんなタイプが滑稽なのか以前に、①そもそも何かのタイプに似ているということそれ自体が滑稽なのだと、[注3]ベルクソンは言う。俗に「あるあるネタ」と呼ばれているもののおかしさとは、これのことではないだろうか。「あるある」とは、相槌の言葉であって、ある何かの言動が、ある何かの典型的な事例と一致すると思われるとき、私たちはそれに向るが、閉鎖されたハウス内では短期間のうちに蜜が取りつくされてしまい、コロニーを維持するだけの蜜を収集することができなくなるから。

エ　ハウス栽培では自然の状態よりも花の蜜がたくさんあるため、多くのミツバチが必要とされるが、ワーカーとなるハチはコロニーの中であらかじめ役割を決められたハチだけであり、一部の厳しい労働環境に置かれたそのワーカーのミツバチが過労死してしまうと考えられるから。

オ　ハウス栽培では自然の状態よりも花の蜜がたくさんあるため、多くのワーカーが必要とされるが、集めた蜜はコロニーを維持するための幼虫の生育にあてられることになるため、ワーカーは必要な栄養分を与えられないまま過酷な労働環境に身を置くことになると考えられるから。

問十　傍線部⑨「なんと、働かないものがいるシステムのほうが、コロニーは平均して長い時間存続することがわかったのです」とありますが、なぜ筆者はこのような表現で説明しているのですか。理由を説明したものとして最も適切なものを次の**ア**～**オ**の中から一つ選び、記号で答えなさい。

ア　多くの個体が同時に働いた方が単位時間あたりに処理できる仕事量は常に大きく効率的であるはずなのに、コロニーの存続という観点からみると、疲労した個体が休む間に別の個体が取り組む方式が有効であることが、驚きといえるから。

イ　多くの個体が同時に働いた方が労働効率が高いのは当然であるが、労働する個体の数は常に一定に保たれている必要があり、働いている個体が多くなるのにつれて働かない個体の数も同じ数だけ増えなければならないことが、驚きといえるから。

ウ　働かない個体がいるコロニーの方が長期的に見れば労働効率が高いことは自明のことであるが、シミュレーションを行った結果、全員が一斉に働くシステムの方が単位時間当たりに処理できる仕事量が大きいことがわかり、驚きといえるから。

エ　当然多くの個体が同時に働いた方が労働効率は高いはずであるが、働かない個体は労働刺激が高くなったとしても働かず、働きアリが過労で倒れていったとしても短期的には彼らが生き残ることによってコロニーは存続するといったことが、驚きといえるから。

オ　仕事が一定期間以上処理されない場合はコロニーが死滅する、という条件を加えて実験をすると、働かない個体がいるコロニーの方が存続できる可能性が高いはずだという仮説が裏打ちされる結果になり、仮説と実験結果とが寸分違わぬ結果になったことが驚きといえるから。

問十一　傍線部⑩「働かない働きアリは、怠けてコロニーの効率を下げる存在ではなく、それがいないとコロニーが存続できない、きわめて重要な存在だといえるのです」とありますが、なぜですか。理由を説明したものとして最も適切なものを次の**ア**～**オ**の中から一つ選び、記号で答えなさい。

ア　働かない働きアリは、他のアリが死んでしまった状況ではその性質が変化し、コロニーの存続のために必要な仕事をするようになる。この仕組みによって、指令がなくてもコロニー内は過労や世話不足による絶滅を免れているから。

ウ　アリの社会の中での役割によって、ある刺激に対する反応があるかどうかは分かれるため、一見「怠け者」にみえる個体群も来《きた》るべき仕事に備えているといえるから。

エ　少しの刺激で反応できる個体が社会の中でリーダーシップをとることができれば、「怠け者」の個体群も同時に生じる複数の仕事に対して効率よく仕事をすることができるから。

オ　ある刺激に対して「怠け者」もそうでないアリも、いつも一定数の個体が働くことになるため、互いに刺激を受けあい、全体として継続性を持った安定した群れを作ることができるから。

問六　傍線部⑤「しかしさぼろうと思っているものはいない、という状態になっていれば」とありますが、この条件はなぜ必要なのですか。次のように答える場合に空欄に適切なことばを本文中から十二字以内で抜き出しなさい。

コロニーが司令官なしに社会的な組織行動を成立させるためには、［　　］だけが前提として必要なのであり、さぼる、さぼらないという個々の主体的な意思が介入すると機能しなくなるから。

問七　傍線部⑥「よくできていると思いませんか?」とありますが、筆者はどのような点を「よくできている」と考えているのですか。説明したものとして最も適切なものを次のア～オの中から一つ選び、記号で答えなさい。

ア　誰もさぼろうとしている者がいなければ、お互いに信頼しあって仕事が円滑にできる点。

イ　コロニーの中で司令塔となる個体が、適材適所の配置になるよう命令を出すことができている点。

ウ　それぞれの得意・不得意を補い合って、個々がかけがえのない働き手として価値を発揮している点。

エ　実際にどのような仕組みで動いているのかわからなくても、自然界の生物は繊細な仕事分担をしている点。

オ　外部からの刺激に対する反応の個体差によって、高度な判断によるのと同じような複雑な動きが可能になっている点。

問八　傍線部⑦「キモです」とありますが、「キモ」と置き換えることばとして最も適切なものを次のア～オの中から一つ選び、記号で答えなさい。

ア　原因　イ　新鮮　ウ　核心　エ　不快　オ　意外

問九　傍線部⑧「そうやってハウスに放たれたミツバチはなぜかすぐに数が減り、コロニーが壊滅してしまうのです」と筆者が考えるのはなぜですか。本文中から推測できる理由として最も適切なものを次のア～オの中から一つ選び、記号で答えなさい。

ア　ハウス栽培では自然の状態よりも花の蜜がたくさんあるため、コロニー内で幼虫を育てるはずのすべてのハチが過剰に蜜を取るワーカーとなってしまった結果、多くの個体が外敵に捕食され死滅してしまうから。

イ　ハウス栽培では自然の状態よりも花の蜜がたくさんあるため、休憩を取る判断をせず反応閾値で行動するミツバチには常に反応する刺激があって過剰労働になり、その結果ワーカーが過労死してしまうと考えられるから。

ウ　ハウス栽培では自然の状態よりも花の蜜がたくさんあるため、幼虫は成長のために多くの蜜が与えられコロニーが一時的に大きくな

ウ　同じ種であっても、ある一つのことに関してどのように対応するかは、個体ごとに多少の違いがあるが、結局は同じ動きをすること。

エ　同じ種であっても、ある一つのことに関して、行動を起こす反応の程度はそれぞれに決まっており、しかもそれは個体ごとに違っていること。

オ　同じ種であっても、ある一つのことに関して対応は個体ごとに違うが、どのように違うかは流動的なので、一つの枠にあてはめることはできないこと。

問三　傍線部②「二つの仮説にたどり着きました」とありますが、どのような仮説ですか。説明したものとして最も適切なものを次の**ア**～**オ**の中から一つ選び、記号で答えなさい。

ア　どのような集団の中でも、よく働く個体が二割程度であることはいつも一定で変わらないという仮説。

イ　昆虫の社会にも仕事の発生状況を把握して、必要なだけの個体を現場に振り分ける調整役が存在するという仮説。

ウ　同じ群れの中でも、どのような種類の仕事を好むかが個体によって異なるために、同じ仕事を取り合わなくてすむという仮説。

エ　アリやハチが複雑な働き方をしているように見えるのは、人間が人間社会の管理システムを投影しているにすぎないという仮説。

オ　どの程度の刺激で反応するかに個体差があることで、必要なときに必要なだけの個体が働くよう自動的に調節されているという仮説。

問四　傍線部③「そのような対応」とありますが、どのような対応ですか。「そのような対応」の例として**誤っているもの**を次の**ア**～**オ**の中から一つ選び、記号で答えなさい。

ア　文化祭のクラスの発表の準備が、あるグループのミスで滞ってしまったときに、学級委員の考えで計画を変え、別のグループが補うことにするという対応。

イ　部長をしているクラブの公式戦会場が当日急に変更になったのだが、遅刻して来る後輩に詳しいことは説明せず、変更になった場所だけを指示するという対応。

ウ　中学生がグループで保育園のボランティアをしているときに、自分のアイディアではなく、保育士さんが作ったプラン通りに子どもたちを遊ばせるという対応。

エ　町中で迷っている人に道を聞かれたとき、その場所自体は知らない場所だったのだが、近くに交番があることは知っていたので、交番までを案内するという対応。

オ　校外学習でグループ行動をしているときに、他の班員とはぐれて、途方に暮れていたところ、ふと目に入った人影が同じ班員であると思って反射的に駆け寄るという対応。

問五　傍線部④「このシステムであれば、必要な個体数を仕事量に応じて動員できるだけでなく、同時に生じる複数の仕事にも即座に対応できます」とありますが、なぜですか。理由を説明したものとして最も適切なものを次の**ア**～**オ**の中から一つ選び、記号で答えなさい。

ア　ある種の仕事では役に立たない「怠け者」の個体が、別の種類の仕事に対応する能力も低いとは限らないから。

イ　ある刺激に対して反応が鈍くて働いていない個体がいれば、別の刺激が生じたときにその「怠け者」が対応できるから。

みんながいっせいに働くほうが常に労働効率はいいのです。

しかし、しかしです。仕事が一定期間以上処理されない場合はコロニーが死滅する、という条件を加えて実験をすると、⑨なんと、働かないものがいるシステムのほうが、コロニーは平均して長い時間存続することがわかったのです。第1章で述べたように卵の世話などは短い時間でも行わないでいるとコロニー全体に大きなダメージを与える仕事ですから、この仮定はそれほど無理のあるものではありません。

なぜそうなるのか？　働いていたものが疲労して働けなくなると、仕事が処理されずに残るため労働刺激が大きくなり、いままで「働けなかった」個体がいるコロニー、つまり反応閾値が異なるシステムがある場合は、それらが働きだします。それらが疲れてくると、今度は休息していた個体が回復して働きだします。こうして、いつも誰かが働き続け、コロニーのなかの労働力がゼロになることがありません。一方、みながいっせいに働くシステムは、同じくらい働いて同時に全員が疲れてしまい、誰も働けなくなる時間がどうしても生じてしまいます。卵の世話などのように、短い時間であっても中断するとコロニーにeチメイ的なダメージを与える仕事が存在する以上、誰も働けなくなる時間が生じると、コロニーは長期間は存続できなくなってしまうのです。

つまり誰もが必ず疲れる以上、働かないものを常に含む非効率的なシステムでこそ、長期的な存続が可能になり、長い時間を通してみたらそういうシステムが選ばれていた、ということになります。⑩働かない働きアリは、怠けてコロニーの効率をさげる存在ではなく、それがいないとコロニーが存続できない、きわめて重要な存在だといえるのです。

重要なのは、ここでいう働かないアリとは、のちの第4章で紹介するような社会の利益にただ乗りし、自分の利益だけを追求する裏切り者ではなく、「働きたいのに働けない」存在であるということです。本当は有能なのに先を越されてしまうため活躍できない、そんな不器用な人間が世界消滅の危機を救う——とはなんだかありがちなアニメのストーリーのようですが、シミュレーションはそういう結果を示しており、私たちはこれが「働かない働きアリ」が存在する理由だと考えています。

働かないものにも、存在意義はちゃんとあるのです。

（長谷川英祐『働かないアリに意義がある』KADOKAWA、二〇一六年六月より）

注1　コロニー…同一種または数種からなる生物の集団。
注2　閾値…ある反応を起こさせるために必要な最低の刺激量。
注3　真社会性生物…集団の中で高度に分業が進み、繁殖に関わらない階級が存在する生物。

問一　傍線部**a**～**e**について、漢字はその読み方をひらがなで書き、カタカナは漢字に直しなさい。

問二　傍線部①「要するに『個性』と言い換えることもできるでしょう」とありますが、ここでは何を「個性」と「言い換え」ているのですか。説明したものとして最も適切なものを次の**ア**～**オ**の中から一つ選び、記号で答えなさい。

ア　同じ種であっても、様々なことに関して、個々が持っている能力の違いにより個体ごとの対応に差があること。

イ　同じ種であっても、いろいろな場面で他の個体ごとに違う対応をするが、その元となっている性質や性格が異なっていること。

ミツバチの例から、このような反応閾値の個体間変異が実際に存在していることはわかっています。人間から見るとみんな同じに見えるハチやアリたちは、実はそれぞれ違う個性をもっているのです。

（中略）

さてここまで、ワーカーのあいだに存在する「仕事に対する反応性の違い」が、コロニーのなかに働く個体と働かない個体をつくりだすことを見てきました。それがもって生まれた個性とはいえ、働いてばかりいる個体は疲れてしまったりしないのでしょうか？――それはやはり疲れるでしょう。

1年でコロニーが終わってしまうアシナガバチやスズメバチのような一部のハチは別にして、ミツバチやアリのように何年にもわたってコロニーが続く種類では、女王がワーカーに比べてとても長生きであることが知られています。確認されている例では、オオアリの一種で女王が20年以上生き続けたという記録があります。これは昆虫では最も長寿な例であり、働きアリの寿命は長くても3年くらいですので、女王がいかに長生きかがわかります。残念ながらワーカー個々の寿命の違いと労働の量を関連づけて調べた研究がなく、データはありません。しかし経験的な例から、働いてばかりいるワーカーは早く死んでしまうらしいことは推察されています。

少し前までは野菜のハウス栽培で、花を受粉させて結実させるのにミツバチが使われていました。ところが、⑧そうやってハウスに放たれたミツバチはなぜかすぐに数が減り、コロニーが壊滅してしまうのです。ハウスではいつも狭い範囲にたくさんの花があるため、ミツバチたちは広い野外であちこちに散らばる花からbサンパツ的に蜜を集めるときよりも多くの時間働かなければならず、厳しい労働環境に置かれているようです。この過剰労働がワーカーの寿命を縮めるらしく、幼虫の成長によるワーカーの補充が間に合わなくなって、コロニーが壊滅するようです。実験的に検証された結果ではありませんが、ハチやアリにも「過労死」と呼べる現象があり、これはその一例なのではないかと思われます。自然の条件下では、すべての個体が過労にならないとしても、労働頻度と寿命のあいだには関係があるかもしれません。

（中略）

私たちは個体の疲労とコロニー維持の関係に注目した実験をしました。するとそこでも反応閾値の差が、コロニーのcハンエイを支えていることがわかったのです。

ムシも疲れるとなると、様々な仕事をこなさなければならないコロニーは、メンバーをどのように働かせるべきなのか？　これはまったく新しい観点の研究テーマといえます。私たちは、コロニーメンバーの反応閾値がみな同じで、刺激（仕事）があれば全個体がいっせいに働いてしまうシステムと、実際のアリやハチの社会のように反応閾値が個体ごとに異なっていて、働かない個体が必ず出てくるシステムのdソウホウで、疲労のあるときとないときの労働効率を比較してみました。さらにそれぞれの状況で、コロニーの存続時間を比較するのです。こうしたことは現実のムシでは調べられないため、コンピュータのなかに仮想の人工生命をプログラムした、シミュレーションによって調べます。その結果、予想どおり、疲労の重さに関係なく全員がいっせいに働くシステムのほうが単位時間あたりに処理できる仕事量は常に大きいことが示されました。より多くの個体が働くのですから当然ですね。つまり、やはり変動があるとき、それに効率よく対処するにはどうしたらよいでしょう。人間なら、仕事の発生状況をマネージャーなどが把握して、人をそれぞれの現場に振り分ける、という対処をするでしょう。外回りの最中、会社から指示を受けて別の現場に急行、という経験をおもちの方もいらっしゃるかもしれません。しかし、ハチやアリでは③そのような対応は不可能です。昆虫の単純な脳では、人が極度に発達させた大脳の前頭葉で処理しているような、高度な知能的判断をくだすことはとてもできません。そこで真社会性生物[注3]ができることのなかから選んだ方法（厳密にいえば自然淘汰《とうた》の結果に残された行動様式ですが）は、メンバーのなかに労働に対する反応閾値の幅をもたせるというものでした。

　反応閾値に個体差があると、一部の個体は小さな刺激でもすぐに仕事に取りかかります。例えば、敏感な個体は幼虫が少し空腹になった様子を察知して、すぐにエサを与えます。幼虫たちはたくさんいるので、他の幼虫も空腹になった場合、敏感なハチたちが懸命に働いても手が足りなくなるでしょう。一部の幼虫はさらに空腹になり、早くエサをくれ！とむずかりだします。つまり、幼虫の出す「エサをくれ」という刺激はだんだん大きくなっていきます。すると、いままで幼虫に見向きもしなかったハチたちのうち、それほど敏感ではない働きバチも幼虫にエサを与え始めます。それでも手が足りなければ幼虫の出す刺激はさらに大きくなり、最も鈍感なハチたちまでエサやりを始めます。幼虫が満腹になってくると敏感なハチだけでも手が足りるようになるため、鈍感なハチから順に仕事をやめてだんだんと働き手は減っていきます。やがて全部の幼虫が満腹すると、「エサをくれ」という刺激はなくなり、どのハチも幼虫にエサを与えなくなります。

　このように、反応閾値に個体差があると、必要な仕事に必要な数のワーカーを臨機応変に動員することができるのです。このメリットが、司令官をもつことができない社会性昆虫たちのコロニーに個性が存在する理由ではないかとする仮説が「反応閾値モデル」です。

　また、ある個体が一つの仕事を処理していて手いっぱいなときに、他の仕事が生じた際、その個体が新たな仕事を処理することはできませんが、新たな仕事のもたらす刺激値が大きくなれば反応閾値のより大きな別の個体、つまり先の個体より「怠け者」の個体がその仕事に着手します。

　④このシステムであれば、必要な個体数を仕事量に応じて動員できるだけでなく、同時に生じる複数の仕事にも即座に対応できます。しかも、それぞれの個体は上司から指令を受ける必要はなく、目の前にある、自分の反応閾値より大きな刺激値を出す仕事だけを処理していれば、コロニーが必要とする全部の仕事処理が自動的に進んでいきます。高度な知能をもたない昆虫たちでも、刺激に応じた単純な反応がプログラムされていれば、コロニー全体としてはまるで司令官がいるかのように複雑で高度な処理が可能になるわけです。

　つまり、腰が軽いものから重いものまでまんべんなくおり、⑤しかしさぼろうと思っているものはいない、という状態になっていれば、司令塔なきコロニーでも必要な労働力を必要な場所に配置できるし、いくつもの仕事が同時に生じてもそれに対処できるのです。⑥よくできていると思いませんか？　面白いのは、「全員の腰が軽かったらダメ」というところで、様々な個体が交じり合っていて、はじめてうまくいく点が⑦キモです。

【国　語】（七〇分）〈満点：一〇〇点〉

【注意】一、解答に字数制限がある場合は、句読点や「　」、その他の記号も字数に数えます。
二、出題の都合上、本文の一部を省略あるいは改変していることがあります。

一　次の文章は『働かないアリに意義がある』という本の一節です。読んで、後の問いに答えなさい。

かなり単純な判断しかできないハチやアリたちのコロニー[注1]が効率よく仕事を処理していくためには、必要な個体数を必要な場所に配置するメカニズムが必要です。人間の会社では、これは上司の仕事です。しかし昆虫社会に上司はいないので、別のやり方が必要になります。このために用意されているのが「反応閾値《いきち》[注2]」＝「仕事に対する腰の軽さの個体差」です。「反応閾値」とは耳慣れない言葉ですが、社会性昆虫が集団行動をa制御する仕組みを理解するためには欠かせない概念ですので、できるだけわかりやすく説明します。

例えば、ミツバチは口に触れた液体にショ糖が含まれていると舌を伸ばしてそれを吸おうとしますが、どの程度の濃度の糖が含まれていると反応が始まるかは、個体によって決まっています。この、刺激に対して行動を起こすのに必要な刺激量の限界値を「反応閾値」といいます。

わかりやすく人間にたとえてみましょう。人間にはきれい好きな人とそうでもない人がいて、部屋がどのくらい散らかると掃除を始めるかが個人によって違っています。きれい好きな人は「汚れ」に対する反応閾値が低く、散らかっていても平気な人は反応閾値が高いということができます。①要するに「個性」と言い換えることもできるでしょう。ミツバチでは、蜜にどの程度の濃度の糖が溶けていればそれを吸うか、とか、巣の中がどれくらいの温度になると温度をさげるための羽ばたきを開始するかというような、仕事に対する反応閾値がワーカーごとに違っている、ということが昔からわかっていました。つまり、必要とされる行動に対する反応しやすさに個体差があるのです。人間なら何人かの人がいれば、かならずきれい好きとそうでもない人が交じっており、きれい好きな人は少し散らかると我慢ができず掃除を始めてしまいます。仕事に対する「腰の軽さ」が違っているから、すぐやる人とやらない人がいるというわけです。

ミツバチに話を戻すと、ワーカーのあいだに個性が存在することがわかったので、それがなんのために存在するかについて学者たちは知恵を巡らせ、②一つの仮説にたどり着きました。それは「反応閾値モデル」と呼ばれるものでした。

これは、反応閾値がコロニーの各メンバーで異なっていると、必要なときに必要な量のワーカーを動員することが可能になるとする考え方です。説明しましょう。

コロニーが必要とする労働の質と量は時間と共に変わります。先に説明したように、どれだけの働きバチを蜜源に向かわせなければならないかは、どれだけの花が発見されたかによって変わります。幼虫がたくさんいて、みなが腹を空《す》かせている時間にはたくさんの働きバチが幼虫にエサを与える必要がありますが、幼虫が満腹している時間にはそれほどたくさんのハチが働く必要はありません。

こなさなければならない仕事の質と量にこのような時間的・空間的な

MEMO

大切なことはメモしておこうネ！

2021年度

解答と解説

《2021年度の配点は解答欄に掲載してあります。》

＜数学解答＞ 《学校からの正答の発表はありません。》

問題1 ア 12 イ 8 ウ 19

問題2 エ 4 オ 40 カ −40 キ −4

問題3 (1) a^{-7} (2) a^{12} 問題4 (1) 5 (2) 4

問題5 $x^{12}=\frac{1}{2}[2x^{12}=1]$ 問題6 n乗根

問題7 (1) 8 (2) 3 (3) 32 (4) 3 (5) 4

問題8 (1) $2^{-\frac{1}{12}}$ (2) A_2 $2^{\frac{11}{12}}$ A_7 $2^{\frac{1}{2}}$

問題9 (1) B_2 $2^{\frac{6}{7}}$ B_4 $2^{\frac{4}{7}}$ (2) ① ○ ② × ③ ○ (3) 6

問題10 (1) 5 (2) −4 (3) 0 問題11 X エ Y ス

問題12 (い) 100dB (お) 120dB

問題13 ① エ ② カ ③ エ ④ キ ⑤ エ ⑥ ケ ⑦ ケ

問題14 (あ) 70dB (う) 106dB (え) 116dB

問題15 (1) 86dB (2) 1000個

○推定配点○

問題1 各2点×3 問題2 各2点×4 問題3 各3点×2 問題4 各3点×2

問題5 4点 問題6 4点 問題7 各1点×5 問題8 (1) 3点 (2) 各2点×2

問題9 (1) 各2点×2 (2) 各2点×3 (3) 3点 問題10 各2点×3

問題11 各3点×2 問題12 各3点×2 問題13 ①～④ 3点(完答) ⑤～⑦ 各1点×3

問題14 各3点×3 問題15 各4点×2 計100点

＜数学解説＞

＋α 問題1 (累乗の指数の計算，指数が自然数)

(1) $a^4\times a^8=(a\times a\times a\times a)\times(a\times a\times a\times a\times a\times a\times a\times a)=a^{4+8}=a^{12}$

(2) $a^9\div a=\frac{a\times a\times a\times a\times a\times a\times a\times a\times a}{a}=a^{9-1}=a^8$

(3) $(a^3)^7\times a^2\div a^4=$

$$\frac{(a\times a\times a)\times(a\times a\times a)\times(a\times a\times a)\times(a\times a\times a)\times(a\times a\times a)\times(a\times a\times a)\times(a\times a\times a)\times a\times a}{a\times a\times a\times a}=$$

$a^{3\times7+2-4}=a^{19}$ したがって，ア…12 イ…8 ウ…19

重要 問題2 (累乗の指数の計算，指数が負の整数のときの証明)

$(am)^n=a^{m\times n}$について，$m=10$，$n=-4$のとき，定義3：$a^{-m}=\frac{1}{a^m}$なので，(左辺)$=(a^{10})^{-4}=$ $\frac{1}{(a^{10})^4}=\frac{1}{a^{40}}=a^{-40}$ (右辺)$=a^{10\times(-4)}=a^{-40}$ したがって，エ…4 オ…40 カ…−40

キ…－4

問題3　（負の整数を含む指数の計算）

（1）　定理1を用いると，$a^3\times(a^5)^{-2}=a^{3+5\times(-2)}=a^{-7}$

（2）　定理1を用いると，$(a^2)^5\times a^{-4}\div(a^3)^{-2}=a^{2\times5+(-4)-3\times(-2)}=a^{12}$

問題4　（3乗根，4乗根の計算）

（1）　$125=5^3$なので，$125^{\frac{1}{3}}=(5^3)^{\frac{1}{3}}=5^{3\times\frac{1}{3}}=5^1=5$

（2）　$256=2^8$なので，$256^{\frac{1}{4}}=(2^8)^{\frac{1}{4}}=2^{8\times\frac{1}{4}}=2^2=4$

問題5　（指数に関する方程式の作成）

$A_1=2$，$A_2=2x$，$A_3=2x^2$，$A_4=2x^3$，…となるように，A_{13}となるまでにxを12回かける。$A_{13}=1$だら，$2x^{12}=1$　　$x^{12}=\frac{1}{2}$

重要　問題6　（n乗根についての証明）

$a^{\frac{1}{n}}\times b^{\frac{1}{n}}$を$n$乗すると，$(a^{\frac{1}{n}}\times b^{\frac{1}{n}})^n=(a^{\frac{1}{n}})^n\times(b^{\frac{1}{n}})^n=ab$　　a，bが正の数でnが自然数であるから，$a^{\frac{1}{n}}$，$b^{\frac{1}{n}}$も正の数である。よって，$a^{\frac{1}{n}}\times b^{\frac{1}{n}}$は正の数であり，$n$乗して$ab$になるのだから，$ab$の正の$n$乗根である。よって，$a^{\frac{1}{n}}\times b^{\frac{1}{n}}=(ab)^{\frac{1}{n}}$

問題7　（指数を有理数の範囲にまで広げたときの計算）

（1）　$(8^{\frac{1}{3}})^3=8^{\frac{1}{3}\times3}=8^1=8$

（2）　$3^{\frac{1}{4}}\times27^{\frac{1}{4}}=(3\times27)^{\frac{1}{4}}=(3\times3^3)^{\frac{1}{4}}=(3^{1+3})^{\frac{1}{4}}=(3^4)^{\frac{1}{4}}=3^{4\times\frac{1}{4}}=3^1=3$

（3）　$64^{\frac{5}{6}}=(2^6)^{\frac{5}{6}}=2^{6\times\frac{5}{6}}=2^5=32$

（4）　$243^{0.2}=(35)^{0.2}=3^{5\times0.2}=3^1=3$

（5）　$4^{\frac{7}{10}}\times2^{-\frac{1}{5}}\div(2^{-\frac{2}{5}})^2=(2^2)^{\frac{7}{10}}\times2^{-\frac{1}{5}}\div(2^{-\frac{2}{5}})^2=2^{2\times\frac{7}{10}+\left(-\frac{1}{5}\right)-\left(-\frac{2}{5}\right)\times2}=2^{\frac{7}{5}+\left(-\frac{1}{5}\right)+\frac{4}{5}}=2^{\frac{10}{5}}=2^2=4$

重要　問題8　（指数の混じる方程式を解く）

（1）　$x^{12}=\frac{1}{2}$　　$\frac{1}{2}=2^{-1}$なので，$x^{12}=2^{-1}$　　xは正の数なので，両辺の12乗根を求めると，

$(x^{12})^{\frac{1}{12}}=(2^{-1})^{\frac{1}{12}}$　　$x=2^{-\frac{1}{12}}=\frac{1}{2^{\frac{1}{12}}}$

（2）　A_2の弦の長さは，$2\times x=2\times2^{-\frac{1}{12}}=2^{1+\left(-\frac{1}{12}\right)}=2^{\frac{11}{12}}$　　A_7の弦の長さは，$2\times x^6=2\times(2^{-\frac{1}{12}})^6=2\times2^{-\frac{1}{2}}=2^{1+\left(-\frac{1}{2}\right)}=2^{\frac{1}{2}}$

問題9　（異なる指数を使った数の列の比較）

（1）　B_8の弦の長さについては，$2\times y^7=1$の方程式ができる。$y^7=\frac{1}{2}=2^{-1}$だから，7乗根を求めて，$(y^7)^{\frac{1}{7}}=(2^{-1})^{\frac{1}{7}}$　　$y=2^{-\frac{1}{7}}$　　B_2の弦の長さは，$2y=2\times2^{-\frac{1}{7}}=2^{1+\left(-\frac{1}{7}\right)}=2^{\frac{6}{7}}$　　B_4の弦の長さは，$2y^3=2\times2^{-\frac{3}{7}}=2^{1+\left(-\frac{3}{7}\right)}=2^{\frac{4}{7}}$

（2）　①　$x=2^{-\frac{1}{12}}$，$y=2^{-\frac{1}{7}}$　　$\left(-\frac{1}{12},\ -\frac{1}{7}\right)=\left(-\frac{7}{84},\ -\frac{12}{84}\right)$　　$-\frac{12}{84}<-\frac{7}{84}$だから，$y$の値は$x$の値より小さい。よって，○

②　B_2の弦の長さは，$2y=2\times2^{-\frac{1}{7}}=2^{1+\left(-\frac{1}{7}\right)}=2^{\frac{6}{7}}$　　A_3の弦の長さは，$2x^2=2\times(2^{-\frac{1}{12}})^2=2^{1+\left(-\frac{2}{12}\right)}=2^{\frac{5}{6}}$　　$\left(\frac{6}{7},\ \frac{5}{6}\right)=\left(\frac{36}{42},\ \frac{35}{42}\right)$なので，$B_2$の弦の長さの方が長い。×

③　A_3，A_4の弦の長さはそれぞれ，$2\times(2^{-\frac{1}{12}})^2=2^{1+\left(-\frac{2}{12}\right)}=2^{\frac{5}{6}}$，$2\times(2^{-\frac{1}{12}})^3=2^{1+\left(-\frac{3}{12}\right)}=2^{\frac{3}{4}}$　楽器Bについて，A_3，A_4の弦の長さに近いものを調べてみると，$\frac{5}{6}=\frac{70}{84}$，$\frac{3}{4}=\frac{63}{84}$と比較して，$B_2$の弦の長さは$2^{\frac{6}{7}}$，$B_3$の弦の長さは$2\times(2^{-\frac{1}{7}})^2=2^{1+\left(-\frac{2}{7}\right)}=2^{\frac{5}{7}}$であり，$\frac{6}{7}=\frac{72}{84}$，$\frac{5}{7}=\frac{60}{84}$だから，$A_3$，$A_4$の弦は$B_2$，$B_3$の弦の間にあって隣り合っている。○

(3)　B_4の弦の長さは，$2\times(2^{-\frac{1}{7}})^3=2^{1+\left(-\frac{3}{7}\right)}=2^{\frac{4}{7}}$　$\frac{4}{7}=\frac{48}{84}$　A_5の弦の長さは，$2\times(2^{-\frac{1}{12}})^4=2^{1+\left(-\frac{1}{3}\right)}=2^{\frac{2}{3}}$　$\frac{2}{3}=\frac{56}{84}$　A_6の弦の長さは，$2\times(2^{-\frac{1}{12}})^5=2^{1+\left(-\frac{5}{12}\right)}=2^{\frac{7}{12}}$　$\frac{7}{12}=\frac{49}{84}$　A_7の弦の長さは，$2\times(2^{-\frac{1}{12}})^6=2^{1+\left(-\frac{1}{2}\right)}=2^{\frac{1}{2}}$　$\frac{1}{2}=\frac{42}{84}$　したがって，(A_nの弦の長さ)＞(B_4の弦の長さ)となる最大の整数nの値は6である。

問題10　(音圧を音圧レベルに直すこと)

(1)　$M=10^m$のとき，$L(M)=m$である。よって，$100000=10^5$だから，$L(100000)=L(10^5)=5$

(2)　$0.0001=\frac{1}{10000}=\frac{1}{10^4}=10^{-4}$　よって，$L(0.0001)=L(10^{-4})=-4$

(3)　$1=10^0$　よって，$L(1)=L(10^0)=0$

問題11　(M＝10mのMとmの増加，減少の関係)

$L(M)=m$のとき，$10^m=M$　$10^{m+1}=10^m\times10=10M$　よって，$L(10M)=m+1$　よって，Xにはエが入る。また，$10^{m-1}=10^m\times10^{-1}=10^m\times\frac{1}{10}=\frac{1}{10}M$　よって，Yにはスが入る。

問題12　(音圧と音圧レベル)

音圧レベルをy(dB)，音圧をx(μPa)とすると，$y=20\times L\left(\frac{x}{20}\right)$の関係があるから，表5の(い)の場合は，$y=20\times L\left(\frac{2000000}{20}\right)=20\times L(100000)=20\times L(10^5)=20\times5=100$(dB)　(お)の場合は，$y=20\times L\left(\frac{20000000}{20}\right)=20\times L(1000000)=20\times L(10^6)=20\times6=120$(dB)

重要　問題13　($L(MN)=L(M)+L(N)$の証明)

$L(M)=p$，$L(N)=q$とおくと，$M=10^p$，$N=10^q$　よって，$MN=10^p\times10^q=10^{p+q}$　ゆえに，$L(MN)=L(10^{p+q})=p+q=L(M)+L(N)$　①…10，②…p，③…10，④…q，⑤…10，⑥…$p+q$，⑦…$p+q$

やや難　問題14　(音圧レベルを求める)

(あ)については，$20\times L\left(\frac{60000}{20}\right)=20\times L(3000)=20\times L(3\times10^3)=20\times\{L(3)+L(10^3)\}=20\times(0.4771+3)=20\times3.4771=69.5420$　小数第一位を四捨五入して70(dB)　(う)については，$20\times L\left(\frac{4000000}{20}\right)=20\times L(200000)=20\times L(2\times10^5)=20\times\{L(2)+L(10^5)\}=20\times(0.3010+5)=20\times5.3010=106.0200$　小数第一位を四捨五入して106(dB)　(え)については，$20\times L\left(\frac{12000000}{20}\right)=20\times L(600000)=20\times L(2\times3\times10^5)=20\times\{L(2)+L(3)+L(10^5)\}=20\times(0.3010+0.4771+5)=20\times5.7781=115.5620$　小数第一位を四捨五入して116(dB)

やや難　問題15　(音圧レベルと音圧の関係)

(1)　音圧レベルをy(dB)，音圧をx(μPa)とすると，$y=20\times L\left(\frac{x}{20}\right)$の関係があるから，$y=80$のと

きのxを求めると，$80=20\times L\left(\dfrac{x}{20}\right)$　$L\left(\dfrac{x}{20}\right)=4$　よって，$\dfrac{x}{20}=10^4=10000$　$x=200000$ (μPa)　目覚まし時計が2つ鳴っているときの音圧は400000(μPa)　このときの音圧レベルは，$20\times L\left(\dfrac{x}{20}\right)=20\times L\left(\dfrac{400000}{20}\right)=20\times L(20000)=20\times\{L(2)+L(10^4)\}=20\times(0.3010+4)=20\times 4.3010=86.0200$　小数第一位を四捨五入して86(dB)

(2)　$y=160$のとき，$160=20\times L\left(\dfrac{x}{20}\right)$　$L\left(\dfrac{x}{20}\right)=8$　$\dfrac{x}{20}=10^8$　$x=2000000000$　目覚まし1個の音圧は2000000だったから，$2000000000\div 2000000=1000$　よって，目覚まし時計が1000個必要である。

★ワンポイントアドバイス★

説明文を読み込んでいけばそんなに難しくはないが，量が多いので時間が足りなくなるかも知れない。読みながら定義や定理をメモするなどして確認し，その都度問題を着実に仕上げていくとよい。

＋α は弊社HP商品詳細ページ(トビラのQRコードからアクセス可)参照。

＜英語解答＞

《学校からの正答の発表はありません。》

Ⅰ　① 3　② 3　③ 2　④ 1　⑤ 4　⑥ 2　⑦ 4　⑧ 1　⑨ 1
⑩ 3　⑪ 2　⑫ 1　⑬ 4　⑭ 3　⑮ 2　⑯ 4　⑰ 3　⑱ 3
⑲ 1　⑳ 4

Ⅱ　問1　[ア] 7　[イ] 15　[ウ] 4　[エ] 12　[オ] 1　[カ] 9　[キ] 13
[ク] 5　[ケ] 2　[コ] 16　問2　[A] 14　[B] 7　[C] 2　[D] 10
[E] 16　[F] 5　[G] 6　[H] 8　[I] 3　[J] 4

Ⅲ　A 4　B 2　C 4　D 3　E 2　F 1　G 3　H 1　I 2　J 3, 4

Ⅳ　A　A-1 8　A-2 4　B 2　C 3　D 2　E 3　F 1　G 3　H 2
I 1, 4, 5, 7

Ⅴ　A　5番目の語　taking　7番目の語　of
B　6番目の語　much　9番目の語　wonder
C　(例)　Oh, no! Why did you cook the important Coco's eggs?
D　(例)　to thank food and eat it without leaving it

○推定配点○

Ⅰ，Ⅱ　各1点×40　Ⅲ，Ⅳ　各2点×20　Ⅴ　各5点×4　計100点

＜英語解説＞

基本　Ⅰ　(長文読解問題・説明文：語句選択補充)

(全訳)　ロアルド・ダールはこれまでで世界で①最も偉大な物語作家の1人である。彼は最初の本が出版されてから2億冊を超える本を②売ってきていて，映画版の『チャーリーとチョコレート工

場』，『ファンタスティック Mr. Fox』，『BFG：ビッグ・フレンドリー・ジャイアント』，『マチルダは小さな天才』のような物語をご存じだろう。ロアルド・ダールは物語を楽しくして読みやすくするような物語の③語り方を持っていた。ダール自身によれば，これは子供であることがどのようなことであるかをとても④思い出しやすいからだという。

ダールは1916年9月13日⑤にウェールズのランダフで生まれた。彼の両親は2人ともノルウェー出身だったが，彼が生まれる⑥前にイギリスに引っ越した。彼は寄宿学校に通ったので，1年のほとんどは親元を離れて暮らしていた。彼はまた少し腕白なことがあった。かつては，菓子屋の店長にいたずら⑦をするために，菓子のビンの1本に死んだネズミを置いたことがあったのだ！ 罰として，彼は学校で教師に棒でたたかれた。ダールは暴力が大嫌いで，彼の物語の多くの中で，主人公が家族や教師たち⑧によってひどい扱いを受ける。しかし，⑨それぞれの物語の最後では，主人公が常に勝つのだ。

ダールの夢は⑩わくわくするような外国の場所へ行くことで，彼が東アフリカの石油会社で働き始めたときにその機会を得た。第二次世界大戦が勃発したとき，彼は戦闘機のパイロットになり，彼の飛行機が砂漠に墜落したとき，死にかかった。その結果，彼は病気がひどくてパイロットを続けられず，家に⑪送り返された。次に，彼はワシントンD.C. のイギリス大使館で新しい仕事を与えられた。そこで，彼は演説や戦争の話を書き始め，彼の最初の著作物が発行された。

次の話のどれか⑫について聞いたことはおありだろうか。

『チャーリーとチョコレート工場』

チャーリーは貧しい家庭の幼い少年で，ほとんどの子供⑬と同じようにチョコレートが大好きだった。チャーリーは中に金のチケットを見つけることを望んでいる⑭のでウォンカ・チョコレートバーを買う。金のチケットを見つけた者は誰でも，経営者のウィリー・ウォンカに会うためにウォンカ・チョコレート工場に招待される。しかし，その工場の中では不思議で謎めいたことがいくつかあるのだ！

『BFG：ビッグ・フレンドリー・ジャイアント』

BFGとは，子供たちが眠っている⑮間に楽しい夢を見させてくれる「やさしい巨人」のことである。ある夜，彼はソフィー⑯と呼ばれる少女が眠っていないときに彼女に見られてしまい，彼女が世間に彼のことを話すのを恐れて自分の国へ彼女を連れ去ってしまう。彼は実はやさしいのだが，他の巨人たちはそうではない。ソフィーはある人，すなわち自分の国の女王⑰に手伝ってもらおうと決心した。

『マチルダは小さな天才』

マチルダはとても賢くて本⑱を読むことが大好きだが，彼女の両親は彼女のことを理解せず，彼女につらく当たる。マチルダの驚くべき知性は彼女の先生であるハニー先生によって見いだされる。それからハニー先生は，マチルダがそうした能力を発展させる手助けをする。同時に，校長のトランチブル先生がハニー先生につらく当たるので，マチルダは自分の先生を助けようとする。

『少年』

この本は小説のように語られるが，小説ではない。それはロアルド・ダールの子供時代と学校での経験を描いた伝記である。彼は私たちに死んだネズミや，学校のいじわるな教師たちや，夏休みの間のノルウェー⑲への旅行について私たちに語っている。

ダールが1990年に⑳死んだとき，彼は74歳だった。彼はグレート・ミッセンデン村のセント・ピーターとセント・ポール教会に埋葬され，この場所にロアルド・ダール博物館と物語センターがある。彼の物語はあらゆる世代の子供たちとその親たちを今日でも楽しませ，わくわくさせ，そして励ましている。

① 〈one of the ＋最上級の形容詞＋名詞の複数形〉で「最も～な中の1人[1つ]」という意味を表す。
② 後に since his first book was published「最初の本が出版されてから」とあることから，これまで続いてきたことを表す継続用法の現在完了が適切。
③ 「物語をする[語る]」は tell a story で表す。a way of ～ing「～する方法」。
④ find の後の it は形式的な目的語で，意味の上の目的語は〈to ＋動詞の原形〉で表す。〈find ＋目的語＋補語〉で「～が…であることがわかる，～が…だと思う」という意味を表す。
⑤ 「(日付)に」は on で表す。
⑥ 直前の「彼らはイギリスに引っ越した」と直後の「彼が生まれた」をつないで文意が成り立つのは before「～する前に」。
⑦ 文頭に置いて文が成り立つのは to play。この場合は副詞的用法「～するために」の意味で，後の動詞 put を修飾している。他の選択肢では文が成立しない。
⑧ are treated と受動態の文になっている。〈by ＋行為者〉「～によって(…される)」の形を入れると文意が成り立つ。主語 main characters が複数形なので，代名詞は their が適切。
⑨ 直前の文の his stories について説明を加えている文。each story「それぞれの物語」とすると文意が成り立つ。each は後に名詞の単数形がくるので 2 は不可。both「両方の」は後に名詞の複数形がくるが，ここではダールの物語のある2冊について述べているのではないので意味として不適切。また，each は代名詞としての働きはないので the end of each は誤り。
⑩ 直後の foreign places を修飾する形として適切なのは exciting。exciting は「(もの・ことなどが人を)わくわくさせる」という意味。excited は「(人が)わくわくしている」という意味。
⑪ 前半で体調不良でパイロットを続けることができなかったことが述べられている。この内容と後の home とのつながりを考えると，受動態 was sent として「家に送り返された」とするのが適切。
⑫ ここでは読者に対して，その次に挙げられているダールの作品のうちのどれかについて聞いたことがあるかどうかを尋ねている。したがって，主語を you にする。「～について聞く」は hear of ～ で表す。
⑬ most children とその後の「彼はチョコレートが大好きだった」とのつながりを考え，「～と同じように」の意味の like を入れる。
⑭ 直後の he is hoping to ～ が前半の「ウォンカ・チョコレートバーを買う」ことの理由になる。後に文の形があること，理由を表す内容が後に続くことから，because が適切。
⑮ 後に文の形が続くので接続詞が入る。選択肢の中で接続詞の働きをするのは while「～する間」だけである。
⑯ 直前の a girl を後ろから修飾するように，過去分詞 called を入れる。a girl called Sophie で「ソフィーと呼ばれる[という]少女」となる。
⑰ decide は不定詞を目的語にとる。not to ～ は「～しないこと」という不定詞の否定形だが，ここでは否定の意味では不自然。〈get ＋人＋ to ＋動詞の原形〉は「(人)に～してもらう」という意味。
⑱ loves の目的語が必要なので，名詞の働きをする動名詞 reading を入れる。
⑲ trip と Norway をつないで意味が通る前置詞は to。trip to ～ で「～への旅行」という意味を表す。
⑳ 1990年という過去のことを述べているので，die「死ぬ」の過去形 died が適切。dead「死んでいる」は形容詞でbe動詞が必要なので不適切。

Ⅱ （長文読解問題・説明文：語い）

（全訳） 昔，小さな村があった。そこに住む人々は互いに親密な関係を持ち，とても陽気だった。ナシルという名前の少年が，両親と一緒にその村に住んでいた。毎日，朝早く，彼はウシの[ア]群れを連れて丘を登り，それらが草を食べるのに[イ]ふさわしい場所を見つけた。午後，彼はそれらと一緒に村へ戻った。

ある日ナシルがウシたちを見守っていると，花の[ウ]茂みの背後にすばらしい光が見えた。彼がその枝の方へやって来ると，美しい石の結晶に気づいた。その結晶は色鮮やかな虹のように[A]明るく輝いていた。ナシルは両手で注意深くそれを取ってそれを回した。[B]意外なことに，その結晶から声が出てくるのが聞こえた。「あなたの心が[エ]強く願うことを何でも願いをかけてよい，そうすれば私がそれをかなえてあげよう」ナシルはそのような謎めいた声を聞いて混乱したが，彼にはたくさんの願いがあったので自分の考えに[オ]没頭した。彼はその石の結晶をかばんに入れ，ウシたちを集めて家に戻った。帰る途中で，彼はその石の結晶について誰にも言わないこと[C]を強く決心した。翌日，ナシルは何を願うかまだ決められなかった。

いつも通りに数日が過ぎ，ナシルがとてもうれしそうに見えたので，周りの人々は彼の陽気な[カ]態度に驚いた。ある日，ある少年がナシルと彼のウシの群れについていって木の後ろに隠れた。ナシルはいつものように野原の一角に座り，石の結晶を取り出して少しの間それを見た。少年はナシルが寝入ってしまうまで待った。それから彼は石の結晶を取って逃げた。

少年は村に着くと，すべての[D]住民に声をかけて彼らにその結晶を見せた。その1人がその石の結晶を彼女の両手に取って回した。突然，彼らには結晶の中から出てくる声が聞こえた。それは，「何でも願いをかけてよい，そうすればそれ[キ]をかなえよう」と言った。ある人物がその結晶を取って，「私は黄金でいっぱいの袋がほしい！」と[ク]叫んだ。別の人物が結晶を取って大声で「私は[E]宝石でいっぱいの箱が2つほしい！」と言った。彼らの何人かは自分の宮殿を願った。全員が石の結晶に願いを伝え，すべてがかなえられた。しかし，村人たちは幸せではなかった。例えば，宮殿を持つ者は黄金を持っておらず，黄金を持つ者は宝石を持っていなかったので，彼らは[F]ねたみを持っていたのだ。村人たちは互いに話すのをやめ，しばらくするととても[G]動揺した。

ついに，彼らは石の結晶をナシルに返すことにした。ある人物はナシルに「私たちが村を持ったとき，私たちは一緒に[ケ]調和して暮らしていた」と言った。別の人物は，「[H]高価で美しい宮殿や宝石は私たちに苦痛をもたらせただけだ」と言った。ナシルは人々が本当に[I]悔やんでいることがわかると，「ぼくはまだ願いをかけていません。皆さんが本当にすべてが以前と同じようになることを望むのなら，それを願います」と言った。誰もが[コ]同意した。ナシルは石の結晶を両手に取り，それを回して村が以前と同じになるように願った。ナシルの願いはかなえられ，村人たちは[J]満足して暮らしていた。

問1 全訳を参照。

問2 全訳を参照。 1「何かを見つける」 2「強い決心をする」 3「してしまったり，しなかったことのために悲しみを感じている」 4「特に人生がすばらしいために幸せであることを示すように」 5「他の人と同じような状態にあることを望んだり，他の人が持つものをほしがったりしている」 6「動揺している」 7「あなたを驚かせるように」 8「とても高価で美しい」 9「健康」 10「ただ訪れているのではなく，実際にある場所に住んでいる人」 11「想像されたように」 12「決断できない」 13「ほとんど価値がない」 14「明るい光で輝く」 15「旅行中の人」 16「人をよりきれいに見せるために作られたもので，しばしば貴重な石で作られたもの」

Ⅲ （長文読解問題・説明文：語句解釈，内容吟味，英問英答，指示語，語句選択補充）

（全訳）　ジョージ・スミスとはよくある名前だが，昼食時間にロンドンの大英博物館で勉強する物静かな若いイギリス人は全く普通の人ではない。

ジョージ・スミスは1840年に生まれ，貧しい家の出で14歳で学校を辞めた。彼は印刷会社の仕事を得て，そこで働いている間に古代文化に関する本に興味を持つようになった。1855年，イラクで働いている考古学者が何人かいた。彼らはイングランドに戻ったときに，大英博物館に奇妙な書き物で覆われた何千枚もの粘土板を持ち込んだ。スミスは好奇心をそそられた―そして，大英博物館は彼の仕事場に近かったのだ。

「タブレット」とは **iPad** と同じくらいの大きさと形をした固いものである。昔の粘土や石の板と同じように両手で持つことができるために，私たちは今日，こうしたタイプのコンピューターを「タブレット・コンピューター」と言う。その奇妙な書き物は「楔形文字」と呼ばれ，古代イラクのものである。その記号は粘土が柔らかいうちに粘土板に棒を押し込むことで作られていた。博物館の職員の1人は，楔形文字は「鳥の足跡」のようだと冗談を言った。

スミスには仕事の他に妻と子供たちがいたので，自分の趣味のための自由な時間があまりなかった。そのため，月曜日から金曜日まで，彼は昼食時間を博物館の2階にある部屋で過ごしていたのだった。彼は何をしていたのだろうか。彼は粘土板の楔形文字を翻訳していたのだ。それは，粘土板のほとんどが割れていてあまりきれいではなかったので，簡単ではなかったが，しかしスミスは自分にはそのための特別な才能があることがわかった。やがて，博物館の専門家が彼の技量に気づき，彼は仕事を与えられた。給料は低かったが，スミスはうれしかった。1867年までには，彼は楔形文字に関するイギリスの主要な専門家である，ヘンリー・ローリンソン卿とともに働いていた。

スミスは粘土板を翻訳するために熱心に働き，古代イラクの多くの書き物を発見した。それぞれの発見が刺激的だったが，主要なものは『ギルガメシュ叙事詩』と呼ばれる長い詩であった。それは紀元前1200年頃のもので，聖書よりも古い。スミスはすぐにそれが世界最古の文字で書かれた物語であることにちがいなく，そのためそれがとても重要なものであることを理解した。彼はすべての部分を翻訳できたわけではなく，1枚の粘土板が見つかっていなかったが，1872年に彼が見つけたものを出版することにした。

物語はギルガメシュという偉大な英雄の人生と冒険についてのものである。ギルガメシュは善良な男性だが，あまりに傲慢になるために，神々がギルガメシュと戦って彼に教訓を与えるために，ギルガメシュと同じくらい強い荒っぽい男性を作り出す。その荒っぽい男性はエンキドゥという。彼とギルガメシュは戦うが，どちらも勝つことができないので，代わりに親友となる。それから彼らはともに長く危険な旅にでるが，旅が終わる前にエンキドゥは病気にかかって死んでしまう。その結果，ギルガメシュは深い悲しみに陥るのだ。

スミスの翻訳は広く人気を得た。読者たちは魅了され，その2人の登場人物についてもっと多くのことを知りたがった。人々は，「見つかっていない粘土板はどうなっているんだ？　まだイラクの現場にあるのだろうか」と問うた。大英博物館にはあまり多くのお金がなかったので，あるロンドンの新聞社が見つかっていない粘土板を探しに行くようにスミスにお金を払った。

スミスがイラクの現場に着くと，そこがひどく散乱しているのがわかった。粘土板はあちらこちらに散らばっていた。困難な探索ののち，彼は見つかっていなかった粘土板を見つけたが，彼がロンドンに送ろうとさらに多くの粘土板を集めようとし始めると，新聞社は彼に十分なお金がないので国へ帰るように伝えた。

スミスは賞賛されたが，心の中ではうれしくなかった。彼は残された何千枚もの粘土板のことを考え続け，それらが破損したり盗まれたりしないか心配だった。このころまでに，彼と妻には6人の子供がいた。彼は家族を再び残したくはなかったが，彼はイラクの粘土板には重要な情報があると信じていた。そこで彼はさらに2回だけ旅に出た。

当時のイラクは旅行者にとって安全ではなかった。病気が広まっており，厄介な問題や争いがあった。政府の役人はスミスのような外国人を信用していなかった。彼らは，彼が黄金を探しているのだと思っていて，常にb彼を現場に行かせないようにしていた。1876年，スミスはイラクで病気にかかって死んだ。彼は36歳だった。旅行中に，彼は日記をつけていた。彼が書いた最後の言葉は妻と子供たちのことだった。

スミスの仕事は完了しなかったが，高校教育さえ受けていないこの専門家は当時有名だった。他の専門家たちが，今日に至るまでその「鳥の足跡」をc翻訳し続けている。『ギルガメシュ叙事詩』が出版されるたび，それは少し長くなっている，いつか，私たちは紀元前1200年当時のままの完全な物語を読むことができるだろう。

A　質問は「[1]～[4]の語の中で，他の3語と同じ意味を共通して持たないものはどれですか」という意味。interested「関心がある」，intrigued「好奇心がある」，fascinated「魅了されている」はいずれも心や気持ちがあるものやことに引かれているという共通する意味がある。scattered は scatter「散乱させる」の過去分詞でこれが他の3語と共通する意味がない。

B「iPad は，昔人々が文字を書いた土や石の板と同じような大きさと形をしているために，タブレット・コンピューターと言われる」 第3段落第1，2文の内容から，2が適切。1「iPad が柔らかいうちに棒を押し込むと，その上に楔形の記号を書くことができる」，3「ジョージ・スミスは楔形文字を理解できるようにタブレット・コンピューターを使った」，4「タブレット・コンピューターではどんな言語でも書くことができる」。

C「ジョージ・スミスは，昼間は粘土板を研究する自由な時間が他になかったので，昼食時間の間に大英博物館を訪れた」 という意味。第4段落第1，2文を参照。スミスは仕事の他に妻と子供がいて，月曜日から金曜日まで自分の趣味に使える時間があまりなかったために昼食時間に博物館で時間を過ごしていたことが述べられているので，4が適切。1「彼は博物館にある物を見て同時に昼食をとることが好きだった」，2「博物館が仕事場の近くにあり，他にすることがなかった」，3「彼は鳥の歩き方に興味があった」。

D　質問は，「博物館の専門家は何に気づきましたか」という意味。第4段落第6文に，博物館の専門家たちがスミスの技量に気づいたことが述べられている。スミスの技量とは，その前文に述べられている楔形文字を翻訳する技量のことなので，3「ジョージ・スミスは楔形文字を翻訳することが得意だった」が適切。1「ジョージ・スミスには妻と子供がいた」，2「ジョージ・スミスは博物館で昼食時間を過ごしていた」，4「ジョージ・スミスはヘンリー・ローリンソンと働いている」。

E　質問は，「下線部 a の one を言いかえたものはどれですか」という意味。第5段落第1文でスミスが粘土板を翻訳して多くの書き物を発見したことが述べられ，それを受けて「それぞれの発見が刺激的だったが，主要なものは『ギルガメシュ叙事詩』と呼ばれる長い詩であった」と続く。「スミスの発見の中で主要なもの」ということなので，one が指すものとして適切なのは2の discovery である。1「専門家」，3「物語」，4「板」

F「ジョージ・スミスの『ギルガメシュ叙事詩』の発見は，それが当時知られていた他のどの文字で書かれた物語よりも古かったので重要だった」という意味。第5段落第4文「スミスはすぐにそれが世界最古の文字で書かれた物語であることにちがいなく，そのためそれがとても重要なものであることを理解した」から，1が適切。2「彼はそのすべてを翻訳できたわけではなく，1枚の粘土板が見つかっていなかった」，3「それはギルガメシュという偉大な英雄の人生と冒険についてのものだった」，4「彼は見つかっていなかった粘土板を見つけにイラクへ旅しなければならなかった」。

G 質問は，「大英博物館には粘土板の研究に使うお金があまりたくさんなかったことを示している事実はどれですか」という意味。第7段落最終文に，大英博物館には十分なお金がなかったために，ロンドンのある新聞社がスミスが見つかっていない粘土板を探す費用を出したことが述べられているので，3「ロンドンのある新聞社がスミスのイラクへの最初の旅のためにお金を払った」が適切。1「ジョージ・スミスは貧しい家の出だった」，2「ジョージ・スミスは印刷会社で働くために14歳で学校を辞めた」，4「イラクの政府の役人たちは，ジョージ・スミスは黄金を探しているのだと考えていた」。

H 質問は，「空所bに適するものを入れなさい」という意味。空所を含む文の前半で，当時のイラクの政府の役人たちがスミスのような外国人を信用していなかったことが述べられている。そのことを具体的に説明して，空所の直前で役人たちがスミスは黄金を目当てにしていると考えていたことが述べられている。スミスを信用せず，黄金目当てで粘土板のある現場に行こうとしていると考えていた役人の行動として適切なのは，1「彼を現場に行かせないようにしていた」。stop ～ from -ing で「～に…させない，～が…するのを阻止する」という意味を表す。2「彼にロンドンへ黄金を持ち帰るように命じていた」，3「彼にできるだけ早くイラクに戻るよう求めていた」，4「とても役立つ」。

I 質問は，「下線部cの decipher と同じ意味を持つ語はどれですか」という意味。下線部を含む文の主語 Others は Other experts ということ。未完に終わったスミスの仕事に続いて他の専門家たちが続けていることで，目的語が those “bird footprints”「その『鳥の足跡』(＝楔形文字)」であることなどから，スミスがしてきた楔形文字の翻訳のことと考えるのが適切。したがって2が正解。

J 1「ジョージ・スミスという名前のイギリス人男性はたくさんいる」(○) 第1段落第1文「ジョージ・スミスとはよくある名前だ」という記述に合う。 2「ジョージ・スミスは印刷会社で働いている間に古代文化についての本に興味を持つようになった」(○) 第2段落第2文「彼は印刷会社の仕事を得て，そこで働いている間に古代文化に関する本に興味を持つようになった」に合う。 3「1855年，ジョージ・スミスはイラクで考古学者として働いていた」(×) 第2段落第3文に「1855年，イラクで働いている考古学者が何人かいた」とあるが，この中にスミスは含まれない。スミスが初めてイラクに行ったのは，少なくとも「1872年に彼が見つけたものを出版することにした」(第5段落最終文)ときより後のことである。 4「『ギルガメシュ叙事詩』の主人公は旅の途中で病気になって死んだ」(×) 第6段落最後から2文目から，旅の途中で病気になって死んだのは主人公のギルガメシュではなく，彼とともに旅をしていたエンキドゥであることがわかる。 5「ジョージ・スミスは全部でイラクへ3回旅をした」(○) 新聞社の協力によってイラクに行ったのが最初で，第9段落最終文に「そこで彼はさらに2回だけ(イラクへの)旅に出た」とある。 6「ジョージ・スミスの仕事は今日に至るまで他の人々によって続けられている」(○) 最終段落第2文の内容に合う。

Ⅳ (長文読解問題・説明文：語句選択補充，内容吟味，指示語，脱文補充)

(全訳) ハリエット・タブマンは，1822年頃に合衆国のメリーランドで生まれた黒人女性である。当時，南部のほとんどの黒人は奴隷だったが，北部の黒人たちはそうではなかった。彼女は奴隷にされた家族の9人中5番目の子供として生まれた。幼い子供の頃でさえ，ハリエットは主人のために働かなくてはならなかった。彼女が6歳の頃，彼女の主人は他の農場で働くために彼女を送り出した。彼女は午前中に家を掃除し，午後は畑で働いた。夜には家族を恋しく思って泣いた。

ある日，ハリエットが道路を歩いているとき，彼女は若い奴隷の少年のそばを通り過ぎた。彼の奴隷監視人が彼を探していて，とても腹を立てていた。突然，奴隷監視人は道路に歩み出てその少年に重たい石を投げたが，それは少年をはずれてハリエットの(B)頭に当たった。この事故の後，残りの生涯にわたって彼女はひどい頭痛に苦しみ，また，話していたり働いていたりするときに寝入ってしまうこともあった。

ハリエットの主人は彼女を売ろうとしたが，そのような病気を抱えた奴隷を買いたがる者はいなかった。代わりに彼女は父親と一緒に働かされた。彼は彼女に売られることになっている木の切り方を教えた。その仕事のおかげで彼女の体と心は強くなり，その木を船で北部へ持っていく自由な身分の黒人男性たちに紹介されることとなった。彼らから，ハリエットは黒人が北部へ逃れる秘密の方法を学んだ。この情報は，後に彼女の人生でとても重要になった。(C)並んで働く自由な身の黒人と奴隷にされた黒人が混在する環境の中で，ハリエットは自由な身分の黒人男性，ジョン・タブマンと出会い，1844年に彼と結婚した。

ハリエットの主人は1849年に死んだ。彼の妻が自分たちの奴隷たちを売り払おうと計画したとき，ハリエットは愛する全ての人たちから離されてしまうのではないかと思った。そのとき彼女は木を売る自由な身分の黒人たちから「地下鉄道」について聞いたことを思い出した。それは，主人から逃れる奴隷たちを喜んで保護してくれる安全な家，船長，そして馬車の御者の隠された網状組織だった。ついに彼女は，兄弟のうちの2人とともに北部へ行くためにその網状組織を使う計画を思いついた。(D)しかし，途中で兄弟たちは怖くなって戻ることにした。ハリエットは彼らが無事に戻ったかを確認するために彼らとともに戻った。2日後，彼女は再び1人で農場を出て，ペンシルバニア，そして自由への案内人として北極星を追った。

2 ハリエットは兄弟，両親，そして北部へ行くことを望む他の多くの人々を援助するために南部へ13回戻った。彼女は「地下鉄道」の他のメンバーたちとともに，奴隷たちが北部，あるいはカナダへ逃れる手伝いをするためにとても熱心に働いた。

ハリエット・タブマンはまた，南北戦争中に北軍の看護師とスパイとしても働いた。1863年，彼女は合衆国の歴史で初めて軍事行動を計画して指導した最初の女性となり，サウスカロライナで700人近い奴隷を解放した。

戦後，多くの南部の州で元奴隷にとって人生をとても厳しいものにする新たな法律が作られた。ハリエットは(E)これらの法律がその人々が仕事や医療を見つけることをどれほど難しくしているかを知った。彼女は彼らのために学校と病院を建てるのを援助するためのお金を集めた。この期間，女性たちにはあまり自由がなく，投票することが許されていなかった。ハリエットは女性たちを励まして自分自身を信じさせるために多くの演説を行った。彼女は聴衆に，「私は地下鉄道の車掌でしたから，他の多くの人々には言えないことを言うことができます。私は車両を線路からはずしたことなどなかったし，乗客を失うこともありませんでした」と伝えた。

彼女が有名になるにつれて，様々な人々が彼女の北軍での貢献のために退役軍人の年金を集める戦いで彼女を支援した。1899年，彼女はついに月に20ドルを与えられた。これはハリエットの人生のとても遅い時期のことで，当時でさえ20ドルは少額であった。2016年，合衆国財務省はタブマンの肖像画を20ドル紙幣に載せると発表した。多くの人々はこのことを彼女の人生にふさわしい運命のいたずらとみなしている。

ハリエット・タブマンは1913年3月10日に，91歳で亡くなった。彼女は死にそうだったときでさえ，人々の自由を心の中に抱いていた。彼女の最後の言葉は，「私はあなたたちのための場所を準備しに去ります」だった。

A　A-1　black people in the South「南部の黒人たち」と「北部の黒人たち」を比較して述べ

ている部分。「黒人たち」という共通点があるので，前に出た同じ種類の複数形の名詞を受ける those が適切。 A-2 ハリエットの主人の農場と別の複数の農場を指すので，other が適切。

B 「(人)の(体の部位)に当たる[打つ，たたく，など]」は〈動詞＋人＋前置詞＋ the ＋部位〉で表す。「ハリエットの頭に当たった」は hit Harriet on the head となる。

C 第3段落では，奴隷の身分である黒人と自由な身分である黒人が交流できる場について述べられている。この状況と空所の直前の mixed environment「混在した環境」を合わせて考えると，3を入れて「並んで働く自由な身の黒人と奴隷にされた黒人が混在する環境」とするのが適切。1は「ともに働く父親と娘」，2は「朝から晩まで働く全ての奴隷」，4は「彼女が室内でも畑でも働くこと」という意味で，いずれも「奴隷の黒人と自由な身分の黒人がともに働く」という状況に合わない。

D 空所の直前では，ハリエットが兄弟のうちの2人とともに北部へ行く計画を思いついたことが述べられているが，直後では兄弟たちは怖くなって戻ることにしたとそれに反する結果が述べられているので，逆接を表す2の However が適切。1は「最初は」，3は「さらに」，4は「一方で」という意味。

E 空所を含む文の直前で「多くの南部の州で元奴隷にとって人生をとても厳しいものにする新たな法律が作られた」とあるので，空所直後の「仕事や医療を見つける」ことは難しいことだったと考えられる。3を入れると「ハリエットはこれらの法律がその人々が仕事や医療を見つけることをどれほど難しくしているかを知った」という文になり，文脈に合う。1，2は〈make ＋目的語＋ to ＋動詞の原形〉の形になり，文法的に不適切。4も，impossible は「(人が)～できない」という意味では使わないので，made the people impossible「人々を不可能にする」というつながりが不適切。形式目的語を使って made it impossible for the people to find ～ とすれば「その人々が～することを不可能にする」という正しい文になる。

F ハリエットが南部の奴隷の黒人を北部へ逃がせる手伝いをする組織について演説で述べている部分。その組織は「地下鉄道」という鉄道名に例えられているので，「車両を線路からはずしたことなどなかったし，乗客を失うこともなかった」ことは，それまで南部の奴隷の黒人たちを北部へ逃がすのに失敗したことがないことを表すと考えられる。したがって，1「私は奴隷たちを北部へ逃がすのを手伝うことで失敗したことはない」が適切。2は「私は家族たちを北部へ導くことで失敗したことはない」，3は「私は黒人が北部へ行くのを手伝うことで危険な目にあったことはない」，4は「私は自分の仕事をしているときに『地下鉄道』からの支援を受けたことはない」という意味。

G ハリエットがようやく月に20ドルの年金をもらえるようになったことが述べられているのに続いて，2016年にハリエットの肖像画が20ドル紙幣に載ることになった話が紹介されている。ハリエットが年金を受けるようになったことと，彼女の肖像画が紙幣に載ることになったことに共通するのは「20ドル」という金額なので，3が適切。

重要 H 入れる段落の第1文から，ハリエットが北部へ行った後のことが述べられていることがわかる。また，後半では奴隷を北部やカナダへ逃がすために熱心に働いたことが述べられている。南部を離れた北部を目指したことが述べられている(「彼女は再び1人で農場を出て，ペンシルバニア，そして自由への案内人として北極星を追った」)直後で，他にハリエットが従事した仕事について述べられている(「ハリエット・タブマンはまた，南北戦争中に北軍の看護師とスパイとしても働いた」)直前である2に入れるのが適切。

I 1「ハリエットは子供だったが，家族から離されて主人に命じられたとおりさまざまな場所で働いた」(○) 第1段落第5文以下を参照。ハリエットは6歳の頃に，主人によっては他の農場で働くために送り出されたこと，夜には家族を恋しく思って泣いたことが述べられているので，幼い頃に家族と離されて働いていたことがわかる。　2「奴隷の少年の奴隷監視人が彼を探していたとき，少年はとても怖かったので誤ってハリエットに石を投げた」(×)　第2段落第3文を参照。石を投げたのは奴隷監視人。　3「ハリエットの主人は，彼女のひどい頭痛と突然寝入ってしまう病気が治る前に彼女を売ろうという考えをあきらめた」(×)　第3段落第1文に主人がハリエットを売ろうとしたことが述べられているが，「病気が治る前に」という記述はない。　4「木を売る自由な身分の黒人男性たちと働くことを通じて，ハリエットはのちの人生でとても役立つ情報を得た」(○)　第3段落第3～5文の内容に合う。　5「ハリエットは兄弟のうちの2人とともに北部へ逃げる計画を立てたが，実際には兄弟たちが怖がったのでそうすることができなかった」(○)　第4段落第5，6文の内容に合う。　6「ハリエットは南部の黒人たちが合衆国北部にある都市にだけ逃げるのを手助けした」(×)　第5段落第2文を参照。北部の都市だけではなく，カナダへ逃げる手伝いもしていた。　7「南北戦争の後でも，ハリエットは元の奴隷たちが人生をよくする手伝いをする努力を決してやめなかった」(○)　第7段落第1～3文の内容に合う。　8「合衆国財務省は，ハリエットに彼女の仕事に敬意を表して20ドル紙幣に彼女の肖像画を載せるつもりだと言った」(×)　第8段落最後から2文目を参照。財務省がハリエットの肖像画を紙幣に載せることにしたのは2016年のことで，ハリエットの死後のことである。

Ⅴ (英作文：語句整序，条件英作文，和文英訳)

(全訳)　絵①　メー(ヒツジの鳴き声)。

絵②　左のフキダシ：きみはココだよ。　右のフキダシ：やあ，元気かい，ココ？　コッコッ(ニワトリの鳴き声)。

絵③　少年：ア<u>これらの卵をとても楽しんでいるから，きみはどこでそれらを買ったんだろうと思うよ</u>。／少女：まあ，私が買ったのではないわ。それらは全てココの卵よ。

絵④　(解答例)　ああ，何てことを！　どうしてココの大事な卵を料理したんだい？昼休みに…／背景の黒板：明日，サプライズでスミス先生の誕生パーティー／ナツコ：だれか手伝ってくれますか。／左の生徒：ナツコ，私はみんなからメッセージを集めます！／中央の生徒：私はペーパー・フラワーを作りたいです！

絵⑤　少年：ごめんよ，ココ。きみの卵を食べるつもりはなかったんだ。／ココ：コッコッ。

絵⑥　男性：ぼくたちは食べ物がなければ生きられない。ぼくたちにできるただ1つのことは，感謝して残さずに食べることだよ。／少年：うん，そうするよ。

A　The boy has been <u>taking</u> care <u>of</u> Coco since she was born.「少年はココが生まれてからずっと彼女の世話をしている」　左のフキダシは，ココが生まれたときのことを，中央の絵と右のフキダシはココを大切に扱っていることをつかむ。〈have [has] been ＋-ing形〉は現在完了進行形で，ある過去のときから現在まで続けている動作を表す。since の後に「ココが生まれた」という文を続ける。

重要 B　(I) am enjoying these eggs so <u>much</u> that I <u>wonder</u> where you bought (them.)　現在進行形 am enjoying として these eggs を enjoying の目的語にする。so ～ that …「とても～なので…」を用いて，that 以下に I wonder「～なのだろうかと思う」で始まる節を続ける。wonder 以下は疑問詞 where で始まる間接疑問を続ける。最後の them は eggs を指す。

やや難 C　(解答例)　**Oh, no! Why did you cook the important Coco's eggs?**　大事なココの卵をどうして料理したのか，と相手を非難する内容の文。他に，**I have eaten the important eggs Coco laid!**「ぼくはココが産んだ大事な卵を食べてしまった！」などとしてもよい。**laid** は **lay**「(卵)を産む」の過去形。

D （解答例） (The only thing we can do is) to thank food and eat it without leaving it.
The only thing is ～.「ただ1つのことは～だ」という文。「～」に「感謝して残さずに食べることだよ」を表す英語が入る。「～すること」は不定詞または動名詞で表す。thank「～に感謝する」は目的語が必要なので，「食べ物に感謝する」と考えて thank food とする。「残さずに」は without ～ing「～しないで」を用いて表す。「(食べ物など)を残す」は leave で表す。

★ワンポイントアドバイス★
Ⅳ H の段落を補う問題では，後にくる段落の第1文にある also「～も」が決め手になる。本文を読みながら，この前に，also を含む文と同様の内容の文がくるはずであることに気づければ正解するのはそう難しくない。

＜国語解答＞ 《学校からの正答の発表はありません。》

一 問一 a せいぎょ　b 散発　c 繁栄　d 双方　e 致命　問二 エ
問三 オ　問四 オ　問五 イ　問六 刺激に応じた単純な反応(11字)
問七 オ　問八 ウ　問九 イ　問十 ア　問十一 オ

二 問一 オ　問二 エ　問三 ウ　問四 エ　問五 イ　問六 (例) 比較対象の二つのものの間にあると私たちが思い込んでいた適合性や関係性が揺さぶられ，その集合の外に置かれているものが突然呼び出されて，普段は起こらない二つのもののおかしな対比が突然始まること。(95字)　問七 エ　問八 イ　問九 イ　問十 オ

○推定配点○
一 問一 各1点×5　問八 2点　他 各5点×9　二 問六 12点　他 各4点×9
計100点

＜国語解説＞

一 (論説文―漢字，文脈把握，内容吟味，指示語，語句の意味，表現，要旨，書き抜き)

問一 a「御」を「ギョ」と読む熟語はほかに「統御」「崩御」など。音読みはほかに「ゴ」。訓読みは「おん」「お」。b「散発」は，物事がときどき起こること。起こり方が続けざまでないこと。「散」を使った熟語はほかに「散逸」「散在」など。訓読みは「ち(らかす)」「ち(らかる)」「ち(らす)」「ち(る)」。c「繁」を使った熟語はほかに「繁華街」「繁忙」など。訓読みは「しげ(る)」。d「双」を使った熟語はほかに「双肩」「双璧」など。訓読みは「ふた」。「双六(すごろく)」という読み方もある。e「致」を使った熟語はほかに「合致」「筆致」など。訓読みは「いた(す)」。

問二 直後に「ミツバチでは，蜜にどの程度の濃度の糖が溶けていればそれを吸うか，とか，巣の中がどれくらいの温度になると……というような，仕事に対する反応閾値がワーカーごとに違っている」「『腰の軽さ』が違っているから，すぐやる人とやらない人がいる」と具体的に説明されているので，この内容と合致するエが適切。アの「能力の違い」，イの「性質や性格」，ウの「結局は同じ」，オの「流動的」は合致しない。

問三 直後に「それは『反応閾値モデル』というものでした」とあり，「反応閾値がコロニーの各メンバーで異なっていると，必要なときに必要な量のワーカーを動員することが可能になるとす

る考え方」と説明されているので，オが適切。アの「よく働く個体が二割程度」，イの「調整役が存在する」，ウの「同じ仕事を取り合わなくてすむ」，エの「人間が人間社会のシステムを投影しているにすぎない」という記述は本文にない。

問四　「そのような対応」は，直前の「人間なら，仕事の発生状況をマネージャーなどが把握して，人それぞれの現場に振り分ける，という対処」を指す。状況を把握し，何らかの判断をして指示を出すことを指すので，「反射的に駆け寄る」とするオはあてはまらない。

問五　直前に「ある個体が一つの仕事を処理して手いっぱいなときに，他の仕事が生じた際，その個体が新たな仕事を処理することはできませんが，……つまり先の個体より『怠け者』の個体がその仕事に着手します」と説明されているので，この内容と合致するイが適切。ここでいう「『怠け者』の個体」は，能力の低さや，あらかじめ決められた役割を示すものではないので，ア・ウはあてはまらない。エの「リーダーシップをとる」，オの「互いに刺激を受けあい」という記述は本文にないのであてはまらない。

問六　直前に「高度な知能をもたない昆虫たちでも，刺激に応じた単純な反応がプログラムされていれば，コロニー全体としては，まるで司令官がいるかのように複雑で高度な処理が可能になる」と設営されているので，「刺激に応じた単純な反応」とするのが適切。

やや難　問七　直後に「面白いのは，……様々な個体が交じり合っていて，はじめてうまくいく点」と説明されているので，「反応の個体差によって，高度な判断によるのと同じような働きが可能になっている」とするオが適切。「全員の腰が軽かったらダメ」とあるので，「さぼろうとしている者がいなければ」とあるアは不適。コロニーの中に「司令塔となる個体」は存在しないので，イは不適。ここでは，様々な個体が交じり合うことによって生じる効果を「よくできている」と表現しているので，ウの「得意・不得意を補い合って」，エの「繊細な仕事分担をしている」はあてはまらない。

問八　直前の「様々な個体が交じり合っていて，はじめてうまくいく点」を指すので，ウの「核心」が適切。ここでいう「キモ(肝・胆)」には，内臓全体，五臓六腑などの意味がある。

やや難　問九　直後に「ハウスではいつも狭い範囲にたくさんの花があるため，……多くの時間働かなければならず，厳しい労働環境に置かれているようです。この過重労働がワーカーの寿命を縮めるらしく，幼虫の成長によるワーカーの補充が間に合わなくなって，コロニーが壊滅するようです」「ハチやアリにも『過労死』と呼べる現象があり，これはその一例なのではないか」と述べられているので，「過重労働になり，その結果ワーカーが過労死してしまうと考えられる」とするイが適切。アの「外敵に捕食されて死滅してしまう」，ウの「幼虫は……一時的に大きくなる」，エの「ワーカーとなるハチはコロニーの中であらかじめ役割を決められたハチだけ」，オの「ワーカーは必要な栄養分を与えられない」という記述は本文にないので誤り。

問十　次の段落に「働いていたものが疲労して働けなくなると，仕事が処理されずに残るため労働刺激が大きくなり，いままで『働けなかった』個体がいるコロニー，……それらが働きだします。こうして，いつも誰かが働き続け，コロニーのなかの労働力がゼロになることがありません」「……誰も働けなくなる時間が生じると，コロニーは長期間は存続できなくなってしまうのです」と説明されているので，「疲労した個体が休む間に別の個体が取り組む方式が有効である」とするアが適切。イの「労働する個体の数は常に一定に保たれている必要があり」，エの「短期的には彼らが生き残ることによって」は，本文の内容と合致しない。ウの「単位時間当たりに処理できる仕事量」，オの「仮説と実験結果とが寸分違わぬ結果になった」は，筆者の説明の趣旨から外れている。

問十一　直前に「誰もが必ず疲れる以上，働かないものを常に含む非効率的なシステムでこそ，長期的な存続が可能になり」とあり，直後には「ここでいう，働かないアリとは……『働きたいのに働けない』存在であるということです」と説明されている。ワーカーが疲労したときに働く存在がコロニーの存続には必要である，と述べられているので，オが適切。アは「その性質が変化し」，イは「等しく時間交代する」，ウは「働かないこと自体がコロニー存続のために必要な仕事」エは「外敵と戦ったり，……移したりする」が適切でない。

二　(論説文―文脈把握，内容吟味，要旨，要約)

やや難　問一　同様のことは直前に「あるタイプに類似しているものは何かしら滑稽である。……ただその人物に似ているというだけでおかしくなるのだ。その人物が自分自身からうっかり外へ出てきてしまったことが，いわば出来合いの枠のなかに嵌りこんでしまったことがおかしいのである」と説明されているので，「類型化された……タイプに収まりきらないものであるはずなのに，その前提をないものとしてとらえているから」とするオが適切。

問二　直前の「『あるあるネタ』」を指す。「あるあるネタの笑いは，だからある種の『出来合いの枠』を確認する作業といえるだろう」とあり，直後には「『出来合いの枠』の周りで思考は留まったままであり，それを逸脱するような力は何ら発揮されることがない」と述べられているので，「創造性に欠けた笑い」とするエが適切。

問三　直前に「『モンスターズインク』に登場するサリーとマイクのようなでかちびコンビは，二人が横並びで立っているだけで少しコミカルである」とあるので，「体格の違いからそぐわない組み合わせにも見える」とするウが適切。「コンビ」であることを「適合性」「関係」とし，「でかちび」を「不適合性」「関係の欠如」とする文脈である。

問四　直前に，「例えば，執拗に同じ言葉を繰り返し発話していると，途中から言葉の意味内容がおぼろげになり，その発話行為の意味が曖昧になり」と説明されているので，「個々の単語の意味が消えて，音そのものの響きが面白くなってくる」とするエが適切。アの「短縮」，イの「質問」，ウの「スムーズに言えるようになる」，オの「勘違い」はあてはまらない。

問五　直前に「ツッコミとボケの行き違い，すれ違い，テンションの違い，意見の相違」「あれやこれやの不一致」「優越の笑い以上に」とあるので，「優劣の枠組みのなかで誰かをおとしめて笑いを取ることよりも，……ギャップによるおかしみを表現することを目指す」とするイが適切。さまざまな不一致によって生じるおかしみのことなので，アの「従来の芸人のイメージとのギャップ」，ウの「個性をありのままに表現する」，エの「『あるあるネタ』を開発」，オの「なるべく体型の違う二人でコンビを組む」は適切でない。

やや難　問六　直前に「不一致のおかしさは，比較対象の二つのものの間に普段から適合性あるいは関係性があると思い込んでいる私たちのその思い込みが，急に揺さぶられることで生じる。適合的で関係性があると思われていたある集合の外に置かれているものが突然呼び出されて，今その集合の中に押しこめられた。普段は起こらない二つのもののおかしな対比が始まり」と説明されているので，二つのものの間に「適合性や関係性」があるという思い込みが急に揺さぶられることで起こるおかしな対比について要約する。

やや難　問七　直前に「驚きは，そこに置かれたあるイメージともう一つのイメージとが簡単に類似してはおらず，両者が関連していないと思われれば思われるほど激しくなる。両者が永遠にただ不適合なままであったら，驚きは不可思議か恐怖に変わることだろう。しかし，両者にわずかでもどんなものであっても類似性(適合性)が担保されるならば」とあるので，「その二つの事柄の意味的な距離が遠ければ遠いほど驚きが生まれる」「少しでも共通の何かが見いだされると喜びも生まれる」とするエが適切。アの「意外性」，ウの「是正」，オの「『出来合いの枠』を実感」はあてはまらない。イは，「類似性への驚き」という部分があてはまらない。

やや難 問八　直前に「ところが『黒から赤へと色が変化するもの』という両者に共通の何かをバトラーが見出すと」とあるので，「バトラーが発見したもの」とあるイが適切。また，「でたらめではない」の説明として「詩の世界を離れても説明することができる」とするイが適切。

問九　直前に「読み手にもその連関の面白さが伝わり」とあるので，「その気づきによって自分の世界に新しい視点が与えられた喜びを感じる」とするイが適切。アの「他者に伝えたくなる」，ウの「教養が必要」，エの「多くの詩に精通している必要がある」，オの情時期を覆している」はあてはまらない。

やや難 問十　「暫定的な戯れ」については，「文学的戯れのためならばいざ知らず，それ以外では軽率のそしりを受けるだろう」「ここで起きていることはあくまでも暫定的な関係性の確認」と述べられているので，「詩を読んでいるときだけのおかしさに留まってしまい，……」とするオが適切。アは「ありきたりなおかしさに変わっていき」，イは「詩の中でのおかしさを失わない」，ウは「人それぞれに違っている」，エは「二回目からは笑えない」という部分が適切でない。

★ワンポイントアドバイス★

長文を，決められた時間内に精読する高度な読解力を身につけよう！
大問ごとの小問の数が多いので，文脈を追って最後まで解答し切る持久力を身につけよう！

MEMO

大切なことはメモしておこうネ！

2020年度

★★★★★★★★★★★★★★★★★★★★★★★★

入　試　問　題

2020年度

国際基督教大学高等学校入試問題

【数　学】（70分）　＜満点：100点＞

【注意】 1．この試験は資料文とそれに続く問題とで構成されています。資料文を読みすすめながら，対応する問題に答えていくのがよいでしょう。

2．定規，コンパス等は使用できません。

資　料　文

0章：オープニング

下町のねじ工場の社長は，2月になると数学を考えたくなります。今日も独り言をつぶやきながら工場の黒板になにやら書いています。

よし，今日は自然数について考えよう。**自然数**とは1以上の整数で，1，2，3，4，…と無限に続くことは明らかだ。つまり，自然数は無限個あるのだな。

うーん，そうだな，素数にちょっとしぼって考えてみるか。

素数とは，1と自分自身以外に約数をもたない数と定義されている。

ただし，1は除くのだったな。

こうすると，素数の列は，2，3，5，7，11，13，…と続いていく。

まあ，すぐにわかるのは，2以外の素数はすべて奇数だっていうことだな。

ということは，奇数の素数は2で割ったら必ず1余る。

つまり，あるkという0以上の整数が存在して，$2k+1$と表せるぞ。

おー，そういえば，おいらの生まれた1973年の1973は素数だったな。

➡問1

うーん，範囲を広げて**奇数**を少し細かく分類しようとすると，次のようにも考えられるな。

1，5，9，13，…という奇数は，4で割ったら余りが1になる数だな。

つまり，kという0以上の整数が存在して，必ず$4k+1$と表せる。

一方，3，7，11，15，…という奇数は$4k+3$と表せるな。こちらは，4で割ったら余りが3になる数だ。

よし，kという0以上の整数に対して，$4k+1$で表すことができる奇数を，<u>$4k+1$型</u>の奇数，同様に，$4k+3$で表すことができる奇数を，<u>$4k+3$型</u>の奇数とそれぞれ呼ぶようにしよう。

ということは，奇数の**素数**ならば，必ず$4k+1$型もしくは$4k+3$型の奇数として表せるはずだな。

➡問2

1章：今日のテーマ

さてさて，自然数が無限個あることは明らかとして，素数も無限個あるよな，きっと。

でも，無限個あるってどんな風に証明すればいいのだろう？　よし，自分なりに考えてみるか。

社長は，黒板におもむろに次の定理を書き始めました。そして，天井を眺めるのでした。

定理１　素数は無限個ある。

うーん，うぉ，そうか，ひらめいたぞ。まず，証明のための準備で次の定理を考えるぞ。

定理 1.1　n を２以上の自然数とすると，n と $n+1$ は互いに素である。

よーし，“互いに素”とは，公約数が１以外は無いということだったな。つまり，隣り合う n と $n+1$ の２つの数の間には１以外の公約数は無い，と言い換えてもいいな。例えば，10と11は，確かに１以外の公約数は無い。つまり，10と11は互いに素だな。ものすごく数が大きくなってもこれは変わらないはずだ。
例えば，おいらの誕生年の1973とあいつの誕生年の1974は互いに素だな。
さて，たしかこの定理の証明は単純だったはずだ。こっちの裏紙に書こう。

➡問３

それでは，定理 1.1 を用いて，定理１『素数は無限個ある』ことを証明していくか。
黒板をいったんきれいにしよう。
定理１『素数は無限個ある』の証明
今，n を２以上の自然数として，$N_1 = n \times (n+1)$ という新しい数を考える。
n は少なくとも１つは素因数をもつよな。あ，そういえば，素因数とは，素数の約数のことを指したのだな。
当然，$n+1$ も少なくとも１つは素因数をもつ。そして，定理 1.1 より，n と $n+1$ は互いに素なので，この N_1 は少なくとも [4－①] の素因数をもつ。
さらに，N_1+1 という新しい数を考える。$N_1+1 = n \times (n+1)+1$ ということだな。
定理 1.1 より，N_1 と N_1+1 も [4－②] ことがわかる。
ここで，新たに $N_2 = N_1 \times (N_1+1)$ という数を考える。
N_1 と N_1+1 が [4－③] ことから，この N_2 は，少なくとも [4－④] の素因数をもつ。
つまり，この段階で [4－⑤] の素数がこの世に存在するということである。
お，異なる素数が増えたじゃないか！　よーし，続けるぞ。
ここでまたまた，$N_3 = N_2 \times (N_2+1)$ という新しい数を考えれば，同様に，この N_3 は少なくとも [4－⑥] の素因数をもつことになる。
つまり，この段階で [4－⑦] の素数が存在するということである。
この操作は無限回繰り返すことが可能なので，異なる素数を無限個作り出すことが可能であることが証明できた。少しわかりづらければ，$n=4$ などとして具体的に考えてみるとわかりやすいぜ。

➡問４

よしよし，ちょっと変わった証明方法だったが，これでいいだろう。
社長は，窓の外を眺めて，首をひねり始めました。
そして思い立って， 予想①～予想③ *を書き出しました。*
うーん，悩ましいな。２より大きい素数をさらに分類すると，$4k+1$ 型か $4k+3$ 型に分けられるはずだ。そうすると，以下の予想のなかで，１つだけが正しいはずだが，いったいどれが正しいのだろう

か？
今日は，これを真剣に掘り進めてみるぞ。いや，ねじだけに，頭をねじってみよう。

予想①　$4k+1$ 型の**素数**は有限個あるが，$4k+3$ 型の**素数**は無限個ある。

予想②　$4k+1$ 型の**素数**は無限個あるが，$4k+3$ 型の**素数**は有限個ある。

予想③　$4k+1$ 型の**素数**も，$4k+3$ 型の**素数**も無限個ある。

あ，電話だ。いかん，佐藤さんだ。今日が納期《のうき》のねじをまだ作ってなかった。
催促《さいそく》の電話だな。はい，どうも。ええ，今，宅配便が出発しましたよ。少々お待ちください。ふぅ，よーし，次に進もう。

2章：$4k+3$ 型の素数は無限個あるのか？

社長は，あらためて黒板に向かい始めました。

さてさて，そうだな，$4k+3$ 型の**素数**を少し掘っていきたいが，その前に $4k+1$ 型の**自然数の性質**について，少し考えてみよう。まず，2つの $4k+1$ 型の奇数の足し算・引き算・かけ算を考えてみよう。

社長は，おもむろに書き始めてつぶやいた。

お，おー，これが突破口になるな。
今，2つの $4k+1$ 型の自然数，$4a+1$，$4b+1$ を考える。ただし，a，b は0以上の整数とする。この2つの数を足しても引いても必ず［　5－①　］になる。ま，そりゃそうだな。
また，この2つのかけ算 $(4a+1)\times(4b+1)$ を計算する。計算の結果から2つの $4k+1$ 型の自然数の積は，必ず［　5－②　］の自然数になることがわかる。
なるほど，これは重要な発見だな。

➡問5

これを受けて，分析を進めてみるぞ。そうか，そうか。
［$4k+1$ 型の**素因数**しかもたない自然数は，結果的に必ず $4k+1$ 型の奇数になる］ことが分かった。
これについて，違う視点から解釈をすれば，$4k+3$ 型の奇数で，$4k+1$ 型の**素因数**しかもたないものは存在しないということだな。
なるほど，これを分析すると，

『$4k+3$ 型の自然数における素因数を考えると，そのうちの［　6－①　］』…★

➡問6

よし，これで準備は終わったぞ。ここからは，少しペースを上げて証明していくぞ。

社長は覚悟を決めて，おもむろに黒板に次を書き始めた。

［定理2　$4k+3$ 型の素数は無限個ある。］

方針としては，定理1のように，いくらでも大きな $4k+3$ 型の素数を，繰り返しの操作で作り出すことができることを示していこう。
今，p を5以上の素数としよう。また，次のような自然数 q を考える。

$$q=4\times(5\times7\times11\times\cdots\times p)+3\cdots\cdots\text{式①}$$

ただし，かっこの中の $5\times7\times11\times\cdots\times p$ は連続する素数（5以上）の積である。

こうすると，q は明らかに [7－①] 型の自然数である。
また，q は [7－②] 以下の素数では割り [7－③] 。
つまり，

状況A．q は p より大きい素数である

もしくは，

状況B．q は素数ではないが，p より大きな素数で割り [7－④]

のいずれかである。
ここで，状況A．であるとすると，p より [7－⑤] が作れたことになる。
いいぞ，コーヒーを一口飲んで，一気にあとはやりきろう。ふんばるぞ！
そうか，そうか，今，状況B．だとすると，q は [7－①] 型の自然数で，かつ，素数ではないということだ。しかも，q は5より大きく [7－②] 以下の素数では割り [7－③] 。
そこで，★でわかったことを踏まえると，q は p より [7－⑥] を素因数にもつはずである。

➡問7

ここまでをまとめると，状況A．と状況B．のいずれにしろ，新たなる p より大きい $4k+3$ 型の素数を作り出すことができたということである。
ここで，定理１の証明のように，式①の p に対して，より大きな素数を代入していく操作は繰り返すことができ，無限個の $4k+3$ 型の素数が作ることができるじゃないか。
まるでねじがぐるぐると回るようじゃないか。
うん，うん。いいじゃないか。すごくいいじゃないか。
よし，これでさっき考えた予想②はないってことだな。だいぶ前進したぜ。

３章：$4k+1$ 型の素数は無限個あるのか？

お？また電話が鳴っている。留守番電話に切り替えておこう。佳境《かきょう》に入りそうだからな。
社長は，だいぶ日が暮れてきたのにも関わらず，黒板にせっせと書き始めました。
さて，予想③が正しいかどうかを判断するために $4k+1$ 型の素数は無限個あるかどうかを考えるぞ。
定理２の『$4k+3$ 型の素数は無限個ある』で用いたようなアプローチは使えないかな？まずは，２つの $4k+3$ 型の自然数の積の分析から始めるか。
a，b を０以上の整数とするとき，$4a+3$，$4b+3$ という２つの $4k+3$ 型の自然数の積を考える。

$(4a+3)\times(4b+3)=4\times($ [8－①] $)+1$ ……式②

この式の結果を分析しよう。仮に $4a+3$，$4b+3$ がある自然数の素因数だと考え直してみる。なるほど，こうか。

➡問8

この事実から，定理２の証明で用いたアプローチとは全く別のアプローチが必要そうだな。いやー，深いな。歴史を感じるぜ。
よーし，もう一度，示したいことをビシッと書いておこう。

定理３　$4k+1$ 型の素数は無限個ある。

社長は，黒板に定理３を書いたのちに，しばらく天井を見上げて，ぶつぶつとつぶやき始めました。
え，もしかするとあの有名な定理がこの証明に使えるのかい？
社長は，黒板の真ん中に書き始めます。

> 定理 3.1　フェルマーの小定理①
> 　自然数 n を素数 p で割り切れない数とするとき，$n^{p-1}-1$ は必ず p で割り切れる。

具体的な数で思い出してみようかな。例えば，$p=5$，$n=7$ としてみる。
確かに n は p では割り切れない。
こうすると，$n^{p-1}-1=7^{5-1}-1=7^4-1=2401-1=2400$ となり，確かに $p=5$ で割り切れる。
これはなかなか不思議な結果だよな。

➡問９

この定理 3.1 の証明のカギになるのは，次の準備だったはずだ。

> 準備 3.1-1　s，t，r を自然数とする。今，s，t を r で割った商をそれぞれ s'，t'，余りをそれぞれ u，v とする。このとき，$s\times t$ を r で割った余りは，
> それぞれの余り u，v の積 $u\times v$ を r で割った余りと一致する。

証明は，この黒板の一連の式を見ればわかるな。

$s=s'\times r+u$ と $t=t'\times r+v$ としておくと，

$$
\begin{aligned}
s\times t &= (s'\times r+u)\times(t'\times r+v)\\
&= s'\times t'\times r^2+s'\times v\times r+t'\times u\times r+u\times v\\
&= (s'\times t'\times r+s'\times v+t'\times u)\times r+u\times v
\end{aligned}
$$

なるほど，確かに，$s\times t$ を r で割った余りは，$u\times v$ を r で割った余りと一致する。たまたま，２つの数の積の余りを考えたけど，割られる数が３つ，４つと増えても，『割られる数の積を r で割った余り』は，『元の数それぞれを r で割った余りの積をさらに r で割った余り』と一致するってことだな……。うん？？？自分でも何を言っているかわからないな。
こういうときは具体例で考えよう。
例えば，7，9，10の積 $7\times9\times10=630$ を４で割った余りは，２だ。
一方，それぞれを４で割った余りは，3，1，2だ。
このそれぞれの余りの積 $3\times1\times2=6$ を４で割った余りも２だ。
なるほど，この結果が偶然ではないことを，準備 3.1-1 は示しているのだな。
余りものってやつは，なかなか面白いのー。
よし，それじゃ，定理 3.1 のフェルマーの小定理①『自然数 n を素数 p で割り切れない数とするとき，$n^{p-1}-1$ は必ず p で割り切れる』を証明していこうかな。
さっきの具体例と同じ，$p=5$，$n=7$ の場合を例にして証明してみるぜ。
確認だが，確かに n は p では割り切れない。
$n^{p-1}-1=7^{5-1}-1$ が $p=5$ で割り切れることを次のように考えていこう。
少し関係ない話が続くように思えるけど，辛抱《しんぼう》，辛抱《しんぼう》。

　　$1\times n$，$2\times n$，$3\times n$，…，$(p-1)\times n$ という数の列は，

$p=5$, $n=7$ の場合は，1×7，2×7，3×7，4×7の4つの数になる。
ここで，この4つの数1×7，2×7，3×7，4×7を $p=5$ で割った余りを考えると，それぞれ2，4，1，3となる。
ここで，1×7，2×7，3×7，4×7 の4つの数の積，
(1×7)×(2×7)×(3×7)×(4×7) を $p=5$ で割った余りを考える。
この余りは，準備3.1-1より，4つの数1×7，2×7，3×7，4×7を $p=5$ で割ったそれぞれの余りである4つの数2，4，1，3の積2×4×1×3を $p=5$ で割った余りと一致するということだな。
…… **重要な事実**
ここで，4つの数の積からそれぞれの余りの数の積を引いてみるぞ。

$$(1\times7)\times(2\times7)\times(3\times7)\times(4\times7)-2\times4\times1\times3$$
$$=(1\times2\times3\times4)\times(7^4-1)$$

この変形で $\underline{7^4-1}$ が登場したぜ。
ここで，**重要な事実** より，(1×7)×(2×7)×(3×7)×(4×7)－1×2×3×4 は，$p=5$ で割ったら必ず割り切れるということである。…… **重要な結果**

➡問10

お，なんか一瞬，止まった感じがするが，繰り返すと，
　　(1×2×3×4)×(7^4-1) も5で割り切れるはずである。
しかし，(1×2×3×4)が5で割り切れないので，7^4-1 が必ず5で割り切れるということである。
おー，確かに，黒板に書かれているとおり，自然数 n を素数 p で割り切れない数とするとき，例えば，
$p=5$, $n=7$ とした場合に，$n^{p-1}-1$ は必ず p で割り切れる理由を示したぞ。
これは，一般の場合でも同様の考え方で出来るはずだ。よしよし。
社長は，食事も忘れて，黒板に向かっている。さっきから留守番電話のランプが点滅しっぱなしだ。
よーし，いよいよ佳境《かきょう》に入ったぜ。たまらんぜ！
次の定理はこの先に必ず使うことになる。黒板のすみに書いておこう。

> 定理3.2　フェルマーの小定理②
> 　自然数 n を素数 p で割った余りは，n^p を p で割った余りと一致する。
> 　これは言い換えると，n^p-n は p で割り切れる，ということである。

この証明は定理3.1を用いればすぐにわかるな。
この証明も紙に書いておくか。

➡問11

よーし，いろいろなものがつながってきたぜ！ここからが勝負だな。
それでは，目標の定理3『$4k+1$ 型の素数は無限個ある』を証明するぜ。
今，nを偶数とすれば，n^2 が4の倍数になるので，n^2+1 は $4k+1$ 型の奇数であることは明らかだな。
だから，n^2+1 の素因数は $4k+1$ 型もしくは $4k+3$ 型だな。

そこで，『n^2+1 が $4k+3$ 型の**素因数** $p=4m+3$（m は 0 以上の整数）をもつ』とする。……*仮定 1*

この後の話を考えて，とりあえず $n^{p-1}+1$ という数を考えてみるぞ。

しつこいけど，この p は，*仮定 1* で定義した，素因数 $p=4m+3$ だな。

ここまで来たら，もうやるしかないな。

$$n^{p-1}+1=n^{4m+3-1}+1=n^{4m+2}+1=n^{2(2m+1)}+1=(n^2)^{2m+1}+1$$

と変形ができた。さらにこの先のために，$(n^2)^{2m+1}+1$ を因数分解してみよう。

この因数分解にはちょっと準備がいるな。

> 準備 3.1- 2　今，b を正の奇数とすると，X^b+1 という式は
>
> $$X^b+1=(X+1)(X^{b-1}-X^{b-2}+X^{b-3}-\cdots-X+1)$$
>
> と因数分解できることが知られている。

確かに，$b=5$ としてみて，右辺を計算してみると，

$$\begin{aligned}&(X+1)(X^{5-1}-X^{5-2}+X^{5-3}-X^{5-4}+1)\\&=(X+1)(X^4-X^3+X^2-X+1)\\&=X^5-X^4+X^3-X^2+X+X^4-X^3+X^2-X+1\\&=X^5+1\end{aligned}$$

なるほど，よくできた因数分解だな。

元に戻って，$(n^2)^{2m+1}+1$ を因数分解するが，$2m+1$ が奇数であることと，準備3.1- 2より，

$$\begin{aligned}n^{p-1}+1&=(n^2)^{2m+1}+1\\&=(n^2+1)\{(n^2)^{2m}-(n^2)^{2m-1}+(n^2)^{2m-2}-\cdots-(n^2)+1\}\end{aligned}$$

とできる。

➡問12

ここで，*仮定 1* より，右辺の n^2+1 が $4k+3$ 型の素因数 $p=4m+3$ をもつとしていたな。

ということは，$n^{p-1}+1$ は，p で割り切れることになってしまったぞ。すごい発見だな。

おや，ちょっと待て。今，n^2+1 は p を素因数にもつとしたな。

そうすると，［　13－①　］より n^2 は p では割り切れないな！

つまり，n は p では割り切れないってことだ。

おー，なるほど，これで定理 3.1 のフェルマーの小定理①を使うことができて，

その結果，$n^{p-1}-1$ は p で割り切れるってことだな。

➡問13

おや，おや，おや？

社長は，頭を抱えた。しばらくしてから，黒板を消しおもむろに書きだした。

うーん，なんてことだ。 こんなことがあるのか？

わかった事　⇒ n を偶数とすると，$4k+3$ 型の素数 p に対して，

$n^{p-1}+1$ も $n^{p-1}-1$ も p で割り切れる。

あれ，だけど，こんなことってありえないよな。おぉー，あの定理を使える！

定理 3.3　a を整数とする。$a-1$ と $a+1$ を同時に割り切る素数があるとすると，それは 2 以外にない。

確かに，13と15は，互いに素であるし，46と48は，2 以外の公約数はないな。
よし，定理 3.3 を別紙に証明しておくか。
この定理は，数十分前に考えた定理 1.1 に似ているぜ。

定理 1.1　n を 2 以上の自然数とすると，n と $n+1$ は互いに素である。

➡問14

こう考えると，定理 3.3 より，$n^{p-1}+1$ も $n^{p-1}-1$ も素数 p で割り切れることから，それは $p=2$ しかありえないことになる。
ところが，このことは，p を ［ 15－① ］ としたこととは，合致しない。

➡問15

つまり，***仮定 1*** では，n を偶数とし，n^2+1 は $4k+3$ 型の素因数をもつと仮定したことが，起こりえないことがわかった。
ふぅー，厳しい道のりだったが，次のことがこれで明らかになったぜ。

定理 3.4　n を偶数とすれば，n^2+1 は $4k+1$ 型の素因数のみをもつ。

社長は，肩で息をしています。ところが，ドアをノックする音がうっすら聞こえます。
よーし，定理 3 『$4k+1$ 型の素数は無限個ある』をいよいよビシッと証明して終わるぜ。
これが，信じられないくらいあっという間にできるのがすごいぜ！！！ガハハハッ！
今，$4k+1$ 型の連続する素数 5，13，17，…，q の積を考え，それに 2 をかけたものを r とするぞ。
つまり，$r=2\times5\times13\times17\times\cdots\times q$ だ。こうすると，r は偶数だ。
ここで，r^2+1 を考える。
定理 3.4 より，r^2+1 は $4k+1$ 型の素因数のみをもつことは，わかっている。
しかし，r^2+1 の素因数は，r の $4k+1$ 型の連続する素因数 5，13，17，…，q とは異なる $4k+1$ 型の素因数ということじゃないといけないな。つまり，q より大きな新たなる $4k+1$ 型の素数が作り出されたということだ。

ここで，定理 1 や定理 2 のように，この操作は無限に繰り返すことができるので，$4k+1$ 型の素数は無限個あることが示されたぜ。

➡問16

よーし，これで，予想③「$4k+1$ 型の**素数**も，$4k+3$ 型の**素数**も無限個ある。」が示されたぜ。
ねじを作るのも奥が深いが，数学も奥深いぜ。
ドンドンドン！！　はあ？　誰，ドアを叩くのは？

4章：もっと広い視点で見る。それも数学。

ドス，ドス，ドス。おかみさんが入ってきました。

あんたー，電話にも出ないで何やっているのよ？また数学？はー，その素数の話ね。

あんた，本当にわかってないわね。それは，もっと一般化されているのよ。

ディリクレの算術級数定理っていう定理よ。

『互いに素である自然数 a，b に対して，n を自然数とすると，$a \times n + b$ と書ける素数が無限個ある』ってことよ。

ほんと，あんたって，小さなねじのようにこまごましたことばっかり気にするのね。

もっと広い視点で見なさいよ！

➡問17

うん？　携帯電話が鳴っている。誰だ？

あ，もしもし，佐藤さん？　だから，配達に出たって言っているでしょ！

え，ちがう？

ねじに不良品が含まれているって？　それは，この前に説明したじゃない！

え，次，ハレー彗星が来るのはいつか？　それもずいぶん前に説明したでしょ！！

パチッと，静かに工場の電気が消えました。

以上

問　題

問1　1973を自然数 k を用いて $2k+1$ という形で表すとする。k の値を求めなさい。

問2　以下の自然数のうち，$4k+1$ 型および $4k+3$ 型の**素数**を**すべて**選び，それぞれ解答しなさい。

17，31，41，45，79，85

問3　定理1.1を以下の文章のように証明する。空らん３－①～３－③を最も適切な語句で埋めたい。下記の**ア**～**キ**の語群から１つ選んで，記号で答えなさい。ただし，同じ語を複数回選んでもよい。

証明

今，ある n と $n+1$ の２つの数が互いに素ではないとする。つまり n と $n+1$ は２以上の公約数 m をもつとする。こうすると，n と $n+1$ の差，つまり，$n+1-n$ も［３－①］を約数にもつはずである。しかし，$n+1-n=1$ であり，1は［３－②］を［３－③］にもたないので，n と $n+1$ が２以上の公約数をもつことはありえないことが言えた。つまり，互いに素である。（証明終）

語群　**ア**．1　**イ**．m　**ウ**．$m+1$　**エ**．n　**オ**．$n+1$　**カ**．約数　**キ**．素数

問4　資料文の文章中の空らん４－①～４－⑦を適切な語句で埋めたい。下記の**ア**～**サ**の語群から最も適切なものを１つ選んで，記号で答えなさい。ただし，同じ語を複数回選んでもよい。

語群　**ア**．１つのみ　**イ**．異なる2つ　**ウ**．異なる３つ　**エ**．異なる４つ
オ．異なる５つ　**カ**．異なる６つ　**キ**．異なる７つ　**ク**．異なる８つ
ケ．互いに素である　**コ**．互いに素でない　**サ**．素因数をもつ

問5　次の問いに答えなさい。

⑴　$(4a+1)\times(4b+1)$ を展開しなさい。

⑵　資料文の文章中の空らん５－①～５－②を適切な語句で埋めたい。下記の**ア**～**カ**の語群から最も適切なものを１つ選んで，記号で答えなさい。ただし，同じ語を複数回選んでもよい。

語群　**ア**．奇数　**イ**．偶数
ウ．$4k$ 型　**エ**．$4k+1$ 型　**オ**．$4k+2$ 型　**カ**．$4k+3$ 型

問6　社長の分析を踏まえて，［６－①］に入る最も適切な主張を１つ選びなさい。

『4k + 3型の自然数における素因数を考えると，そのうちの［６－①］』

ア．少なくとも１つの素因数は $4k+1$ 型の素数である。
イ．少なくとも１つの素因数は $4k+3$ 型の素数である。
ウ．少なくとも２つの素因数は $4k+1$ 型の素数である。
エ．少なくとも２つの素因数は $4k+3$ 型の素数である。

問7　資料文の文章中の空らん７－①～７－⑥を適切な語句で埋めたい。下記の**ア**～**ス**の語群から最も適切なものを１つ選んで，記号で答えなさい。ただし，同じ語を複数回選んでもよい。

語群　**ア**．$4k$　**イ**．$4k+1$　**ウ**．$4k+2$　**エ**．$4k+3$
オ．k　**カ**．p　**キ**．q　**ク**．切れる　**ケ**．切れない
コ．小さい $4k+1$ 型の素数　**サ**．小さい $4k+3$ 型の素数
シ．大きい $4k+1$ 型の素数　**ス**．大きい $4k+3$ 型の素数

問8　次の問いに答えなさい。

⑴　式②の空らん８－①を適切な式で埋めなさい。

⑵　式②からわかることは，次のページの５つのうちどれか。最も適切なものを１つ選んで記号で答えなさい。

ア．$4k+1$ 型の自然数は，その素因数のうち，**少なくとも** 1 つは $4k+1$ 型の素数が存在する。

イ．$4k+1$ 型の自然数は，その素因数のうち，**少なくとも** 1 つは $4k+3$ 型の素数が存在する。

ウ．$4k+1$ 型の自然数は，その素因数のうち，**少なくとも** 2 つは $4k+1$ 型の素数が存在する。

エ．$4k+1$ 型の自然数は，その素因数のうち，**少なくとも** 2 つは $4k+3$ 型の素数が存在する。

オ．$4k+1$ 型の自然数の素因数は必ずしも $4k+1$ 型の素数となるとは限らない。

問 9　$n=35$ として，$n^{p-1}-1$ が素数 p で**割り切れない**ような例を作りたい。
このような素数 p を 1 つ答えなさい。

問10　**重要な事実** と **重要な結果** の関係を一般的な言葉に書き換えると以下のことに言い換えられる。

『ある 2 つの異なる整数 a，b $(a>b)$ を n で割った余りが等しいとするならば，
$a-b$ は n で割り切れる。』

証明

a を自然数 n で割った商と余りをそれぞれ r，u とし，b を自然数 n で割った商と余りをそれぞれ s，u とする。ここで，$a-b=n\times($ [空らん] $)$ なので，確かに，$a-b$ は n で割り切れる。

(証明終)

上記の証明の中の空らんを適切な式で埋めなさい。

問11　定理 3.2 を証明するために下記の証明の11－①～11－④の空らんを適切な語句や式で埋めたい。下記のア～チの語群から最も適切なものを 1 つ選んで，記号で答えなさい。
ただし，同じ語を複数回選んでもよい。

> 定理 3.2　フェルマーの小定理②
> 自然数 n を素数 p で割った余りは，n^p を p で割った余りと一致する。
> これは言い換えると，n^p-n は p で割り切れる，ということである。

証明

まず，n が p で割り切れるような数であれば，n^p も当然 p で割り切れる。
つまり，当然 n^p-n は，p で割り切れる。
そこで，n が p で割り切れないときを考える。
まず，$n^p-n=n\times($ [11－①] $)$ と変形しておく。
ここで**定理 3.1** より，[11－①] は必ず [11－②] で割り切れるので，n^p-n は p で割り切れることが示せた。
こう考えると，n^p を素数 p で割った商と余りをそれぞれ r，u とし，
n を素数 p で割った商と余りをそれぞれ s，v とすると，

$$n^p-n=(pr+u)-(ps+v)=p\times(r-\mathrm{s})+\ \boxed{11－③}$$

ここで，n^p-n が p で割り切れるので，[11－③] は [11－④] でなければならない。
つまり，n を素数 p で割った余りは，n^p を p で割った余りと一致する。（証明終）

語群				
ア．$n^{p-1}+1$	イ．n^p+1	ウ．$n^{p+1}+1$	エ．$n^{p-1}-1$	オ．n^p-1
カ．$n^{p+1}-1$	キ．n	ク．p	ケ．r	コ．s
サ．u	シ．v	ス．$u+v$	セ．$u-v$	ソ．$v-u$
タ．0	チ．1			

問12　次の問いに答えなさい。

(1)　$3^6-3^5+3^4-3^3+3^2-3+1$ の値を求めなさい。

(2)　$n^{14}+1$ を因数分解すると，$n^{14}+1=(n^2+1)($ 空らん $)$ とできる。

空らんを適切な式で埋めなさい。

問13　資料文の文章中の空らん13−①を適切な語句で埋めたい。下記の**ア**～**オ**の語群から最も適切なものを１つ選んで，記号で答えなさい。

語群　**ア**．n は偶数　　**イ**．p は奇数　　**ウ**．定理 1.1　　**エ**．定理 3.1　　**オ**．準備 3.1−2

問14　定理 3.3 を以下の書きだしに続く形で証明しなさい。

なお，問３の証明方法で２つの数の差をとることを参考にしなさい。

> 定理3.3　a を整数とする。$a-1$ と $a+1$ を同時に割り切る素数があるとすると，それは２以外にない。

書きだし　⇒『今，$a-1$ と $a+1$ の公約数が素数 p であるとする。』

問15　資料文の文章中の空らん15−①を最も適切な語句で埋めなさい。

問16　資料文の文章中に

「しかし，r^2+1 の素因数は，r の $4k+1$ 型 の連続する素因数５，13，17，…，q とは異なる $4k+1$ 型の素因数ということじゃないといけないな。」とあるが，r の $4k+1$ 型の連続する素因数５，13，17，…，q が r^2+1 の素因数とはならない理由を簡潔に説明しなさい。

問17　おかみさんの指摘が正しいものとして，社長の次の発言のうち正しいものを**すべて**記号で答えなさい。

ア．なるほど，ってことは，$6n$ 型の素数は，無限個あるんだな！！！

イ．なるほど，ってことは，$6n+1$ 型の素数は，無限個あるんだな！！！

ウ．なるほど，ってことは，$6n+2$ 型の素数は，無限個あるんだな！！！

エ．なるほど，ってことは，$6n+3$ 型の素数は，無限個あるんだな！！！

オ．なるほど，ってことは，$6n+4$ 型の素数は，無限個あるんだな！！！

カ．なるほど，ってことは，$6n+5$ 型の素数は，無限個あるんだな！！！

キ．なるほど，ってことは，$4n+1$ 型の素数と $6n+5$ 型の素数は決して一致することはないんだな！！！

ク．なるほど，ってことは，６以下のどんな自然数 b に対しても，$7n+b$ 型の素数は無限個あるんだな！！！

ケ．なるほど，ってことは，７以下のどんな自然数 b に対しても，$8n+b$ 型の素数は無限個あるんだな！！！

以上

【英　語】（70分）　＜満点：100点＞

I　[　] に入るものを選び，番号で答えなさい。

Baseball and football are popular hobbies in America, but many children are now looking for other ways of being active. Recently, research ①[**1 show / 2 showed / 3 showing / 4 are shown**] that the population of young people participating in traditional sports is getting smaller. They say that many kids, as well as their parents, think that sports for young people are becoming too serious and that sometimes the most important part, enjoying it, ②[**1 is forgetting / 2 is forgotten / 3 has forgotten / 4 has forgetting**]. Kids today have a lot of choices. They don't have to play soccer or baseball. They can do parkour《パルクール》, ninja warrior *Sasuke*《サスケ(番組名)》 classes, rock climbing, and other things. Experts say that ③[**1 when / 2 while / 3 as / 4 though**] we are all different, one sport may fit one personality or body type better than ④[**1 another / 2 other / 3 the other / 4 one another**].

One shy girl in America used to enjoy soccer, but she started to have trouble understanding her teammates when they talked only about winning. At age 8, she lost interest in the sport as competition grew heavier ⑤[**1 between / 2 among / 3 through / 4 at**] her teammates. The girl then decided ⑥[**1 to join / 2 joining / 3 to go / 4 going**] a summer camp at a local climbing gym. She felt that with climbing, she could just "go and do it." She has found pleasure and feels more confident. With climbing, people can see that they are improving each time, and it makes them feel good about themselves.

The girl also joined a friend for a mountain bike camp. She enjoyed being outside in nature, and she could ⑦[**1 perfectly / 2 hardly / 3 lastly / 4 clearly**] see her personal growth by riding on difficult roads that she couldn't ride on before. Perhaps we can say that there is ⑧[**1 few / 2 small / 3 less / 4 several**] pressure from other people in these sports that are not traditional. They are easier to start, and also they ⑨[**1 make / 2 allow / 3 let / 4 have**] kids to be kids.

For sports ⑩[**1 such as / 2 like in / 3 in / 4 as**] rock climbing or mountain biking, children are in control when they try to go over a big bump or ride on a difficult road. They connect their bodies with their minds. It is easier for them to set their own goals. An expert ⑪[**1 which / 2 whose / 3 who / 4 who she**] studies the minds of athletes found that people can think harder about making one movement at a time towards a larger goal in sports that are done ⑫[**1 lonely / 2 alone / 3 only / 4 themselves**], for example, in cycling and running. It can be said that the feeling of success in ⑬[**1 these sports is / 2 this sport is / 3 these sports are / 4 this sport are**] much more connected to personal growth than to victory. Also, kids can learn the importance of trying again. They are given many chances to challenge themselves or to fix a problem without worrying about other people.

⑭[1 **Solving** / 2 **Keeping** / 3 **Taking** / 4 **Making**] mistakes is part of learning, and they can use these lessons in other parts of life.

Parents may worry, "Will our kids get the positive effects that come from team sports?" Yes, they will. For example, in climbing, you will see that people often ⑮[1 **talk** / 2 **tell** / 3 **ask** / 4 **call**] to other climbers about their technique, or they encourage others in reaching their personal goals. Being social and sharing experiences is part of becoming successful in any sport.

In addition, the sports are not limited to children, so they can be enjoyed ⑯[1 **much** / 2 **more** / 3 **no** / 4 **so**] longer than team sports. One of the people who created the mountain bike camp said she came up with the idea when she noticed that girls who get older or injure themselves stop playing team sports. Balance, strength and speed can be learned through many activities, including daily adventures like going to the park or climbing trees. ⑰[1 **Not all kids must to** / 2 **Not all kids have to** / 3 **All kids have not to** / 4 **All kids must not to**] play soccer or baseball to be athletes.

In the 2020 Tokyo Olympics, climbing, karate《空手》, skateboarding《スケートボード》 and surfing《サーフィン》 ⑱[1 **is going to** / 2 **are being** / 3 **will be** / 4 **will go to**] official events. In recent Olympics, golf was brought back, too. In the last winter Olympics, new types of events in skiing《スキー》 and snowboarding《スノーボード》 were added. Tennis has recently become more popular ⑲[1 **however** / 2 **little by little** / 3 **even though** / 4 **because of**] it used to be known as a hard sport for beginners.

In the end, no matter what sport or the level you play at, the most important thing is that you enjoy doing it. From that point of view, the fact that kids are turning to the new types of sports seems to have ⑳[1 **its** / 2 **those** / 3 **their** / 4 **that**] positive points.

Ⅱ 次の英文を読み，あとの問いに答えなさい。

Seeing the "Mona Lisa"《『モナ・リザ』》 at the Louvre《ルーヴル美術館》 can be a [A]**disappointing** experience—the painting is behind [ア]**bulletproof** glass, and the viewers are three meters away with a sea of arms and cameras getting in the way.

The museum's Leonardo Da Vinci [B]**exhibition** will change all that. People with tickets get the chance to be within [イ]**touching** distance of the [C]**masterpiece** in an empty museum. But there is a [ウ]**catch**.

This amazing chance will be experienced through a [D]**virtual reality** (**VR**) headset《ヘッドセット》. The real painting will not be included in the show. Instead, you will go into an empty room and put on the headset for an "[エ]**immersive**" experience in which the people around you [E]**evaporate** like magic, and what you get is a virtual world just for you and the smiling lady. Presenting the "Mona Lisa" using the newest VR technology is an [オ]**innovative** way to make sure that visitors will get to see the painting up close.

Named "Mona Lisa: Beyond The Glass," the Louvre's first VR experience is a perfect exhibition to celebrate the 500th [F]**anniversary** of Da Vinci's death. Da Vinci was not only an artist, he used his great ideas in science too, and invented the first flying machine and the parachute《パラシュート》. His [G]**curiosity** led him to study the human body and how it works. What he discovered was used to improve his art.

This makes Da Vinci a true "Renaissance Man《ルネサンスの教養人》." He lived based on the [カ]**philosophy** that a man's power for personal growth has no end. As a Renaissance Man, it was his goal to live to his fullest [キ]**potential**. He could not do this by studying only one thing. His work needed creativity from the arts, the training of the body, and the search for spiritual truth《真実》. He saw life as a whole, a [ク]**synergy** of different things. For example, Da Vinci did not see art and science as two areas of study that [H]**compete** against each other. Instead, he saw these fields as [ケ]**complementary** and enjoyed both. Art could inspire science, and [I]**vice versa**. In many ways, Da Vinci saw the world as a work of art, to be studied through the interested eyes of a scientist.

The VR exhibition of "Mona Lisa" [J]**expands** the human senses《五感》. It is art and technology, a mix of two different fields, to make one new reality. Da Vinci the Renaissance Man must be [コ]**applauding**.

問1 本文中の［ア］～［コ］に相当するものを下から選び，番号で答えなさい。動詞については現在形の意味で載せてあります。

1．革新的な　2．排他的な　3．どっぷり浸るような　4．特徴
5．拍手する　6．落とし穴　7．因果関係　8．可能性
9．防弾　10．相乗効果　11．補完的な　12．歴史的な
13．大笑いする　14．哲学　15．非常に近い　16．寿命

問2 本文中の［A］～［J］の意味として適切なものを下から選び，番号で答えなさい。動詞については現在形の意味で，名詞については単数形で載せてあります。

1．to make someone unable to think clearly
2．to make something greater in size, number or importance
3．sounds that are nice to listen to
4．a work of art that is an excellent example of the artist's work
5．images and sounds created by a computer that seem almost real
6．to disappear
7．the date of an important or special event
8．to feel that you have done something wrong
9．a collection of art shown to people
10. to work against each other
11. not as good as you hoped
12. the same can be said in the opposite way
13. in cooperation with each other

14. the date when you were born
15. happening only once in your life
16. a strong wish to know about something

Ⅲ 次の英文を読み，あとの問いに対して最も適切な答えを選び番号を書きなさい。

There is an old Spanish picture of Galileo Galilei (1564-1642), the world-famous Italian mathematician《数学者》, philosopher《哲学者》, and astronomer《天文学者》, looking at the wall of his prison《牢屋》, while he was on trial《裁判》. "Eppur si muove" is written on the wall. In English, this means "And yet it moves." This phrase is as well-known as Martin Luther King Jr.'s "I have a dream." It is important to understand $_{A}$<u>its</u> background.

It was natural for people to believe that the Earth is the center of the universe《宇宙》 and the Sun moves around it, as they saw this daily. In the 17th century Europe, the Catholic Church《カソリック教会》 had very powerful control over people. In the Bible《聖書》, King Solomon says, "The Sun rises, and it goes down again, back to where it came from." The Church taught people that everything written in the Bible is true, and that anyone who went against $_{B}$<u>this</u> would be punished or even killed.

It is interesting that it was not Galileo who first presented the idea that the Earth moves. In 1543, a Polish《ポーランド人》 mathematician and astronomer called Copernicus wrote a book about this. He knew that this idea would shock people and the Church might punish him. He waited to publish his book until he was very close to death in 1543. In 1584, an Italian mathematician and philosopher called Giordano Bruno agreed with Copernicus about the Earth moving and wrote a book. He was tried《裁判にかける》 by the Church and was found guilty《有罪》. They forced him to say that his book was wrong. He refused and was burnt to death on February 17, 1600.

Until 1609, astronomers studied the sky only with their eyes, but Galileo started to use a telescope, a tool for looking at things in the sky. He himself made better telescopes that made things look thirty times bigger. With them, he discovered four moons going around Jupiter《木星》. He also found out that Venus《金星》 grows fat and thin as the Moon does. After thinking deeply about all these things, he agreed with Copernicus.

As Galileo's Sun-centered idea spread, the Church felt the need to tell people that this idea was wrong. In 1616, the Church tried Galileo and told him that he should not teach such an idea. Galileo agreed to do so, and he was not punished.

However, in 1632 when Galileo was 68 years old, he published a book called *The Dialogue Concerning the Two Chief World Systems* (『天文対話』) and he was tried for the second time. This time, Galileo was very careful and said he did not "believe" the Sun-centered idea. He said that he wrote a "discussion《議論》" between one person who had the Sun-centered view and another who had the Earth-centered view. The Church did not believe this and said they would not forgive him until he said he was completely wrong. They even showed him the kind of tools they would use to punish him. As a result, Galileo said he was wrong. He said the Earth is at the center of the universe and that the Sun is moving around it. Galileo's book was banned《禁書にする》, he lost all his jobs, and his freedom was taken away. As he was very old and not in good health, he was not put in a prison, but was locked up in a house for the rest of his life. When Galileo died, he was not allowed to have a Christian《キリスト教徒の》 funeral《葬式》. Believe it or not, it took more than 300 years for (H).

Did Galileo really say "Eppur si muove"? Who knows? And yet, these words probably express what he felt when he died. Very close to death in 1642, Galileo, aged 77, was blind and could not see the things in the sky anymore. Under a lot of pressure from the Church and afraid of pain and death, Galileo had no one to support him or tell him that he was right. He was forced to say that the Earth is at the center of the universe and does not move. And yet, although Galileo's eyes could not see anything, his mind did see the truth clearly — that the Earth moves. "Eppur si muove."

A．下線部Aが表すものを選びなさい。

1. Eppur si muove　　2. I have a dream
3. the old Spanish picture　　4. the wall of his prison

B．下線部Bが表すものを選びなさい。

1. Galileo　　2. the Sun-centered idea
3. the Sun's way　　4. the Earth-centered idea

C．Why did Copernicus take a lot of time in publishing his book?

1. He was afraid of the Catholic Church.
2. He was not sure about his idea.
3. He was very old already.　　4. He did not have enough money.

D．Why did the Catholic Church finally decide to kill Bruno?

1. He wrote a book supporting the Earth-centered idea.
2. He helped publish Copernicus' book.
3. He did not change his mind.
4. He said he would not continue teaching his idea.

E．Why was Galileo not punished when he was tried the first time?

1. He said that his Sun-centered idea was not true.
2. He promised to stop spreading his idea.
3. He got scared and said that he was sorry.
4. He told the Church that he was old and very sick.

F．How did Galileo try not to get in trouble with his book *The Dialogue Concerning the Two Chief World Systems*?

1. He did not write about Copernicus' idea.
2. He said that the Bible is right.

3. He waited until he was close to death.
4. He presented both views.

G. ガリレオの罰に含まれていないものを選びなさい。
1. They took away all his jobs.
2. They put him in a house which he could not leave.
3. They burned all his books.
4. They did not let him have a funeral as a Christian.

H. （H）に入るものを選びなさい。
1. the Church to say that they were wrong
2. astronomers to understand the Church's view
3. Galileo's first book to be published
4. Galileo's funeral to be done

I. 本文の内容に合うものをすべて選び，番号の早い順に書きなさい。
1. The old Spanish picture shows us clearly that Galileo said "Eppur si muove."
2. In the 17th century, most people believed that the Sun, the Moon, and the stars go around the Earth because they saw this every day.
3. The telescopes that Galileo invented helped him to discover Jupiter.
4. Although Galileo said that he was wrong after the second trial, the Church punished him with tools.
5. The book that Galileo published had views that went against the Bible.
6. There were some people who supported Galileo when he was tried.
7. In the Bible, King Solomon believes that the Sun moves around the Earth.
8. Galileo died in the prison that is shown in the Spanish picture.

Ⅳ 次の英文は，南米の国ParaguayのCateuraという町で活動しているオーケストラの話です。文章を読み，あとの問いに対して最も適切な答えを選び，番号を書きなさい。

Cateura is one of the poorest towns in Paraguay （ A ） outside the capital, Asunción. It has a huge landfill《ごみ捨て場》 and it receives about 3 million pounds of waste from the capital each day. The people in the town have to live with all this waste because many of them make their living by B selling "valuable" things from the garbage, and children usually get pulled out of school to help their parents. They grow up in a severe environment and they often have to face violence《暴力》 and crime《犯罪》.

Favio Chavez started working as a social worker in Cateura. He says, "I saw a lot of children and had the idea of giving them music lessons in my free time to keep them out of trouble." At first Favio had only five instruments and the children were （ C ） their own, so he asked his friend Nicolas Gomez, a well-known carpenter in the community to make new instruments for his group — out of recycled materials from the landfill. Nicolas used cans, spoons, forks, and boxes to make violins, flutes, guitars and other musical instruments. They looked a little strange, but they sounded really beautiful.

The children gradually got better (D-1) playing the instruments. Then Favio came up (D-2) a good idea. He formed the Recycled Orchestra and soon it grew from just a few members to over thirty-five. The orchestra gave new meaning to the lives of the children and their families. "I can't live a happy life without music," says Tania. She plays the violin in the orchestra.

Several years ago, the orchestra caught the eye of a team of people who make films and are led by a famous director Alejandra Amarilla. She knew that most people outside Paraguay did not know anything about the country, so the team went looking for a story to tell. "(E)," Amarilla says. "The unique point of this story was that it was very inspiring and would attract the viewers' interest in global issues." [1]

Four years ago, the film team made a short video in order to raise $175,000 to make a documentary《記録作品》. They not only raised the money but the video spread very quickly on the Internet. Since then, the Recycled Orchestra (F) in many countries around the world as well as in Paraguay. The group plays the music of Beethoven and Mozart, and even the popular music of the Beatles. And the young musicians have had great support from artists like Stevie Wonder, Metallica and Megadeth. [2]

These days, many children from Cateura want to join the orchestra. Ten-year-old Cinthia who also plays the violin says that she looked up to some of the older girls in the orchestra, and saw all the amazing chances they had to travel well beyond Paraguay. "I wanted to play because it seemed like they really loved what they were playing," she says, "and I wanted to visit other countries." [3]

However, it has not been easy for the Recycled Orchestra to go from being a community-based group to being a popular group around the world. "Nothing that happened to us was planned," Favio says. "We're still learning how to do this, from day to day." Up to now the orchestra has brought a lot of positive effects to Cateura. [4]

Favio says there has also been an even bigger change. "What we have done," he says, "is to lead our community to respect its children. We have also recognized that they need to get education. It's something sacred. Before the orchestra was formed, it wasn't like this. Before I started giving music lessons, the students' parents took them away by the hand because they needed them to work. Today, it's impossible for that to happen here. And we've already been able to do the most difficult thing which is to change the community. Maybe it did not have to be music that created such a big change. Children can do anything, for example soccer, chess, theater or some other activity." Favio says that the children playing in the Recycled Orchestra are creating something meaningful out of nothing. "To be a musician," he says, "you have to be creative, tough, careful and responsible. Without these strong points, you can't be a musician. But (H). Music itself can change society."

A.（A）に入るものを選びなさい。

1. locating　2. which is located
3. which is locating　4. which locates

B. 下線部Bの内容を表すものを選びなさい。

1. ごみ捨て場で高価な貴金属を拾い集めて売ること。
2. ごみの中から再利用できそうなものを見つけて売ること。
3. 高い費用をかけて処理したごみを売ること。
4. ごみ捨て場においてリサイクル品を売ること。

C.（C）に入るものを選びなさい。

1. poor enough to buy
2. so poor to buy
3. too poor to buy
4. very poor to buy

D.（D-1）と（D-2）に入るものをそれぞれ選びなさい。

1. about　2. at　3. for　4. from　5. in
6. into　7. of　8. on　9. to　10. with

E.（E）に入るものを選びなさい。

1. We didn't expect people to learn anything about children's problems
2. We knew that people were not interested in children's problems
3. We were sure that we would be able to solve children's problems
4. We wanted people to pay attention to children's problems

F.（F）に入るものを選びなさい。

1. performs　2. has performed　3. is performing　4. was performing

G. 以下の文は文中の 1 ～ 4 のどこに入りますか。番号を選びなさい。

Money that the orchestra has collected from its international tours has been used to build new, safer homes for many people.

H.（H）に入るものを選びなさい。

1. it's still extremely difficult to be a musician if you don't have great power
2. music has such great power that it doesn't always depend on the musicians
3. people can't understand everything about music without great power
4. we are not sure whether great music can help people with its power

I. 以下の英文のうち，本文の内容に合うものを３つ選び，番号の早い順に書きなさい。

1. The people in Asunción have to live with a huge amount of waste which is collected in the landfill.
2. A lot of children in Cateura have to work to help their parents and it is difficult for them to go to school.

3. Favio was asked to go to Cateura to give music lessons at an elementary school in his free time.
4. Favio and his friend Nicolas worked together to make various musical instruments out of materials which were collected in the landfill.
5. The director of the documentary film hoped that seeing an orchestra with instruments made from recycled materials would make people recognize problems in Paraguay.
6. The film team first made a short video about the Recycled Orchestra because they needed money to produce a documentary.
7. More and more children in Cateura now come to join the orchestra because they want to become professional musicians.
8. According to Favio, children should enjoy activities such as soccer and chess together with music in order to find something meaningful in life.

V 下の絵を見て，あとの問いに答えなさい。

絵 1

絵 2

絵 3

絵 4

絵5

絵6

絵7

絵8

A．前のページの絵1のKotaはclass leaderとしてどのような人物がふさわしいと考えていますか。A～Dの内，3つの情報を使って書きなさい。

He thinks a good class leader is someone (　　　　　　　　　　　　　　　　　　　　).

B．前のページの絵3の吹き出し内の [A] にあてはまるように，以下の（　）内の語を並べ替えて正しい英文を作り，3番目と6番目を答えなさい。

You are a great friend of mine, but I think (is / was / reason / Natsuko / a / there / chosen / good / why).

C．前のページの絵4の吹き出し [B] でKotaは以下のセリフを言っています。このセリフを日本語に訳しなさい。

How kind!　Although nobody has noticed it, Natsuko has been giving water to the flowers every morning.

D．絵7の吹き出し内の [C] に入るセリフを絵5と絵6から読み取れる情報を使って，10語以上で書きなさい。ただし，a good leader can は字数に含めません。

A good leader can (　　　　　　　　　　　　　　　　　　　　　　　　　).

でも、そこには現実を生きているときとは違う満たされた感覚があったと思うよ。

そうした時間を満喫したあとで日常に戻ってくると、現実が少し違って見えてきたり、現実を捉え直したりできることがある。それまでの出来事や自分を適度に **B** することができる。それが現実の向き合い方に関わってくるんだと思うよ。

生徒　たしかに、遊んだり読書に没頭したりしたあと現実に戻ってくると、それまでより自分を少し離れたところから見られるようになっている気がします。

先生　そうだね。講演者の小野正嗣さんは次のようにも述べているよ。「おのれの『いま、ここ』から離れて、虚構の世界に一時的に避難する。結局は、『いま、ここ』に再び戻るほかないのだとしても、（中略）かりそめの滞在を経験することによって、世界における自分の位置がよりはっきり把握できるようになる。自分を知るには、自分から離れなくてはいけない。」（『ヒュマニティーズ　文学』六十頁）

生徒　小野さんの言葉にあった「いま、ここ」から離れるという表現はすごく分かります。想像の世界では、過去や未来、ここではないどこかへ自由に飛んでいくことができます。現実の「いま、ここ」から離れられる解放感があります。

先生　現実は厳密な意味では決して繰り返すことなく、時間は自分の意志とは関係なく流れていく。しかし「安全地帯」にいるとき、「いま、ここ」に縛られた現実を離れることができる。

生徒　でも、まだ分からないところがあります。筆者の話にあったように、絶滅収容所における子供たちの遊びは果たして「人間の生と深く結びついている」とまで言えるのでしょうか。現実には極限状態のなかで、なぜ遊びが「人間の生」と結びつくようなことが可能なのでしょうか。

先生　これについて講演者の小野正嗣さんは次のように説明しているよ。「子供たちの周囲は地獄である。どこにも逃げ場がない。だからこそ子供たちは想像力によって避難する場所を、かりそめのものだとわかっていても作らなくてはいけないのだ。遊んでいる？それは遊びではあるが、単に遊びだけではない。生を破壊しようとする現実に、子供たちは遊びによって必死で抵抗しようとしているのだ。」（『ヒュマニティーズ　文学』六十九頁）

生徒　人間が人間らしく生きるために想像力は欠かせない……。極限状態におけるこうした遊びに何か崇高ささえ感じるような気がします。

（1）前の会話文中にある空欄 **A** と **B** に当てはまる語として最も適切なものをそれぞれ次のア～オの中から一つ選び、記号で答えなさい。

A　ア　人間性　イ　統一性　ウ　親近性　エ　恒常性　オ　現実性

B　ア　絶対化　イ　相対化　ウ　個性化　エ　正当化　オ　可視化

（2）本文中の傍線部⑩に「死の世界」とありますが、ここで筆者が言う「死の世界」とは、どのような世界だと思われますか。本文や会話文も参考にして、六十字以内で説明しなさい。

みとることは、その作品を書いた小説家や詩人の行為を新たに蘇《よみがえ》らせることだから。

オ　誰が書いた作品でも読まれるまでは単なる文字列に過ぎず、読者が自分だけの体験や記憶を動員しながら読むことで、作者の意図とは無関係な自分だけの作品として蘇《よみがえ》るから。

問八　傍線部⑧「書くとき作家は、ふだんの自分とはまったく異なる主観性を経験しているわけです」とありますが、ここでいう「ふだんの自分とはまったく異なる主観性」と同じ意味で使われている文中の他の語として最も適切なものを、次の**ア**～**オ**の中から一つ選び、記号で答えなさい。

ア　空想的世界　**イ**　創造的自己　**ウ**　登場人物の心情

エ　社会的自己　**オ**　現実の世界

問九　傍線部⑨「やっぱりていねいに読まなくてはいけないのです」とありますが、なぜですか。理由を説明したものとして最も適切なものを次の**ア**～**オ**の中から一つ選び、記号で答えなさい。

ア　小説を書く人は、読書を通して自分の居場所や、生きられる隙間を見つけた方が人生が豊かになって良いから。

イ　小説を書く人は、模倣をすることを通してしか物事を学習できないため、手軽な模倣対象として文章を読んだ方が良いから。

ウ　小説を書く人が上達するには多くのお手本が必要であり、手本をとにかく模倣することでしか技術的な上達は見込めないから。

エ　小説を書く人が模倣をすることは許されないので、既に書かれた作品の隙間を縫うようにして、書けるものを見つける必要があるから。

オ　小説を書く人は、文章を読んだり書いたりして模倣したい作品とのズレを知り、自分だからこそ書ける題材や領域を見つけていくことが必要だから。

問十　以下の文章は、この講演録についての中学三年生の生徒と先生の対話である。読んで、以下の（1）～（2）の問いに答えなさい。

生徒　講演録を読んでいて、幼稚園のころ砂場で水を入れながらお団子を作ったこと、白砂をまぶしてデコレーションしたことを懐かしく思い出しました。白砂をきれいにかけられたお団子は物置小屋にこっそり隠したり……。

　それにしても、遊んでいるときに楽しいという感覚は分かるんですが、なぜ「現実とよりよく向き合うために」、「よりよく生きるために」現実を離れる必要があると筆者は述べているのですか？なんだか現実逃避をしているような気がするのですが。

先生　遊びや文学作品を読むことは、現実の世界と想像の世界との二つの世界のあいだに入ることだと述べていたね。そうした隙間に入ることは人間が人間として生きていくための「安全地帯」に入ることだとされていた。

生徒　遊ぶことや文学作品を読むことが［A］を守っていくというのは何となく分かる気はします。もしそうしたことがなかったら気分がとげとげしくなる気がします。でも、一体なぜそれが「現実とよりよく向き合う」ことになるのでしょうか？

先生　夢中になって遊んでいたり、本を読むことに没頭していたりしたときの感覚を思い出してほしいんだけど、喜びや幸せな感覚でいっぱいだったんじゃないかな。たとえ暗い話やスリリングな話るが、遊びの場面では現実の世界を忘れることで空想の世界に入り込むことができるので、たとえば泥団子は食べられないという現実的な認識を忘れ、自分の手の中でおいしいお団子が出来上がっていく空想に没頭し楽しむことができること。

問五　傍線部⑤「本の世界に没入する主人公が、子供だということもまた、遊びと文学の親近性を示しているように感じます」とありますが、筆者はどのような点に「遊びと文学の親近性」を感じているのですか。説明したものとして最も適切なものを次の**ア**～**オ**の中から一つ選び、記号で答えなさい。

ア　遊びにおいて、子供が役割やキャラクターを模倣し、現実のものを想像力によって何か別のものに見立てている点。

イ　遊びの中で他者になったり周囲の世界を別のものにしたりする経験を積むことで、ゆたかな想像力を獲得している点。

ウ　子供が遊んでいる時の幸福さや充溢感《じゅういつかん》に、見たり読んだりしている人が思わず引きつけられて注目せずにはいられない点。

エ　空想の世界を現実の世界に重ねることで、現実とは少しずれた世界を生み出し、そこに身を置いて喜びや幸せを感じている点。

オ　現実の世界で居心地の悪い思いを抱えている状況においても想像力を失わずに遊んだり物語に入り込んだりする能力が、子供特有のものである点。

問六　傍線部⑥「『生きよ』と呼びかけてくる」とありますが、なぜですか。理由を説明したものとして最も適切なものを次の**ア**～**オ**の中から一つ選び、記号で答えなさい。

ア　小説や詩は、読者が自分の想像力を注ぎ込み、読者の方から働きかけることを絶対的に必要としているから。

イ　小説を通じて作者から読者へ励ましの声が送られるので、読者は小説を読むことで前向きな気持ちになれるから。

ウ　読者が登場人物に共感することで、登場人物がいきいきとした魅力を持ち、読者に生きよと励まし、訴えかける力を持つから。

エ　読者は、自分の存在を認め支えてくれる言葉を意識せずにはいられないため、小説の中にある励みになる言葉を最もよく記憶するから。

オ　小説や詩は、読者が自分の体験や記憶を総動員して「命」を与えることで成立するものであるため、読者は自分の経験によって励まされるから。

問七　傍線部⑦「ダンテやシェークスピアの詩句を読むことは、その言葉を書きつけた瞬間のダンテやシェークスピアになることだ」とありますが、なぜですか。理由を説明したものとして最も適切なものを次の**ア**～**オ**の中から一つ選び、記号で答えなさい。

ア　作品を読む時、読者は単なる文字列に能動的に働きかけるが、その際、作者になったような気持ちで一言一言を吟味し直すから。

イ　単なる文字列を意味のあるものとして読むためには、読者はそれを書いているときの作者の気持ちと心を一つにしなければならないから。

ウ　その作品を書いた小説家や詩人の想像力を能動的に理解しなければ、自分だけのために書かれたものとして作品を読むことができないから。

エ　単なる文字列だったものに、読者が能動的に働きかけて意味を読おける筆者のどのような姿勢が見て取られますか。説明したものとして最も適切なものを次の**ア**～**オ**の中から一つ選び、記号で答えなさい。

ア　数字を出して説明することを学者の使命とする姿勢。

イ　聴者に信頼してもらうことを講演会の目標にしている姿勢。

ウ　自分の身近な経験を語りつつ、ユーモアも交えながら話をしていく姿勢。

エ　聴者の関心よりも自分にとって面白いと感じることを話そうとする姿勢。

オ　自分の教養を披露することで、聴衆にも多くの知識を得てもらいたいという姿勢。

問三　傍線部③「遊んでいるときに幸せを感じている自分が、いつもの自分かどうかは実に不確かだと思うのです」とはどのようなことですか。説明したものとして最も適切なものを次の**ア**～**オ**の中から一つ選び、記号で答えなさい。

ア　遊んでいるときの子供は別の存在になりきっていても、この幸せは本当の幸せではないとわかっているということ。

イ　遊んでいるときの子供は別の存在になりきっているので、幸せを感じている主体も別の存在であるはずだということ。

ウ　遊んでいるときの子供は別の存在になりきっているので、本当の自分と別の存在との間で常に混乱状態にあるということ。

エ　遊んでいるときの子供は別の存在になりきっていても、本気で自分が別の存在になっているとは信じていないということ。

オ　遊んでいるときの子供は別の存在になりきっているので、幸せを感じているのがその子自身であるといえるかどうかはあいまいだということ。

問四　傍線部④「遊びの世界では、現実と空想が同時に存在することに矛盾はまったくないのです」とはどのようなことですか。説明として最も適切なものを次の**ア**～**オ**の中から一つ選び、記号で答えなさい。

ア　通常、現実の世界と空想の世界とは切り離されていると考えられるが、遊びの場面では空想上の他者になりきることができるため、たとえば現実の自分は泥団子を食べることができないが、空想上の人物になりきれば泥団子を食べられると信じていること。

イ　通常、現実の世界と空想の世界とは切り離されていると考えられるが、遊びの場面では空想を楽しむことで現実をよりよくできるので、たとえば空想の世界でおいしいお団子を作る経験をすることによって現実のお団子もおいしく感じられるようになること。

ウ　通常、現実の世界と空想の世界とは切り離されていると考えられるが、遊びの場面では両者は重なる仕方で存在できるので、たとえば泥団子は泥のかたまりなので食べられないという現実的な認識を保ちながら、自分の手の中でおいしいお団子が出来上がっていく空想を楽しむことができること。

エ　通常、現実の世界と空想の世界とは切り離されていると考えられるが、遊びの場面ではある人は現実の世界を認識し、また他の人は空想の世界を認識して共に遊ぶことができるので、たとえば泥のかたまりを泥団子と認識する人と本当に食べられるお団子と認識する人たちが衝突せずに遊べること。

オ　通常、現実の世界と空想の世界とは切り離されていると考えられうな文章を書きたくて、必死で模倣するのだけれど、どうしても同じにはならない。

意図的に模倣するのであれ、無意識のうちの模倣になってしまうのであれ、その真似すべきオリジナルな対象とは、ぴったり重なり合うことはない。どうしても隙間が生じるのです。でも、実はその隙間こそが、書き手であるあなた自身の場所なのです。

さらによいことに、世界には僕たちの知らない素晴らしい作品が無数にあります。本を読めば読むほど、真似《まね》をしたい作品も増えてくる。そしてそのたびに、自分が憧れ一体化したいと願うそうした作品から、「ここはあなたの場所じゃない」とはね返され、蹴っ飛ばされる。何も目印も指標もない茫漠《ぼうばく》とした空間に放り出されるのは不安で恐ろしいことですが、文学の夜空を満たす実に多様な星々＝作品の輝きやその配置をよりよく知れば知るほど、少なくとも「ここは自分の場所ではない」というところだけはわかるようになってくる。読めば読むほど、そうやって「ここでもない」「あそこでもなかった」と模索しているうちに、ほかの誰でもないこの自分が書くべき場所が少しずつ明らかになってくる。小説を書きたいと思う人たちは、だから、⑨やっぱりていねいに読まなくてはいけないのです。たくさん読めとは言いませんが、読むことに労力を惜しんではいけないと思います。

（中略）

文学は遊びと親和性がとても強く、遊びはつねに人に喜びを与えます。遊んでいる子供からあふれるあの喜びの力を思い出してください。それは命の力そのものです。だから、絶滅収容所がその典型ですが、遊びのない世界は、想像力を働かすことを禁じられた世界は、⑩死の世界にほかなりません。文学は遊びとともにつねに「いのち」の側にあり、僕たちを待っています。

（小野正嗣「講演　読む・書く・学ぶ」『すばる』二〇一五年一〇月号による）

注6　アウシュビッツ…ポーランド南部の都市オシヴェンチムのドイツ語名。第二次大戦中、ナチス-ドイツの強制収容所の一つがここに造られ、ユダヤ人など多数が虐殺された。

問一　傍線部①「多くの場合、その子は、自分ではないものになっているのです」とはどのようなことですか。説明したものとして最も適切なものを次の**ア**～**オ**の中から一つ選び、記号で答えなさい。

ア　子供は遊びによって他の子供と一体感を得るため、自分以外の存在にもなれるということ。

イ　子供は遊びながら大人になるため、子供と大人の中間に属する存在になっているということ。

ウ　子供は遊びを通して、自分とは年齢の離れた大人になりきり、他者の人生を生きるということ。

エ　子供はごっこ遊びを通して人間にとっての他者、つまり人間以外の存在になりきるということ。

オ　子供は遊んでいるとき、自分とは異なる存在になりきり、他者としてふるまっているということ。

問二　傍線部②「あなたの限られた経験からそう断言するのはどうかと疑問を抱かれる方もいるかもしれませんが、僕は子供が四人いますので、たぶん四六時中身近で見ているサンプルの数は、普通の人よりは多いので、信頼していただきたい」とありますが、ここには講演会にでいるだけではなくて、読みながら書いているということになるのかもしれません。

さきほど子供の遊びについて、子供は遊ぶときに自分とはちがうものになっていると言いました。「ごっこ」遊びという言葉があるように、その行為の中心をなすのは「模倣」行為です。

読んでいるときに、私たちは登場人物の心情に同一化するという経験をよくします。読むことは書いている作家や詩人になることだというのは、いまいちピンと実感できないという人も、読書に我を忘れているときには、本当に我をどこかに忘れて、登場人物の誰かになりきっている経験があるはずです。それと同様に、書くというのは、その間、ふだんの自分とはちがう自分になる不思議な経験なのです。語り手が「ぼく」とか「わたし」の小説を考えてください。創造的自己と社会的自己の区別を語ったプルーストを持ち出すまでもなく、当たり前のことですが、小説から聞こえてくるその「声」は、語り手の声であって、その小説を書いた作家の声ではありません。村上春樹さんの初期の作品は、「ぼく」によって語られますが、その「ぼく」が現実の村上春樹さんその人だと考える人は一人もいないはずです。

（中略）

⑧書くとき作家は、ふだんの自分とはまったく異なる主観性を経験しているわけです。それはかりではありません。小説などを書いているときに、自分の想像力が描き、自分の言葉によって構築されつつある世界と、実際にそれを書きつけている現実の書斎、僕の場合だと、汚くてちらかっていて子供たちが決して足を踏み入れようとしないゴミ箱のような部屋とのあいだ、空想的世界と現実の世界との隙間に、書き手自身が滑り込んだかのように、ふだんの自分とは違うものになっているのです。だから、小説を書き上げると、いつもの単なる親父《おやじ》ギャグのうるさいおっさんに戻って、目の前にある文章が自分のものではないように感じられるのです。

（中略）

書くという行為が、自分とはちがうものになる体験であるように、書くためには、他者の、自分以外の人々が書いてきた言葉を通過すること、それも「模倣」という形で通過することが必要だと思います。そもそも人はどうして書きたいと思うのでしょうか。今日は日曜日ですので、朝からうちの長男は、ニンニンジャーと仮面ライダードライブをテレビで見ながら、画面のなかで動くヒーローたちを真似て、必死で飛び跳ねたり、腕をくねらせたり振り回したりしていました。ヒーローの動きを真剣に真似し、そうやってヒーローになりきっているのです。裸で飛び跳ねていましたから、「服を着なさい」と母親に注意されました。そしたら、「うるさい！」とその一瞬だけ見事に父親の模倣をして、またヒーローたちの世界に戻っていきましたけれど。子供の遊びとは、自分が憧れる対象を模倣することでもあります。小説や詩を書くという行為が、これとどこにちがいがあるでしょうか。

言葉を覚えることも模倣から始まります。文章を書くことにしても同じことです。自分が小説や詩を読んで、感動したり打ちのめされたりした経験があるからこそ、自分も同じことがしたいと思い、書きたいと思うのではないでしょうか。そうやって書き始めると、どうしても自分が好きな作家の文体の模倣になってしまう、あるいは、逆にその作家のよ戻ってくるという物語――を書いた本を読む私たち自身の身にも起こっているのです。面白いですよね。

私たち人間には、現実とよりよく向き合うために、ということは、よりよく生きるために、言葉の力を借りて、つかの間であれ――しかし本を読んでいるときの時間の流れ方はふだんとはまったく異なることもまた、みなさんのよく知るところです――現実から離れることが必要であるかのようです。しかもそのときに、私たちが拠《よ》りどころとする言葉が、想像力の純度が高い文学作品の言葉であるということがとても面白いと思うのです。

本を読むことは、現実の世界と想像力の世界との二つの世界のあいだで遊ぶことです。いまここにいらっしゃるみなさんの多くが、ここに来るまでの電車のなかで、文庫本の頁《ページ》を開いて、そこで楽しく遊んでいたのに、電車が着いて、現実に引き戻されてしまいました。そしていま、こんないんちきくさいおっさんの要領を得ない言葉を浴びせかけられて、悪夢の世界に閉じ込められている――嘘《うそ》をつかないでください。そう思っている人もいるでしょう?

（中略）

さて、いずれにしても遊びと同様に、現実と空想の狭間に安全地帯を作る文学は、人間が人間として生きていくために必要不可欠な営み、つまり人間にとって本質的な営みです。文学は「生」の側につねにあります。小説や詩は、それを読む人がいなければ、ただの文字列です。まず読む人がそこに自分の想像力を注ぎ込み、能動的に働きかけてくれなければ、作品になることができないのです。ひとつの小説や詩は、読者の存在を絶対的に必要とする。読者である私たちに生きてほしい。作品として自分が生き続けるためにも、どうしても私たちに生きてもらわないと困るのです。

よくよく考えると、作品に対して私たちはとことん無力です。なぜなら、いくら望もうとも私たちは作品のなかの世界を変えることはできないからです。たとえば、私たちがどれだけ強く反対のことを望んでもロミオはロミオのままです。それでも私たちが読まなければ、ロミオくんは存在しなかったことになってしまいます。

小説や詩は、作品として自分が生き続けるためにも、私たちに生きてほしい。私たちひとりひとりの存在を大切なものと認めて、⑥「生きよ」と呼びかけてくる。だからこそ、小説や詩を読むときに私たちは、支えられている、励まされていると感じ、そこに自分の居場所があると感じられるのです。これは自分に向けて、自分だけのために、書かれたのではないか――そんなふうに思われる小説や詩に出会った経験を多くの人がしているはずです。それは、読者が自分の想像力を、それまで生きてきた体験や記憶などとともに総動員して、誰のものでもない文字列であったものに「命」を与えたということです。そうやって自分だけの作品として蘇《よみがえ》らせたのです。

あるいは、もっと極端なことを言えば、その作品を書いたのは、実は小説家や詩人ではないのです。ひとりひとりの読者がそれぞれのやり方で、その文字列をたどり直しながら、書き直していると言ってはいけないでしょうか。アルゼンチンの作家のボルヘスは、⑦ダンテやシェークスピアの詩句を読むことは、その言葉を書きつけた瞬間のダンテやシェークスピアになることだというようなことを言っています。もしもボルヘスの言う通りだとしたら、私たちは本を読むとき、実は単に読んす。遊びが人間の生と深く結びついていることがよくわかります。
人の命を奪う巨大な災厄を前にしたときに、人は「想像を絶する」出来事だという表現を使います。さきほど、遊びは、現実が想像力の世界によって二重化されるときに生まれるのではないかと言いました。それは遊びが成立するためには、想像力が不可欠だということです。「想像を絶する」事態には、遊びは存在しえません。人から想像力を奪おうとする世界には、遊びの場所はありません。それは死の世界なのです。だからこそ、人は想像しなければなりません。「想像力、死んだ、想像せよ」という、アイルランド生まれで、ずっとフランスに暮らし、英語とフランス語で書いたサミュエル・ベケットの言葉は、そのような意味で理解できると思います。想像力が死んでしまうような出来事にさらされたときこそ、だからこそ、人は想像しなくてはならないのです。

文学もまた、現実を想像力によって二重化することによって生まれるものです。そのときの素材と手段はひとつしかありません。言葉です。言葉を題材にして、言葉を用い、想像力を駆使して現実とは少しずれた世界を出現させます。ちょうど遊んでいる子供が現実でありながら現実ではない世界、あるいは現実であると同時に非現実である世界のなかに身を置いているように、文学も人が生きていくために必要な隙間、「遊び」を作り出します。夢中になって本を読んでいるときに、僕たちはいったいどこにいるのでしょうか。そう尋ねられて、きょう電車で本を読みながらここまで来た方も多いと思いますが、「電車のなか」だなんて真顔で答える方はいないでしょう。

まあ、いてもよいのですが。それは半分は正解で、半分は間違っているのはわかると思います。電車のなかという現実と同時に、読んでいた本の言葉が作り出す想像的な世界のなかにもいたと言ってもよいでしょう。

そのことは、ある本を読んでいるうちに、その本の世界に入り込み冒険をするという手法を取る物語が、児童文学、つまり子供にも読まれることを前提として書かれた文学ジャンルのなかに多く見られることと無関係ではないと思います。そう言うと、ミヒャエル・エンデの名作『はてしない物語』を思い浮かべる方も多いでしょう。3年ほど前に刊行されたものですが、川上弘美さんの書かれた『七夜物語』がそのような形式になっています。主人公は、偶然手に取った本を読んでいるうちに、本のなかにある異世界へと導かれていくのです。

僕の限られた読書体験から得た印象では、そうした種類の本においては、主人公は現実の世界においてどこか居心地の悪い思いを抱えています。『はてしない物語』では主人公のバスチアンは、母を失って父との関係もあまりよくない10歳の男の子だったはずです。『七夜物語』の主人公の少女さよの両親は離婚しています。さよは小学校4年生だから10歳ですね。⑤本の世界に没入する主人公が、子供だということもまた、遊びと文学の親近性を示しているように感じます。

たいていの場合、外部の世界との関係に違和感を覚えている主人公たちは、本のなかの世界を体験することで、世界の重みが少しだけ軽くなるというか、息苦しさがましになるようです。本の世界に生きる、つまり本を読むことを通して、現実との関係がよい方向に変化するのです。そして、それは、そうした物語――繰り返しますが、主人公たちが本の世界のなかに入り込み、なんらかの出来事を体験したのちに、現実にいか、それってすごく感じの悪い親父《おやじ》だなあ、と。

子供は遊んでいるときに、自分とはちがうもの、ちょっとむずかしい言い方をすると、他者になっている。そう言うことができると思います。②あなたの限られた経験からそう断言するのはどうかと疑問を抱かれる方もいるかもしれませんが、僕は子供が四人いますので、たぶん四六時中身近で見ているサンプルの数は、普通の人よりは多いので、信頼していただきたい。

遊ぶときに子供は自分とは別の存在になっている。そして幸せでいっぱいである。とすると、幸せで満たされているのは、その子なのでしょうか、それともその子がなりきった別の存在なのでしょうか。遊びが終わると喜びが消えます――遊びが終わるときの、つまり家に帰る時間が来たり宿題をやりなさいとか言われたりして、遊びを中断せざるをえないときの、なにかふだんの味気ない日常に引き戻されるような、あのすごく残念な感じは、確実に自分のものだと言えます。ところが、③遊んでいるときに幸せを感じている自分が、いつもの自分かどうかは実に不確かだと思うのです。

いや、そんなことはないと言われるかもしれません。なるほど子供は遊ぶとき、想像力を駆使して、他者になるだけではなく、同時に周囲の世界も別のものに変える。公園のベンチが船になったり、ブランコが飛行機になったり、草木の茂る場所が、猛獣や魔物が潜むジャングルや森になったりする。しかし、それは現実を何か別のものに見立てているだけではないか、と言われるかもしれません。役割、キャラクターを模倣しているだけであって、本気で自分が何か別のものになっているなんて信じていないのだ、と。砂遊びを見なさい。子供は砂まみれ泥まみれになりながら、お団子やケーキを作る。こちらがたじろいでいるのをよそに、目をきらきらさせて、「はい、どうぞ食べてください」と、そのどろどろの団子やらケーキを差し出してくる。そんなとき、子供だってそれが本当に食べられるものだと信じているわけではない、と。

そのとおりです。ただ、④遊びの世界では、現実と空想が同時に存在することに矛盾はまったくないのです。別の言い方をすれば、遊びとは、現実の世界に、想像力によって作った世界を重ねて二重化することだと思うのです。そして二つの世界はきれいに重なり合わず、必ず隙間が生まれる。遊んでいるとき、子供がどこにいるのかと言えば、現実でもなければ、完全に想像力の世界だけでもない、その隙間、その狭間《はざま》なのだと思います。

そう言えば、機械で接合部分に与えられたゆとり、隙間やゆるみを「遊び」と言います。この遊びが、その機械が動作する際に安全装置の役割を果たしているということは重要です。おそらく機械だけではなく、人間の遊びもまた、人間が人間らしく生きるための安全装置なのです。

遊びの反対は真剣さではないのだとしたら、何なのでしょうか。僕は「死」ではないかと思います。注6アウシュビッツなどの絶滅収容所の極限状態において、ガス室へと続く列のなかでも子供は遊んでいたという生存者の記録があります。子供は大人たち以上に具体的に何が起こっているのかわかっていなかったかもしれませんが、それでもただならぬ事態であることは周囲の大人たちの不安と絶望から感じ取っていたはずです。それでも子供たちは遊ぼうとして、それを見ていた大人たちは、すべてが奪われた無残な状況のなかで、そこらに落ちている棒きれや布切れを使って人形などを作り子供を遊ばせてやろうとしたというのでとで、人々は安心を得ている。それらが崩壊してしまうことへの不安から、逸脱するものを認めることができなくなってしまうということ。

オ　権威主義は、かつての王や教会のように、権威ある学説によって人々に安心を与えている。そのように人々から信奉されてきたため、間違いを犯してもかたくなに認めない傲慢さを身につけているということ。

二　この文章は、作家であり大学教員でもある筆者が講演会で話したものです。読んで、後の問いに答えなさい。

目の前で幼い子供が遊んでいます。とても幸せそうです。喜びで小さな体ははち切れそうです。笑い声は聞こえてきません。むしろ逆です。すごく集中して、思いつめていると言いたいくらい、目元にぎゅっと力のこもった顔つきをしています。真剣さの塊となって、何をしているのでしょうか。

さっき言いました。遊んでいるのです。

多くの人が知っているように、真剣さと遊びは矛盾しません。体の内側で燃えているような喜びもあるのです。もちろんこの内なる炎は、ちょっとしたきっかけで、体の外側に飛び出します。火花が爆《は》ぜるように、きゃはは、ふふふ、と笑いとなって現われます。

遊んでいるときほど、子供が幸せに見えるときはありません。子供だけではありません。一般に、大人だって遊びに夢中になっているときには幸せそうに見えます。幸福さの感覚は、充溢感《じゅういつかん》と結びつきます。「幸せな気持ちでいっぱい」のとき、「いっぱい」になっているのは何なのでしょうか。

子供の心？　子供の体？

そうでしょう。

でも、その心や体は、いったい「誰」のものなのでしょうか。

当然、その心や体の持ち主である子供のものに決まっているではないか、と思われるかもしれません。

ところが、子供が何をして遊んでいるのかを見てみますと、①多くの場合、その子は、自分ではないものになっているのです。うちには2歳《さい》の男の子がいます。その子を見ていると、このあいだまで遊ぶときは、『トイ・ストーリー』のバズ・ライトイヤーになりきって生活していました。最近は、そこに仮面ライダー（仮面ライダードライブ）が加わって、ときどき仮面ライダーに変身しています。

（中略）

上のお姉ちゃんたちも同じでした。プリキュア・シリーズなどの変身物のアニメを見ては、変身ポーズを取ったりしていました。漫画やアニメの登場人物になる、変身するだけではありません。そういうものがなくても、子供は遊ぶとき、自分とはちがうものになっています。ままごとなどを考えれば、そのことはすぐにわかると思います。子供がお母さんになりきって、やはり赤ん坊になりきった別の子の面倒をみている。赤ん坊になりきった子は、「えーん、えーん」と泣く真似《まね》をして、それを見たお母さん役の子が「おなかがすいたのね、ご飯をあげますね」などと言っている。すると、そこに脇から別の子が、「うるさいぞ、静かにしろ！　お父さんはいま仕事をしているんだ！」などと大きな声で怒鳴る。それを聞いてドキリとするわけです。あ、それ、おれの真似じゃな

オ　科学的知見は原理的に不完全であるということまでの文脈を理解できていれば誰にでもわかる結論なのに、残念ながら現実がそうなっていないという意味。

問七　傍線部⑤「科学的知見の確度の判定という現実的な困難さに忍び寄って来るのが、いわゆる権威主義である」とありますが、「科学的知見の確度の判定」が「困難」だと、どうして「権威主義」が「忍び寄って来る」のですか。理由を説明したものとして最も適切なものを次の**ア**～**オ**の中から一つ選び、記号で答えなさい。

ア　権威を持たせることで確度も高まるので、確度の判定が困難な場合に権威の高さから判断するのは合理的な考え方であるから。

イ　権威の高さと確度を同一視するやり方は理解が容易であり、分からないという不安定な状態に留《とど》まらずに済む安心感があるから。

ウ　権威の高さを用いることで、確度の判定というわずらわしい行為をしないで済み、結果的には効率的に科学を進展させられるから。

エ　専門家が自らの専門分野について正確な確度の判定を行うためには、一般の人たちの専門家への信頼という権威が不可欠であるから。

オ　権威の高さは確度の高さと同じだと考えた方が分かりやすく、科学を敬遠している人に科学の分かりやすさを伝えるのに最適であるから。

問八　傍線部⑥「『神託を担う科学』」とはどういうことですか。説明したものとして最も適切なものを次の**ア**～**オ**の中から一つ選び、記号で答えなさい。なお、「神託」とは、「神のお告げ」という意味です。

ア　過去から伝えられてきた神の教えが科学的知見によって解明されること。

イ　研究者の献身的な働きによって、科学と宗教の境界線がより明確になること。

ウ　妄信的に従うべきものとして、科学的な知見が社会の中に位置づけられること。

エ　科学的な知見の発展により、科学が宗教の一つとして社会の中に位置づけられること。

オ　世の中の神秘的な事柄の解明は科学が担うべきものとして社会の中に位置づけられること。

問九　傍線部⑦「この失墜への恐怖感が〝硬直したもの〟を生む」とはどういうことですか。説明したものとして最も適切なものを、次の**ア**～**オ**の中から一つ選び、記号で答えなさい。

ア　権威主義は、ある権威を人々に妄信させることが社会の安定のために必要だと考えている。そこで、人々が不安を克服し、自らの理性によってこの世界の姿を解き明かすことを恐れるということ。

イ　権威主義は、権威ある学説を唱えた研究者を絶対的な権威そのものと同一視している。そこで、その研究者が生きている間は、その分野の研究をたった一人に依存することになってしまうということ。

ウ　権威主義が、権威を利用して巨大な利益を生み出してきたため、それらが失われることに人々は強い抵抗感を抱く。そのため、過ちを犯したとしても決して認めず、正しいと押し通そうとするということ。

エ　権威主義が、ある世界観や価値を絶対的なものとして提示するこ

物のうち環境の変化に適応したものが生き残ってゆく様子によく似ているということ。

ウ 現在は素晴らしいとされる科学的知見も科学以外の学問が台頭すれば滅びることは、一つの生物が永久には生きられない様子によく似ているということ。

エ 科学的知見が新しい説を生み出すことでしか生き残れないことは、生物が進化を繰り返すことでしか新しい環境に適応できない様子によく似ているということ。

オ 科学的知見が「不動の真理」となって、現実の状況の変化にもかかわらず長い時間の中で批判に耐え続けることは、生物が環境の変化に適応し生き残る様子によく似ているということ。

問五　傍線部③「原理的に不完全な」とはどういうことですか。説明したものとして最も適切なものを次の**ア**～**オ**の中から一つ選び、記号で答えなさい。

ア 科学的知見は、その時点でどのくらい確からしいのかは言えるが、絶対的に正しいと言い切ることができないという点で、どこまでも不完全なものであるということ。

イ 科学的知見は、「それで終わり」と判定するようなプロセスがいまだ発見されていないため、不確かな研究手法にもとづく成果にすぎないという点で、どこまでも不完全なものであるということ。

ウ 科学的知見は、あくまでもある研究者がある状況下で行った実験等から導き出されたものにすぎず、同一の結果を再現することは決してできないという点で、どこまでも不完全なものであるということ。

エ 科学的知見は、実験室のように厳密に統制された環境において見出されたものであるため、それらが一般生活下でどの程度有効かは未知数であるという点で、どこまでも不完全なものであるということ。

オ 科学的知見は、ニュートンの理論がアインシュタインの理論によって一部修正されたように、偉大な研究もその後の研究の進歩によって必ず誤りを発見されるという点で、どこまでも不完全なものであるということ。

問六　傍線部④「優等生的な回答」とありますが、「優等生的」という語は、ここではどういう意味で用いられていますか。説明したものとして最も適切なものを次の**ア**～**オ**の中から一つ選び、記号で答えなさい。

ア 科学的知見は原理的に不完全であるということここまでの文脈を正確に読み取ることができる読者なら、当然導き出せる結論だという意味。

イ 科学的知見は原理的に不完全であるということここまでの文脈からは到底導き出せない結論だが、良心的であることは間違いないという意味。

ウ 科学的知見は原理的に不完全であるということここまでの文脈から導かれる結論としては正しいのだが、実現するのが容易ではないという意味。

エ 科学的知見は原理的に不完全であるということここまでの文脈を真摯に受け止めて、地道な努力をかさねてゆけばいつかは真実に到達できるという意味。

の地動説のような、権威主義による強権的な異論の封じ込めはもう起こらないと信じたいが、特定の分野において「権威ある研究者」の間違った学説が、その人が存命の間はまかり通っているというようなことは、今もしばしば見られるようには思う。権威主義に陥ってしまえば、科学の可塑性、その生命力が毒されてしまうことは、その意味で、今も昔も変わらない。科学が「生きた」ものであるためには、その中の何物も「不動の真実」ではなく、それが修正され変わり得る可塑性を持たなければならない。権威主義はそれを蝕《むしば》んでしまう。

そして、何より妄信的な権威主義と、自らの理性でこの世界の姿を解き明かそうとする科学は、その精神性において実はまったく正反対のものである。科学を支える理性主義の根底にあるのは、物事を先入観なくあるがままに見て、自らの理性でその意味や仕組みを考えることである。それは何かに頼って安易に「正解」を得ることとは、根本的に真逆の行為だ。

（中屋敷均『科学と非科学　その正体を探る』による）

注1　漸進的…段階を追って次第に進むこと。
注2　教条主義…理論や教説を発展するものと見ず、そこに述べられている命題や原理を絶対的なものと考え、当面する具体的な諸条件を吟味せず機械的に適用する態度。原理主義。
注3　可塑性…変形しやすい性質。
注4　臨床…病床に臨むこと。
注5　寓言…他のものごとにことよせて意見や教訓を含ませて言う言葉。たとえばなし。

問一　傍線部**a**～**e**について、漢字はそのよみをひらがなで書き、カタカナは漢字に直しなさい。

問二　空欄 A に当てはまる最も適切な慣用句を、次の**ア**～**オ**から一つ選び、記号で答えなさい。

ア　金に糸目をつけない　**イ**　背に腹は代えられない
ウ　枚挙にいとまがない　**エ**　ない袖は振れない
オ　歯に衣を着せない

問三　傍線部①「玉石混交の科学的知見」とありますが、この傍線部での「玉」とは何を指していますか。説明したものとして最も適切なものを次の**ア**～**オ**の中から一つ選び、記号で答えなさい。

ア　他の研究者たちには結果を再現することができないような知見。
イ　とても確からしくて、ほとんど例外なく現実に合っているような知見。
ウ　世界的に権威のある賞をとったり、有名な雑誌に載ったりするような知見。
エ　後の研究者たちから検証される必要なく不動の真理となっていくような知見。
オ　研究者たちが活発に修正を加えることで、現在の姿をまったく留《とど》めなくなるような知見。

問四　傍線部②「それはまるで生態系における生物の『適者生存』のようである」とはどういうことですか。説明したものとして最も適切なものを次の**ア**～**オ**の中から一つ選び、記号で答えなさい。

ア　科学的知見がやがて人間の手を離れて進化していくことは、生物の進化が人間の予測や制御を受け付けない様子によく似ているということ。
イ　有用性や再現性のある科学的知見が後世に残ってゆくことは、生きた知見はそうでないものより強靭《きょうじん》さを持っている傾向が一般的に認められることは、間違いのないことである。また、科学に限らず、音楽家であろうが、塗師であろうが、ヒヨコ鑑定士であろうが、専門家は非専門家よりもその対象をよく知っている。だから、何事に関しても専門家の意見は参考にすべきである。それも間違いない。多少の不具合はあったとしても、どんな指標も万能ではないし、権威主義による判断も分かりやすくある程度、役に立つなら、それで十分だという考え方もあろうかと思う。

しかし、なんと言えばよいのだろう。かつてアインシュタインは「何も考えずに権威を敬うことは、真実に対する最大の敵である」と述べたが、この権威主義による言説の確度の判定という手法には、どこか拭い難い危うさが感じられる。それは人の心が持つ弱さと言えばいいのか、人の心理というシステムが持つバグ、あるいはセキュリティーホールとでも言うべき弱点と関連した危うさである。端的に言えば、人は権威にすがりつき安心してしまいたい、そんな心理をどこかに持っているのではないかと思うのだ。拠《よ》りどころのない「分からない」という不安定な状態でいるよりは、とりあえず何かを信じて、その不安から逃れてしまいたいという指向性が、心のどこかに潜んでいる。権威主義は、そこに忍び込む。

そして行き過ぎた権威主義は、科学そのものを社会において特別な位置に置くことになる。⑥「神託を担う科学」である。倒錯した権威主義の最たるものが、科学に従事している研究者の言うことなら正しい、というような誤解であり（それはこのエッセイの信頼性もまた然《しか》りなのだが……）、また逆に科学に従事する者たちが、非専門家からの批判は無知に由来するものとして、聖典の注5寓言《ぐうげん》のような専門用語や科学論文の引用を披露することで、高圧的かつ一方的に封じ込めてしまうようなことも、「科学と社会の接点」ではよく見られる現象である。これまで何度も書いてきたように、科学の知見は決して１００％の真実ではないにもかかわらず、である。

こういった人の不安と権威という構図は、宗教によく見られるものであり、「科学こそが、最も新しく、最も攻撃的で、最も教条的な宗教的制度」というポール・カール・ファイヤアーベントの言は、c示唆に富んでいる。「権威が言っているから正しい」というのは、本質的に妄信的な考え方であり、いかにdビジを弄しようと、とどのつまりは何かにしがみついているだけなのだ。

また、もう一つ指摘しておかなければならないことは、権威主義が〝科学の生命力〟を蝕《むしば》む性質を持っていることだ。権威は人々の信頼から成り立っており、一度間違えるとそれは失墜し、地に落ちてしまう。権威と名のつくものは、王でも教会でも同じなのだろうが、⑦この失墜への恐怖感が〝硬直したもの〟を生む。「権威は間違えられない」のだ。また、権威主義者に見られる典型的な特徴が、それを構築する体系から逸脱するものを頑《かたく》なに認めない、という姿勢である。それは権威主義が本質的に人々の不安に応えるために存在しているという要素があるからであり、権威主義者はその世界観がe瓦解し、その体系の中にある自分が信じた価値が崩壊する恐怖に耐えられないのである。

現代の民主主義国家では、宗教裁判にかけられたガリレオ・ガリレイる意味、科学という体系が持つ構造的な宿命であり、絶え間ない修正により、少しずつより強靭《きょうじん》で真実の法則に近い仮説ができ上がってくるが、それでもそれらは決して１００％の正しさを保証しない。

　より正確に言えば、もし１００％正しいところまで修正されていたとしても、それを完全な１００％、つまり科学として「それで終わり」と判定するようなプロセスが体系の中に用意されていない。どんなに正しく見えることでも、それをさらに修正するための努力は、科学の世界では決して否定されない。だから科学的知見には、「正しい」or「正しくない」という二つのものがあるのではなく、その仮説がどれくらい確からしいのかという確度の問題が存在するだけなのである。

　では、我々はそのような「③原理的に不完全な」科学的知見をどう捉えて、どのように使っていけば良いのだろうか？　一体、何が信じるに足るもので、何を頼りに行動すれば良いのだろう？　④優等生的な回答をするなら、より正確な判断のために、対象となる科学的知見の確からしさに対して、正しい認識を持つべきだ、ということになるのだろう。

「科学的な知見」という大雑把なくくりの中には、それが基礎科学なのか、応用科学なのか、成熟した分野のものか、まだ成長過程にあるような分野なのか、あるいはどんな手法で調べられたものなのかなどによって、確度が大きく異なったものが混在している。ほぼ例外なく現実を説明できる非常に確度の高い法則のようなものから、その事象を説明する多くの仮説のうちの一つに過ぎないような確度の低いものまで、幅広く存在している。それらの確からしさを正確に把握して峻別《しゅんべつ》していけば、少なくともより良い判断ができるはずである。

　たとえば、近年、医学の世界でｂテイショウされている evidence-based medicine（ＥＢＭ）という考え方では、そういった科学的知見の確度の違いを分かりやすく指標化しようとする試みが行われている。これは医学的な知見（エビデンス）を、調査の規模や方法、また分析手法などによって、階層化して順位付けし、注４臨床判断の参考にできるように整備することを一つの目標としている。同じ科学的な知見と言っても、より信頼できるデータはどれなのかを判断する基準を提供しようとする、意欲的な試みと言えるだろう。

　しかし、こういった非専門家でも理解しやすい情報が、どんな科学的知見に対しても公開されている訳ではもちろんないし、科学的な情報の確度というものを単純に調査規模や分析方法といった画一的な視点で判断して良いのか、ということにも、実際は深刻な議論がある。一つの問題に対して専門家の間でも意見が分かれることは非常に多く、そのような問題を非専門家が完全に理解し、それらを統合して専門家たちを上回る判断をすることは、現実的には相当に困難なことである。

　こういった⑤科学的知見の確度の判定という現実的な困難さに忍び寄って来るのが、いわゆる権威主義である。たとえばノーベル賞を取ったから、『ネイチャー』に載った業績だから、有名大学の教授が言っていることだから、といった権威の高さと情報の確度を同一視して判断するというやり方だ。この手法の利点は、なんと言っても分かりやすいことで、現在の社会で「科学的な根拠」の確からしさを判断する方法として採用されているのは、この権威主義に基づいたものが主であると言わざるを得ないだろう。

　もちろんこういった権威ある賞に選ばれたり、権威ある雑誌に論文が掲載されるためには、多くの専門家の厳しい審査があり、それに耐えて

【国　語】（七〇分）〈満点：一〇〇点〉

【注意】1．解答に字数制限がある場合は、句読点や「　」、その他の記号も字数に数えます。

2．出題の都合上、本文の一部を省略あるいは改変していることがあります。

一　次の文章を読んで、後の問いに答えなさい。

科学と生命は、実はとても似ている。それはどちらも、その存在を現在の姿からさらに発展・展開させていく性質を内包しているという点においてである。その特徴的な性質を生み出す要点は二つあり、一つは過去の蓄積をきちんと記録する仕組みを持っていること、そしてもう一つはそこから変化したバリエーションを生み出す能力が内在していることである。この二つの特徴が注1漸進的な改変を繰り返すことを可能にし、それを長い時間続けることで、生命も科学も大きく発展してきた。

だから、と言って良いのかよく分からないが、科学の歴史を紐解《ひもと》けば、たくさんの間違いが発見され、そして消えていった。科学における最高のaエイヨとされるノーベル賞を受賞した業績でも、後に間違いであることが判明した例もある。たとえば1926年にデンマークのヨハネス・フィビゲルは、世界で初めて「がん」を人工的に引き起こす事に成功したという業績で、ノーベル生理学・医学賞を受賞した。しかし、彼の死後、寄生虫を感染させることによって人工的に誘導したとされたラットの「がん」は、実際には良性の腫瘍であったことや、腫瘍の誘導そのものも寄生虫が原因ではなく、餌のビタミンA欠乏が主因であったことなどが次々と明らかになった。

ノーベル賞を受賞した業績でも、こんなことが起こるのだから、多くの「普通の発見」であれば、誤りであった事例など、実は［　A　］。誤り、つまり現実に合わない、現実を説明していない仮説が提出されることは、科学において日常茶飯事であり、2013年の『ネイチャー』誌には、医学生物学論文の70％以上で結果を再現できなかったという衝撃的なレポートも出ている。

しかし、そういった①玉石混交の科学的知見と称されるものの中でも、現実をよく説明する「適応度の高い仮説」は長い時間の中で批判に耐え、その有用性や再現性故に、後世に残っていくことになる。そして、その仮説の適応度をさらに上げる修正仮説が提出されるサイクルが繰返される。②それはまるで生態系における生物の「適者生存」のようである。ある意味、科学は「生きて」おり、生物のように変化を生み出し、より適応していたものが生き残り、どんどん成長・進化していく。それが最大の長所である。現在の姿が、いかに素晴らしくとも、そこからまったく変化しないものに発展はない。注2教条主義に陥らない注3〝可塑性《かそせい》〟こそが科学の生命線である。

しかし、このことは「科学が教えるところは、すべて修正される可能性がある」ということを論理的必然性をもって導くことになる。科学の進化し成長するという素晴らしい性質は、その中の何物も「不動の真理」ではない、ということに論理的に帰結してしまうのだ。たとえば夜空の星や何百年に1回しかやってこない彗星《すいせい》の動きまで正確に予測できたニュートン力学さえも、アインシュタインの一般相対性理論の登場により、一部修正を余儀なくされている。法則中の法則とも言える物理法則でさえ修正されるのである。科学の知見が常に不完全ということは、あ

2020年度

解答と解説

《2020年度の配点は解答欄に掲載してあります。》

＜数学解答＞ 《学校からの正答の発表はありません。》

問1　986　問2　（$4k+1$型の素数）　17，41　（$4k+3$型の素数）　31，79

問3　3−①　イ　3−②　イ　3−③　カ

問4　4−①　イ　4−②　ケ　4−③　ケ　4−④　ウ　4−⑤　ウ　4−⑥　エ　4−⑦　エ

問5　(1)　$16ab+4a+4b+1$　(2)　5−①　イ　5−②　エ　問6　6−①　イ

問7　7−①　エ　7−②　カ　7−③　ケ　7−④　ク　7−⑤　ス　7−⑥　ス

問8　(1)　$4ab+3a+3b+2$　(2)　オ　問9　P=5(または7)　問10　$r-s$

問11　11−①　エ　11−②　ク　11−③　セ　11−④　タ

問12　(1)　547　(2)　$n^{12}-n^{10}+n^8-n^6+n^4-n^2+1$　問13　ウ　問14　解説参照

問15　$4k+3$型の素因数　問16　解説参照　問17　イ，カ，ク

○推定配点○

問1　4点　問2　4点(完答)　問3　各2点×3　問4　各1点×7　問5　各2点×3
問6　5点　問7　各1点×6　問8　各3点×2　問9　5点　問10　5点　問11　各2点×4
問12　各3点×2　問13　5点　問14　8点　問15　5点　問16　8点　問17　6点(完答)
計100点

＜数学解説＞

基本　問1　（奇数の表し方）

$1973-1=1972$　$1972=2\times986$　よって，$1973=2\times986+1$　$k=986$

基本　問2　（素数，4の倍数について）

$17=4\times4+1$　$31=4\times7+3$　$41=4\times10+1$　$45=3\times3\times5$なので素数ではない。$79=4\times19+3$　$85=5\times17$なので素数ではない。よって，$4k+1$型の素数は，17と41　$4k+3$型の素数は，31と79

問3　（証明ーnと$n+1$が互いに素であること）

nと$n+1$が2以上の公約数mをもつとき，a，bを自然数として，$n=am$，$n+1=bm$と表せる。よって，$n+1-n=bm-am=m(b-a)$なので，$n+1-n$も[3−①]mを約数にもつ。しかし，$n+1-n=1$であり，1は[3−②]mを[3−③]約数にもたないので，nと$n+1$が2以上の公約数をもつことはありえない。

問4　（証明ー素数は無限個ある）

nが2以上の自然数のときn，$n+1$はそれぞれに少なくとも1つの素因数をもち，nと$n+1$は互いに素であるから，a，bを異なる素数，p，qを整数とすると，$n=ap$，$n+1=bq$と表すことができる。よって，$N_1=n\times(n+1)=abpq$　よって，N_1は少なくとも[4−①]異なる2つの素因数をもつ。定理1.1より，N_1とN_1+1も[4−②]互いに素である。$N_2=N_1\times(N_1+1)$という数を考えると，N_1とN_1+

1は 4－③ 互いに素であることから，N_1+1はa，bとは異なる素因数をもつ。よって，このN_2は少なくとも 4－④ 異なる3つの素因数をもつ。つまり，この段階で 4－⑤ 異なる3つの素数が存在するといえる。$N_3=N_2\times(N_2+1)$という新しい数を考えると，N_3は少なくとも 4－⑥ 異なる4つの素因数をもつ。つまり，この段階で 4－⑦ 異なる4つの素数が存在することになる。この操作は無限回数繰り返すことが可能なので，異なる素数を無限個作り出すことが可能である。

問5 （4k＋1型の素数の計算結果）

(1) $(4a+1)\times(4b+1)=16ab+4a+4b+1$

(2) $(4a+1)+(4b+1)=4a+4b+2=2(2a+2b+1)$　　$(4a+1)-(4b+1)=4a-4b=2(2a-2b)$

よって，2数を足しても引いても必ず2の倍数，つまり， 5－① 偶数となる。また，$(4a+1)\times(4b+1)=16ab+4a+4b+1=4(4ab+a+b)+1$だから，2つの$4k+1$型の自然数の積は，必ず 5－② $4k+1$型の自然数になる。

問6 （4k＋3型の自然数とその素因数）

$4k+1$型の素因数しかもたない自然数は必ず$4k+1$型の奇数になるから，$4k+3$型の奇数で$4k+1$型の素因数しかもたないものは存在しない。つまり，$4k+3$型の自然数は，$4k+3$型の素因数をもつ。また，$(4a+1)(4b+3)=16ab+4a+4b+3=4(4ab+a+b)+3=(4k+3\text{型})$，$(4a+3)(4b+3)=16ab+4a+4b+9=4(4ab+a+b+2)+1=(4k+1\text{型})$であるから， 6－① 少なくとも1つの素因数は$4k+3$型である。

問7 （無限個の4k＋3型の素数）

$q=4\times(5\times7\times11\times\cdots\times p)+3=(4k+3\text{型})$　　qは 7－① $4k+3$型の自然数である。また，qは 7－② p以下のどの素数で割っても$4\times(5\times7\times11\times\cdots\times p)$の部分は割り切れて3が残るから，割り 7－③ 切れない。このことから，状況A．qはpより大きい素数である，もしくは，「$4k+3$型の自然数は，$4k+3$型の素因数をもつ」ことが説明文の★で確かめられているので，状況B．qは素数ではないが，pより大きな素数で割り 7－④ 切れる　のいずれかである。よって，状況A．であるとすると，pより 7－⑤ 大きい$4k+3$型の素数が作れたことになる。また，状況B．だとすると，qは 7－① $4k+3$型の自然数で，かつ，5より大きく 7－② p以下の素数では割り 7－③ 切れない。よって，qは，素数ではないが，pより 7－⑥ 大きい$4k+3$型の素数を素因数にもつはずである。以上のことから，pより大きい$4k+3$型の素数をつくることができる。

問8 （無限個の4k＋1型の素数－その素因数のタイプ）

(1) $(4a+3)(4b+3)=16ab+12a+12b+9=4\times($ 8－① $4ab+3a+3b+2)+1$

(2) 式②からわかることは，$4k+3$型の自然数と$4k+3$型の自然数の積が$4k+1$型の自然数になるということである。つまり，$4k+1$型の自然数は，2つの$4k+3$型の自然数の積で表せることもあるということがわかった。$4k+3$型の自然数は，少なくとも1つの$4k+3$型の素数を素因数としてもつことがわかっているから，$4k+1$型の自然数の素因数は必ずしも$4k+1$型の素数となるとは限らない。よって，オ

問9 （$n^{p-1}-1$がpで割り切れない例）

フェルマーの小定理①によれば，自然数nを素数pで割り切れない数とするとき，「$n^{p-1}-1$はpで必ず割り切れる」　よって，自然数nが素数pで割り切れる場合を考えると，$n=35=5\times7$だから，$p=5$とすると，$35^{5-1}-1=35^4-1=150624$となり，5で割り切れない。よって，$p=5$　同様に考えて，$p=7$としてもよい。

問10 （証明一商と余り）

$a=rn+u$，$b=sn+u$と表せるから，$a-b=(rn+u)-(sn+u)=rn-sn=n(r-s)$　よって，

$a-b$はnで割り切れる。

問11　(余りが一致する数)

$n^p-n=n\times n^{p-1}-n=n\times($ [11－①] $n^{p-1}-1)$ と変形できる。フェルマーの小定理①によって，nがpで割り切れないときは$n^{p-1}-1$は必ず [11－②] pで割り切れるから，n^p-nはpで割り切れる。

$n^p=pr+u$，$n=ps+v$と表せるので，$n^p-n=(pr+u)-(ps+v)=p\times(r-s)+u-v$　n^p-nはpで割り切れるので，[11－③] $u-v$は [11－④] 0でなければならない。つまり，$u-v=0$から，$u=v$　つまり，nを素数pで割った余りは，n^pをpで割った余りと一致する。

問12　(計算公式の理解と応用)

(1)　$3^6-3^5+3^4-3^3+3^2-3+1=3^{7-1}-3^{7-2}+3^{7-3}-3^{7-4}+3^{7-5}-3^{7-6}+1$　準備3.1-2から，$(3+1)(3^{7-1}-3^{7-2}+3^{7-3}-3^{7-4}+3^{7-5}-3^{7-6}+1)=3^7+1$　よって，$3^{7-1}-3^{7-2}+3^{7-3}-3^{7-4}+3^{7-5}-3^{7-6}+1=(3^7+1)\div(3+1)=(2187+1)\div4=2188\div4=547$

(2)　$n^{14}=(n^2)^7$　$n^2=\mathrm{A}$とすると，$n^{14}+1=\mathrm{A}^7+1=(\mathrm{A}+1)(\mathrm{A}^6-\mathrm{A}^5+\mathrm{A}^4-\mathrm{A}^3+\mathrm{A}^2-\mathrm{A}+1)$　Aを元に戻すと，$(n^2+1)\{(n^2)^6-(n^2)^5+(n^2)^4-(n^2)^3+(n^2)^2-n^2+1\}=(n^2+1)(n^{12}-n^{10}+n^8-n^6+n^4-n^2+1)$

問13　(定理の活用)

仮定1で，n^2+1はpを素因数としてもつとした。定理1.1は「nを2以上の自然数とすると，nと$n+1$は互いに素である。」としている。よって，[13－①] 定理1.1よりn^2とn^2+1は互いに素なので共通の素因数をもたないから，n^2+1の素因数であるpはn^2の素因数ではない。よって，n^2はpでは割り切れない。

問14　(証明—a－1とa＋1を同時に割り切れる素数)

今，$a-1$と$a+1$を同時に割り切る素数をpとする。$a-1$をpで割ったときの商をr，$a+1$をpでわったときの商をsとすると，$a-1=pr$，$a+1=ps$　2数の差をとると，$(a+1)-(a-1)=ps-pr=p(s-r)$　よって，2数の差もpを素因数としてもつ。ところで，$(a+1)-(a-1)=2$　よって，aを整数として，$a-1$と$a+1$を同時に割り切る素数があるとすると，それは2以外にはない。

問15　(説明—仮定と矛盾すること)

定理3.3の証明で示したように，aを整数として，$a-1$と$a+1$を同時に割り切る素数があるとすると，それは2以外にはない。ところが，仮定では，nを偶数とすると，[15－①] $4k+3$型の素因数pに対して，$n^{p-1}+1$も$n^{p-1}-1$もpで割り切れるとしたことと矛盾する。したがって，nを偶数とすれば，n^2+1は$4k+1$型の素因数のみをもつといえる。

問16　(説明—4k＋1型の素数)

$r=2\times5\times13\times17\times\cdots\times q$としたので，$r$は偶数である。よって，$r^2+1$は$4k+1$型の素因数のみをもつ。$r^2$は$r^2+1$と互いに素であり，$r^2+1$は$r^2$の素因数をもたない。つまり，$r$の$4k+1$型の素因数2，5，13，17，…，$q$は$r^2+1$の素因数とはならない。

問17　(無限個ある素数の型)

互いに素である自然数a，bに対して，nを自然数とすると，$a\times n+b$と書ける素数が無限個あるのだから，イ，カ，クが正しい。なお，アはすべて6の倍数となるので素数にはならない。キは，素数17の場合は，$17=4\times4+1=6\times2+5$だから，$4n+1$型の素数でもあり$6n+5$型の素数でもある。このような数があるから正しくない。

★ワンポイントアドバイス★

資料文を全部読んでから問題に取り掛かると時間が不足してしまうかもしれない。資料文を読みながら，その都度取り組めばよい。前の問題でわかったことを次の問題で使う部分が多いので，順に仕上げるようにしよう。

＜英語解答＞ 《学校からの正答の発表はありません。》

Ⅰ ① 2　② 2　③ 3　④ 1　⑤ 2　⑥ 1　⑦ 4　⑧ 3　⑨ 2
⑩ 1　⑪ 3　⑫ 2　⑬ 1　⑭ 4　⑮ 1　⑯ 1　⑰ 2　⑱ 3
⑲ 3　⑳ 1

Ⅱ 問1 ［ア］ 9　［イ］ 15　［ウ］ 6　［エ］ 3　［オ］ 1　［カ］ 14　［キ］ 8
［ク］ 10　［ケ］ 11　［コ］ 5　問2 ［A］ 11　［B］ 9　［C］ 4　［D］ 5
［E］ 6　［F］ 7　［G］ 16　［H］ 10　［I］ 12　［J］ 2

Ⅲ A 1　B 4　C 1　D 3　E 2　F 4　G 3　H 1　I 2, 5, 7

Ⅳ A 2　B 2　C 3　D （D-1） 2　（D-2） 10　E 4　F 2　G 4
H 2　I 2, 5, 6

Ⅴ A （例） who has good grades, play sports well and is liked by girls
B 3番目の語　a　6番目の語　why
C 何て優しいんだろう！　だれも気づかなかったのに，ナツコは毎朝花に水をやっているんだ。
D （例） decide things by listening to other people and make everyone happy

○推定配点○
Ⅰ, Ⅱ　各1点×40　Ⅲ　A～H　各2点×8　I　3点(完答)　Ⅳ　A～H　各2点×9
I　3点(完答)　Ⅴ　各5点×4　計　100点

＜英語解説＞

基本 Ⅰ （長文読解問題・説明文：語句選択補充）

（全訳） 野球とフットボールはアメリカで人気の趣味だが，多くの子供たちが今では他の活動方法を探している。最近，研究によって伝統的なスポーツに参加する若者たちの人口が減ってきていることが①明らかになった。多くの子供たちが，彼らの両親同様に，若者向けのスポーツは真剣になりすぎてきており，それを楽しむという最も重要な部分が②忘れられていることもあると言われている。今日の子供たちには選択肢がたくさんある。彼らはサッカーも野球もする必要がない。彼らはパルクールやサスケごっこやロック・クライミングや他のことをすることができる。専門家は，私たちは皆違うの③だから，ある1つのスポーツが④ある別のスポーツよりも1つの個性，あるいは体によりよく適する可能性があると言う。

アメリカのある内気な少女がかつてはサッカーを楽しんでいたが，彼女はチームメイトたちが勝つことについてしか話さなくなったときに，彼女たちのことを理解できなくなっていった。8歳のとき，彼女はチームメイトたち⑤の間で競争が激しくなるにつれてそのスポーツへの興味を失った。それからその少女は，地元のクライミング・ジムの夏のキャンプに参加する⑥ことにした。彼女は，クライミングをしていればただ「行ってする」だけでよいと感じた。彼女は喜びを感じ，さらに自信をつけている。クライミングをしていれば，人々はその都度自分が向上していることがわかり，それによって自分自身に対して心地よく感じることができる。

その少女はある友達と一緒にマウンテン・バイクのキャンプにも参加した。彼女は屋外の自然の中にいることを楽しみ，以前は乗れなかった難しい道で自転車に乗ることで自分の個人的な成長を⑦はっきりと見ることができた。たぶん，伝統的ではないこうしたスポーツには他者からのプレッシャーが⑧少ないと言うことができるだろう。それらは始めやすく，また子供を子供らしく⑨させてくれる。

ロック・クライミングやマウンテン・バイク⑩のようなスポーツに関しては，子供たちは大きなバンプを越えて行ったり難しい道を自転車で走ろうとするときに自制心が働く。彼らは体を心と結びつける。彼らにとって，より自分自身の目標を設定しやすい。アスリートの精神を研究しているある専門家は，例えばサイクリングやランニングのような⑫単独で行われるスポーツにおいては，より大きな目標に向かって一度に1つの動きをすることについてより熱心に考えることができることを発見した。⑬こうしたスポーツにおける成功は，勝利よりも個人の成長に関係すると言ってもよい。また，子供たちは再び挑戦することの大切さを学ぶことができる。彼らは他人のことを心配することなく，自分を試し，問題を解決する多くの機会を与えられる。⑭間違えることは学ぶことの一部であり，彼らはこうした教訓を人生の他の部分で活かすことができる。

親は，「私たちの子供たちはチームスポーツから得られる明白な効果を得るだろうか」と心配するかもしれない。彼らはそうした効果を得るだろう。例えばクライミングでは，しばしば他のクライマーに自分の技術について⑮話したり，個人の目標に達成できるよう他の人たちを励ましたりするのが見られる。社会性を持ち経験を共有することは，どんなスポーツにおいても成功することの一部である。

さらに，そうしたスポーツは子供に限られたものではないのだから，チームスポーツよりも⑯ずっと長く楽しむことができる。マウンテン・バイク・キャンプを始めた人たちの1人は，年齢があがったりけがをした少女たちがチームスポーツをするのをやめることに気づいたときに，その考えを思いついたと言った。バランスと力とスピードは，公園に行ったり木に登ったりするというような日常的な冒険を含めて，多くの活動を通して得られる。⑰すべての子供がアスリートになるためにサッカーや野球をする必要はないのだ。

2020年の東京オリンピックでは，クライミング，空手，スケートボード，そしてサーフィンが公式競技となる。最近のオリンピックでは，ゴルフも復活した。過去の冬季オリンピックでは，スキーとスケートの新しいタイプの競技が加えられた。テニスは，かつては初心者にはきついスポーツとして知られてはいた⑲が，人気が高まっている。

結局のところ，どんなスポーツをどんなレベルで行おうと，最も大切なことはそれを行って楽しむことだ。そうした観点から，子供たちが新しいタイプのスポーツに向かっていることは⑳そのことの肯定的な点なのである。

① research「研究」が主語で，that 以下が目的語。「研究は～を明らかにした」という能動態の文になる。

② the most important part「最も重要な部分」が主語なので，受動態が適する。enjoying it は主語の内容を具体的に言いかえている。

③ we are all different が one sport may fit 以下の節の理由を表すと考えると文意が通る。この場合の as は「～なので」という意味。

④ one sport と対照させて「別のあるスポーツ」という意味で考えると文意が通る。ここでは，人によっては例えばサッカーよりもランニングの方が適することがある，といったことを述べて

いる。

⑤ 後に her teammates と複数形の名詞があることに着目。ふつう「チームメイト」は3名以上いるので，「(3人[つ]以上)の間で」の意味の among が適切。

⑥ decide は不定詞を目的語にとる。

⑦ 動詞 see を修飾する副詞が入る。ここでは「はっきり見える」という意味が文意に合う。

⑧ 個人で行うスポーツと団体で行うスポーツを比較して，「他の人たちからのプレッシャーの度合い」について述べているので，個人で行うスポーツの方が他の人たちからのプレッシャーは少ないと考えられる。

⑨ 〈allow ＋目的語＋ to ＋動詞の原形〉「～に…させてやる，～が…するのを許す」を用いた文。make, let, have も「～に…させる」という意味で用いるが，いずれも〈動詞＋目的語＋動詞の原形〉の形で用いる。

⑩ 直後のロック・クライミングとマウンテン・バイクは直前の sports の具体例なので，～ such as …「(例えば)…のような～」が適する。

⑪ 主語 An expert を先行詞とする関係代名詞が入る。直後に動詞 studies が続くので主格の who が適切。

⑫ サイクリングとランニングが sports that are done ～「～に行われるスポーツ」の具体例なので，「単独で」の意味の alone が適切。

⑬ 選択肢にあるbe動詞に対する主語は the feeling of success なので，is が適切。また，ここではサイクリングやランニングなど，単独で行うスポーツについて述べているので，「スポーツ」は複数形にする必要がある。

⑭ make a mistake で「間違える」という意味の表現。

⑮ talk は自動詞なので，「～と話す」と言う場合に前置詞が必要。tell, ask, call は他動詞で前置詞は不要。talk to ～ で「～と話す，～に話しかける」という意味になる。

⑯ 直後に比較級 longer がることに着目。「ずっと，はるかに」の意味で比較級を強調するのは much。

⑰ 直後に動詞の原形 play があるので，その前に適するのは have to。また，not と all があることから，「すべての子供が～する必要があるわけではない」という部分否定になることがわかる。語順として正しいのは not all kids。

⑱ climbing, karate, skateboarding and surfing が主語なので，is は不適切。また，直後に動詞がないことから，文の動詞となる形の will be が適切。

⑲ 前後が対照的な内容なので，譲歩を表す though が適切。even は強調として用いられている。

⑳ 「(どんなスポーツでも)それを行って楽しむこと」を受ける代名詞と考えると，kids are turning to the new types of sports「子供たちが新しいタイプのスポーツに向かっていること」は「楽しんでスポーツをすること」の「肯定的な点」であるとなり，文意が通る。「(どんなスポーツでも)それを行って楽しむこと」という内容を受ける代名詞として適切なのは it。その所有格の its を入れる。

重要 **Ⅱ** **(長文読解問題・説明文：語い)**

(全訳) ルーブル美術館で『モナ・リザ』を見ることは[A]期待外れの経験になるかもしれない―絵画は[ア]防弾ガラスの背後にあり，観る者は邪魔になる海のような腕とカメラをはさんで3メートル離れなくてはならいからだ。

その美術館のレオナルド・ダ・ヴィンチの[B]展示はすべてを変えるだろう。チケットを持っている人々はだれもいない美術館でその[C]傑作から[イ]非常に近い距離にいる機会を得る。しかし，これには[ウ]落とし穴がある。

この驚くべき機会は，[D]ヴァーチャル・リアリティー(VR)を作り出すヘッドセットを通じて経験されるのだ。その展示には本物の絵画は含まれていない。代わりに，だれもいない部屋に入って，周りの人々が魔法のように[E]霧消してしまう[エ]どっぷり浸るような経験をするためにヘッドセットをつけ，そうして得るものは1人だけのための仮想の世界とほほ笑む婦人なのだ。最新のVR技術を使って『モナ・リザ』を見せることは，来館者が確実にすぐ間近でその絵画を見られるようになる[オ]革新的な方法なのだ。

「モナ・リザ：ビヨンド・ザ・グラス」と名付けられたルーブル美術館の初めてのVR経験は，ダ・ヴィンチの死後500周年[F]記念を祝う申し分のない展示である。ダ・ヴィンチは芸術家であるだけではなく，科学においてもその偉大な考えを使い，最初の飛行機とパラシュートを発明した。彼の[G]好奇心は彼を人体とその機能の研究へと導いた。彼が発見したものは彼の芸術を向上させるために使われた。

このことによって，ダ・ヴィンチは本当の「ルネサンスの教養人」となった。彼は，個人の成長を目指す人間の力には終わりはないという[カ]哲学に基づいて生きた。ルネサンスの教養人として，自分の最大限の[キ]可能性に達するために生きることが彼の目標だった。1つのことだけを研究することによってはこのことは成しえなかった。彼の仕事には芸術の創造性，肉体の鍛錬，そして精神的な真実の追求が必要だった。彼は全体的なもの，違う事柄の[ク]相乗効果として人生を見た。例えば，ダ・ヴィンチは芸術と科学を，2つの互いに[H]反発し合う研究分野としては見なかった。代わりに，彼はこれらの分野を補完的なものとして見て，両方とも楽しんだ。芸術は科学を活気づけ，その逆も同じことが言えた。多くの面で，ダ・ヴィンチは世界を，科学者の興味深げな目を通して研究されるべき，芸術作品として見ていた。

『モナ・リサ』のVRによる展示は人間の五感を広げた。1つの新しい現実を作ることは，芸術と科学，2つの異なる分野の混合である。ルネサンスの教養人，ダ・ヴィンチに拍手を送るべきである。

問1　全訳を参照。

問2　全訳を参照。　1「人をはっきりと考えられないようにする」　2「何かの大きさや数や重要さをさらに大きくする」　3「聞き心地がよい感じがする」　4「その芸術家の仕事の優れた例である作品」　5「コンピューターによって創り出される，ほとんど本物のように思われる映像や音」　6「消える」　7「重要な，あるいは特別なできごとがあった日」　8「何か悪いことをしてしまったと感じる」　9「人々に見せられる芸術作品の収集」　10「互いに反発し合う」　11「期待したほどよくない」　12「反対側にも同じことが言える」　13「互いの協力」　14「人が生まれた日」　15「人生で一度だけ起こる」　16「何かについて知りたいという強い願望」

Ⅲ　(長文読解問題・説明文：指示語，英問英答，語句選択補充，内容吟味)

(全訳)　世界的に有名なイタリアの数学者であり，哲学者であり，天文学者でもあるガリレオ・ガリレイの，自分の裁判中に牢屋の壁を見ている古いスペインの絵がある。壁には「エップル・スィ・ムオーヴェ」と書かれている。これは英語で，「それでも地球は動く」という意味だ。この言葉はマーチン・ルーサー・キング・ジュニアの「私には夢がある」と同じくらいよく知られている。その背景を理解する必要がある。

人々が地球は宇宙の中心で太陽がその周りを回っていると信じることは当然のことだった，なぜなら人々はこのことを毎日見ていたからである。17世紀のヨーロッパでは，カソリック教会が人々をとても強く支配していた。聖書の中で，ソロモン王が「太陽は昇り，再び沈み，そして出てきたところに戻る」と言っている。教会は人々に，聖書に書かれているすべてのことは真実であり，このことに反対する者はだれでも罰せられるか，殺されさえするだろうと教えた。

地球が動くという考えを最初に提示したのがガリレオではなかったということは興味深い。1543年に，コペルニクスというポーランド人の数学者にして天文学者がこのことについて本を書いた。彼はこの考えは人々に衝撃を与え，教会は彼を罰することを知っていた。彼は1543年，死をごく間近にするまでその本を出版しなかった。1584年，ジョルダーノ・ブルーノというイタリアの数学者にして哲学者が，地球が動いていることに賛成して本を書いた。彼は教会によって裁判にかけられ，有罪となった。彼らは彼に自分の本は間違っていると言うことを強いた。彼は拒否して1600年2月17日に火あぶりの刑に処せられた。

1609年まで，天文学者は自分の目だけで空を研究したが，ガリレオは空の物体を見るための道具である望遠鏡を使い始めた。彼は，物が30倍大きく見えるよりすぐれた望遠鏡を自分で作った。それらを使って，彼は木星の周りを回っている4つの月を発見した。彼はまた，金星が月と同じように満ち欠けすることも発見した。こうしたことについて深く考えた後，彼はコペルニクスの考えに同意したのだ。

ガリレオの太陽を中心とした考えが広まり，教会は人々にこの考えは誤りであると伝える必要性を感じた。1616年，教会はガリレオを裁判にかけ，彼にそのような考えを教えてはいけないと言った。ガリレオはそうすることに同意して，罰せられなかった。

しかし，ガリレオが68歳だった1632年に，彼は『天文対話』という本を出版して，2度目の裁判となった。今回，ガリレオはとても注意深く，自分は太陽中心の考えを「信じ」ないと言った。彼は，太陽中心の考え方を持つ1人の人と，地球中心の考え方を持つ別の人との間の「議論」を書いたのだと言った。教会はこれを信じず，彼が自分が完全に間違っていると言うまで許さないと言った。教会は彼を罰するのに使う道具の種類を見せさえした。その結果，ガリレオは自分は間違えていると言った。彼は，地球が宇宙の中心にあり，太陽がその周りを回っていると言った。ガリレオの本は禁書となり，彼はすべての仕事を失い，自由ははく奪された。彼はとても高齢で健康状態もよくなかったので，牢屋には入れられなかったが，残りの生涯ずっとある家屋に監禁された。ガリレオが死んだとき，彼はキリスト教徒の葬式を行うことを許されなかった。信じられないかもしれないが，(H)教会が自分たちが間違えていたと言うのに300年を超えるの時間がかかった。

ガリレオは本当に「エップル・スィ・ムオーヴェ」と言ったのだろうか。だれにもわからない。それでも，この言葉はおそらく彼が死ぬときに感じたことを表しているだろう。ガリレオが77歳の1642年，死を間近にして，彼は目が見えず，もはや空のものを見ることができなかった。教会からの多くの圧力の下で苦痛と死を恐れていたが，ガリレオには支えてくれたり，彼が正しいと言ってくれる人はだれもいなかった。彼は地球が宇宙の中心にあって動かないのだと強制的に言わされた。それでも，ガリレオの目には何も見えなかったが，彼の心ははっきりと真実—地球は動いているという真実を見ていた。「エップル・スィ・ムオーヴェ」

A　下線部を含む英文で「その背景を理解する必要がある」と述べた後，第2段落以降ではガリレオ・ガリレイ以前の歴史にも触れながら，ガリレオ・ガリレイの地球は動いているという考え方とその人生について述べ，最後にガリレオの心情を推察している。本文のテーマはガリレオの地球は動いているという説と言えるので，下線部はガリレオの考え方とその人生を象徴するガリレオの「エップル・スィ・ムオーヴェ」という言葉を指すと考えるのが適切。

B　下線部が指すことに反対する者は教会によって罰せられたり殺されたりしたのだから，this が指すことは教会が考えていたことである。したがって，4「太陽を中心とする考え」が適切。

C　質問は，「なぜコペルニクスは自分の本を出版するのに多くの時間をとったのですか」という意味。第3段落第3，4文を参照。第3文にコペルニクスは地球が動いているという説が人々に衝撃を与え，「教会は彼を罰することを知っていた」とあり，それに続いて「彼は1543年，死をごく間近にするまでその本を出版しなかった」とあるので，コペルニクスが自分の本を出版するのに時間をとった理由は教会を恐れたためと考えられる。したがって1「彼はカソリック教会を恐れた」が適切。2は「彼は自分の考えに確信を持てなかった」，3は「彼はすでにとても歳をとっていた」，4は「彼には十分なお金がなかった」という意味。

D　質問は，「なぜカソリック教会は最後にブルーノを殺すことにしたのですか」という意味。第3段落最後の3文を参照。地球は動いているという自分の説が誤りであると言うことを教会に強いられ，それを拒否したためにブルーノは殺された。これを「彼は自分の心を変えなかった」と表した3が適切。1は「彼は地球を中心とする考えを支持する本を書いた」，2は「彼はコペルニクスの本を出版する手助けをした」，4は「彼は自分の考えを教え続けないと言った」という意味。

E　質問は，「なぜガリレオは初めて裁判にかけられたときに罰せられなかったのですか」という意味。第5段落第2，3文を参照。ガリレオは教会に太陽を中心とする考えを教えないように言われ，同意したために罰せられなかったので，2「彼は自分の考えを広めるのをやめることを約束した」が適切。1は「彼は太陽を中心とする考えは真実ではないと言った」，3は「彼は恐ろしくなって，申し訳なく思っていると言った」，4は「彼は教会に，自分は歳をとっていてとても健康状態が悪いと言った」という意味。

F　質問は，「ガリレオはどのようにして自書『天文対話』のことで問題にならないようにしたのですか」という意味。第6段落第3文から，ガリレオがその著書を地球を中心とする考えの人物と，太陽を中心とする考えの人物との対話の形式で書いたと教会に弁明していることがわかる。太陽を中心とする考えを支持するという形ではなく，両方の考えを示したことで教会の追及を逃れようとしたということなので，4「彼は両方の考えを示した」が適切。1は「彼はコペルニクスの考えについて書かなかった」，2は「彼は聖書が正しいと言った」，3は「彼は死に近づくまで待った」という意味。

G　ガリレオが教会から受けた罰については第6段落第8～10文に，「著書が禁書となった」，「すべての仕事を失った」，「自由をはく奪された」。「生涯ずっと軟禁された」と述べられている。これらに含まれないのは，3「彼ら(＝教会の関係者)は彼の本をすべて燃やした」。1は「彼らは彼の仕事をすべて取り上げた」，2は「彼らは彼を外に出られない家に入れた」，4は「彼らは彼にキリスト教徒としての葬式をさせなかった」という意味。

H　地球が動いているという考えを持っている天文学者はガリレオの前にもいたのだから，2「天文学者たちが教会の考え方を理解するのに(300年を超えるの時間がかかった)」は不適切。ガリレオが書いた本は17世紀にすでに出版されていたので，3「ガリレオの最初の本が出版されるのに(300年を超えるの時間がかかった)」も不適切。また，ガリレオはキリスト教徒としての葬式をすることを禁じられたのであり，葬式そのものが行われなかったということではないので，4「ガリレオの葬式が行われるのに(300年を超えるの時間がかかった)」も不適切。1「教会が自分たちが間違っていたと言うのに(300年を超えるの時間がかかった)」が適切。

I　1「古いスペインの絵にははっきりとガリレオが『エップル・スィ・ムオーヴェ』と言ったことが示されている」(×)　最終段落第1，2文に「ガリレオは本当に『エップル・スィ・ムオーヴェ』と言ったのだろうか。だれにもわからない」とあるので，絵に描かれた「エップル・スィ・ムオーヴェ」という言葉はガリレオが実際にそう言ったことの証明にはなっていないと判断できる。　2「17世紀には，ほとんどの人々は，太陽，月，そして星が地球の周りを回っていると信じていた。なぜなら，毎日このことを見ていたからである」(○)　第2段落第1文の内容に合う。3「ガリレオが発明した望遠鏡は彼が木星を発見するのに役立った」(×)　第4段落第3文に「それら(＝ガリレオが自分で作った望遠鏡)を使って，彼(＝ガリレオ)は木星の周りを回っている4つの月を発見した」とあるので，木星はそれ以前に見つかっていたことになる。 4 「ガリレオは2回目の裁判の後で自分が間違えていると言ったが，教会は道具を使って彼を罰した」(×) ガリレオの2回目の裁判の様子については第6段落に書かれている。第8文以降にガリレオが受けた罰が具体的に書かれているが，道具を使った罰については書かれていない。第5文にあるように，裁判では罰に使われる道具を見せられただけである。 5 「ガリレオが出版した本は聖書に反する考えが載っていた」(○) 第6段落にガリレオが書いた『天文対話』という本について述べられている。これには，ガリレオ自身が言ったように，地球を中心とした考え(＝聖書の教え)と，それに反する太陽を中心とする考えの両方が載っていた。 6 「ガリレオが裁判にかけられたとき，彼を支持する人もいた」(×) ガリレオを支持した人々についての記述はない。また，最終段落第5文に，「ガリレオには支えてくれたり，彼が正しいと言ってくれる人はだれもいなかった」とある。 7 「聖書の中で，ソロモン王は太陽が地球の周りを回っていると信じていた」(○) 第2段落第3文の内容に合う。 8 「ガリレオはスペインの絵の中に示されている牢獄で死んだ」(×) 第6段落最後から3文目に，「(ガリレオは)牢屋には入れられなかったが，残りの生涯ずっとある家屋に監禁された」とある。

Ⅳ **(長文読解問題・説明文：語句選択補充，内容吟味，脱文補充)**

(全訳) カテウラは，首都アスンシオンの外側にA位置する，パラグアイで最も貧しい町の1つである。そこには巨大なごみ捨て場があり，毎日首都から出るおよそ300万ポンドのごみを受け入れている。町の人々の多くはそのごみの中の「価値のある」ものを売って生計を立てているので，町の人々はそのすべてのごみとともに暮らさなければならず，子供たちは普通，親の手伝いで学校から引っ張り出される。彼らは厳しい環境の中で成長し，暴力や犯罪に直面せざるをえないこともしばしばである。

ファビオ・チャベスはソーシャルワーカーとしてカテウラで働き始めた。彼は，「私は多くの子供たちを見て，彼らを問題から遠ざけておくために空いている時間に彼らに音楽のレッスンをするという考えを持ちました」と言っている。最初，ファビオは5つの楽器しか持っておらず，子供たちはC貧しすぎて自分の楽器を買えなかったので，その地域でよく知られた大工で彼の友人であるニコラス・ゴメスに彼の団体のために，ごみ捨て場のリサイクルされたものを使って新しい楽器を作ってくれるように頼んだ。ニコラスは缶やスプーンやフォークや箱を使ってバイオリンやフルートやギターや他の楽器を作った。それらは少し変わって見えたが，本当に美しい音が出た。

子供たちはだんだん楽器を演奏するのが上手になった。それからファビオはよい考えを思いついた。彼はリサイクル・オーケストラを結成し，間もなくそれはほんの数人から35人を超えるメンバーまで大きくなった。オーケストラは子供たちとその家族の生活に新たな手段を与えた。「私は音楽なしでは幸せな人生を送れません」とティナは言う。彼女はオーケストラでバイオリンを弾いている。

数年前，オーケストラは，映画を作っていて有名な監督であるアリジャンドラ・アマリラに率いられている人々のチームの目を引いた。彼女はパラグアイの外のほとんどの人々はその国について何も知らないことを知っていたので，そのチームは伝える話を探していたのだ。「E私たちは人々に子供たちの問題に注目してほしかったのです」とアマリラは言う。「この物語の独特なところは，人を感激させて，見る者の世界的な問題への関心を引きつけることです」

4年前，その映画チームは記録作品を制作するための175,000ドルを集める目的で短いビデオを作った。彼らはお金を集めただけでなく，そのビデオはインターネット上でとても早く広まった。それ以来，リサイクル・オーケストラはパラグアイ内だけではなく世界中の多くの国々でもF演奏している。その一団はベートーベン，モーツァルト，そしてビートルズの人気の音楽までも演奏している。そして，若い音楽家たちはスティービー・ワンダー，メタリカ，メガデスのようなアーチストたちから大きな支援を受けている。

最近では，カテウラの多くの子供たちがオーケストラに入りたがっている。やはりバイオリンを弾く10歳のシンシアは，オーケストラの年上の少女たちの何人かを尊敬し，彼女たちが手にしたパラグアイを越えて旅をする驚くべき機会をすべて見たと言う。彼女は，「彼女たちは自分たちが演奏しているものを本当に愛しているように思えるから演奏したいと思い，そして他の国々を訪れたいと思ったのです」と言う。

しかし，リサイクル・オーケストラにとって，地域に基盤を置く状態から世界の人気グループの状態になることは簡単なことではない。「私たちに起こったことはどれも計画されたものではありません」とファビオは言う。「私たちはまだ毎日，これをどうするべきかを学んでいるのです」これまで，オーケストラはカテウラに多くの明白な効果をもたらしてきた。4オーケストラが国際ツアーから集めてきたお金は，多くの人々に新しい，より安全な家を作るために使われている。

ファビオははるかに大きな挑戦もあると言う。彼は，「私たちがやってきたことは私たちの地域に，その子供たちを尊敬するよう導くことです。私たちは彼らには教育を受ける必要があることにも気づきました。それは神聖なことです。オーケストラが結成される前，状況はこんなではありませんでした。私が音楽のレッスンをし始める前，生徒たちの親は生徒たちに働いてもらう必要があったので彼らの手をとって彼らを連れ出していました。今日では，ここでそのようなことが起こることはありえません。そして私たちはすでに，地域を変えることになる最も困難なことをすることができています。そのような大きな変化を生み出すものは音楽である必要はなかったかもしれません。子供たちは，例えばサッカー，チェス，演劇，あるいは何か他の活動など，何でもすることができます」と言う。ファビオは，リサイクル・オーケストラで演奏している子供たちは何もないところから意味のあることを創り出しているのだと言う。彼は，「音楽家になるには，創造的であり，粘り強く，注意深く，そして責任を果たさなくてはなりません。このような強みがなければ音楽家にはなれません。しかし，H音楽には必ずしも音楽家に頼らないとても強い力があります。音楽そのものが社会を変えることができるのです」と言う。

A　locate は「(場所に)～を置く[位置させる]」という意味の他動詞で，「～が(場所に)ある[位置している]」と言うときは受動態 be located の形で表す。which is located は one(＝a town)を修飾している。

B　things from the garbage は「ごみの中から出てくるもの，ごみの中にあるもの」ということ。ごみとして捨てられたものの中にあって価値のあり(valuable)，売ることができるものということなので，「まだ使えるものを探して売ること」という内容と考えるのが適切。

C　直前の「ファビオは5つの楽器しか持っていなかった」と and でつながれているので，子供たちと楽器について否定的な内容が続く。〈too ～ to ＋動詞の原形〉「あまりに～なので…できない」を入れると文意が通る。1の poor enough to buy では「買うことができるほど貧しい」という意味になり，矛盾する。3と4は語法として誤り。

D　(D-1)　be good at ～「～が上手だ」の good が比較級になっている。　(D-2)　直後の a good idea とのつながりから，come up with ～「～を思いつく」が適切。

E　空所の発言に続いて，アマリラは「この物語の独特なところは……観る者の世界的な問題への関心を引きつけることです」と言っていることから，記録映画の1つの狙いとして，4「私たちは人々に子供たちの問題に注目してほしかった」を入れると前後関係がつながる。1は「私たちは人々が子供たちの問題について何かしら知ることを期待していなかった」，2は「私たちは人々が子供たちの問題に関心がないことを知っていた」，3は「私たちは子供たちの問題を解決できると確信していた」という意味。

F　空所を含む文が Since then「それ以来」で始まっていることから，「それ以来，現在まで演奏し続けている」という継続を表す意味になるように現在完了形を入れる。

G　入れる英文は，「オーケストラが国際ツアーから集めてきたお金は，多くの人々に新しい，より安全な家を作るために使われている」という意味で，4の直前で述べられている「オーケストラはカテウラに多くの明白な効果をもたらしてきた」の「明白な効果」の具体例に当たる。

H　空所の直後で「音楽そのものが社会を変えることができる」と述べているので，音楽家とは別として，音楽そのものの力について述べている2が適切。1は「大きな力がなければ，音楽家になることはまだきわめて難しい」，3は「大きな力がなければ，人々は音楽について何でも理解できるわけではない」，4は「私たちは，すばらしい音楽がその力で人々の助けとなれるのかどうかわからない」という意味。

I　1「アスンシオンの人々はごみ捨て場に集められた大量のごみとともに生活しなければならない」（×）　第1段落最初の3文を参照。大量のごみとともに生活しなくてはならないのは，アスンシオンの外側にあるカテウラである。　2「カテウラの多くの子供たちは親を手伝うために働かなくてはならず，彼らが学校に通うのは困難である」（○）　第1段落最後から2文目に，children usually get pulled out of school to help their parents「カテウラの子供たちは普通，親の手伝いで学校から引っ張り出される」と現在形で書かれている。最終段落第6，7文のファビオの発言に，「私が音楽のレッスンをし始める前，生徒たちの親は生徒たちに働いてもらう必要があったので彼らの手をとって彼らを連れ出していました。今日では，ここでそのようなことが起こることはありえません」とあるが，カテウラのすべての子供たちがオーケストラに所属しているわけではないことから，「ここ」とはオーケストラの活動をしている一団体のことと考えられる。逆に，まだ多くの子供たちは学校に通うのが困難な状況にあると考えられるので，合っている。
3「ファビオは空いている時間に小学校で音楽のレッスンをするためにカテウラへ行くように頼まれた」（×）　第2段落最初の2文を参照。ファビオは自分の意志で音楽のレッスンを始めた。
4「ファビオと友人のニコラスはごみ捨て場に集められたものから様々な楽器を作るためにともに働いた」（×）　第2段落第3，4文を参照。ファビオがニコラスにごみ捨て場のものを使って楽器を作るよう頼み，ニコラスが楽器を作ったが，ファビオもニコラスとともに楽器を作ったという記述はない。　5「記録映画の監督は，リサイクルされたもので作られた楽器を持つオーケストラを見ることは人々にパラグアイの問題を認識させることを望んだ」（○）　記録映画の監督とは，第5段落に出て来るアリジャンドラ・アマリラのこと。第3文に「私たちは人々に子供たちの問題に注目してほしかった」という彼女の発言があり，「子供たち」とはウルグアイの町，カテウラの子供たちのことなので合っている。　6「映画チームは，ドキュメンタリーを制作するお金が必要だったので，最初にリサイクル・オーケストラについての短いビデオを作った。」（○）第5段落最初の3文の内容に合う。　7「カテウラのますます多くの子供たちは今，プロの音楽家になりたいためにオーケストラに入るようになっている」（×）　カテウラの子供たちがプロの音楽家になるためにリサイクル・オーケストラに入ろうとするという記述はない。　8「ファビオによれば，子供たちは人生で意味のあるものを見つけるために，音楽とともにサッカーやチェスなどの活動をするべきである」（×）　最終段落第9，10文のファビオの発言を参照。ファビオが述べているのは，地域を変えるのに必要だったものは，音楽に限らずサッカーなど他の活動でもよかったということ。

V **(英作文：条件英作文，語句整序，英文和訳)**

(全訳) 絵1 ぼくはこのクラスの学級委員になるのに最もふさわしい人物です！

絵3 きみはぼくのすばらしい友達だけど，ナツコが選ばれたのにはもっともな理由があると思うよ。

絵4 翌朝，学校で…／何て優しいんだろう！ だれも気づかなかったのに，ナツコは毎朝花に水をやっているんだ。

絵5 昼休みに…／背景の黒板：明日，サプライズでスミス先生の誕生パーティー／ナツコ：だれか手伝ってくれますか。／左の生徒：ナツコ，私はみんなからメッセージを集めます！／中央の生徒：私はペーパー・フラワーを作りたいです！

絵6 2週間後…／コウタのフキダシ：たこ焼きが一番だ！／背景の黒板：学園祭のアイデア ・お化け屋敷 ・カフェ／ナツコ：いい考えです！／右の生徒：カフェはどうですか。

絵7 コウタ／今，ぼくはよいリーダーとは何かがわかるよ。／コウタの友達：話して，コウタ。／コウタ：よいリーダーは(例)他人の話を聞くことで物事を決め，みんなを幸せにすることができる。

絵8 コウタ：きみはすばらしいリーダーだよ，ナツコ！／ナツコ：ありがとう，コウタ！ 私を支えてね！

A 解答例は，「彼は，よい学級委員は成績がよく，スポーツが上手で，女子に好かれる人物だと考えている」という意味。someone の後に関係代名詞を置いて，A～Dの中の3つの情報を続ける。Aは have good grades「成績がよい」あるいは get good grades「よい成績を取る」，Bは play sports well「上手にスポーツをする」あるいは be good at sports「スポーツが得意だ」，Cは study hard「熱心に勉強する」，Dは be liked by girls「女子から好かれる」などと表せる。

重要 B (You are a great friend of mine, but I think) there is a good reason why Natsuko was chosen. There is ～.「～がある」の構文。good reason は「もっともな理由，正当な理由」という意味。why は reason を先行詞とする関係副詞。後に Natsuko was chosen と続けて，「ナツコが選ばれたのにはもっともな理由があると思う」という文にする。

C 〈How ＋形容詞[副詞]！〉は「何て～なのだろう」と感嘆する気持ちを表す。has been giving は現在完了進行形で，過去のあるときから始まって，今もなお続いている動作を表す。

やや難 D 絵5，6から，「物事を決める」，「みんなを幸せにする」，「他人の話を聞く」などの情報がつかめる。解答例では，can の後に「他人の話を聞くことによって物事を決める」ことと「みんなを幸せにする」ことを並列している。

★ワンポイントアドバイス★

Ⅱ 問2の語彙の問題では，与えられている英語の説明をきれいな日本語に直す必要はない。本文の下線部の前後の内容や文脈をつかみ，それに関連のありそうな単語を含む英語の説明を選ぶのも1つの解法である。

＜国語解答＞ 《学校からの正答の発表はありません。》

一 問一 a 栄誉 b 提唱 c しさ d 美辞 e がかい 問二 ウ
問三 イ 問四 イ 問五 ア 問六 エ 問七 イ 問八 ウ 問九 エ

二 問一 オ 問二 ウ 問三 オ 問四 ウ 問五 エ 問六 ア 問七 エ
問八 イ 問九 オ 問十 (1) A ア B イ (2) (例) 人間が人間らしく生きるための安全装置として必要な遊びが禁じられ，想像力が奪われた逃げ場のない絶望的な世界。(53字)

○推定配点○

一 問一 各2点×5 問二 3点 他 各5点×7
二 問一～問九 各4点×9 問十 (1) 各3点×2 (2) 10点 計100点

＜国語解説＞

一 (論説文―漢字の読み書き，脱文・脱語補充，表現，文脈把握，内容吟味，要旨)

問一 a 「誉」を使った熟語はほかに「名誉」「毀誉褒貶」など。訓読みは「ほま(れ)」。

b 「提唱」は，自分の意見を出して人々に呼びかけること。「提」を使った熟語はほかに「提案」「提示」など。「提灯(ちょうちん)」という読み方もある。訓読みは「さげ(る)」。

c 「示唆」は，それとなく教えること。「唆」を使った熟語はほかに「教唆」など。訓読みは「そそのか(す)」。 d 「美辞」は，美しい言葉，という意味で，うわべだけを美しく飾った内容の乏しい真実味のない言葉，という意味の「美辞麗句」などと使われる。

e 「瓦解」は，かわらが崩れるように，壊れてばらばらになること。「瓦」を使った熟語はほかに「瓦斯」「瓦礫」など。訓読みは「かわら」。

問二 直後で「日常茶飯事であり」と言い換えられていることから，非常に多いことを表す慣用句が入るとわかる「枚挙にいとまがない」は，あまりにも多いので，いちいち数え上げていられない，という意味。アは，惜しむことなく金銭を費やすこと。イは，当面の重大な危機を回避するためには，小さな犠牲や損害などに構っていられない，という意味。エは，金銭などを出してあげたくても，ないのだからどうしようもない，という意味。オは，相手に遠慮せず，思った通りのことを率直に言うこと。

問三 「玉石混交」は，優れたもの(玉)とつまらないもの(石)が入り混じっていることのたとえ。「玉」については，直後で「現実をよく説明する『適応度の高い仮説』は長い時間の中で批判に耐え，その有用性や再現性故に，後世に残っていくことになる」と説明されているので，「ほとんど例外なく現実に合っているような知見」とするイが適切。アの「再現することができないような」，ウの「権威のある賞をとったり……」，エの「検証される必要なく」，オの「現在の姿をまったく留めなくなる」は合致しない。

問四 「適者生存」は，ある環境において，最も適応できる生物だけが残り，適応できない生物は淘汰される，という意味。ここでは，直前に「その仮説の適応度をさらに上げる修正仮説が提出されるサイクルが繰り返される」とあり，直後には「ある意味，科学は『生きて』おり，生物のように変化を生み出し，より適応していたものが残り，どんどん成長していく」と説明されているので，これらの内容と合致するイが適切である。アの「科学的知見が人間の手を離れて進化していくこと」，ウの「科学以外の学問が台頭すれば滅びること」，エの「新しい説を生み出すことでしか生き残れない」，オの「現実の状況の変化にもかかわらず」は，本文に述べられていないのであてはまらない。

問五　「不完全」については，「しかし……」で始まる段落に「科学の知見が常に不完全と言うことは，ある意味，科学という体系が持つ構造的な宿命であり，絶え間ない修正により，少しずつより強靭で真実の法則に近い仮説ができ上がってくるが，それでもそれらは決して100％の正しさを保証しない」とあり，続いて「もし100％正しいところまで修正されていたとしても，それを完全な100％，つまり科学として『それで終わり』と判定するようなプロセスが体系の中に用意されていない。どんなに正しく見えることでも，それをさらに修正するための努力は，科学の世界では決して否定されない。だから科学的知見には……その仮説がどれくらい確からしいのかという確度の問題が存在するだけなのである」と述べられているので，アが適切。イは「不確かな研究手法」，ウは「同一の結果を再現することは決してできない」，エは「一般生活下でどの程度有効かは未知数」，オは「必ず誤りを発見される」という部分が合致しない。

やや難　問六　「回答」の内容は，直後の「より正確な判断のために，対象となる科学的知見の確からしさに対して，正しい認識を持つべきだ」というもので，「『科学的知見』という……それらの確からしさを正確に把握して峻別していけば，少なくともより良い判断ができるはずである」と説明されているので，「地道な努力を重ねてゆけばいつかは真実に到達できる」とするエが適切である。「はずである」という表現は，現実にはそうなっていない，という意味を内包するが，ここでは「優等生的」の意味が問われているので，「実現するのは容易ではない」とするウ，「残念ながら現実がそうなっていない」とするオはあてはまらない。

問七　直後に「たとえばノーベル賞を取ったから，『ネイチャー』に載った業績だから，有名大学の教授が言っていることだから，といった権威の高さと情報の確度を同一視して判断するやり方だ。この手法の利点は，なんと言っても分かりやすいことで，……」とあり，「しかし……」で始まる段落には「拠りどころのない『分からない』という不安定な状態でいるよりは，とりあえず何かを信じて，その不安から逃れてしまいたいという指向性が，心のどこかに潜んでいる。権威主義は，そこに忍び込む」と説明されているので，イが適切。アは「合理的な考え方である」，ウは「効率的に科学を進展させる」，エは「専門家への信頼という権威が不可欠」，オは「科学の分かりやすさを伝えるのに最適」という部分が合致しない。

問八　直後に「倒錯した権威主義の最たるものが，科学に従事している研究者の言うことなら正しい，というような誤解であり……」と説明されているので「妄信的に従うべきものとして，……」とするウが適切。アの「神の教えが……解明される」，イの「科学と宗教の境界線」，エの「宗教の一つ」，オの「神秘的な事柄の解明」は本文の内容と合致しない。

やや難　問九　直後に「また，権威主義者に見られる典型的な特徴が，それを構築する体系から逸脱するのを頑なに認めない，という姿勢である。それは権威主義が本質的に人々の不安に応えるために存在しているという要素があるからであり，権威主義者は……価値が崩壊する恐怖に耐えられないのである」と説明されているので，これらの内容に合致するエが適切。

二　**（講演一文脈把握，内容吟味，要旨）**

問一　直後で「2歳の男の子」「上のお姉ちゃんたち」の例を挙げて「子供は遊んでいるときに，自分とはちがうもの，……他者になっている」と説明されているので，「他者としてふるまっている」とするオが適切。

問二　「子どもが四人いますので」「サンプルの数は，ふつうの人より多いので，信頼していただきたい」という言い方は，多くの子供と接する日常生活を，「サンプル」が多い，とユーモラスに表現しているといえるので，ウが適切。

問三　直前に「遊ぶときの子供は別の存在になっている。そして幸せでいっぱいである。とすると，幸せで満たされているのは，その子なのでしょうか。それともその子がなりきった別の存在なのでしょうか」とあるので，オが適切である。

問四　直後に「遊びとは，現実の世界に，想像力によって作った世界を重ねて二重化することだと思うのです」とあり，「泥団子」の例については，直前に「子供は砂まみれ泥まみれになりながら，お団子やケーキを作る。……そのどろどろの団子やらケーキを差しだしてくる。そんなとき，子供だってそれが本当に食べられるものだと信じているわけではない」と説明されているので，ウが適切である。

問五　「遊びと文学の親和性」については，「文学もまた……」で始まる段落に「文学もまた，現実を二重化することによって生まれるものです。……ちょうど遊んでいる子供が現実でありながら現実ではない世界，あるいは現実であると同時に非現実である世界のなかに身を置いているように，文学も人が生きていくために必要な隙間『遊び』を作り出します」とあるので，エが適切である。

やや難　問六　直前に「小説や詩は，作品として自分が生き続けるためにも，私たちに生きてほしい」とあり，同様のことは，「さて……」で始まる段落に「小説や詩は，それを読む人がいなければ，ただの文字列です。まず読む人がそこに想像力を注ぎこみ，能動的に働きかけてくれなければ，作品になることができないのです。ひとつの小説や詩は，読者の存在を絶対的に必要とする。」と説明されているので，アが適切。イは「作者から読者へ励ましの声が送られる」，ウは「読者が登場人物に共感する」，エは「励みになる言葉を最もよく記憶する」，オは「自分の経験によって励まされる」という部分が本文の内容と合致しない。

問七　直前に「その作品を書いたのは，実は小説家や詩人ではないのです。ひとりひとりの読者がそれぞれのやり方で，その文字列をたどり直しながら，書き直していると言ってはいけないでしょうか」とあり，さらにその前には「それは読者が自分の想像力を，それまで生きてきた体験や記憶などとともに総動員して，誰のものでもない文字列であったものに『命』を与えたということです。そうやって自分だけの作品として蘇らせたのです」と説明されているのでエが適切。

問八　「書くとき」の作家については，後に「空想的世界と現実の世界との隙間に，書き手自身が滑り込んだかのように，ふだんの自分とは違うものになっている」と表現されている。あてはまるものとしては，「読んでいるときに……」で始まる段落の「創造的自己」が適切。

問九　直前に「本を読めば読むほど，真似をしたい作品も増えてくる。そしてそのたびに，自分が憧れ一体化したいと願うそうした作品から，……とはね返され，蹴っ飛ばされる。……作品の輝きやその配置をよりよく知れば知るほど，少なくとも『ここは自分の居場所ではない』というところだけはわかってくる。読めば読むほど，そうやって，『ここでもない』『あそこでもなかった』と模索しているうちに，ほかの誰でもないこの自分が書くべき場所が少しずつ明らかになってくる」とあるので，オが適切。

重要　問十　(1)　A　直前の「人間が人間として生きていくための『安全地帯』に入ること」を言い換えているので，「人間性を(守っていく)」とするのが適切。　B　直後で「自分を少し離れたところから見られるようになっている」と言い換えているので，「相対化(することができる)」とするのが適切。　(2)　直前で「遊びのない世界」「想像力を働かすことを禁じられた世界」と表現されており，「遊び」については，「そう言えば……」で始まる段落に「人間の遊びもまた，人間が人間らしく生きるための安全装置」とあり，「想像力」については，「人の命を……」で始まる段落に「人から想像力を奪おうとする世界には遊びの場所はありません。それは死の世界なのです」と説明されている。また，会話文の最後には，小野正嗣さんの著書からの引用として「『(絶滅収容所の)子供たちの周囲は地獄である。どこにも逃げ場がない。だからこそ子供は想像力によって避難する場所を……作らなくてはいけないのだ。……生を破壊しようとする現実に，子供たちは遊びによって必死で抵抗しようとしているのだ』」とあるので，「死の世界」とは，想像力や遊びが禁じられた逃げ場のない世界である，という内容をおさえてまとめればよい。

★ワンポイントアドバイス★

決められた時間内に本文を精読し，要旨を的確にとらえる高度な読解力を身につけよう！　設問をよく読み，問われている内容が述べられている箇所をすばやくとらえる練習をしておこう！

MEMO

大切なことはメモしておこうネ！

2019年度

入　試　問　題

2019年度

国際基督教大学高等学校入試問題

【数　学】（70分）〈満点：100点〉

【注意】 1. この試験は資料文とそれに続く問題とで構成されています。資料文を読みすすめながら，対応する問題に答えていくのがよいでしょう。

2. 定規，コンパス等は使用できません。

資　料　文

【1日目：導入】

中学3年生のC太は，数学好きな姉，I子さんと寝る前に話をしています。

I子：中学ももうすぐ卒業ね。数学の勉強で印象に残ったことや心残りなこと等ある？

C太：心残りなこととしては，「資料の活用」，つまり統計に関する授業について，授業時間が少なくて簡単に終わっちゃったんだ。もう少し勉強したかったなぁ。

I子：今の中学校ではなかなか時間を取り切れていない分野よね。情報機器の発達もあって，データの分析をする際に「資料の活用」に関する知識は今まで以上に重要になってきているのに…。そうしたら，「資料の活用」について，もう少し話をしましょう。

C太：ありがとう！

I子：そうしたら，具体例を用いてまずは話をしましょう。

次のページの図表1はT市の1月の平均気温を1920年から2019年まで100年分調べ，その100回のデータをまとめたグラフよ。これを「ヒストグラム」というの。

実際の気温は通常，小数第1位までで表しているけれど，このヒストグラムでは小数第1位を四捨五入して，整数でそれぞれ考えるようにしているのよ。

C太：そうすると，このヒストグラムにおいては，「0.5℃以上1.5℃未満が2回観測されている」ことを「1℃の範囲が2回観測されている」と考えるんだね。

I子：そのとおり。各データを値の範囲によってグループごとに分けるとき，その各グループを「階級」というのよ。このヒストグラムの場合は，1℃の範囲から8℃の範囲まで8つの階級に分かれているわね。

各階級に集まっているデータ数は各階級の上に書かれている値で表されているわ。すべて足すと100になるわね。

図表1　T市の1月平均気温の分布（1920年～2019年）

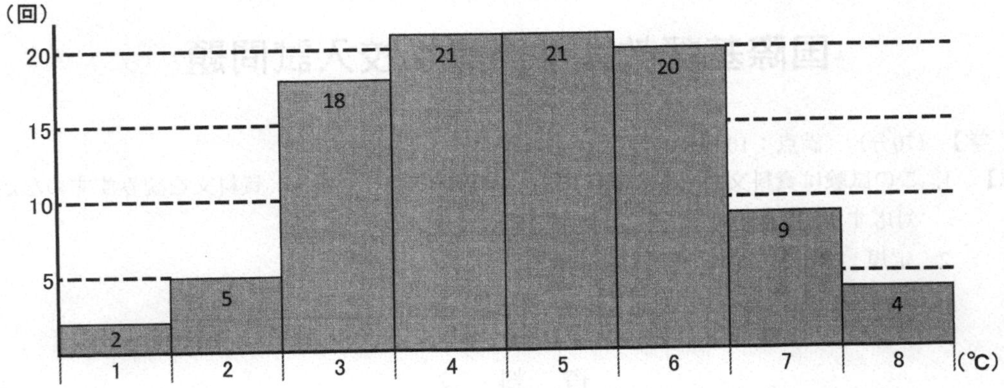

I子：このヒストグラムがあれば，平均値や中央値，相対《そうたい》度数《どすう》についても調べられるわね。

C太：学校で少し勉強したけれど，怪しいなぁ。

I子：そうしたら定義を復習しましょう。定義をまとめるとそれぞれ次のようになるわ。

> 定義
>
> n 個のデータの各値が x_1，x_2，…，x_n であるとする。
>
> ○　平均値…次式のように，すべての値の合計を n で割った値 m を平均値という。
>
> $$m=\frac{1}{n}(x_1+x_2+\cdots+x_n)$$
>
> ○　中央値…観測値を大きさの順に並べたとき，その中央に位置する値を中央値という。並べ替えた n 個のデータの各値を y_1，y_2，…，y_n とし，中央値を c とすると，次式のとおり表せる。
>
> ・n が奇数であるとき，$c=y_{\frac{n+1}{2}}$
>
> ・n が偶数であるとき，$c=\frac{1}{2}\left(y_{\frac{n}{2}}+y_{\frac{n}{2}+1}\right)$
>
> ○　相対度数…各階級で観測される回数を総数 n で割った（n との比率に直した）値。

C太：なるほど，そうだったね。

I子：100年間の気温の平均値，つまり100回の観測における平均気温は，1℃の範囲が2回で積は2で，2℃の範囲が5回で積は10で，…と気温と回数の積を加えていくと，100回の総和［　ア　］が求められるから，1年あたりの平均気温は［　イ　］℃であることが分かるわね。中央値は分かる？

C太：中央値は真ん中のデータ，今回のデータだったら100回のデータがあるから，気温の低い順に50番目と51番目のデータを足して2で割って，［　ウ　］℃だね。99年分のデータだったら，真ん中の50番目のデータを単に言えばよいだけだから，それと比べると少し手間がいるね。

I子：ところで，7℃の範囲には9回のデータがあるのだけど，相対度数で表すといくつか分かる？例えば，このヒストグラムにおいて，7℃の相対度数は［　エ　］となるので，2020年の1月に平均気温が7℃の範囲になる，この統計をもとにした確率は［　エ　］と考えられるの。このように過去の統計をもとに考える確率を「統計的確率」というのよ。

…問題1

C太：ちなみに，コインを1回投げた時，表裏がそれぞれ確率 $\frac{1}{2}$ で出ることや，サイコロを1回投げた時，1〜6 が出る確率がいずれも $\frac{1}{6}$ となるなど，同じ割合で発生すると考えて，用いる確率を「数学的確率」と言うのだよね？

I子：そのとおり。よく知っているわね。

…問題２

I子：ところで，ここまで話してきた，T市の1月の平均気温のヒストグラムは，中央を山の頂上として，両側に減っていくように見えるわよね。

C太：うん，そんなにデコボコもしていないし，きれいな山型だよね。

I子：多くの自然現象のデータの分布や，コイントスを大量に行った場合に表の出る回数の分布など，意図的《いとてき》な要素のない(偶発的《ぐうはつてき》な)データの分布はデータの数が多ければ多いほど，中央を山の頂上として，両側に減っていく形に近づいていくことが知られているわ。

参考までに，図表2で，ある中学校の3年生男子の身長について，5人，10人，25人，100人と人数を増やして調べた例を載《の》せておくわね。調査対象人数が大きいほど，どうなってる？

図表２　ある中学校の中学３年生男子の人数ごとの身長分布

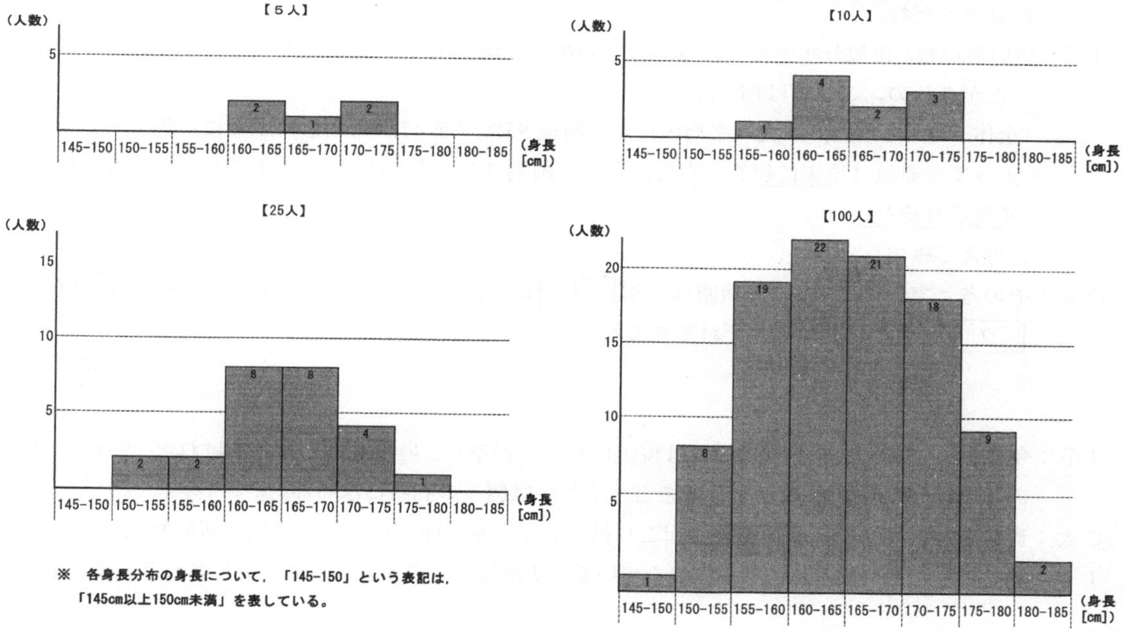

※　各身長分布の身長について，「145-150」という表記は，「145cm以上150cm未満」を表している。

C太：人数が多いほど中央を山の頂上として，両側に減っていくような気がするね。

I子：このように中央の値が最も多く，それを軸に左右対称に減っていく分布を「正規分布《せいきぶんぷ》」というの。

「正規分布」について，ヒストグラムを用いて簡単に説明すると，次のページの図表3のように，平均値を m としたときに，m の度数《どすう》(回数等)が最も多く，m を軸に左右対称に度数が減っていくような分布になるわ。

図表3 ヒストグラムにおける正規分布の例

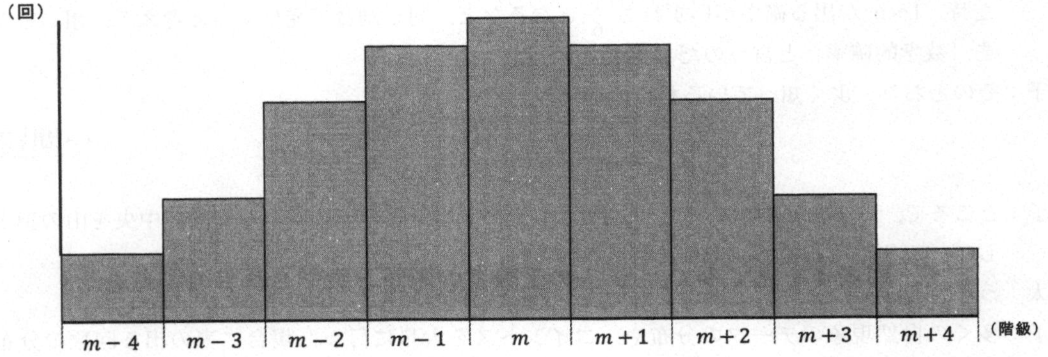

I 子：今回の T 市の 1 月の平均気温のデータも，ある程度のデータ数があるので，正規分布として，分析してみてもよいと思うわ。

C 太：正規分布と考えると，中央付近が一番高くて，端《はし》っこの値はほとんど起こらないわけだよね？ヒストグラムからも分かっていたことだけど，T 市の 1 月の平均気温のデータは 3℃から 6℃の範囲に多くのデータが集まる一方，それ以外の平均気温，つまり端に近い平均気温の発生確率は低そうだね。

I 子：いい視点ね。正規分布やそれに近い分布の場合，両端《りょうはし》に近い値はほとんど発生しないと考えることがあるの。ここでは例えば，

「全体 100％のうち，中央（平均値）から前後 95％（前 47.5％，後 47.5％）に一部でもデータが入ってくる値は現実に起こり得る，逆に，両端 2.5％ずつの計 5％の中にしか入らない値はまず起こり得ない。」

と考えてみましょう。

C 太：その考えでいくと，1 ℃の範囲は両端 [オ] から，[カ]，8 ℃の範囲は両端 [キ] から，[ク] という判断がそれぞれできるね。

…問題 3

I 子：今は「平均値から前後 95％の値は現実に起こり得る」という基準で考えたけれど，95％を 90％あるいは 99％にするなど，基準をどうするかは個々の判断になるわ。

C 太：資料をもとにして，今後実際に起こり得るのか，を判断するという発想は新鮮だね。

I 子：明日は私たちの周りにあるデータを用いて，実際に手を動かして，もう少し考えてみましょう。

【2日目：データの活用】

I 子：おはよう。今日はまず，身近なデータを用いて，計算もしていきましょう。昨日話したことも利用するけれど，新しい気持ちで，取り組んでいきましょう！項目ごとにタイトルもつけておくから参考にしてね。

C 太：はーい！

≪1. 統計の指《し》標《ひょう》≫

I 子：まず，次のページの図表 4 を見てみて。10 人の受験者の国語と数学 2 科目の得点をそれぞれまとめたものよ。

C太：ふむふむ。

図表4　10人の受験者の2科目（国語・数学）得点一覧表

	Aさん	Bさん	Cさん	Dさん	Eさん	Fさん	Gさん	Hさん	Iさん	Jさん
国語（点）	80	40	30	50	70	50	70	30	30	50
数学（点）	90	30	30	20	60	90	90	40	20	30

I子：ヒストグラムの時と同様に，平均値や中央値を用いて，データについて考えることは多いわよね。ちなみに国語と数学の点数の平均値（以下，平均点とする）と中央値はそれぞれ何点かしら？

C太：国語と数学の平均点は同じ［ケ］点なのに，国語の点数の中央値は［コ］点，数学の点数の中央値は［サ］点だね。

I子：平均点と中央値を比べると，その差は国語より数学の方が大きいみたいね。一方で平均点や中央値以外にも，もう少しデータについて知りたいところよね。

…問題４

C太：国語と数学のデータについて，分布など分かることは増えるのだけど…。データ全体を考えることができる指標は他にないのかなぁ。

I子：そう思うわよね。そこで登場するのが「偏差《へんさ》」，「分散《ぶんさん》」，「標準偏差《ひょうじゅんへんさ》」という3つの値よ。それぞれ定義を書くと，次のとおりになるわ。

> 定義　n 個のデータの各値が x_1，x_2，…，x_n であるとし，平均値を m とする。
>
> ○　偏差…各データの数値と平均値との差を偏差という。
>
> あるデータ x_i（$i=1$，2，…，n）の偏差は，$x_i - m$ となる。
>
> ○　分散…それぞれの偏差の2乗の和をデータの総数 n で割った値を分散という。
>
> データの分散を s^2 とすると，次式のとおり表せる。
>
> $$s^2 = \frac{(x_1 - m)^2 + (x_2 - m)^2 + \cdots + (x_n - m)^2}{n}$$
>
> ○　標準偏差…分散の正の平方根を標準偏差という。分散が s^2 であるとすると，
>
> 標準偏差は，$s = \sqrt{s^2}$ となる。

I子：例えば国語のデータについて考えてみましょう。それぞれの偏差はどうなるかな？

C太：えーっと，Aさんの偏差は 80－［ケ］，Bさんの偏差は 40－［ケ］，…，Jさんの偏差は 50－［ケ］となるね。単にそれぞれのデータから平均値を引くだけだね。

I子：そのとおり。そうしたら，国語の分散と標準偏差はどうなる？

C太：分散は

$$\frac{(80 - \boxed{ケ})^2 + (40 - \boxed{ケ})^2 + \cdots + (50 - \boxed{ケ})^2}{10} = \boxed{シ}$$

になるかな。標準偏差は分散の正の平方根だから，簡単な形で表すと，［ス］だね。

I子：計算ミスなく，しっかりできているわね。ちなみに $\sqrt{3} = 1.73$ として，標準偏差を小数で表すと，［セ］になるわね。

数学のデータについても同様に計算すると，分散は 800，標準偏差は $20\sqrt{2}$ になるわ。

…問題５

≪2. 標準化≫

C太：今は言われたとおりに計算したけど，分散や標準偏差を求めてどんな意味があるの？

I子：分散や標準偏差が分かると，データの散らばり具合が大まかに分かるのよ。分散や標準偏差が小さければ，平均値の近くにデータが比較的集まっているとも言えるわ。

C太：それだったら，分散だけ求めればいいんじゃないの？

I子：分散ではなく標準偏差を使用することによって，単位をそろえることができるのよ。例えば，今回の国語と数学の試験結果を見ると，偏差の単位は〔点〕だけど，分散は各偏差を2乗した値の和だから，単位をつけるなら，〔点の2乗〕になるでしょ。

そこで，分散の平方根を取れば，その単位は〔点〕となり，元のデータと同じ基準で比較できるようになるのよ。例えば，単位として〔cm〕と〔cm^2〕は違うでしょ？

片方は長さ，もう片方は面積になって比較できないわよね。

C太：同じ単位にそろえて同じ基準で比較できないとデータとしての価値がなさそうだし，分散にとどまらず，標準偏差まで求めることは必要そうだね。

I子：ここで，各データと同じ基準で比較できる，平均値と標準偏差を用いて，各データを表してみましょう。

n個のデータの各値をx_1，x_2，…，x_n，その平均値をm，標準偏差をsとすると，あるデータ $x_i(i=1,\ 2,\ \cdots,\ n)$は，

$x_i=m+k_is$（k_iはx_iとmとsで決まる定数）……(1)

という形で表すことができ，x_iとmとsが分かれば，k_iの値を求めることもできるの。

例えば，

Pさんが平均点42点，標準偏差18点の試験で24点を取った場合，

$24=42+18k_p$……(2)

（k_pはPさんの得点24点と平均点42点と標準偏差18点で決まる定数）

という形で表せるわ。

C太：各データと平均値，標準偏差は同じ基準で考えられることが分かるね。

I子：さらに，Pさんの数学の試験結果の例について，(2)式をさらに変形すると，

$$k_p=\frac{24-42}{18}=-1$$

となって，定数k_pの値を求めることができるのよ。

このように，各データにおいて，平均値を引き，標準偏差で割るという操作を「標準化」というの。

さっきの(1)式も同様に，「標準化」すると，

$$k_i=\frac{x_i-m}{s}$$

となることが分かるわね。

C太：データ全体の平均値と標準偏差が分かっていれば，各データのk_iの値も分かるし，k_iの算出に個別のデータと平均値の差を用いることから，データが平均値から離れていれば離れているほど，絶対値$|k_i|$の値は大きくなることが分かるね。

I子：後で詳しく話すけれど，k_iの値は各データと平均値がどのくらい離れているかを検討することに役立つのよ。

C太：そうなんだね。それは楽しみにしておこう。
ちなみに各データをすべて標準化したとき，標準化後のデータ全体の平均値と標準偏差の値そのものは，標準化前と比べてどうなるのだろう？

I子：いい質問ね。ここで，AさんからJさんまでの10人のある試験の点数を a_A，a_B，…，a_J，平均点を m，標準偏差を s として，標準化後の平均点 M_a と標準偏差 S_a について考えてみましょう。
平均点 M_a については，

$$M_a = \frac{\dfrac{a_A - \boxed{\text{ソ}}}{\boxed{\text{タ}}} + \dfrac{a_B - \boxed{\text{ソ}}}{\boxed{\text{タ}}} + \cdots + \dfrac{a_J - \boxed{\text{ソ}}}{\boxed{\text{タ}}}}{10}$$

$$= \frac{a_A + a_B + \cdots + a_J}{10 \times \boxed{\text{タ}}} - \frac{10 \times \boxed{\text{ソ}}}{10 \times \boxed{\text{タ}}}$$

となり，さらに式変形すると，

$Ma = \boxed{\text{チ}}$

となることが分かるわね。
標準偏差 Sa については，分散の計算方法に基づくと，

$$S_a{}^2 = \frac{\left(\dfrac{a_A - \boxed{\text{ソ}}}{\boxed{\text{タ}}} - \boxed{\text{チ}}\right)^2 + \left(\dfrac{a_B - \boxed{\text{ソ}}}{\boxed{\text{タ}}} - \boxed{\text{チ}}\right)^2 + \cdots + \left(\dfrac{a_J - \boxed{\text{ソ}}}{\boxed{\text{タ}}} - \boxed{\text{チ}}\right)^2}{10}$$

となり，変形すると，

$$S_a{}^2 = \frac{(a_A - \boxed{\text{ソ}})^2 + (a_B - \boxed{\text{ソ}})^2 + \cdots + (a_J - \boxed{\text{ソ}})^2}{10 \times \boxed{\text{ツ}}}$$

となるわね。
さらに変形すると，

$S_a{}^2 = \boxed{\text{テ}}$ となるから，

$S_a = \boxed{\text{ト}}$ となることが分かるわね。

つまり，各データすべてを標準化すると，平均値 $\boxed{\text{チ}}$，標準偏差 $\boxed{\text{ト}}$ となるのよ。

…**問題6**

C太：標準化を行った後のデータ全体の平均値と標準偏差は特定の値になるんだね。これをもとにして，活用できそうな分野がありそうな気がするね。

≪3. 偏差値《へんさち》≫

I子：ちなみに，個別のデータ x_i について，平均値 m，標準偏差 s を用いて，式 $k_i = \dfrac{x_i - m}{s}$ で標準化をして，k_i を求めることで，実は私たちがよく耳にする値を導くことができるの。試験結果等で聞いたことがあるかもしれないけど，なんだか分かるかな？

C太：えー，何だろう。試験といえば…分かった！「偏差値」だ！

I子：そのとおり！偏差値は平均点を偏差値 50 として，その試験結果の分布を考えるもので，次のとおり表せるわ。

$$(x_i\text{の偏差値}) = 50 + 10k_i$$

C太：ということはもし，試験結果に偏差値が提示されていれば，自分がおおよそどのくらいの位置にいるかが分かるんだね。けど，そんなの点数で順位は分かるんだから，別に提示しなくてもよいんじゃないかな。

I子：確かに受験した試験そのものでの位置を見るのであれば，単に得点順位を見れば分かるわ。けれど，複数回の試験での自分の位置の推移を確認するためには点数だけでは難しいのよ。
例えば，平均 42 点，標準偏差 18 点の試験で 60 点を取った場合と，平均 45 点，標準偏差 10 点の試験で 60 点取った場合を考えると，前者の偏差値は，

$$50+10\times\frac{60-42}{18}=60$$

であり，後者の偏差値は ［ナ］ であることから，同じ 60 点でも，同じ基準である偏差値を用いて，後者の方が優れていると考えることができるわ。

…問題 7

このように試験などは毎回同じ平均値，標準偏差になることはまずないので，得点以外で共通に測れる基準が必要となり，十分な人数の受験する試験などでは偏差値が重宝されるようになったのよ。

C太：標準化をすることで，偏差値等の活用に結びついているんだね。知らなかったなぁ。データを考える新たな指標や標準化といった新しい話は面白いけれど，新しい概念も多くてちょっと疲れちゃった。

I子：そうね，少し休憩しましょう。

【2日目休憩後：データの活用の続き】

≪4．正規分布≫

C太：さっきまでの話は初めてで難しかったけれど，まだ新しい話が出てくるんだよね？大丈夫かな。

I子：大丈夫よ。さっきまでの話も少しずつ振り返りながら話を進めるから，また新たな気持ちで取り組んでいきましょう！

C太：はーい！

I子：さっきまで話をしていた，標準化後のデータのうち，特に，昨日話した正規分布で考えることのできるデータについては研究が進んでいるの。昨日はヒストグラムで考えたけれど，ヒストグラムの階級の幅を 0 に近づけ，幅がないと考えると，それぞれの分布は図表 5 のような曲線で表すことができるのよ。

図表5　標準化後の正規分布曲線

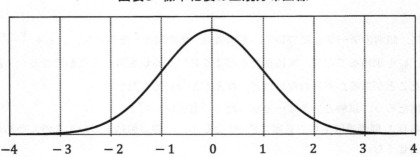

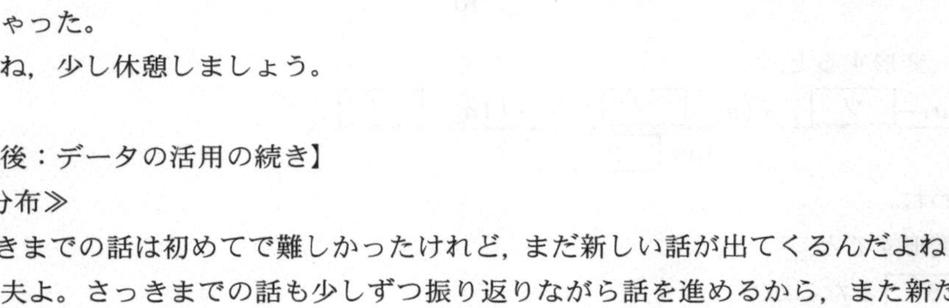

※　横軸は k の値，縦軸は k の値ごとの頻度（回数等）を表す

I子：十分な量のデータを確保できるときに正規分布のデータについて，平均値を m，標準偏差を s とし，kをあらかじめ値の決まっている定数とすると，m 以上 $m+ks$ 以下の範囲に含まれるデータの割合は，k の値と図表6の正規分布表を利用すると分かるのよ。

C太：「個別のデータ x_i について，標準化した値 k_i は，$k_i=\dfrac{x_i-m}{s}$ で求められること」をさっき聞いたけれど，ここでは，k をあらかじめ決めておいて，それを満たすデータあるいはデータの割合を考えていく，ということだね。正規分布表はどのように見ればよいの？

I子：図表6の左にある縦目盛りは k の値の小数点以下第1位まで，上にある横目盛りは小数点以下第2位の値を表しているの。

図表6　正規分布表

k	0.00	0.01	0.02	0.03	0.04	0.05	0.06	0.07	0.08	0.09
0.0	0.0000	0.0040	0.0080	0.0120	0.0160	0.0199	0.0239	0.0279	0.0319	0.0359
0.1	0.0398	0.0438	0.0478	0.0517	0.0557	0.0596	0.0636	0.0675	0.0714	0.0753
0.2	0.0793	0.0832	0.0871	0.0910	0.0948	0.0987	0.1026	0.1064	0.1103	0.1141
0.3	0.1179	0.1217	0.1255	0.1293	0.1331	0.1368	0.1406	0.1443	0.1480	0.1517
0.4	0.1554	0.1591	0.1628	0.1664	0.1700	0.1736	0.1772	0.1808	0.1844	0.1879
0.5	0.1915	0.1950	0.1985	0.2019	0.2054	0.2088	0.2123	0.2157	0.2190	0.2224
0.6	0.2257	0.2291	0.2324	0.2357	0.2389	0.2422	0.2454	0.2486	0.2517	0.2549
0.7	0.2580	0.2611	0.2642	0.2673	0.2704	0.2734	0.2764	0.2794	0.2823	0.2852
0.8	0.2881	0.2910	0.2939	0.2967	0.2995	0.3023	0.3051	0.3078	0.3106	0.3133
0.9	0.3159	0.3186	0.3212	0.3238	0.3264	0.3289	0.3315	0.3340	0.3365	0.3389
1.0	0.3413	0.3438	0.3461	0.3485	0.3508	0.3531	0.3554	0.3577	0.3599	0.3621
1.1	0.3643	0.3665	0.3686	0.3708	0.3729	0.3749	0.3770	0.3790	0.3810	0.3830
1.2	0.3849	0.3869	0.3888	0.3907	0.3925	0.3944	0.3962	0.3980	0.3997	0.4015
1.3	0.4032	0.4049	0.4066	0.4082	0.4099	0.4115	0.4131	0.4147	0.4162	0.4177
1.4	0.4192	0.4207	0.4222	0.4236	0.4251	0.4265	0.4279	0.4292	0.4306	0.4319
1.5	0.4332	0.4345	0.4357	0.4370	0.4382	0.4394	0.4406	0.4418	0.4429	0.4441
1.6	0.4452	0.4463	0.4474	0.4484	0.4495	0.4505	0.4515	0.4525	0.4535	0.4545
1.7	0.4554	0.4564	0.4573	0.4582	0.4591	0.4599	0.4608	0.4616	0.4625	0.4633
1.8	0.4641	0.4649	0.4656	0.4664	0.4671	0.4678	0.4686	0.4693	0.4699	0.4706
1.9	0.4713	0.4719	0.4726	0.4732	0.4738	0.4744	0.4750	0.4756	0.4761	0.4767
2.0	0.4772	0.4778	0.4783	0.4788	0.4793	0.4798	0.4803	0.4808	0.4812	0.4817
2.1	0.4821	0.4826	0.4830	0.4834	0.4838	0.4842	0.4846	0.4850	0.4854	0.4857
2.2	0.4861	0.4864	0.4868	0.4871	0.4875	0.4878	0.4881	0.4884	0.4887	0.4890
2.3	0.4893	0.4896	0.4898	0.4901	0.4904	0.4906	0.4909	0.4911	0.4913	0.4916
2.4	0.4918	0.4920	0.4922	0.4925	0.4927	0.4929	0.4931	0.4932	0.4934	0.4936
2.5	0.4938	0.4940	0.4941	0.4943	0.4945	0.4946	0.4948	0.4949	0.4951	0.4952
2.6	0.4953	0.4955	0.4956	0.4957	0.4959	0.4960	0.4961	0.4962	0.4963	0.4964
2.7	0.4965	0.4966	0.4967	0.4968	0.4969	0.4970	0.4971	0.4972	0.4973	0.4974
2.8	0.4974	0.4975	0.4976	0.4977	0.4977	0.4978	0.4979	0.4979	0.4980	0.4981
2.9	0.4981	0.4982	0.4982	0.4983	0.4984	0.4984	0.4985	0.4985	0.4986	0.4986
3.0	0.4987	0.4987	0.4987	0.4988	0.4988	0.4989	0.4989	0.4989	0.4990	0.4990

C 太：正規分布表で k は正の値しか取らないの？負の値のときはどうするの？

I 子：負の値のときには，正規分布が左右対称であることを利用して，その値の絶対値を利用して考えるのよ。

C 太：なるほど。具体的な例で考えてみたいね。

I 子：例えば，$m-s$ 以上 $m+s$ 以下に含まれるデータの割合，つまり $k=-1$ から $k=1$ のときを考えてみましょう。

まず $k=1$ のとき，つまり正規分布表において 1.00 のとき，m 以上 $m+s$ 以下に含まれるデータの割合は 0.3413(34.13%) と分かるわよね。

一方 $k=-1$ のとき，つまり $m-s$ 以上 m 以下に含まれるデータの割合は，正規分布表において，$k=1$ と同様，1.00 の場所を見て調べるの。

したがって，$m-s$ 以上 $m+s$ 以下に含まれるデータの割合は 0.3413(34.13%) の 2 倍と分かるので，合計して，0.6826(68.26%) になるの。図表 7 のように整理をするとイメージしやすいかな？

図表7 正規分布曲線で $m-s$ 以上 $m+s$ 以下に占めるデータの割合

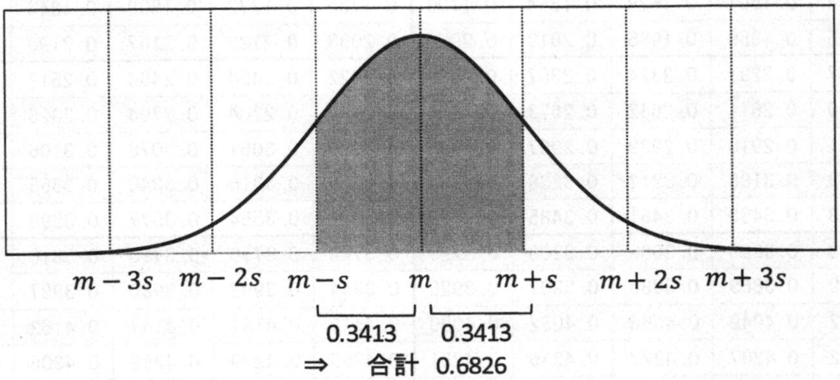

※ 横軸はデータの値，縦軸は値ごとの頻度（回数等）を表す

C 太：ここまでの I 子姉さんの正規分布の説明をもとにすると，受験者の多くが取っている点数も推測することができるね。

例えば，10000 人が受験した試験の結果が平均点 $m=50$(点)，標準偏差 $s=15$(点) であり，正規分布であるとすれば，$m\pm s$ の範囲，つまり 35 点以上 65 点以下の範囲に 6826 人いると考えられるんだね。

…問題 8

I 子：そういうこと。試験の結果や自然界における多くの現象などは，十分な量のデータがあれば，正規分布に近い形になることが知られていて，統計データの検討をするときに，正規分布を利用する機会は非常に多いのよ。

…問題 9

≪5. 全体の推定≫

C太：ここまでの話だと，データ全体の平均値と標準偏差が分かれば，そのデータ内におけるあるデータ，例えば自分の数学の点数の位置づけや何点以上の人の割合といったことを考える際には便利だね。

I子：そうね。ただ，それはほんの一部の性質でしかないわ。統計を用いると，一部のデータから全体像を推定することもできるのよ。

C太：どういうこと？

I子：例えば，あなたが夕ご飯のスープを調理するとしましょう。このとき，スープの味を確認するために，あなたならどうする？

C太：一口味見するかな。

I子：そうよね，私もそうするわ。こうした対象の一部，すなわち標本《ひょうほん》を確認・調査することを「標本調査」ともいうの。
だけど，冷静に考えてみて。スープの一部を飲んだだけで，残りの味も全部同じと言い切れるのかしら？スープの味をくまなく調べるなら，全部を対象としてすべて確認・調査する，「全数調査」をするしかないんじゃないかな？

C太：そんなことしたら，夕ご飯前に全部なくなっちゃうよ(笑)。ちゃんと調理されたスープなら，どの部分を飲んでも味はほぼ同じだから，気にすることないんじゃないかな。

I子：そのとおり。スープの味見のように，一部を確認すれば，全体についても「ほぼ」確認ができたと考えられるわよね。このように標本調査を行って，全体の様子を知る方法を「推定《すいてい》」というのよ。

…**問題 10**

「推定」について，標準偏差などを用いると，より数学的に考えることができるのよ。次の例を考えてみましょう。

> 例　ある工場で製造されているねじの長さは正規分布であるとする。
> ねじ n 本について調べたところ，平均値が 1.021cm，標準偏差が 0.02cm であるとき，
> この工場で製造されているねじのうち，95％のねじの長さはどのくらいか。

C太：どう考えるのかなぁ…。n 本の平均値が 1.021cm なんだから，全体も平均値は 1.021cm と考えるのが適当な気がするけど，この n 本以外が同じ平均値になるとは限らないよね。

I子：そうよね。まずはこの n 本のねじについて考えてみましょう。はじめに，n 本のねじは，k を 0 以上の定数とすると，$1.021\pm k\times 0.02$ の範囲に入ると考えることができるわ。

C太：k の値が分からないなぁ。

I子：だったら，k を決めてみましょうよ。$1.021\pm k\times 0.02$ の範囲に 95％のねじが入るには，
$k=$ ［ニ］ を代入して考えればいいのよ。

C太：なんで，$k=$ ［ニ］ なの？

I子：正規分布表の ［ニ］ のらんを見てみて。割合が 0.475 になっているでしょ？中央の値より上側が 0.475，下側も同様に 0.475 あれば，合わせて 0.95，つまり 95％のねじは 1.021± ［ニ］ × 0.02 で計算でき，その結果， ［ヌ］ cm 以上 ［ネ］ cm 以下になるわね。

C太：今の内容は昨日の話で出てきた内容(中央から前後 95%以内なら現実に起こり得ると考え，両

端 5%はまず起こり得ないと考える）と同じ話だけど，今日の話を踏まえると，具体的にその範囲を計算して求めることができるんだね。

ちなみに，今は 95%という基準で計算したけど，90%や 99%など他の値でもできるのかな？

I 子：それは可能よ。90%で考えるということもあるし，ちょっとのミスも許されないから，99%は少なくとも必要と考える，ということもありえるの。なお，今挙げた 95%の範囲を求める話はよく使用されていて，「95%信頼区間《しんらいくかん》」を求める，という表現をするわ。○%の範囲なら「○%信頼区間」ね。

C 太：なるほど。じゃあ，今回求めた [ヌ] cm 以上 [ネ] cm 以下というのは，「工場で製造されているねじの平均的な長さ」の 95%信頼区間ということだね。

I 子：そういうこと。ちなみに，95%信頼区間では $k=$ [ニ] を使用したけれど，新たに「97%信頼区間」として考える際には，$k=$ [ノ] を使用することになるわね。

…問題 11

C 太：信頼区間を設定すると，その信頼区間に入らない値はまず起こり得ないと判断するから，何%に設定するかは重要だね。

I 子：そうよ。その設定をとおして，あり得ない値を見つけて，異常を検知することは重要だけど，信頼区間の範囲が広すぎて，それを見過ごすような設定になったら大変だから，そこの加減は重要なのよ。

…問題 12

【エピローグ】

C 太：それにしても，後半に勉強した標本調査における，一部を調べて全体像を把握できるっていうのはすごいね。どのくらいの範囲までなら現実に起こり得るのかも知ることができるし。

I 子：一部のデータから全体を推定できることは統計の醍醐味《だいごみ》の 1 つだと私は思うわ。ただ，今回紹介したのは「統計」のほんの一部分の内容についてのみよ。本当は時間があれば，もっと色々な話をしたかったのだけれど，そのためにはまだまだ勉強する内容が必要になってくるから，今日はここまでにしておくわね。

C 太：今日の内容でもかなりお腹いっぱいだけど，もっと勉強してみたいね。

I 子：勉強した内容を使って実際のデータを分析することで，色々な現象を解明することもできるかもしれないわよ。

「統計」は理数分野の研究に留まらず，数学とは関係があまりなさそうに思えるところでも，活躍するケースが多いのも特徴よ。

C 太：今回知ったことはもちろん，高校に入ってから先も勉強を重ねて，実社会で活かしてみたいね。I 子姉ちゃん，いろいろ教えてくれてありがとう！

問　　題

問題 1　空らん [ア] ～ [エ] を埋めなさい。

問題 2　サイコロ 1 個を 200 回振ったところ，次のページように各値が出た。

サイコロの値	1	2	3	4	5	6
出た回数	32	37	36	29	35	31

これを踏まえて，次にサイコロ1個を1回振ったとき，偶数の目が出る「統計的確率」と「数学的確率」をそれぞれ求めなさい。

問題 3　空らん [オ] ～ [ク] について，[オ] と [キ] は選択群 1 から，[カ] と [ク] は選択群 2 から，最も適切な文章をそれぞれ選択しなさい。

【選択群 1】

(a)　2.5%以内に入る

(b)　5.0%以内に入るが，2.5%以内に入らない

(c)　5.0%以内に入らない

【選択群 2】

(d)　まず起こり得ない

(e)　どちらともいえない

(f)　現実に起こり得る

問題 4　空らん [ケ] ～ [サ] を埋めなさい。

問題 5　次の問いに答えなさい。

(1)　空らん [シ] ～ [セ] を埋めなさい。

(2)　「分散」を定義する際，「偏差の和」を用いると有効ではないため，「偏差の 2 乗の和」を用いている。「偏差の和」を用いると有効ではない理由を答えなさい。

問題 6　空らん [ソ]，[タ]，[ツ] に入るものを選択群 3 の (a)～(o) から，空らん [チ]，[テ]，[ト] に入るものを選択群 4 の (p)～(y) から，それぞれ選び，アルファベットで答えなさい。

ただし，同じ選択肢を 2 回以上選んでもよい。

【選択群 3】

(a) $\frac{k}{2}$	(b) k	(c) $2k$	(d) $\sqrt{k}$
(e) $\frac{m}{2}$	(f) m	(g) $2m$	(h) $\sqrt{m}$
(i) $\frac{s}{2}$	(j) s	(k) $2s$	(l) $\sqrt{s}$
(m) k^2	(n) m^2	(o) s^2	

【選択群 4】

(p) $-\sqrt{2}$	(q) $-\frac{\sqrt{2}}{2}$	(r) $-\frac{1}{4}$	(s) 0
(t) $\frac{1}{4}$	(u) $\frac{1}{2}$	(v) $\frac{\sqrt{2}}{2}$	(w) 1
(x) $\sqrt{2}$	(y) 2		

問題 7　(1)　空らん [ナ] を埋めなさい。

(2)　平均が 45 点のテストで太郎さんの偏差値は 40，花子さんの偏差値は 55 であった。花子さんの点数が太郎さんの点数の 2 倍であるとき，太郎さんの点数とこのテストの標準偏差を求めなさい。

問題8　10000人が受験した試験の結果が平均点$m=50$(点)，標準偏差$s=15$(点)であり，正規分布であるとするとき，正規分布の性質を利用して次の問いに答えなさい。

(1)　20点以上80点以下の範囲に何人いると考えられるか。

(2)　35点以上95点以下の範囲に何人いると考えられるか。

問題9　次の文章の空らん [①] ～ [⑤] を埋めなさい。

ある洋服屋で20歳以上の男性を対象に洋服を作る際，Mサイズ(164cm以上174cm以下)の洋服をどのくらいの割合で作るべきか考える。

Mサイズの洋服は164cm以上174cm以下の人に合うものとし，対象となる20歳以上男性の身長の平均値は168cm，標準偏差が8cmであり，身長の分布は正規分布であるとする。

まず，20歳以上男性のうち，164cm以上168cm以下の人の割合を求める。正規分布表を利用して，164cmのデータを標準化すると，

$$\frac{\boxed{①}-\boxed{②}}{\boxed{③}}=-0.5$$

となり，20歳以上男性のうち，164cm以上168cm以下の人の割合は0.1915であることが分かる。

同じように考えれば，168cm以上174cm以下の人の割合は [④] となって，20歳以上男性のうちMサイズの合う(164cm以上174cm以下の)人の割合は [⑤] となることが分かる。

問題10　次の調査を行うとき，全数調査と標本調査のうち標本調査で行うことが適当であるものを(a)～(e)からすべて選び，アルファベットで答えなさい。

(a) 新聞社が行う世論調査

(b) テレビ番組の視聴率調査

(c) U市の人口調査

(d) 空港における保安検査(手荷物検査)

(e) 中学校で行われる健康診断

問題11　空らん [ニ] ～ [ノ] を埋めなさい。ただし，[ヌ]，[ネ] については小数点以下第4位を四捨五入し，小数点以下第3位までで答えなさい。

問題12　次の文章の空らん [①] ～ [③] を埋めなさい。

ただし，①及び②については小数点以下第2位を四捨五入し，小数点以下第1位までで答え，③については適当であるものを(a)～(h)からすべて選び，アルファベットで答えなさい。

あるパン屋ではカレーパンを1個120gで作ることになっている。しかし，客からカレーパンの重さが軽いのではないかと指摘されている。そこでカレーパンn個を選び，重さを量ったところ，平均118g，標準偏差1.2gであった。パン屋で作られるカレーパンの重さが正規分布であるとして，95%信頼区間で確認したとき，カレーパンの重さxgについて，[①] $\leqq x \leqq$ [②] となり，客の指摘(カレーパンの重さが軽い)は正しいとは言えない。

一方で，実用的かどうかはともかくとして，[③] %信頼区間で確認したとき，客の指摘は正しいということになる。

【③選択群】

(a) 34.0	(b) 58.2	(c) 78.5	(d) 85.3
(e) 87.4	(f) 90.3	(g) 92.5	(h) 95.0

＜以上，全12題終わり＞

【英　語】（70分）〈満点：100点〉

I　［　　］に入るものを選び，番号で答えなさい。

In the 1933 film *Dinner at Eight*, Jean Harlow sits in bed on a heart-shaped cushion, eating little by little through a giant box of chocolates. In fact, ①［ **1 ever if** / **2 ever since** / **3 even if** / **4 even since** ］ movies became popular, chocolate has become a symbol of love. But the question is, ②［ **1 does** / **2 do** / **3 can** / **4 could** ］ chocolate's connection with love start with the movies? Or was it a symbol of love long before the movies came along?

Chocolate's history started from the Theobroma《（樹木名）》 cacao tree, native to South America. Cacao beans collected from these trees were a rich treat ③［ **1 along** / **2 between** / **3 around** / **4 among** ］ Mayans《マヤ人》 and Aztecs《アステカ人》. They made drinks that mixed roasted cacao beans with honey and chilies《唐辛子》 and called it "xocolatl," meaning "bitter water." Back then, cacao beans were ④［ **1 as big as** / **2 as expensive as** / **3 more than** / **4 higher than** ］ gold and used to pay taxes《税金》. Cocoa was called "the food of the gods" and often ⑤［ **1 drunk** / **2 drank** / **3 drinking** / **4 drink** ］ at special services.

By the early 1600s, chocolate ⑥［ **1 became** / **2 has become** / **3 becomes** / **4 is becoming** ］ popular all over Europe. In London, chocolate houses were used as social gathering spots and began to compete ⑦［ **1 for** / **2 with** / **3 to** / **4 at** ］ coffee shops. One house advertised chocolate as a drink that "cures many diseases." Louis XV, the king of France from 1715 to 1774, drank chocolate drinks daily. ⑧［ **1 During** / **2 While** / **3 When** / **4 Until** ］ Marie Antoinette married Louis XVI in 1770, she brought her personal chocolate maker to Versailles《（地名）》. He created such recipes as chocolate mixed with orchid《ラン》 for strength, with orange blossom ⑨［ **1 to calming** / **2 for calm** / **3 for to calm** / **4 to calm** ］ the mind, or with sweet almond milk for stomach problems.

⑩［ **1 Although** / **2 However** / **3 Because** / **4 So** ］ we think of Valentine's Day when we think of chocolate, the holiday was actually not created until much later. Valentine's Day's connection to love seems ⑪［ **1 to see** / **2 seeing** / **3 to appear** / **4 appearing** ］ first in Geoffrey Chaucer's poem in 1382. From there, it developed into a popular early spring holiday. Songs and poems celebrated hearts filled with love, but candy and chocolates were not part of the celebration ⑫［ **1 still** / **2 yet** / **3 already** / **4 just** ］ because sugar was precious in Europe. Gradually, technology changed Valentine's Day into a great business.

People in the Victorian era (1837-1901) loved sending ⑬［ **1 their** / **2 its** / **3 those** / **4 whose** ］ partners Cupid《キューピッド》-covered gifts and cards. Around that time in the U.S, Richard Cadbury created "eating" chocolates to make "drinking" chocolate more delicious. He put cupids and flowers on heart-shaped boxes. People could use the beautiful boxes for a long time in many different ways ⑭［ **1 during** / **2 after** / **3 when** / **4 later** ］ eating the chocolates. In Japan, Morinaga began producing chocolate in 1899, and this move was followed by many other companies in the early 20th century.

Today, the business success of Valentine's Day and chocolate ⑮［ **1 can see** / **2 is seeing** /

[3]can be seen / [4]is be seeing] all over the world, but the tradition in Japan is quite different from that of ⑯[**[1]anywhere / [2]everyone / [3]everywhere / [4]anyone**] else. Here, Valentine's Day has developed into a day when women give chocolate ⑰[**[1]only not to their lovers but also to / [2]not only to their lovers but also to / [3]also not to their lovers but only to / [4]not also to their lovers but only to**] their male co-workers《同僚》 and those in higher positions《役職》. This tradition and industry developed when it was found that the people ⑱[**[1]bought / [2]buying / [3]buy / [4]to buy**] the products were mostly female customers. So, White Day was created, and Japan began a tradition for men who wanted to honor women. And on this day, white chocolate was the gift ⑲[**[1]which has been / [2]which will be / [3]that is / [4]that was**] most popular originally, though now there are many other choices.

Jean Harlow made chocolate a dream treat. Others then found ways to explain how chocolate makes people smile. Science actually shows that chocolate has phenethylamine《（物質名）》 which is ⑳[**[1]same / [2]a same / [3]the same / [4]similar**] chemical produced by the brain when people are in love. It seems only natural that humans made this connection!

Ⅱ 次の英文を読み，あとの問いに答えなさい。

"Tenugui" are a type of traditional Japanese towel. They can be used in various ways other than just drying your hands or body. They come in a variety of [ア]**patterns**, sometimes funny, sometimes traditional, and in different colors, so they are also fun to collect and to look at. They are not so expensive and can be bought all over Japan, not just in special stores but also in souvenir corners or museum shops.

They are a bit different from Western towels. These traditional Japanese [イ]**fabrics** are thin and [A]**absorb** large amounts of water. The ends are cut without being [ウ]**weaved** to help the cloth dry more quickly. In addition to that, they draw heat when they dry, so a tenugui cloth can be a great [B]**substitute** for a handkerchief or towel, especially in summer.

You can find a great number of tenugui that come in traditional Japanese patterns and designs in front of shops. Often, the patterns are carefully hand-[エ]**dyed** by craftspeople using a technique called *tenasen*. In this technique, paints of different colors are used for each pattern.

The manager of one shop explains there are more than 1,000 patterns, [オ]**ranging** from the traditional to recently created designs. "Some customers enjoy hanging a different tenugui at the entrance to their home every month, and I really recommend that, too, to give your home some brightness," she adds.

As she recommends, tenugui have become popular as [C]**ornaments** recently, and are sometimes hung beautifully in picture frames. "If you buy a tenugui because of its beauty, try using it as a handkerchief, a tablecloth or to clean your shoes after enjoying it as an ornament, until it [D]**wears**," she says.

Tenugui are like [E]**versatile** actors, as they are thinner and less [カ]**bulky** than handkerchiefs. Also, they are larger and longer, so you can find a lot of interesting ways to use them with a little [F]**ingenuity**. You can wrap your neck with them to keep warm when you feel cold outside in winter or when the air-conditioner is too strong in summer. When riding a motorcycle, wrapping your head with a tenugui inside your helmet helps you to stay [キ]**comfortable**.

It is said that tenugui were already in use during the Nara period. At first, they were quite expensive, but during the Edo period [G]**common** people started using them as well. Now they are used for various purposes, sometimes as aprons or bandannas.

After the Meiji period, Japan tried to learn the Western way of life, and the use of Japanese tenugui became much less common. They seemed to be largely forgotten. However, in recent years, people have once again realized the convenience and beauty of tenugui. More and more stores have started selling them in the past 10 years or so. As the number of foreign visitors increases, they have become popular not only as daily goods but also as souvenirs.

Since some cloths are fine and others are [ク]**coarse**, tenugui can be [H]**divided** into several types. As you can imagine, it is very difficult to make thin lines or images of small objects on the tenugui if the cloth is coarse. On the other hand, you can easily create delicate patterns on fine cloths.

Today, tenugui is produced in two different ways. The traditional way is called *chusen* and it uses paper to give color to the cloth. Since the paint [I]**infiltrates** the cloth, the patterns appear on both sides. When the tenugui is used for a long period of time, the color fades, and this gives it a nice worn look.

The other way is printing. Printing can produce patterns and characters that are more delicate. Since the print is on just one side, the back side is a [ケ]**solid** color, and this is different from *chusen* tenugui.

If you compare it with *chusen* tenugui, printed tenugui can produce patterns or characters that are more [J]**detailed**, as this technique uses a silkscreen. A silkscreen, in short, is a kind of cloth in a frame. You draw up a design on this cloth and cut out [コ]**figures** to make holes. When ink or paint is forced through the screen, the liquid goes down through the holes onto another cloth, and this finally makes it into a tenugui. It seems like a form of art itself when solid white cloths, one after another, turn into beautiful tenugui.

問1　本文中の[ア]～[コ]に相当するものを下から選び，番号で答えなさい。動詞については現在形の意味で載せてあります。

1. 一様の　2. 選ぶ　3. 及ぶ　4. 快適な　5. かさばる　6. 加熱する
7. きめの粗い　8. 高価な　9. 人物画　10. 図形　11. 製法　12. 染色する
13. 縫う　14. 布地　15. 派手な　16. 模様

問2　本文中の[A]～[J]の意味として適切なものを下から選び，番号で答えなさい。動詞については現在形の意味で，名詞については単数形で載せてあります。

1. able to do many different things

2. appearing everywhere or very often
3. to become thinner or weaker because of continued use over time
4. to cover with clothes
5. to describe fully
6. goods for sale
7. handsome and liked by many
8. to make in an artificial way
9. a material to make products
10. an object used to make something look better
11. ordinary, without power
12. to pass into or through
13. to separate into two or more parts or pieces
14. a skill that allows someone to solve problems or invent things
15. to take in something
16. a thing that takes the place of something else

Ⅲ 次の英文を読み，あとの問いに番号で答えなさい。

About 65.5 million years ago, all the dinosaurs that ruled over the Earth for a very long time became extinct. Over the years, scientists studying about the history of the Earth have given several theories《仮説》 about the causes for this global event. One early theory was that small mammals《哺乳類》 ate too many of the dinosaurs' eggs, so they could not survive. Another theory was that the dinosaurs' bodies became too big to be controlled by their small brains《脳》. Some scientists believed that a great plague《伝染病》 killed all the dinosaurs. Starvation was also a possible cause. The giant creatures needed huge amounts of food and maybe they ate up all the plants around them. But many of these theories are easily found to be wrong. In fact, dinosaurs were rulers of the Earth for over 160 million years before they became extinct. How can one say that their brains were too small to manage their large bodies?

For many years, climate change was the best theory to explain why the dinosaurs disappeared. The dinosaurs grew in number in the planet's humid, tropical《熱帯の》 climate. However, at the time of the extinction《絶滅》 of the dinosaurs, the planet was slowly becoming cooler. Dinosaurs were cold-blooded《変温の》. This means that they got body heat from the sun and the air, so they could not survive in very cold climates. But this theory seems to be wrong, too. For example, some cold-blooded animals, such as crocodiles《ワニ》, did survive. Also, climate change takes millions of years, so any creature has enough time to slowly change itself to live in cold places.

In the 1980s, two American scientists discovered a lot of iridium《イリジウム(元素)》 deep under the ground. Such a great amount of iridium is usually found only in space, and it was buried there in the same period as the dinosaurs died out. This means that there is a possibility that a huge meteor《隕石》 falling on the Earth caused the extinction of the dinosaurs. The scientists needed to find a mark made by such a meteor to show that this theory is true. Then in 1991, a huge hole that is 176 kilometers wide was discovered at the end of Mexico's Yucatán Peninsula《(地名)》. Scientists believe that the meteor that fell there was about 10 kilometers wide. It hit the Earth at the speed of 64,000 kilometers an hour and produced 2 million times more energy than the most powerful nuclear bomb ever used. The heat from the meteor burnt the Earth's surface《表面》 around the area badly and caused big forest fires. The dust《ホコリ》 blown into the sky surrounded the whole Earth and stopped the sunlight from reaching it. The meteor produced millions of waves taller than buildings and killed many forms of life.

The whole Earth became dark as night for months, maybe even years. There was no sunlight and the Earth's temperature dropped so much that most of the plants died. Then, the plant-eating dinosaurs had nothing to eat and died in a few weeks. The meat-eating dinosaurs died a month or two later. According to this theory, just one meteor killed over 75 percent of all life on the Earth and put an end to the dinosaurs' rule.

This tragedy for the dinosaurs was good news for some creatures. Some mammals survived because they could dig holes to hide in the ground, could keep themselves warm without the sun, and needed only a little amount of food. These mammals were very small animals like squirrels《リス》 and rats, and they were able to escape extinction because they were different from the dinosaurs. They were not as strong as the dinosaurs in power and had no chance of winning against one in a fight. F(①), these weak, little creatures (②) in the war for survival because they were able to fit themselves to live in the changing environment.

Imagine a world without that terrible meteor hitting the Earth. You see a world full of giant dinosaurs walking around today. You see only small creatures like mice and squirrels hiding under trees or in holes. You will understand that the dinosaurs' extinction was good for us humans because those animals that finally survived are our (H). We are all here on the Earth thanks to the global tragedy.

A. 恐竜の絶滅を説明する仮説として本文中にないものを選びなさい。

1. The dinosaurs became extinct because they got sick.
2. The dinosaurs became extinct because they ate each other.
3. The dinosaurs became extinct because their eggs were eaten.
4. The dinosaurs became extinct because they had nothing to eat.

B. 気候変動が恐竜の絶滅の主な原因だという説が間違っている理由を選びなさい。

1. 気候変動は長い年月に及ぶので，恐竜が変化に順応できたはずだから
2. 恐竜は太陽から熱を得ていたから
3. 恐竜が変温動物であった証拠がないから
4. 他の変温動物も全て絶滅したから

C. 恐竜絶滅の原因が隕石の衝突であると最初に考えられた理由を選びなさい。

1. 恐竜の絶滅がごく短い期間に起こったと思われるから

2. イリジウムは地球上で大量に見つかる元素だから
3. イリジウムが見つかった地層が恐竜の絶滅した時期と一致したから
4. イリジウムは恐竜にとって非常に有害だから

D. 恐竜絶滅の原因が隕石の衝突であるという説を裏付けたものを選びなさい。
1. イリジウムを含む巨大な隕石が見つかったこと
2. 大きな隕石なら核爆弾の数百万倍の破壊力があることが分かったこと
3. ワニなどの水生動物が生き残ったこと
4. 隕石の衝突の跡が見つかったこと

E. 植物の多くが死滅した元の原因を選びなさい。
1. 草食の恐竜が全て食べてしまったから
2. 隕石が大きな津波を引き起こしたから
3. 大規模な森林火災が全地球を襲ったから
4. ホコリが大気中に長期間とどまったから

F. 下線部Fの(①)と(②)に入る最も適切なものをそれぞれ選びなさい。

① 1. In addition　2. In this way　3. However　4. Although

② 1. fought　2. won　3. lost　4. suffered

G. 哺乳類が生き残った理由として本文中にないものを選びなさい。
1. They were too small for the dinosaurs to eat.
2. They were able to be safe in the ground.
3. They could live without much food.
4. They were able to live in cold places.

H. (H)に入る最も適切なものを選びなさい。

1. pets　2. ancestors　3. food　4. friends

I. 本文の内容に合うものをすべて選び，番号の早い順に書きなさい。
1. The small animals were able to survive because they did not lay eggs.
2. Climate change used to be one of the strongest theories for the extinction of dinosaurs.
3. No plants survived on the planet after the meteor hit.
4. Meat-eating dinosaurs died out after the plant-eating dinosaurs.
5. All cold-blooded animals including the dinosaurs went extinct.
6. The meteor had no effect on the creatures living in the ocean.
7. One of the reasons for some mammals to escape from extinction is that they were able to dig holes in the ground.
8. The dinosaurs were strong in power but not smart enough to survive.
9. There are more dangerous meteors in space that can cause our extinction.

IV 次の英文はイギリスの理論物理学者スティーヴン・ホーキング(1942－2018)の自伝 *My Brief History* (2013) の一節です。ホーキングは21歳の時に筋萎縮性側索硬化症と診断され，「車椅子の物理学者」として知られてきました。文章を読み，あとの問いに番号で答えなさい。

When I was twenty-one and got a serious disease, I felt it was very unfair. Why (A) this happen to me? At the time, I thought, “My life is over and I will never be able to realize my dreams.” But now, fifty years (B), I can quietly feel happy with my life. I have been married twice and have three beautiful children. I have been successful in my career as a scientist. I think most theoretical《理論の》 physicists《物理学者》 will agree that my opinion of quantum《量子》 emission《放出》 from black holes is correct, though it has not so far brought me a Nobel Prize because it is very difficult to prove《証明する》 through experiment《実験》. (C), I won the even more important Fundamental《基礎の》 Physics《物理学》 Prize. It was given to me because my work had theoretical importance, even though it has not been proved by experiment.

The fact that I am disabled has not caused me serious difficulty in my work as a scientist. In fact, (D-1) some ways, I guess it has been a convenience. I haven’t had to teach students at university, and I haven’t had to be busy (D-2) a lot of meetings. So I have been able to keep my mind on research.

To my fellow scientists I’m just another physicist, but to ordinary people I became perhaps the best-known scientist in the world. I am not only as famous as a rock star, but also I fit the image of a disabled genius《天才》. I can’t hide myself anywhere—E the wheelchair gives me away.

Being well-known to the world has both good and bad points. The bad points are that it can be difficult to do ordinary things such as shopping without being surrounded by people wanting to take photographs of me, and that in the past the media has taken too much interest in my personal life. But the advantages are great enough to make up for the hardship I experienced. People seem really pleased to see me. F I even had my biggest-ever audience when I was the anchor for the Paralympic Games in London in 2012.

I have had a full and rich life. I believe that disabled people should only do things that they are able to do and not worry about the things they can’t do. In my case, (G). I have travelled a lot. I visited the Soviet Union《ソビエト連邦》 seven times, and I often met Russian scientists who were not allowed to travel to the West at that time. After the end of the Soviet Union in 1990, many of the best scientists left for the West, so I (H) Russia since then.

I have also visited Japan six times, China three times, and many other places all over the world. I have met the presidents of South Korea, China, India, and the United States. I have made speeches in the Great Hall of the People《人民大会堂》 in China and in the White House. I have been under the sea in a submarine《潜水艦》, and up in a hot air balloon and a zero-gravity《無重力》 flight.

My early work showed that general relativity《一般相対性理論》 broke down at singularities《特異点》 in the Big Bang《ビッグバン》 and black holes. My later work shows what happens at the beginning and end of time. I have lived a happy life and enjoyed doing research in theoretical physics. I’m happy if I have added something to our understanding of space.

A. (A)に入るものを選びなさい。

1. may　　2. shall　　3. should　　4. will

B. (B)に入るものを選びなさい。

1. after　　2. later　　3. passed　　4. past

C. (C)に入るものを選びなさい。

1. At that time　　2. For a while
3. In some way　　4. On the other hand

D. (D-1)と(D-2)に入るものをそれぞれ選びなさい。

1. as　2. around　3. for　4. in　5. of　6. on　7. to　8. with

E. 下線部Eを英語で言い換えたものとして最も適切なものを選びなさい。

1. I can easily go away in the wheelchair if I want to
2. it is not easy for me to use the wheelchair in public places
3. people can recognize me quite easily because of the wheelchair
4. the wheelchair makes me feel lonely among people who can walk easily

F. 下線部Fの日本語訳として，以下の書き出しに続けるのに最も適切なものを選びなさい。

2012年ロンドンパラリンピックで，私がアンカーを務めた時には，

1. 自分がこれまで見たことのないほど沢山の観衆を目にした。
2. 自分が今まで見たことのないほど多くの選手が共に走った。
3. パラリンピック史上最多の観客を会場に動員した。
4. パラリンピック史上最多の選手が競技に参加した。

G. (G)に入るものを選びなさい。

1. I have had few things I really wanted to do
2. I have managed to do most of the things I wanted to do
3. I have given up most of the things I have wanted to do
4. I sometimes had to do many things I didn't want to do

H. (H)に入るものを選びなさい。

1. did not travel in　　2. did not visit
3. have not been to　　4. have not come to

I. 本文の内容に合うものを3つ選び，番号の早い順に書きなさい。

1. When Hawking got a serious disease at the age of twenty-one, his doctor told him that he had to give up doing research on science.
2. Hawking was not given a Nobel Prize because he did not explain much about what he was doing in his experiments.
3. Hawking believes that being physically challenged did not stop him from becoming a successful scientist.
4. Hawking does not like it when people take too much interest in him, but at the same time he is glad when people seem happy to see him.
5. Hawking believes that disabled people should try to do as many things as they can, including things that may not be easy for them.
6. Hawking has been invited to many countries all over the world, and he never forgets to make speeches in public places.
7. Hawking says he is glad if he has done something to help people understand more about space.

V　下の絵を見て，あとの問いに答えなさい。

Mr. Obata Comes to the Rescue!

A. 前のページの絵 1 のポスターに関して，A に入る英文を 10 語以上で，以下の 2 点がわかるように書きなさい。ただし，解答は 1 文とし，Yoshi-chan は1語とする。

●よしちゃんを探していること

●警察署への情報提供を求めていること

B. 前のページの絵 2 の吹き出し B のオバタさんとよしちゃんの母親との約束に関して，(　　)内の語を並べ替えて正しい英文を作り，3 番目と9 番目を答えなさい。

If I find (that / will / to / him / promise / I / back / I / him, / bring) you myself.

C. 前のページの絵 4 に関して，(　　)内の語または句を並べ替えて正しい英文を作り，3 番目と 9 番目を答えなさい。

When (top / replied / hill, / called / the / the / Mr. Obata / of / someone / from), “I’m here!”

D. 前のページの絵 7 のインタビューに関して，下線部 D の意味を表す英文を書きなさい。2 文になってもかまいません。

イ　同じ研究室の上手い仲間たちと切磋琢磨したことで影響を受け、自分が今まで持たなかったすぐれた観察眼を自分のものとして習得できたと感じられるようになるから。

ウ　くりかえしデッサンをしているうちに、モノを概念としてとらえる習慣が身につくため、普段よりも周囲のモノが複雑な記号の組み合わせとしてより精密に見えるようになるから。

エ　モノを見て言葉に置きかえ理解している枠組みをはずし、ありのままに見る訓練をデッサンでは行うので、言葉による理解では拾いきれない細かい要素を捉えることができるようになるから。

オ　暗い室内でモデルさんや骨格標本、筋肉模型などを見つめていると知らず知らずのうちに疲れがたまっているため、外に出た時に光を浴びた緑の葉などを見ることで目が休まることになるから。

問十二　傍線部⑩「技術とは、『つくり手の意図するところへ見る人をすうーっと直に導いてくれるもの』」とありますが、どのようなことですか。説明したものとして最も適切なものを次の**ア**～**オ**の中から一つ選び、記号で答えなさい。

ア　創作者の高い技術は、見る人の心に直接訴えかける力があるので、深い共感を呼び起こすことができるということ。

イ　創作者の高い技術は、あまりにも圧倒的な印象を与える力があるため、見る人が主体的に鑑賞する余地を残さないということ。

ウ　創作者の高い技術は、創作者が重要であると考えたものを、作品の表現自体の力によって、見る人に認識させることができるということ。

エ　創作者の高い技術は、技術を用いていることを感じさせないので、見る人の鑑賞力が未熟であっても、反発を感じずに受け取ることができるということ。

オ　創作者の高い技術は、現実に存在するものをあるがままの姿で写し取る力があるので、言葉による説明がなくとも、見る人に実感させることができるということ。

しまうということ。

オ　人間は視覚情報を知覚すると、概念に置き換えて認知してしまうため、視覚情報の複雑さは言語の運用能力の度合いによって決まってしまうということ。

問九　傍線部⑦「より複雑な描き方の記号を探し、こぢんまりとした絵になっていた」とありますが、どのようなことですか。説明したものとして最も適切なものを次のア〜オの中から一つ選び、記号で答えなさい。

ア　モノを見たままに描こうとすると、情報が多すぎて処理しきれなくなってしまうので、うまく情報を減らしていったところ、きちんとまとまりのある作品ができたということ。

イ　モノを見たままに描こうとすると、情報が多すぎて処理しきれなくなってしまうので、筆遣いの技術を高めることだけに集中し、心のこもらない作品を描いていたということ。

ウ　モノを見たままに描こうとすると、情報が多すぎて処理しきれなくなってしまうので、既に知っている概念を利用しようとしたが、うまくいかず、単純な絵になってしまったということ。

エ　モノを見たままに描こうとすると、情報が多すぎて処理しきれなくなってしまうので、あらかじめ描く絵のサイズを小さくすることで、描かなければならない範囲を小さくしていたということ。

オ　モノを見たままに描こうとすると、情報が多すぎて処理しきれなくなってしまうので、既にある表現を組み合わせて複雑なものを描こうとするが、結局は型にはまったものになっていたということ。

問十　傍線部⑧「いいかげんな言葉のようで『上手』よりずっと誠実で、アートに適した評価ではないか」とありますが、なぜですか。理由を説明したものとして最も適切なものを次のア〜オの中から一つ選び、記号で答えなさい。

ア　「おもしろい」という言葉は、適用できる範囲が広いので、うそをつくことなく作品をほめることができ、人間関係を円滑にすることができるから。

イ　「おもしろい」という言葉は、描いた本人の感想に過ぎないが、アートとは本来作り手自身のためにあるもので、他人からの評価は必要としないはずだから。

ウ　「おもしろい」という言葉は、「上手」という言葉のように優越感から他人を見下すものではなく、お互いを対等な個人として認めて向きあい、評価するものだから。

エ　「おもしろい」という言葉は、見た人の感想や興味を表すものなので、作品自体の質よりも大衆の興味をひくかどうかで価格が決まる現代アートの世界にふさわしいものだから。

オ　「おもしろい」という言葉は、鑑賞者がさまざまな観点で主体的に評価したことを表せるので、ひとつの評価基準に従うよりも多様な価値観を提示しようとするアートのあり方と合致しているから。

問十一　傍線部⑨「いつも不思議と目がよくなったような気がした」とありますが、なぜですか。理由を説明したものとして最も適切なものを次のア〜オの中から一つ選び、記号で答えなさい。

ア　長時間デッサンをおこなうことで、細かいところに目の焦点を合わせることができるようになり、結果として視力が回復したように錯覚するから。

意しながら「画風」の意味を、「〜こと」に続く形で三十字以内で抜き出しなさい。

問五　傍線部④「なぐりがきをしている時期は、チンパンジーと同じように、探索する過程をおもしろがって描くのだ」とありますが、「探索する過程」とはどのようなことですか。説明したものとして最も適切なものを次の**ア**〜**オ**の中から一つ選び、記号で答えなさい。

ア　探り探り線を描くことで、自分の行為と感覚が段々と一致してくること。

イ　手を動かして描くことで、行為と感覚の関係を探りながら理解していくこと。

ウ　実際に手を動かして出力することで、描かれた対象が何か分かっていくこと。

エ　描くことを通して、描かれるものと描く自分との主客関係がはっきりしてくること。

オ　描くという行為は、感覚的な入力がないと成り立たないものであると理解していくこと。

問六　空欄 X に当てはまる最も適切な語を次の**ア**〜**オ**の中から一つ選び、記号で答えなさい。

ア　副次　**イ**　排他　**ウ**　内面　**エ**　利己　**オ**　社会

問七　傍線部⑤「これこそ絵が苦手という人を生みだしてしまう最大の要因なのではないかと思っている」とありますが、なぜですか。理由を説明したものとして最も適切なものを次の**ア**〜**オ**の中から一つ選び、記号で答えなさい。

ア　「上手」という評価以外に絵をほめる言葉を知らないので、その限定された基準で評価されない人を気後れさせてしまうから。

イ　「上手」という評価以外に絵をほめる言葉を知らないので、これから新しい言葉を学ばねばならないという心理的な負担が大きいから。

ウ　「上手」という評価以外に絵をほめる言葉を知らないので、多様な意味を込めることになり、その言葉が何を意味しているかわからなくなるから。

エ　「上手」という評価は、子どもの絵に対する評価であって、一流の画家に対して使うべきではないと思い込んでいると、美術を鑑賞することが難しくなるから。

オ　「上手」という評価は、モノの形を正確に写し取っているかどうかといった視点に限らないので、絵を描く人々は何を目指していいかわからず混乱してしまうから。

問八　傍線部⑥「見えているつもりなのに描けない」とはどのようなことですか。説明したものとして最も適切なものを次の**ア**〜**オ**の中から一つ選び、記号で答えなさい。

ア　人間は視覚情報を知覚しても、それを正確な概念にしようとしてさらに多くの情報を求めてしまうということ。

イ　人間は知覚した情報から概念をつくりだす存在であるため、一度描いた絵を二度と再現することができないということ。

ウ　人間は視覚情報を知覚すると、すぐに概念に置き換えてしまうため、知覚した像そのものを描くのが難しいということ。

エ　人間は知覚した情報から概念をつくりだす存在であるため、そのときどきの情報の内容によって、概念自体が不確かなものになってという。ここでの「技術」はより広い意味だが、鑑賞者としても、表現者としても、腑に落ちる言葉だった。

山口さんの言葉は、以前も引用させていただいた（『図書』二〇一六年四月号）。「私が面白い（大切）と思うものを誰もそう思わない。だから、そう思えるよう表してやる。それが表現だ」。

「上手い」は、「おもしろい」を表現するために役にたつ。「おもしろい」をすうーっと伝えられるように、自分も文章の技術を磨きたいと思った。

きょうは「おもしろい」についてかんがえました。とてもおもしろかったです。

（齋藤亜矢「上手い、おもしろい」『図書』二〇一六年六月号より）

注1　やはりチンパンジーだ…筆者はヒトとチンパンジーの描画を比較する研究をおこなっている。

注2　アイ…チンパンジーの名前。

注3　パン…チンパンジーの名前。

注4　ダリ…サルバドール・ダリ（一九〇四～一九八九）スペイン出身の画家。シュールレアリスム絵画の代表的存在。意識下の夢や幻覚を写実的手法で表現した。

注5　クロッキー…全体の感じを短い時間でおおまかに写し取ること。速写。素描。

問一　傍線部a～eについて、漢字はその読み方をひらがなで書き、カタカナは漢字に直しなさい。

問二　傍線部①「とってつけたような一文は、小さな抵抗のようにも思えるけれど、ただただ素直だったのだ」とはどのようなことですか。説明したものとして最も適切なものを次のア～オの中から一つ選び、記号で答えなさい。

ア　いつも同じ一文をそえることは、先生の指摘への反発だったが、その気持ちも含めて自分の本当の気持ちだったということ。

イ　いつも同じ一文をそえることは、確かにごまかしではあったが、反抗的な態度だと受け止められるとは思わなかったということ。

ウ　いつも同じ一文をそえることは、わざとふまじめな対応をしているように見えるが、当時の自分としては本心から書いていたのだということ。

エ　いつも同じ一文をそえることは、言いつけに従ったように見えて、その指摘の意味をなくさせようというささやかなたくらみであったということ。

オ　いつも同じ一文をそえることは、日記というものを私が理解できていなかったからで、単純にその日のおもしろかったことを書けばいいと思っていたということ。

問三　傍線部②「あらためて考えると、『おもしろい』こそ、そのころの自分が日々感じたいろいろを表すのに一番適した言葉だったのだと思う」とありますが、ここでの「おもしろい」という言葉が表すのはどのようなことですか。説明したものとして最も適切なものを次のア～オの中から一つ選び、記号で答えなさい。

ア　なじみ深く安心して楽しめること。

イ　人からほめられて誇りに思うこと。

ウ　上からの強制に対して反感を示すこと。

エ　今までにない新しい経験や感じ方をすること。

オ　自分の思い通りの結果になって満足すること。

問四　傍線部③「『画風』」とありますが、「」が付されていることに留た。その結果、⑦より複雑な描き方の記号を探し、こぢんまりとした絵になっていたように思う。

　そのころ、家で新聞を読んでいる母の姿をこっそりスケッチしたことがあった。このときなぜか途中でいたずら心のスイッチが入って、とことんおもしろく、変な絵にしちゃえ、と思った。cムゾウサな髪に、ぎょろっとした目、鼻の穴や顔のしわもありのまま、むしろ誇張するぐらいに描く。

　本人に見せたら、そんな変な顔じゃないといやがるはず、と期待したのに、すっかり肩すかしを食ってしまった。母はわたしがこっそり描いていることなどお見通しで、むしろ上手に描くなあと感心して、横目で見ていたというのだ。

　そういわれてみると、たしかにいつもより生き生きとして、いい絵だった。皮肉にも、「上手く」ではなく「おもしろく」描こうと思ったことがよかったのだろう。d怪訝に思いながらも、なにか少し枠をこわせたような気がした。

　漢字では「面白い」と書くように、目の前が明るくなることが、「おもしろい」の語源だとされる。それまでの枠組みがこわされて光がさしこみ、今まで見えなかったものが見えるようになる。「おもしろい」は、見る人の心のなかでおこる作用であり、「！」なのだ。

　だから、子どもの絵を評価する言葉も、「上手」より、「おもしろい」がいいと思っている。

　「おもしろい」は絶対的な評価ではなく、あくまで個人の感想だ。人によって、そしてテーマや色合い、構図などの視点によって、多様な「おもしろい」があり得る。そのぶん見る方も主体的に向きあう努力が必要だ。⑧いいかげんな言葉のようで「上手」よりずっと誠実で、アートに適した評価ではないか。

　ただし、「上手」に、写実的に描こうとすることを否定するわけではない。

　東京芸大の美術解剖学研究室にいたころ、毎週水曜は人物デッサンの日だった。解剖学なので、モデルさんの隣には骨格標本と筋肉模型も並ぶ。同じ研究室の仲間たちは、難関の実技入試を突破してきただけあって、さすがに「上手い」。最初は少し気後れしてしまったが、鉛筆を動かすと夢中になった。朝から数枚のクロッキー[注5]とデッサンを終えて、お昼に外に出ると、⑨いつも不思議と目がよくなったような気がした。ふだんよりも緑が鮮やかにきらめき、葉の一枚いちまいもはっきり見える。世界は光と影で構成されているんだなあ、などとeカンガイにふけったりもした。

　写実的に描くことは、見る力を磨くことなのだ。学部のときに生物学の実習でスケッチをしたときも、似たことを感じた。記録をとるためだけなら、写真の方が手っ取りばやい。でも時間をかけてスケッチをすることで、はじめて構造が見えてきたりする。

　デッサンやスケッチは、概念の枠組みをいったんはずして、世界をありのまま知覚的にとらえる訓練になる。だから多くの画家が、一度写実的な表現を究めてから、独創的な表現を見いだしていくのだろう。

　以前、インターネット（ほぼ日刊イトイ新聞）に画家の山口晃さんのインタビュー記事があり、⑩技術とは、「つくり手の意図するところへ見る人をすうーっと直に導いてくれるもの」とおっしゃっていた。技術をもっていることを「忘れさせるくらいまで磨き込まれることが大切」だめてペンを握るとき、ふりまわしたペン先がコツンとあたって痕跡が残るだけで、あ、とうれしそうにbカンセイをあげたりする。④なぐりがきをしている時期は、チンパンジーと同じように、探索する過程をおもしろがって描くのだ。

それが三歳ごろになって、何かを表した絵、つまり表象を描くようになると、モチベーション（動機づけ）も変わってくる。自分の描いた線にさまざまなモノの形を発見することがおもしろい。頭のなかにあるイメージを紙の上に生み出すことがおもしろい。そして、それを他者に伝えられることがうれしい。つまり個人的な動機づけに［X］的な動機づけがくわわるので、他者の反応が気になってくる。

この時期には、絵を介した言葉のコミュニケーションも頻繁におこる。「これ、アンパンマン」と子どもが説明しながら描いたり、まわりのおとなが、「なに描いたの？」と問いかけたり。

そのとき、なにげなくつかってしまうのが「上手」という言葉ではないか。上手だね。上手いね。子どもの絵に対してだけではないかもしれない。美術館でも、注4ダリの絵を前に「上手」という声が聞こえてきて、びっくりしたりする。

自分も「上手」という一元的な評価にさらされてきたからだろう。それ以外に絵をほめる言葉を知らないのだ。そして、⑤これこそ絵が苦手という人を生みだしてしまう最大の要因なのではないかと思っている。

「上手」といわれるのは、見たモノの形を写しとった写実的な絵のことが多い。子どもの絵でも、やはりモノの形をとらえた絵の方がほめられやすいし、子どもらしいのびのびとした絵であるとなお「上手」とされる。

そうすると、上手に描けないから絵が苦手、という子が出てきてしまう。おとなになると、上手な絵を描くには、特別な才能や絵心なるものが必要で、自分にはそれがないから描けないと思い込んでいる人も少なくない。

でも、写実的に描くのがむずかしいのはしかたがない。人間ならではの認知的な特性が、そしてじつは表象を描くために必要な認知的な特性が、写実的に描くときには邪魔になるのだと考えている（拙著『ヒトはなぜ絵を描くのか』）。

小さな子どもが描くのは、丸だけで顔を描ける記号的な絵だ。「顔には、輪郭があって、目が二つあって、口がある」という、頭のなかにある表象スキーマ（対象についての一連の知識）、つまり「認知」された「知っているモノ」を描いている。

いっぽうで、見たモノを描く写実的な絵では、網膜に写る光の配列、つまり、モノを何かとして「認知」する前の「知覚」を描こうとする。でも、言葉をもった人間は、目に入る視覚情報を「知覚」すると、つねに何かとして言葉に置きかえて、概念的に「認知」してしまう癖がある。そこで、⑥見えているつもりなのに描けないというジレンマが生まれるわけだ。

小学校の高学年のころ、写生で木を描くのに悩んだ記憶がある。木の枝一本いっぽんが目ではちゃんと見えているのに、描こうとするとうまくいかない。見れば見るほど、たくさんの情報があふれていて、すべてを描き出すのはとうてい不可能に思えた。結局左右に、適当な枝分かれをつくってごまかしてしまった。記号的な表現に逃げたのだ。

学校ではいつも、上手に描こう、きれいに描こうという気持ちがあっいて自己表現したいという気持ちをおさえるのは非常に難しいことだから。

問十一　傍線部⑪「あなたから多くのものを奪う」とありますが、どのようなものが奪われるのだと考えられますか。適切なものを次のア〜オの中から二つ選び、記号で答えなさい。

ア　時間　　イ　想像力

ウ　人を信頼する心　　エ　小説を書くこと

オ　他の人々との連帯の感覚

二　次の文章を読んで、後の問いに答えなさい。

小学生のころの日記は、最後の一文がいつも同じだった。だれと何をして遊んだ、何の本を読んだ、たわいもない日常が綴られたあと、aトウトツに「とてもおもしろかったです」としめくくられる。「とてもおいしくて、とてもおもしろかったです」が、まれな変化形だ。

宿題として日記を提出すると、先生が赤ペンでコメントをくれるのが楽しみだった。でも、あるときこう指摘された。「なにをしたかはよく書けていますが、そのとき感じたことも書けるといいですね」。それ以来、この一文がつけ足されることになった。

①とってつけたような一文は、小さな抵抗のようにも思えるけれど、ただただ素直だったのだ。そもそも日記とは、その日のおもしろかったことを書くものだと思っていたような気もする。

②あらためて考えると、「おもしろい」こそ、そのころの自分が日々感じたいろいろを表すのに一番適した言葉だったのだと思う。「おもしろい」は、いいかげんなようで、じつは万能で、深い言葉だ。

研究でも、一番のほめ言葉は「おもしろい」だ。新しい着眼点、新しい手法、意外な結果、新たな説を導く考察など、それまでの枠組みを大きく変えるような研究こそ、「おもしろい」。

アートの起源について研究する上でも、「おもしろい」がだいじなキーワードだと考えている。鑑賞者の視点からは「美しい」についての議論に終始しがちだが、表現者の視点からはむしろ「おもしろい」が重要なのではないかと。

根拠は、[注1]やはりチンパンジーだ。チンパンジーは、絵筆を渡すと、それをあつかって描くことができる。芸として教えるのとは違い、ごほうびのリンゴは必要ない。筆やペンを動かして描く行為がなんだか「おもしろい」らしいのだ。

ただしチンパンジーたちの興味は、描く過程にあって、描かれた結果としての絵にはあまり興味を示さない。絵筆を動かすと、紙の上にさまざまな痕跡が表れる。画用紙にペンをふりおろせば、てんてんが描けるし、筆先をつけたまま水平に動かせば、しゅーっと長い線があらわれる。手を動かしながら、出力（行為）と入力（感覚）の関係を探索的に理解していく。その過程をおもしろがっているようにみえる。

おとなのチンパンジーには③「画風」があって、絵を見ればだれが描いたかがわかるほどだ。[注2]アイならくねくねした曲線を画用紙全体に広げるし、[注3]パンなら短い線を並べて色ごとにパッチをつくる。でたらめに絵筆を動かすだけではなく、自分好みの描き方ができてくる。それぞれの美を求めての画風というより、こう描こうという自分のルールをつくって、それを実行するのが「おもしろい」のだろう。

人間の場合も、子どものころから美を求めて描くわけではない。はじ

ウ　懸命に書いた作品を社会が認めてくれない孤独感。

エ　仲間を持たずに一人きりで真実に立ち向かう孤独感。

オ　楽譜のような具体的な手引きを持たずにやっていく孤独感。

問八　傍線部⑧「この世であなた以外にその仕事ができる人間はいません」とありますが、それはなぜですか。理由を六十字以上八十字以内で説明しなさい。

問九　傍線部⑨「完全な自由とは、完全な責任ということです」とはどのようなことですか。説明したものとして最も適切なものを次のア〜オの中から一つ選び、記号で答えなさい。

ア　どんな作品をどのように書くかはすべて自分の好きに決めることができ、そのこと自体が読者や社会から強く求められているということ。

イ　どんな作品をどのように書くかはすべて自分の好きに決めることができるが、誰にも頼らずにあきらめることなく真実に近いものを作ろうとし続けねばならないということ。

ウ　どんな作品をどのように書くかはすべて自分の好きに決めることができるが、結果として生じる社会的な影響がどんなものであっても、作者が引き受けなければならないということ。

エ　どんな作品をどのように書くかはすべて自分の好きに決めることができるが、あるがままの事実をふまえて書かなくては真実を書いたことにはならないので、空想におぼれないように注意することが必要だということ。

オ　どんな作品をどのように書くかはすべて自分の好きに決めることができるが、その反面、作品に対する批判や流布した評判については、たとえそれが否定的なものであっても、作者が引き受けなければならないということ。

問十　傍線部⑩「しかし、実際はそうはいかないのです」とありますが、それはなぜですか。理由を説明したものとして最も適切なものを次のア〜オの中から一つ選び、記号で答えなさい。

ア　真実をありのままに語ることは一見簡単なことのようだが、写真ですらどのような画面を切り取るかに個人の視点が現れている。このように、作品から自分の主観を完全に取り除くということはなかなかできないものだから。

イ　小説とは現実に起きた出来事をカメラのようにそのまま写し取り伝えるものである。だが、どんなに厳しい現実であってもためらわず表現するということは、作家が受け取り手である未知の読者を十分に信頼していなければできないことだから。

ウ　作家が書くべきなのは単なる出来事ではなく自身の内面の真実であり、それを正確に捉えた上で相手を信頼して打ち明けるのは、近しい人に対してでも難しい。そのような行為を未知の多数の読者に向けておこなうのは、たやすくないことだから。

エ　作家の仕事は自身がつかんだ真実を語ることだが、独裁者として国をおさめる立場の人間にとっては、言葉を次々に吐き出したとしてもそれを受け止める人間が周囲にいないので、読者が存在しないかもしれないという不安や孤独感をなくすことができないから。

オ　作家は本来、物事をあるがままに語るように書くべきである。しかし、実際には空想を交えずに淡々と書くことができる作家はまれであり、自分の内面で本当に感じていることや思っていることを書誰にも読んでもらえず、作家にもなれずじまいになる状態。

オ　タイプの練習や辞書、タイプ用紙の使い方といった、期待していたのとちがう回答に質問者がうんざりしたり怒ったりする状態。

問三　傍線部③「あれこれ言い訳をし出す」とありますが、どのようなことの「言い訳」をし出すというのですか。説明したものとして最も適切なものを次のア～オの中から一つ選び、記号で答えなさい。

ア　自分の作品をまだ書いていないことの言い訳。

イ　自分の質問が作家に誤解されていることの言い訳。

ウ　自分の作品が商業的に成功していないことの言い訳。

エ　自分の作品が芸術として評価されていないことの言い訳。

オ　自分の作品に他人のアイディアを流用していることの言い訳。

問四　傍線部④「経験」が指し示す内容と最も近い意味で用いられている本文中のことばとして最も適切なものを、傍線部a～eの中から一つ選び、記号で答えなさい。

a　魂　　b　精神　　c　内面　　d　真実　　e　事柄

問五　傍線部⑤「芸術家というのは一巻きの写真のフィルムのようなものだ」とはどのようなことですか。説明したものとして最も適切なものを次のア～オの中から一つ選び、記号で答えなさい。

ア　芸術家に第一に求められるものは、技術の高さであるということ。

イ　芸術家とは、客や依頼人の望み通りに現実を切り取る人だということ。

ウ　写真家も、小説家や画家や音楽家と並ぶ、立派な芸術家であるということ。

エ　芸術家は、現実の事柄を作品の中でありのままに描くものであるということ。

オ　いかにすぐれた芸術家であろうと、一生に経験できることには限りがあるということ。

問六　傍線部⑥「芸術家というのは、事柄にはまったく興味がない人種です」とありますが、なぜ「芸術家」は「事柄」に興味を持たないのですか。理由を説明したものとして最も適切なものを次のア～オの中から一つ選び、記号で答えなさい。

ア　芸術家は、同じ事柄を前にしても人によって感じ方は様々であるということを経験的に熟知しているから。

イ　芸術家は、自分の作品に関しては興味があるが、世の中の事柄については関心を持つことができないから。

ウ　芸術家は、自分の周囲で起こったことを正確に写し取るのではなく、自分の内面を掘り下げることによって作品を生み出すから。

エ　芸術家にとって、自分の周囲で起こった出来事をそのまま写し取るだけでなく、自分がその出来事に心を開いているかどうかも重要だから。

オ　芸術家にとって、経験とは想像力で補うことができるものなので、自分の周囲で実際にどんな出来事が起こっていたとしても重要ではないから。

問七　傍線部⑦「この孤独感」とはどのような孤独感ですか。説明したものとして最も適切なものを次のア～オの中から一つ選び、記号で答えなさい。

ア　芸術の中で小説だけに体系がない孤独感。

イ　技術的な事柄を誰にも教えてもらえない孤独感。

く、感情を正直にと努めながら描こうとする……。そして成功することはありません。地図はけっして完成しませんし、正確なものですらないのです。読み返してみれば、たしかにきれいに仕上がってはいるが、ここでいい加減なことをしている、あそこが汚れている、あれを入れ忘れている、本当には存在しないものを入れているといったことばかり目につくのです——。しかし、今はただこう言うことしかできません。オーケー。これはこれでおしまいだ。もう一度はじめから新しい地図を書き直そう。今度はもっとうまく、もっと真実に近いものを作ろう。そしてこの作業をはじめから終わりまで、しかもつねに、ひとりきりで——まったくひとりきりで——するのです。本当に重要な質問は、あなたが自分自身にたずねるものだけなのです。

（アーシュラ・K・ル＝グウィン著、千葉薫訳
「書くということ」『夜の言葉』による）

注1　タイプ…タイプライター（指で鍵盤をたたいて文字や記号を紙面に印字する機械）、また、それを用いて文字を打ち出すこと。タイプライターを使って文字を印字する職業の人をタイピストと呼ぶ。

注2　エミリー…エミリー・ブロンテ（一八一八〜一八四八）イギリスの女性小説家、詩人。一八四七年に刊行された『嵐が丘』の作者。シャーロットの妹。

注3　シャーロット…シャーロット・ブロンテ（一八一六〜一八五五）イギリスの女性小説家。一八四七年に刊行された『ジェーン・エア』の作者。エミリーの姉。

問一　傍線部①「書くということについて意見を求められるに最もふさわしくない人物は、作家でしょう」とありますが、なぜですか。理由を説明したものとして最も適切なものを次のア〜オの中から一つ選び、記号で答えなさい。

ア　作家は書くことについて自分が話をするよりも、人の話を聞く役割の方を好む性質があるから。

イ　作家は書くということについて、いつも考えているので定まった回答を持ち合わせていないから。

ウ　作家はジャーナリストとは異なり、本当のことを語らないタイプの人間なので、正直な意見など言うはずがないから。

エ　作家は書くという行為それ自体に精一杯で、書くこととはどういうことかなどと突き放して考えるような余裕はないから。

オ　作家は海のことについて書きたいときは、船乗りにたずねることはあっても、他の作家に意見を求めることはないから。

問二　傍線部②「第一段階で離陸に失敗し、発射台の残骸の回りに立ちつくして議論をしながら終わりになる」とはどのような状態だと考えられますか。波線部で「わたしたちは離陸したわけです」と書かれていることをふまえ、説明したものとして最も適切なものを次のア〜オの中から一つ選び、記号で答えなさい。

ア　タイプの仕方や辞書の引き方を習得できず、その理由を考えているだけでそれ以上先へ進めない状態。

イ　予想以上に具体的なアドバイスが聞けて満足してしまい、それ以上話を聞く必要はないと思い込んでしまう状態。

ウ　講演者が二段階の答えを用意しているのに、一段階目の時点で自分は作家に向いていないとあきらめてしまう状態。

エ　読みやすく出版可能な原稿の形式を整えることができないために、

書くんです――書き方がわかるまで。

もちろん、チューバとは違うところもあります。ものを書いても、煩悶するうめき声以外音は出ませんし、書くことはどこででも、それにひとりでできます。

多くの若い作家たちが決まりを探し求めるようになるのは、おそらく⑦この孤独感を経験するか、あるいは予感してでしょう。わたし自身、音楽家がうらやましくてたまりません。彼らはみんなで演奏することができますし、その芸術は広く一般的です。そして、そこには決まりが、原則と技術の容認された体系があり、しかもそれは言葉で言い表わしたり、さもなければ少なくとも実際に示してみせたりすることができるので、教えることさえできるのです。書くという行為はわかち合うことはできませんし、技術として教えることも――非常に上っ面のことは別として――できません。真の作家の勉強とは、ひとりでするものです。ひとりで考えたり、他の人の本を読んだり、書いたり（練習です）してするものです。本当に良い小説教室とか講習会などは、音楽家たちがつねに経験していること――集団で行動する刺激と、その結果としての個人の向上――のわずかな片鱗を与えてくれますが、そこから生まれてくるものは、弦楽四重奏とか交響曲のような協同作業、連帯の成果ではなく、多くの、まったくばらばらの孤立した作品、個々の魂の表現なのです。ですから、ひとりひとりの人間が自分で作り出すもの以外、決まりなどないのです。

（中略）

良いですか、作家として、あなたは自由なのです。古今を通じて、およそあなたほど自由な人間はいないのですよ。その自由は、孤独で、寂しさで、かちとったものなのです。あなたは、自分自身で決まりを、法律を作り上げる国にいるのです。あなたは、独裁者であると同時に従順な民衆でもある。その国は、これまで誰ひとりとして調査したことがないのです。地図を作り、街を建設するのは、ひとえにあなたの仕事です。

⑧この世であなた以外にその仕事ができる人間はいません。過去にもいませんでしたし、将来、再び同じ仕事ができる人間もいないでしょう。

⑨完全な自由とは、完全な責任ということです。作家の仕事とは、わたしの考えでは、真実を語ることです。その作家自身の真実をです――他の誰の真実でもありません。これは簡単なことではありません。現在流布しているとんでもない暗黙の嘘のひとつが、〝自己表現〟とか〝物事をあるがままに語る〟といった言葉に隠されています――これではまるで、真実を語ることはたやすいことだと、空想など抱かずに言葉を次々に吐き出しさえすれば誰にもできることだということになってしまいます。例の「わたしはカメラ」式ですね。⑩しかし、実際はそうはいかないのです。自分が本当に感じていること、本当に思っていることを真っ正直に誰かに、誰か知っている人に伝えるのがどれほど大変か、みなさんはご存じですね。まず相手を信頼しなければならない。そして自分自身を知らなければならない。そうしなければ、真実に近いことはとても言えません。これは難しい。⑪あなたから多くのものを奪うことなのです。

これを何千倍もするわけです。聞き手の代わりに、あなたが信頼している、現実に存在する友人の代わりに、もしかしたら存在しないかもしれぬ、顔のない、未知の読者を相手にするわけです。そしてその人々に向かって真実を書こうと努力する、その人々のために、心の奥底や思いの地図を、なにひとつ隠さず、あらゆる距離を間違いなく、標高を正しおよそ〝人生〟についてではなかったでしょう。彼女たちが知っていたのは自分たちの魂、自分たちのb精神と感情でした。そしてそれは、一朝一夕に知ることができるものではありません。七、八歳のころから彼女たちは書き、考え、自分自身の姿を見きわめ、それを描く術を習得してきたのです。彼女たちは想像力を働かせて書きました。この想像力こそが、魂を耕す鋤なのです。彼女たちはc内面から、それも技量と勇気と知力のすべてをふりしぼってはじめて到達できる内面の奥底から書いたのです。小説が生まれてくるのはまさにここからなのです。小説家は内面から書くのです。生涯のほとんどを通じて小説家の外側に起きることというのは、実は重要ではありません。

　わたしはこの点にかなり敏感です。と言いますのも、わたしが書くものはサイエンス・フィクションやファンタジー、あるいは空想上の国を扱った作品ですので、大半が当然、わたしが生涯、経験できっこない時、場所、出来事を取り上げているわけです。ですから、若いころ、オリオン座への宇宙旅行だとか、ドラゴンだとかいったものを書きますと、決まって、「知っていることについて書くようにしなさい」という忠告が一定の間隔をおいて耳に届いてきました。わたしの答えは、「でも、わたしはそうしてるんですよ。わたしはオリオン座もドラゴンも空想の国も知っているんです。わたし以外の誰が、わたしの空想の国を知ってるって言うんですか」

　しかし、忠告をしてくれた人たちは耳を貸してはくれませんでした。わたしの言っていることがわからないために、まったく逆のことを言うのです。そういう人たちは、⑤芸術家というのは一巻きの写真のフィルムのようなものだと思っているのです。それを露光し、現像すれば、平面の〝現実〟が再生できるというわけです。しかし、この考えはまったく間違っています。そしてもし、「わたしはカメラだ」とか、「わたしは鏡だ」などと言う芸術家に出会ったならば、その人間を信用しないことです。彼はあなたをからかっているのですから。⑥芸術家というのは、事柄にはまったく興味がない人種です――興味があるのはd真実だけなのです。e事柄は外側から知ることができます。真実は内面からしか知ることはできません。

　はいはい、わかりました。でも、その真実というのを見つけ出すにはどうしたら良いんですか。真実を語りたいんです。作家になりたいんです。そのためにはいったいなにをしたら良いんでしょう。

　書くことです。

　正直なところ、どうしてこのような質問が出てくるのか、わたしにはわかりません。音楽家のところへ行って、どうか教えてください、どうしたらチューバの演奏家になれますか、などとたずねる人がいますか。いるわけがありません。わかりきったことですからね。チューバの演奏家になりたければ、まずチューバと、そしてチューバの楽譜とを買ってくる。それから近所の人たちに、引っ越しするか、でなければ耳に綿を詰めてくださいと頼みます。それからたぶん、チューバの先生を見つけるでしょうね。楽譜を読むにしても、チューバを演奏するにしても、たくさんの客観的な規則とテクニックが伴いますから。そして腰をおろし、チューバを吹きます――何日も、何週も、何か月も、何年も、チューバがうまくなるまで。望むならば、チューバで真実が吹けるようになるまで。

　書くことだってまったく同じなんです。腰をおろし、書いて、書いて、この二冊でカバーしきれない決まりはほんのわずかで、それをかいつまんで言えばこうなります。あなたの短篇は、そもそもは古い買い物リストの裏に手書きされたものかもしれませんが、編集者のもとへ送るときには、ダブルスペースで、タイプ用紙の片面にだけ、しかも充分に余白を開けて——特に左側に——タイプしなければなりません。そして、ページごとに汚ない訂正箇所があまりないようにしてください。

あなたの名前と作品の題名、そしてページ数を、各ページの上に打たなければいけません。そして編集者へ郵送するときには、切手を貼った返信用封筒を同封すること。これが、〝書くときの基本的な決まり〟です。

ふざけているのではありません。これらは、読みやすい、したがって、出版可能な原稿のための必要条件です。それに、文法とスペルを除いては、先にお話ししたこと以外に書く際の決まりというものをわたしは知りません。

とにかく、これがわたしの答えの第一段階です。もし相手が殴りかかりもせずにわたしの言うことを最後まで聞き、なおかつ、わかりました、わかりました。でも、いったいどうしたら作家になれるんですか、とたずねたら、わたしたちは離陸したわけです。そしてわたしは、第二段階に取りかかります。どうしたら作家になれるんですか。答えは——書くことです。

驚くべきことですが、こう答えると相手が非常に憤り、うんざりし、③あれこれ言い訳をし出すということがままあるのです。この答えは、できることならば顔をつき合わせたくないあの〝恐ろしい真実〟のひとつなのです。

未来の作家が最も良く使う言い訳は、でもなにか言いたいことを見つけるには、④経験を積まなくちゃ、です。

たしかにそうです——もし、ジャーナリスト志望ならば。しかし、わたしはジャーナリズムのことはなにも知りません。わたしは小説《フィクション》についてお話ししているのです。そして、もちろん小説というのは、作者の経験、幼年期からこれまでの人生、彼が考え、行ない、目撃し、読み、夢みてきたありとあらゆることから生まれます。しかし、経験というのは、手に入れようとして入れられるものではありません——それは、贈り物です。そしてその贈り物をもらうための必要条件はただひとつ、それに対して心を開いていることです。a魂が閉ざされていれば、たとえすばらしい冒険ができても、内乱に遭遇したり、月旅行をしたりすることができても、そのような〝経験〟にもかかわらずなにも表わすものがありません。ところが魂が開いていれば、そんな経験などなくても、すばらしいことができるのです。二人の姉妹、エミリー[注2]とシャーロット[注3]のことを思い浮かべてください。彼女たちの人生経験といえば、イギリスの小さな、荒涼とした村の、外部から孤立した牧師館、女学校での不遇な数年間、ヨーロッパのなかで間違いなく最も退屈な街、ブリュッセルでの一、二年間、それに山とある家事。この生硬で、致命的で、厳しく、貪欲な〝経験〟の逆巻く波のなかから、彼女たちは文学史上の二大傑作、『ジェーン・エア』と『嵐が丘』を生み出したのです。

もちろん、彼女たちは経験をもとにして書きました。自分たちが知っていることについて書いたのです——これは、そうするようにといつも指導されることですね。しかし、彼女たちの経験とはどんなものだったのでしょうか。彼女たちが知っていたこととはなんだったのでしょう。

【国　語】（七〇分）〈満点：一〇〇点〉

【注意】1、解答に字数制限がある場合は、句読点や「　」、その他の記号も字数に数えます。

2、出題の都合上、本文の一部を省略あるいは改変していることがあります。

一　次の文章は、小説家アーシュラ・K・ル＝グウィンによる「書くということ」と題された講演の記録です。読んで、後の問いに答えなさい。

今夜は、みなさんに〝書く〟ということについてお話しするわけです。わたしが思いますのに、①書くということについて意見を求められるに最もふさわしくない人物は、作家でしょう。作家以外の方々のほうがずっと良くわかっていらっしゃるのです。

これはいやみではありません。周知のことです。もし海についてありとあらゆることを知りたいと思ったら、船乗りか、海洋学者か、海洋生物学者のもとへ行ってたずねるでしょう。彼らは海についていろいろと教えてくれます。しかし、海自身のもとへ行ってたずねたとしたら、海はなんと言うでしょうか。ただ轟き、寄せる音ばかり。海は海であることに忙しすぎて、自分のことについてなにかを知る暇などないのです。

（中略）

しかし、とにかくわたしは書くことについて話をすることになっていますが、わたしが本当に好きな役割はすぐに回ってくるでしょう――みなさんがわたしに書くことについて話してくださるときにです。ですが、そのときのために、最も基本的な質問をいくつか取り上げて、問題を整理してみることにしましょう。

作家のところへ人々はやって来て、こう言います――作家になりたいんです。どうしたらなれるんですか。

この質問に対して、わたしは二段階の答えを用意しています。②第一段階で離陸に失敗し、発射台の残骸の回りに立ちつくして議論をしながら終わりになるということもよくありますが。

どうしたら作家になれるんですか、という質問に対する第一段階の答えは――[注1]タイプを練習しなさい。

タイプの練習に代わるものはただひとつ、財産を相続してフルタイムの速記者を雇うことだけです。これが無理でも、心配いりません。タイプを覚えるのは簡単ですから。わたしの母は六十歳を過ぎてから作家になりましたが、左手で、しかもみみずがのたくったような字で書かれた原稿を編集者が読めるわけがないと考え、数週間でタイプを独習しました。そして母は、非常にすばらしい作家であるばかりか、わたしがこれまで読んだなかで最も独創的で創造的なタイピストのひとりです。

さて、どうしたら作家になれるんですかとたずねた人は、少しむっとして、ぶつぶつ言います――そういうことを言ってるんじゃないんです。(そしてわたしは、それはわかってます、と答えます) 短篇を書きたいんです。短篇を書く際の決まりはなんですか。小説を書きたいんです。小説を書く際の決まりはなんですか。

こう聞かれてわたしは「ああ！」と叫び、がぜん熱弁をふるい出します。書くときの決まりはすべて、ファウラーの『英語慣用法手引《ハンドブック・オブ・イングリッシュ・ユーセジ》』という本と良い辞書――『ショーター・オックスフォード』をお薦めします。ウェブスターは中身が薄っぺらですから――とに載っていますよ。

2019年度

解　答　と　解　説

《2019年度の配点は解答欄に掲載してあります。》

＜数学解答＞《学校からの正答の発表はありません。》

問題1　ア　470　　イ　4.7　　ウ　5　　エ　0.09

問題2　統計的確率　$\frac{97}{200}$　　数学的確率　$\frac{1}{2}$

問題3　オ　a　カ　d　キ　b　ク　f　**問題4**　ケ　50　コ　50　サ　35

問題5　(1)　シ　300　ス　$10\sqrt{3}$　セ　17.3　(2)　解説参照

問題6　ソ　f　タ　j　チ　s　ツ　o　テ　w　ト　w

問題7　(1)　ナ　65　(2)　太郎の点数　27　標準偏差　18

問題8　(1)　9544　(2)　8400

問題9　①　164　②　168　③　8　④　0.2734　⑤　0.4649

問題10　a，b　**問題11**　ニ　1.96　ヌ　0.982　ネ　1.060　ノ　2.17

問題12　①　115.6　②　120.4　③　a，b，c，d，e，f

○推定配点○

問題1　各2点×4　問題2　各3点×2　問題3　各2点×4　問題4　各2点×3
問題5　(1)　各2点×3　(2)　4点　問題6　各2点×6
問題7　(1)　4点　(2)　各3点×2　問題8　(1)・(2)　各4点×2　問題9　各2点×5
問題10　4点　問題11　各2点×4　問題12　①・②　各3点×2　③　4点　計100点

＜数学解説＞

基本　**問題1**　（平均値，中央値，相対度数）

100回の観測における気温の総和を求めると，$1\times2+2\times5+3\times18+4\times21+5\times21+6\times20+7\times9+8\times4=470$　これを100でわると1年あたりの平均気温4.7℃　4℃以下の年が46回あり，6℃以上の年が33回あるので，気温の低い方から50番目の年も51番目の年も5℃だったから，中央値は5℃である。7℃だったのは100回のうち9回あったから相対度数は0.09であり，2020年度の1月に平均気温が7℃になる統計的確率も0.09である。ア…470，イ…4.7，ウ…5，エ…0.09

問題2　（統計的確率と数学的確率）

サイコロを200回振ったとき偶数の目は97回出た。よって，次に振るときに偶数の目が出る「統計的確率」は$\frac{97}{200}$　数学的には，6種類の目のうち偶数の目が3種類あり，いずれも同様の確からしさで目が出ると考えられるから，「数学的確率」は$\frac{3}{6}=\frac{1}{2}$

問題3　（正規分布の発生確率）

1℃の範囲になった年は100回のうち2回なので，発生する確率は2％であり，両端2.5％ずつの中に入っているので，まず起こりえない。8℃の範囲になった年は100回のうち4回あり，発生する確率は4％なので，中央から前後95％に一部でもデータが入っているという条件にあてはまるから，

現実に起こり得る。よって，オ…(a)，カ…(d)，キ…(b)，ク…(f)

基本

問題4 （平均値，中央値）

国語も数学も合計点は500点であり，平均点は50点である。国語では低い方から5番目も6番目も50点なので，中央値は50点である。数学では低い方から5番目が30点，6番目が40点なので，中央値はその平均の35点である。

問題5 （偏差，分散，標準偏差，説明）

(1)　国語の平均点は50点だから，分散sは，$s^2=\dfrac{(80-50)^2+(40-50)^2+\cdots+(50-50)^2}{10}=\dfrac{3000}{10}=300$　よって，標準偏差sは，$s=\sqrt{300}=10\sqrt{3}$　$\sqrt{3}=1.73$とすると，$s=17.3$　シ…300，ス…$10\sqrt{3}$，セ…17.3

やや難

(2)　例をあげると，データXa，Xb，Xc，Xd，Xeの平均をmとするとき，偏差の和を求めると，$(Xa+Xb+Xc+Xd+Xe)$を5で割ったものが平均mだから，$Xa+Xb+Xc+Xd+Xe=5m$　よって，$(Xa-m)+(Xb-m)+(Xc-m)+(Xd-m)+(Xe-m)=(Xa+Xb+Xc+Xd+Xe)-5m=0$　このように「偏差の和」を用いると必ず0になって資料のちらばり具合や分布の様子をたしかめられない。解答としては，「偏差の和を用いると必ず0になる」でよい。

やや難

問題6 （標準化，標準化後の平均点と標準偏差）

標準化されたものの総和を求めて資料の個数の10で割れば平均点Maが求められる。よって，$Ma=\left(\dfrac{a_A-m}{s}+\dfrac{a_B-m}{s}+\cdots+\dfrac{a_J-m}{s}\right)\div 10=\dfrac{a_A+a_B+\cdots+a_J}{10\times s}-\dfrac{10\times m}{10\times s}$　$a_A+a_B+\cdots+a_J$を10で割ったものがmなのだから，$a_A+a_B+\cdots+a_J=10m$　よって，$Ma=0$　標準偏差については，まず分散を求めると，標準化した資料の数値から標準化後の平均値を引いて2乗したものの和を10でわって求めるから，$\left\{\left(\dfrac{a_A-m}{s}-0\right)^2+\left(\dfrac{a_B-m}{s}-0\right)^2+\cdots+\left(\dfrac{a_J-m}{s}-0\right)^2\right\}\div 10=\dfrac{(a_A-m)^2+(a_B-m)^2+\cdots+(a_J-m)^2}{10s^2}=\dfrac{(a_A-m)^2+(a_B-m)^2+\cdots+(a_J-m)^2}{10}\times\dfrac{1}{s^2}$　元の資料についての分散は$s^2=\dfrac{(a_A-m)^2+(a_B-m)^2+\cdots+(a_J-m)^2}{10}$であったから，$Sa^2=s^2\times\dfrac{1}{s^2}=1$　よって，$Sa=1$　標準化後の平均値は0，標準偏差は1である。ソ…f，タ…j，チ…s，ツ…o，テ…w，ト…w

問題7 （偏差値を求める，偏差値から標準偏差を求める）

(1)　偏差値は，$50+10\times\dfrac{(個別のデータ)-(平均点)}{(標準偏差)}$で求めるから，$50+10\times\dfrac{60-45}{10}=65$

(2)　太郎さんの点数をxとすると，花子さんの点数は$2x$と表せる。標準偏差をsとすれば，太郎さんについては，$50+10\times\dfrac{x-45}{s}=40$　$50s+10x-450=40s$　$10s+10x=450$　$s+x=45$…①　花子さんについては，$50+10\times\dfrac{2x-45}{s}=55$　$50s+20x-450=55s$　$-5s+20x=450$　$-s+4x=90$…②　①+②から，$5x=135$　$x=27$　①に代入して，$s=45-27=18$　よって，太郎さんの点数は27，標準偏差は18

問題8 （正規分布の使い方）

(1)　20点，80点の得点をそれぞれ標準化すると，$\dfrac{20-50}{15}=-2$，$\dfrac{80-50}{15}=2$　正規分布表から，2.00の数値が0.4772であるから，20点以上80点以下の範囲には47.72×2%が入る。よって，10000×0.9544=9544　よって，9544人いる。

(2)　35点，95点の得点をそれぞれ標準化すると，$\dfrac{35-50}{15}=-1$，$\dfrac{95-50}{15}=3$　正規分布表から，

1.00の数値が0.3413，3.00の数値が0.4987であるから，35点以上50点以下の範囲にはいる人が10000×0.3413＝3413(人)　50点以上95点以下の人が10000×0.4987＝4987(人)　よって，35点以上95点以下の範囲にはいる人が3413＋4987＝8400(人)いる。

問題9 （正規分布表の活用）

164cmのデータを標準化すると，$\dfrac{164-(\text{平均点})}{(\text{標準偏差})}=\dfrac{164-168}{8}=-0.5$　正規分布表から，－0.50は0.1915なので，164cm以上168cm以下の人の割合は0.1915　同じように，174cmのデータを標準化すると，$\dfrac{174-168}{8}=0.75$　正規分布表から0.75は0.2734なので，168cm以上174cm以下の人の割合は0.2734である。したがって，Mサイズの合う164cm以上174cm以下の人の割合は，0.1915＋0.2734＝0.4649となる。よって，①…164，②…168，③…8，④…0.2734，⑤…0.4649

問題10 （全数調査と標本調査）

(a)の世論調査，(b)の視聴率調査は，対象者全員を調査するのではなく一部を調べてそのデータから全体像を推定するので「標本調査」である。(c)のU市の人口調査は，住民登録について一人残らず調べなければならないので「全数調査」である。(d)の空港における保安検査は，一部だけの検査で問題がなくても，他の1つにでも問題があればたいへんなことになるので「全数調査」である。(e)の中学校で行なわれる健康診断は，生徒全員についての健康状態を調べるのだから「全数調査」である。

やや難 問題11 （標準偏差，標準化，範囲）

95％の半分は47.5％なので，95％のねじが入るkの値を正規分布表で求めると，0.4750は横の列(縦の目盛り)で1.9の列に，縦の列(横の目盛り)で0.06の列にあるから，$k=1.96$である。よって，1.021±1.96×0.02を計算すればよい。1.96×0.02＝0.0392　kの値も平均値も小数第3位までの数で表されているので，0.0392を四捨五入して小数第3位までもとめて計算すると，1.021－0.039＝0.982，1.021＋0.039＝1.060　よって，95％のねじの長さは，0.982cm以上1.060cm以下である。97％信頼区間を求めるには97％の半分は48.5％であり，正規分布表で0.4850をさがすと，横の列では2.1の列に，縦の列では0.07の列にあるから，kの値としては2.17を用いればよい。よって，ニ…1.96，ヌ…0.982，ネ…1.060，ノ…2.17

やや難 問題12 （信頼区間の応用）

95％信頼区間で確認するときは，平均値の上下47.5％の値を確かめればよい。正規分布表で0.475はk＝1.96であるから，その範囲に入るカレーパンの重さは，(118－1.96×1.2)以上(118＋1.96×1.2)以下である。1.96×1.2＝2.352　小数点以下第2位を四捨五入すると2.4　よって，$118-2.4\leqq x\leqq 118+2.4$　$115.6\leqq x\leqq 120.4$　120gは含まれるので，客の指摘は正しいとはいえない。92.5％信頼区間の場合は，正規分布表で0.4625の値は$k=1.78$に対応するから，118＋1.78×1.2＝120.136となり，120gのカレーパンは92.5％信頼区間に入っている。90.3％信頼区間の場合には，0.4515の値に対応するのは$k=1.66$　このときには，118＋1.66×1.2＝119.992となり，この区間内に120gのカレーパンは入らない。信頼区間の範囲を狭めれば狭めるほど平均値に近い範囲となるので，(a)～(f)の信頼区間では客の指摘は正しいことになる。

★ワンポイントアドバイス★

資料文を全部読んでから問題に取り掛かると時間が不足してしまうかもしれない。資料文を読みながら，その都度に取り組めばよい。前の問題でわかったことを次の問題で使う部分が多いので，順に仕上げるようにしよう。

＜英語解答＞《学校からの正答の発表はありません。》

Ⅰ　① 2　② 4　③ 4　④ 2　⑤ 1　⑥ 1　⑦ 2　⑧ 3　⑨ 4
⑩ 1　⑪ 3　⑫ 2　⑬ 1　⑭ 2　⑮ 3　⑯ 4　⑰ 2　⑱ 2
⑲ 4　⑳ 3

Ⅱ　問1　［ア］ 16　［イ］ 14　［ウ］ 13　［エ］ 12　［オ］ 3　［カ］ 5
［キ］ 4　［ク］ 7　［ケ］ 1　［コ］ 10
問2　[A] 15　[B] 16　[C] 10　[D] 3　[E] 1　[F] 14　[G] 11
[H] 13　[I] 12　[J] 5

Ⅲ　A 2　B 1　C 3　D 4　E 3　F ① 3　② 2　G 1　H 2
I 2，4，7

Ⅳ　A 3　B 2　C 4　D （D-1） 4　（D-2） 8　E 3　F 1　G 2
H 3　I 3，4，7

Ⅴ　A （例） I am looking for my son, Yoshi-chan, so, please tell the police anything you know about him.　B （3番目の語） promise　（9番目の語） back
C （3番目の語） from　（9番目の語） someone　D （例） There are many heavy things in the world, but nothing on this earth is heavier than a person’s life.

○推定配点○
Ⅰ，Ⅱ　各1点×40　Ⅲ，Ⅳ　各2点×22（ⅢF，ⅣD各完答）　Ⅴ　各4点×4　計100点

＜英語解説＞

基本　Ⅰ　（長文読解問題・説明文：語句選択補充）

（全訳）1933年，映画『晩餐八時』の中で，ジーン・ハーロウはハート型のクッションに座って，チョコレートの大きな箱から少しずつ食べていた。実際，映画の人気が高まって①からというもの，チョコレートは愛情の象徴となった。しかし，わからないのは，チョコレートの愛情とのつながりが映画とともに始まり②えたのだろうか，ということだ。あるいは，それは映画が現れるずっと以前から愛情の象徴だったのだろうか。

チョコレートの歴史は南米原産のテオブロマカカオの木から始まった。これらの木から採られるカカオの豆はマヤ人とアステカ人③の間でぜいたくなごちそうだった。彼らはあぶったカカオの豆をハチミツとトウガラシと混ぜた飲み物を作り，それを「ショコラトル」と呼んだが，それは「苦い水」という意味だ。当時，カカオ豆は黄金④と同じくらい高価で，税金を支払うために使われていた。ココアは「神々の食べ物」と呼ばれ，しばしば特別な接客の際に⑤飲まれた。

1600年代初期までには，チョコレートはヨーロッパじゅうで人気⑥になった。ロンドンではチョコレートハウスが社交の場として使われ，コーヒーショップ⑦と競うようになった。あるハウスがチョコレートを「多くの病気を治す」飲み物として宣伝した。1715年から1774年までフランス王だったルイ15世は，毎日チョコレート飲料を飲んだ。1770年にマリー・アントワネットがルイ16世と結婚した⑧とき，彼女はベルサイユに自分のチョコレート職人を連れて来た。彼は体力のためにラン，心⑨を落ち着かせるためにオレンジの花，胃の不調のために甘いアーモンドミルクと混ぜたチョコレートといったレシピを作った。

チョコレートのことを考えるとバレンタインデーのことを思いつく⑩が，その祭日は，実はずっと後になるまで作られなかった。バレンタインデーの愛情とのつながりは，1382年のジェフリー・

チョーサーの詩に初めて⑪出てくるようである。それはそこから初春の人気の祭日へと進化したのだ。歌や詩は愛情に満ちあふれた心を祝うが，キャンディーやチョコレートは，ヨーロッパでは砂糖が貴重だったために⑫まだお祝いの一部とはならなかった。徐々に，科学技術のおかげでバレンタインデーは大きな商売へと変わったのだ。

ビクトリア朝時代(1837―1901)の人々は⑬自分のパートナーにキューピッドのカバーがついた贈り物とカードを送ることが大好きだった。その頃，合衆国では，リチャード・キャドバリーが「飲む」チョコレートをよりおいしくするために「食べる」チョコレートを作り出した。彼はハート型の箱にキューピッドと花をつけた。人々は，チョコレートを食べた⑭後，長期間いろいろな方法でその美しい箱を使うことができた。日本では，森永が1899年にチョコレートを生産し始め，20世紀初期に他の多くの企業がこの動きに従った。

今日，バレンタインデーとチョコレートの商業上の成功が世界中で⑮見られるが，日本の慣習は他の⑯どこともまったく異なっている。ここでは，バレンタインデーは女性が⑰自分の恋人だけではなく，男性の同僚や上司にもチョコレートを渡す日になっている。この慣習と産業は，製品を⑱買っている人がほとんど女性客であることがわかったときに進化した。そこでホワイトデーが作られ，日本は女性に敬意を表したいと思う男性のための慣習を始めたのだ。そしてこの日には，今では他の多くの選択肢があるものの，ホワイトチョコレートが元々はとても人気のある贈り物だった。

ジーン・ハーロウはチョコレートを夢のごちそうにした。他の者たちはチョコレートがどのように人々をほほえませるかを説明する方法を見つけた。科学者たちは実際に，チョコレートには人が恋をしているときに脳が生み出すのと⑳同じ物質であるフェネチルアミンがあることを示している。人間がこのつながりを作ったのはただ自然なことであるように思われる！

① 後半が現在完了であることに着目する。ever は since の意味を強調する働きをしている。

② チョコレートと愛情のつながりが，『晩餐八時』という映画をきっかけにして始まった可能性を述べている。

③ 後に民族を表す語句があるので，「(3人[つ]以上)の間で」の意味を表すamong が適切。

④ 当時，カカオ豆が貴重なものだったことを説明している部分で，税金の支払いに使われていたことが書かれているので，as expensive as gold「黄金と同じくらい高価」とするのが適切。

⑤ Cocoa を主語とする受動態の文なので，過去分詞 drunk が適切。

⑥ 「1600年代初期までには」という過去のことを述べているので，過去形 became が適切。

⑦ compete with ～「～と競う」。

⑧ マリー・アントワネットが自分専用のチョコレート職人をベルサイユに連れて来た時期は「マリー・アントワネットがルイ16世と結婚したとき」であることを述べている。

⑨ チョコレートをオレンジの花と混ぜる目的を述べている。to calm は目的を表す副詞的用法の不定詞。

⑩ 文の前半と後半が対照的な内容なので，逆接の接続詞 Although が適切。

⑪ 〈seem to ＋動詞の原形〉で「～するように思われる」という意味を表す。

⑫ バレンタインデーと愛情とのつながりは確立していたが，当時砂糖が貴重なものだったために，キャンディーやチョコレートはまだバレンタインデーとつながりを持つには至らなかった，という流れ。

⑬ People in the Victorian era「ビクトリア朝時代の人々」を受ける所有格の代名詞。

⑭ 文の前半では，チョコレートの箱がいろいろな方法で長期間使えることを述べているので，中身のチョコレートを食べた後のことになる。

⑮ the business success of Valentine's Day and chocolate「バレンタインデーとチョコレートの商業上の成功」が主語なので,「世界中で見られる」という受動態の文にするのが適切。

⑯ Japan と比較しているので,「どの国も」という内容を表す代名詞を選ぶ。anyone の one はここでは country ということ。anywhere は副詞なので of に続けることはできない。

⑰ not only A but also B「AだけではなくBも」を用いた文。Aに当たるのが to their lovers, Bに当たるのが to their male co-workers and those in higher positions。

⑱ 直前の people を修飾するように,現在分詞 buying を入れて「その製品を買っている」とする。

⑲ 直前の the gift を後ろから修飾するように,関係代名詞を続けた形。元々人気が高かったという過去の内容なので,過去形を用いている that was が適切。

⑳ 人が恋をしているときに脳が生み出す物質(フェネチルアミン)がチョコレートにも含まれているという内容。脳が生み出す物質と同じ物質であるはずなので,the same「同じ～」を入れる。

重要 Ⅱ **(長文読解問題・説明文:語彙)**

(全訳)「手ぬぐい」は伝統的な型の日本のタオルである。それらは単に手や体を乾かす以外にも様々な方法で使われる。それらは,おもしろかったり,伝統的だったりする[ア]模様や様々な色のものが売られているので,それらを集めて見ることもまた楽しいものだ。それらはあまり高くなく,特別な店だけではなく,おみやげコーナーや美術館の売店など,日本中で買うことができる。

それらは西洋のタオルと少し異なっている。これらの伝統的な日本の[イ]布地は薄くて大量の水[A]を吸収する。端は布をさらに早く乾かすために,[ウ]縫わずに切られている。それに加えて,それらは乾くと熱を引き込むので,手ぬぐいの布は特に夏にはハンカチやタオルの優れた[B]代用物である。

店頭では,伝統的な日本の模様やデザインで売られているとても多くの手ぬぐいが見つかる。その模様が,手なせんという技法で職人によって丹念に手で[エ]染色されていることがしばしばある。この技法では,様々な色の絵の具がそれぞれの模様に使われる。

ある店の経営者は,伝統的なものから最近作られたもの[オ]まで,1,000を超える模様があると説明する。「毎月,家の入り口に違う手ぬぐいをぶら下げて楽しむお客さんもいて,私も,家を明るくするために本当にそのことを勧めています」と彼女は付け加える。

彼女が勧めるように,手ぬぐいは最近,[C]装飾品として人気が出てきており,額縁に入れて美しくぶら下げられていることもある。「手ぬぐいをその美しさのために買うならば,それをハンカチやテーブルクロスとして使ってみたり,装飾品として楽しんだ後で,[D]すり減るまで靴をきれいにしてみてください」と彼女は言う。

手ぬぐいはハンカチよりも薄くて[カ]かさばらないので,[E]多才な俳優のようである。また,それらはハンカチよりも大きくて長いので,少し[F]創意工夫をすればそれらのおもしろい使い方をたくさん見つけることができる。冬に外で寒く感じたり,夏にエアコンが強すぎるときには暖かくしておくために首に巻くことができる。オートバイに乗るときにヘルメットの内側で手ぬぐいで頭を包めば[キ]快適でいるのに役立つ。

手ぬぐいは奈良時代にすでに使われていたと言われている。最初は,とても高価なものだったが,江戸時代の間には[G]一般の人々もそれらを使うようになった。今日では,それらは時にはエプロンやバンダナとして,様々な目的で使われる。

明治時代以降,日本は西洋の生活様式を学ぼうとして,日本の手ぬぐいの利用は一般的ではなくなってきた。それらはほとんど忘れられているようである。しかし,近年,人々はもう一度手ぬぐいの便利さと美しさを認識してきた。この10年ほどで,それらを売り始める店が増えてきた。外国人観光客の数が増えるにつれて,それらは日用品としてのみならず,おみやげとしても人気が出てきている。

きめの細かいものや[ク]きめの粗いものがあるので，手ぬぐいはいくつかの種類に[H]分けられる。想像できるように，きめが粗ければ，手ぬぐいに薄い線や小さな物の絵をつけることはとても難しい。一方，きめの細かいものには繊細な模様をつけやすい。

今日，手ぬぐいは2つの異なる方法で生産されている。伝統的な方法は注染と呼ばれ，布に色をつけるために紙を使う。絵の具が布[I]に染みこむので，模様が両側に現れる。長期間その手ぬぐいが使われると，色があせて，このために手ぬぐいが古びてすてきに見えるのだ。

もう一方の方法は印刷だ。印刷だと，さらに繊細な模様やキャラクターを作ることができる。片方の面にだけ印刷されるので，裏側は[ケ]一色で，ここが注染と異なる。

それを注染の手ぬぐいと比べると，印刷の手ぬぐいは，シルクスクリーンを使うためにより[J]きめ細かい模様やキャラクターを産み出すことができる。シルクスクリーンとは，簡単に言えば枠に入れた一種の布である。この布にデザインをして，[コ]図形を切り抜いて穴をあける。そのスクリーンにインクや絵の具を押し付けると，液が穴を通り抜けて別の布に下りていき，これが最終的に手ぬぐいになる。固い白い布が次から次へと美しい手ぬぐいになるとき，芸術の一形態そのもののように見える。

問1　全訳を参照。

問2　全訳を参照。　1「様々なことができる」　2「どこでも，とてもよく現れる」　3「何度も続けて使ったために薄くなったり弱くなったりする」　4「布で覆う」　5「細かく表現する」　6「売り物」　7「かっこうよくて多くの人々に好まれる」　8「人工的に作る」　9「製品を作るための素材」　10「何かをよりよく見せるために使われるもの」　11「権力のない，普通の」　12「通り抜ける」　13「2つ以上に分かれる」　14「問題を解決したり，ものを発明したりさせる技能」　15「何かを取り込む」　16「他のものに代わるもの」

Ⅲ　**（長文読解問題・説明文：内容吟味，語句選択補充）**

（全訳）　およそ6,550万年前，とても長い間地球を支配していたすべての恐竜が絶滅した。長年にわたり，地球の歴史について研究する科学者たちは，この地球規模の出来事の原因についていくつかの仮説を出してきた。初期の1つの仮説は，小さな哺乳類があまりに多くの恐竜の卵を食べたので，恐竜が生き続けることができなくなったというものだった。また別の仮説は，恐竜の体がその小さな脳では制御できないほど大きくなったというものだった。ひどい伝染病のためにすべての恐竜が死んだと信じた科学者もいた。飢餓も可能性のある原因だった。その巨大な生き物は大量の食糧が必要で，周囲の植物を食べつくしたのかもしれない。しかし，これらの仮説の多くは容易に間違っていることがわかった。実際，恐竜は絶滅するまで1億6000万年以上の間，地球の支配者であった。大きな体を動かすには脳が小さすぎたなどと言えるだろうか。

何年もの間，気候変動が恐竜が絶滅した理由を説明する最適の仮説であった。恐竜は地球の湿った熱帯の気候で数を増やした。しかし，恐竜絶滅の時期に，地球はゆっくりと冷えていった。恐竜は変温動物だった。このことは，それらが太陽と大気から体の熱を得ていたために，とても寒い気候では生き延びることができなかったことを意味する。しかし，この仮説も間違っているように思われる。例えば，ワニのように，変温動物の中には実際に生き延びたものもあるのだ。また，気候の変動には何百万年もかかるので，どんな生き物でも寒い場所で生きるために自分の体をゆっくりと変えるのに十分な時間がある。

1980年代に，2人のアメリカ人科学者が地中深くにたくさんのイリジウムを発見した。そのような大量のイリジウムは普通は宇宙でしか見られず，それは恐竜が絶滅したのと同じ時期にそこに埋まっていたのだ。このことは，地球に落下する巨大な隕石が恐竜絶滅の原因となった可能性があるということを意味する。科学者たちはこの仮説が正しいことを示すために，そのような隕石によってできた印を見つける必要があった。それから1991年に，幅176キロメートルの巨大な穴がメキシコのユカタン半島の端に発見された。科学者たちは，そこに落下した隕石は幅10キロメートルほどだったと信じている。それは時速64,000キロメートルの速度で地球に衝突し，これまでに使用された最も強力な原子爆弾の200万倍のエネルギーを産んだ。その隕石の熱はその地域の周りの表面を激しく焼き，大きな森林火災を引き起こした。空に吹き上げられたホコリは地球全体を囲い，太陽光線が届くのを妨げた。その隕石は建物よりも高い何百万もの波を起こし，多くの生命体を殺した。

地球全体が何か月，あるいは恐らくは何年もの間，夜のように暗くなった。太陽の光はなく，地球の気温がとても下がったので，植物のほとんどは枯れた。それから，草食の恐竜は食べるものがなくなって数週間で死んだ。肉食の恐竜は1，2か月後に死んだ。この仮説によると，たった1つの隕石が地球上の全生命の75パーセント以上を殺し，恐竜の支配を終わらせた。

恐竜にとってのこの悲劇はある生き物たちにとってはよい知らせだった。哺乳類の中には，地中に隠れるために穴を掘ることができ，太陽がなくても体を温かくしておくことができ，ほんの少しの食べ物しか必要としなかったために生き延びるものもあった。これらの哺乳類はリスやネズミのようなとても小さな動物で，それらは恐竜とは違っていたために絶滅を逃れることができた。それらは体力では恐竜ほど強くなく，戦えば恐竜に勝てるチャンスはなかった。(①)しかし，これらの弱くて小さい生き物は，変わっていく環境の中で生きるために自分の体を適応させることができたので，生存のための争いに(②)勝利したのだ。

地球に衝突するあの恐ろしい隕石がない世界を想像してみよう。今も，歩き回る大きな恐竜でいっぱいの世界が見える。ネズミやリスのような小さな生き物は木や穴の中に隠れているところしか見えない。最終的に生き残ったそれらの動物は私たちの(H)祖先なのだから，恐竜の絶滅は私たちにとってよかったということがわかるだろう。私たちは皆，地球の悲劇のおかげでここ地球にいるのだ。

A　恐竜が絶滅した原因の仮説は，第1段落に，「小さな哺乳類があまりに多くの恐竜の卵を食べた」説，「恐竜の体がその小さな脳では制御できないほど大きくなった」説，「ひどい伝染病のためにすべての恐竜が死んだ」説，「飢餓のせいで絶滅した」説，「恐竜は大量の食糧が必要で，周囲の植物を食べつくした」説が紹介されており，さらに第2段落では，「気候変動」説が紹介され，第3段落で，今では最も有力な説となっている隕石の衝突によるという説が紹介されている。この中に含まれない2「恐竜は共食いをしたために絶滅した」が正解。1は「恐竜は病気になったために絶滅した」，3は「恐竜は卵が食べられたために絶滅した」，4は「恐竜は食べるものがなかったために絶滅した」という意味。

B　第2段落で，気候変動説が間違っていることについて述べられている。最終文「気候の変動には何百万年もかかるので，どんな生き物でも寒い場所で生きるために自分の体をゆっくりと変えるのに十分な時間がある」の内容が1と一致する。

C　第3段落第2，3文を参照。「それ(＝発見された大量のイリジウム)は恐竜が絶滅したのと同じ時期にそこに埋まっていた」→「このことは，地球に落下する巨大な隕石が恐竜絶滅の原因となった可能性があるということを意味する」という説明に合うのは3。

D　第3段落第4，5文を参照。第4文「科学者たちはこの仮説が正しいことを示すために，そのような隕石によってできた印を見つける必要があった」とあり，その印として，第5文「1991年，幅176キロメートルの巨大な穴がメキシコのユカタン半島の端に発見された」と述べられている。この巨大な穴が4の「隕石の衝突の跡」である。

E　「元の原因」が問われていることに注意。第4段落第2文に，「太陽の光はなく，地球の気温がとても下がったので，植物のほとんどは枯れた」とあるが，そのような状態を引き起こす原因となったのは，第3段落第8文にある隕石落下による森林火災である。

重要 F　空所①の直前，「それら(＝小型の哺乳類)は体力では恐竜ほど強くなく，戦えば恐竜に勝てるチャンスはなかった」に対して，空所の直後では，「これらの弱くて小さい生き物は，変わっていく環境の中で生きるために自分の体を適応させることができた」は，恐竜よりも優れた能力を説明しているので，逆接を表すHoweverが適切。また，そうした能力があったために，小型の哺乳類は，隕石の衝突による環境の変化を生き延びたのだから，「生存のための争いに勝利した」とするのが適切。①のIn additionは「さらに，加えて」，In this wayは「このようにして」という意味。Althoughは「～だけれども」という意味だが，後ろに節が続く接続詞なので，用法の面で不適切。②のfoughtはfight「戦う」の過去形，lostはlose「失う，負ける」の過去形，sufferedはsuffer「苦しむ」の過去形。wonはwin「勝つ」の過去形。

G　第5段落第2文に，生き延びた哺乳類の特徴として，「地中に隠れるために穴を掘ることができた」，「太陽がなくても体を温かくしておくことができた」，「ほんの少しの食べ物しか必要としなかった」ことが述べられている。この3つのことは，2「それらは地中で無事でいることができた」，3「それらはたくさんの食べ物がなくても生きることができた」，4「それらは寒い場所で生きることができた」に合う。1「それらは恐竜が食べるには小さすぎた」は本文中で述べられていない。

H 「最終的に生き残ったそれらの動物は私たちの(　　)だから，恐竜の絶滅は私たちにとってよかった」というつながりで，小型の哺乳類が環境の大きな変化を生き延びたことが人類にとってよいことだったと述べている。恐竜が絶滅して哺乳類の繁栄が始まったあとで人類が誕生したという流れから，小型の哺乳類は人類の「祖先」と言うことができる。

I　1「小型の哺乳類は卵を産まなかったから生き延びることができた」(×)　哺乳類が生き延びた理由として，それらが卵を産まなかったからという説明は本文でされていない。　2「気候変動は，かつては恐竜絶滅の最も有力な仮説の1つだった」(○)　第1段落でいくつかの仮説を紹介し，それらの多くは間違った説であると述べたうえで，続く第2段落第1文で，「気候変動が恐竜が絶滅した理由を説明する最適の仮説であった」と述べている。　3「隕石が衝突した後，地球上で生き延びた植物はなかった」(×)　第4段落第2文に，隕石の衝突によって「植物のほとんどは枯れた」とあるが，すべての植物が死滅したとは書かれていない。また，生き延びた哺乳類は植物を食べていたと考えるのが自然。　4「肉食恐竜は草食恐竜の後に絶滅した」(○)　第5段落第2，3文を参照。植物が減り，草食恐竜のえさがなくなって草食恐竜が絶滅し，その後に肉食恐竜が絶滅した。　5「恐竜を含むすべての変温動物が絶滅した」(×)　第2段落最後から2文目を参照。生き延びてきた変温動物の例としてワニが挙げられている。　6「隕石は海に生きる生き物にはまったく影響を与えなかった」(×)　隕石落下の海洋生物への影響については述べられていない。　7「ある哺乳動物が絶滅を逃れた理由の1つは，それらが地面に穴を掘ることができたことである」(○)　第5段落に，隕石落下後も生き延びた哺乳類について，それらが生き延びた理由が述べられている。第2文では，穴を掘って地面の中で寒さをしのぐことができたために生き延びることができたことが述べられている。　8「恐竜は体力では強かったが，生き残れるほど賢くなかった」(×)　第5段落最終文に，力では恐竜に勝てなかった哺乳類が生き延びたことについて，「変わっていく環境の中で生きるために自分の体を適応させることができたので，生存のための争いに勝利した」とあるが，それが賢さのためであったかどうかについては明確に述べられていない。また，第1段落最終文では，恐竜がその大きな体を動かせないほど脳が小さかったとする説に疑問を投げかけていることからも，筆者が恐竜の賢さについて否定的に考えているとは言えない。　9「私たちを絶滅させることができるより危険な隕石が宇宙にある」(×)

恐竜を絶滅させたものよりも危険な隕石の可能性については，本文で述べられていない。

Ⅳ （長文読解問題・自伝：語句選択補充，内容吟味，英文和訳）

（全訳） 私が21歳で重い病気になったとき，私はとても不公平なことだと感じた。なぜこんなことが私に起こらなくてはならないのか。その頃，私は「私の人生は終わって，私の夢を実現することなど決してないのだ」と思った。しかし，50年経った今では，自分の人生に穏やかに幸せを感じることができる。私は2回結婚していて，3人の美しい子どもたちをもうけた。私は科学者としての仕事で成功してきた。私は，ほとんどの理論物理学者は私のブラックホールからの量子の放出に関する考えが正しいということに賛成するだろうと思っている。それは実験を通じて証明するのがとても難しいため，今のところ私にノーベル賞をもたらしてくれてはいないが。一方で，私はずっと重要な基礎物理学賞を獲得した。それは，実験によって証明されていなくても，私の仕事に理論的に重要な重要性があったから与えられたのだった。

私が障がい者であるという事実は，科学者としての仕事に重大な困難をもたらしてはいない。実は，ある面でそれは便利なことであると思っている。私は大学で学生に教える必要もなかったし，多くの会議で忙しくする必要もなかった。だから私は研究に専念できてきたのだ。

仲間の科学者にとって私はただの一物理学者にすぎないが，一般の人々にとって私はおそらく世界で最もよく知られた科学者になったのだ。私はロックスターと同じくらい有名であるだけではなく，障がいを持つ天才というイメージにぴったりなのだ。私は自分をどこにも隠すことはできない―車椅子が私を安売りしているのだ。

世界によく知られていることにはよい点と悪い点がある。悪い点は，私の写真を撮りたがっている人々に囲まれることなく買い物ができるというような普通のことをするのが難しいことがあることや，過去，メディアが私の個人的な生活にあまりに関心を抱きすぎたことだ。しかし，利点は私が経験してきた苦難を埋め合わせるのに十分なほど大きい。人々は私に会えて本当に喜んでいるようだ。F2012年ロンドンパラリンピックで，私がアンカーを務めた時には，自分がこれまでにないほど沢山の観衆を目にした。

私は不足のない，豊かな人生を送った。私は，障がい者はできることをするだけでよく，できないことを心配する必要はないと信じている。私の場合，(G)したいと思ったことのほとんどは何とかすることができた。私はずいぶん旅をしてきた。私は7回ソビエト連邦を訪れて，当時西側への渡航を許可されていなかったロシアの科学者にしばしば会った。1990年のソビエト連邦終結後は，最高の科学者の多くが西側へ去ったので，私はそれ以来ロシア(H)に行っていない。

私はまた，日本に6回，中国に3回，そして世界中の他の多くの場所を訪れたことがある。私は韓国，中国，インド，そして合衆国の大統領たちに会ったことがある。私は中国の人民大会堂とホワイトハウスで演説をしたことがある。私は潜水艦で海面下に行ったことがあるし，熱気球で無重力飛行をしたこともある。

私の初期の仕事は，一般相対性理論がビッグバンとブラックホールの特異点で破たんしていることを示した。後の仕事は時間の終わりの始まりで何が起こるのかを示している。私は幸せな人生を送り，理論物理学の研究を楽しんできた。私が私たちの宇宙の理解に何かをつけ加えられたのなら幸せだ。

A 自分の身に起こったことについて述べているので，現在形の助動詞は不適切。「自分にこのようなことが起こるはずがあろうか」という意味を表す should を入れるのが適切。

B 「21歳で重い病気になったときから50年後の今現在，自分の人生に穏やかに幸せを感じることができる」とすると文意が通じるので，「～後」の意味の later を入れる。

C 「今のところ私にノーベル賞をもたらしてくれてはいない」，「私はずっと重要な基礎物理学賞を獲得した」という対照的な内容の文をつなぐのに適切なのは，4「一方で」。1は「そのとき」，2は「しばらくの間」，3は「ある面で」という意味。

D （D-1） in some ways で「ある面で」という意味を表す。 （D-2） be busy with ～で「～で忙しい」という意味を表す。

E give ～ away は「～を安く売る」という意味を表す。ここでは，車椅子に乗っていることで人目を引きやすくなっていることを表している。このことを最もよく表しているのは3「車椅子のせいで，人々はごく簡単に私だとわかる」。1は「私は望めば簡単に車椅子で出て行ける」，2は「私にとって，公の場で車椅子を使うことは簡単ではない」，4は「車椅子のせいで，私は簡単に歩ける人の間で孤独を感じる」という意味。

F had my biggest-ever audience は「これまでで最も沢山の観衆がいた」という意味を表す。

G 空所の前では「私は，障がい者はできることをするだけでよく，できないことを心配する必要はないと信じている」と，障がい者について肯定的な意見を述べている。空所の後では，障がい者としての自分自身の積極的な経験を具体的に述べているので，2「私はしたいと思ったことのほとんどは何とかすることができた」を入れると文脈に合う。1は「私には本当にしたいことがほとんどなかった」，3は「私はしたいと思っていたことのほとんどをあきらめてきた」，4は「私はしたくない多くのことをしなくてはならなかった」という意味。

H 空所を含む文の前では，「私は7回ソビエト連邦を訪れて，当時西側への渡航を許可されていなかったロシアの科学者にしばしば会った」と述べているが，その後で，「1990年のソビエト連邦終結後は，最高の科学者の多くが西側へ去った」とあることから，それ以降，ロシアには行っていないとするのが適切。

I 1「ホーキングが21歳のときに重い病気にかかったとき，彼の医者は彼に科学の研究をやめるべきだと言った」（×） ホーキングの病気が発覚したときの医者の見解は本文で述べられていない。 2「ホーキングは自分の実験で行っていることについてあまり説明しなかったので，ノーベル賞を与えられなかった」（×） 第1段落最後から3文目を参照。ホーキングがノーベル賞を与えられなかった理由として，「それ(＝自分の研究)は実験を通じて証明するのがとても難しいため」と述べられている。 3「ホーキングは身体に障がいがあることは，自分が成功した科学者になることの妨げにならなかったと信じている」（○） 第2段落第1文，「私が障がい者であるという事実は，科学者としての仕事に重大な困難をもたらしてはいない」の内容に合う。 4「ホーキングは，人々が彼にあまりに多くの関心を持つのを好まないが，同時に彼は人々が彼に会って喜んでいるようだとうれしい」（○） 第4段落第2文で，世界によく知られていることの悪い点を述べた後，第3文ではよい点として，「人々は私に会えて本当に喜んでいるようだ」と述べていることから，彼に会って人々が喜ぶことをうれしく思っていることがわかる。 5「ホーキングは，簡単ではないかもしれないことを含めて，障がい者はできるだけ多くのことをしようと努めるべきだと信じている」（×） 第5段落第2文で，「障がい者はできることをするだけでよい」と述べているので，合わない。 6「ホーキングは，世界中の多くの国に招待されてきて，公の場で忘れることなく演説を行う」（×） 第6段落第3文で，「中国の人民大会堂とホワイトハウスで演説をしたことがある」と述べているが，これは彼の経験の一例であり，外国に行くたびに演説をするとは書かれていない。 7「ホーキングは，人々が宇宙についてより多くのことを理解する手助けができたのならばうれしいと言っている」（○） 第7段落最終文の内容に合う。

V （英作文：語句整序，条件英作文，和文英訳）

（全訳） オバタさんが救助に来る！

絵1 （例）私は息子のよしちゃんを探しているので，彼について知っていることは何でも警察に伝えてください。

絵2　ボランティアのオバタさんがよしちゃんを見つける手伝いをしに来て，よしちゃんの母親に約束をする。B彼を見つけたら，私が自分で彼をあなたのところへ連れ戻すことを約束します。

絵3　よしちゃん！

絵4　きみはどこにいるんだい？／ぼくはここにいます！

絵5　（オバタさんがよしちゃんを見つけて驚いている様子）

絵6　オバタさんは約束を果たす。

絵7　さあ，私たちの英雄です！　一言お願いできますか，オバタさん。／世の中には重いものはたくさんありますが，この地球に人の命より重いものはありません。

A　絵の中に出てくるのは母親だけなので，主語はＩでよいが，よしちゃんの家族の人たちと考えて we を主語にしてもよい。「～を探す」は look for ～ で，進行形で表す。後半の内容から，前半と後半を so または and でつなぐとよい。後半は，人々によしちゃんに関する情報を警察に与えてほしいという内容。解答例のほかに，give information about him to the police「彼に関する情報を警察に与える」のように表すこともできる。

重要　B　(If I find) him, I promise that I will bring him back to (you myself.)　find の目的語は「よしちゃん」を指す him。I promise that ～「私は～を約束する」という構文を作り，that 以下の主語を I，動詞を will bring とする。bring back ～ to … で「～を…に連れ戻す」という意味になる。

C　(When) Mr. Obata called from the top of the hill, someone replied (, "I'm here!")　絵4では，オバタさんが丘の頂上から声をかけ，それに対して「ぼくはここにいます！」という返事が返ってきたことが描かれている。「声をかける」は call，「返事をする」は reply，「～の頂上」は the top of ～ で表す。

やや難　D「重いものはたくさんある」は There is[are] ～. の構文で表す。「人の命よりも重いものはない」は，nothing を主語にするとよい。「この地球」は the earth でもよいが，文字通り this earth とする方が無難。on this earth は文末に置いてもよい。

★ワンポイントアドバイス★

Ⅴ Aの英作文では，与えられている日本語の情報を正しくつかむことが重要だが，一方で，「情報提供を求める」→「情報を与えるよう頼む」のように，日本語をなるべく簡単な英語で表せるよう，表現を言いかえてみるとよい。

＜国語解答＞ 《学校からの正答の発表はありません。》

一　問一　エ　　問二　オ　　問三　ア　　問四　e　　問五　エ　　問六　ウ　　問七　エ

問八　（例）人間は誰も，この世にたった一人しかいないので，その内面を探り，規定するという仕事ができるのは本人だけで，同じことをできる人はどこにもいないから。（72字）

問九　イ　　問十　ウ　　問十一　ウ・オ

二　問一　a　唐突　　b　歓声　　c　無造作　　d　けげん　　e　感慨　　問二　オ

問三　エ　　問四　こう描こうという自分のルールをつくって，それを実行する（こと）

問五　ウ　　問六　オ　　問七　ア　　問八　ウ　　問九　オ　　問十　オ

問十一　エ　　問十二　ウ

○推定配点○

□一 問八　10点　　他　各3点×11

□二 問一　各2点×5　　問四　8点　　問六　3点　　他　各4点×9　　　計100点

＜国語解説＞

□一（論説文―文脈把握，内容吟味，表現，指示語，要旨）

問一　直後の段落で，「海」にたとえて，「もし海についてありとあらゆることを知りたいと……海自身のもとへ行ってたずねたとしたら，海はなんと言うでしょうか。ただ轟き，寄せる音ばかり。海は海であることに忙しすぎて，自分のことについてなにかを知る暇などないのです」と述べられている。「書くこと」と「作家」は密接な関係にあるので，「書くこと」について客観的に考えることなどできないという考えが読み取れるので，「書くという行為それ自体に精一杯で，書くこととはどういうことかなどと突き放して考えるような余裕はない」とするエが適切。

問二　筆者による「第一段階」の答えとは，「タイプを練習しなさい」「ファウラーの『英語慣用法手引』という本と良い辞書――『ショーター・オックスフォード』をお薦めします」「これが“書くときの基本的な決まり”です」というもの。この答えを聞いて「殴りかかりもせずにわたしの言うことを最後まで聞き，なおかつ，わかりました……でも，いったいどうしたら作家になれるんですか，とたずねたら，わたしたちは離陸したわけです」とあるので，「期待していたのとちがう回答に質問者がうんざりしたり怒ったりする状態とするオ適切。

問三　直後に「未来の作家が最も良く使う言い訳は，でもなにか言いたいことを見つけるには，経験を積まなくちゃ，です」とある。経験を積まないことには作品は書けない（だから書けない），という文脈が読み取れるので，アの「自分の作品をまだ書いていないことの言い訳」が適切。

問四　「経験」とは対照的なものとして，「魂」「精神」「内面」「真実」が示されているので，「経験」と近い意味で使われていることばは，「外側から知ることができます」と説明されている「事柄」。「経験」「事柄」は，どちらも外側から知ることのできるものである。

問五　直後に「それを露光し，現像すれば，平面の“現実”が再生できる」と説明されているので，この内容を言い換えたものとして，エの「現実の事柄を作品の中でありのままに描く」が適切。

問六　直後に「興味があるのは真実だけなのです。事柄は外側から知ることができます。真実は内面からしか知ることはできません」とあるので，「自分の周囲で起こったことを正確に写し取るのではなく，自分の内面を掘り下げることによって作品を生み出すから」とするウが適切。

問七　直前の「腰をおろし，書いて，書いて，書くんです――書き方がわかるまで」「ものを書いても，うめき声以外音は出ませんし，書くことはどこででも，それにひとりでできます」という内容を「この孤独感」と言い換える文脈である。「孤独感」については，後に「書くという行為はわかち合うことはできませんし，技術として教えることも……できません。真の作家の勉強とは，ひとりでするものです。ひとりで考えたり，他の人の本を読んだり，書いたり（練習です）してするものです」と説明されているので，「仲間を持たずに一人きりで真実に立ち向かう」とするエが適切。

問八　直前に「あなたは，自分自身で決まりを，法律を作り上げる国にいるのです。あなたは，独裁者であると同時に従順な民衆でもある。その国は，これまで誰ひとりとして調査したことがないのです」とあり，直後には「過去にもいませんでしたし，将来，再び同じ仕事ができる人間もいないでしょう」とある。人間の「内面」を「国」にたとえて，その人の内面を探り，規定できるのは本人だけ，と説明されている。

問九　直後に「作家の仕事とは，わたしの考えでは，真実を語ることです。……これは簡単なことではありません」「本当に思っていることを真っ正直に誰かに，誰か知っている人に伝えるのがどれほど大変か，……まず相手を信頼しなければならない。そして自分を知らなければならない。……これは難しい」と述べられている。「作家自身の真実」を語ることの難しさを「完全な責任」と表現しているので，「誰にも頼らずにあきらめることなく真実に近いものを作ろうとし続けねばならないということ」とするイが適切。

問十　直後に「自分が本当に感じていること，本当に思っていることを真っ正直に誰かに，誰か知っている人に伝えるのがどれほど大変か，みなさんはご存じですね。まず相手を信頼しなければならない。そして自分自身を知らなければならない。そうしなければ，真実に近いことはとても言えません。これは難しい」とあり，さらに「これを何千倍もするわけです。……もしかしたら存在しないかもしれぬ，顔のない，未知の読者を相手にするわけです」と説明されているので，「相手を信頼して打ち明けるのは，近しい人に対してでも難しい。そのような行為を未知の多数の読者に向けておこなうのは，たやすくないことだから」とするウが適切。

やや難　問十一　直後に「聞き手の代わりに，あなたが信頼している，現実に存在する友人の代わりに，もしかしたら存在しないかもしれぬ，顔のない，未知の読者を相手にするわけです。そしてその人々に向かって真実を書こうと努力する，その人々のために，心の奥底や思いの地図を，なにひとつ隠さず，あらゆる距離を間違いなく，……そして成功することはありません」「そしてこの作業をはじめから終わりまで，しかもつねに，ひとりきりで……本当に重要な質問は，あなたが自分自身にたずねるものだけなのです」とあることから，見ず知らずの，もしかしたら存在しないかもしれない人々に向かって，正直に書こうと努めても成功することはない，ひとりきりでする作業であり，本当に重要な質問は自分自身にたずねるものだけ，という内容なので，ウの「人を信頼する心」，オの「他の人々との連帯の感覚」があてはまる。

二　(論説文―漢字の読み書き，文脈把握，内容吟味，脱語補充，要旨)

問一　a「唐突」は，いきなり，だしぬけ，という意味。「唐」を使った熟語はほかに「唐土」「荒唐無稽」など。訓読みは「から」。　b「歓」を使った熟語はほかに「歓喜」「歓心」など。訓読みは「よろこ(ぶ)」。　c「無造作」は，考えたり，もったいぶったりせずに気軽に物事をする様子。「無」を使った三字熟語はほかに「無頓着」「無尽蔵」など。音読みはほかに「ブ」。訓読みは「な(い)」。　d「怪訝」は，不思議で納得がいかない様子のこと。「怪」の音読みはほかに「カイ」。熟語は「怪異」「怪奇」など。訓読みは「あや(しい)」「あや(しむ)」。　e「慨」を使った熟語はほかに「慨嘆」「憤慨」など。

問二　直後に「そもそも日記とは，その日のおもしろかったことを書くものと思っていたような気もする」とあるので，「単純にその日のおもしろかったことを書けばいいと思っていた」とするオが適切。

問三　直後に「『おもしろい』は，いいかげんなようで，じつは万能で，深い言葉だ」とあり，「新しい着眼点，新しい手法，意外な結果，新たな説を導く考察など，それまでの枠組みを大きく変えるような研究こそ，『おもしろい』」と説明されているので，「今までにない新しい経験や感じ方をすること」とするエが適切。

問四　直後に「絵を見ればだれが描いたかがわかるほどだ」とあり，具体例を挙げて説明した後に，「『画風』」について，「それぞれの美を求めての画風というより，こう描こうという自分のルールをつくって，それを実行するのが『おもしろい』のだろう」と説明されているので，「こう描こうという自分のルールをつくって，それを実行する(27字)」を抜き出す。

やや難　問五　「探索する過程」については，直後の段落に「自分の描いた線にさまざまなモノの形を発見する」「頭のなかにあるイメージを紙の上に生み出す」と表現されているので，「実際に手を動かして出力することで，描かれた対象が何か分かっていくこと」とするウが適切。

問六　直前の「個人的な動機づけ」に対応する表現が入ると考えられるので，「社会(的な動機づけ)」とするのが適切。

問七　「『上手』という一元的な評価」について述べられている部分であることを押さえる。直前に「それ以外に絵をほめる言葉を知らないのだ」とあり，理由については，「そうすると……」で始まる段落に「上手に描けないから絵が苦手，という子が出てきてしまう。おとなになると，上手に絵を描くには，特別な才能や絵心なるものが必要で，自分にはそれがないから描けないと思い込んでいる人も少なくない」説明されているので，「その限定された基準で評価されない人を気後れさせてしまうから」とするアが適切。

やや難　問八　直前に「人間は，目に入る視覚情報を『知覚』すると，つねに何とかして言葉に置きかえて，概念的に『認知』してしまう癖がある」と説明されているので，「人間は視覚情報を知覚すると，すぐに概念に置き換えてしまうため，知覚した像そのものを描くのが難しい」とするウが適切。

問九　理由については，直前に「学校ではいつも，上手に描こう，きれいに描こうという気持ちがあった」とあり，その前には「見れば見るほど，たくさんの情報があふれていて，すべてを描き出すのはとうてい不可能に思えた。結局……記号的な表現に逃げたのだ」と説明されているので，「既にある表現を組み合わせて複雑なものを描こうとするが，結局は型にはまったものになっていた」とするオが適切。

問十　直前に「『おもしろい』は絶対的な評価ではなく，あくまで個人の感想だ。人によって，そしてテーマや色合い，構図などの視点によって，多様な『おもしろい』があり得る」と説明されているので，「鑑賞者がさまざまな観点で主体的に評価したことを表せるので，……アートのあり方と合致しているから」とするオが適切。

問十一　「デッサン」について，直後の段落に「写実的に描くことは，見る目を磨くことなのだ」とあり，さらに「デッサンやスケッチは，概念の枠組みをいったんはずして，世界をありのまま知覚的にとらえる訓練になる」と説明されているので，「モノを見て言葉に置きかえ理解している枠組みをはずし，ありのままに見る訓練をデッサンでは行うので，言葉による理解では拾いきれない細かい要素を捉えることができるようになるから」とするエが適切。

問十二　直後に「技術をもっていることを『忘れさせるくらいまで磨き込まれることが大切』だという」とある。技巧を感じさせないくらいに磨き込まれた表現は，表現者の意図を鑑賞者に伝えることができる，と述べられているので，「作品の表現自体の力によって，見る人に認識させることができる」とするウが適切。

★ワンポイントアドバイス★

かなり長い文章が出題されるので，時間内に2種類の長文を読みこなせる読解力を身につけよう！　問題数が多いので，最後まで集中を切らすことなく，しっかりやり抜く持久力を身につけよう！

MEMO

大切なことはメモしておこうネ！

解答用紙集

○月×日 △曜日　天気(合格日和)

◆ご利用のみなさまへ

＊解答用紙の公表を行っていない学校につきましては、弊社の責任において、解答用紙を制作いたしました。

＊編集上の理由により一部縮小掲載した解答用紙がございます。

＊編集上の理由により一部実物と異なる形式の解答用紙がございます。

人間の最も偉大な力とは、その一番の弱点を克服したところから生まれてくるものである。 ——カール・ヒルティ——

東京学参株式会社

※ 154%に拡大していただくと，解答欄は実物大になります。

問題 1.

(1)	(2)

問題 2.

(1)	(2)	(3)

問題 3.

(1)	(2)

問題 4.

(1)	(2)

問題 5.

問題 6.

(1)	(2)	(3)

問題 7.

(1)	(2)

問題 8.

(1)	(2)	(3)

問題 9.

(1)	(2)

問題 10.

問題 11.

(1)	(2)	(3)	(4)

問題 12.

問題 13.

(1)	(2)	(3)

問題 14.

問題 15.

問題 16.

問題 17.

問題 18.

問題 19.

国際基督教大学高等学校　2024年度　◇英語◇

※ 133％に拡大していただくと，解答欄は実物大になります。

Ⅰ

①	②	③	④	⑤	⑥	⑦	⑧	⑨	⑩

⑪	⑫	⑬	⑭	⑮	⑯	⑰	⑱	⑲	⑳

Ⅱ

問1

ア	イ	ウ	エ	オ	カ	キ	ク	ケ	コ

問2

A	B	C	D	E	F	G	H	I	J

Ⅲ

A	B	C	D	E	F	G	H	I

J

Ⅳ

A	B	C	D	E	F		G	H
					F-1	F-2		

I

Ⅴ

A. ____________________

____

B.

4番目の語		10番目の語	

C. ____________________

____________________.

D.

1番目の語		6番目の語	

◇国語◇

国際基督教大学高等学校　２０２４年度

※ １４７％に拡大していただくと，解答欄は実物大になります。

一

問一

a	b	c	d
過剰	鑑みて	チュウカク	テイキョウ
	みて		

問二

問三　問四　問五　問六

問七　問八　問九

問十

80

二

問一

問二

問三　問四　問五　問六

問七　問八　X　Y　問九

問十

国際基督教大学高等学校　2023年度

◇数学◇

※ 154%に拡大していただくと，解答欄は実物大になります。

問題 1.

(1)	(2)
商　　　　余り	商　　　　余り

問題 2.

	ア	イ	ウ	エ		あ	い		(i)	(ii)	(iii)
(1)					(2)			(3)			

問題 3.

(a)	(b)

問題 4.

(1)	(2)	(3)

問題 5.

$\times$	$\overline{0}$	$\overline{1}$	$\overline{2}$	$\overline{3}$	$\overline{4}$	$\overline{5}$	$\overline{6}$
$\overline{3}$	$\overline{0}$						

問題 6.

$\times$	$\overline{0}$	$\overline{1}$	$\overline{2}$	$\overline{3}$	$\overline{4}$	$\overline{5}$
$\overline{2}$	$\overline{0}$					

オ

問題 7.

	カ		キ	ク	ケ	コ	サ	シ	ス	セ	ソ
(1)		(2)									
(3)											

問題 8.

(1)	(2)	(3)

問題 9.

(c)

問題 10.

タ	チ	ツ	テ	ト

問題 11.

	ナ	ニ		
(1)			(2)	

問題 12.

う	え	お	か	(d)

問題 13.

ヌ	ネ	ノ	ハ

問題 14.

き	く	け	こ	さ	し

問題 15.

国際基督教大学高等学校　2023年度　◇英語◇

※156%に拡大していただくと，解答欄は実物大になります。

Ⅰ

①	②	③	④	⑤	⑥	⑦	⑧	⑨	⑩

⑪	⑫	⑬	⑭	⑮	⑯	⑰	⑱	⑲	⑳

Ⅱ

問1

ア	イ	ウ	エ	オ	カ	キ	ク	ケ	コ

問2

A	B	C	D	E	F	G	H	I	J

Ⅲ

A	B		C	D	E	F	G	H
	B-1	B-2						

I	J

Ⅳ

A	B	C	D	E	F	G	H	I

J

Ⅴ

A.

3番目の語		7番目の語	

B.

C.

5番目の語		10番目の語	

D.

◇国語◇

国際基督教大学高等学校　２０２３年度

※１４３％に拡大していただくと，解答欄は実物大になります。

一

問一

問二

問三

問四　a　b

問五

問六

問七

問八

問九

二

問一

a	b	c	d	e
ザツダン	サンニュウ	ハイゾク	トウヨ	ルイセキ

問二

問三

問四

問五

問六

問七

問八

問九

問十

国際基督教大学高等学校　2022年度

◇数学◇

※ 159％に拡大していただくと，解答欄は実物大になります。

問題 1.

(あ)

問題 2. (1)

(2)

(3)

問題 3.

(い)	(う)

問題 4.

(え)

問題 5.

(お)

問題 6.

(か)	(き)

問題 7.

$\lvert F_6 \rvert$	$\lvert F_{10} \rvert$

問題 8.

(く)

問題 9.

①	②	③

問題 10.

$f(100)$

問題 11.

(け)

問題 12.

(こ)	(さ)

問題 13.

①	②	③

問題 14.

問題 15.

(し)	(す)

問題 16.

問題 17.

(せ)	(そ)

問題 18.

(た)

問題 19.

(ち)

問題 20.

(つ)	(て)	(と)	(な)

問題 21.

(に)	(ぬ)

問題 22. (1)

(2)

※ 159%に拡大していただくと，解答欄は実物大になります。

Ⅰ

①	②	③	④	⑤	⑥	⑦	⑧	⑨	⑩

⑪	⑫	⑬	⑭	⑮	⑯	⑰	⑱	⑲	⑳

Ⅱ

問 1

ア	イ	ウ	エ	オ	カ	キ	ク	ケ	コ

問 2

A	B	C	D	E	F	G	H	I	J

Ⅲ

A	B	C	D	E	F	G	H	I

J

Ⅳ

A	B		C	D	E	F	G	
	B-1	B-2					G-1	G-2

H	I

Ⅴ

A.

6 番目の語		10 番目の語	

B.

3 番目の語		9 番目の語	

C. ______________________________

____

D. ______________________________

____

◇国語◇

国際基督教大学高等学校　２０２２年度

※１６７％に拡大していただくと，解答欄は実物大になります。

一

問一

問二

問三

問四

問五

問六

問七

問八

問九

二

問一

a	b	c	d	e
ホウト	嫁	潜	サツエイ	タイショウテキ

問二

問三

問四

問五

問六

問七

問八

問九

問十

問十一

問十二

国際基督教大学高等学校　2021年度　◇数学◇

※ 159%に拡大していただくと，解答欄は実物大になります。

問題 1

ア	イ	ウ

問題 2

エ	オ	カ	キ

問題 3　(1)　(2)

問題 4　(1)　(2)

問題 5

問題 6

問題 7

(1)	(2)	(3)	(4)	(5)

問題 8　(1)

(2)

A_2	A_7

問題 9　(1)

B_2	B_4

(2)

①	②	③

(3)

問題 10

(1)	(2)	(3)

問題 11

X	Y

問題 12

(い)	(お)
dB	dB

問題 13

①	②	③	④	⑤	⑥	⑦

問題 14

(あ)	(う)	(え)
dB	dB	dB

問題 15

(1)	(2)
dB	個

国際基督教大学高等学校　2021年度

◇英語◇

※ 139％に拡大していただくと，解答欄は実物大になります。

Ⅰ

①	②	③	④	⑤	⑥	⑦	⑧	⑨	⑩

⑪	⑫	⑬	⑭	⑮	⑯	⑰	⑱	⑲	⑳

Ⅱ

問1

ア	イ	ウ	エ	オ	カ	キ	ク	ケ	コ

問2

A	B	C	D	E	F	G	H	I	J

Ⅲ

A	B	C	D	E	F	G	H	I

J

Ⅳ

A		B	C	D	E	F	G	H
A-1	A-2							

I

Ⅴ

A.

5番目の語		7番目の語	

B.

6番目の語		9番目の語	

C. ______________________________

____

D. The only thing we can do is ______________________________

______________________________.

◇国語◇

国際基督教大学高等学校　２０２１年度

※１４９％に拡大していただくと、解答欄は実物大になります。

一

問一

a	b	c	d	e
制御	サンパツ	ハンエイ	ソウホウ	チメイ

問二　問三　問四　問五

問六　問七

問八

問九　問十　問十一

二

問一　問二　問三

問四　問五

問六

80

100

問七　問八　問九　問十

国際基督教大学高等学校　2020年度

◇数学◇

※171％に拡大していただくと，解答欄は実物大になります。

問 1

問 2

$4k+1$ 型の素数	$4k+3$ 型の素数

問 3

3-①	3-②	3-③

問 4

4-①	4-②	4-③	4-④	4-⑤	4-⑥	4-⑦

問 5

(1)	(2) 5-①	(2) 5-②

問 6

6-①

問 7

7-①	7-②	7-③	7-④	7-⑤	7-⑥

問 8

(1)	(2)

問 9

$p=$

問 10

問 11

11-①	11-②	11-③	11-④

問 12

(1)	(2)

問 13

問 14

今、$a-1$ と $a+1$ の公約数が素数 p であるとする。

問 15

問 16

問 17

国際基督教大学高等学校　2020年度

◇英語◇

※152％に拡大していただくと，解答欄は実物大になります。

Ⅰ

①	②	③	④	⑤	⑥	⑦	⑧	⑨	⑩

⑪	⑫	⑬	⑭	⑮	⑯	⑰	⑱	⑲	⑳

Ⅱ

問1

ア	イ	ウ	エ	オ	カ	キ	ク	ケ	コ

問2

A	B	C	D	E	F	G	H	I	J

Ⅲ

A	B	C	D	E	F	G	H

I

Ⅳ

A	B	C	D		E	F	G	H
			D-1	D-2				

I

Ⅴ

A. ______________________________

____

B.

3番目の語		6番目の語	

C. ______________________________

____

D. ______________________________

____

国際基督教大学高等学校　２０２０年度

※１４６％に拡大していただくと、解答欄は実物大になります。

◇国語◇

一

問一

a	b	c	d	e
エイヨ	テイショウ	示唆	ビジ	瓦解

問二　問三　問四

問五　問六　問七　問八

問九

二

問一　問二　問三　問四

問五　問六　問七　問八

問九

問十（１）　A　B

問十（２）

六十字

国際基督教大学高等学校　2019年度　◇数学◇

※この解答用紙は157％に拡大していただくと，実物大になります。

問題 1

ア	イ	ウ	エ

問題 2

統計的確率	数学的確率

問題 3

オ	カ	キ	ク

問題 4

ケ	コ	サ

問題 5

(1)

シ	ス	セ

(2)

問題 6

ソ	タ	チ	ツ	テ	ト

問題 7

(1)

ナ

(2)

太郎の点数	標準偏差

問題 8

(1)

(2)

問題 9

①	②	③	④	⑤

問題 10

問題 11

ニ	ヌ	ネ	ノ

問題 12

①	②

③

国際基督教大学高等学校　2019年度

◇英語◇

※この解答用紙は135％に拡大していただくと，実物大になります。

Ⅰ

①	②	③	④	⑤	⑥	⑦	⑧	⑨	⑩

⑪	⑫	⑬	⑭	⑮	⑯	⑰	⑱	⑲	⑳

Ⅱ

問1

ア	イ	ウ	エ	オ	カ	キ	ク	ケ	コ

問2

A	B	C	D	E	F	G	H	I	J

Ⅲ

A	B	C	D	E	F		G	H
					①	②		

I

Ⅳ

A	B	C	D		E	F	G	H
			D-1	D-2				

I

Ⅴ

A. ＿＿＿＿＿＿＿＿＿＿＿＿＿＿＿＿＿＿＿＿

＿＿＿＿＿＿＿＿＿＿＿＿＿＿＿＿＿＿＿＿

B.

3番目の語		9番目の語	

C.

3番目の語		9番目の語	

D. ＿＿＿＿＿＿＿＿＿＿＿＿＿＿＿＿＿＿＿＿

＿＿＿＿＿＿＿＿＿＿＿＿＿＿＿＿＿＿＿＿

国際基督教大学高等学校　２０１９年度

※この解答用紙は１４３％に拡大していただくと、実物大になります。

◇国語◇

一

問一　問二　問三　問四

問五　問六　問七

問八（六十字以上八十字）

問九　問十　問十一

二

問一

a	トウトツ	b	カンセイ	c	ムゾウサ	d	怪訝	e	カンガイ

問二　問三

問四（三十字）　こと

問五　問六　問七　問八

問九　問十　問十一　問十二

東京学参の

高校別入試過去問題シリーズ

＊出版校は一部変更することがあります。一覧にない学校はお問い合わせください。

東京ラインナップ

あ　愛国高校(A59)
　　青山学院高等部(A16)★
　　桜美林高校(A37)
　　お茶の水女子大附属高校(A04)
か　開成高校(A05)★
　　共立女子第二高校(A40)★
　　慶應義塾女子高校(A13)
　　啓明学園高校(A68)★
　　国学院高校(A30)
　　国学院大久我山高校(A31)
　　国際基督教大高校(A06)
　　小平錦城高校(A61)★
　　駒澤大高校(A32)
さ　芝浦工業大附属高校(A35)
　　修徳高校(A52)
　　城北高校(A21)
　　専修大附属高校(A28)
　　創価高校(A66)★
た　拓殖大第一高校(A53)
　　立川女子高校(A41)
　　玉川学園高等部(A56)
　　中央大高校(A19)
　　中央大杉並高校(A18)★
　　中央大附属高校(A17)
　　筑波大附属高校(A01)
　　筑波大附属駒場高校(A02)
　　帝京大高校(A60)
　　東海大菅生高校(A42)
　　東京学芸大附属高校(A03)
　　東京農業大第一高校(A39)
　　桐朋高校(A15)
　　都立青山高校(A73)★
　　都立国立高校(A76)★
　　都立国際高校(A80)★
　　都立国分寺高校(A78)★
　　都立新宿高校(A77)★
　　都立墨田川高校(A81)★
　　都立立川高校(A75)★
　　都立戸山高校(A72)★
　　都立西高校(A71)★
　　都立八王子東高校(A74)★
　　都立日比谷高校(A70)★
な　日本大櫻丘高校(A25)
　　日本大第一高校(A50)
　　日本大第三高校(A48)
　　日本大第二高校(A27)
　　日本大鶴ヶ丘高校(A26)
　　日本大豊山高校(A23)
は　八王子学園八王子高校(A64)
　　法政大高校(A29)
ま　明治学院高校(A38)
　　明治学院東村山高校(A49)
　　明治大付属中野高校(A33)
　　明治大付属八王子高校(A67)
　　明治大付属明治高校(A34)★
　　明法高校(A63)
わ　早稲田実業学校高等部(A09)
　　早稲田大高等学院(A07)

神奈川ラインナップ

あ　麻布大附属高校(B04)
　　アレセイア湘南高校(B24)
か　慶應義塾高校(A11)
　　神奈川県公立高校特色検査(B00)
さ　相洋高校(B18)
た　立花学園高校(B23)
　　桐蔭学園高校(B01)
　　東海大付属相模高校(B03)★
　　桐光学園高校(B11)
な　日本大高校(B06)
　　日本大藤沢高校(B07)
は　平塚学園高校(B22)
　　藤沢翔陵高校(B08)
　　法政大国際高校(B17)
　　法政大第二高校(B02)★
や　山手学院高校(B09)
　　横須賀学院高校(B20)
　　横浜商科大高校(B05)
　　横浜市立横浜サイエンスフロンティア高校(B70)
　　横浜翠陵高校(B14)
　　横浜清風高校(B10)
　　横浜創英高校(B21)
　　横浜隼人高校(B16)
　　横浜富士見丘学園高校(B25)

千葉ラインナップ

あ　愛国学園大附属四街道高校(C26)
　　我孫子二階堂高校(C17)
　　市川高校(C01)★
か　敬愛学園高校(C15)
さ　芝浦工業大柏高校(C09)
　　渋谷教育学園幕張高校(C16)★
　　翔凜高校(C34)
　　昭和学院秀英高校(C23)
　　専修大松戸高校(C02)
た　千葉英和高校(C18)
　　千葉敬愛高校(C05)
　　千葉経済大附属高校(C27)
　　千葉日本大第一高校(C06)★
　　千葉明徳高校(C20)
　　千葉黎明高校(C24)
　　東海大付属浦安高校(C03)
　　東京学館高校(C14)
　　東京学館浦安高校(C31)
な　日本体育大柏高校(C30)
　　日本大習志野高校(C07)
は　日出学園高校(C08)
や　八千代松陰高校(C12)
ら　流通経済大付属柏高校(C19)★

埼玉ラインナップ

あ　浦和学院高校(D21)
　　大妻嵐山高校(D04)★
か　開智高校(D08)
　　開智未来高校(D13)★
　　春日部共栄高校(D07)
　　川越東高校(D12)
　　慶應義塾志木高校(A12)
さ　埼玉栄高校(D09)
　　栄東高校(D14)
　　狭山ヶ丘高校(D24)
　　昌平高校(D23)
　　西武学園文理高校(D10)
　　西武台高校(D06)
た　東京農業大第三高校(D18)
は　武南高校(D05)
　　本庄東高校(D20)
や　山村国際高校(D19)
ら　立教新座高校(A14)
わ　早稲田大本庄高等学院(A10)

北関東・甲信越ラインナップ

あ　愛国学園大附属龍ヶ崎高校(E07)
　　宇都宮短大附属高校(E24)
か　鹿島学園高校(E08)
　　霞ヶ浦高校(E03)
　　共愛学園高校(E31)
　　甲陵高校(E43)
　　国立高等専門学校(A00)
さ　作新学院高校
　　　(トップ英進・英進部)(E21)
　　　(情報科学・総合進学部)(E22)
　　常総学院高校(E04)
た　中越高校(R03)＊
　　土浦日本大高校(E01)
　　東洋大附属牛久高校(E02)
な　新潟青陵高校(R02)
　　新潟明訓高校(R04)
　　日本文理高校(R01)
は　白鷗大足利高校(E25)
ま　前橋育英高校(E32)
や　山梨学院高校(E41)

中京圏ラインナップ

あ　愛知高校(F02)
　　愛知啓成高校(F09)
　　愛知工業大名電高校(F06)
　　愛知みずほ大瑞穂高校(F25)
　　暁高校(3年制)(F50)
　　鶯谷高校(F60)
　　栄徳高校(F29)
　　桜花学園高校(F14)
　　岡崎城西高校(F34)
か　岐阜聖徳学園高校(F62)
　　岐阜東高校(F61)
　　享栄高校(F18)
さ　桜丘高校(F36)
　　至学館高校(F19)
　　椙山女学園高校(F10)
　　鈴鹿高校(F53)
　　星城高校(F27)★
　　誠信高校(F33)
　　清林館高校(F16)★
た　大成高校(F28)
　　大同大大同高校(F30)
　　高田高校(F51)
　　滝高校(F03)★
　　中京高校(F63)
　　中京大附属中京高校(F11)★
　　中部大春日丘高校(F26)★
　　中部大第一高校(F32)
　　津田学園高校(F54)
　　東海高校(F04)★
　　東海学園高校(F20)
　　東邦高校(F12)
　　同朋高校(F22)
　　豊田大谷高校(F35)
な　名古屋高校(F13)
　　名古屋大谷高校(F23)
　　名古屋経済大市邨高校(F08)
　　名古屋経済大高蔵高校(F05)
　　名古屋女子大高校(F24)
　　名古屋たちばな高校(F21)
　　日本福祉大付属高校(F17)
　　人間環境大附属岡崎高校(F37)
は　光ヶ丘女子高校(F38)
　　誉高校(F31)
ま　三重高校(F52)
　　名城大附属高校(F15)

宮城ラインナップ

さ　尚絅学院高校(G02)
　　聖ウルスラ学院英智高校(G01)★
　　聖和学園高校(G05)
　　仙台育英学園高校(G04)
　　仙台城南高校(G06)
　　仙台白百合学園高校(G12)
た　東北学院高校(G03)★
　　東北学院榴ヶ岡高校(G08)
　　東北高校(G11)
　　東北生活文化大高校(G10)
　　常盤木学園高校(G07)
は　古川学園高校(G13)
ま　宮城学院高校(G09)★

北海道ラインナップ

さ　札幌光星高校(H06)
　　札幌静修高校(H09)
　　札幌第一高校(H01)
　　札幌北斗高校(H04)
　　札幌龍谷学園高校(H08)
は　北海高校(H03)
　　北海学園札幌高校(H07)
　　北海道科学大高校(H05)
ら　立命館慶祥高校(H02)

★はリスニング音声データのダウンロード付き。

都道府県別 公立高校入試過去問 シリーズ

- 全国47都道府県別に出版
- 最近数年間の検査問題収録
- リスニングテスト音声対応

公立高校入試対策 問題集シリーズ

- 目標得点別・公立入試の数学(基礎編)
- 実戦問題演習・公立入試の数学(実力錬成編)
- 実戦問題演習・公立入試の英語(基礎編・実力錬成編)
- 形式別演習・公立入試の国語
- 実戦問題演習・公立入試の理科
- 実戦問題演習・公立入試の社会

高校入試特訓問題集 シリーズ

- 英語長文難関攻略33選(改訂版)
- 英語長文テーマ別難関攻略30選
- 英文法難関攻略20選
- 英語難関徹底攻略33選
- 古文完全攻略63選(改訂版)
- 国語融合問題完全攻略30選
- 国語長文難関徹底攻略30選
- 国語知識問題完全攻略13選
- 数学の図形と関数・グラフの融合問題完全攻略272選
- 数学難関徹底攻略700選
- 数学の難問80選
- 数学　思考力―規則性とデータの分析と活用―

〈ダウンロードコンテンツについて〉

本問題集のダウンロードコンテンツ、弊社ホームページで配信しております。現在ご利用いただけるのは「2025年度受験用」に対応したもので、**2025年3月末日**までダウンロード可能です。弊社ホームページにアクセスの上、ご利用ください。

※配信期間が終了いたしますと、ご利用いただけませんのでご了承ください。

高校別入試過去問題シリーズ

国際基督教大学高等学校　2025年度

ISBN978-4-8141-2903-4

[発行所] 東京学参株式会社

〒153-0043　東京都目黒区東山2-6-4

書籍の内容についてのお問い合わせは右のQRコードから ⇒

2024年4月23日　初版